예수님의 비유

예수께서 이 모든 것을 무리에게 비유로 말씀하시고
비유가 아니면 아무 것도 말씀하지 아니하셨으니 (마태복음 13: 34)

최승돈 지음

생명나무

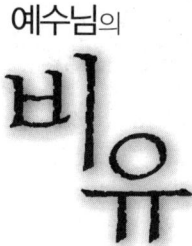

예수님의 비유

초판 1쇄 발행 2016년 11월

지은이	최승돈
펴낸이	김진우
펴낸곳	생명나무
전화	02)977-2780
팩스	02)977-2780
등록일	2016. 10. 20
등록번호	318-93-00280
주소	서울특별시 중랑구 중랑역로 244 (묵동) 동인빌딩 4층
홈페이지	www.rcw.kr
총판	(주)비전북출판유통 경기도 고양시 일산서구 덕이동 1347-7 전화: 031-907-3927 팩스: 031-905-3297
디자인	토라디자인(908-5538)
ISBN	979-11-959306-0-9 03230
가격	18,000 원

* 이 책은 기독교세계관학교를 후원해주시는 성도님들의 도움으로 발행되었습니다.

생명나무 출판사는
위대한 종교개혁의 정신을 계승하고, 개혁신앙의 유산을 이 시대에 적용하고 확산시키며 후손들에게 상속하기 위해 설립되었습니다. 이러한 거룩한 도전과 모험을 통해서 주께서 영광을 받으시고 주의 백성들이 새롭게 되며, 교회가 참된 권능을 회복하도록 최선을 다하겠습니다.

예수께서 이 모든 것을 무리에게 비유로 말씀하시고
비유가 아니면 아무 것도 말씀하지 아니하셨으니
(마태복음 13: 34)

추천사 1

하나님 나라 백성은 어떻게 삶의 열매를 맺고 살아가야 하는가?

강상수 목사(독립개혁장로교회 광주 화원교회)

오늘날 이 시대는 풍요속의 빈곤과 같이 수많은 말씀이 선포되고 있으나 과연 사도적인 말씀이 바르고 깊고 풍성하게 선포되고 있는가를 생각하면 참으로 그렇다고 자신 있게 말하기가 어려운 시대가 되었다. 또한 많은 설교집이나 신학책들이 홍수처럼 쏟아지고 있으나 과연 그 많은 책들이 주의 나라와 거룩한 교회를 세워나가는 데에 꼭 필요한 책인가 하는 것에는 의문이 남는다. 무엇보다도 참 교회의 표지가 바른 말씀의 선포라고 한다면 그런 표지가 나타나기는커녕 오히려 기근의 시대가 아닌가 하는 안타까운 생각이 들기도 한다.

저자와는 오랫동안 진리 안에서 교제를 해왔고 그가 하나님의 말씀의 진리를 바르게 가르침으로 든든하게 실질 있게 개혁교회를 세워가고 있는 모습을 보아왔다. 그런 저자가 섬기는 교회에서 가르쳤던 예수님의 비유에 대한 거의 대부분의 강설을 책으로 낸다고 하니 반갑고 기쁘기 그지없다.

무엇보다도 저자는 이 비유를 하나님 나라의 관점으로 잘 해석하고 있다. 하나님 나라가 어떻게 이 땅에서 드러나고 그 나라가 어떻게 전진하여 가는가, 또 그 하나님 나라의 백성들은 어떻게 그 나라 백성으로서 열매를 맺고 살아가야 할 것인가를 잘 보여주고 있다.

저자는 그 본문에만 매이지 않고 신구약 전체를 관통하면서 비교하여 해석하고, 또 그 시대에서 사용되었던 언어를 잘 이해하도록 친절하게 설명하고 있다. 또 그 내용을 가르치는데 있어서 자기주장이나 생각을 전하여 드러내는 것이 아니라 성경이 성경을 해석하도록 하여 이 강설을 듣는 자들이 바로 성경 자체에서 스스로 답을 얻고 삶에 적용하게 한다.

더 나아가서 그 시대의 역사적이고 지리적인 환경과 문화적인 본문의 배경들도 독자가 마치 그 현장에 살고 있는 것처럼 느끼게 한다. 예수님의 이 비유를 듣는 그 시대 유대 지도자들과 유대의 백성들과 또 제자들의 면면이 어떠한지에 대해서도 마치 직접 당사자로 있는 것처럼 공감하게 한다. 이와 같이 저자는 이 비유가 아주 어렵고 심오한 내용인데도 이해하기 쉽도록 설명하고 있다. 그래서 이 비유의 내용을 읽으면 누구라도 숨겨진 비유의 내용을 쉽게 잘 깨닫고 적용하고 살도록 전하고 있다.

특히 하나님의 말씀을 적용하는 부분에서는 아주 탁월하다 하지 않을 수 없다. 본문을 잘 해석한 바탕 위에서 단순히 어떤 종교적이고 윤리적인 삶을 살라고 강조하는 것이 아니라, 하나님의 나라가 전진하여 가는 데 따라서 그 나라의 백성으로서 이 시대와 역사 앞에서의 사명을 가진 자로서 거룩한 교회의 지체로서 어떻게 살아가야 하는지를 아주 생생하게 적용하여 가르쳐주고 있다.

여러 비유의 내용들 중에서 한 예로 씨 뿌리는 자의 비유를 다음과 같이 적용 하고 있다.

"복음이 가려진 자들에게는 그들 편에서 보자면 복음을 바로 알고 순종하고자 하는 마음이 없습니다. 그저 듣고 마는 것입니다. 그런 자에게는 하나님 나라의 지식을 들어서 기억하여 알고는 있지만 그것이 자신의 삶을 하나님 나라적으로 변화시키는 능력은 전혀 없는 그런 메마른 지식이 되고 마는 것입니다. 그리고 한 때 말씀이 깨달아 지기는 해도 세상에 대한 근본적인 아상의 탐욕을 버리지 못하여 말씀의 뿌리가 내리지 못하게 막아버립니다. 두 길 보기를 하려고 하니까 이런 일이 일어나는 것이지요? 그리고 세상의 일락이나 걱정과 근심으로 인하여 말씀이 자라지 못합니다. 하나님이 세우신 최소한의 교회적 질서 가운데 강설자를 통해 내리시는 그 말씀을 따라 자신의 영적 질병을 고치려 하지 않거나 그저 말씀을 듣되 자극받는 일에만 만족하고 살거나 여전히 세상에 대한 탐욕이나 염려를 버리지 않고 산다면 그런 사람들은 현재에도 장차에도 하나님 나라의 영광에 가담할 수 없습니다. 그런 하나님의 말씀을 존중하고 순종하려고 하는 자들에게만 들을 귀가 열려 그 말씀이 생명을 역동적으로 움직이게 하는 말씀으로 들리는 것입니다." (본문 중에서)

이 강설들을 읽은 한 사람의 독자로서 이 비유 한편 한편이 성신의 능력과 확신으로 가슴 깊이 다가왔고 마음을 울리는 큰 도전의 시간이 되었다.

이 책을 주의 깊게 읽고 깨닫는 독자들에게도 동일한 확신과 주의 은혜가 있기를 간절히 기대하는 바이다.

추천사 2

하나님 나라 공동체를 세우는 비유 강해

노천상 목사(예림교회, 기독교세계관학교)

　공관복음서에 나오는 예수님의 가르침 중 거의 삼분의 일 이상이 비유다. 비유는 헬라어로 '파라볼레'다. 헬라어 사전은 '파라볼레'를 '어떤 도덕적 또는 영적인 진리를 계시하기 위하여 일상생활에서 일어나는 통상적인 사건들을 사용하여 이야기 형식으로 표현한 예화(illustration)나 비교(comparison), 유비(analogy)'라고 정의한다. 비유(파라볼레)를 의미하는 히브리어는 '마샬'이다. '마샬'은 구약에서 매우 넓은 의미로 사용되었다. '마샬'은 '속담'(겔 18:2; 삼상 24:13), '비웃음거리'(byword) '풍자'(satire) '조롱하는 말'(word of derision)을 가리킨다(사 14:3, 4; 합 2:6). 또한 '수수께끼'(riddle)(시 78:2; 겔 17:2, 3)로 해석되기도 하고, '이야기'(story)와 '알레고리'(allegory)를 묘사하는데도 사용되었다(겔 24:2-5; 20:49-21:5). 이렇게 다양한 정의만큼 비유는 그동안 다양한 방식으로 해석되고 적용되었다. 그래서 초대 교회 때부터 지금까지 비유는 혼란스러울 정도로 각기 다르게 해석되어 왔다. 어떤 사람들의 해석은 교회와 성도들의 삶에 지금까지도 많은 피해를 주고 있다.
　헬라철학의 영향을 받았던 초대교회 교부들은 비유를 알레고리적으로 해석했다. 이러한 알레고리적인 해석이 심화되면서 중세로 가는 길을 열었다. 로마가톨릭교회는 성경의 모호한 점을 지나치게 강조함으로써 자신들의 해석을 절대화했다. 하지만 그들의 성경 해석은 중세 천년의 암흑시대를 가져오게 하였던 수많은 한 오류의 시작이었다. 성경에 대한 바른 해석에서 바른 신학이 나오고, 바른 신학에서 바른 윤리가 나온다. 로마가톨릭교회가 지배했던 중세 시대가 암흑시대로 평가되고 있는 것은 그들의 잘못된 성경해석으로 인한 자연스러운 귀결이었다.

종교개혁자들은 성경해석의 원리가 교회나 교회의 주석가에 있는 것이 아니라 성경 자체에 있다고 주장하였다. 그들은 "성경이 성경의 해석자다"라는 원리를 천명하였다. 성경이 성경을 해석한다는 원리는 성경 해석의 원리를 교회나 교회의 권위에서 찾는 것이 아니라 성경 자체에서, 성경이 지시하는 내적 원리에서 찾는 것이다. 성경은 부분적으로 모호하고 난해한 부분이 있으나 전체적인 내용은 명확하고 성경 전체의 맥락에서 볼 때 분명한 뜻을 발견할 수 있게 되어 있다. 성경에는 인간의 구원과 삶에 대한 진리들이 명백하게 계시되어 있다. 때로 어떤 부분(특히 비유)이 분명하지 않을지라도 말씀 사역자가 역사·문법적인 방법으로 연구하면서 성신님의 인도하심을 따른다면 진리에 도달하게 되어 있다.

오늘날 많은 신학자들과 목회자들이 지나치게 개인주의적으로 성경을 해석하고 적용한다. 하지만 이런 해석과 적용은 성경이 주어진 본래(역사·문화적인)의 신학적 문맥에서 이탈한 것이다. 성경이 기록되던 시대에는 개인의 정체성을 공동체 속에서 찾았다. 즉 개인은 공동체의 일원으로 존재할 때만 삶의 진정한 의미를 찾을 수 있었다. 이런 공동체 중심의 세계관에서 주어진 말씀과 비유들을 오늘날 개인주의적인 시각에서 해석하고 적용하기 때문에 중대한 오류를 범한다. 개인주의적인 해석과 적용은 기독교를 자기만족과 소비주의적인 종교로 만들고, 공동체적 연대를 위한 섬김과 봉사를 권면하는 말씀마저도 개인의 행복추구와 자기탐닉을 위한 말씀으로 오용(誤用)하게 한다. 성경이 공동체적인 연대를 구체적으로 표현하지 않았다 하더라도 성경의 가르침의 배후에는 항상 전제되어 있음을 알아야 한다. 따라서 이러한 당시의 세계관적인 배경을 염두에 두지 않고 성경을 개인주의적으로 해석한다면 성경의 중요한 의미와 적용을 놓치게 된다. 특히 예수님께서는 공동체를 개인보다 중시하였던 사회문화적 배경에서 살고 있었던 청중들에게 가르치셨다. 예수님께서는 다른 방식으로는 이해하기 힘든 하나님 나라에 대한 진리들을 비유를 통해서 풍성하게 가르치셨다.

저자 최승돈 목사님은 예수님의 비유를 개혁자들이 주창했던 성경 해석의 원리를 충실하게 적용하여 강설하였다. 저자는 예수님께로부터 가르침을 받았던 일차 독자들의 입장에서 비유에 담긴 부요한 의미를 잘 드러내 준다. 그리고 그 의미가 오늘날 우리 시대의 교회 공동체에게 어떻게 적용되어야 하는지를 분명하게 보여준다. 저자는 비유 강설을 통해서 하나님 나라를 증시하는 공동체로서 교회가 어떤 위치에 있으며 주어진 사명을 어떻게 감당해야 하는지를 분명하게 제시한다. 저자의 비유 강해는 독자들에게 하나님 중심의 세계관을 정립할 수 있게 해 줄 뿐만 아니라, 우리가 그 세계관 가운데서 교회아(敎會我)로서 어떻게 열매 맺는 삶을 살 수 있는지를 보여 준다. 이러한 저자의 강설은 그가 섬기는 이천 선약교회를 말씀의 반석 위에 세워 놓았다. 이제 주께서 보편교회를 위해 이 강설들을 사용하시도록 은혜를 베푸셨다. 주님의 몸인 교회들이 선약교회가 받았던 말씀을 함께 받음으로써 하나님 나라를 증시(證示)하는 공동체로서 올곧게 서게 될 것으로 기대한다.

기독교 세계관의 정립은 예수님의 마음과 성품을 닮는 것에서 시작한다. 독자들은 예수님의 비유를 바르게 이해함으로써 예수님의 마음과 성품을 닮게 될 것이다. 그리고 자연스럽게 하나님 중심의 세계관, 곧 교회 중심의 세계관을 정립하게 될 것이다. 기독교 세계관을 정립함으로써 삶의 진정한 변화를 갈망하는 모든 분들에게 이 책을 추천한다.

저자 서문

　필자가 선약교회에서 예수님의 비유에 대한 강설을 하게 된 직접적인 동기는 김홍전 목사님께서 쓰신 '주님께서 쓰신 수사법 몇몇'(1990.1.9. 도서출판 성약)을 읽고 나서였다. 그 책 중에서 필자의 마음에 가장 의미 있게 다가온 내용은 다음과 같다.

　"… 우리 주님께서 이 땅에 오셔서 하신 일 가운데 또한 가장 중요한 일의 하나가 가르치신 일입니다. 그리고 이 가르치신 여러 말씀을 볼 때 거기에는 주님이 쓰신 독특한 표현법들이 있습니다. 그리고 그 표현법을 일반적으로 다른 사람들도 꼭 그렇게 쓰지는 않더라도 그들도 역시 그러한 양식에 의한 표현을 하는 일이 많습니다. 그래서 주께서 쓰신 바 그 수사양식(修辭樣式), 곧 주께서 수사학상 어떤 형식으로 말씀하셨는가를 우리가 찾아보는 것이 한 가지 유익이 될 줄로 압니다.…"(1강 19쪽)

목회자로서 예수님께서 쓰신 독특한 표현법을 성신님의 깨우침으로 바로 알고 전하여야 하나님 나라의 도리를 올바로 나타내고 성도들도 그 토대 위에서 교회아로서 하나님 나라의 존재의 거룩함을 드러내며 아울러 당대에 부여된 역사적 사역의 열매를 맺을 수 있다는 것을 절실히 깨달았다. 그래서 목회자부터 성신님을 의지하여 예수님의 비유를 하나하나 연구하고 온 몸으로 배워가며 교회 앞에 순차적으로 강설하였다.

지금도 그렇지만 필자가 강설할 그 당시에는 예수님의 비유에 대한 참고도서들이 그리 많지 않았다. 그리하여 앞선 몇몇 사역자들의 예수님의 비유 해석들을 부분적으로 참조하였고 난해한 내용들은 좋은 주석서들로 검증하여 객관성을 갖도록 하였다. 무엇보다도 개혁주의적인 성경해석법을 근간으로 하여 강설하되 구체적인 적용을 소홀히 하지 않도록 주의하였다. 예수님의 비유 강해의 순서는 공관복음서에 나타난 예수님의 비유 중에서 장르상 비유라고 할 수 있는 것들을 중심으로 대략 예수님의 공생애 순서에 맞춰 강해하였다. 그리고 주님께서 비유를 통하여 목표하신 하나님의 형상 회복과 고난의 섬김으로 이루어지는 그 나라의 전진과 완성을 위하여 이 강설을 하였다.

필자의 예수님 비유 강설은 선약교회에서 2003년 10월 19일 주일부터 시작하여 2004년 10월 31일 주일까지 총 39강을 전하였다. 처음 시작할 때는 예수님의 비유의 목록에 포함할 수 있는 49개 정도를 다 강설하려고 마음을 먹었으나 필자의 사정상 38강으로 마쳤다. 마지막 39강은 '주님께서 쓰신 수사법 몇몇'에 비춰 전체 비유에 대해 총괄적으로 점검하며 개관하였다(2014년 7월 6일부터 2015년 1월 25일에 복습). 주님께서 또 한 번 기회를 주신다면 못 하고 남겨둔 나머지 몇몇의 비유들도 다 할 수 있는 날이 오지 않을까 생각한다.

여하튼 필자가 섬기는 이천 선약교회의 대다수의 성도들은 열악한 환경에서도 이 비유 강설들을 하나님의 말씀으로 받아 개혁교회로서 예수님의 품성을 조금이라도 더 드러내려고 하였고 아울러 어떠한 처지에 서라도 하나님 나라 본상의 사회상을 누리기 위하여 그동안 성도들 간의 관계성 속에서 미진한 것들을 하나씩 고쳐가려고 부단히 애썼다.

늦었지만 예수님의 비유 강설을 할 수 있도록 필자에게 사상적으로나 실질적으로 영향을 주신 선대의 귀한 목사님들께 감사드린다. 그분들은 주님의 교회가 어둠 속에서도 빛을 따라 어떻게 살아가는가를 필자의 눈앞에 실증하여 보여주셨다. 또한 필자에게 오랫동안 격려와 위로와 지지를 아끼지 아니한 독립개혁장로교회와 독립개신교회 소속 존경하는 목사님들께도 감사드린다. 그리고 이 책이 나오기까지 직접적으로 수고하신 모든 분들께도 감사드리고 싶다. 가장 가까운 거리에서 기도와 성원을 아끼지 아니한 선약교회 성도님들과 편집과 교정과 기도 녹취에 애쓰신 여러분들께 감사하고 사랑하는 아내와 믿음의 식구들에게 이렇게 지면을 빌어 고맙다는 말을 전한다.

마지막으로 영광을 받으실 주님께서 이 책을 읽는 독자들에게 큰 은혜를 주시기를 기도한다. 독자들이 이 강설들을 기초하여 예수님의 비유를 더 풍성하게 깨닫기를 바라고 성신님의 능력으로 교회아로서 하나님 사랑과 이웃 사랑을 위해 더욱 헌신하게 되기를 기도드린다.

2016. 9. 12. 著者 識

예수님의 비유

예수께서 이 모든 것을
무리에게 비유로 말씀하시고
비유가 아니면
아무 것도 말씀하지 아니하셨으니

(마태복음 13: 34)

추천사 1	4
추천사 2	8
저자서문	12
제 1 강 　비유에 대하여	20
제 2 강 　지혜로운 건축자와 어리석은 건축자	34
제 3 강 　장터에서 피리 부는 아이들	53
제 4 강 　씨 뿌리는 자의 비유	65
제 5 강 　은밀히 자라는 씨 비유	80
제 6 강 　알곡과 가라지 비유	93
제 7 강 　겨자씨 비유	106
제 8 강 　누룩 비유	118
제 9 강 　감추인 보화와 진주 장사 비유	131
제 10 강 　그물 비유	142
제 11 강 　사람을 진짜로 더럽히는 것에 대한 비유	154
제 12 강 　잃은 양 비유	170
제 13 강 　무자비한 종의 비유	181
제 14 강 　어리석은 부자의 비유	200
제 15 강 　주인을 기다리는 충실한 종 비유	214
제 16 강 　도적 비유	227
제 17 강 　지혜 있고 진실한 청지기 비유	241
제 18 강 　열매 없는 무화과나무 비유	255

제 19 강	선한 사마리아인의 비유	268
제 20 강	밤중에 찾아온 친구 비유	282
제 21 강	좁은 문 비유	297
제 22 강	큰 잔치 비유	313
제 23 강	동전(열 드라크마) 비유	327
제 24 강	두 아들(탕자)의 비유	340
제 25 강	불의한 청지기 비유	357
제 26 강	부자와 나사로 비유	371
제 27 강	종의 의무에 대한 비유	387
제 28 강	불의한 재판관에 대한 비유	403
제 29 강	바리새인과 세리의 기도 비유	417
제 30 강	자비로운 포도원 주인 비유	433
제 31 강	므나 비유	446
제 32 강	아버지의 사역 명령에 대한 두 아들의 비유	460
제 33 강	악한 농부들의 비유	474
제 34 강	왕자의 혼인 잔치 비유	490
제 35 강	무화과나무 비유	505
제 36 강	열 처녀의 비유	519
제 37 강	달란트 비유	536
제 38 강	양과 염소의 비유	551
제 39 강	예수님의 비유에 대한 마무리	569

예수님의 비유

예수께서 이 모든 것을 무리에게 비유로 말씀하시고
비유가 아니면 아무 것도 말씀하지 아니하셨으니 (마태복음 13: 34)

제 1 강

비유에 대하여

마가복음 4:10-12

들어가는 말

　오늘부터 예수님의 비유에 대하여 살펴보도록 하겠습니다. 성육신하신 예수님께서는 하나님의 뜻을 계시하시기 위하여 사람의 언어를 쓰셨습니다. 당시 예수님이 쓰신 언어는 주로 아람어였습니다. 예수님은 언어의 창조자이시니까 아람어의 독특한 수사 양식을 완전하게 사용하셔서 하나님의 경륜과 사상을 완벽하게 나타내셨습니다. 구약에 예언되고 예표된 그리고 모형적으로 혹은 그림자적으로 제시된 메시야로서의 당신의 인격과 사역에 대해 당시의 언어 양식을 써서 적절하게 입증하셨고 새로운 시대에 걸맞은 계시를 당시의 수사방식을 사용하여 선포하셨습니다.

　수사방식은 이야기(비유, 과장, 인상적인 언어)가 있고 과장법도 있고 동음이의법도 있으며 직유, 은유, 제유(대유; 속을 가지고 종을 이야기 혹은 종을 가지고 속을 이야기), 전유(환유), 비사, 잠언(격언), 수수께끼, 역설, 추론, 대화 등이 있습니다.

이것들 중에서 비유에 대해서 우리가 집중적으로 보려고 합니다. 예수님의 가르침은 거의 다 비유라 할 수 있지만 특별히 비유라는 형식으로 구분하자면 복음서의 예수님의 교훈 중 35퍼센트 이상이 이 비유에 해당하기 때문에 매우 중요한 교훈 방식입니다. 혹자는 이 비유가 80여개나 된다고 하나 대략 비유라고 볼 수 있는 것은 40-50개 정도 됩니다.

그런데 주님의 언어로서의 계시 방식은 처한 환경과 다양한 인격들과 역사적 상황을 앞에 두고 하셨기 때문에 그런 내용을 알고 있어야 바르게 해석할 수 있고 거기에 따라 적용할 수 있습니다. 무조건 당신이 할 말을 공중에 선포하거나 일방 설명하고 마는 식이 아니라 듣는 자들의 형편과 상황에 따라 다양한 방식으로 대처하시기 때문에 그런 환경들을 무시하면 성경의 바른 해석을 할 수 없는 것입니다.

이런 것들을 고려하고서 예수님의 비유에 대해 오늘은 서론적으로 보도록 하고 이후에 예수님이 가르치신 비유 하나 하나의 내용들을 자세히 살펴보도록 하겠습니다. 오늘 본문은 마가복음 4:10-12입니다.

> 10예수께서 홀로 계실 때에 함께한 사람들이 열 두 제자로 더불어 그 비유들을 묻자오니 11이르시되 하나님 나라의 비밀을 너희에게는 주었으나 외인에게는 모든 것을 비유로 하나니 12이는 저희로 보기는 보아도 알지 못하며 듣기는 들어도 깨닫지 못하게 하여 돌이켜 죄 사함을 얻지 못하게 하려 함이니라 하시고

비유란 무엇인가?

먼저 예수님이 가르치신 비유가 무엇인지에 대하여 보도록 하지

요? 비유의 사전적인 의미는 도덕적 또는 종교적 원리를 가르치는 짤막한 인상적 이야기, 혹은 사물의 설명에 있어서 그와 비슷한 다른 사물을 빌려 설명하는 일로 되어 있습니다. 헬라어로는 파라볼레(παραβολή)인데, 어떤 도덕적 혹은 영적인 진리를 계시하기 위하여 일상 중에 일어나는 일상적인 사건을 사용한 비교(직유, 은유, 유사), 대비하는 뜻이 있습니다. 그런데 이 파라볼레(παραβολή)는 아람어 마샬(משל)을 번역한 말입니다. 마샬이라는 말은 천상적인 의미를 지닌 세상의 이야기 혹은 속담, 이야기 비유, 수수께끼 등을 의미합니다. 그러니까 구약 사상을 담은 뜻을 내포한 마샬의 뜻이 비유의 정의로 가장 가깝다고 여겨집니다. 그러나 그것만으로 다 설명되는 것은 아닙니다. 하나님 나라를 해명하는 것이기에 그만큼 깊이가 있고 풍요한 의미를 지닌 용어입니다.

비유의 목적

그러면 예수님은 이 비유를 왜 하셨는가? 오늘 본문에 나와 있지만 믿는 제자들에게 이 비유는 예수님의 메시지를 예증하시기 위하여 비유를 하셨습니다. 그런데 실제에 있어서 예수님의 제자들이라도 예수님의 비유를 당장에는 잘 이해하지 못하였습니다. 그래서 나중에 항상 그에 대한 해석을 따로 들어야 제자들도 제대로 이해하게 되었습니다.

그리고 불신자나 외인들에게는 예수님의 메시지를 은폐하시기 위하여 비유로 하셨습니다. 저들이 죄 사함을 받아 회개하지 못하도록 하기 위하여 비유로 하신 것입니다. 그러면 왜 이렇게 하신 것인가? 주님은 악인이 돌이켜 회개하기를 바라시는데 어째서 저들이 회개하지 못하게 비밀로 붙이셔서 말씀을 하셨는가? 불신 유대인들은 하나님 나라의 도래에 대해 오해하고 있는 자들이었습니다. 정치적인 메시야의 나라로 이해를 하고 그것을 고대하는 자들이었습니다. 그러한 자들에게 하나님 나라의 비밀이 누설되면 그것에 대해 저들이 임의로 오용하고 남용할 소지가 있었기 때문에 그렇게 비밀스런 비유의 방식으로 말씀을 하신 것입니다. 주님께서 작정하신 때가 있는데 그때가 되기 이전에 저들이 맘대로 대적하게 된다면 아니 되는 것입니다. 이것은 주님께서 '인자'라는 용어를 사용하신 목적과 같은 것입니다.

그리고 또 한 가지, 비유로 말씀하신 이유는 청중들의 감정을 누그러뜨리기 위하여 비유로 하셨습니다. 직접적으로 말하면 청중들이 오해된 감정으로 나올 수 있었기 때문에 부인할 수 없는 그런 비유의 말씀으로 자신들의 실체를 바라볼 수 있도록 그렇게 하신 것입니다. 자기의 부족이나 범죄의 내용을 무조건 인정하지 않고 대적하는 일을 하지 않도록 하기 위하여 그렇게 비유로 말씀하신 것입니다.

비유의 방식

그러면 비유의 방식은 어떻게 취하셨는가? 주님은 생생한 삶의 구체적 현장에서 만들어진 이야기를 비유로 말씀하셨습니다. 당대의 사람들이 누구든지 들어 알 수 있는 내용을 가지고 비유의 말씀을 하신 것입니다. 반석 위에 집을 짓는 것과 모래 위에 집을 짓는 것을 대조하여 말씀하신 것과 또 오늘 본문의 씨 뿌리는 자의 비유가 바로 그런 것이며 그리고 백합꽃의 아름다움을 말씀하신 것이 바로 그 구체적인 예입니다(마 6:28; 눅 12:27). 그리고 새 옷감과 헌 옷감의 예를 들어서 말씀하신 비유(마 9:16; 막 2:21) 등이 생생한 삶의 현장에서 취하여 비유하신 것입니다.

아울러 주님께서는 구약에 나타난 이야기들을 예표와 실체의 상관관계를 나타내기 위해 비유를 사용하셨습니다. 그러니까 구약의 예표적이고 그림자적인 내용을 어느 정도 배경으로 알고 있는 자들에게 그 본질적이고 실체적인 내용을 바로 깨닫도록 하기 위하여 비유하여 가르치신 것입니다.

비유에 대해 우리가 알아야 할 것은?

이제 이상의 내용을 기억하면서 비유에 대해 우리가 알아야 할 것은 무엇인가를 살펴보겠습니다. 비유에 대해 다음과 같은 것을 알지 못하면 실제적인 적용은 되지 않습니다.

우리는 우선 주님께서 당시 환경에서 사건의 당사자들에게 의도하신 비유의 뜻이 무엇인지 파악하는 것이 매우 중요합니다. 이것을 알아야 알레고리나 영해라는 그릇된 성경 해석의 위험에서 벗어날 수 있습니다. 알레고리나 영적 해석이 전혀 필요 없는 것은 아니지만 당시 지리적이고 시대적인 배경 하에서 주어진 비유의 실제적인 의미를 알아야 그것이 가리키는 바 궁극적인 내용을 알게 되는 것입니다.

그것으로 첫째, 당시에 사용된 비유의 시제와 문법적인 내용을 잘 알아야 합니다. 주님께서 청자들이 알아들을 수 있게 당시에 통용되던 언어의 방식으로 하셨기에 이것을 아는 것이 매우 필요한 것입니다.

둘째, 예수님의 일반적인 교수 경향에 대해 알아야 합니다. 주님의 가르치심은 구약의 예표적인 내용을 염두에 두고 구약의 실체로서의 새로운 시대 가운데 베풀어진 새로운 가르침입니다. 그런 내용을 모르고 그저 단편적으로 잘라서 그 비유의 가르침을 이해하려고 하면 그 폭이 너무 좁게 되고 깊이가 아주 얕게 됩니다.

셋째, 우리가 알아야 할 것은 복음서 저자들이 그 사건들을 취합할 때의 역사적 상황에 대해서도 알아야 합니다. 그래서 그 사건들이 어떻게 인용되고 편집되었는지를 알아야 합니다. 그럴 때 비유의 내용을 보다 확실하게 알 수 있습니다.

본문의 배경

이제 이런 사전 지식을 가지고 오늘 본문의 내용을 보도록 하겠습니다. 먼저 본문의 배경을 봅니다. 예수께서는 공생애 제2년 후반부에 당신을 좇는 사람들에게 집중적인 비유의 말씀을 하셨습니다. 그저 세상의 재미있는 이야기를 만들어서 듣는 자들이 즐겁게 느끼도록 그런 비유를 하신 것이 아니고 그 속에 하나님 나라의 큰 뜻을 담아서 그렇게 적실하게 가르치신 것입니다. 주님은 한 번도 재미있으라고 황당하거나 실없는 이야기를 하신 적이 없습니다. 사람들로 하여금 제대로 알고 순종하도록 생생하고 사실적인 비유를 그렇게 말씀하신 것입니다.

그 중에서 씨 뿌리는 자의 비유를 갈릴리 바닷가에서 배를 타시고 떠 앉으셔서 육지에 앉은 자들에게 하셨습니다. 예수님의 소문을 듣고 한 번에 많은 사람들이 모여들므로 복잡하니까 그렇게 하셨습니다. 먼저 씨 뿌리는 자가 씨를 뿌리러 나가서 씨를 뿌리는데 더러는 길가에 떨어졌고 더러는 흙이 얇은 돌밭에, 더러는 가시떨기에, 더러는 좋은 땅에 떨어져서 각기 어떤 결과가 나타났다는 것을 말씀하셨습니다. 일반적으로 밭이라고 하는 것이 모두 고르게 토질이 같은 것은 아니지요? 그러니까 씨를 뿌릴 때 그런 일이 생기는 것입니다. 길가에 떨어진 씨는 공중의 새들이 와서 먹어버렸고 흙이 얇은 돌밭에 떨어진 씨는 싹이 금방 나오지만 뜨거운 해가 돋은 후에는 뿌리가 없으므로 타서 말라

버렸고 더운 지방에 많이 생기는 가시떨기(샤보댕)에 떨어진 씨는 가시가 자라 기운을 막아서 결실치 못하였고 좋은 땅에 떨어진 씨는 튼튼하고 건강하게 자라 무성하여 결실을 맺는데 30배, 60배, 100배가 되었다고 하셨습니다. 예수님께서는 당시 갈릴리 농촌의 농사법을 염두에 두시고 들을 귀 있는 자는 들으라고 하시면서 이런 비유의 말씀을 제자들에게 가르치셨습니다. 보통 갈릴리 농촌에서는 밭을 뒤엎는 쟁기질보다 먼저 씨앗을 뿌리는 일을 한다고 합니다. 제자들은 이 말씀에 대해 듣기는 들었으나 아직 그 원뜻을 알아듣지 못하였습니다.

제자들의 물음과 예수님의 대답

제자들은 그 비유에 대한 가르침이 궁금하여서 예수님이 조용히 홀로 계실 때에 그 비유의 뜻에 대해 물었습니다.

그런데 주님은 그에 대해 직접적으로 답하시기 전에 하나님 나라의 비밀을 너희에게는 주었으나 외인에게는 모든 것을 비유로 하나니 이는 저희로 보기는 보아도 알지 못하며 듣기는 들어도 깨닫지 못하게 하여 돌이켜 죄 사함을 얻지 못하게 하려 함이라는 말씀을 하셨습니다. 이사야 6:9-10 말씀을 인용하여 이렇게 말씀하신 것입니다. 이사야 6:9의 2인칭을 3인칭으로 바꾸고 6:10의 '고치다'를 '용서하다'로 바꾸어 그렇게 인용하였습니다.

그러니까 제자들에게는 하나님 나라의 비밀이 주어졌으나 외인에게는 이것이 가려져 있다고 하신 것입니다. 제자들 편에서 보면 이것이 '보통 특별한 은혜가 아니다' 하는 것을 인식할 수 있게 합니다. 제자들이 세상 사람들과 별달리 다른 점이 별로 나타나 있지 않은데 저들에게는 하나님 나라의 비밀이 주어진 것입니다. 이 비밀을 자세히 생각하여 보면 방금 전에 말씀하신 씨 뿌리는 자의 비유가 하나님 나라의 비유라는 사실을 확연하게 알게 됩니다.

외인들에게 가리워진 하나님 나라의 비밀

당시에 주님을 쫓아다니던 사람들 중에는 열혈 당원들과 같이 예수님에 대해 자신들이 고대하는 정치적인 메시야가 아닌가 하는 자들이 많았습니다. 저들의 입장에서 볼 때 예수님이 말씀을 선포하시며 가르치시는 메시야 왕국에 대한 내용은 자기들의 그릇된 선입견으로 오해하기가 쉬운 것이었습니다. 그리하여 자칫 저들의 동요와 위협이 일찍 나타날 수가 있었습니다. 그래서 사실 예수님께서는 제자들과(막 1:45, 7:36; 눅 9:21) 귀신에게조차 그 사실을 발설하지 못하게 막으셨습니다(눅 4:35). 그러나 우리가 알다시피 그것은 잘 지켜지지 않았습니다.

아무튼 그런 의도에서 저들의 불의한 관점이 미리 발휘되지 않도록 하기 위해서 메시야의 인격과 사역이 나타나는 비유의 가르침을 저 외인들에게 특별히 비밀로 가리신 것입니다. 그러니까 비유의 말씀으로 단순히 악인이 회개치 못하게 하시려고 하시는 것이 아니라 그런 구속 역사의 진전 중에 나타나는 일들을 고려하시고 이런 말씀을 내리신 것입니다.

제자들과 같이 부족하여도 순종하려고 말씀을 듣는 자에게는 말씀이 제대로 들려지지만 아예 처음부터 불의한 관점으로 말씀을 듣는 자들은 결코 거기에 어떤 선한 결과를 기대할 수 없습니다. 혹 불의한 자들조차도 말씀을 자주 들으려고 하고 일시적으로 주님의 기적을 경험케 되는 일이 있지만 그것은 일시적인 비추임에 불과한 것이고 한 번 맛본 정도에 지나지 않는 것입니다. 헤롯 안디바나 바로, 그리고 벨릭

스 같은 이가 바로 대표적으로 그런 존재들입니다. 듣는 이가 탐심을 가지고 있기에 하나님께서 상실한 마음대로 내어버려두심으로 그렇게 말씀이 가려지는 결과가 나타나게 되는 것입니다. 마가복음 14:55-59을 보면 저들의 영적 어두움이 어떻게 나타나는가를 잘 알 수 있습니다. 같은 정보를 들었어도 결과는 판이하게 다른 것입니다. 같은 물을 먹고도 독사는 독을 뿜고 소는 우유를 내는 것과 같습니다. 자기들의 의식구조상의 차이가 있는 것입니다.

다시 말씀드리지만 저 외인들의 불의한 관점이 용서되어 돌이키게 된다면 한편으로 주님의 경륜이 저지당하는 모습이 되므로 주님의 크신 지혜에 대한 경륜이 여기에 감추어 있는 것입니다. 이런 사상은 마태복음 11:25-27에도 잘 나타나 있습니다.

> ²⁵그 때에 예수께서 대답하여 가라사대 천지의 주재이신 아버지여 이것을 지혜롭고 슬기 있는 자들에게는 숨기시고 어린 아이들에게는 나타내심을 감사하나이다 ²⁶옳소이다 이렇게 된 것이 아버지의 뜻이니이다 ²⁷내 아버지께서 모든 것을 내게 주셨으니 아버지 외에는 아들을 아는 자가 없고 아들과 또 아들의 소원대로 계시를 받는 자 외에는 아버지를 아는 자가 없느니라

주님의 복음은 이제 유대 땅에서의 일들을 다하고 그들의 영역을 넘어서 진정으로 이방인 중에 믿는 자들에게로 확대되어 나아가야 합니다. 궁극적으로 그러기 위해서는 이런 동질의 일들이 미리 준비되는 것입니다.

다시 정리해 보지만 복음이 가려진 자들에게는 그들 편에서 보자면 복음을 바로 알고 순종하고자 하는 마음이 없습니다. 그저 듣고 마는

것입니다. 하나님 나라의 지식을 들어서 기억하여 알고는 있지만 그것이 자신의 삶을 하나님 나라적으로 변화시키는 능력은 전혀 없는 그런 메마른 지식이 되고 마는 것입니다. 그리고 한 때 말씀이 깨달아지기는 해도 세상에 대한 근본적인 야상의 탐욕을 버리지 못하여 말씀의 뿌리가 내리지 못하게 막아버립니다. 두 길 보기를 하려고 하니까 이런 일이 일어나는 것이지요? 그리고 세상의 일락이나 걱정과 근심으로 인하여 말씀이 자라지 못합니다. '돈이 없는데 명예도 기술도 없는데 어떻게 사나?' 이런 근심 걱정을 하면 들은 말씀의 효과가 전혀 나타나지 않는 것입니다. 주께서 '염려하지 말라' 했어도 염려를 벗어나지 못하는 그런 일들을 수없이 반복하는 것입니다. 그런 상태에서 자기들이 요구하는 쪽으로 임의로 생각을 고착시키고 주님과 공통점을 찾으려고 나아온다면 하나님 나라 안에서 여러 가지 해악의 짓을 할 수 있는 것입니다. 주님은 그런 것들을 고려하신 말씀을 지금 제자들에게 이야기하고 계신 것입니다.

당시 주님 제자들이 가져야 할 심성과 자세

주님의 제자들은 이런 의미가 담긴 주님의 말씀을 듣고 어떤 심성과 자세를 가져야 할까요? 주님의 제자들이라면 아무런 공로 없이 무상으로 하나님 나라의 비밀을 알게 되었으므로 감사한 마음을 가지고 그 가르침에 따라 적극적으로 삶의 열매를 맺으며 나아가야 하겠다는 자세를 가져야 할 것입니다. 내려진 말씀에 따라 현실적인 열매를 맺는 일에 방해가 되는 요소가 없는가 생각하고서 그것을 없이하며 당장에 그것을 없애는 일에 고통과 희생이 따른다고 해도 그것을 통해서만 하나님께 영광이 되겠다는 각오를 가지고 나아가야 할 것입니다.

주를 따른다고 하는 사람이 '나는 아직 믿음이 없으니까 조금만 더 있다가 순종하고 나아가겠다'고 한다면 그것은 그만큼 주님께 연합된 지체로서의 희생의 영광을 기피하는 것이고 한편으로 옛사람에 의한 육신의 정욕을 잠시간 더 누리겠다는 표시가 되는 것입니다. 그런 자들에게는 비록 주님을 육신적으로 따르고 있다고 해도 여전히 주님 나라의 비유의 말씀이 계속적으로 알 수 없는 비밀로 남아있을 수밖에 없습니다. 받아 누리는 자는 있는 가운데 더 누리고 장성하나 그렇지 않은 자는 있다고 생각되는 것조차 다 빼앗기고 말 것입니다. 오늘 본문의 마태복음 병행구를 볼까요? 마태복음13:10-17입니다.

> 10제자들이 예수께 나아와 가로되 어찌하여 저희에게 비유로 말씀하시나이까 11대답하여 가라사대 천국의 비밀을 아는 것이 너희에게는 허락되었으나 저희에게는 아니되었나니 12무릇 있는 자는 받아 넉넉하게 되되 무릇 없는 자는 그 있는 것도 빼앗기리라 13그러므로 내가 저희에게 비유로 말하기는 저희가 보아도 보지 못하며 들어도 듣지 못하며 깨닫지 못함이니라 14이사야의 예언이 저희에게 이루었으니 일렀으되 너희가 듣기는 들어도 깨닫지 못할 것이요 보기는 보아도 알지 못하리라 15이 백성들의 마음이 완악하여져서 그 귀는 듣기에 둔하고 눈은 감았으니 이는 눈으로 보고 귀로 듣고 마음으로 깨달아 돌이켜 내게 고침을 받을까 두려워함이라 하였느니라 16그러나 너희 눈은 봄으로, 너희 귀는 들음으로 복이 있도다 17내가 진실로 너희에게 이르노니 많은 선지자와 의인이 너희 보는 것들을 보고자 하여도 보지 못하였고 너희 듣는 것들을 듣고자 하여도 듣지 못하였느니라

그러니까 비유의 말씀으로 당시 구속사의 질서 속에서 가장 시급하고 합당하게 나아가야 할 것을 깨우쳐 주시는 사실을 잘 기억하고 거기에 마음을 쏟고 당대의 환경 속에서라도 자신을 힘껏 주께 드려 나아간다면 당대에 주님 제자로서의 열매는 절로 맺어지게 될 것입니다(요 15:1-8).

오늘날의 주의 백성들의 심성과 태도는 어떠해야 하나

오늘날에는 주께서 이상의 비유들을 어떻게 적용하여 나아가시는가? 지금 시대에서는 교회 속에서 하나님의 말씀으로 날카롭게 꾸짖는 강설자에게 듣고 자신의 영적 질병의 참상을 깨달아 그 치유의 말씀을 따라 순종하는 삶을 살아야 합니다. 그런 사람에게 하나님 나라의 비밀이 밝히 드러나는 것입니다. 하나님이 세우신 최소한의 교회적 질서 가운데 강설자를 통해 내리시는 그 말씀을 따라 자신의 영적 질병을 고치려고 하지 않거나 그저 말씀을 듣되 자극받는 일에만 만족하고 살거나 여전히 세상에 대한 탐욕이나 염려를 버리지 않고 산다면 그런 사람들은 현재에도 장차에도 하나님 나라의 영광에 결코 가담할 수 없습니다. 아까도 말씀드렸지만 그런 하나님의 방식을 존중하고 순종하려고 하는 자들에게만 들을 귀가 열려 그 말씀이 생명을 역동적으로 움직이게 하는 말씀으로 들리는 것입니다. 요한복음 7:17을 보겠습니다.

> 17사람이 하나님의 뜻을 행하려 하면 이 교훈이 하나님께로서 왔는지 내가 스스로 말함인지 알리라

나가는 말

말씀을 맺습니다.

우리가 계시와 은폐의 양면이 있는 예수님의 비유를 오늘부터 보고자 하는데 부디 하나님의 예정과 섭리의 지혜를 이런 데서 바로 알고 나아가야 할 것입니다. 그렇지 않고 여전히 자기의 관점으로 하나님의 선택과 예정을 오해하여 그분의 비밀스런 비유의 가르침을 받아들인다면 그런 사람에게는 생명의 말씀이 가려질 것입니다. 아상으로 스스로 구원을 기피하여 가는 그런 자들에게는 있는 것조차도 아주 다 빼앗기는 심판만이 기다릴 것입니다(마 13:12, 25:29; 막 4:25; 눅 8:18, 19:26).

기도

거룩하신 아버지 하나님, 메시야로 오셔서 작정된 일을 향하여 나아가시면서 하나님 나라의 비밀을 전파하실 때 비유로 말씀하셨사옵는데 그렇게 비유로 말씀하신 이면에는 주님의 지혜와 주님의 지식이 담겨 있다는 것을 기억하옵나이다. 악한 자들의 속성을 다 아시고 또 주님을 따르는 자들의 연약한 면들을 다 아셔서 비유로 말씀하시고 비유를 통해 계시와 은폐의 양면이 다 나타나게 하셔서 당신이 장차 오실 구속자로 오셔서 행보하실 그 일들을 차서있게 나타내시며 또 제자들로 하여금 주님의 그 지혜안에서 주님의 사랑을 알고 행보할 수 있게 하셨사옵나이다. 당시에 허다한 사람들이 주님의 그 비유를 듣고 있었지만 대다수의 사람들은 비유의 참뜻을 알지 못하고 주님께 대항을 하였고 주님의 은혜 가운데 있었던 자들에게나마 주의 계시가 열려져 있어서 저들이 후에 주의 성신을 받아서 그 계시의 사실을 널리 광포하고 나아가게 되었사옵나이다. 저희들이 그런 믿음의 선진들의 열심으로 도움을 받아서 주의 백성으로 살아간다고 할진대 주님이 그 비유로 말씀하신 내용들을 잘 풀어서 가르치실 때 마땅히 주께서 요구하시는 긍정적인 열매를 맺으며 나아가게 하여 주시옵소서. 주께서 비유로 하시는 참뜻을 이해하고 현재적으로 마땅히 누려야 할 것들을 마땅히 누리고 나아가게 하여 주시옵고 그리고 마땅히 증시하고 나아가야 할 것들에 대해 증시하고 나아가게 하옵소서. 저희들이 형편과 사정이 어떠하든지 주님이 말씀하시는 목표를 이루는 삶을 온전히 살아가게 하옵시고 저희들의 달란트가 어떠하든지 주님이 맡기신 그 일을 하늘의 명령으로 알고 순종하고 주님이 이 시대에 말씀을 쓰셔서 목표하신 일에 온전히 쓰임 받게 하여 주시옵소서. 주님이 섬김으로 알게 된 이 계시의 용도를 저희들이 잘 헤아려서 진정 하나님 나라의 아름다움과 선함과 거룩함을 잘 나타내고 살아가게 하옵소서. 스스로 주의 은혜가 있다고 하나 여전히 패턴을 바꾸지 않는 삶을 살아서 부정적인 세 가지 밭의 경우에 스스로 함몰되어 물러가는 그런 자들이 되지 않게 하여 주시옵고 주께서 말씀하실 때에 인내하며 결실을 잘 맺어서 이 시대에 주께서 요구하시는 하나님 나라의 회복된 사회상을 잘 나타내고 살아가면서 주께 영광을 돌리게 하여 주시옵소서. 모든 걸 주께 의탁 드리옵고 감사드리며,

우리 구주 예수 그리스도의 이름으로 기도 올리옵나이다. 아멘.

제 2 강

지혜로운 건축자와 어리석은 건축자

마태복음 7:24-27

들어가는 말

    지난 시간에는 예수님 비유에 대하여 서론적으로 말씀드렸습니다. 오늘부터는 구체적으로 그 예수님이 가르치신 비유를 하나씩 상고하도록 하겠습니다. 지혜로운 건축자와 어리석은 건축자에 대한 비유입니다. 본문은 마태복음 7:24-27입니다.

> ²⁴그러므로 누구든지 나의 이 말을 듣고 행하는 자는 그 집을 반석 위에 지은 지혜로운 사람 같으리니 ²⁵비가 내리고 창수가 나고 바람이 불어 그 집에 부딪히되 무너지지 아니하나니 이는 주초를 반석 위에 놓은 연고요 ²⁶나의 이 말을 듣고 행치 아니하는 자는 그 집을 모래 위에 지은 어리석은 사람 같으리니 ²⁷비가 내리고 창수가 나고 바람이 불어 그 집에 부딪히매 무너져 그 무너짐이 심하니라

파라볼레(παραβολή)에 대하여

마태복음 13:34에 나타난 바와 같이 "예수께서 이 모든 것을 무리에게 비유로 말씀하시고 비유가 아니면 아무것도 말씀하지 아니하셨으니" 하는 측면으로 보자면 예수님이 가르치신 내용 모두가 비유라고 할 수 있습니다. 하지만 복음서에 파라볼레(παραβολή)라고 직접적으로 명백하게 사용되었거나 이 용어가 들어 있는 비유들의 숫자를 보면 씨 뿌리는 자의 비유를 비롯하여 마태복음 13장의 하나님 나라의 비유를 포함해서 30개 정도 됩니다. 그리고 여기에다가 선한 사마리아 사람의 이야기나 탕자 이야기 등의 이야기식 비유와 모범적인 비유 등을 포함시킨다면 47개 정도 됩니다. 그리고 비유의 목록에 포함할 수 있는 두 가지(지혜로운 건축자 …, 장터에서 피리 부는 아이들)의 유사가 있는데 그것 중 하나가 오늘 본문에 해당합니다. 그렇게 모두 합하면 49개 정도가 됩니다. 그 외에 비유라고 할 수 있는 예문들이 26개 이상 됩니다(로버트 H. 스타인, 비유해석학 중에서). 이중에서 비유의 예문들을 제외한 49개의 비유에 대해 되는 대로 앞으로 하나씩 보고자 합니다. 순서는 예수님의 공생애의 순서를 따르려고 하지만 연대가 명확하지 않은 것이 많으므로 비슷한 때의 것들은 성경에 나오는 순서나 아니면 추측 연대로 대략 확정지어진 대로 보도록 하겠습니다.

비유를 대할 때에 주의할 점

우리가 비유를 대할 때에 주의할 점은 주님께서 다양한 정황 가운데 여러 계층의 사람들을 만나 그때 그때마다 그들에게 가장 필요한 것을 가르치고자 하거나 은폐하기 위하여 하나님 나라의 부분 부분을 나타내는 비유를 하셨으므로 비유 하나 하나가 전체 복음을 다 포괄하고 있지 않다는 사실입니다. 때론 주님의 약속에 대해서 때론 불의한 자들의 심판에 대해서 때론 하나님 나라의 본질과 그 도래에 대해서 비유로 말씀하셨습니다. 그리고 때론 하나님 나라의 가치를 나타내기 위하여, 때론 하나님 나라 백성들의 윤리적 생활 등등에 대해서 비유로 말씀하셨으므로 그런 것을 전제하고 특색 있게 그 비유의 말씀들을 받아야 하는 것입니다.

본문의 때(시기)

이제 오늘 본문의 때(시기)부터 보도록 합니다. 마태복음서에서 본문의 위치는 산상보훈 중의 결론 부분입니다. 그러면 이 산상보훈이 제자들에게 선포되고 가르쳐진 때는 언제입니까? 예수님의 공생애 제2년 상반기의 어느 때쯤 될 것입니다. 대체로 예수님께서 열두 사도를 임명한 지 얼마 되지 아니한 때였습니다(막 3:13-19; 눅 6:12-16). 그리고 이때는 예수께서 공생애 중 두 번째로 갈릴리 전도여행을 하시는 그런 시기였습니다. 그러니까 예수님의 명성이 어느 정도 온 이스라엘에 퍼져 있을 때였습니다.

본문의 장소

주님이 갈릴리에서 사역하시는 때였으므로 물론 이 말씀을 하신 장소는 갈릴리 어느 지방이 될 것입니다. 산상보훈의 사건 이후에 주님은 가버나움으로 들어가시는데 그것으로 미루어 보아 갈릴리 호수 가까운 어느 산이 아닐까 생각하게 됩니다.

이스라엘 나라의 핵심적인 백성들이 그리스도이신 예수님을 받아들일 영적 형편이 되지 아니하므로 예수님은 구약에서 예언하신대로(사 9:1-2) 이렇게 유대인들에게 이방의 갈릴리라고 불리는 그런 외진 변방에서 주로 당신의 구속 계시 사역을 신실하게 감당하고 계셨습니다.

본문을 듣는 대상

그러면 이 말씀을 듣는 자들은 누구입니까? 많은 무리들이 예수님께 몰려 왔기에 그들에게도 하나님 나라에 들어간 자들의 성격과 윤리적인 삶에 대해 말씀하시는 것이지만 주로 가까이에 있었던 제자들을 중심으로 이 산상보훈의 말씀을 가르치셨습니다.

이스라엘의 허다한 사람들이 그릇된 메시야관과 메시야 왕국관을 가지고 있으면서 예수님을 시험하려고 혹은 나름대로 비슷한 점이 있을까 하고 의심하며 가까이 오고 있었지만 그러한 자들 가운데에서 주님은 이 땅에 하나님 나라를 가져오신 장본인으로서 들을 귀가 있는 자들이 두고 두고 바로 들을 수 있도록 천국 사회생활의 성격, 그 형성을 위한 그 윤리적인 자태가 어떤지에 대해서 가르치고자 하시는 것입니다.

실로 주님의 말씀을 가까이서 듣고자 했던 제자들은 그 어두운 세태 가운데에서 할 수만 있으면 구원을 받고자 했던 자들이고 아브라함의 진정한 후예로 앞으로 나아가고자 하나 나아갈 바를 알지 못해서 고민하는 자들이었습니다. 그저 나라고 별 수 있나 하고서 현실에 안주하고서 타협하는 삶을 살려고 하는 일반 군중들과는 달랐습니다. 그들은 결코 일반 백성과 달리 연약하고 결핍이 많지만 나름대로 하나님의 구원의 약속을 바라며 그것의 진전과 성취에 매우 관심이 많았던 자들이었습니다.

아직 주의 제자들에게 구체적인 박해의 표징은 나타나고 있지 않았지만 이제 그들에게도 유대인들에 의한 집중적인 핍박이 곧 일 년 전후로 해서 시작되게 될 것입니다. 후에 마태는 더 진전된 역사 가운데 바로 이런 그릇된 관점에 둘러싸인 자들을 위하여 이 산상보훈을 바로 알도록 적절하게 앞뒤의 사건과 아우르는 배열을 하고 있습니다.

산상보훈의 개괄적인 내용

우선 산상보훈의 개괄적인 내용을 먼저 보도록 하겠습니다.

구약에 약속된 그 하나님 나라를 가져오신 주님께서는 그 나라의 상태에 대한 말씀으로 제일 먼저 산상보훈을 시작하셨습니다. 그 거룩한 나라에 들어가는 방법이나 능력에 대해 가르친 것이 아니라 이미 그 나라를 소유한 자들의 심령 상태가 어떤지에 대해서부터 말씀하시는 것입니다. 그러니까 이것은 하나님의 작정하심과 그리스도 예수 안에서 근본적으로 변화가 일어났고 또 앞으로도 변화될 자들에게 선포되는 말씀이라는 것을 알 수 있습니다. 타락한 인간 스스로 의롭게 변화될 수 없기에 하나님께서 그 변화의 근거와 지식과 능력을 계획하고 수립하고 덧입게 하시는 은혜로운 분이심을 전제로 하여 먼저 이 천국을 소유한 자의 심령 상태부터 말하는 것입니다.

천국민의 마음의 상태가 하나님의 나라의 제일 기본적인 것을 이룬다는 점을 그 팔복의 말씀으로 하신 다음에, 이러한 마음의 상태를 가진 사람이 세상에서 의롭게 살면 핍박을 받는 것이라고 하시고, 그럴지라도 그 사람의 영향은 사회의 빛으로 소금으로 나타난다고 하셨습니다.

그리고 나서 사람이 살아갈 때에 먼저 생명이 어떻게 존중되어야 할 것인지를 사회 형성의 가장 중요한 기본적인 요소로서 말씀하시고, 그 생명은 어떻게 확대되고 발전해 나아가고 순결히 보존되어야 할 것인가를 혼인법을 들어 말씀하셨습니다.

그리고 그 다음에는 좀 더 복잡한 사회생활로 들어가서 사람과 사람 사이에 있어서는 무엇이 그 근저에 중요한 하나님 나라의 도덕이 되는 것이냐 하는 것을 맹세에 대한 옛사람이 한 말을 인용하셔서 가르치셨습니다.

그리고 그 다음에는 그 사회의 사람 사이에 어떠한 다툼이 생기고 괴로운 문제가 생겼을 때에는 내면에 무엇이 지배해야 할 것이냐 하는 문제를 '눈은 눈으로, 이는 이로'라는 말을 들어서 설명하시면서 보복 금지를 가르치시고, 그 다음에 비로소 하나님의 나라 도덕의 가장 기본적인 것은 무엇인가 하는 것을 사랑이라는 점으로 말씀하신 것입니다. 이렇게 해서 하나님 아버지의 온전하심과 같이 너희도 온전하라고 하시면서 5장을 마치시는데, 그걸로 끝내신 것이 아니고 그 다음에는 다시 더 나아가서 하나님 나라의 구성, 즉 그것이 차례차례 형성되어 나가는 과정을 말씀하십니다.

그러니까 6장에서는 천국 사회원으로서 그 행위를 하여 나아갈 때 갖추어야 하는 실제적인 교훈들을 말씀하십니다. 거짓 경건을 경계하고 구제에 있어서 그리고 기도에 있어서 그리고 금식에 있어서 어떤 근본적인 정신을 소유하고서 실천궁행하여야 하는가를 가르치시면서 그의 나라와 그 의를 구해야 할 것을 말씀하셨습니다. 세상의 걱정이나 염려를 다 떨쳐 버리고 오로지 주권적인 하나님의 약속만을 믿고 의지하며 그렇게 해야 할 것을 말씀하셨습니다.

그리고 7장에서는 하나님 나라 사회를 보존해 가려면 하나님의 자녀의 마음가짐을 어떻게 쓰고 나아가야 하는가에 대해 남을 비판하지 말고 자신부터 살피는 일부터 해야 한다고 가르치셨습니다. 그리고 그 거룩한 진리를 함부로 개에게 주지 말고 할 수만 있으면 그 나라를 세워 나가는 길을 찾고 구해야 할 것을 말씀하셨습니다. 그리고 진정으로 내가 남에게 대접받고자 하는 대로 이웃을 대접하는 것이 율법과 선지자의 대강령임을 나타내셨습니다. 이어 비록 그렇게 사는 것이 좁은 문으로 들어가는 것과 같지만 허다한 자들이 멸망하려고 들어가는 넓은 문으로 가지 말고 그 문으로 꼭 가야 할 것을 말씀하셨습니다. 그 다음에 거짓 선지자가 나타나 사람을 꾀어 나갈 것을 말씀하셨습니다. 그 거짓 선지자는 양의 옷을 입고 나아오지만 속에는 노략질하는 이리가 들어있다고 하셨습니다. 그리고 신앙의 도리를 임의로 그릇되게 생각하여 경솔하게 받지 말고 항상 주의해서 하나님이 베풀어 놓으신 조건이 무엇인가 헤아려보고 하나님이 요구하시는 것을 따라 받아야 할 것이라고 하셨습니다. 아무나 주님을 부른다고 다 천국에 들어갈 것이 아니라고 하시면서 그런 경박한 자들은 결정적인 심판의 날에 주님의 물리치심을 받을 것을 경고하셨습니다.

그리고 나서 결론으로 오늘 본문의 지혜로운 건축자와 어리석은 건축자에 대한 비유의 말씀을 하셨습니다. 오늘 본문 뒤에는 산상보훈을 들은 사람들의 반응이 기록되어 있습니다.

오늘 말씀의 개략적 내용

이제 본문 말씀을 개략적으로 보도록 하지요? 예수님께서는 지혜로운 건축자는 그 집을 반석 위에 짓고 어리석은 건축자는 그 집을 모래 위에 짓는다는 비유로 대조하여 명료하게 말씀을 하셨습니다. 지혜로운 건축자는 반석 위에 집을 지은 고로 비가 내리고 창수가 나고 바람이 불어 그 집에 부딪혀도 전혀 해를 당하지 않고 어리석은 건축자는 모래 위에 집을 지은 고로 비가 내리고 창수가 나고 바람이 불어 그 집에 부딪히면 그 집이 견디지 못하고 무너진다는 내용입니다. 주님은 바로 앞의 구절과 관련하여서 이 산상보훈의 전체 말씀을 결론으로 맺으시는데 지혜로운 건축자는 주님의 이 말을 듣고 행하는 자라는 것을 말씀하시고 주님의 말씀을 듣고 행치 않는 사람은 어리석은 사람이라고 하셨습니다.

주님의 생생한 비유의 출처에 대해서

그러니까 주님은 먼저 당시의 사람들이 생활상 집을 짓는 방식의 생생한 내용들을 기억하시면서 그 문맥에서 이 대조되는 비유의 말씀을 하시는 것입니다.

원래 팔레스틴 땅은 지반이 약하여 바람을 동반한 겨울 폭우가 쏟아질 때 형편에 따라 집이 쉽게 무너졌다고 합니다. 특히 그 지역이 건기와 우기로 나뉘어 있는 기후인지라 건기 때에는 가령 모래가 살짝 깔린 건천의 강바닥이이라도 겉으로 보기에 매우 단단해 보이므로 그곳의 사람들은 대략 쉽게 이후의 일을 그렇게 심각하게 생각하지 않고 우선은 물을 구하기 용이한 곳이므로 그곳에서 멀지 않은 땅에 대개 굳은 진흙을 가지고 집을 건축하였습니다. 반석을 찾아서 집을 짓는 일이 집을 짓는 시초에 매우 힘이 들었기 때문에 성미 급한 자들은 비교적 쉽게 이 정도에서는 괜찮겠다 하는 생각으로 서둘러서 모래 위에 집을 지은 것입니다. 본문의 병행구인 누가복음에 보면 헬라사람들의 건축술을 염두에 두고 대상자를 고려하여 깊이 파서 집의 기초를 반석에 놓았다고 하고 또 본문과 같이 모래 위가 아닌 흙 위에 집을 지은 자라고 하였습니다. 그리고 본문처럼 호우와 범람과 폭풍이 아닌 홍수에 의해서 그렇게 지은 자들의 실체가 드러나게 될 것을 누가복음에서 말했습니다. 그러나 외형의 차이는 있지만 의미의 차이가 있는 것은 아닙니다. 아무튼 그저 날씨가 좋은 때에나 보통 우기 때에는 별 일이 없지만 심한 폭우가 내리는 때, 그래서 창수가 나고 폭풍까지 몰아치면 쉽게 지은 집은 문제가 생기는 것입니다.

주님은 기손 강이 지중해로 흘러 들어가는 골짜기를 배경으로 삼아 그 말씀을 하셨을 가능성이 있습니다. 평소에는 말라 있지만 우기 때에 비가 오면 물이 차고 넘치는 그런 환경을 내다보시면서 그런 경우를 흔히 보는 자들에게 이 말씀을 하셨을 것이라는 개연성은 있는 것입니다. 오늘날의 건축술로 보자면 모래 위에 집을 짓는 것은 크게 문제가 되지 않습니다. 기초를 잘 하면 되기 때문입니다. 당시 원시 건축술에 비추어 이 말씀을 하셨다는 것을 우리가 잘 알아야 할 것입니다.

비유의 초점

그리고 오늘 본문의 비유를 자세히 보면 지혜로운 건축자가 짓는 집이나 어리석은 건축자가 짓는 집이나 겉모습은 동일하다는 것을 알 수 있습니다. 문제는 결정적이고 심각한 환경 변화가 생기게 되는 때에 그 집들의 안정성의 여부와 부실함이 드러난다는 것입니다.

그러니까 이 비유의 초점은 집을 짓는 자의 기술이나 집을 짓는 재료에 문제가 있는 것이 아니고 어디에다가 건축을 하는가에 달려 있습니다. 지혜로운 사람은 반석을 찾아 그 위에다가 집을 지은 사람이고 어리석은 사람은 그냥 대강 쉽게 모래가 깔렸다 할지라도 겉으로만 단단해 뵈는 땅 위에다가 집을 지은 사람인 것입니다.

이와 같은 비교의 비유를 지금 산상보훈의 전체 강설과 관련하여 그리고 앞의 문맥과 연결하여 하는 것이므로 힘들더라도 찬찬히 그 근거가 되는 주님의 완전한 말씀에 기초하여 행하는 자가 하나님 나라의 삶을 지혜롭게 건축하는 사람이고 어리석은 건축자는 그러한 주님이 가르치신 단단하고 기초가 되어야 하는 생의 원리 또는 그 근본을 무시하고 그저 들은 것으로만 족하고 그 형식만을 갖추어 나가면 된다는 그런 성급한 사람인 것입니다.

앞의 구절들과 연결된 내용

방금 전에도 말씀드렸지만 이 비교의 비유 말씀은 전체 산상보훈의 결론으로 주어진 것이지만 앞의 구절들과 바로 연결하여 주시는 것이므로 거짓 선지자들의 태도와 심판과 밀접한 관계가 있는 것입니다.

거짓 선지자들의 특징은 자신의 근본적인 변화됨이 없이 그러니까 온전한 회개함이 없이 그리고 예수 그리스도의 아버지되신 분의 뜻과는 관계없이 그 분의 일에 참여한 자들입니다. 그저 그 분의 일을 했다는 그것을 자기들의 공로로 삼아서 구원을 받으려는 그런 관점을 가진 가운데 행동한 사람들인 것입니다. 오늘날로 치자면 회개하지 않고 단지 예수 그리스도의 이름으로 말하고 행동한 사람들입니다. 예수 그리스도의 이름을 빙자하여 자기들의 가장 귀중한 것을 얻고자 하는 그런 성공만을 고려한 자들인 것입니다. 그들의 입에는 늘 주님의 존칭이 불리고 있었지만 마음으로는 자신의 근본적인 결핍됨이나 무능력에 대한 인식이나 큰 구원을 무상으로 베푸신 하나님을 존경하는 경외심이 없었습니다. 행위의 동기나 목표가 주님과 관계없이 결과만을 자기들의 이익으로 삼으려는 그런 자들에 대해 심판 날에 주님께서 그들을 알지 못하시므로 물리치실 것이라고 말씀하였습니다.

그러니까 거기 연결된 오늘 말씀에서 보자면 지혜로운 건축자는 앞의 거짓 선지자들과는 달리 자신의 무능과 결핍과 무기력을 알고 돌이켜 주님이 이룩하여 놓으신 지식과 그 주님의 능력을 반석같이 여기고 전적으로 그것을 의지하여 하나님 나라의 일을 한 사람이라는 것을 알 수 있습니다. 그리고 어리석은 건축자는 거짓 선지자들과 같이 자기들의 무능과 결핍과 무기력을 애서서 보지 않고 그래서 거기서 구원된 은혜로운 사랑을 알지 못하며 그저 마음에는 크게 작용될 게 없지만 그 일을 행함으로 무엇을 얻는다는 공리주의를 기초하여 쉽게 형식적으로만 종교 생활을 한 사람인 것입니다.

그러면 그 완전한 반석 같은 기초는 무엇인가

그러면 이상의 내용으로 미루어 보아 그 지혜로운 자가 집을 지을 때 터를 삼은 완전한 반석 같은 기초가 되는 것이 무엇인지 잘 알 수 있습니다. 여기서는 그 반석의 내용이 십자가와 부활 등 복음 전체를 포괄하고 있지 않은 것처럼 나타나 있지만 이 말씀을 하시는 주님의 주님되심과 당시 말씀을 듣는 자들의 상태를 생각해 보면 충분히 이해할 수 있습니다.

주님은 율법과 선지자에 약속된 메시야로서 오셔서 그 메시야와 유기적으로 연결된 그 메시야 나라의 어떠함을 말씀과 행동으로 현시하셨습니다. 비록 대다수의 사람들이 그것을 다 알지 못하여서 정치적인 메시야로서 쫓아다녔지만 주님의 제자들은 부족하더라도 일반의 민중들과는 다르게 그 안에 메시야의 나라와 영생이 있다는 것을 짐작하고 주님을 좇았습니다.

주님은 자신에게 나아오는 그러한 자들에게 산상보훈 초두에 그 나라 안에 있는 자들의 상태와 율법주의자들을 대비하여 그 나라를 형성해 가는 사회 원리와 다양한 경우의 예를 들어서 말씀하신 것입니다. 주께서 가르치신 이 말씀만 딱 떼어서 본다면 주를 따르는 자들이 자신의 무능과 결핍을 보아 도저히 따를 수 없는 말씀같이 보이지만 주께서 시작하시고 그 안에 연합된 자들로서 그 방향성과 은혜 언약 안에서의 법적인 용납과 긍휼의 조건을 생각하면 얼마든지 천국민으로서의 확신을 갖고 그 언약의 조건적 준칙들을 지혜롭게 따를 수 있는 반석과 같은 말씀이 됩니다.

이 비교의 말씀은 불신자들에게 여전히 은폐된 채로 남을 수 있음

그런데 이 주님의 말씀을 듣는 자들 중에는 아직 회개치 않은 사람들도 섞여 있었습니다. 저들에게 주님의 보장하시는 말씀과 권면하시는 이상의 말씀들이 그대로 수용될 수 없습니다. 주님은 저들도 한편으로 생각하시면서 진정 어리석은 자들의 심판적 상태에 대해 지적하시는 말씀이 됩니다.

그러니까 주님이 제시하시는 행위의 조건과 같이 보이는 이 말씀은 저들에게 하나님 나라의 원리가 은폐의 모습으로 다가오는 것입니다. 저들이 근본적인 회개를 하지 않고 주님이 말씀하신 내용을 그저 지키는 것이 지혜로운 것이라고 생각하게 되면 저들에게 끝까지 가려진 비유의 말씀이 되는 것입니다.

그렇게 생각할 때에 주님의 말씀은 모순이 없습니다. 어떤 때는 은혜로 구원하신다 하고 어떤 때는 행위를 조건으로 내세우는 듯한 말씀을 하시는 것에 전혀 차이가 없는 것입니다. 문맥을 알고 당시 환경을 알면 그것을 충분히 깨닫게 되는 것입니다.

시제가 미래인 이유

여기 본문에서 주의할 내용이 한 가지 더 있습니다. 그것은 24절과 26절의 시제가 미래라는 것입니다. 우리말 성경에는 '지혜로운 사람 같으리니'라고 나와 있는데 영어로는 will be like a wise man(RSV)입니다(헤르만 리델보스, 마태복음 주석 중에서). 그들의 그러한 상태라는 것이 장래에 밝혀질 것이라는 말씀입니다. 이것은 앞의 22절에 나온 '그날'에 밝혀질 것입니다. 그러니까 마지막의 심판 날을 이야기하는 것입니다. 심판주이신 그 분이 그 심판의 날에 무슨 논쟁적 요소가 없이 어리석은 자들이나 지혜로운 자들의 상태 그대로를 밝혀내실 것이라는 말씀입니다.

그러면 여기에 산상보훈의 말씀을 결론으로 말씀하시면서 왜 이렇게 미래적인 상태에 대해 증거하는 것입니까? 그것은 산상보훈을 새로운 은혜 언약의 규정으로 믿는 자들에게는 끝까지 주의 백성의 상태를 유지하고 살아야 할 것과 그 보장에 대해 말씀하시는 것이고 어리석은 자들에게는 이 땅에서 어떻게 그들의 상태가 은폐될 수도 있지만 심판 날의 일은 피할 수 없을 것임을 나타내시는 것입니다.

주의 백성에게는 천국의 조건과 같이 뵈는 언약의 준칙으로서의 말씀이 주님의 거룩한 영광에 가담하는 내용이 되므로 더할 수 없이 좋은 위로와 기쁨과 격려를 주시는 말씀이고 인내하여 지키게 되는 말씀이며 어리석은 자들에게는 영원히 경고가 되는 그런 말씀이고 질 수 없는 짐같이 느껴지는 말씀이 되는 것입니다. 근본적인 아상의 제거가 없이 그리고 그분이 예비하신 뜻과 그 언약의 나라에 대한 도리를 실질적으로 좇는 것이 없이 그저 말씀을 듣고만 있는 자들에게는 참으로 공포감을 주는 두려운 말씀이 되는 것입니다.

주님의 이런 언약적 조건의 제시는 이때 처음 만들어진 것이 아님

사실 주님의 이런 언약의 원리에 의한 조건적 비교는 이때 처음 만들어진 것이 아닙니다. 이미 구약 성경 곳곳에 그 흔적이 있습니다. 언약의 의로움을 힘입어 가려하고 또 가고 있는 자들에게 그냥 언약의 형식에만 참여하여 그 유익을 누리고 있는 자들을 향해서 이와 같은 방식의 말씀이 이미 보이고 있습니다.

그것은 신명기 28장에 뚜렷하게 잘 나타나 있습니다. 아브라함의 언약에 의한 출애굽의 무한한 은혜를 아는 자들에게는 그 이스라엘 나라 안에서 주어진 왕 되신 하나님의 사랑의 계명이라는 것이 결코 짐일 수 없습니다. 그것은 하나님 나라 백성됨의 정체성을 잘 드러낼 수 있는 그런 은혜의 말씀으로 영광에 이르게 하는 명령인 것입니다. 그것을 알고 따른 자들에게는 영광의 복이 주어진다는 것입니다. 시편 기자의 고백에서 볼 수 있듯이 세우는 자의 수고는 여호와로 말미암아 비로소 그 의미를 가진다 하는 그런 배경이 있는 말씀입니다(시 127:1).

그것도 저것도 모르고 그저 육신으로 아브라함의 후손이고 하나님의 언약이 있고 하나님의 성막이 있고 십계명의 돌판이 있고 스스로 그 제사와 절기에 참여하고 있다고 만족하면서 자기들이 누릴 권리만을 생각하고 있는 자들에게는 저주의 선언이 되는 그런 말씀이 바로 신명기 28장 후반부의 내용인 것입니다. 그리고 주님의 이 비교는 구약의 내용을 아는 자들에게는 분명하게 이해될 것이었습니다. 에스겔서에서 이와 유사한 원리의 말씀을 기록하고 있습니다. 에스겔서 13:8-14입니다.

> 8그러므로 나 주 여호와가 또 말하노라 너희가 허탄한 것을 말하며 거짓된 것을 보았은즉 내가 너희를 치리라 나 주 여호와의 말이니라 9그 선지자들이 허탄한 묵시를 보며 거짓 것을 점쳤으니 내 손이 그들을 쳐서 내 백성의 공회에 들어오지 못하게 하며 이스라엘 족속의 호적에도 기록되지 못하게 하며 이스라엘 땅에도 들어가지 못하게 하리니 너희가 나를 여호와인 줄 알리라 10이렇게 칠 것은 그들이 내 백성을 유혹하여 평강이 없으나 평강이 있다 함이라 혹 이 담을 쌓을 때에 그들이 회칠을 하는도다 11그러므로 너는 회칠하는 자에게 이르기를 그것이 무너지리라 폭우가 내리며 큰 우박덩이가 떨어지며 폭풍이 열파하리니 12그 담이 무너진즉 혹이 너희에게 말하기를 그것에 칠한 회가 어디 있느뇨 하지 아니하겠느냐 13그러므로 나 주 여호와가 말하노라 내가 분노하여 폭풍으로 열파하고 내가 진노하여 폭우를 내리고 분노하여 큰 우박덩이로 훼멸하리라 14회칠한 담을 내가 이렇게 훼파하여 땅에 넘어뜨리고 그 기초를 드러낼 것이라 담이 무너진즉 너희가 그 가운데서 망하리니 나를 여호와인 줄 알리라

다시 말해서 주님을 따르고 있는 자들에게 본문의 비교 방식은 생소한 것이 아닙니다. 저들이 차분히 구약의 본질과 그 방향을 알면 얼마든지 수용할 수 있는 그런 말씀입니다. 도저히 알아듣지도 못하는 그런 이상한 말씀의 선포가 아니라 그들의 신령상 그리고 육신의 생활

가까이에서 되돌아보면 다 알 수 있는 내용으로 저들에게 선포하시며 교육하시는 것입니다. 자기의 그릇된 관점을 벗어버리고 주님의 말씀을 듣고자 하면 얼마든지 이해하고 따를 수 있는 말씀입니다.

나가는 말: 교훈

말씀을 맺습니다.

주님이 십자가에서 고난을 당하시고 죽으신 뒤에 다시 부활하셔서 하늘로 올라가 하나님 보좌 우편에서 그 영광의 왕으로서 계신 뒤에 성신님으로 말미암아 그 영광의 통치를 이루시는 지금 우리는 이 본문의 말씀을 어떻게 수용하고 따라야 하는가?

물론 성신님을 의지하여야 주님의 말씀을 온전히 수용하게 됩니다. 성신님을 의지하려면 절대적으로 아상을 벗어버려야 합니다. 아상이 없어진 데에서 성신님의 충만하신 역사가 나타나는 것입니다. 호리라도 아상이 남아 있으면 성신님이 역사하지 않으시는 것입니다. 그리고 주님의 말씀의 인도를 받아야 합니다. 성신은 진리의 영이신지라 주님의 언약적 진리의 말씀을 근간으로 활동하시는 것입니다. 언약의 주이자 종으로서 베푸신 계시의 말씀에 근거해서 순종하고 나아가야 그와 함께 하시는 명백한 성신님의 인도를 받게 되는 것입니다. 언약의 주께서 말씀하시는 내용은 언약의 규정입니다. 거기에는 하나님 나라 회복된 백성의 심성과 그 덕성이 나타나 있습니다. 내 것이 아닌 교회 앞에 선포되는 주님의 것으로 생명을 살찌우고자 하면 반드시 이를 따라야 하는 것입니다. 이렇게 될 때 본문에 나타나는 지혜로운 건축자와 같이 영원한 반석이 되시는 예수님의 사역을 기초하여 건축 활동을 하는 자로서 그 날에 하나님 앞에 인정받는 자가 될 것입니다. 에베소서

2:20-22와 고린도전서 3:10-11을 보고 강설을 마치겠습니다.

²⁰너희는 사도들과 선지자들의 터 위에 세우심을 입은 자라 그리스도 예수께서 친히 모퉁이 돌이 되셨느니라 ²¹그의 안에서 건물마다 서로 연결하여 주 안에서 성전이 되어 가고 ²²너희도 성신 안에서 하나님의 거하실 처소가 되기 위하여 예수 안에서 함께 지어져 가느니라(엡 2:20-22)

¹⁰내게 주신 하나님의 은혜를 따라 내가 지혜로운 건축자와 같이 터를 닦아 두매 다른 이가 그 위에 세우나 그러나 각각 어떻게 그 위에 세우기를 조심할지니라 ¹¹이 닦아 둔 것 외에 능히 다른 터를 닦아 둘 자가 없으니 이 터는 곧 예수 그리스도라 ¹²만일 누구든지 금이나 은이나 보석이나 나무나 풀이나 짚으로 이 터 위에 세우면 ¹³각각 공력이 나타날 터인데 그 날이 공력을 밝히리니 이는 불로 나타내고 그 불이 각 사람의 공력이 어떠한 것을 시험할 것임이니라 ¹⁴만일 누구든지 그 위에 세운 공력이 그대로 있으면 상을 받고 ¹⁵누구든지 공력이 불타면 해를 받으리니 그러나 자기는 구원을 얻되 불 가운데서 얻은 것 같으리라 ¹⁶너희가 하나님의 성전인 것과 하나님의 성신이 너희 안에 거하시는 것을 알지 못하느뇨 ¹⁷누구든지 하나님의 성전을 더럽히면 하나님이 그 사람을 멸하시리라 하나님의 성전은 거룩하니 너희도 그러하니라(고전 3:10-17)

기도

거룩하신 아버지 하나님, 건축자들의 버린 돌이 모퉁이의 머릿돌이 돼서 하나님이 거하실 처소로 주의 백성들과 함께 세워져 가옵나이다. 허다한 종교주의자들이 본질적인 믿음에 접근하지 못하고 형식으로 주의 백성입네 하고 있으면서 예수님을 배척하였는데 주님의 제자들은 주님의 메시야 됨을 주의 은혜로 깨닫고 그 토대 위에서 주님을 따라 나아가기를 소원하였사옵나이다. 주님의 선택적이고 언약적인 사랑을 입은 자의 자태를 저들이 취해 나아가므로 천국 백성으로서의 살아갈 수 있는 삶의 준칙들을 또 계시로 받게 되었사옵나이다. 주님의 말씀은 죄의 아상을 버리고 따라가는 자들에게 계속 열려지는 말씀이고 주님의 말씀을 듣기만 하고 순종치 않는 자들에게는 계속 닫혀져 있는 말씀이라는 것을 저희들 오늘 말씀으로 분명히 깨닫게 되옵나이다. 지혜로운 건축자들은 말씀을 잘 실천궁행해서 주께서 목표하신 위치로 나아가며 주님 나라에 동참한 자로서 그 성격을 드러내지만 어리석은 자들은 결코 이룰 수 없는 말씀으로 다가와서 그 날에 주님 앞에 핑계치 못할 존재로 살아가옵나이다. 저희들이 이런 비교의 말씀을 보면서 과연 이 시대에 그리스도 안에 존재해 가는 자로서 어떻게 살아가야 할 것인가 하는 것을 깨우치게 되옵나이다. 오늘이라고 하는 날 동안에 이 귀한 천국의 말씀을 누려서 진정 지혜로운 건축자로 나타나게 되어야 할 것이옵나이다. 세상에 대한 아상을 버리지 않으면 볼 수 없는 그런 비밀의 말씀을 깨우쳐 주시옵고 알려 주시오니 저희들 이 말씀을 다시 받고 각성하면서 과연 우리가 그러한 지혜로운 건축자로서의 삶을 살아가고 있는지 반성하게 하여 주시옵소서. 오늘이라고 하는 날 동안 늘 천국 복음을 잘 수용하고 누려서 아버지께서 영원 전에 목표하신 일들이 우리 가운데 잘 이루어지는 것을 확인하고 기뻐하게 하여 주시옵고 그 안에서 즐거움 가운데 더욱 주님께 쓰임 받는 존재로 자신을 드려가게 하여 주시옵소서. 결코 어리석은 자와 같이 형식으로만 의식으로만 주님을 찾고 겉모습은 비슷하지만 내면의 변화가 없이 주님을 따라가서 그렇게 주님 앞에 설 그 심판 날에 엄중한 심판을 받는 그런 존재들이 되지 않게 하여 주시옵소서. 주님의 말씀은 실로 이전 희미한 계시의 역사 속에서도 보였고 실체로 오셔서 그 말씀들을 확연하게 드러낸 것이옵나이다. 저희들이 하나님의 신실하심을 말씀을 통해서 살펴보면서 진정 주님이 원하시고 기뻐하시는 그런 존재로서 남은 인생을 살아갈 수 있게 하여 주시옵소서. 주님의 영예와 주님 나라의 확장과 형제들의 유익을 위해서 모든 노력을 경주해 나가게 하여 주옵소서. 모든 걸 주께 의탁 드리옵고 감사드리며,

    우리 구주 예수 그리스도의 이름으로 기도 올리옵나이다. 아멘.

제 3 강

장터에서 피리 부는 아이들

누가복음 7:31-35 병행구절 마태복음 11:16-19

들어가는 말

 오늘은 장터에서 피리 부는 아이들의 비유에 대해 보도록 하겠습니다. 이 비유는 지혜로운 건축자와 어리석은 건축자 비유와 같이 직유의 비교입니다. 예수께서 무리들에게 이 세대 사람들이 무엇과 같은가 하고 비유로써 그들에 대해 심판적 선언을 한 말씀입니다. 이 세대 사람들인 바리새인, 서기관, 제사장 등등이 세례 요한이나 예수님 당신에 대해 배척하는 태도를 지적하시고서 그런 태도에 대해 뭐라고 하셨는가를 공부하도록 하겠습니다. 이제 오늘 본문의 말씀을 제가 읽고 자세한 내용을 보도록 하겠습니다. 누가복음 7:31-35입니다. 병행구절은 마태복음 11:16-19입니다.

> ³¹또 가라사대 이 세대의 사람을 무엇으로 비유할꼬 무엇과 같은고 ³²비유컨대 아이들이 장터에 앉아 서로 불러 가로되 우리가 너희를 향하여 피리를 불어도 너희가 춤추지 않고 우리가 애곡을 하여도

너희가 울지 아니하였다 함과 같도다 ³³세례 요한이 와서 떡도 먹지 아니하며 포도주도 마시지 아니하매 너희 말이 귀신이 들렸다 하더니 ³⁴인자는 와서 먹고 마시매 너희 말이 보라 먹기를 탐하고 포도주를 즐기는 사람이요 세리와 죄인의 친구로다 하니 ³⁵지혜는 자기의 모든 자녀로 인하여 옳다 함을 얻느니라(눅 7:31-35)
¹⁶이 세대를 무엇으로 비유할꼬 비유컨대 아이들이 장터에 앉아 제 동무를 불러 ¹⁷가로되 우리가 너희를 향하여 피리를 불어도 너희가 춤추지 않고 우리가 애곡하여도 너희가 가슴을 치지 아니하였다 함과 같도다 ¹⁸요한이 와서 먹지도 않고 마시지도 아니하매 저희가 말하기를 귀신이 들렸다 하더니 ¹⁹인자는 와서 먹고 마시매 말하기를 보라 먹기를 탐하고 포도주를 즐기는 사람이요 세리와 죄인의 친구로다 하니 지혜는 그 행한 일로 인하여 옳다 함을 얻느니라(마 11:16-19)

세례 요한의 질문 이후의 일

본문의 비유의 말씀을 하실 때는 주님의 공생애 2년 중간쯤 일입니다. 예수께서 옥에 있던 세례 요한이 보낸 제자들에게 당신의 메시야로서의 신성적 사역에 대해 구약 이사야서를 인용하여 가르치신 뒤에 하신 말씀입니다. 세례 요한의 제자들이 그러한 가르침을 받고 떠난 뒤에 예수께서 모인 무리들에게 세례 요한의 인물됨의 가치와 그 사역에 대해 구속사적 관점으로 가르치시면서 그간에 그의 사역을 배척함으로써 하나님의 뜻을 저버린 바리새인들이나 율법사들의 행태에 대해 이 비유의 말씀을 하시는 것입니다.

세례 요한이나 예수님을 배척하는 바리새인들

메시야의 신성성을 부인하고 대중들을 이끌려고 하는 이 세대 사람들인 바리새인들이나 율법사들은 악의적으로 세례 요한이나 예수님에 대해 배척하는 태도를 취했습니다. 저들은 세례 요한의 세례를 받지 아니했습니다. 저들이 세례 요한에게 세례를 받지 않는 것은 곧 회개에 합당한 열매를 맺지 아니하므로 하나님의 경륜을 거부한 것과 같은 것이었습니다. 다시 말해 하나님의 구원계획에 대해 차서 있게 받아들이기를 거부한 것입니다.

그리고 저들은 자신들의 초대에 응하지 않으며 절제되고 독특한 경건 태도를 보이는 세례 요한을 가까이 하지 않고 악평을 하였습니다. 어떤 동기나 목적에서 그런 일을 하는가 헤아려 보지 않고 자신들을 인정하기는커녕 오히려 자기들의 죄를 지적하는 광야의 세례 요한에 대해 자신들의 관점으로 공연히 귀신이 들렸다고 악담을 하였습니다. 유대인들은 대개 광야에 귀신이 존재하고 있다고 믿었습니다.

그런데 저들의 세례 요한에 대한 이러한 평가의 모순점은 저들이 예수님에 대해서 평하는 내용에서 더욱 확실하게 드러납니다. 그들은 메시야로 오셔서 일반 민중들과 함께 하고 계신 예수님에 대해 그가 무엇을 먹고 마시며 누구와 교제하는가 하는 문제를 가지고 흠을 잡은 것입니다. 저들은 예수님에 대해 먹기를 탐하고 포도주를 즐기며 세리와 죄인의 친구라고 하였습니다(마 11:19; 눅 7:34). 광야에서 살며 메뚜기와 석청을 먹는 세례 요한의 금욕적인 절제된 삶에 대해서는 귀신들린 것이라 하고 예수님과 제자들 사이에서 완전하게 이루어지는 식사 교제에 대해서는 탐욕적이라고 비방합니다. 그러니까 그들의 관점에서는 어떤 극단의 차이가 있어 뵈는 논리라도 자기편이 아니면 무조건 백안시하는 그런 후안무치(厚顔無恥)의 사람들이었습니다.

예수님의 비유

이 세대의 사람들의 이러한 변덕스런 태도에 대해 예수님은 '~같게 만들다', '~처럼 만들다' 하는 뜻을 지닌 호모이오오(ὁμοιόω)라는 단어를 사용하여 장터 어린아이들의 일상 행태를 비교하는 비유의 말씀을 하셨습니다. 이 단어는 지난번 비유 시간에 보았듯이 마태복음 7:24에서 사용된 것입니다. 이 단어의 아람어의 표현법으로 생각해 보면 두 다른 상황을 서로 비교하는 것입니다.

오늘 누가복음 본문을 보면 예수님께서는 장터에서 노는 두 그룹의 어린아이들이 서로 그들의 놀이에 맞추라고 행동으로 일러도 다른 편의 아이들은 개의치 않고 격렬하게 논다고 하였습니다. 그런데 마태복음에서는 한 떼의 어린이들이 한편의 친구들에게만 번갈아 두 가지 놀이를 요구했으나 저들이 응하지 않았다고 했습니다. 독자에 따라 기록상 약간의 변화가 있었던 것으로 보입니다.

아무튼 여기 누가복음대로 보면 먼저 한 그룹의 아이들이 피리(플룻)을 부르는데 이것은 결혼식에 알맞은 음악이었을 것입니다(마 9:23 대조). 그러나 그 지시를 받은 맞은편의 아이들은 춤을 추지 않았다고 했습니다. 그 다음에 또 그 맞은편의 아이들이 장송곡을 부르지만 좀 전에 춤을 추자고 했던 친구들은 역시 거기에 따라 곡하지 않았다고 했습니다. 여기 누가복음에서는 마태복음과는 달리 가슴을 친다는 단어를 사용하지 않았는데 헬라 사람들의 풍습을 염두에 둔 표현이라고 생각합니다.

예수님께서는 이 비유를 이 세대 사람들의 세례 요한과 예수님 당신에 대한 그릇된 태도에 대해 이렇게 당신을 인자로 나타내시면서 이 비유를 하심으로 장차 심판자로서 그들의 불의를 분명하게 지적하셨습니다.

이 비유의 해석

이 비유는 대략 세 가지로 해석이 됩니다. 첫째, 처음 그룹의 아이들이 하나님의 사자를 반영한다고 보는 것입니다. 그리고 다른 편의 아이들이 어울리지 않는 것처럼 유대인들은 하나님의 사자의 말을 듣지 않는다고 하는 해석입니다. 둘째, 이 해석은 첫째 해석과 반대되는 것인데 처음 그룹의 아이들이 하나님의 사자가 아닌 유대 바리새인으로 보는 것입니다. 저들이 세례 요한에게 춤을 추라고 요청을 했고 또 예수님께 애곡하라고 하였다는 것입니다. 그렇게 했지만 요한이나 예수님이 모두 그들의 마음에 들지 않았다고 하는 것입니다. 셋째, 이 해석은 앞의 두 해석보다 일반적인 것으로 지시된 대로 놀지 않는 어린아이들처럼 유대인들이 그들에게 주어진 하나님의 명령을 다 거역했다고 하는 해석입니다.

우리는 33절 이하의 내용을 고려하고 또 김홍전 목사님께서 이에 대해 해석하셨던 것처럼 두 번째 해석이 타당하다고 생각해야 할 것입니다. 32절의 책망은 분명히 주의 일꾼들이 유대 바리새인들에게 한 것이라기보다는 유대 바리새인들이 하나님의 사자들에게 한 것이므로 명백하게 두 번째의 해석이 바른 해석으로 보이는 것입니다. 유대 바리새인들이 금욕적인 세례 요한을 싫어하고 축제를 즐기는 예수님을 배척한 것입니다. 이에서 떠나 일반적으로 우리가 믿음으로 이 세상에 살아가는 현상에 비추어 거꾸로 우리가 세상에 대해 이렇게 하자고 해도 하지 않고 저렇게 하자고 해도 하지 않는다는 면으로 생각하면 첫 번째의 해석이 옳은 듯이 보이지만 본문의 문맥으로 보면 두 번째의 해석이 타당하다고 여겨집니다.

우리 주님께서는 유대 바리새인들의 그릇된 시각과 태도를 지적하시고자 이 비유를 들어서 저들에게 심판적 선언을 하시는 것입니다. 하나님의 지혜가 참되다는 것은 그 지혜의 자녀들에 의하여 명백하게 드러난다고 한 것입니다. 저들이 그릇된 관점으로 세례 요한이나 예수님을 임의로 대우하지만 참 지혜의 근본이신 분의 경영으로 나타나게 되는 지혜의 자녀들에 의하여 결과적으로 저들의 그릇됨이 분명하게 드러나게 된다는 것입니다. 마태복음에서는 참 지혜는 행한 일로 드러나게 된다고 하였습니다. 지혜는 어떤 목적을 향해서 나갈 때 일을 잘 이룰 수 있는 방법에 대한 지식입니다. 그러니까 실질적이고 경험적입니다. 결국 어떤 사람이 어떤 방법으로 무슨 일을 하였다면 그 결과에 의하여 그것이 지혜로웠다는 판가름이 난다는 것입니다.

어쨌든 앞으로 예수님의 십자가에 죽으심과 부활, 그리고 승천과 성신강림의 구속 역사를 따라 세워지는 교회를 통하여 이런 일들의 정당성은 확연히 드러나게 될 것입니다. 그러나 이것은 깨닫는 자들에게 경험될 것이지요. 불신 유대인들에게는 여전히 그 구체적인 증거들이 사실로 나타나도 자신들의 어두움으로 여전히 그런 사실들이 은폐된 내용으로 저들에게 보이며 궁극적으로 심판이 일어날 날에야 그것을 몸으로 직접 확인하게 될 것입니다.

유대 바리새인들의 그릇된 관점

그러면 이제 저 바리새인들이 왜 이토록 세례 요한이나 예수님에 대해 비방하며 배척하는 관점을 가졌는지에 대해서 자세하게 상고하도록 하겠습니다.

먼저 우리가 주의해야 할 것은 이스라엘의 지자(智者)임을 스스로 자처하고 민중들을 선도해야 한다고 굳게 믿고 있는 저 바리새인들이나 율법사들에 대해 우리가 무조건 폄하하는 태도를 가지는 것은 문제가 된다는 것입니다. 왜냐하면 저들은 단순하게 뿔이 난 악마처럼 아무 생각 없이 폭력적으로 불의만을 행한 자들이 아니기 때문입니다. 저들은 그동안에 역사의 진행 가운데 나름대로 히브리 국민을 선도하기 위한 사상적인 체계를 세운 자들이었습니다. 그리고 그 일에 굉장한 보람을 느끼고 있었던 자들입니다.

물론 저들은 오랜 세월 동안 이방인의 압제를 받으면서 그리고 하나님의 계시가 끊긴 채 400여년의 많은 날들을 보내면서 그리고 주전 2-3세기 전부터 구체적으로 그들의 민족적인 입장에서 자꾸 율법을 정리하다보니까 언약과 구원의 은혜의 근본적인 본의에서 이탈하여 자기들의 부패한 도덕적 행위를 많이 의지하였습니다.

하여간 이스라엘의 많은 사람들이 그들의 그런 선동에 좌지우지되었습니다. 또 당시 로마와 결탁을 하면서 자기들의 부와 명예를 취하고 있던 안나스와 가야바 일가를 비롯한 사두개인들의 악행이 만연하여 있었기 때문에 바리새인들의 그러한 민족적 자긍심을 세워주는 선동이 일반 민중들에게 잘 먹혀가고 있었습니다.

그런데 세례 요한은 그 바리새인들과 연계하여 무슨 논의를 하거나 어떤 일을 함께 하지 않았습니다. 오히려 바리새인들이 텃밭으로 삼고 있는 민중들 속에서 메시야의 길을 닦아야 하는 자기 영역을 확대해 가고 있었습니다. 많은 사람들은 세례 요한의 경건한 생활과 그 구약의 선지자와 같은 개혁을 요구하는 그의 권위에 무릎을 꿇고 몰려들었습니다. 세리나 죄인들이나 군병들이 그에게 나아가 세례를 받았습니다.

그러나 바리새인들은 처음에는 '그가 메시야인지 아닌지 확인해야 겠다.' 하고 조금은 조심스런 태도로 나아오다가 세례 요한이 간편하게 먹으며 시간을 절약하여 깊은 명상과 사색의 그런 신령한 생활을 하며 점점 그들이 생각하고 있는 것과는 달리 세상의 불의를 지적하고 개혁된 삶을 요구하고 사니까 저에게 나아가 세례도 받지 않았고 도리어 선입견을 가지고 그의 가르침을 거부하며 더 나아가 자기들의 일할 영역을 세례 요한에게 침범 당하고 있다는 생각을 하고 위협을 느꼈습니다. 그래서 급기야는 그에게 귀신이 들렸다고 저들이 악평을 한 것입니다.

그런데다가 그 뒤에 예수님이 나타나셔서 갈릴리와 유대의 많은 무리들을 이끌면서 신적인 능력을 행사하고 인기를 한 몸에 받아가고 있었습니다. 특히 대중적 선동을 하면서 무슨 운동과 같은 것으로 자기 세력을 키워 가시는 일을 하시지 않으시고 무리라도 개인 대 개인으로 상대하시면서 하나님 나라의 진정한 그리스도로 자기 할 일을 하고 계셨습니다.

그러한 예수님에 대해 저 바리새인들은 예수님을 보며 이전에 세례 요한에 대해 생각했던 것처럼 메시야가 아닌가 하고 생각하면서 조심스럽게 접근을 시도했지만 점점 예수님이 사람들을 힘으로 삼아 움직이려 하지 않고 오히려 자기네들이 천하게 여기고 정치적인 힘도 없어 상종도 하지 않는 자들인 세리와 죄인들과 함께 하면서 자기들의 영역을 침범하여 그렇게 이스라엘 나라 안을 이곳저곳으로 다니며 표적적인 기적과 가르침을 베푸니까 견딜 수 없었습니다. 예수께서 메시야로서 죄인들과 함께 하면서 죄인들을 구속하시기 위하여 그렇게 하시는 것은 꿈에도 생각지 않고 선한 사람들인 자기들과 함께 하면서 그 보이는 나라를 회복해 가지 않으면서 오히려 악한 영향을 받을 수 있는 그런 죄인들과 같이 다닌다고 생각하여 저 바리새인들은 안절부절못하며 예수님에 대해 좋지 않게 생각하였습니다.

그러니까 저들의 선입견이라는 것은 정치적인 메시야 왕국과 그것을 통치할 정치적인 메시야를 생각한 것이었습니다. 구약에 보면 그 메시야의 신성적 사역에 대해 현실감 있게 설명하는 것들이 있고(시 2편, 110편 등) 또 그 메시야가 고난 받는 종으로 오셔서 온 인류 가운데 자기 백성의 대속을 이루시는 분이라는 것이 나타나 있었지만(사 42-53장) 저들은 자기들의 민족과 관련한 메시야, 특히 정치적인 메시야로서의 한편만을 크게 보는 그런 일을 한 것입니다.

민중들을 선동하는 불의한 이론을 펴며 의를 대적하는 바리새인들

그래서 저들은 정치적인 메시야를 기다리는 자들답게 오히려 사람들을 힘으로 삼고자 하여 어리석은 자들을 선동하려고 하였습니다. 세례 요한은 귀신이 들렸고 예수 그리스도는 죄인의 친구이며 이단자라고 하는 선동을 한 것입니다.

불의한 자들은 항시 그 독선과 교만과 위선의 불의한 성격을 그들의 말과 행동으로 나타냅니다. 겉으로는 위선으로 가장하지만 항상 행동은 육신적으로 선동적이고 폭력적입니다. 특히 자기들의 지위와 부와 이익과 관련된 일에는 본능적으로 그렇게 타락한 육정으로 움직이는 것입니다. 육신에 속한 자들이기에 육신의 일을 하는 것입니다(롬 8:5).

그릇된 선입견으로 위장된 자신들이 기만적으로 허울 좋게 포장하고 나아가는 그 일이 확신될 것이 없기 때문에 다른 이들이 정상하게 하나님의 인도를 받아간다는 사실을 믿지 못하는 것입니다. 그래서 의심하고 논죄하고 믿지 못하는 태도를 보이는 것입니다. 더 나아가 억지로 맹세를 해가며 의를 대적하기 위해 사람들을 선동하는 일에 주력을 하는 것입니다. 이는 옛날 거짓 선지자 시드기야가 미가야의 의로운 예언에 대해 자기의 주장과 정반대이고 자기의 위치를 흔드는 그런 내용이니까 견디지 못하겠으니까 미가야의 뺨을 치며 험구를 한 것과 같은 일을 여기서 저 바리새인들은 세례 요한이나 예수님에 대해 이렇게 하는 것입니다(왕상 22:19-24).

주님의 비유의 가르치심

주님은 저들의 불의함을 낱낱이 다 아시고 계셨지만 일일이 그것에 대해 들레서 반박하거나 하지 않으셨습니다. 비교의 비유로써 무리들을 가르치시고 그 시대의 그릇된 정신을 드러내어 물리치시며 결국에는 그들의 불의가 다 드러나고 주님의 지혜로우심이 명백하게 밝혀질 것을 말씀하셨습니다.

이 말씀은 바로 본문 이전에 옥에 있던 세례 요한의 제자들을 통한 질문에서 하나님 나라 안에서의 세례 요한의 위치와 역할과 예수님의 관계를 설명하시는 것에 대한 구체적인 비유의 진술이 되는 것입니다. 세례 요한이 비록 예수님의 사역에 대해 조금 흔들렸다고 해도 그는 변덕스럽다거나 나약한 존재가 아닙니다. 머지않아 세례 요한의 선지자로서의 삶의 옳음이나 예수님의 천국적 삶의 지혜와 연결성과 정당성이 분명히 입증될 것을 말씀하시는 것입니다.

그러니까 구약의 메시야에 대한 예언과 세례 요한의 메시야 예비적 사역, 그리고 메시야의 실체로 오신 예수님의 자비로우신 표적적 가르치심을 그들이 잘 아는 실제 생활상의 모습과 연계하여 조금만 생각하면 충분히 알 수 있는 비유의 말씀을 가르치신 것입니다.

나가는 말: 교훈

말씀을 맺습니다.

주님은 왜 이 말씀을 무리들에게 가르치셨는가? 이제 그 내용이 분명하게 우리에게 다가옵니다. 이제 곧 예수님은 당신의 사역을 감당하시고 하늘로 올라가실 것입니다. 유대인들은 세례 요한이나 예수님에 대해 요구했던 것과 같은 방식으로 선입견을 가지고 주의 제자들에게 어떤 희한한 일을 하라고 할지 알 수 없습니다. 민중을 현혹하는 이론을 가지고 와서 그와 비슷한 것을 요구하는 일을 할지 알 수 없는 것입니다. 그러다가 자기들의 뜻에 맞지 않는다고 항의하고 박해를 가할 수도 있을 것입니다. 그러나 그러한 과정 가운데에서도 지혜의 자녀답게 그 실질적인 삶의 행위로 그들의 정당성을 잘 표출하고 나아가야 할 것입니다. 비록 세리와 죄인을 가까이 하는 일이 세상 가운데에서는 부끄러운 일처럼 보일지 모르지만 그 일에 영광이 있다는 사실을 잘 알고 기꺼이 그 일을 감당해 나아가야 할 것입니다. 주님의 겸비하게 낮아지심을 아는 자라면 세상 가운데 계급적으로 비참한 처지에 있는 자들을 향하여 기꺼이 달려가야 하는 것입니다. 종교적인 위의(威儀)를 갖추고 그들의 외화적인 일에 동참하여 현세적 영광을 얻으라고 하는 교묘한 유혹에 미혹되지 말고 끝까지 진정 도움이 될 자들을 향해 진정어린 함께함을 보여야 할 것입니다.

기도

　거룩하신 아버지 하나님, 주님은 일상의 그 생활 속에서 예화를 들어서 비유하신다 할지라도 항상 본의를 찾아 나아갈 수 있는 비유를 하셨사옵나이다. 주의 제자들이 성신 안에서 그것을 깨닫고 본질에 접촉된 자로서 삶을 살아갈 수 있도록 일깨우시옵나이다. 세상 사람들은 그 성신으로 말미암는 지혜가 없어서 그 일에 대해 전혀 알지 못하고 갈수록 미궁으로 빠지는 종교생활을 하고 말 것이옵나이다. 저희들이 무엇이관대 이 지혜의 비유를 주님의 지혜로 잘 알게 하시고 또 본의를 취해 나아갈 수 있도록 하시는지요. 저희들, 주님의 그 사랑을 힘입은 자답게 어떤 상황 속에서도 누가 뭐라고 해도 우리의 목숨을 요구하는 그런 상황 속에 들어간다 할지라도 주님의 지혜의 자녀로서 그 선한 열매를 잘 맺으며 나아가게 하여 주시옵소서. 세상 사람들이 꺼리고 멀리하는 자들과 함께 하며 참 도움을 주는 자로 그리스도의 사랑을 전하는 자들이 되게 하여 주시옵고 그 일을 통해서 주께서 원하시는 사회상을 잘 드러내고 나아가게 하여 주시옵소서. 모든 걸 주께 의탁 드리옵고 감사드리며,
　우리 구주 예수 그리스도의 이름으로 기도 올리옵나이다. 아멘.

제 4 강

씨 뿌리는 자의 비유

마태복음 13:3-9, 18-23 병행구절
마가복음 4:2-9 13-20, 누가복음 8:4-8, 11-15

들어가는 말

오늘은 씨 뿌리는 자의 비유에 대하여 보도록 하겠습니다. 이 비유에 대해서는 공관복음서 모두에 나와 있습니다. 지난번에 비유에 대한 서론적인 내용을 볼 때 이 부분을 잠시 보았지만 이제 이 비유에 대해서만 좀 더 자세히 살펴보도록 하겠습니다. 먼저 오늘 본문의 말씀을 제가 읽고 자세한 내용을 보도록 하겠습니다. 마태복음 13:3-9, 18-23입니다.

3예수께서 비유로 여러 가지를 저희에게 말씀하여 가라사대 씨를 뿌리는 자가 뿌리러 나가서 4뿌릴새 더러는 길가에 떨어지매 새들이 와서 먹어 버렸고 5더러는 흙이 얇은 돌밭에 떨어지매 흙이 깊지 아니하므로 곧 싹이 나오나 6해가 돋은 후에 타져서 뿌리가 없으므로 말랐고 7더러는 가시떨기 위에 떨어지매 가시가 자라서 기운을 막았고 8더러는 좋은 땅에 떨어지매 혹 백 배, 혹 육십 배, 혹

삼십 배의 결실을 하였느니라 9귀 있는 자는 들으라 하시니라(마 13:3-9)

18그런즉 씨 뿌리는 비유를 들으라 19아무나 천국 말씀을 듣고 깨닫지 못할 때는 악한 자가 와서 그 마음에 뿌리운 것을 빼앗나니 이는 곧 길가에 뿌리운 자요 20돌밭에 뿌리웠다는 것은 말씀을 듣고 즉시 기쁨으로 받되 21그 속에 뿌리가 없어 잠시 견디다가 말씀을 인하여 환난이나 핍박이 일어나는 때에는 곧 넘어지는 자요 22가시떨기에 뿌리웠다는 것은 말씀을 들으나 세상의 염려와 재리의 유혹에 말씀이 막혀 결실치 못하는 자요 23좋은 땅에 뿌리웠다는 것은 말씀을 듣고 깨닫는 자니 결실하여 혹 백 배, 혹 육십 배, 혹 삼십 배가 되느니라 하시더라(마 13:18-23)

공생애 제2년 가버나움의 바닷가에서 하신 비유

본문의 비유의 말씀은 예수님 공생애 제2년 후반부쯤에 예수께서 모친이나 형제들의 방문을 받은 바로 그날에(마 12:46) 가버나움에서 가까운 바닷가로 추정되는 곳에서 생긴 일입니다. 예수께서 가버나움의 집에 계시다가 갈릴리 바닷가에 나아가셨는데 그때 일단의 비교적 큰 무리가 예수께 몰려들었습니다. 그래서 좀 더 많은 사람들에게 보일 수 있도록 배를 타고 육지에서 좀 떨어져서 바닷가에 앉은 그 무리들에게 하나님 나라의 각양의 비유의 말씀을 하셨습니다. 이전에도 이와 비슷한 일이 있었는데 큰 무리가 병 고침을 받고자 몰려들었을 때 예수께서 작은 배를 타시고 저들을 대하신 적이 있습니다(막 3:8-10). 그와 같이 사람들이 또 몰려드니까 예수께서 그렇게 배를 타시고 떠 앉으셔서 무리들에게 말씀을 하신 것입니다. 당시 백성들이 목자 없는 양과 같이 헤매고 있었는데 그 군중들을 민망히 바라보시면서 그와 같은 말씀을 하셨습니다. 그 하신 말씀 중에서 제일 먼저 하신 비유가 바로 오늘 본문의 말씀입니다.

마태복음에서는 이렇게 바닷가에 떠 앉으셨다는 내용이 빠져 있습니다. 아무튼 예수님의 강설은 바다의 잔잔한 물결 위로 흩어지면서 해변에 앉았거나 서 있는 많은 무리들에게 울려 퍼졌을 것입니다. 어쩌면 이런 자연적인 환경이 현대적인 방송 설비를 갖춘 환경보다도 더 효과적이었을 것인데 아마도 예수님께서 그것을 아시고 그렇게 하셨을 것입니다(마 9:16;막 2:21).

기록 순서로 보면 이 비유의 말씀 이전에 생베조각 비유가 나와서 그 일이 먼저인 것 같지만 실은 오늘 본문의 말씀을 포함한 하나님 나라 비유들이 먼저 된 것입니다. 그 생베조각 비유는 오늘 본문의 하나님 나라 비유의 말씀을 하신 후 약 반년의 세월이 지난 뒤에 있었던 비유입니다. 그러니까 우리는 씨 뿌리는 자의 비유로부터 시작하여 마태복음 13장에 집중적으로 나오는 하나님 나라 비유를 마친 뒤에 생베조각의 비유를 자세히 살피도록 하겠습니다.

비유의 내용

먼저 비유의 내용을 개괄적으로 보도록 하지요? 예수님께서는 비유로 말씀하시기를 씨 뿌리는 자가 씨를 뿌리러 나가서 씨를 뿌리는데 더러는 길가에 떨어졌고 더러는 흙이 얇은 돌밭에 더러는 가시떨기에 더러는 좋은 땅에 떨어져서 각기 어떤 결과가 나타났다는 것을 말씀하셨습니다. 밭이라고 하는 것이 모두 고르게 토질이 똑같은 것은 아닙니다. 그러니까 씨 뿌리는 자가 씨를 뿌릴 때 다음의 네 가지의 현상이 생기는 것입니다.

먼저 길가에 씨가 떨어졌습니다. 그런데 떨어진 씨는 공중의 새들이 와서 먹어버렸습니다. 두 번째로 어떤 씨는 흙이 얕은 돌밭에 떨어졌습니다. 그 씨는 싹이 금방 나오지만 뜨거운 해가 돋은 후에는 바닥의 암반으로 인하여 뿌리를 내리지 못하므로 타서 말라버렸습니다. 누가복음에는 바위에 떨어졌다고 했습니다(눅 8:6). 그리고 세 번째로 어떤 씨는 가시떨기에 떨어졌습니다. 열대 더운 지방에 많이 생기는 가시떨기(샤보뎅)에 떨어진 씨는 그 가시가 자라 기운을 막아서 결실치 못하였습니다. 가시가 영양분을 다 빼앗아가므로 그렇게 되는 것입니다. 가시는 영양분을 도둑질하여 양식보다 더 크게 자랍니다. 그렇게 해서 곡식을 더욱 질식시키는 것입니다. 그리고 네 번째로 좋은 땅에 떨어진 씨는 튼튼하고 건강하게 자라 무성하여 결실을 맺었는데 100배, 60배, 30배가 되었습니다. 마가복음에서는 30배, 60배, 100배로 나옵니다. 누가복음에는 백배의 결실만 언급했습니다.

당시의 농사법

예수님께서는 당시 갈릴리 농촌의 농사법을 염두에 두시고 당신의 사역과 관련하여 이 말씀을 하신 것인데 들을 귀 있는 자는 들으라고 하시면서 이 비유의 말씀을 무리들에게 가르치신 것입니다.

당시 일반적으로 갈릴리 농촌에서는 무더운 여름철이 끝날 무렵에 10월이 가까운 때에 씨앗주머니를 목에 걸고 아직 갈지 않은 밭에 들어가 고랑을 따라 가면서 밀이나 보리의 씨앗을 뿌립니다. 약간의 씨앗이 농부가 원하는 곳에 떨어지지 않아도 개의치 않고 계속해서 씨를 뿌렸습니다. 그곳의 농사법은 다른 곳과는 달리 먼저 그 밭을 가는 일보다 그렇게 씨앗을 먼저 뿌리는 일을 하였다고 합니다. 그 일을 하고 나서 쟁기로 밭을 갈아엎었다고 합니다. 그러고는 겨울비가 내리기를 바라고 그 뒤에 싹이 나도록 기다렸다고 합니다.

그렇게 해서 농사를 지으면 보통 10배의 수확을 하지만 가끔 농사가 아주 잘될 때에는 백배의 풍성한 수확을 거둘 때도 있습니다(창 26:12). 참으로 농부는 풍성한 수확을 기대하며 씨를 뿌리는 것입니다.

그러니까 무리들이 이 예수님의 비유의 말씀에 대해 생생한 실생활의 상황을 좀 생각하고 자기의 연약과 한계를 알고서 구약의 예언들을 기억하며 그 성취자로서의 예수님의 경영, 즉 그 분의 사역과 관련된 그 실질적이고 영적인 의미를 알기를 힘쓴다면 얼마든지 잘 알 수 있는 평범하고 쉬운 비유의 말씀이었습니다.

하지만 많은 무리들이 이 비유의 가르침을 이해하지 못하였고 제자들 또한 예수님에게 이 말씀에 대해 듣기는 들었으나 아직 그 원뜻을 잘 알아듣지 못하였습니다.

무리들의 상태

그러면 왜 많은 무리들에게 이 비유가 들리지 않았는가요? 저들은 예수님의 말씀을 열심히 경청했지만 왜 그렇게 못 알아들었습니까? 저들이 당시 농사법을 모르는 것도 아니고 구약의 말씀도 아주 모르는 바도 아니었는데 왜 그 말씀을 이해하지 못했습니까?

그 이유는 무엇보다도 저들에게 있는 위선이 제일 큰 문제였습니다. 저들에게는 자신들의 부패함과 무능함을 모르고 종교적이고 도덕적인 행위를 의지하여 그 나라에 들어가려는 그런 관점이 있었습니다. 그리고 무리들 대다수는 주님을 밀착하여 따르는 제자들과는 사뭇 달리 그릇된 메시야관과 그 왕국관을 가지고 있었습니다. 전적으로 완전하게 바리새인들이나 율법사들이 가르친 내용에 영향을 받고 있지는 않았겠지만 그들의 휘하에서 전통적인 가르침을 받은 대로의 관점이 있었습니다. 그리고 그 정치적인 메시야 왕국의 신속한 도래를 고대하였습니다. 아울러 저들이 세속의 생활의 질고 가운데에서 여러 가지로 영향을 받는 것이 있었습니다. 재리의 유혹이나 일락, 그리고 생활의 염려들이 바로 그런 것이었습니다. 그리고 자기들 개인적으로 다양한 행복들을 추구하였습니다.

그런 것들이 복합적으로 그들 안에 그릇된 선입견으로 자리하고 있었기 때문에 예수님께로부터 문자적으로도 쉬운 생생한 비유의 말씀과 그에 따른 다양한 상태의 말씀을 충분히 듣고 있었지만 그 말씀의 진의를 알 수 없었던 것입니다. 저들이 주님의 말씀을 받아들이기 위해서는 일단 부족하고 연약한 불완전한 자기들의 것들을 내려놓아야 하는데, 그리고 실천하기 위하여 그 말씀을 들어야 하는데 그러지도 않고 그냥 자기들의 것들을 놓아두고 실천하려고도 아니하며 단지 말씀만 들은 것입니다. 그러니까 저들 대부분에게 비유의 말씀을 들은 무슨 온전한 결과가 나타나지 않았고 그 구속사 안에서의 어떤 아름다운 열매도 보일 수가 없었습니다. 오히려 저들 중 악한 자들은 자기들의 관점으로 더욱 굳어져 예수님에게 조직적으로 저항을 하는 모습을 취하여 나아갔습니다. 참으로 이는 은혜를 원수로 갚는 모습이지요?

그러니까 저 악한 자들에게는 말씀을 들으면 들을수록 더욱 오리무중으로 빠지게 하는 그런 결과로 나타났습니다. 사실 약간의 이해력은 있을 수 있었으나 듣는 바탕이 잘못되어 있고 이어지는 실천이 없으므로 그 하나님 나라의 삶에 대해 가르치는 비유의 말씀이 어떻게 알 것 같으면서도 더욱 모호하고 어렵게 보이는 것입니다. 그래서 귀한 말씀을 들었지만 이 비유의 말씀이 저들에게 은폐된 말씀으로 들리는 것입니다.

제자들은 어떠한가

아까도 잠깐 말씀드렸지만 제자들 또한 이 예수님의 비유의 말씀을 모두 잘 이해한 것은 아닙니다. 저들도 무리들과 별반 다를 것이 없이 천국의 경륜과 관련된 그 비유의 내용을 잘 알아듣지 못했습니다. 그만큼 제자들도 그 생각의 폭이 좁고 제한되어 있었습니다. 그러나 저들은 일반 무리들과는 약간의 다른 점이 있었습니다. 저들은 주님의 말씀에 대해 잘 모른다고 의구심을 가지고 그냥 뒤로 물러가지 않았고 주님이 깨달음을 주시면 언제나 순종하려고 하는 그런 마음이 있었습니다. 그리고 주 안에 영생의 말씀이 있다는 사실을 알고 어떻게든 떠나지 않고 그 분의 뜻을 좇으려는 태도가 있었습니다.

그러니까 이런 점에서 저들이 은혜를 받아 누리고 있는 자들이라는 것을 알 수 있습니다. 여전히 연약함이 있고 그 연약함으로 부끄러운 면도 있지만 그래도 주님 안에서 그 일을 해결 보려고 하는 그런 자세가 있었습니다. 그리하여 저들은 그 이해하지 못한 비유의 말씀에 대해 제대로 된 해석을 듣고자 했습니다. 그렇게 해서 이때로부터 얼마간 지난 조용한 때를 택하여 예수님 앞으로 나아왔습니다.

이 비유의 해설

주님은 언약 안에서 하나된 저들에게 이런 당신의 사역과 관련된, 즉 천국의 도래와 그 진행의 감춰진 성격이 나타나는 이 비유를 몰라서는 다른 하나님 나라 비유도 또한 해석을 하지 못할 것을 알게 하시면서 그 비유를 풀어서 자세히 가르치셨습니다. 이것은 철저하게 사랑의 주님의 주권에 의한 선택적이고 언약적인 배려인 것이지요?

씨 뿌리는 자인 예수님께서 뿌리는 씨는 다른 것이 아니라 하나님의 말씀이라 하셨습니다. 하나님이 들려주시기를 원하고 사람들이 알아가기를 바라고 어떤 열매를 맺게 하기 위한 그 말씀이 뿌려지는 씨라 하셨습니다.

제일 먼저, 그 말씀의 씨가 사람의 속에 들어가 어떤 좋은 결실을 맺어야 하는데 어떤 길가 밭과 같은 마음에 떨어져 열매는커녕 들은 말씀조차도 뿌리를 내리지 못하고 다 빼앗겨 버린다고 하였습니다. 단단한 마음에 그 말씀을 그냥 얹어만 놓으려고 하여서 이런 일이 생긴 것입니다. 저들은 나름대로 주를 따라 다니며 하나님의 말씀을 외우기도 하지만 생활 속에서 그 천국 복음의 말씀에 따라 반성하거나 실천하려고 하지 않는 것입니다. 들은 말씀이 생활 속에서 그 어떤 영향력을 전혀 발휘하지 못하는 것입니다. 이것을 보면 저들에게 정상한 깨달음이 전혀 없는 것입니다. 주님의 말씀에 진정성이 있고 역사성이 있고 정통성이 있어도 그 실제적인 효능 가운데에로는 전혀 들어갈 생각이 없는 자들입니다. 바리새인들의 대부분이 이러하였습니다.

그리고 두 번째는 돌짝 밭에 하나님의 말씀의 씨가 떨어졌다는 것에 대한 해석입니다. 이것은 어떤 면에서 길가 밭보다도 더 악한 경우입니다. 처음에는 기쁜 마음으로 하나님의 말씀을 받는다는 것입니다. 그러나 그렇게 하더라도 그 말씀에 따른 인내는 잠깐이요 일단 그 말씀이 그 사람 속으로 깊이 들어가서 그 생활을 바꾸려고 한다든지 그 마음의 잘못된 것을 지적하려고 하면 아상의 암반으로 인하여 변덕이 나서 더 이상 듣기 싫어하며 결국은 이전에 좇던 자기의 행복을 취하는 것입니다. 이는 사회적으로 돈도 벌고 명예도 얻고 한쪽으로는 종교 생활도 영위하면서 그렇게 해서 두 길 보기를 하는 것과 같은 것입니다. 이런 사람들은 자기를 포기하고 주를 따르는 것에는 관심이 없습니다. 그러니까 이들에게 근본적이고 실질적인 순종은 아예 찾아 볼 수 없습니다. 이런 자들은 평시에는 믿는 자와 같이 보이나 환난이나 핍박이 일어나는 때에 여지없이 곧 넘어지는 자인 것입니다. 누가복음에는 그때가 시험받을 때라고 하였습니다(눅 8:13). 대부분의 일반 민중들이 바로 이런 형편에 있었지요?

그 다음 세 번째, 가시떨기 밭에 대한 내용으로서 말씀의 씨가 가시떨기에 떨어졌다는 것의 해석입니다. 그것은 말씀을 듣는 자가 재물에 욕심이 있고 세상의 일락(一樂)을 버리지 않고 취하고 있다는 것입니다. 그리고 그에게는 이생의 염려가 있습니다. 돈 쓸 일이 많고 건강이 필요하다고 생각해서 그런 염려 때문에 말씀의 기운을 다 빼앗기는 것입니다. 원문대로 보면 목을 졸라맨다는 의미입니다. 세상 사람들 중에는 스스로 원해서 염려하는 자는 없을 것입니다. 그러나 사람들은 믿는 자라 하면서 걸핏하면 염려를 합니다. 주께서는 너희 염려를 다 주께 맡기라고 했는데(벧전 5:7) 이들은 우선 인간적인 생각에 자꾸 염려와 걱정을 놓지 못하는 것입니다. 이것은 진정으로 주님과 완전한 교통을 이루지 못하여서 진정한 기쁨과 그 가치를 모르기 때문에 생기는 일입니다. 그래서 그러한 자는 하나님 나라의 아름다운 결실을 맺지 못하는 것입니다. 나름대로 주를 밀착하여 따른다고 하는 무리들 가운데 이런 자들이 많이 있습니다.

그 다음에 마지막으로 좋은 밭에 씨가 뿌려진 경우입니다. 말씀을 듣는 자가 어떻게든 그 말씀을 잘 받고(마가복음) 깨닫고(마태복음) 누리고 인내로 지켜서(누가복음) 정상한 열매를 맺는다 하는 것입니다. 그러니까 한편으로는 자신에게 있는 부정적인 요소들을 먼저 없애는 일을 하는 것이지요. 그렇게 해서 주님이 쓰시기에 적합한 결과가 나와야 주권적인 하나님을 바로 믿는 결과가 나타나게 되는 것입니다. 그러면 때론 30배, 때론 60배, 때론 100배의 풍성한 열매를 맺게 된다는 것입니다. 그러니까 기독교적인 삶이라는 것은 말씀이 작용이 되어서 일상생활에서 풍성한 열매를 내는 상태라는 것입니다. 주를 온전히 좇는 자들 가운데 이런 현상이 나타났고 앞으로 나타나게 될 것입니다.

비유해설의 목적

비유해설의 목적은 단순히 윤리적 권면이나 심판적 경고에서 그치는 것이 아니라 당신의 천국 복음 전파 사역과 관련하여 그 안에서 거하는 개종자들이 자기들의 그 개종의 상태가 과연 정상한가를 헤아려 보게 하는 것에 있습니다. 암매한 세상 가운데에서 좋은 밭이 되어야만 하는 조건을 보시겠다는 것이 아니고 진정으로 좋은 밭의 상태를 꾸준히 잘 유지하고 나아가도록 하시는 것입니다. 이제 좋지 않은 마음 밭을 가진 무리들의 조직적인 불신앙으로 주를 따르는 자들이 점점 낙심할 수밖에 없는 상황이 되어 가는 때에 들을 귀 있는 자들에게 더욱 쉽고 친숙하게 이해할 수 있도록 이러한 배려를 하신 것입니다. 천국의 임재와 진행의 감춰진 성격을 이해하고 받아들이고 계속해서 인내하고 나아가도록 하시는 것입니다. 마태복음 13:12입니다.

12무릇 있는 자는 받아 넉넉하게 되되 무릇 없는 자는 그 있는 것도 빼앗기리라 앞으로 천국 복음이 확산되면 될수록 이상의 네 가지 밭에 대한 현상이 더욱 두드러지게 나타나게 될 것입니다. 그러한 상태가 되더라도 말씀을 들은 주의 백성으로서 가장 가치 있게 서 나가는 것이 어떤 것인지를 알게 하시며 그것을 지속적으로 유지하고 나아갈 수 있도록 이 비유의 해설을 하여 주시는 것입니다. 백부장의 신앙을 보시고 하신 말씀에서 그 일에 대한 예언적 내용을 말씀하셨습니다. 마태복음 8:8-13입니다.

> 8백부장이 대답하여 가로되 주여 내 집에 들어오심을 나는 감당치 못하겠사오니 다만 말씀으로만 하옵소서 그러면 내 하인이 낫겠삽나이다 9나도 남의 수하에 있는 사람이요 내 아래도 군사가 있으니 이더러 가라 하면 가고 저더러 오라 하면 오고 내 종더러 이것을 하라 하면 하나이다 10예수께서 들으시고 기이히 여겨 좇는 자들에게 이르시되 내가 진실로 너희에게 이르노니 이스라엘 중 아무에게서도 이만한 믿음을 만나 보지 못하였노라 11또 너희에게 이르노니 동서로부터 많은 사람이 이르러 아브라함과 이삭과 야곱과 함께 천국에 앉으려니와 12나라의 본 자손들은 바깥 어두운 데 쫓겨나 거기서 울며 이를 갊이 있으리라 13예수께서 백부장에게 이르시되 가라 네 믿은 대로 될지어다 하시니 그 시로 하인이 나으니라

앞으로 이사야 시대보다 더 악한 불신과 배교의 시대가 닥치게 된다고 하더라도 주권적인 은혜 안에 거하면서 그 경륜을 이루어 추수해 가는 자들로서 좋은 밭을 유지하고 나아가도록 그렇게 하시는 것입니다. 그렇게 될 때에 하나님 나라의 풍성한 수확을 저들이 직접적으로 경험하게 될 것입니다. 주님께서도 제자들에게 추수할 것은 많되 일꾼

이 적다고 하시면서 주인에게 청하여 추수할 일꾼을 보내달라고 가르치셨는데 이것도 구약에 예고된 궁극적인 일을 이루는 일이 되는 것입니다. 마태복음 9:37-38, 그리고 스가랴 8:7-8을 보겠습니다.

> 37이에 제자들에게 이르시되 추수할 것은 많되 일꾼은 적으니 38그러므로 추수하는 주인에게 청하여 추수할 일꾼들을 보내어 주소서 하라 하시니라(마 9:37-38)
> 7만군의 여호와가 말하노라 내가 내 백성을 동방에서부터, 서방에서부터 구원하여 내고 8인도하여다가 예루살렘 가운데 거하게 하리니 그들은 내 백성이 되고 나는 성실과 정의로 그들의 하나님이 되리라(슥 8:7-8)

그러니까 이 비유의 해설은 단순히 개인의 앞날에 대한 보장의 상태에 대한 말씀이 아니라 하나님 나라의 경륜의 진행 과정에서 나타나게 될 내용들을 다 염두에 두시고 그 일의 근원과 과정과 목표를 알게 하시면서 비록 헛수고와 같은 일들이 나타난다고 해도 그리고 대항자들이 집요하게 방해한다고 해도 그 일을 지속하여 나아가도록 하시는 말씀이 되는 것입니다.

마태복음 안에서의 본문의 위치

마태는 이 비유의 말씀을 마태복음 9:35부터 16:12 사이에 나타난 예수님의 이스라엘 구원을 위한 고난의 전투 가운데 포함시키고 있습니다. 이스라엘을 구원하기 위한 예수님의 사역이 얼마나 큰 고난의 전투인가를 이 항목에서 그리고 있는 것입니다. 예수님의 이 때의 사역에서는 항시 매 사건마다 저항의 세력을 만나게 됩니다. 이 일들로 인하여 예수님과 이스라엘 간의 갈등이 갈라지는 것으로 매듭이 지어지는 것입니다. 완고한 이스라엘 때문에 열매가 나타나지 않는 모습이 밝히 드러나 있는 것입니다. 마태복음 10장과 13장에 나와 있는 예수님의 두 개의 큰 강설도 이런 맥락에서 이해해야 할 것입니다.

나가는 말: 교훈

말씀을 맺습니다.

오늘 비유의 말씀은 예수님 안에서의 천국의 도래와 그 진행 성격을 잘 보여주는 것입니다. 주님의 사역은 여러 가지 부정적인 경향으로 열매가 맺혀지지 못하는 일도 있지만 그렇다고 해서 가로막혀지는 것은 아닙니다. 자원하여 말씀을 잘 받고 깨달아 인내로 온전히 지키고 나가는 자들을 통하여 그 풍성한 열매를 맺게 되는 것입니다.

주님의 사역은 단순히 이스라엘 나라 안에서만 이루어질 것이 아닙니다. 저들이 조직적으로 방해를 한다고 해도 전 세계를 향한 주님의 경영은 계속되는 것입니다. 주님의 제자들은 주님의 경륜을 알고서 비록 현실적으로는 많은 저항의 세력을 만나 실패한 모습, 열매 없는 모습으로 나아가게 될지라도 궁극적인 경륜의 완성을 향하여 자기의 정체성을 확고히 하고 그 목표를 향하여 쉼 없이 전진해 가야 하는 것입니다. 그러한 것을 지속해서 행해 나아가도록 주님은 이 씨 뿌리는 자의 비유를 내리시고 해설까지 해 주시는 것입니다.

지금의 시대에도 형식만 다르게 나타날 뿐이지 내용으로 보면 이런 비유의 말씀이 그대로 나타나고 있습니다. 자기 주제도 모르고 행위를 의지하고 옛 것을 치우지 않고 말씀을 듣고 두 마음을 가지고 말씀을 듣고 어떤 이들은 자원해서 말씀을 사모하고 깨닫고 그 나라의 일꾼으로 남기를 바라서 인내하며 지키는 것입니다. 허다한 사람들이 하나님 나라에 합당치 않은 부정적인 상태에 있다고 할지라도 자기가 받은 구원을 헤아리면서 자기 할 일을 해 나아가는 것입니다. 자기의 소유를 다 빼앗기고 가족들의 배척을 받으며 사회적으로 질시를 당한다고 해도 그리스도의 몸 된 교회아로서의 본질과 속성을 구유하며 인내하고 말씀을 지키고 살아가는 것입니다. 이런 자들을 통하여 그 나라는 더욱 전진될 것이고 또 완성의 나라는 그렇게 해서 곧 오게 될 것입니다.

기도

거룩하신 아버지 하나님, 주님의 천국 비유 하나하나는 간단하게 저희들이 생각하고 윤리적으로 해석할 것이 아님을 저희들이 말씀을 통해서 분명히 배웠사옵나이다. 하나님의 구원의 경륜을 염두에 두시고 그 안에 종속되어 일하는 자로서 그 세상의 상태를 다 견주어 보시고 주의 백성들이 어떻게 주의 제자로서 그 상태를 유지해 나아가야 하는가 하는 것을 씨 뿌리는 자의 비유를 통해서 깨우쳐 주셨사옵나이다. 성신을 통해서 그 말씀을 해석 받은 주의 백성들에 의해서 이제 그 복음이 전파되었고 저희들도 그 사역 아래에서 천국을 소유하게 되었고 또 그 일을 이어받은 자로서 행보해 나아갈 수 있게 되었사옵나이다. 이 위대한 구속사 안에 세움을 받은 존재로서 다시금 세상의 염려와 걱정, 재리의 유혹에 눈이 어두워지지 않게 하여 주시옵소서. 일단 말씀을 기쁨으로 받지만 생활 속에 가면 여전히 폐잔병과 같이 살아가는 그런 일이 없게 하여 주시옵고 주께서 나를 추수꾼으로 쓰셔서 어떤 결과를 내시기를 바라시는가를 잘 묵상하고 자신을 잘 드려서 진정 어둠 가운데 탄식하고 죽을 날만 기다리는 허다한 사람들에게 참된 복음을 증거 하는 그런 복음의 일꾼들이 다 되게 하여 주시옵소서. 무슨 계획을 할지라도 주 안에서 계획하고 나아가게 하여 주시옵고 무슨 행동을 할지라도 주님이 주신 힘으로 행동하게 하여 주시오며 무슨 말을 할지라도 주님의 말을 하는 것같이 행보해 나아가게 하옵소서. 결코 환경에 따라 흔들리지 아니하며 주님과 동행하는 가운데 주님의 경륜을 이루어가는 일에 자신을 다 드려가게 하여 주시옵소서. 오늘 귀한 말씀을 깨우쳐 주신 것을 감사드리옵고,

우리 구주 예수 그리스도의 이름으로 기도 올리옵나이다. 아멘.

제 5 강
은밀히 자라는 씨 비유

마가복음 4:26-29

들어가는 말

　오늘은 은밀히 자라는 씨 비유에 대하여 보도록 하겠습니다. 본문 바로 전에 나오는 등불 비유와 남을 판단하는 자에 대한 비유도 비유들 중의 하나인데 이 말씀들은 이전 산상보훈에서도 비슷한 것이 나오고 또 이후에도 등장하므로 이것에 대해서는 기회가 되는 대로 자세히 보기로 하고 오늘은 그 다음에 나오는 은밀히 자라는 씨 비유에 대해 먼저 보도록 하겠습니다. 이제 오늘 본문의 비유의 말씀을 제가 읽고 자세한 내용을 보도록 하겠습니다. 마가복음 4:26-29입니다.

　　26또 가라사대 하나님의 나라는 사람이 씨를 땅에 뿌림과 같으니 27저가 밤낮 자고 깨고 하는 중에 씨가 나서 자라되 그 어떻게 된 것을 알지 못하느니라 28땅이 스스로 열매를 맺되 처음에는 싹이요 다음에는 이삭이요 그 다음에는 이삭에 충실한 곡식이라 29열매가 익으면 곧 낫을 대나니 이는 추수 때가 이르렀음이니라

마가복음에만 나옴

이 은밀히 자라는 씨 비유에 대해서는 마가복음서에만 나와 있습니다. 마가는 마태복음서와는 달리 이 비유를 씨 뿌리는 자의 비유 및 그 해설과 연결 짓고 있고 이 비유에 이어 겨자씨 비유로 나아갑니다. 마태복음서에서는 씨 뿌리는 자의 비유 다음에 알곡과 가라지의 비유로 나아갑니다. 어떤 사람들은 마태가 은밀히 자라는 씨 비유를 확대해서 알곡과 가라지 비유를 만든 것이라고 하지만 그런 주장은 비평주의자들의 잘못된 시각에서 하는 말입니다.

아무튼 마가가 인용하는 이 연속적인 비유들에서는 씨를 소재로 하여 은밀하게 진행되는 씨의 파종과 성장과 결실이 나오고 추수의 때에 대한 임박성이 나타나고 있습니다. 마가는 비유의 수효와는 상관하지 않고 전체적으로 하나님 나라의 성격을 예증코자 이렇게 이 비유들을 배열하고 있다고 생각합니다.

이 비유를 말씀하신 시기와 장소

방금 전에 말씀드렸듯이 은밀히 자라는 씨 비유의 말씀도 씨 뿌리는 자의 비유가 전하여지고 난 뒤에 있었던 것으로 추정됩니다. 청중에 대한 언급이 없이 바로 '또 가라사대'라고 이어서 인용하는 것으로 보아 그렇게 생각합니다.

그러니까 이때는 예수님 공생애 제2년 후반부입니다. 예수께서 모친이나 형제들의 방문을 받은 바로 그날에(마 12:46) 가버나움에서 가까운 바닷가에 나아가 몰려드는 무리들에게 씨 뿌리는 자의 비유를 하시고 이어서 이 비유를 가르친 것으로 보입니다.

예수께서는 가버나움의 집에 계시다가 갈릴리 바닷가에 나아가셨는데 그때 목자 잃은 양과 같은 수천의 비교적 큰 무리가 예수께 몰려들었습니다. 그래서 주님은 좀 더 많은 사람들이 보고 들을 수 있도록 배를 타고 육지에서 좀 떨어지셨습니다. 그리고 이 하나님 나라 비유들 중에 하나인 오늘 비유의 말씀을 하신 것입니다.

씨 뿌리는 자의 비유, 그리고 겨자씨 비유와의 연관성

씨 뿌리는 자의 비유에서는 씨 뿌리는 자로 오신 예수님께서 세상에 천국 말씀의 씨를 뿌릴 때 나타나게 되는 다양한 현상에 대해서 가르치시고 그 은연중의 시간 동안에 어떤 자가 과연 좋은 밭의 상태를 유지하여 가는가를 주의하도록 보이신 것입니다.

그런데 이 은밀히 자라는 씨 비유에서는 사람이 씨를 땅에 뿌림과 같다고 하면서 씨가 구체적으로 무엇인지 씨 뿌리는 자가 누구인지 씨를 받는 환경이 어떠한지 구체적으로 밝히지 아니하면서, 그와 같이 뿌려진 씨들이 역사의 진행 가운데 은밀하게 역동적 생명성으로 땅에서 성장하여 나중에는 열매를 맺고 나아가서 그 열매가 충실하게 익으면 곧 추수를 하게 될 것이라고 하였습니다. 그러니까 같은 씨를 이야기하지만 다른 각도에서 이 비유를 하고 있다는 것을 알 수 있습니다.

이 비유는 다음에 나오는 겨자씨 비유와도 유사한 면이 나타납니다. 천국이 어떻게 점진적으로 자라서 그 엄청난 성장의 영향력으로 어떤 실제적인 결과를 초래하게 되는가를 겨자씨 비유에서 보입니다. 천국의 외부적인 성장에 대해 그렇게 나타내는 것입니다. 그러니까 이 은밀하게 자라는 씨 비유는 겨자씨 비유에서 보이는 하나님 나라의 엄청난 확장성과 그 포괄적 영향력과는 약간 다르게 은밀한 역동성이 부각되어 나타납니다.

비유의 내용

이 비유의 내용은 비교적 단순하게 나타나 있습니다. 토양의 어떠함이라든지 주변 기후 환경의 어떠함, 거름은 어떻게 주었는지, 그리고 농부들의 수고는 어떠했는지 등이 생략되어 있고 그저 자고 깨고 하는 중에 그 씨가 자라지만 그것이 어떻게 된 것인지 알지 못한다는 것입니다. 씨의 파종과 성장, 그리고 열매를 맺는 것만 기록되어 있고 그리고 그렇게 은밀한 성장의 과정을 거쳐 그 후에 열매가 익으면 추수를 한다는 내용만 나오는 것입니다. 그러니까 이 비유에서는 씨를 은밀하게 자라게 하는 배후의 능력이 나타나 있고 또한 반드시 이루어지며 그리고 임박한 추수에 대해 가르치는 것입니다.

비유 해석에 대한 제 견해들

이 비유에 대해 주석가들의 견해는 다양합니다. 어떤 주석학자는 알레고리로 이것을 해석합니다. 예수 그리스도께서 씨를 뿌리시고 때가 되면 거두러 오신다고 하였습니다. 그리고 이 비유의 나머지 부분에 대해서 성신의 역사로 여겨서 교회와 영혼 속에서 그분이 일하신다고 하는 해석입니다. 또 다른 주석가는 씨, 성장의 기간, 추수 중 하나만을 강조하여 해석합니다. 또 어떤 주석가는 파종과 추수를 대립시켜서 해석합니다. 나름대로 영적인 의미를 찾고자 그렇게 여러 가지로 해석하는데 일리가 있는 면이 없지 않으나 어느 것 하나 온전한 해석으로 보기에는 결핍이 많습니다.

칼빈의 해석

칼빈은 이 비유를 어떻게 해석했는가? 그는 이 비유의 저자를 넘어서 씨 뿌리는 자를 말씀의 사역자로 바라보았습니다. 그 말씀의 사역자가 그의 사역의 열매를 바로 보지 못했을 때에라도 사기를 잃어서는 안 된다고 하였습니다. 예수님께서 그들에게 인내할 것을 가르치시고 그들에게 자연의 성장 과정을 상기시켜주시는 것이라고 하였습니다. 진리를 전파한 후에 담담하게 일상으로 돌아가고 또 반복해서 그 일을 하고 나면 그 수고의 열매가 나타나게 될 것이라 하였습니다.

우리의 해석

우리는 이를 어떻게 해석해야 하는가? 우리는 씨앗을 섣불리 하나님의 말씀으로 보아서 안 됩니다. 그렇게 보면 자칫 알레고리화 될 수 있습니다. 그리고 기독론적인 대입으로 씨 뿌리는 자를 그리스도라고 성급하게 생각해서도 안 됩니다. 왜냐하면 그가 그리스도라면 밤낮 자고 깨고 하는데 씨가 어떻게 그처럼 자라는 것을 모를 수가 없습니다.

우리가 보건대 이 단순한 비유는 사건 상황의 전체를 고려하여 하나님 나라의 성격과 그것을 따르는 자들에 대한 이중적 교훈을 담고 있음을 알 수 있습니다. 일상의 농사를 염두에 두고 농부가 씨를 뿌리고 세월을 보내면서 하나님이 제공하신 영역인 땅 스스로 씨앗의 자람과 열매 맺음을 이룬다는 것, 더 나아가 추수의 임박함을 보게 하는 것으로 하나님 나라의 성장 성격의 어떠함을 믿고 하나님 나라를 전파하는 자들이 어떻게 살아가야 하는가를 깨우치시는 것입니다.

하나님 나라는 하나님이 허락하신 질서 속에서 하나님의 말씀의 전파와 그 신비한 능력으로써만 결정적으로 자라고 완성됩니다. 고린도전서 3:6-7을 함께 볼까요?

> 6나는 심었고 아볼로는 물을 주었으되 오직 하나님은 자라나게 하셨나니 7그런즉 심는 이나 물 주는 이는 아무것도 아니로되 오직 자라나게 하시는 하나님뿐이니라

이것은 우리 속에서 착한 일을 시작하신 이가 그리스도 예수의 날까지 이루시는 방식과 동일합니다. 농부는 단지 신적 사역의 수임자에 불과합니다. 그러니까 자기의 영광된 특권을 알고 자기에게 부여된 일만 열심히 할 따름입니다. 궁극적으로 열매는 주님께서만 내시고 거두시는 것도 주님만이 하실 것을 알고 주의 일꾼들은 그렇게 충성하라는 것입니다.

임박한 추수의 날

이 비유에서 주의할 것이 하나 있습니다. 이 비유의 말미를 보면 그런 일들의 반복된 진행 가운데 확실히 약속된 추수의 날은 늘 임박해 있다는 것입니다. 예수님은 구약의 내용을 상기시키시면서 장차 그것이 이루어질 것을 확증하십니다. 요엘서 3:13-14을 보겠습니다.

> 13너희는 낫을 쓰라 곡식이 익었도다 와서 밟을지어다 포도주 틀이 가득히 차고 포도주 독이 넘치니 그들의 악이 크도다 14사람이 많음이여, 판결 골짜기에 사람이 많음이여, 판결 골짜기에 여호와

의 날이 가까움이로다

이런 일에 대한 주님의 분명한 이행은 요한계시록 14:14-16에 아주 명백하게 나타납니다.

> 14또 내가 보니 흰 구름이 있고 구름 위에 사람의 아들과 같은 이가 앉았는데 그 머리에는 금면류관이 있고 그 손에는 이한 낫을 가졌더라 15또 다른 천사가 성전으로부터 나와 구름 위에 앉은 이를 향하여 큰 음성으로 외쳐 가로되 네 낫을 휘둘러 거두라 거둘 때가 이르러 땅에 곡식이 다 익었음이로다 하니 16구름 위에 앉으신 이가 낫을 땅에 휘두르매 곡식이 거두어지니라

하나님의 나라가 지금은 모호하게 숨겨있는 것 같지만 능동적인 믿음으로 굳건히 살아가게 되면 곧 그것이 임하여서 영광스럽게 주의 말씀과 구약의 예언의 궁극적인 결과로서 그 일에 대한 경험하게 될 것을 말씀하신 것입니다.

이렇게 말씀하시는 이유?

왜 이런 비유의 말씀을 주님은 지금 하시는 것인가? 지금 주를 따르는 자들은 하나님 나라에 대해 아직 잘 알지 못하고 있습니다. 그 나라의 정치적이고 외화적인 면에 많이 눈이 가려져 있습니다. 그런 가시적인 나라를 생각하는 시각만을 가지고서는 주님을 온전히 좇을 수도 없고 주님의 가르침을 따라 그들의 정체성을 바로 드러내고 살 수도 없습니다. 그리고 메시야의 도래와 같이 온다고 생각하는 저들의 종말

관이라는 것도 구약의 계시의 구속사적 제한성에 가려 매우 희미하고 편협해 있습니다.

더더군다나 그 정치적인 메시야 왕국만을 생각하면서 그것만을 구현하려고 어떻게든 그 세력을 모으며 한편으로 편협한 종말관만 가지고 주장하는 바리새인 무리들이 주변에 널부러져 있습니다. 만일에 주를 따르는 무리들이 하나님 나라의 은밀한 장성의 성격과 곧 실현될 추수의 임박한 내용을 바로 알지 못하면 이런 그릇된 왕국관과 제한적인 종말관에 그냥 넘어갈 수밖에 없고 그런 것으로는 현재적으로 닥치는 고난과 어려움, 그리고 외로움 등을 이길 수가 없습니다.

그래서 주님은 허다한 사람들이 그런 정치적인 힘으로 말미암는 나라를 추구하고 나아간다고 해도 거기에 미혹되지 않고 그 나라의 실질적이고 현실적인 성격과 그 나라의 임박한 도래에 대해 두고두고 생각하면서 그에 따라 자기 할 일을 하며 흔들리지 않고 정상하게 나아갈 수 있도록 이 은밀하게 자라는 씨에 대한 비유의 말씀으로 무리들을 가르치시는 것입니다. 그러니까 도래한 하나님 나라와 그것이 완전하게 완성될 때와의 사이에서 과연 어떤 관점에서 어떻게 바르게 살아갈 것인가를 깨우치시는 비유의 말씀인 것입니다.

교훈

그러면 이상의 내용으로 미루어 보건대 오늘날에도 이 비유의 말씀은 그대로 적용할 수 있다고 생각합니다. 오늘날에도 그 하나님 나라의 가시적 세력을 의지하기 위해 그리고 그 외형적 성장과 확장만을 생각하고 주를 따르면서 바리새인들과 같은 그 주장에 동조하는 세력들이 많이 있습니다. 소유의 다소를 가지고 주의 백성됨의 가치평가를 하는 그런 사람들이 많이 있는 것입니다. 그리고 현재라는 기간에 어떻게 그 나라가 역동성을 보이며 곧 임박할 나라를 향하여 전진해 나아가야 하는지를 다 무시하고 눈앞에 보이는 일에만 치중하여 살아가는 자들이 허다하게 있는 것입니다.

이런 자들의 틈바구니에서 하나님 나라의 일꾼으로 살아가고자 하면 그 나라가 어떻게 진행되는지를 알아야 하고 반드시 그렇게 일한 결과를 곧 거두게 된다는 것을 알아야 합니다. 그래야 확신을 가지고 그 나라의 충성스런 일꾼으로 살아가는 것입니다.

스스로의 능력과 스스로의 지혜로 무엇을 얻어간다고 생각하고 그래서 그 일로 말미암아 어떤 외형적인 결과를 많이 내면 그 세력을 근간으로 해서 스스로를 뽐내고 나아가게 된다면 이것은 하나님 나라 안에서 참으로 괴악한 일입니다.

하나님 나라의 백성들이나 일꾼들은 항시 이런 교만한 생각을 해서는 아니 됩니다. 본 비유의 말씀과 같이 그 나라는 하나님의 신비한 능력으로 그 일에 온전한 순종을 보이는 자들을 통하여 은밀하게 자라게 되고 반드시 그렇게 한 결과를 평가하는 종말의 때가 도래하는 것입니다. 우리는 모든 조건이 다 갖추어져 있어도 그 분의 근본적인 역동적 능력에 의하여 그런 일들의 결과를 맞이하게 되는 것을 알고 현재를 심어가는 일을 해야 하는 것입니다. 그러니까 우리에게 고난이나 박해가 와도 그리고 그렇게 해서 그 나라가 가시적으로 세력 있는 자들에 의해 우리가 축소되어 없어지는 것 같아도 우리는 반드시 하나님의 능력으로 은밀한 성장을 이루며 곧 도래한 실제적인 심판의 때에 완성된 나라에 들어가 진정한 기쁨을 맛보게 될 것을 바라야 합니다. 그리고 그 소망으로 인내하여 살아야 하는 것입니다.

순종하지 않는 자에게 가려있는 이 비유의 말씀

　이 비유의 말씀도 들을 귀가 있어 어떤 환경 가운데에라도 전적으로 주의 말씀에 순종하는 자들에게 깨달아지고 알려지는 것입니다. 그러나 하나님 나라에 대해 편협한 생각이 있고 그릇된 자기 생각이 있으면서 그 왜곡된 것만을 추구하는 자들에게는 이 말씀이 그들의 귀에 쟁쟁히 울려지고 있어도 도저히 이해할 수 없는 말씀이 됩니다. 계시가 그런 자들에게 은폐의 모습으로 나타나는 것입니다.
　가시적인 것에나 관심이 있는 자들에게는 기독교가 박해를 받고 거의 다 없어지는 것과 같은 모습으로 나아간다면 스스로 견딜 수가 없는 것입니다. 불의한 자들이 득세를 하고 그들의 외형이 커지는 것에 대해 전혀 이해를 하지 못하는 것입니다. 그래서 주님의 약속에 대해 의심을 하고 자기가 생각하고 있는 것에 대해서도 회의를 느끼고 급기야는 다시 세상으로 가고 마는 것입니다.
　이런 일들은 교회 역사상 많이 있었습니다. 바울 때에도 그 이후의 교회 역사에서도 이런 일들은 흔하게 나타났습니다. 이런 자들은 결코 하나님 나라의 참맛을 느낄 수가 없습니다. 주님의 초림과 재림 사이에 하나님 나라의 기관원으로서 마땅히 증시해야 할 일을 알지 못하고 개인적으로나 단체적으로 세상에 멋있게 나타나고 그러한 세력을 키우는 것에만 관심이 있는 자들은 외형으로는 초라하고 그 본질적 성격상 은밀하게 성장하는 그 하나님 나라에 대해 이해할 수 없고 더 나아가 주님의 궁극적인 심판이 과연 있을까 하는 회의주의에 빠지는 것입니다.

궁극적인 심판과 연계되어 있기에 종말론적 비유들과 아울러 이해해도 된다

그러나 들을 귀가 있고 그 나라의 진행 성격을 알고 그 궁극적인 심판을 내다보는 자들은 묵묵히 종말을 바로 준비하는 현재적인 삶에 관심을 갖는다는 것을 알 수 있습니다. 미래에 확정될 사건을 믿음으로 살아가는 현재의 삶에 최선의 신경을 쏟는 것입니다. 그저 그 나라의 도래 시기에나 관심을 갖고 자기가 누릴 특권만 생각하고 마는 것이 아니라 그 나라가 은밀하게 성장되다가 반드시 올 것을 믿고 교회아로서 자기 할 일에만 관심을 갖고 살아가는 것입니다.

이런 것을 생각하면 한편으로 이 비유가 마태복음 25장의 종말론적 비유들인 지혜로운 다섯 처녀와 미련한 다섯 처녀 비유와 양과 염소 비유 그리고 우리가 다음 시간에 볼 알곡과 가라지 비유 등과 맥을 같이 한다고 볼 수 있습니다. 아무튼 그렇게 궁극적인 날을 바라보는 자로서 마땅히 갖추어야 할 요소들을 갖추고 은밀히 자라는 그 하나님 나라의 진행 성격에 맞추어 믿음으로 인내하며 살아가는 것입니다.

나가는 말

말씀을 맺습니다.

오늘은 은밀히 자라는 씨 비유를 보았습니다. 주의 말씀을 따라 주의 일꾼으로 살아갈 자들은 그 나라의 은밀한 성격을 잘 알고 그 나라의 궁극적인 도래가 반드시 있을 것을 믿으며 인내하여 살아가야 할 것입니다. 가시적으로 무슨 대단한 결과가 없더라도 주의 나라가 반드시 자라나며 그 열매를 맺게 된다는 것을 바라고 오늘 믿음으로 주의 일꾼으로서 인내하며 묵묵히 교회 안에서 자기가 할 일을 하여야 할 것입니다. 미래의 일을 앞당겨서 경험하고 있는 자들로서 그 소망의 상태가 제대로 드러나도록 힘써서 살아야 할 것입니다. 야고보서 5:7-8을 읽고 강설을 마치겠습니다.

> 7그러므로 형제들아 주의 강림하시기까지 길이 참으라 보라 농부가 땅에서 나는 귀한 열매를 바라고 길이 참아 이른 비와 늦은 비를 기다리나니 8너희도 길이 참고 마음을 굳게 하라 주의 강림이 가까우니라

기도

거룩하신 아버지 하나님, 씨 뿌리는 자의 비유에서 씨를 뿌리는 자에 대해서 그리고 씨를 받는 마음 밭들에 대해서 살펴보고 그 씨를 받는 자의 위치에서 어떻게 인내하고 결실하고 살아가는가에 대해 깨우침을 받았사옵는데 거기서 더 나아가서 그 나라에 가기까지 흥왕과정을 알게 하시고 그 속에서 마땅히 주님이 이루실 일을 바라보며 인내하면서 어떻게 살아가야 할 것인가 하는 것을 또 은밀히 자라는 씨 비유로 알게 하셨사옵나이다. 당대에 허다한 사람들이 주님의 말씀을 곡해해서 당장 주의 강림이 이루어질 것 같이 생각하고 활동하다가 당장에 이루어지지 않는다 생각해서 배교하는 일들도 많이 있었사옵는데 이제 주님의 계시를 바로 받은 들을 귀 있는 자들은 이 비유를 잘 깨닫고서 마땅히 하여야 할 일을 함으로 그들의 수고로 저희들이 복음을 받게 되었고 또 저희들도 그들의 삶과 동일한 원리 가운데 들어가게 되었사옵나이다. 주님

이 언제 오실지 저희들은 다 알 수 없지만 주님 나라는 분명히 올 것이고 또 주님 나라는 분명히 확장될 것이고 주님께서 오셔서 택한 자들을 추수할 것을 분명히 믿음으로 바라보옵나이다. 저희들 당장에는 무슨 열매가 없는 것 같아도 주님의 약속을 믿고 온전히 행보하게 하여 주시옵소서. 세상이 온갖 불의한 성격을 드러내고 이상하게 기독교를 변질시켜 나간다고 할지라도 저희들은 은밀히 자라나는 그 나라의 진행 성격을 바로 알고 그 나라의 종말적 모습을 믿음으로 바라고 행보해 나아갈 수 있게 하여 주시옵소서. 주님께서 늘 우리와 함께 하시며 이런 원리 가운데 저희들을 인도해 가신다는 사실을 잘 기억하고 온전한 믿음으로 살아갈 수 있게 하옵소서. 모든 말씀,

우리 구주 예수 그리스도의 이름으로 기도 올리옵나이다. 아멘.

제 6 강

알곡과 가라지 비유

마태복음 13:24-30, 36-43

들어가는 말

오늘은 알곡과 가라지 비유에 대하여 보도록 하겠습니다. 이 비유에 대해서는 마태복음서에만 나와 있습니다. 혹자는 이 비유가 지난번에 본 은밀히 자라는 씨 비유를 재구성했다고 주장하지만 그에 대한 정당한 근거는 없습니다. 이 비유는 천국의 공동체 안에 불의한 자가 섞여 있을 수 있다는 것과 하나님의 종들이 그 불의한 자들에 대한 태도를 어떻게 하여야 하는가를 가르치시며 종국에 천국의 아들들과 악한 자의 아들들이 어떻게 나누어지게 되는가를 나타내 보이셔서 천국의 아들들에게는 위로와 인내를, 악한 자들의 아들들에게는 반드시 심판이 있을 것을 가르치시는 말씀입니다. 이제 오늘 본문의 말씀을 제가 읽고 자세한 내용을 보도록 하겠습니다. 마태복음 13:24-30, 36-43 입니다.

24예수께서 그들 앞에 또 비유를 베풀어 가라사대 천국은 좋은 씨를 제 밭에 뿌린 사람과 같으니 ²⁵사람들이 잘 때에 그 원수가 와서 곡식 가운데 가라지를 덧뿌리고 갔더니 ²⁶싹이 나고 결실할 때에 가라지도 보이거늘 ²⁷집주인의 종들이 와서 말하되 주여 밭에 좋은 씨를 심지 아니하였나이까 그러면 가라지가 어디서 생겼나이까 ²⁸주인이 가로되 원수가 이렇게 하였구나 종들이 말하되 그러면 우리가 가서 이것을 뽑기를 원하시나이까 ²⁹주인이 가로되 가만 두어라 가라지를 뽑다가 곡식까지 뽑을까 염려하노라 ³⁰둘 다 추수 때까지 함께 자라게 두어라 추수 때에 내가 추수꾼들에게 말하기를 가라지는 먼저 거두어 불사르게 단으로 묶고 곡식은 모아 내 곳간에 넣으라 하리라(마 13:24-30)

³⁶이에 예수께서 무리를 떠나사 집에 들어가시니 제자들이 나아와 가로되 밭의 가라지의 비유를 우리에게 설명하여 주소서 ³⁷대답하여 가라사대 좋은 씨를 뿌리는 이는 인자요 ³⁸밭은 세상이요 좋은 씨는 천국의 아들들이요 가라지는 악한 자의 아들들이요 ³⁹가라지를 심은 원수는 마귀요 추수 때는 세상 끝이요 추수꾼은 천사들이니 ⁴⁰그런즉 가라지를 거두어 불에 사르는 것같이 세상 끝에도 그러하리라 ⁴¹인자가 그 천사들을 보내리니 저희가 그 나라에서 모든 넘어지게 하는 것과 또 불법을 행하는 자들을 거두어 내어 ⁴²풀무 불에 던져넣으리니 거기서 울며 이를 갊이 있으리라 ⁴³그 때에 의인들은 자기 아버지 나라에서 해와 같이 빛나리라 귀 있는 자는 들으라(마 13:36-43)

이 비유를 말씀하신 시기와 장소

알곡과 가라지 비유의 말씀은 씨 뿌리는 자의 비유가 전하여지고

난 뒤에 있었던 것으로 추정됩니다. 그러니까 예수님 공생애 제2년 후반부입니다. 예수께서 모친이나 형제들의 방문을 받은 바로 그날에(마 12:46) 가버나움에서 가까운 바닷가에 나아가 몰려드는 무리들을 가르치신 비유 중의 하나입니다.

예수께서는 가버나움의 집에 계시다가 갈릴리 바닷가에 나아가셨는데 그때 수천의 비교적 큰 무리가 예수께 몰려든 것입니다. 그래서 좀 더 많은 사람들에게 보일 수 있도록 배를 타고 육지에서 좀 떨어져서 바닷가에 앉은 그 무리들에게 하나님 나라에 대한 각양의 비유의 말씀을 하셨는데 씨 뿌리는 자의 비유 다음에 나오는 비유입니다. 36절의 말씀을 보면 이 비유가 씨 뿌리는 자의 비유와 동일한 시간에 된 것임을 확인합니다.

씨 뿌리는 자의 비유와의 연관성

씨 뿌리는 자의 비유에서는 씨 뿌리는 자로 오신 예수님께서 세상에 말씀의 씨를 뿌릴 때 나타나게 되는 다양한 현상에 대해서 가르치시고 어떤 자가 과연 좋은 밭의 상태를 유지하여 가는가를 보이신 것인데 이 알곡과 가라지 비유에서는 바로 그 좋은 밭에 해당하는 자들이 하나님께서 세상에 흩어 뿌리신 천국의 아들들과 연관됩니다. 그러니까 그 천국의 아들들이 현재 살아가는 영역 가운데 악한 자가 은밀하게 자기의 악한 아들들을 심어서 활동할 때에 하나님의 종들이 그런 일들에 대해 어떻게 대처해야 하는가를 알게 하시는 비유입니다.

비유의 개략적 내용

이제 비유의 개략적 내용을 보도록 하겠습니다. 땅을 소유하고 있는 한 농부는 다른 농부들과 같이 좋은 종자를 가지고 있었습니다. 그 종자는 추측컨대 겨울밀일 것입니다. 그는 적당한 때에 자기 밭에 그 밀 종자를 뿌렸습니다. 그런데 사람들이 잠자는 동안에 그의 원수가 와서 가라지를 몰래 그 밭에 뿌리고 갔습니다. 이 가라지는 그 지역 농사 형편상 독보리를 말하는 것 같습니다. 독보리는 완전히 자라기까지 밀과 구분이 잘 안 되는 것이라고 합니다. 그래서 아무도 이 원수가 좋은 종자 가운데 그것을 뿌렸는지는 다음해 씨가 자라나는 봄이 올 때까지 알지 못하였습니다. 다시 말해서 이삭머리를 형성할 때에라야 비로소 밀과 독보리의 차이가 확연히 드러나기 때문이었습니다. 그러니까 그 뿌린 것의 이삭머리가 형성될 때 즈음에 비로소 가라지가 종들의 눈에 보였습니다. 열매로 그것들을 구분하여 알게 된 것입니다(마 7장).

그래서 그들은 주인에게 와서 이 사실을 고했습니다. 왜 좋은 씨를 밭에 뿌렸는데 이 가라지가 생겼는지에 대해서 질문을 한 것입니다. 그러자 주인은 원수가 그러한 일을 저질렀다고 하였습니다. 종들은 자기들이 그 가라지를 뽑을까 하는 생각에 주인에게 그것을 뽑아 버려도 되겠습니까? 하고 물었습니다. 그러나 주인은 말하기를 그만두어라 가라지를 뽑다가 밀까지 뽑게 된다면 어떻게 되겠느냐 하였습니다. 주인은 그 가라지 뿌리가 밀 뿌리보다 더 옹골져서 밭고랑에 들어가 그것을 뽑다가는 틀림없이 그 옆에 있는 밀도 상하게 될 것을 알고 있었던 것입니다. 그리고 이어서 그냥 추수 때까지 가만두라고 하였습니다. 추수 때에 먼저 그 가라지를 뽑아 단으로 묶어서 불태워 버리고 밀은 내 곳간에 들일 것이라고 하겠다고 지시를 내렸습니다.

전체적인 상황이 비유해석의 열쇠

우리가 보건대 예수님은 이 비유를 '천국은 … 사람과 같으니' 하여서 특정 부분만이 아닌 사건 전체의 내용으로 선포하고 교훈할 말씀으로 전개하십니다. 다시 말해서 이 비유를 통하여 천국은 유능한 농부와 같은 사람에게만 나타날 뿐 아니라 그가 뿌린 곡식과 그가 그것을 가꾸는 방식에서도 나타난다는 것을 보이시는 것입니다. 오히려 후자의 부분에 더 많이 강조되어 있는 것 같습니다. 천국이 이 세상에 나타나는 방식과 보존되어 가는 방식을 더 확실히 나타내시는 것입니다. 이로 보건대 이 비유의 해석 방법은 은밀하게 자라는 씨 비유의 그것과 동일합니다.

그럼에도 불구하고 이 비유에서는 기이한 특징이 나타납니다. 그것은 밤에 가라지를 뿌리는 원수에 대한 그림입니다. 이것으로 자기 밭에 좋은 씨를 뿌린 자와 확실하게 비교를 합니다. 그렇지만 비교의 내용은 굉장히 평범합니다. 열심 있는 종들은 밭에 불의한 종자가 자라는 것을 보아도 주인의 말대로 심판하실 자를 생각하면서 오로지 좋은 씨가 자라는 것을 참을성 있게 기다려야 합니다.

이런 식의 비유는 용서받지 못하는 종에 대한 비유(마 18장)와 결혼식 예복의 비유(마 22장), 그리고 슬기로운 다섯 처녀와 미련한 다섯 처녀의 비유(마 25장) 등에서도 잘 나타나고 있습니다. 이런 비유들은 공동체 안에서 불의를 행하고 배반의 성격을 지닌 자들의 모습을 잘 살펴볼 수 있게 하는 그런 비교의 비유들입니다.

본문의 해석

이제 본 비유에 대한 예수님의 해석을 보도록 하겠습니다. 마태복음 13:36-43입니다. 예수님이 무리를 떠나 가버나움의 당신의 집에 들어가셨을 때 제자들이 나아와서 이 비유에 대해 물었다고 했습니다. 주님은 간략하게 제자들에게 이 비유를 설명하셨습니다. 좋은 씨를 뿌리는 이는 인자요, 밭은 세상이요, 좋은 씨는 천국의 아들들이요, 가라지는 악한 자의 아들이요, 가라지를 심은 원수는 마귀요, 추수 때는 세상 끝이요, 추수꾼들은 천사들이라고 하신 것입니다. 이것은 마태가 예수님의 설명을 7가지로 적절하게 정리한 것으로 보입니다.

주님은 성부 하나님과 맺으신 구속 언약의 경륜에 순종하시고 자기 백성들을 심으시기 위해 육신을 입으시고 인간의 모습으로 오신 인자입니다(빌 2:7,8). 인자는 구약에 보면(단 7:13-14) 옛적부터 항상 계신 이에게 만물을 다스리는 권세를 받은 온 세상의 재판장을 말합니다. 그분이 당신 안에서 새 인류가 될 자들을 세상에 좋은 씨로 심으셨습니다. 주님 이후 세상에 씨를 뿌릴 때 주님의 종들이 그 일을 이어받아 심을지라도 진정으로 심으시는 분은 역시 주님이십니다.

아무튼 이 세상에서는 인간의 타락 이후 원수가 심은 씨로 인하여 주님의 자녀들과의 대립이 지속되고 있습니다. 여기 보면 원수의 비열함과 교묘함은 그들이 밤에 몰래 하는 나쁜 짓에서 잘 드러납니다. 그런데 마지막 날이 올 때에라야 이 둘이 확실히 구별되어 각기 들어갈 곳으로 들어가게 될 것입니다. 마귀의 계교는 그만큼 간교한 것이고 그들의 자식들에 대한 구분도 쉽지 않습니다. 그러나 이 악한 사단이 그 날에 완전히 패전을 하여 마침내 악한 자들은 가라지를 뽑듯이 뽑아내 풀무불에 넣으실 것이고 천국의 아들들은 의롭게 축복을 받은 자들로서 그들 아버지의 왕국에서 해와 같이 빛나게 될 것이라 하셨습니다.
　예수님이 비유 설명의 결론으로 가라지를 태우는 것에 대해 말씀하신 것은 구약성경의 기록을 염두에 두고 당신 안에서 속히 될 일을 예고하시는 것입니다. 다시 한 번 이 부분을 볼까요?

> [41]인자가 그 천사들을 보내리니 저희가 그 나라에서 모든 넘어지게 하는 것과 또 불법을 행하는 자들을 거두어 내어 [42]풀무 불에 던져 넣으리니 거기서 울며 이를 갊이 있으리라 [43]그 때에 의인들은 자기 아버지 나라에서 해와 같이 빛나리라 귀 있는 자는 들으라

　예수님은 스가랴서 11:2-3을 인용하여서 그 은혜의 왕국에서 죄를 유발하는 것과 모든 악을 행하는 자들을 가라지를 뽑듯이 하신다고 하시고 다니엘서 3:6처럼 풀무불에 넣으리라는 유사한 말씀을 상기시키시는 것입니다. 그리고 마지막으로 천국의 아들들에 대해서는 다니엘서 12:3 말씀이나 말라기 4:2의 말씀과 같이 될 것이라 하는 것입니다. 예수님의 이러한 설명은 선지자로서 하시는 것입니다.

설명하지 않은 몇 가지는?

　그런데 주님의 이 비유에 대한 설명을 보면 거론하지 않은 내용들이 몇 가지가 있습니다. 어떤 때에 모든 사람이 잠들었는지, 어떻게 그 알곡과 가라지가 성숙되었는지, 알곡을 곳간에 들이고 가라지는 단으로 묶어 불에 넣는 것이 어떤 의미인지, 하인들은 어떤 자이고 어떻게 될 것인지 등에 대해 언급하지 않았습니다. 그것은 비유의 목적과 관련해서 별로 그렇게 중요한 것이 아니었기에 그렇게 하신 게 아닌가 합

니다.

제자들은 천국의 상태에 대해 어떻게 이해하고 있었는가?

그러면 당시 제자들이 가진 천국관에서 어떤 것이 문제가 되었기에 이런 비유의 말씀을 하시는 것인가? 제자들이 가진 천국관은 그 나라의 도래와 동시에 죄가 완전히 제거되고 완전한 날이 이루어지는 것이었습니다. 그러니까 저들은 구약에서 예고되었던 그 메시야의 날을 한 정점의 날로서 생각한 것이었습니다. 메시야가 와서 그 나라를 세우실 때 곧바로 죄와 모든 불의가 척결이 되고 의로운 자들에게 상이 주어질 것으로 알고 있었던 것입니다. 저들의 사상이 완전히 바리새적인 것은 아니고 그리고 일반 민중들과는 약간의 차이가 있는 것이었지만 그 나라의 도래의 시점에 대해 한 정점으로 생각하고 있었습니다. 그러니까 예수님 안에서 임한 그 나라와 그 나라에 속한 것들이 현 단계에서 감추어진 상태에서 불의와도 공존하다가 그것이 완성될 날 모든 것이 정리가 된다는 내용을 알지 못하고 있었던 것입니다. 만일 저들이 이 천국의 비밀을 알지 못한다면 불의가 득세를 하고 천국의 아들들에게 해를 끼치게 될 때 그것을 이해하지 못하고 그저 주님의 약속을 의심하거나 아니면 낙심하여 좌절에 빠지고 말 것입니다.

예수께서 이 비유를 하신 목적

그러니까 주님이 이 비유의 말씀을 제자들에게 하신 이유가 여기서 명백하게 드러나는 것입니다. 공동체 안에 그런 일들이 생기게 되어도 이상한 일 당하는 것 같이 생각하지 않아야 하고 그저 엉뚱한 열심을 내어서 자기가 심판자인척 하여 스스로 그런 악한 자들을 심판해 버리려고 해서도 안 될 것이며 그 완성될 날이 도래하기까지 인내하며 자기 할 일을 해야 할 것을 깨우치시는 말씀이 되는 것입니다. 주님은 결코 악을 방치하시지 않으시는 분이십니다. 오히려 반드시 악을 심판하실 분입니다. 그러나 그것이 현 역사의 시간 속에서 이루어지지 않는 것입니다. 그분이 최후에 정하신 때가 되어야만 그런 일들이 다 성취되는 것입니다.

주의해서 생각해야 할 것

그런데 주님이 이 비유를 하셨다고 해서 우리가 하나님의 말씀을 거절하는 자들을 교회 안에서 그냥 방치한 채로 내쫓지 말아야 한다고 생각해서는 안 됩니다. 형제라 하면서도 적극적인 범죄를 하는 자들이 있는데 이러한 자들을 아무런 대책도 없이 그냥 내어버려두고 기다리며 방치해서는 안 되는 것입니다. 주님은 마태복음 18장에서 분명 그러한 자들을 교회 안에서 이방인과 세리와 같이 여겨 내쫓을 것을 명하셨습니다. 15절부터 17절까지입니다.

> 15네 형제가 죄를 범하거든 가서 너와 그 사람과만 상대하여 권고하라 만일 들으면 네가 네 형제를 얻은 것이요 16만일 듣지 않거든 한 두 사람을 데리고 가서 두 세 증인의 입으로 말마다 증참케 하라 17만일 그들의 말도 듣지 않거든 교회에 말하고 교회의 말도 듣지 않거든 이방인과 세리와 같이 여기라

사도 바울도 주님의 이러한 가르침에 따라 교회 안에 심각한 문제가 있는 자들에 대해 고린도 교회 중에서 내쫓으라고 명하였습니다. 고린도전서 5장의 내용을 함께 볼까요? 1-13절입니다.

> ¹너희 중에 심지어 음행이 있다 함을 들으니 이런 음행은 이방인 중에라도 없는 것이라 누가 그 아비의 아내를 취하였다 하는도다 ² 그리하고도 너희가 오히려 교만하여져서 어찌하여 통한히 여기지 아니하고 그 일 행한 자를 너희 중에서 물리치지 아니하였느냐 ³내가 실로 몸으로는 떠나 있으나 영으로는 함께 있어서 거기 있는 것 같이 이 일 행한 자를 이미 판단하였노라 ⁴주 예수의 이름으로 너희가 내 영과 함께 모여서 우리 주 예수의 능력으로 ⁵이런 자를 사단에게 내어 주었으니 이는 육신은 멸하고 영은 주 예수의 날에 구원 얻게 하려 함이라 ⁶너희의 자랑하는 것이 옳지 아니하도다 적은 누룩이 온 덩어리에 퍼지는 것을 알지 못하느냐 ⁷너희는 누룩 없는 자인데 새 덩어리가 되기 위하여 묵은 누룩을 내어 버리라 우리의 유월절 양 곧 그리스도께서 희생이 되셨느니라 ⁸이러므로 우리가 명절을 지키되 묵은 누룩도 말고 괴악하고 악독한 누룩도 말고 오직 순전함과 진실함의 누룩 없는 떡으로 하자 ⁹내가 너희에게 쓴 것에 음행하는 자들을 사귀지 말라 하였거니와 ¹⁰이 말은 이 세상의 음행하는 자들이나 탐하는 자들과 토색하는 자들이나 우상 숭배하는 자들을 도무지 사귀지 말라 하는 것이 아니니 만일 그리하려면 세상 밖으로 나가야 할 것이라 ¹¹이제 내가 너희에게 쓴 것은 만일 어떤 형제라 일컫는 자가 음행하거나 탐람하거나 우상 숭배를 하거나 후욕하거나 술 취하거나 토색하거든 사귀지도 말고 그런 자와는 함께 먹지도 말라 함이라 ¹²외인들을 판단하는데 내게

무슨 상관이 있으리요마는 교중 사람들이야 너희가 판단치 아니하랴 13외인들은 하나님이 판단하시려니와 이 악한 사람은 너희 중에서 내어쫓으라

물론 우리가 요즈음 산상보훈 공부에서 본 것이지만 이렇게 범죄자를 교회에서 내쫓을 때에 주의해야 할 우리의 마음 자세가 있지요? 그것은 죄인일지라도 하나님의 형상인 사람에 대해 끝까지 사랑하는 마음을 갖는 것입니다. 죄는 미워서 공의를 시행하는 것이지만 사람 자체를 미워해서는 안 되는 것입니다. 우리는 그럴 자격이 없습니다. 우리도 율법의 준행자이지 심판자가 아닌 것입니다(약 4:11). 우리는 원수까지라도 사랑해야 합니다(마 5:44; 롬 12:19-21). 범죄자에게 권징을 시행한다고 해서 나는 그와 본질이 다른 것으로 여기고 그냥 정죄하는 심정을 가져서는 아니 되는 것입니다.

그렇지만 교회가 이런 권징의 공의로운 일을 하여도 거짓된 자들이 그 모습을 은폐한 채 계속 교회 안에 숨어 있을 수 있으며 또한 신자들이라도 사단의 자식들이 가득한 불의한 세상 가운데 살아가는 것입니다. 그리고 그들 때문에 신자들이 여러 가지로 고통을 겪기도 하는 것입니다. 그러나 이런 자들이라 할지라도 그날에는 반드시 심판된다 하는 것을 이 비유에서 가르치십니다.

나가는 말: 교훈

그러면 예수께서 주의 제자들에게 이 비유를 가르치시는 것이 무엇인지 깨닫게 됩니다. 그러니까 주께서 세우신 거룩한 공동체 안에까지라도 혹 이런 가라지와 같은 자가 섞여 있는 아픔을 경험하더라도 이상

히 여기지 말고 인자되신 주님 나라 완성을 향해 나아가는 알곡과 같은 자들로서 주님의 주권을 기억하며 그 궁극적인 날을 바라보고(고후 5:10) 인내하며 헛된 열심을 내지 말고 정상하게 본질을 갖추어가며 또 충성하여 바른 역사의 원인을 심어가야 할 것을 가르치시는 것입니다. 야고보서 5:7-11을 함께 보고 강설을 마치겠습니다.

> 7그러므로 형제들아 주의 강림하시기까지 길이 참으라 보라 농부가 땅에서 나는 귀한 열매를 바라고 길이 참아 이른 비와 늦은 비를 기다리나니 8너희도 길이 참고 마음을 굳게 하라 주의 강림이 가까우니라 9형제들아 서로 원망하지 말라 그리하여야 심판을 면하리라 보라 심판자가 문 밖에 서 계시니라 10형제들아 주의 이름으로 말한 선지자들로 고난과 오래 참음의 본을 삼으라 11보라 인내하는 자를 우리가 복되다 하나니 너희가 욥의 인내를 들었고 주께서 주신 결말을 보았거니와 주는 가장 자비하시고 긍휼히 여기는 자시니라

기도

거룩하신 아버지 하나님, 사단의 자식으로서 아무 짝에도 쓸모없는 저희들인데 독생자 예수 그리스도를 통해 저희들을 구속하시고 하나님의 자녀로 삼으시며 주님의 몸인 교회에 연합시키시고 또 주님의 생명의 양식을 공급받아서 완성될 하나님의 형상을 향해서 날마다 나아갈 수 있게 하시니 감사를 드리옵나이다. 개인으로서가 아니라 공동체 안에서의 한 개인으로서 거룩한 삶을 살아가게 하옵시며 온전히 거룩하

게 하나님을 사랑하고 이웃을 사랑하며 살아갈 수 있게 하시니 감사를 드립니다. 저희들이 주님의 자녀로 살아갈 때 사단이 뿌린 가라지들이 득세를 해서 그들에 의해 여러 가지 고통과 어려움을 겪사옵나이다. 저희들은 모양은 하나님의 백성의 모양을 하고 있지만 모든 것이 형식이고 외식이라 진정으로 사람을 사랑할 줄 모르고 하나님 나라의 열매를 낼 줄 모르는 자들이옵나이다. 그런 것 때문에 사실 주의 자녀들이 고통을 많이 겪지만 저희들은 추수 때까지 인내하고 나아가야 함을 오늘 비유의 말씀을 통해서 분명히 깨닫게 되옵나이다. 저희들 주님께서 택하신 자들을 불러 모으는 일에 주력해서 충성 봉사하게 하옵시고 또 당대에 열매를 맺게 하시는 품성적인 열매를 잘 맺어서 하나님께 기쁨이 되고 이웃에게 큰 유익을 끼치게 하여 주시옵소서. 결코 외식하는 자로 다시 꾸미고 살다가 주님 앞에 심판 날에 부끄러운 존재로 나타나는 그런 이상한 신앙인들이 되지 않게 하옵시며 늘 주님의 주권을 믿고 주님의 다스리심을 생각하면서 이 세상 가운데서 어떤 환경 가운데서라도 주의 자녀로서의 거룩한 열매를 맺으며 나아가게 하여 주시옵소서. 모든 걸 주께 의탁 드리옵고 감사드리며,

　우리 구주 예수 그리스도의 이름으로 기도 올리옵나이다. 아멘.

제 7 강

겨자씨 비유

마태복음 13:31-32, 마가복음 4:30-32, 누가복음 13:18-19

들어가는 말

　오늘은 겨자씨 비유에 대하여 보도록 하겠습니다. 이 비유에 대해서는 공관복음서 모두에 나와 있습니다. 이 비유는 우리가 다음 시간에 보게 될 누룩 비유와 짝이 되는 비유입니다. 누룩 비유가 현실 가운데 이뤄지는 천국의 내향적 성장을 가리킨다면 이 겨자씨 비유는 천국의 외향적 성장을 보여줍니다. 지난번에도 말씀드린 바가 있지만 갖가지 천국의 비유들은 각기 전달하고자 하는 독특한 성격이 있어서 그 개별적인 비유 하나만으로 천국의 어떠함을 한꺼번에 다 가르친다고 생각하여 억지로 해석하는 일이 없어야 합니다. 이제 오늘 본문의 말씀을 제가 읽고 자세한 내용을 보도록 하겠습니다. 마태복음 13:31-32과 마가복음 4:30-32, 그리고 누가복음 13:18-19입니다.

　³¹또 비유를 베풀어 가라사대 천국은 마치 사람이 자기 밭에 갖다 심은 겨자씨 한 알 같으니 ³²이는 모든 씨보다 작은 것이로되 자란

후에는 나물보다 커서 나무가 되매 공중의 새들이 와서 그 가지에 깃들이느니라(마 13:31-32)

³⁰또 가라사대 우리가 하나님의 나라를 어떻게 비하며 또 무슨 비유로 나타낼꼬 ³¹겨자씨 한 알과 같으니 땅에 심길 때에는 땅 위의 모든 씨보다 작은 것이로되 ³²심긴 후에는 자라서 모든 나물보다 커지며 큰 가지를 내니 공중의 새들이 그 그늘에 깃들일 만큼 되느니라(막 4:30-32)

¹⁸그러므로 가라사대 하나님의 나라가 무엇과 같을꼬 내가 무엇으로 비할꼬 ¹⁹마치 사람이 자기 채전에 갖다 심은 겨자씨 한 알 같으니 자라 나무가 되어 공중의 새들이 그 가지에 깃들였느니라(눅 13:18-19)

이 비유를 말씀하신 시기와 장소

겨자씨 비유와 누룩 비유에 대해 마태와 마가는 천국의 비유들 가운데 넣어서 기록하였고 누가는 여행이야기라고 불리는 누가복음 9:51-19:27 사이에 기록하였습니다. 마태와 마가는 제목 분류를 위해 그렇게 삽입을 한 것이고 누가는 역사적인 순차를 따라서 그렇게 한 것으로 생각합니다. 정확하게는 알 수 없지만 이 비유들은 동시에 말씀하신 것으로 추정을 합니다. 그렇다고 보면 본문의 겨자씨 비유는 씨 뿌리는 자의 비유가 행하여지고 난 뒤에 베풀어진 것으로 여깁니다.

그러니까 예수님 공생애 제2년 후반부가 되겠지요? 예수께서 모친이나 형제들의 방문을 받은 바로 그날에(마 12:46) 가버나움에서 가까운 바닷가에 나아가 몰려드는 무리들을 가르치신 비유 중의 하나라고 생각합니다.

무리들의 천국에 대한 사고

　이전에도 보았지만 이스라엘에게 예고된 그리고 그것에 의해 고대된 천국관은 그 나라가 도래할 때 외형적으로 대단한 능력으로 시작되는 것처럼 알려져 왔습니다. 물론 이런 사고는 이스라엘이 오랜 세월 동안 외국에게 압제를 받아오면서 편협한 시각으로 굳어진 것이었습니다. 그 일에 주도적인 역할을 한 바리새인들이나 서기관들에 의해 그 사상이 더욱 단단하게 되었습니다.
　원래 주님에 의해 계시된 그 나라에 대한 내용을 균형 있게 생각한다면 범위에 있어서 전 세계적이고 그 시작은 은혜 받은 한 개인인 아브라함으로부터 출발을 하는 것입니다. 그리고 분열왕국 후기로 내려오면 그 나라의 남은 자들에 의해서 그 나라가 세계적으로 확장되어 나아가는 것입니다.
　그러나 실제적으로 그 나라의 전초병 세례 요한이나 실체이신 예수님의 초림으로 말미암아 미미하고 보잘것없게 시작된 그 나라에 대해 대다수의 사람들이 비웃고 외면하다가 급기야는 주께서 민중들의 인기를 몰아가게 되자 이제 이스라엘에서 지도적 위치에 있는 자들이 적극적으로 대적하는 일을 하였습니다. 그러니까 저 외식하는 자들의 그릇된 관점으로 굳어진 메시야의 도래로 말미암는 정치적으로 대단한 능력의 메시야 왕국관에 의해 진정한 메시야 되신 주님의 사역이 그렇게 저평가되고 홀대를 받은 것입니다. 당시 민중들은 이런 자들의 영향력 아래 많이 지배되고 있었던 터입니다. 제자들 또한 이들에게서 아주 멀리 있지 아니하였습니다.

비유의 내용

주님은 저 대중들의 이러한 상태를 직시하셨습니다. 그리하여 그들에게 구약에서 예고하고 가르친 내용의 그 성취적이고 실제적인 것들을 은혜로 받은 들을 귀 있는 자들에게는 깨우침을 주시고 편견으로 고착된 그렇지 않은 자들에게는 더욱 은폐의 내용으로 다가가도록 천국의 여러 속성들 중의 하나인 이 겨자씨 비유를 말씀하신 것입니다.

주님은 이 천국의 비유도 다른 천국 비유와 같이 '천국은 이와 같으니'라는 말로써 시작하십니다. 주님께서 천국의 왕적 통치의 어떠함을 가르치기 위하여 그런 방식을 취하신 것이지요? 그리고 천국은 자기 밭에 겨자씨 한 알을 심은 것과 같다고 하셨습니다.

자연 생활상의 비유

주님은 무리들이 그들의 자연 생활상에서 잘 알고 있는 겨자씨 비유의 말씀을 하셨습니다. 팔레스틴에서는 보통 정원의 가장 외곽 쪽이나 그리고 밭의 가장자리에 이 일년생 채소의 종자인 겨자씨를 심는다고 합니다. 정원수 중에서도 겨자나무가 가장 크게 성장하여 모든 새들이 깃들게 되기 때문에 그리고 밭에서는 그 공간을 많이 차지하기에 그렇게 가장자리로 배치를 하여 한 알의 씨를 심는 것입니다. 이 겨자씨는 장성하면 그 키가 무려 한 5미터 정도나 된다고 합니다. 주님은 그와 같은 사실을 잘 아시고서 처음에는 미미해 보이나 그 천국의 그 엄청난 외형적 성장에 대해 계시하시고자 팔레스틴에 사는 자들이 잘 알고 있는 이 작은 겨자씨 한 알과 관련된 생생한 비유를 하신 것입니다.

공관복음서 사이의 차이

주님이 하신 천국에 대한 이 겨자씨 비유에 대해 마태는 자기 밭에 겨자씨 한 알을 심은 것이라고 기록하였고 성장한 후에는 다른 나물보다 크다고 하였습니다. 마가는 이에 대해 땅에 심을 때 가장 작다고 하고서 자라서는 모든 나물보다 크다고 하였습니다. 누가는 이에 대해 자기 채전(菜田)에 갖다가 심은 겨자씨 한 알이라고 하였고 자라서는 나무가 커다랗게 될 것을 말하였습니다.

비유에서 강조하는 것

공관복음서 기자가 이 비유에서 공통적으로 강조하는 것은 성장에 있어서 질이 아니라 크기의 차이라는 것입니다. 다시 말해서 마태나 마가나 누가가 겨자나무의 식용성이나 약성 혹은 그 맛에 대해 말하고자 하는 것이 아니고 한결같이 그 크기의 커다란 외형적 차이점에 대해 강조하는 비유인 것입니다.

겨자씨는 1세기에 있어서 가장 작다고 하는 면에서 대명사처럼 쓰였다고 합니다. 주님도 그런 것을 염두에 둔 비유를 또 하나 하신 적이 있지요. 마태복음 17:20에 보면 "너희가 겨자씨만한 믿음이 있으면 …"라고 하신 말씀이 있습니다. 마태와 마가의 오늘 본문에서는 "모든 너희 씨 중에 가장 작은 씨"라고 하였습니다.

실제로 크기만으로 생각하면 겨자씨보다 더 작은 것도 있다고 합니다. 우리나라 비유에 모기 소리보다 더 작다 하는 말이 있지요? 그것은 아주 소리가 작은 것을 그렇게 묘사하는 것입니다. 그러면 모기 소리가 가장 작은 소리는 아니지요? 더 작은 소리는 얼마든지 있습니다. 그러나 우리가 그렇게 비유를 하는 것은 통상적으로 실생활에서 직접 인식될 수 있는 표현이기에 그것을 그렇다고 받아들이는 것입니다. 그와 같은 원리로 말씀하시는 것입니다.

비유의 결론으로 말씀하는 것에 대해서

예수님께서는 비유의 결론으로 다니엘서 4:10-12과 에스겔 17:22-23, 그리고 31:6의 진정한 성취를 암시하는 것 같은 말씀을 하셨습니다. 느부갓네살 왕의 나무의 꿈, 곧 하늘까지 닿는 강한 나무가 되었다는 꿈을 가리키는 것 같은 다니엘서의 말씀과 메시야의 도래로 말미암는 화평의 상태를 가리키는 에스겔서의 말씀을 염두에 두신 말씀을 한 것입니다.

> 10내가 침상에서 나의 뇌 속으로 받은 이상이 이러하니라 내가 본즉 땅의 중앙에 한 나무가 있는데 고가 높더니 11그 나무가 자라서 견고하여지고 그 고는 하늘에 닿았으니 땅 끝에서도 보이겠고 12그 잎사귀는 아름답고 그 열매는 많아서 만민의 식물이 될만하고 들짐승이 그 그늘에 있으며 공중에 나는 새는 그 가지에 깃들이고 무릇 혈기 있는 자가 거기서 식물을 얻더라(단 4:10-12)
> 22나 주 여호와가 말하노라 내가 또 백향목 꼭대기에서 높은 가지를 취하여 심으리라 내가 그 높은 새 가지 끝에서 연한 가지를 꺾어 높고 빼어난 산에 심되 23이스라엘 높은 산에 심으리니 그 가지가 무성하고 열매를 맺어서 아름다운 백향목을 이룰 것이요 각양 새가 그 아래 깃들이며 그 가지 그늘에 거할지라(겔 17:22-23)

겨자씨 나무가 큰 가지와 넓은 잎사귀를 가지고 있어서 그 잎사귀로 옹기 하나를 충분히 덮을 수 있을 정도인데 그래서 새들이 보금자리를 그 나무에 꾸밀 수 있습니다. 주님은 메시야의 도래로 말미암는 세상이 이런 가운데 있게 될 것을 구약 예언의 성취적 차원에서 이야기한 것입니다.

당시에 한없이 보잘것없이 보이는 예수님을 좇는 일

아까도 잠깐 말씀드렸지만 당대에 예수님을 좇아다니는 일이 초기에는 한없이 한심하고 보잘것없는 일처럼 보일 수 있고 아주 미미한 것으로 여기고 말 수도 있습니다. 앞으로 그것이 얼마나 크게 확장될 것인지는 참으로 인내하며 믿음을 가지고 나아가는 자만이 그것을 가늠하고 진정으로 따라가게 될 것입니다.

여전히 악한 다수의 사람들이 득세를 하고 있고 저들에 의해 소수의 보잘것없는 기독교인들이 압박을 당하고 괴롭힘을 당하고 있었습니다. 그리고 앞으로는 더욱더 그런 일이 더 크게 벌어질 것입니다. 그리하여 소수의 기독교인들은 다수의 불의한 자들에 의해 고향을 떠나 정처 없이 유리방황하는 나그네와 이방인과 같은 신세가 될 것입니다.

더군다나 능력과 지혜가 있으신 예수님이 돌아가시고 나면 연약해 보이는 그 열두 제자들을 따라야 합니다. 주님과 달리 그렇게 미미하고 연약한 자들을 쫓아 산다는 것이 얼마나 불안한 일인지 알 수 없습니다. 그들을 좇아가면 과연 그 완성될 나라가 올 것인가 하는 아주 회의적인 시각이 얼마든지 들 수 있는 것입니다.

들을 귀가 없는 자들에게 은폐된 말씀

그러니까 이상의 비유는 현실적으로 바리새인이나 서기관들의 사조를 사모하는 자들로서는 따를 수가 없는 말씀이 됩니다. 그 비유의 말씀이 무엇을 의미하는지조차 알지 못하는 내용이 되는 것입니다. 그 나라의 전 세계적 확장성에 대해서는 혹 관심을 가질지 모르나 그 미미한 출발에 대해서는 시인할 수 없는 것입니다. 주님의 말씀이지만 그렇게 자기의 어둠으로 들을 귀를 못 가진 자들에게는 결코 들려지지 않는 것입니다. 그들의 생활상에서 얼마든지 알고 있는 그런 비유를 듣고 있지만 그릇된 편견으로 인하여 그 비유의 본의는 전혀 알아듣지 못하는 그런 은폐의 말씀이 됩니다.

앞으로 주를 따를 자들에게 보장된 내용

그리스도인들조차도 자칫 이렇게 현실적으로 그 시작의 미미한 면만 생각하고 그저 주를 계속해서 따른다면 주님의 말씀은 참으로 위험해 보이는 말씀이 될 것입니다. 그래서 주님은 그러한 연약한 자들이 결코 현실 속에서 좌절하지 않고 자기 할 일을 하며 계속해서 그 완성을 향해 굳건히 나아갈 수 있는 하나님 나라의 재료의 내용을 지금 주시는 것입니다. 그 나라가 지금은 이렇게 미미하게 그리고 약하게 보일 수 있지만 장차 그 나라는 반드시 그 시작과는 비교가 되지 않게 확장될 것을 약속하시고 보장하시는 것입니다.

계속해서 장성할 내용

주님께서는 우선 당대에 주를 따르는 연약한 사람들만 염두에 두시고 이 비유의 말씀을 하시는 것은 아니지요? 오고 오는 세월 가운데 주의 선하신 부르심 가운데 교회로 연합되어 주를 계속해서 따를 자들을 다 고려하시고 이 비유를 하시는 것입니다. 그러니까 이런 면으로 생각하면 그 완성될 나라가 궁극적으로 도래하기까지는 계속해서 교회는 장성의 과정 가운데 있다는 것을 알 수 있습니다.

그렇다면 오늘의 기독교인에게 그 나라 백성으로서 놀라운 특권을 누리는 것은 물론이요 역사적이고 사회적인 책임과 의무도 당연히 느끼게 된다는 것을 우리가 분명하게 알게 됩니다. 하나님 나라라는 것이 어느 한 시점에 다 완성되고 말 것이 아니기에 계속되는 역사적 진행 가운데 자기의 위치에서 자기가 맡은 일들을 꾸준히 하여야 함을 깨닫는 것입니다.

그리고 현실적으로 보더라도 아직 복음을 받지 못하고 있는 지역과 사람들이 많이 있는 것입니다. 그런 것을 생각하면 주의 백성들이 한시도 쉼이 없이 해야 할 일이 남아 있는 것입니다. 여전히 득의만면(得意滿面)한 적대세력들이 활동을 하면서 그들이 육신적으로 정치적인 힘을 가지고 대적을 하여도 주의 백성들은 기꺼이 주님을 기쁘시게 하는 일과 이웃에게 진정한 이웃이 되는 일을 계속하면서 그 나라의 완성을 추구하여 나아가야 하는 것입니다. 하나님 나라의 복음이 모든 세계 민족들에게 전파되어 온 세상을 정복하는 마지막 날이 올 것이고(마 24:14) 그 날을 생각하며 자기가 서 있는 시·공간적 위치에서 자기에게 부여된 거룩한 사역을 계속하여야 하는 것입니다.

예화

여기에서 이와 관련된 한두 가지 예화를 소개합니다. 스코틀랜드에 한 충성된 목사가 있었습니다. 하루는 집사 한 사람이 그를 찾아와서 말하기를 "목사님의 목회는 실패한 목회입니다. 그 까닭은 1년간 한 사람의 신자를 얻은 것뿐이기 때문입니다. 그 한 사람도 소년이지 않습니까?" 하였습니다. 그 일로 인하여 그 목사는 마음이 많이 상했습니다. 하지만 그 소년은 후에 위대한 아프리카 선교사가 되어서 많은 사람들을 주께 돌아오게 하였습니다. 그 소년의 이름이 로버트 모팻입니다. 그러니까 실패한 목회와 같이 보인 그 미미한 일이 불과 얼마 되지 않아 위대한 결과를 가져오게 하는 밑거름이 된 것입니다. 이런 예야말로 하나님 나라의 능력은 바로 이와 같은 것이라는 것을 보이시는 겨자씨 비유인 것입니다.

우리나라의 김홍전 목사님의 경우를 생각해 보시지요. 그 암울하고 어두운 형식종교적 배경 가운데 그 본의를 누리고자 하며 참 교회를 누리고자 할 때 얼마나 미미한 세력으로 있었습니까? 그러나 천국의 능력은 불과 반세기만에 도처에서 그와 같은 교회상을 누리고자 하는 무리들이 융성하게 된 것입니다. 앞으로 얼마나 더 풍성하고 풍요로워질지 알 수 없지만 천국은 주의 약속대로 들을 귀 있는 자들을 통하여 더욱 확대되어 나아갈 것입니다.

나가는 말: 교훈

그러니까 우리와 같이 주를 따르는 자들은 천국의 시작이 현실적으로 너무 작다고 불평하거나 세상의 권력이 너무 크다고 좌절하거나 낙심할 필요가 없는 것입니다. 비록 천대 받는 갈릴리에서 시작되었다고 해도 온 세상까지 나아갈 복음이기에 잘못된 판단으로 그저 작은 것으로만 정체될 것이라고 치부하는 일이 없어야 하는 것입니다.

중요한 것은 천국의 그러한 확장성을 알고 어떤 현실 가운데에서도 현재를 바로 심어가는 것입니다. 현재 그 확장되고 완성될 나라를 위해 그 본질적인 것들을 갖추고 나아가지 않는다면 그것은 언제 무너질지 모르는 건물과 같이 되는 것입니다. 아무 것도 깃들 수 없는 그런 허약한 나무를 형성하는 것과 같은 것입니다.

당장은 무슨 큰 결과가 보이지 않는다고 하더라도 그와 같은 천국의 회원으로서 현재에 가장 시급하고 적절하게 이 시대에 이 장소에서 역사의 원인을 심고 나아간다면 반드시 주께서 약속하시고 보장하신 그 궁극적인 결과를 우리가 반드시 경험하게 될 것입니다. 뿐만 아니라 우리가 감격하여 그 영광을 돌리며 기쁨으로 그 완성될 나라에 넉넉하게 들어가게 될 것입니다.

기도

거룩하신 아버지 하나님, 천지의 대주재이시고 섭리자이신 주님이 죄인들을 사랑하셔서 이 땅에 낮아지시고 또 죄인들과 함께 하며 죄인들이 잘 알 수 있는 생활상의 현장 속에서 생활상의 비유로 천국의 어떠함을 다 가르쳐 주셨습니다. 천지의 대주재이신 분이 세밀하게 죄인들을 가까이 하시며 저들을 천국의 부요한 위치로 올리시기 위해서 그 비유의 말씀으로 일러 주셨사옵나이다. 시작은 미미하지만 장차 그 나라가 어떻게 완성될 것인가 하는 것을 구약의 말씀을 들어서 그 성취적인 측면의 그 천국의 비유 말씀을 제자들에게 일러주시고 또 오늘날 우리에게도 일러주십니다. 저희들이 그 안에 쓰임 받고 있다고 할진대 참으로 미미한 이 세력이 얼마나 갈까 하고 회의주의적인 시각으로 좌절할 것이 아니라 많은 믿음의 선진들이 역사의 원인을 심었던 대로 저희들도 역사의 원인을 자원해서 심어서 하나님 나라가 어떻게 확장되고 완성의 길로 나아가는가 하는 것을 저희들 당대에 다 보지 못한다 할지라도 그것을 증험하고 살아갈 수 있게 하여 주시옵소서. 현재라고 하는, 오늘이라고 하는 그 날 동안에 역사의 원인을 잘 심어서 주님이 그러한 결과를 내시는 것을 저희들이 확인하며 하나님께 큰 영광을 돌리게 하여 주시옵소서. 모든 걸 주께 의탁 드리옵고 감사드리며,

    우리 구주 예수 그리스도의 이름으로 기도 올리옵나이다. 아멘.

제 8 강

누룩 비유

마태복음 13:33-35, 누가복음 13:20-21

들어가는 말

　오늘은 누룩 비유에 대하여 보도록 하겠습니다. 이 비유는 겨자씨 비유와는 달리 공관복음서 중 마태와 누가복음서에만 나와 있습니다. 그리고 우리가 이미 본 바와 같이 이 비유는 겨자씨 비유와 한 쌍입니다. 그렇지만 마가복음에는 병행구절 문맥에서 겨자씨 비유만 나와 있습니다. 지난번에 누룩 비유가 현실 가운데 이뤄지는 천국의 내향적 성장을 가리킨다고 했는데 겨자씨 비유는 천국의 외향적 성장을 나타냅니다.

　누룩은 히브리인들이 그들의 생활에서 아주 가까이 경험하는 식재료입니다. 그들의 식사를 위해 늘 사용하는 것이었습니다. 그러니까 누룩에 대해 모르는 히브리인은 거의 없습니다. 그런데 누룩이라는 말은 성경에서 때때로 부정적인 의미로 사용되었습니다(마 16:11; 고전 5:6). 바리새인과 사두개인과 헤롯당의 누룩을 주의하라든지 너희가 누룩이 없는 자들인데 묵은 누룩과 괴악하고 악독한 누룩으로 하지 말라고 하는 교훈으로 사용되었습니다. 하지만 여기 이 누룩 비유에서는 긍정적인 의미로 사용되었습니다. 처음에는 전체 안에 작은 부분으로 있지만 점차 전체에 폭발적인 내적 변화를 주어 큰 영향을 끼치는 비유인 것입니다. 이제 오늘 본문의 말씀을 제가 읽고 자세한 내용을 보도록 하겠습니다. 마태복음 13:33-35, 그리고 누가복음 13:20-21입니다.

> 33또 비유로 말씀하시되 천국은 마치 여자가 가루 서말 속에 갖다 넣어 전부 부풀게 한 누룩과 같으니라 34예수께서 이 모든 것을 무리에게 비유로 말씀하시고 비유가 아니면 아무것도 말씀하지 아니하셨으니 35이는 선지자로 말씀하신 바 내가 입을 열어 비유로 말하고 창세부터 감추인 것들을 드러내리라 함을 이루려 하심이니라 (마 13:33-35)
> 20또 가라사대 내가 하나님의 나라를 무엇으로 비할꼬 21마치 여자가 가루 서 말 속에 갖다 넣어 전부 부풀게 한 누룩과 같으니라 하셨더라(눅 13:20-21)

이 비유를 말씀하신 시기와 장소

이 누룩 비유도 역시 예수님께서 하나님 나라를 다른 비유들과 같이 같은 시기와 장소에서 가르치신 것으로 추정합니다. 예수님 공생애 제2년 후반부에 가버나움으로부터 가까운 바닷가에서 다가오는 무리들을 육지에 앉혀놓고 예수님은 배를 타고 바닷가에서 약간 떨어진 후 그 모인 무리들에게 천국 비유 중의 하나로 이 누룩 비유의 말씀을 하신 것입니다.

누룩 비유의 내용

주님은 천국을 누룩 비유로 선포하셨는데 천국의 왕적인 통치를 나타내시기 위하여 '또 가라사대' 하는 말로 이 비유를 시작하셨습니다(누가복음). 주님이 신 경륜하의 새로운 질서 가운데 입법자이시고 그 법을 가르치시는 분으로서 이렇게 하신 것입니다. 그리고 비유를 말씀하시기를 천국은 마치 여자가 가루 서 말 속에 갖다 넣어 전부를 부풀게 한 누룩과 같다고 하셨습니다. 예수께서 빵 굽는 여인의 이미지를 생각하시면서 이 비유를 하신 것이지요? 가루 서 말은 지금 따지는 양으로 보면 39리터 정도입니다. 상당히 큰 양입니다. 꽤 많은 사람들이 먹을 수 있는 양이지요?

히브리인들이 아는 누룩

주님께서 말씀을 듣는 이들이 생활상 잘 아는 생생한 내용으로 천국의 성격을 나타내시고자 하시는데 누룩은 히브리인들에게 어떤 정서가 있는 것인가? 예수께서는 아마 어려서부터 이 누룩이 그들의 생활상 늘 요긴하게 사용되는 것을 보셨을 것입니다. 그리고 히브리인들에게 있어서 누룩은 빵을 만드는 것만 아니라 율법, 의식, 종교적인 가르침에서도 아주 중요하게 사용되는 것을 아셨을 것입니다.

누룩은 포도액으로 반죽된 순수한 흰 밀기울(밀을 빻고 체로 걸로 남은 것), 피치 또는 살갈퀴(콩과로 두 해 살이 식물) 덩굴과 같은 종류의 식물들의 열매를 물로 반죽하여 발효할 때까지 놓아둔 보리로 만듭니다. 제빵 기술이 발달하면서 누룩은 소금 없이 반죽하여 발효할 때까지 그대로 보관된 빵가루로 만든다고 합니다.

그러니까 빵을 만들 때에 누룩은 아마도 이전의 반죽에서 따로 떼어낸, 발효되어 산이 된 반죽의 한 조각이었을 것입니다. 이것은 가루를 붓기 전에 반죽 그릇에 담아져 있던 물에 용해되거나 또는 가루의 속에 넣어 그 가루와 함께 반죽합니다(본문). 그렇게 만들어진 떡이 유교병이었습니다. 이것은 누룩 없는 떡인 무교병과 대조됩니다.

율법의 의식에서 누룩은 어떠한 것인가? 모세법에 보면 유월절과 무교절에는 누룩을 사용하는 것을 금지하였지요?(출 23:15;마 26:17) 출애굽시 급히 애굽에서 나갔다는 것을 상기시키는 의식이기에 그렇게 한 것입니다. 레위기에 보면 누룩을 꿀처럼 금지하고 있는데(레 2:11) 그것은 발효되는 것이 부패와 해체를 의미하기 때문이 아닌가 합니다. 히브리인들에게 있어서 부패된 상태에 있는 것은 부정한 것으로 여겼습니다. 그래서 여호와의 제단에 바치는 것에서 발효된 것은 제외한 것입니다.

종교적 가르침에서의 누룩은 어떤 의미가 있는 것인가? 신약에서 보면 대체로 누룩은 부패하게 만드는 것으로 여겨서 바리새인의 외식이나 사두개인의 의심, 그리고 헤롯당의 사악하고 정치적인 궤휼을 고려한 누룩이란 의미로 사용되었습니다. 바울 서신에 보면 순전하고 진실함과 대비되는 뜻으로 누룩이란 말을 사용하였습니다. 고린도전서 5:6-8입니다.

> 6너의 자랑하는 것이 옳지 아니 하도다 적은 누룩이 온 덩이에 퍼지는 것을 알지 못하느냐 7너희는 누룩 없는 자인데 새 덩어리가 되기 위하여 묵은 누룩을 내어 버리라 우리의 유월절 양 그리스도께서 희생이 되셨느니라 8이러므로 우리가 명절을 지키되 묵은 누룩도 말고 괴악하고 악독한 누룩도 말고 오직 순전함과 진실함의

누룩 없는 떡으로 하자

오늘 본문에서 긍정적인 의미로 사용된 누룩

그러나 여기 오늘 본문에서는 누룩이라는 의미가 긍정적으로 사용되었습니다. 누룩은 반죽 안에 부분적으로 포함되어 있지만 은밀하고 조용히 그리고 신비롭게 전체에 커다란 영향을 끼칩니다. 그러니까 예수께서는 이 비유에서 천국의 현실적인 확장을 한편으로 말하지만 가장 중요히 말하고자 하는 것은 당신의 천국 복음에 의한 인간 내부적인 감화와 은밀하고 조용한 변화입니다. 그렇다면 이 비유는 겨자씨 비유와 똑같이 처음에는 미미하지만 나중에는 엄청나게 확장된다고 하는 그런 의미는 아닙니다.

이런 비유를 말씀하시는 이유

그러면 주님께서 이 비유를 무리들에게 하시는 이유는 무엇인가? 무리들의 천국관이 어떠하였기에 이런 비유를 하시는 것인가? 주님께서는 없는 사실을 과장되게 꾸며서 이런 비유를 하신 것이 아닙니다. 주님께서는 그릇된 천국관을 가지고 따르는 자들을 위해 주님 안에서 이루어지는 구속 경륜의 일을 염두에 두시고 그리고 그 새로운 질서 속에서 주를 따라야 하는 자들이 반드시 알아야 할 것을 가르치시고자 이 비유를 하시는 것입니다. 그리고 앞으로 주님을 따르는 자들이 이 비유로 천국의 성격을 알고 그 천국의 구성분자들로 나서야 할 자들로서 어떤 본질적인 상태와 그에 따른 속성을 보이고 나아가야 하는가에 대해 깨우치시고자 하시는 것입니다.

무리들의 천국관

이제 주님을 따르던 무리들이 가지고 있던 천국관을 다시 한 번 생각하겠습니다. 그 무리들은 천국이 도래한다면 자기 민족과 예루살렘을 중심으로 이적적으로 그리고 정치적으로 신속히 임할 것으로 여겼습니다. 물론 저들의 이런 사상은 자기들 스스로 조작해 낸 것은 아니지요? 구약에 보면 이런 종말적 성격의 약속된 나라가 메시야의 도래와 함께 임할 것을 말합니다. 스가랴서 14:4-11을 볼까요?

⁴그 날에 그의 발이 예루살렘 앞 곧 동편 감람 산에 서실 것이요 감람 산은 그 한가운데가 동서로 갈라져 매우 큰 골짜기가 되어서 산 절반은 북으로, 절반은 남으로 옮기고 ⁵그 산 골짜기는 아셀까지 미칠지라 너희가 그의 산 골짜기로 도망하되 유다 왕 웃시야 때에 지진을 피하여 도망하던 것같이 하리라 나의 하나님 여호와께서 임하실 것이요 모든 거룩한 자가 주와 함께 하리라 ⁶그 날에는 빛이 없겠고 광명한 자들이 떠날 것이라 ⁷여호와의 아시는 한 날이 있으리니 낮도 아니요 밤도 아니라 어두워 갈 때에 빛이 있으리로다 ⁸그 날에 생수가 예루살렘에서 솟아나서 절반은 동해로, 절반은 서해로 흐를 것이라 여름에도 겨울에도 그러하리라 ⁹여호와께서 천하의 왕이 되시리니 그 날에는 여호와께서 홀로 하나이실 것이요 그 이름이 홀로 하나이실 것이며 ¹⁰온 땅이 아라바같이 되되 게바에서 예루살렘 남편 림몬까지 미칠 것이며 예루살렘이 높이 들려 그 본처에 있으리니 베냐민 문에서부터 첫문 자리와 성 모퉁이 문까지 또 하나넬 망대에서부터 왕의 포도주 짜는 곳까지라 ¹¹사람이 그 가운데 거하며 다시는 저주가 있지 아니하리니 예루살렘이

안연히 서리로다

그리고 예레미야 33:14-16도 볼까요?

14나 여호와가 말하노라 보라 내가 이스라엘 집과 유다 집에 대하여 이른 선한 말을 성취할 날이 이르리라 15그 날 그 때에 내가 다윗에게 한 의로운 가지가 나게 하리니 그가 이 땅에 공평과 정의를 실행할 것이라 16그 날에 유다가 구원을 얻겠고 예루살렘이 안전히 거할 것이며 그 성은 여호와 우리의 의라 일컬음을 입으리라

히브리인들은 이상의 예언에 대해 이방인에 의한 오랜 압제와 시달림을 당하면서 곡해하였습니다. 그 나라에 대해 단순히 정치적으로 갑자기 임하는 나라로 일방 해석을 한 것입니다. 물론 그런 일들을 주도적으로 한 것은 바리새인들이나 그 외 민족주의적인 특성을 소유한 사람들이었습니다. 그런 자들에 의해 이스라엘의 대다수의 무리들은 이사야서나 시편에 나오는 고난 받는 메시야와 그의 나라에 대한 예고에 대해서, 그리고 그 나라가 임할 때의 시대적인 정황에 대해 균형 있게 생각하지 않은 것입니다.

그러니까 예수님이 활동을 하실 때 한편으로 그 분의 메시야적 권능에 대해 수긍을 하면서도 또 한편으로 그분이 그 정치적인 나라를 당장에 형성하여 이방인들을 심판하시지 않는가에 대해 의심을 한 것입니다.

이것은 주님께서 이미 천국에 대한 풍성한 계시를 가르치셨음에도 불구하고 온전히 그것에 착념하지 않은 결과입니다. 분명 주님을 따르는 무리들은 이미 천국의 도리의 대강에 대해 그동안 약 2년간 가르침

을 받았습니다. 산상보훈은 물론이요 그동안 각양의 사건에서 천국의 말씀들을 배우고 그 나라의 진행 성격이나 그 나라의 은밀하고 조용한 능력에 대해 가르침을 받아왔습니다.

구약의 예고된 말씀들에 대해서도 저들이 잠시라도 조용히 묵상하면서 살펴보았다면 주님의 약속하신 나라가 단순히 정치적인 나라로서 급작스럽게 온다는 생각을 하지 않았을 것입니다. 뿐만 아니라 주님의 가르침과 구약의 말씀들이 서로 연관성이 있고 통일성이 있다는 것을 느꼈을 것입니다.

그러나 저들은 아직 그것을 숙지하지 못하고 있었습니다. 심지어 어떤 자들은 주님의 쉬운 가르침도 전혀 이해하지 못하고 앞을 내다보게 하는 말씀에 대해 믿음의 결단도 내리지 못하였습니다. 우리가 알다시피 공생애 제3년에 들어가서 주를 따르던 많은 사람들이 떠나가지요? 그러니까 그만큼 이때까지도 많은 무리들이 주님의 가르침이 무슨 뜻인지 눈이 어두운 가운데 있었다고 할 수 있습니다.

실로 이런 측면에서 생각해보면 우리가 주님의 가르침을 그때그때 충분히 이해하고 깨닫고 나아가지 아니한다면 어떤 시험의 때가 올 때 여지없이 넘어지고 그래서 급기야는 주의 구원의 자녀로서 품위를 드러내기는커녕 오히려 주의 곁을 싫어하여 떠날 것입니다. 요한복음 6:60-66을 참고하지요?

> 60제자 중 여럿이 듣고 말하되 이 말씀은 어렵도다 누가 들을 수 있느냐 한 대 61예수께서 스스로 제자들이 이 말씀에 대하여 수군거리는 줄 아시고 가라사대 이 말이 너희에게 걸림이 되느냐 62그러면 너희가 인자의 이전 있던 곳으로 올라가는 것을 볼 것 같으면 어찌하려느냐 63살리는 것은 영이니 육은 무익하니라 내가 너희에게 이

른 말이 영이요 생명이라 64그러나 너희 중에 믿지 아니하는 자들이 있느니라 하시니 이는 예수께서 믿지 아니하는 자들이 누구며 자기를 팔 자가 누군지 처음부터 아심이러라 65또 가라사대 이러하므로 전에 너희에게 말하기를 내 아버지께서 오게 하여 주지 아니하시면 누구든지 내게 올 수 없다 하였노라 하시니라 66이러므로 제자 중에 많이 물러가고 다시 그와 함께 다니지 아니하더라

아무리 어둠 가운데 있어도 주님과 주의 나라의 진행 성격을 알고 자기의 할 일을 안다면 전혀 시험에 들지 않을 것입니다. 주님의 이런 천국의 도래의 성격의 가르침을 따라 일단 자기의 선입견을 치우고 주의 말씀과 같이 그러한 성격이 담긴 천국을 숙고하며 믿음으로 그 나라를 건설하여 나아간다면 결코 세상을 사랑하여 주를 떠나는 일이나 아니면 스스로 시험에 드는 일이 없을 것입니다. 도리어 주님 안에서 은밀하게 진행되고 신비롭게 이루어지는 그리고 점진적인 능력을 가진 천국의 내부적인 그러한 놀라운 변화의 실질을 친히 경험하고서 내심으로 기뻐하면서 묵묵히 그 나라의 나머지 일들에 더욱 매진하게 될 것입니다.

엘리야가 혈혈단신으로 이스라엘에서 엄청난 개혁을 이루고 난 뒤에도 이세벨이 자신을 죽이려고 하는 것을 보고 잠시 혼돈 가운데 빠진 적이 있지요? 그 나라 안에서 자신의 외형적 개혁의 일로 말미암은 큰 변화가 나타나야 한다고 생각했는데 그러지를 않고 여전히 악한 세력이 득세를 하고 활동을 하고 있는 것에 대해 엘리야에게 사고의 혼란이 생겼지요? 그러한 엘리야를 깨우치시기 위해 여호와께서 하신 말씀이 열왕기상 19:9-18에 나와 있습니다. 거기에 보면 그 나라의 은밀한 진행의 성격이 잘 나타나 있습니다. 그 부분을 함께 보도록 하겠습니다.

⁹엘리야가 그 곳 굴에 들어가 거기서 유하더니 여호와의 말씀이 저에게 임하여 이르시되 엘리야야 네가 어찌하여 여기 있느냐 ¹⁰저가 대답하되 내가 만군의 하나님 여호와를 위하여 열심이 특심하오니 이는 이스라엘 자손이 주의 언약을 버리고 주의 단을 헐며 칼로 주의 선지자들을 죽였음이오며 오직 나만 남았거늘 저희가 내 생명을 찾아 취하려 하나이다 ¹¹여호와께서 가라사대 너는 나가서 여호와의 앞에서 산에 섰으라 하시더니 여호와께서 지나가시는데 여호와의 앞에 크고 강한 바람이 산을 가르고 바위를 부수나 바람 가운데 여호와께서 계시지 아니하며 바람 후에 지진이 있으나 지진 가운데도 여호와께서 계시지 아니하며 ¹²또 지진 후에 불이 있으나 불 가운데도 여호와께서 계시지 아니하더니 불 후에 세미한 소리가 있는지라 ¹³엘리야가 듣고 겉옷으로 얼굴을 가리우고 나가 굴 어귀에 서매 소리가 있어 저에게 임하여 가라사대 엘리야야 네가 어찌하여 여기 있느냐 ¹⁴저가 대답하되 내가 만군의 하나님 여호와를 위하여 열심이 특심하오니 이는 이스라엘 자손이 주의 언약을 버리고 주의 단을 헐며 칼로 주의 선지자들을 죽였음이오며 오직 나만 남았거늘 저희가 내 생명을 찾아 취하려 하나이다 ¹⁵여호와께서 저에게 이르시되 너는 네 길을 돌이켜 광야로 말미암아 다메섹에 가서 이르거든 하사엘에게 기름을 부어 아람 왕이 되게 하고 ¹⁶너는 또 님시의 아들 예후에게 기름을 부어 이스라엘 왕이 되게 하고 또 아벨므홀라 사밧의 아들 엘리사에게 기름을 부어 너를 대신하여 선지자가 되게 하라 ¹⁷하사엘의 칼을 피하는 자를 예후가 죽일 것이요 예후의 칼을 피하는 자를 엘리사가 죽이리라 ¹⁸그러나 내가 이스라엘 가운데 칠천 인을 남기리니 다 무릎을 바알에게 꿇지 아니하고 다 그 입을 바알에게 맞추지 아니한 자니라

주님께서는 이런 하나님 나라의 진행 성격을 무리들에게 가르치시기 위해 그래서 할 수만 있으면 저들이 주의 그러한 성격을 지닌 나라 안에 제대로 거할 수 있도록 이 누룩 비유의 말씀을 하신 것입니다. 신약이나 구약이나 그 구속사 안에서의 시대적 차이에 따라 외형적인 방식의 차이는 있지만 그 나라의 은밀하고 조용한 진행 성격은 동일하다 하는 것을 우리가 추측하여 잘 알 수 있습니다.

비유가 아니면 아무것도 말씀하지 않으심

그리고 마태는 여기에 부가해서 "예수께서 이 모든 것을 무리에게 비유로 말씀하시고 비유가 아니면 아무것도 말씀하지 아니하셨으니 이는 선지자로 말씀하신 바 내가 입을 열어 비유로 말하고 창세부터 감추인 것들을 드러내리라 함을 이루려 하심이니라" 하는 말을 썼습니다. 택한 백성들을 위한 천국의 은밀하고 점진적인 성격과 구약 예언의 성취적인 측면으로서의 내용을 알고서 주님의 가르침을 이렇게 인용하고 그에 대한 판별을 한 것입니다. 마태는 시편 78:2을 인용하는데 예수의 메시야 되심을 알고서 그의 사역적 특성을 그 시편의 성취로 여기고 이렇게 쓴 것입니다.

들을 귀가 없는 자들에게 은폐된 말씀

그러니까 예수께서 가르치신 비유의 가르침이라는 것은 우리가 그 동안 누차 살펴보았듯이 구약을 편협하게 알고 구원을 현실 정치적인 것으로 생각하는 바리새인이나 서기관들과 같은 자로서는 이해할 수도 없고 따를 수도 없이 은폐된 말씀입니다. 그 비유의 말씀이 기본적으로 무엇을 의미하는지 조차 알지 못하는 것입니다. 그 나라의 전 세계적 왕권이나 확장성에 대해서는 혹 관심을 가질지 모르나 그 은밀하고 조용하며 신비로운 내적 능력에 대해서는 도저히 깨닫지 못하는 것입니다. 그렇게 자기의 그릇되고 편협적인 선입견으로 들을 귀를 못 가진 자들에게는 아무리 일상의 생활에서 알 수 있는 말로 비유를 해서 가르쳐도 결코 깨달아지지 않는 말씀이 되는 것입니다.

나가는 말

말씀을 맺습니다.
오늘은 누룩 비유에 대해서 상고하였습니다. 천국은 가루 서 말 속에서 부풀리는 누룩의 성격을 가졌습니다. 은밀하고 조용하며 신비롭게 내적으로 커다란 변화를 일으키는 능력을 가진 나라입니다. 우리가 은혜로 그 나라에 속한 자라면 이 나라의 성격을 바로 알아야 합니다. 우리는 그저 눈앞에 보이는 현실적이고 가시적인 복음의 효과에만 관심을 가져서는 아니 될 것이고 바로 오늘이라고 하는 이 시간 속에서 천국의 회원으로서 삶의 전 영역에서 그 정체성을 분명히 하고 그 나라의 내부적인 확장 능력을 따라 변화된 믿음으로 우리 자신들을 잘 드려 나아가야 할 것입니다.

기도

거룩하신 아버지 하나님, 허다한 사람들이 예수님을 이용해서 자기 이름을 내고 영광을 누려보려고 하고 있는 이때에 저희들에게 천국의 내향적인 성격이 되는 누룩 비유를 깨우쳐 주시고 저희들이 마땅히 초점을 맞추어 나아가야 할 바에 대해 알게 해주시니 감사를 드립니다. 주님은 닥치게 되는 핍박과 기독교 십대 박해를 멀리 내다보시면서 이런 천국의 내향적 확장의 능력을 증거 하셨사옵는데 오늘날에도 동일한 원리가 우리에게 다가오는 줄 아옵나이다. 저희들, 어떤 세상적 유혹이 화려함으로 다가온다 할지라도 가장 주력해야 할 일이 무엇인지 늘 잊지 않게 하여 주옵시고 천국의 심성과 상태를 소유한 자답게 참된 가치를 누려가야 할 것에 마음을 모으고 나아가게 하여 주시옵소서. 하나님이 기쁘시게 보시고 어여삐 보시는 일들에 저희들이 마음을 모두우고 말과 행위를 다하고 나아가게 하여 주시옵소서. 모든 걸 주께 의탁 드리옵고 감사드리며,

　우리 구주 예수 그리스도의 이름으로 기도 올리옵나이다. 아멘.

제 9 강

감추인 보화와 진주 장사 비유

마태복음 13:44-46

들어가는 말

오늘은 감추인 보화와 진주 장사 비유에 대하여 보도록 하겠습니다. 보통 보물과 진주는 지혜 문학(잠 2:4; 8:18-21; 사 33:6; 잠 3:14-15; 8:11; 욥 28:17-18) 소재의 용어들입니다. 이 두 비유는 마태복음서에만 나와 있습니다. 그리고 이 두 비유는 한 쌍의 비유입니다. 이 두 비유가 주제별로 편집이 된 것인지 아니면 순차적으로 하신 말씀을 쓴 것인지 자세히 알 수 없지만 유사한 천국의 비유입니다. 주된 내용은 진정하고 영원한 가치가 있는 것을 발견하여 큰 기쁨 가운데 그것을 소유하기 위해 다른 것을 다 팔아서 사는 것입니다.

사실 인간은 자기 나름대로 세상에서 가장 가치 있다고 생각하는 것을 중심으로 행동을 합니다(마 6:21 참조). 만약 그런 행동이 없다면 자기가 듣거나 본 것에 대해 큰 기쁨의 정서도 없고 진정한 가치를 느끼지 못한 것입니다. 일시적으로 어떤 것이 제일인 것처럼 좇다가도 기회만 오면 자기가 가장 가치가 있다고 여기는 것으로 돌아가게 마련인 것입니다. 그렇다면 특별히 천국이나 영생이나 구원과 관련된 내용을 듣고도 근본적인 행동의 변화가 없는 것은 육신적인 삶을 포기하지 않기 때문입니다. 한때 하늘의 영광을 맛보고 그 은사에 참여한 적이 있지만 지속적인 변화를 보이지 못하는 것은 다 그런 것입니다. 마치 개가 그 토하였던 곳으로 돌아가고 그 누웠던 곳에 다시 눕는 것과 같은 것입니다. 이런 점들을 염두에 두고 오늘 말씀을 보도록 하겠습니다. 읽을 본문은 마태복음 13:44, 그리고 마태복음 13:45-46입니다.

> 44천국은 마치 밭에 감추인 보화와 같으니 사람이 이를 발견한 후 숨겨 두고 기뻐하여 돌아가서 자기의 소유를 다 팔아 그 밭을 샀느니라(마 13:44)
> 45또 천국은 마치 좋은 진주를 구하는 장사와 같으니 46극히 값진 진주 하나를 만나매 가서 자기의 소유를 다 팔아 그 진주를 샀느니라(마 13:45-46)

이 비유를 말씀하신 시기와 장소

이 두 비유들도 역시 다른 하나님 나라 집중적인 비유들과 같이 동일한 시기와 장소에서 가르친 것으로 추정합니다. 공생애 제2년 후반부에 가버나움에서 가까운 바닷가에서 다가오는 무리들을 육지에 앉혀 놓고 예수님은 배를 타고 바닷가에서 약간 떨어진 후 그 모인 무리들에게 천국 비유 중의 하나로 이 감추인 보화와 진주 장사 비유의 말씀을 하신 것입니다.

감추인 보화 비유

먼저 감추인 보화 비유부터 보도록 하지요? 천국은 마치 밭에 묻혀 있는 보물과 같은데 어떤 사람이 그것을 발견하면 일단 아무도 모르게 숨겨두고 기쁨으로 돌아와 그가 가진 모든 것을 다 팔아 그 밭을 산다는 것입니다.

그러니까 여기에서 밭을 산 사람은 원래 그 밭의 주인은 아니지요? 품꾼이거나 아니면 소작인일 것입니다. 그 사람이 그 밭에서 일하다가 보물을 발견하고 일단 그것을 덮어놓은 다음 큰 기쁨으로 돌아와 자기의 모든 것을 팔고 그 밭의 원 주인을 설득하여 그 밭을 산다는 것입니다.

여기 비유에서 예수님은 도덕적인 책임을 따지지 않고 법적 소유권만 고려하십니다. 어떤 사람이 그 보화의 참된 가치를 인식하고 적극적으로 그것을 취하기 위해 행동하는 상태에 대해서만 내용을 비유하십니다. 그러니까 이 비유를 도덕적인 측면에서 따져 볼 것은 없습니다. 중요한 것은 보화의 가치를 인식하고 다른 소유를 다 팔아 그것을 취하는 것입니다.

팔레스틴에서 흔히 있던 일을 비유하심

이렇게 밭에다가 보화를 감추는 일은 당시 팔레스틴 이 지역에서 아주 흔했습니다. 워낙에 이 지역에 전쟁이 많으니까 사람들이 집에다가 어떤 중요한 것을 두지 못하였습니다. 그래서 중요한 보물 같은 것은 자기 밭에 가져다가 몰래 숨겼던 것입니다. 그런데 그렇게 숨긴 주인이 불의의 사고로 죽거나 전쟁으로 죽게 된다면 그 밭을 상속받을 자가 유산으로 받겠지요? 하지만 땅 주인이 거기에 보물을 감추어두었다는 사실을 알릴 여유도 없이 죽었다면 그 밭을 상속받은 자는 거기에 보물이 묻혀 있는지를 전혀 모르는 것입니다. 그러면 오늘 비유에서와 같은 일이 생기는 것입니다.

이 비유가 당대에 주를 좇는 사람들에게 말하고자 하는 것

주님께서는 팔레스틴에서 흔한 이런 일들을 생각하시고 이 비유로 천국의 가치를 인식한 자가 자기의 소유를 다 팔아 그것을 사게 된다는 그런 적극적인 행동의 변화의 상태를 교훈하시고자 이 비유의 말씀을 하신 것입니다.

당대의 환경에서 일차적으로 이 비유를 생각해 보자면 이스라엘의 유업을 차지할 상속인들 중에서 앞장서서 그것을 받고자 하고 실제로 그 유업을 받는 일의 전면에 있었던 바리새인들과 서기관들은 그 유업 안에 감추인 보물이 무엇인지 모르고 있습니다. 이전에 여호와 하나님으로부터 이스라엘 땅을 유업으로 받은 자들이 그 유업 보존의 계승의 진정한 의미를 모르고 땅을 팔아버리거나 아니면 그 토지를 무를 위치에 있으면서도 그것을 무르지 않은 자들이 있었지요? 이는 마치 이 비유에서 상속받은 밭에 보물이 있는지도 모르고 팔아버린 자들과 같은 자들입니다.

그런데 그 밭에서 일하는 고용인이 됐든지 소작인이 됐든지 일을 하는 자가 그 밭에서 일하다가 그 감추인 보물을 발견한 것입니다. 비유가 천국 비유이므로 이 보물을 발견한 자가 단순히 물욕에 눈이 어두워 그것만 찾던 그런 자는 아니겠지요? 여기에 밭을 산 자가 그렇게 물욕에 어두운 자였다면 주님이 그런 자를 염두에 두고 이런 비유를 하실

리가 없는 것입니다. 그리고 주님은 벌써 산상보훈 가운데에서 진정한 보물에 대해 말씀하신 바가 있습니다. 그러니까 단순히 그런 세상적 가치의 내용을 함의한 그런 것을 말씀하시고자 하시는 것이 아니지요? 그 밭을 산 사람은 평소에 소원하고서 가장 가치 있게 생각하고 있던 그런 보배로운 것을 그 밭에서 일하다가 우연히 발견하여 큰 기쁨 가운데 그것을 일단 감추고서 자기의 소유를 다 팔아 그 밭을 산 것입니다. 그러면 그 보화는 주님의 약속과 관련하여 인생의 난제들과 근본적인 문제들을 다 풀 수 있는 그런 가치 있는 천국의 복음과 같은 것이 아니겠습니까?

평소에 염원하고 꿈꾸던 그런 것을 발견했다면 그에게는 내외적인 큰 변화가 일어나는 것입니다. 큰 기쁨을 소유하고 자기가 가지고 있는 것이 무엇이 됐든지 일단 그것을 다 파는 것입니다. 그리고 그 밭의 주인을 설득하여 그것을 소유하는 것입니다. 그러니까 사람의 행동 변화의 근간이 되는 것은 그 보물이 되겠지요? 당대의 환경으로 보자면 이스라엘의 상속인들 중에 앞선다는 사람은 그 가치를 모르고 팔아버린 것을 소외되고 쳐진 환경 가운데 있던 자들은 그 보화의 가치를 알고 자기의 모든 것을 다 팔고서 그것을 소유하는 것입니다.

오늘날에도 유효한 교훈

이 비유는 당대에 주를 좇는 자들에게만 가르침을 주는 것은 아니지요? 오늘 주님의 자녀로서 살아간다고 하는 우리들에게도 귀한 교훈이 되는 내용이 됩니다. 오늘날에도 주님의 기업의 상속자들이라고 자처하는 자들이 도처에 있습니다. 그러나 그 자들은 그 기업 안에 감추인 진정한 보화를 알지 못합니다. 형식 속에서 항상 그 의미를 찾기 때문에 그 과정이나 내면 안에 감추인 보화를 발견하지 못하고 다 팔아버립니다.

우리는 그들이 알려고도 하지 않고 보존하려고도 하지 않는 것들의 가치를 잘 알고서 적극적으로 그것들을 소유해야 할 것입니다. 질그릇과 같은 속에 참다운 보화를 소유하고자 모든 노력을 경주하는 것입니다.

주님께서 누가복음 16장에서 불의한 청지기의 말씀을 가르쳐주셨지요? 세상의 모든 것들이 불의의 성격이 있는 것들이지만 주님의 뜻에 따라 행동하는 지혜로운 청지기와 같은 자세가 우리에게 필요한 것입니다. 불의한 자들은 자기의 육신의 생명을 보존하기 위해 모든 행동을 취하여 나아갑니다. 하지만 주를 좇는 자들은 어차피 불의한 성격이 있는 이 세상에서 진정으로 가치 있는 일에 충성의 행동을 보이고 나아가야 합니다(눅 16:1-12 참조).

그 충성의 가치를 현세적인 것이나 눈에 보이는 것으로 알고 나아간다면 그것은 바리새인이나 서기관들과 같이 되는 것입니다. 그러한 자들은 자기들이 뭐 좀 알고 있고 소유하고 있다는 것을 현세적인 것에 다 빼앗겨서 나아가서는 주를 대적하는 일에 앞장서게 될 것입니다.

우리가 우리의 모든 것을 다 팔아서 그리스도 안에 있는 그 진정한 가치 있는 것을 사고자 할진대 우리에게 선물로 주어진 소유된 목숨, 명예, 물질, 기타 등등의 것들을 다 팔아서 그것을 사고자 하는 자들이 되어야 할 것입니다. 누가복음 18장에 나오는 영생에 관심이 있는 어떤 부자 관원의 경우에서와 같이 다 팔아 가난한 자에게 나눠주면 하늘 보화가 네게 있으리라 했는데 많은 재물 때문에 그것을 근심하고 그 영생의 말씀이신 그리스도를 떠나 이전의 곳으로 돌아간다면 그에게 희망이 없는 것입니다(눅 18:18-23).

다시 생각하지만 어떤 사람이 어디에 가치의 우선순위를 두고 가느냐에 따라 행위의 방향은 정해지는 것입니다. 가시적인 것이냐 아니면 무형의 것이냐 또는 한시적인 것이냐 영원한 것이냐 또는 국지적인 것이냐 아니면 보편적인 것이냐 또는 형식적인 것이냐 아니면 실질적인 것이냐 등등에서 어느 것을 더 가치 있게 생각하고 선택하느냐에 따라 그 사람의 행보가 달라지는 것입니다. 부자 관원은 가시적이고 한시적이며 형식적인 자기 자신만을 위한 일을 보배처럼 여겨서 눈이 어두워져 말씀하시는 그 분이 누군지도 모르고 그 주님의 말씀에 순종하지 못하고 근심하며 떠나간 것입니다.

여러분은 어떤 일에 관심을 가지고 어떤 일을 보배롭게 여겨 인생을 경영하여 나아가고 있습니까? 자신의 자존심, 자신의 명예, 자신의 쾌락, 아니면 자기에게 속한 자식이나 물질 등을 위해 경영하여 나아가는가? 아니면 그리스도 안에서 은혜로 세우심을 받은 자답게 하나님의 거룩한 질서를 따라 하나님의 영광을 위해 살아가는가? 이를 반성해 볼 일입니다.

진주 장사 비유

이제 진주 장사 비유를 보도록 하지요? 하늘나라는 아름다운 진주를 구하는 장사와 같다는 것입니다. 그가 찾던 값진 진주를 발견하면 돌아가서 있는 것을 다 팔아 그것을 사는 것입니다.

진주를 구하는 상인이 발견한 진주의 진정한 가치를 알고서 내심으로 크게 기뻐하며 자기의 모든 것을 다 팔아 그것을 산다는 것이지요? 이 비유도 밭에 감추인 보화를 찾고 난 뒤의 일과 원리적으로 매우 비슷합니다. 전자는 우연히 만난 것같이 보이고 후자는 평소에 찾으려고 계획하고 노력하다가 만난 차이는 있지만 평소에 가장 가치 있게 생각하고 있었던 것은 같은 것입니다. 가장 가치 있는 것을 발견하고서 자신의 모든 것을 다 팔아 그것을 사는 것입니다. 가장 가치 있는 것에 대한 바른 분별과 그것을 취하기 위해 신속하고 결단성 있게 나머지의 헌신된 행동을 하는 것이 아주 흡사합니다.

진주 장사 비유도 생활상에서 얼마든지 알 수 있는 내용

이 진주 장사에 대한 비유도 이 비유를 듣는 자들이 그들의 생활상에서 흔히 경험하는 일이었습니다. 보통 그들이 흔하게 접하는 값싼 진주는 홍해에서 나는 것들이었습니다. 이것은 질이 좀 떨어지는 것이었습니다. 그래서 상인들은 귀한 진주를 얻기 위해 그런 진주들이 나는 페르시아만으로 구하러 갔고 심지어 그곳에서 아주 먼 실론 해변이나 인도에까지 가서 그런 귀한 진주를 찾았습니다. 크고 질이 좋은 진주를 찾기 위해 그렇게 고생길이 되는 그런 일들도 한 것이지요. 당시에는 값진 진주를 소유하는 것이 부자 신분을 보장하는 일과 같이 여겼으므로 그런 진주를 찾는 장사도 있었던 것입니다. 본문의 진주 장사도 아마 그렇게 멀리 나아가 좋은 진주를 찾고자 했던 것 같습니다. 그렇게 멀리 나아갔다가 일생을 두고 한 번 찾을까 말까한 좋은 진주를 만났으니 그 기쁨은 얼마나 크겠습니까? 그리고 그것을 소유하기 위해 자기의 재산을 다 계산하여 정리하고 그 진주를 산 것입니다. 무슨 다른 불법한 방법으로 그것을 소유한 것이 아니라 법적으로 정상한 방법을 취하여 그 일을 한 것입니다.

진주 장사의 교훈

물론 이 비유가 단순히 진주라는 보석 자체가 무슨 큰 행복을 가져다 주는 것을 말하고자 하는 것은 아니지요? 지혜문학에서 진주는 진리보다 못한 것을 의미하기도 하는 것입니다. 잠언 3:15에 그것이 나오지요?

> 15지혜는 진주보다 귀하니 너의 사모하는 모든 것으로 이에 비교할 수 없도다

그러니까 하나님 나라의 최상의 가치를 상징하는 것이 이 진주입니다. 그 가치 있는 일에 열심을 내는 것이 곧 진정한 진주를 구하는 것과 같은 것입니다. 다시 말해서 주님께서 회화적인 표현을 사용하여서 가르치시고자 하시는 것은 진정한 보화를 얻고 큰 기쁨을 누리고 그것을 소유하기 위해 모든 희생을 경주하는 상태의 중요함을 가르치시는 것입니다.

당시 많은 사람들이 보화로 여기고 기다리고 있던 천국은 정치적이고 물리적인 천국입니다. 바리새인들을 중심으로 구약의 예언들을 한 편만으로 해석하여 그러한 나라를 소망하도록 하였습니다. 그러한 자들은 내면적으로 정치적이지 않게 임하는 그러한 나라를 생각지도 않았습니다. 그리고 그런 나라에 대해 열심을 내지도 않았습니다.

주님은 저들의 상태를 아시고서 진정으로 내적으로부터 먼저 시작되는 그 나라의 가치와 상태에 대해 가르치신 것입니다. 그 나라를 아는 자들은 이런 생명적 결과를 반드시 내놓는다는 것을 아시고서 이 말씀을 가르치신 것입니다.

우리에게 가르치는 교훈

그러면 이 비유가 우리들에게 가르치는 것은 무엇인가? 바울은 세상의 금과 진주로 치장하지 말라고 하셨지요? 디모데전서 2:9에 나옵니다. 여기서의 진주는 진짜 보석을 가리키는 것이지요? 또 주님은 진주를 돼지에게 던지지 말라고 하셨습니다(마 7:6). 여기서의 진주는 진정한 천국의 가치 있는 진리를 말하는 것이지요? 그러면 우리는 그리스도 안에 도래한 하나님 나라의 가치를 진주로 알고 그것을 확장하고 누리는 삶을 살아야 할 것입니다.

나가는 말

말씀을 맺습니다.

오늘은 감추인 보화와 진주 장사 비유를 상고하였습니다. 하나님 나라의 가치를 바로 알고서 그것을 온전히 누려가는 자들이 다 되어야 할 것입니다. 무엇을 안다고 하고서 계속해서 거기에 따른 어떤 적극적인 변화의 상태가 나타나지 않는다면 그것은 듣는 자들을 기만하는 것입니다. 그리고 하나님을 만홀히 여기고 자기를 위장하는 것입니다. 맘은 여전히 가시적이고 현실적인 세상에 있으면서 그렇지 않은 척하지만 그것은 두 길 보기를 하는 것과 똑같은 것입니다. 이 점을 우리가 주의해야 할 것입니다.

기도

거룩하신 아버지 하나님, 저희들이 죄와 수고와 슬픔 가운데 살아가는 존재들인데 하나님께서 그리스도 안에서 이루신 일로 말미암아 참 자유와 영생을 얻었고 또 참 기쁨을 알게 되었사옵나이다. 주께 속한 자로서 현실적으로 여러 가지 어려운 일들이 있지만 그것을 뛰어 넘는 영광된 가치와 즐거움을 주님의 사랑으로 알게 되었사옵나이다. 저희들이 과연 그 가치를 안다고 할진대 모든 것을 다 팔아서 그것을 소유하고 나아가게 하여 주시옵소서. 평소에 꿈꾸고 염원하던 것들을 환경 속에서 볼 때에 그것을 취해 나아가는 그런 지혜로운 자들이 다 되게 하여 주시옵소서. 말로는 주의 백성이라고 하고 주님의 은혜를 논하지만 현실 속에서는 늘 세상을 따라가는 그런 삶을 살아서 세상의 가치를 결국 인정하는 자로 남는 그런 어리석은 백성이 되지 않게 하여 주시옵소서. 저희들이 가장 가치 있다고 여기는 것들에 매진하고 나아가는 그것을 중심으로 매진하고 나아가는 그런 지혜로운 자들이 다 되게 하여 주시옵소서. 주님은 영생과 기쁨과 자유를 우리에게 허락하여 주셨사온즉 그 귀한 보화를 잘 쟁취해 나아가게 하옵소서. 모든 걸 주께 의탁 드리옵고 감사드리며,

우리 구주 예수 그리스도의 이름으로 기도 올리옵나이다. 아멘.

제 10 강

그물 비유

마태복음 13:47-50

들어가는 말

　오늘은 마태복음 13장에 나오는 하나님 나라의 집중적인 비유 중의 마지막인 그물 비유에 대하여 보도록 하겠습니다. 이 그물 비유는 마태복음서에만 나와 있습니다. 이 비유는 알곡과 가라지 비유와 짝이 되는 것입니다. 이 그물 비유는 천국 비유로서 심판 날에 초점이 맞추어져 있는 가운데 그 현실적인 상태와 아울러 그 심판 날에 어떻게 하나님 나라 백성과 그렇지 않은 자와 갈라지게 되는가를 보여주고 있습니다. 이제 오늘 본문의 말씀을 제가 읽고 자세한 내용을 보도록 하겠습니다. 마태복음 13:47-50입니다.

　　47또 천국은 마치 바다에 치고 각종 물고기를 모는 그물과 같으니 48그물에 가득하매 물가로 끌어내고 앉아서 좋은 것은 그릇에 담고 못된 것은 내어 버리느니라 49세상 끝에도 이러하리라 천사들이 와서 의인 중에서 악인을 갈라내어 50풀무 불에 던져넣으리니 거기

서 울며 이를 갊이 있으리라

이 비유를 말씀하신 시기와 장소

이 비유도 역시 다른 하나님 나라 집중적인 비유들과 같이 같은 시기와 장소에서 가르친 것입니다. 예수님 공생애 제2년 후반부에 가버나움에서 가까운 바닷가에서 다가오는 무리들을 육지에 앉혀놓고 예수님은 배를 타고 바닷가에서 약간 떨어진 후 그 모인 무리들에게 천국 비유 중의 마지막으로 이 그물 비유의 말씀을 하신 것입니다.

그물 비유의 개괄적 설명

먼저 이 비유에 대해 개괄적으로 보도록 하지요? 하늘나라는 바다에 던져서 모든 종류의 고기를 모으는 그물과 같다고 하였습니다(47-48절). 이 비유는 문장 구조상 다른 천국 비유와 같습니다(44절 참조). 그물에 고기가 가득차면 어부들은 그것을 해변에 끌어 올려 앉아서 상품 가치가 있고 먹을 수 있는 것들은 그릇에 담고 먹지도 못하고 쓸모도 없는 고기는 내버리는 것입니다. 이 비유에 대한 해석으로(49-50절) 주님께서는 이와 같이 세상 끝 날에도 이러할 것이라고 하였습니다. 마지막 심판 때에 천사들이 그 악인들을 적절하게 솎아내어 그 악인들을 불구덩이에다가 던질 것이라고 하였습니다. 그렇게 되면 그 심판을 받은 악인들은 거기서 슬피 울며 이를 갈 것이라고 하였습니다.

이 비유의 독특성

이 비유의 독특성은 무엇인가? 마태는 이 비유에서 다른 비유들과 다른 독특한 면을 추가하였습니다. 그것은 그 세상 끝에 악인들 위에 임하는 심판을 강조하는 것입니다. 그러니까 이 비유에서는 세상 끝부분이 강조되고 있습니다. 물론 이 강조만 전적으로 주장하면 유대인들도 마지막 심판 날에 대한 이해를 어느 정도 다 하고 있었기 때문에 무슨 의미가 있겠나 생각할 수도 있겠습니다. 그러나 비유의 전체적인 면을 고려하고 이것을 생각하면 알곡과 가라지 비유에서 가라지를 솎아냄과 마귀의 의도적인 반대에 대해 주의를 주는 교훈을 이 그물 비유에서 좀 더 보충하고 있다는 것입니다. 복음전파에 대해 현실적으로 순수한 반응을 보이지 않는 자들이 있을지라도 심판 날에 주께서 선한 결과를 내실 것만 바라보고 소망을 가지고 할 일을 하라고 강조하는 것입니다.

알곡과 가라지의 비유와 짝이 되는 이유

허두에 이 그물 비유가 알곡과 가라지 비유와 짝이 된다고 하였는데 세상 끝 날에 대해 이 그물 비유가 간략하고 핵심적인 내용을 축약하고 있는 점과 알곡과 가라지 비유가 좀 더 서술적으로 풀어서 비유하는 점에서 그러합니다. 본문의 49절과 50절의 내용은 알곡과 가라지 비유의 40-42절과 그대로 일치하고 있습니다. 그 부분을 다시 읽습니다.

> ⁴⁹세상 끝에도 이러하리라 천사들이 와서 의인 중에서 악인을 갈라내어 ⁵⁰풀무 불에 던져 넣으리니 거기서 울며 이를 갊이 있으리라

⁴⁰그런즉 가라지를 거두어 불에 사르는 것 같이 세상 끝에도 그러하리라 ⁴¹인자가 그 천사들을 보내리니 저희가 그 나라에서 모든 넘어지게 하는 것과 또 불법을 행하는 자들을 거두어 내어 ⁴²풀무불에 던져 넣으리니 거기서 울며 이를 갊이 있으리라

실생활의 생생한 비유

좌우간 이 그물 비유도 다른 비유들처럼 갈릴리 호수를 배경으로 살아가는 자들에게 아주 생생한 교훈입니다. 게다가 주님 제자들은 대부분 또 어부였지요? 그러니까 이 고기 잡는 그물과 관련된 이야기에 대해 누구보다도 잘 알 수 있었고 또 쉽게 이해할 것이었습니다.

당시 갈릴리 바다에는 식용 물고기와 식용으로 사용할 수 없는 물고기가 도합 약 25종이 있었습니다. 갈릴리 어부들은 이 고기들을 높이가 2미터 가량 되고 길이가 100미터 정도 되는 그물을 사용하여 잡았습니다. 그물에 콜크 부표를 달고 밑부분은 무거운 것을 달아서 고기를 잡았습니다.

고기 잡는 방법으로는 두 가지가 있었습니다. 배 두 척이 이 그물을 양쪽으로 끌어 모아서 잡는 방법이 한 가지이고 또 한 가지는 배 한 척이 해변에다가 박은 기둥을 중심으로 반원형으로 돌아가며 그물을 치고 고기를 잡는 것입니다. 이 두 가지 방법 중 어느 것이라도 최소 6명의 인원이 필요했습니다. 고기떼를 발견하는 유능한 어부가 있어야 하고 배를 조정하는 자, 그물을 치는 자 등등이 있어야 했습니다.

제가 이전에 한 번 텔레비전 방송에서 우리나라 남해안에서 숭어를 잡는 것을 본 적이 있습니다. 숭어 떼의 흐름을 잘 발견하는 유능한 사람이 해변의 높은 곳에서 내려다보고 있다가 숭어 떼를 발견하여 미

리 배를 타고 대기 하고 있는 자들에게 수신호를 합니다. 그때 해변에서 배를 타고 그물을 준비하고 있던 사람들이 고기를 몰아가며 그물로 고기가 들어오게 하여 잡는 것입니다. 남태평양에서 참치 잡이를 하는 것도 이와 비슷합니다. 선장이 배 꼭대기에서 참치 떼를 발견하여 지시를 하면 그 배에 선원들이 일사분란하게 그물을 치며 움직여 참치를 잡는 것입니다. 아마 고기 잡는 기구의 차이는 그 때와 지금과 비교되지 않겠지만 고기 잡는 방식은 비슷하다고 생각합니다.

그렇게 해서 고기를 잡아 그물을 해변으로 끌어올리게 되면 어부들은 잡은 다양한 고기 중에 먹을 수 있고 상품가치가 있는 것과 그렇지 않은 것을 구분하여 먹을 수 없고 가치 없는 것들은 내다 버렸습니다.

유대인들의 음식 규례

그런데 유대인들이 생선을 구분하는 것은 보통의 세상 사람들과는 달랐지요? 그들에게는 생선과 관련된 음식물 규례가 법으로 정하여져 있는 것입니다. 그들이 먹을 수 있는 생선이 있고 버려야 하는 것에 대한 규례가 성경에 명문화되어 있는 것입니다. 레위기 11:9-12을 함께 보겠습니다.

> 9물에 있는 모든 것 중 너희의 먹을 만한 것은 이것이니 무릇 강과 바다와 다른 물에 있는 것 중에 지느러미와 비늘 있는 것은 너희가 먹되 10무릇 물에서 동하는 것과 무릇 물에서 사는 것 곧 무릇 강과 바다에 있는 것으로서 지느러미와 비늘 없는 것은 너희에게 가증한 것이라 11이들은 너희에게 가증한 것이니 너희는 그 고기를 먹지 말고 그 주검을 가증히 여기라 12수중 생물에 지느러미와 비

늘 없는 것은 너희에게 가증하니라

　유대인들은 이상의 음식물 규례에 어긋나지 아니한 것들을 취하여 거두어들이고 그렇지 않은 것은 먹지 않아야 할 것은 물론이요 그 주검조차도 가증하게 여겨 빨리 처분을 하여야 하는 것입니다.
　그러니까 유대인에게 있어서는 좋은 고기와 나쁜 고기의 개념이 일반 세상 사람들과는 엄청난 차이가 있지요? 좋은 고기는 율법에 적법한 고기여야 하고 나쁜 고기는 율법에 어긋나 있는 고기인 것입니다. 세상 사람들은 맛있고 몸에 좋고 정력에 좋다면 좋은 물고기로 치지만 유대인들에게 있어서는 우선 율법에 적합하여야 좋은 고기인 것입니다.
　물론 주님 승천 후 제자들이 물고기를 잡아먹는다면 그런 구분이 사실상 필요가 없습니다. 언약의 법에 따라 식용과 식용이 안 되는 것을 구분하는 구속사적 질서가 지나갔기 때문이지요? 그러나 어쨌든 어부들은 잡은 고기에 대해 먹을 수 있느냐 없느냐 상품 가치가 있느냐 없느냐에 따라 고기를 구분하여 내는 것입니다. 그리고 이 비유가 종말의 심판 날에 이루어질 것을 말씀하는 것이니까 좋은 고기와 나쁜 고기에 대한 기준은 따로 있는 것입니다.

그물 비유의 교훈을 받기 위한 준비

　그렇다면 이 비유가 그들의 생활상에서 잘 알고 있는 그물에 대한 비유이지만 단순히 그것을 말하고자 하는 것은 아니지요? 이 비유는 잘 알아들을 수 있는 사람이 있고 그렇지 못한 사람이 있습니다. 물론 잘 알아듣는 사람은 하나님의 주권에 의한 선택적이고 언약적인 사랑을 받은 자이고 또한 주님의 경륜에 따라 순종하려는 자세를 가진 사람입니다. 그리고 알아듣지 못하는 사람은 우선 하나님의 은혜를 받지 못한 것이고 또 한편으로는 자기들이 가진 천국에 대한 관점이나 그 날에 임할 일에 대한 인식을 그릇되게 가졌기 때문입니다.

이 비유가 교훈하고자 하는 내용을 제대로 알고자 한다면 비유의 시제나 비유가 전제하고 있거나 상징하고 있는 내용을 잘 알아야 합니다. 비유의 원칙적인 내용을 말할 때는 현재의 시제로 한다는 것, 그것이 최종적으로 이루어지는 일은 언제이며 어떻게 그 일이 될 것인가와 관련된 전제된 사상들에 대해, 그리고 이제껏 주님께서 가르친 사상들을 유기적으로 살펴야 이 비유를 제대로 알아지는 말씀인 것입니다. 구약의 예언과 관련하여 이미 그리스도 안에 도래한 하나님 나라와 아직 완성되지 않은 그 나라에 대해, 그리고 그 나라의 형성원리와 성격과 그 나라에 들어가는 길에 대해 잘 이해하고 있어야 하는 것입니다.

당시 무리들의 천국관과 종말관

그러면 당시 이 말씀을 듣는 자들은 천국에 대해서나 종말에 대해서 어떻게 알고 있었습니까? 저들에게 있어서 하나님의 결정적인 개입으로 악의 권세에서 벗어나 다윗 왕권의 회복이 이루어지고 그로 말미암는 백성들의 번영이 따르고 결국은 세상이 새롭게 되는 그러한 궁극적인 날은 메시야의 도래와 그로 말미암는 급작스런 메시야 왕국의 도래에 의한 것이었습니다. 그 궁극적인 날에 임하게 될 나라에 대해서는 아브라함의 소명과 땅에 대한 약속에까지 올라가야 하지만 선지자들의 예언에서 그 현저한 것을 볼 수 있습니다. 그러나 그동안 누차 말씀드렸지만 그 종말의 날에 이루어질 천국에 대한 이해는 바리새인들과 서기관들의 그릇된 가르침으로 영적이지 못하고 정치적인 것으로만 더욱 변질되었습니다. 이방인들의 심판과 이스라엘의 구원이 정치적인 성격으로만 규정지어진 것입니다.

그동안 예수께서 가르친 천국관과 종말관

대중들의 이러한 그릇된 종말관과 천국관에 대해 예수께서는 그동안 그 나라가 이미 임하였다는 선언과 그러나 그것은 다시 앞으로 올 어느 때에 완성될 것이라는 가르침을 베풀었습니다. 그리고 그 나라의 임함과 함께 하나님의 심판이 시작되었고 아울러 정한 때에 그 심판이 완결되어진다는 것을 가르치셨습니다. 예수님 당신의 인격과 사역을 받아들이느냐 그렇지 않느냐에 따라 그 심판이 이미 이루어지고 있다고 우선 가르치신 것입니다. 요한복음 3:17-18을 볼까요?

> 17하나님이 그 아들을 세상에 보내신 것은 세상을 심판하려 하심이 아니요 저로 말미암아 세상이 구원을 받게 하려 하심이라 18저를 믿는 자는 심판을 받지 아니하는 것이요 믿지 아니하는 자는 하나님의 독생자의 이름을 믿지 아니하므로 벌써 심판을 받은 것이니라

그리고 앞으로 하나님께서 마지막 심판하시는 그 날에 대하여 주님은 말씀하셨습니다. 요한복음 12:47-48입니다.

> 47사람이 내 말을 듣고 지키지 아니할지라도 내가 저를 심판하지 아니하노라 내가 온 것은 세상을 심판하려 함이 아니요 세상을 구원하려 함이로라 48나를 저버리고 내 말을 받지 아니하는 자를 심판할 이가 있으니 곧 나의 한 그 말이 마지막 날에 저를 심판하리라

그러니까 본문의 그물 비유에서의 심판 날에 대한 가르침의 내용은 이미 이루어진 것과 앞으로 이루어질 궁극적인 마지막 날을 목표로 하고 있다는 것을 알 수 있습니다.

우리에게 주는 교훈

우리에게 이 그물 비유는 어떤 것을 교훈하는가? 이 비유는 현재의 교회적 상황과 그 결말에 대한 내용을 상징적으로 보여주고 있습니다. 이로 보건대 우리는 두 가지 면에서 교훈을 받을 수 있습니다. 현세의 교회 상황과 관련하여 그리고 종말의 날을 소망하여야 하는 것과 관련하여 교훈을 받을 수 있습니다.

우리가 현재 살고 있는 교회 세상을 넓은 바다로 본다면 우리는 그곳에 살고 있는 물고기와 같습니다. 그곳의 각양의 인간 중에 하늘나라에 가치 있는 것과 무가치한 것은 언제 어떻게 알 수 있는 것인가? 그 구분에 대한 관심은 오늘을 살아가는 그리스도인으로서 월권입니다. 구분은 주님이 하실 것이고 현재적으로 중요한 것은 그런 각양의 사람들이 섞여 있지만 그 속에서 자신이 좋은 고기로 늘 그 상태를 유지하고 있는가 하는 것입니다.

물론 이것은 완전주의를 말하는 것이 아닙니다. 이 땅에 살아가는 동안에 하나님 앞에서 완전한 모습을 구비할 수 있는 사람은 없습니다. 법정적으로 그리스도 안에서 의롭다 하심을 받았지만 다 육체의 연약으로 인하여 허물이 많고 죄가 있는 것입니다. 그 나라가 완성되기까지는 이런 일은 여전히 교회 안에 나타날 수 있습니다. 그러나 그렇다고 하더라도 주님의 언약적 사랑을 의지하고 성화되어 나아가야 하는 것이 언약 백성의 책임입니다. 그런 것이 좋은 모습이고 주께서 그것을 좋게 보시는 것입니다. 자기의 행위를 의지하지 않고 그리스도의 의에 의지하여 끊임없이 그 방향성을 유지하고 나아가는 것을 예쁘게 보시는 것입니다. 혹 불의한 자들로 인하여 여러 가지 어려움을 당할 수 있습니다. 그렇지만 그런 일은 신자에게 영광이 되는 것이지요? 요한복음 9:30-34을 보지요?

> 30그 사람이 대답하여 가로되 이상하다 이 사람이 내 눈을 뜨게 하였으되 당신들이 그가 어디서 왔는지 알지 못하는도다 31하나님이 죄인을 듣지 아니하시고 경건하여 그의 뜻대로 행하는 자는 들으시는 줄을 우리가 아나이다 32창세 이후로 소경으로 난 자의 눈을 뜨게 하였다 함을 듣지 못하였으니 33이 사람이 하나님께로부터 오지 아니하였으면 아무 일도 할 수 없으리이다 34저희가 대답하여 가로되 네가 온전히 죄 가운데서 나서 우리를 가르치느냐 하고 이에 쫓아내어 보내니라

그러나 주님이 심판하시는 그 날에는 평시에 그 나라의 새 언약의 법에 준하여 산 자와 그렇지 않은 위선자들이 구분이 될 것을 알고 믿음으로 인내하고 나아가고 또 복음을 그런 시각에서 전파하는 것이 또한 중요한 것입니다. 스스로 그런 자들을 구분하여 낼 수 있는 양 하고서 하나님께로부터 그 위임받은 권세를 함부로 남용하고 오용하는 일이 없어야 할 것입니다. 그렇게 된다면 하늘 아버지의 권세를 도적질하는 것과 같은 것입니다. 그리스도의 의의 옷을 입고 그 날을 맞이하여야 우리의 기다림도 의미가 있는 것입니다. 가만히 교회 안에 들어와서 사단의 사조에 따라 움직이고 정욕에 눈이 어두운 가운데 살아간다면 악인이요, 염소요, 가라지입니다. 하나님 나라의 적법한 절차를

따라 기다릴 것은 기다리고 주께서 결과를 내시기를 바라고 사는 것은 그리스도의 의의 옷을 입은 자들입니다.

나가는 말

말씀을 맺습니다.

오늘은 그물 비유를 상고하였습니다. 그물 비유에서는 천국의 현재성과 미래성이 교차적으로 섞여 있습니다. 먼저 그리스도인들은 이 비유를 통하여 누가 구원을 얻을 자인지 그렇지 않을 자인지 구분할 수 없으며 그렇게 할 필요도 없다는 것을 알고 차별 없이 주 앞으로 사람을 인도하여야 할 책임과 의무가 있다는 것을 생각하게 됩니다. 마태복음 22:8-10입니다.

> 8이에 종들에게 이르되 혼인 잔치는 예비되었으나 청한 사람들은 합당치 아니하니 9사거리 길에 가서 사람을 만나는 대로 혼인 잔치에 청하여 오너라 한 대 10종들이 길에 나가 악한 자나 선한 자나 만나는 대로 모두 데려오니 혼인 자리에 손이 가득한지라

다시 말씀드리지만 그리스도 안의 구원의 결과는 성신께서 맺으실 것입니다. 사람에 따라 주님께로부터 받은 은사가 다르지만 성신을 의지하여야 교회아로서 신속하고 정상하게 열매를 맺는다는 것은 분명한 사실입니다. 우리는 다만 주의 명령을 좇아 물을 주는 것뿐이지요? 함부로 남의 구원에 대해 논단을 하고 자기의 구원을 자랑하는 것은 월권입니다. 우리는 무익한 종과 같이(눅 17:10) 늘 겸손하고 온유하게 천국민으로서 도리를 다하여 나아가야 할 것입니다. 주께서는 주의 백성들

이 주의 자녀로서 확증하고 나아갈 바를 현재적으로 잘 판단하여 나아갈 수 있도록 귀한 가르침을 베푸셨습니다.

기도

거룩하신 아버지 하나님, 주님은 그물 비유로써 천국을 도래케 한 메시야로서의 그 사역이 어떠함을 나타내시고 또 종말의 날에 이루어질 공의로운 심판에 대해 알려주셔서 이미 왔지만 아직 완성되지 않은 시간 속에 살아가는 주의 일꾼들로 하여금 어떤 상태를 유지하고 살아가야 할 것인가 하는 것을 깨우쳐 주시옵나이다. 이 말씀은 일상의 비유로 주어진 것이지만 일상의 생각으로 그것을 해석해서 이해할 수 없는 비밀스런 이야기이옵나이다. 이 비유 안에 감춰어진 내용들을 저희들이 잘 헤아려서 이미 그리스도 안에서 주의 백성이 됐지만 다시 오실 주님을 바라는 자들로 어떤 상태를 유지하고 살아가야 할 것인가 하는 것을 각성하게 하여 주시옵소서. 이미와 아직의 중간 시대에 살아가는 존재들로서 마땅히 드러내야 할 것들을 드러내게 하옵시고 또 인내하고 나아가야 할 것들에 대해 인내하고 살아가게 하옵소서. 함부로 주님의 자리에 앉아서 형제들을 논단하고 정죄하고 판단하는 심판자와 같이 행보하지 않게 하옵시며 주어진 일들에 충성을 다해서 과연 주님께 속한 자로서 종말의 날을 대망하며 살아가는 존재인가 하는 것들을 늘 살피고 살아가게 하여 주시옵소서. 귀한 가르침에 대해 감사드리며 모든 말씀,

우리 구주 예수 그리스도의 이름으로 기도 올리옵나이다. 아멘.

제 11 강

사람을 진짜로 더럽히는 것에 대한 비유

마태복음 15:1-20; 마가복음 7:1-23 참조

들어가는 말

오늘은 사람을 진짜로 더럽히는 것에 대한 비유를 보도록 하겠습니다. 이것을 보기 전에 마태복음 13장의 집중적인 하나님 나라 비유의 결론 부분 말미에 나오는 집주인의 비유를 먼저 봐야 하겠지만 그 비유는 앞으로 기회가 되는 대로 보도록 하고 먼저 사람을 진짜로 더럽히는 것에 대한 비유를 보도록 하겠습니다. 본문 말씀은 마태복음 15:10-20입니다. 마가복음 7장에는 이방인 독자를 위하여 이 사건을 조금 더 자세하게 기록하고 있습니다. 본문을 제가 읽고 자세한 내용을 보도록 하겠습니다.

10무리를 불러 이르시되 듣고 깨달으라 11입에 들어가는 것이 사람을 더럽게 하는 것이 아니라 입에서 나오는 그것이 사람을 더럽게 하는 것이니라 12이에 제자들이 나아와 가로되 바리새인들이 이 말씀을 듣고 걸림이 된 줄 아시나이까 13예수께서 대답하여 가라사대 심은 것마다 내 천부께서 심으시지 않은 것은 뽑힐 것이니 [14]그냥 두어라 저희는 소경이 되어 소경을 인도하는 자로다 만일 소경이 소경을 인도하면 둘이 다 구덩이에 빠지리라 하신대 [15]베드로가 대답하여 가로되 이 비유를 우리에게 설명하여 주옵소서 [16]예수께서 가라사대 너희도 아직까지 깨달음이 없느냐 [17]입으로 들어가는 모든 것은 배로 들어가서 뒤로 내어 버려지는 줄을 알지 못하느냐 [18]입에서 나오는 것들은 마음에서 나오나니 이것이야말로 사람을 더럽게 하느니라 [19]마음에서 나오는 것은 악한 생각과 살인과 간음과 음란과 도적질과 거짓 증거와 훼방이니 [20]이런 것들이 사람을 더럽게 하는 것이요 씻지 않은 손으로 먹는 것은 사람을 더럽게 하지 못하느니라

이 사건이 일어난 시기와 배경

오늘 본문의 사건이 일어난 때는 언제인가? 이 사건은 예수님의 공생애 제3년 초에 일어났습니다. 그러니까 예수님이 사역을 시작하신 해를 제1차년도로 치자면 제4차년도 초에 이 일이 일어난 것입니다.

예수님께서는 공생애 제4차년도 초에 고향 나사렛에서 두 번째 배척을 받으신 후에 전도를 위해 열두 제자들을 파송하시고 세 번째로 갈릴리 여행을 시작하셨습니다. 그리고 이즈음에 세례 요한이 죽임을 당하였습니다. 그 다음에 예수님의 사역이 알려지자 죽은 세례 요한이 다시 산 것이 아닌가 하는 소문이 돌았습니다. 그 다음에 열두 제자가 돌아와 전도 결과 보고가 있었고 그 후에 오병이어의 사건이 있었으며 가버나움 쪽으로 돌아오면서 바다 위를 걸으신 사건이 있었습니다. 그리고 가버나움의 남부 게네사렛 땅에서 병자들을 고치셨습니다. 그 다

음에 생명의 떡에 대한 주님의 가르침이 있었는데 그것을 이해하지 못한 많은 제자들이 주님 곁을 떠나갔습니다. 그리고 나서 오늘 본문의 사건의 배경이 되는 일이 있었습니다. 15:1의 '그때'는 좁은 의미로 꼭 예수님께서 게네사렛에 계실 때라기보다는 보다 넓게 '그 즈음에'라고 이해하는 것이 좋습니다.

그때에 바리새인과 서기관들이 예루살렘으로부터 예수께 나아와 '당신의 제자들이 왜 장로들의 유전을 지키지 않습니까' 하면서 제자들이 손을 씻지 않고 떡을 먹은 것을 갖고 시비를 하니까 주님께서 '너희들이 유전으로 하나님의 말씀을 폐한다'고 하시며 저들의 외식을 지적하셨습니다. '사람의 계명으로 교훈을 삼아 가르치니 나를 헛되이 경배하는도다' 하는 이사야 29:13을 인용하여 저들의 외식을 책망하고서 오늘 말씀을 무리들에게 하신 것입니다.

오늘 본문의 분해

오늘 본문은 모두 다섯 부분으로 나눌 수 있습니다. 첫 부분인 10-20절까지는 예수께서 무리들에게 사람을 더럽게 하는 것은 입으로 들어가는 것이 아니라 입에서 나오는 그것으로 더러워진다고 가르치셨습니다. 두 번째 부분인 12절에서는 제자들이 예수님의 그러한 말씀에 바리새인들이 걸림이 된 줄 아시나이까 하고 되묻는 내용이 나옵니다. 제자들이 저들을 대항하려고 하는 태도를 가지고 그렇게 물었습니다. 그리고 세 번째 부분인 13-14절에서 예수님은 제자들에게 저들을 그냥 내버려두라고 하시면서 천부께서 심지 않으신 것은 직접 뽑으실 것이라고 하셨습니다. 그러니까 네 번째 부분인 15절에서 베드로가 이 말씀을 듣고 이 비유를 설명하여 달라고 간청을 하였습니다. 그러고 나서 마지막 다섯 번째 부분인 16절부터 20절까지에서 예수님이 그 비유에 대한 설명을 하신 내용이 나옵니다. 이것을 11절에서 가르치신 것을 더 풀어서 가르치신 내용입니다.

당시 종교적 환경과 유대인들의 성결관

그러면 먼저 바리새인들이 적극적으로 적의를 가지고 예수님께 접근하여 시비하는 문제를 생각하겠습니다.

우리가 그간에 공부해서 아는 일이지만 저들은 예수님의 존재와 사역에 대해 처음에는 자기들의 편에 가깝다고 생각하고 접근을 하였었지요? 그래서 예수께서 메시야가 아닌가 와서 묻기도 하고 시험도 하고 그랬습니다. 그러나 차츰 자기들이 추구하고 목적하는 바에 예수께서 나아가지 않는다고 생각하면서 예수님 공생애 제3차년도 중간쯤부터 저들은 예수님의 신성적 사역에 대해 공식적으로 의심하고 반대하여 나서기 시작했습니다(마 12:14 참조). 그리고 나서 반 년 이상 지난 본문의 때이므로 저들의 적의는 점점 무르익고 있었습니다.

저들은 기회가 되는 대로 주님께 나아와 자기들이 가진 사상을 가지고 예수님의 가르침이나 제자들의 행보에 딴죽을 걸고 시비를 하였습니다. 오늘 본문의 사건도 그런 배경 속에서 일어난 일입니다. 저 바리새인들은 주님의 제자들이 식사를 전후하여 의식적으로 손을 씻지 않는 문제를 들고 시비하였습니다. 자기들의 조상 때부터 정리하여 내려온 유전의 정결 규례를 기준으로 하고서 그와 같은 안목을 토대로 하여 덤빈 것입니다.

원래 식사를 전후로 손을 씻는 일에 대해 율법에서 명시하지는 않았습니다. 레위기에 보면 주검이나 유출병 등에 의하여 부정하여졌을 경우에 옷을 빨고 몸을 씻으라는 것은 있어도 그와 같이 식사 때에 그런 일을 하라고 명시한 것은 없습니다. 그런데 저들은 혹시 자기도 모르는 사이에 부정한 것에 접촉했을 수도 있을 거라는 전제 하여 그것을 정결케 하기 위하여 부지런히 씻는 방식을 채택한 것입니다. 그러니까 저들의 주장은 하나님의 계시에 근거한 것이 아니라 장로들의 유전의 씻는 방식을 채택한 것입니다. 여기서 장로들은 산상보훈 5:21에 나오는 옛사람에 해당한다고 할 수 있는데 이스라엘의 언어가 히브리어에서 아람어로 바뀌는 과정인 바벨론 포로기에 발흥하여 정착된 직분입니다. 글자가 바뀌면서 구약을 이해하기가 점점 어려워지니까 이들이 율법 해석과 그에 따른 교훈과 생활에서의 적용이 거룩한 법률처럼 여겨져 점차 당연시되었습니다. 저들은 식사 때에 의식적으로 손가락 끝에서부터 팔꿈치까지 열심히 물을 적시는 일을 하여서 그것으로 자신들이 정결케 된 것으로 간주하였습니다. 좀 전에도 말씀드렸지만 밖에서 생활을 하면서 언제 어떻게 부정한 것에 접촉했는지 알 수 없으니까 저들은 그것을 처리하는 한 방편으로 임의로 성경을 본떠서(출 30:17-21 참조) 그런 종교적 형식을 정한 것입니다. 그러니까 물질적으로 더러운 것을 깨끗이 했다는 것하고는 무관합니다. 어쨌든 저들은 임의로 그렇게 정한 것을 하나님의 성문 율법과 동일시하였습니다. 인간의 형식적 관점에서 나름대로 그리고 편의대로 유추한 것을 하나님의 율법과 같게 여긴 것입니다.

 그들의 그런 안목으로 예수님 제자들이 떡을 먹을 때에 유전에서 정한 바대로와 같은 일을 하지 않으니까 저 바리새인들은 그것을 찝어서 예수님께 시비한 것입니다.

인간의 전적 부패를 믿지 않는 교리

그러면 저 바리새인들이 유전으로 정리하여 전승으로 내려온 정결 관이라는 것이 어떻게 잘못된 것인가를 우리는 알 수 있습니다. 저들의 정결, 즉 깨끗하고 의롭게 여기는 일은 철저하게 의식적이며 형식적이고 인간의 행위를 의지하여 의롭게 되려는 비성경적인 것이다 하는 것을 알 수 있습니다. 한편으로 자기들 스스로 너절해서 할 수 없는 것을 할 수 있는 것처럼 꾸미는 것이기에 외식적인 것입니다.

우리가 요즈음 산상보훈 3권을 공부하면서 이 외식에 대해 배웠지요? 외식에 두 가지가 있다고 했습니다. 첫째, 아닌데 그러한 체하는 것입니다. 어떤 종교적인 봉사를 할 때에 참되고 거룩한 동기로 하지 않았는데 자기는 가장 큰 선행을 한 것같이 하는 것입니다. 둘째, 정체가 그러한데 그렇지 않은 것같이 행동하는 경우입니다. 이것이 바로 바리새인들과 서기관들의 누룩이고 오늘 본문의 외식과 같은 그것입니다(눅 12:1-2 참조). 자기 정체가 너절하고 오염이 가득한 데도 아닌 체하고 그것을 딱 가리고서 의를 행할 수 있는 것처럼 보이는 것입니다. 형식만 갖추면 자동으로 새롭게 된다는 사상은 성경 어디에서도 나타나지 않습니다. 내면에서부터 은혜 받은 실질이 나타나서 마음 중심으로부터 변화를 받아 주님의 의롭게 하심만을 의지하려는 태도가 자연스럽게 나타나야 하는 것입니다.

그러나 저들은 자신들의 부패된 참상을 보지 않고 그저 형식적으로 종교적 행사를 하기만 하면 의를 얻을 수 있는 척하는 것입니다. 그리고 자기 행위의 의를 가지고 지금 주님의 제자들을 판단하고 있는 것입니다.

주님의 가르치심

예수님은 이에 대해 저들의 '고르반 됐다', 즉 '하나님께 드림이 되었다'는 규례를 들어서 저들의 외식을 구체적으로 지적하셨습니다. 저들의 형식적인 종교의 본질적인 폐해를 드러내신 것입니다. 저들이 말로만 하나님은 존경하노라 하고 마음은 거기서 떠나 있는 것을 밝히신 것입니다. 주님은 이사야서에 나오는(사 29:13) 이스라엘의 외식적인 예배에 대한 질타의 내용을 인용하여 저들의 문제점을 날카롭게 밖으로 드러내셨습니다. 말로는 하나님을 존경한다고 하지만 실제에 있어서는 당대의 군사력이나 인간적인 준비에 마음을 의지하는 이스라엘의 실상을 공격한 것에 대한 내용을 인용하여 그와 같은 저들의 문제점을 밝히신 것입니다. 행위의 유전으로는 개선이 결코 될 수 없다는 것을 보이시는 것입니다. 고르반에 대해서는 김홍전 목사님이 예수님의 행적 42강에서 강설하신 내용을 참조하시기 바랍니다.

그리고 무리들이 잘 이해할 수 있도록 듣고 깨달으라고 집중을 해야 할 내용을 비유로 말씀하셨습니다. 바리새인들의 형식주의를 지적하시기 위하여 입으로 들어가는 것으로 인하여 더러워지는 것이 아니고 오히려 입에서 나오는 것 때문에 더러워진다고 하셨습니다. 이 말씀은 물론 더러운 음식물을 아무렇게나 먹어도 아무런 탈이 나지 않는다는 그런 말씀이 아니지요? 주님은 분명 율법을 내신 장본인으로서 음식물 규례의 정·부정의 내용을 다 알고 계십니다. 구 경륜 하에서의 음식물 규례의 정·부정의 내용을 다 아시는 것입니다. 주님께서는 오히려 도덕법과 의식법을 대조하시면서 바리새인들의 실상을 바로 보도록 하시는 것입니다. 하나님과 사람과의 관계에서는 어떤 관점에 의한 도덕적인 생활이냐에 따라 그 사람의 구체적인 실상이 바로 드러나는 것입니다.

인간의 전적부패를 선언하시는 것

다시 강조하지만 구약의 율법은 이스라엘 백성의 구원을 위한 행위의 조건으로 주어진 것이 아닙니다. 거기에는 전제된 사실이 있습니다. 아브라함 언약에 의한 은혜로운 구원이 앞서서 전제되어 있는 것입니다. 그 은혜의 터 위에서 저들이 언약민으로서 하나님의 구 경륜적 질서 하에 하나님 나라 사회를 형성해 갈 때 어떤 언약적 표준들이 있어야 하는가를 알려주시기 위하여 내리신 것이 율법인 것입니다. 이것은 사람이 철저하게 부패하여서 일일이 기준을 세워 그 본의를 깨우쳐 가지 않으면 하나님 나라를 형성할 수 없다는 사실을 보여주는 것입니다. 율법은 시작도 진행도 완성도 다 하나님의 은혜로만 가능하다는 것을 일깨우는 그런 형식적인 순종 조건이 되는 것입니다.

인간 안에 하나님의 의에 반응을 보일 수 있는 여력이 있으므로 그 여력을 잘 사용하여 의롭게 되라고 조건을 내세워 내리신 율법의 형식이 결코 아닌 것입니다.

그러니까 이것으로 예수께서는 인간의 전적부패를 분명하게 선언하시는 것입니다. 그리고 오로지 은혜에 의한 순종의 태도를 가져야 할 것을 가르치는 것입니다. 인간의 전적부패 때문에 당신이 율법의 일점일획이라도 틀림없이 다 담당하신다는 것을 전제로 하여 이 말씀을 베푸시는 것입니다. 율법을 대하는 근본적인 마음자리가 어디에 가 있어야 하는가를 가르치시는 것입니다.

제자들의 태도

이제 이에 대한 제자들의 태도에 대하여 보도록 하겠습니다. 제자들은 바리새인들이 예수님의 대답을 듣고 걸림이 된 줄 아시는지 궁금하여 여쭈어 보았습니다. 우리가 추측컨대 아마 바리새인들은 예수님의 대답을 듣고 분명 분을 냈을 것입니다. 제자들이 그것을 보고서 예수께 이것을 전해 드리는 것이 합당하다고 생각하여 이런 말을 한 것 같습니다. 어쩌면 제자들이 유대 당국에 대해 어느 정도 수용하고 있는 면이 있거나 아니면 유대 당국에 의한 공격받을 것을 예상하고 두려워서 이런 질문을 하였을 것입니다.

그에 대한 예수님의 대답

예수께서는 제자들에게 아직 부정적인 면이 있다는 것을 아시고서 이제 저들이 진정으로 관심을 가져야 할 것에 대해 가르치십니다. 저들이 내놓는 부패한 인간적인 현상에 마음을 쓰지 않아야 할 것을 깨우치시는 말씀을 하신 것입니다. 내 천부께서 심지 않으신 것은 장차 반드시 뽑힐 것이라고 하시면서 거기에 괘념치 말고 그냥 두라고 하시면서 저들은 소경이 되어 소경을 인도하는 자들이라고 하셨습니다. 그리고서 만일 소경이 소경을 인도하면 둘이 다 구덩이에 빠질 것이라고 하셨습니다. 이것은 역으로 하나님이 심으면 존재들은 마음의 부패를 알고 행보하는 자라는 것이고 그러한 자들은 눈을 뜬 자들이라는 것이며 그런 자를 따르면 구덩이 빠지지 않을 것을 나타내 보이시는 것입니다.

주님의 가르치심을 보면 항시 껍데기에 관심이 있고 형식을 보려고 하는 자들의 우문에 대해 알맹이와 실체를 보게 하는 현답을 내리십니다. 어떻게 보면 동문서답과 같지만 들을 귀가 있고 볼 눈이 있는 자들에게는 들리고 보이는 그런 답변을 하시는 것입니다. 언약적 측면에서 불의한 자들은 깨닫지 못하게 하고 또 의로운 자들은 더욱 깨달아갈 수 있도록 이런 배려를 하시는 것이지요?

베드로의 요청

어쨌든 예수님의 이와 같은 가르침에 대해 베드로는 방금 주님의 제자들에게 하신 말씀을 군중에게 해명하여 주시기를 간청합니다. 이것을 보면 아직 제자들조차도 주님의 심오한 가르침을 잘 이해하지 못하고 있는 것 같습니다.

베드로는 단순히 자기 자신의 무지를 해결하기 위하여 이런 질문을 하지 않았지요? 함께 주를 따르는 무리들의 결핍도 생각하고서 이런 질문을 하는 것입니다. 그러니까 그의 관심이라는 것이 이기적이지 않다 하는 것을 추정할 수 있습니다. 그간에 주님의 공동체적 가르침을 어느 정도 배운 결과라고도 생각할 수 있습니다.

실로 베드로의 이와 같은 태도는 매우 본받을 만한 일입니다. 제대로 이해하지 못하였으면서도 그저 귀찮고 부끄럽고 해서 더 이상 궁금해 하지도 않고 물어보지도 않는 것보다 백 배 나은 일을 한 것입니다. 이것으로 겸손한 성향이 있는 사람은 이렇게 늘 깨우침에 굶주려 있다는 것을 생각하게 됩니다.

반복된 주님의 가르치심

주님은 베드로의 이런 요청에 대해 책망어린 말씀을 하시면서 재차

풀어서 그 비유에 대해 해명을 합니다. 주님은 수사학적인 질문을 던져 가며 입으로 들어가는 것은 배로 내려가 몸 밖으로 나간다고 하셨고 이것은 도덕적인 성격과는 무관하고 부패한 마음과도 상관이 없음을 밝히셨습니다. 그렇지만 사람의 입으로 나오는 것은 그의 마음 속에 있는 것을 그대로 표출하는 것입니다. 이것이 사람을 부정하게 하는 것이라고 하셨습니다. 다른 면을 생각하자면 죄의 근원지는 바로 마음이라는 것을 말씀하신 것입니다. 그러니까 죄의 근원지는 사람의 속에 있지 외적인 어떤 것에 있는 것이 아니라고 가르치시는 것입니다. 진정으로 정결케 되기 위해서는 자신 속에 주목을 해야 할 것을 보이시는 것입니다.

결국 예수님의 오심의 목적을 알아야 해결될 일

결국 이 말씀은 바리새인들의 허망한 사상에 미혹되지 말고 그들과의 관계를 정리하고 주님의 주님되심과 그의 오심의 일에 대해 관심을 가져야 한다는 것이지요? 인간 중 어느 누구라도 스스로 그 더러움에서 벗어날 재주를 가진 이는 없습니다. 허다한 사람들이 인간 안에 의가 남아 있어 하나님의 의에 반응을 보일 수 있다고 하더라도 그런 것에서 벗어나 진정 자신의 참상을 보고 그 모든 일에서 복음이 되신 주님께 집중을 해야 할 것을 가르치시는 것입니다.

구약 성경에서도 이 인간의 전적 부패의 사실을 분명히 가르치고 있는 바입니다. 메시야의 도래와 관련하여 조금만 주의해서 생각하면 이 성경적이고 실제적인 사실을 부인할 수 없습니다. 시편에 주로 이에 대해 몇 번 구체적으로 나오지요? 시편 14:2-3; 시편 143:1-2이 바로 그것입니다.

²여호와께서 하늘에서 인생을 굽어 살피사 지각이 있어 하나님을 찾는 자가 있는가 보려 하신즉 ³다 치우쳤으며 함께 더러운 자가 되고 선을 행하는 자가 없으니 하나도 없도다(시 14:2-3)
¹여호와여 내 기도를 들으시며 내 간구에 귀를 기울이시고 주의 진실과 의로 내게 응답하소서 ²주의 종에게 심판을 행치 마소서 주의 목전에는 의로운 인생이 하나도 없나이다(시 143:1-2)

바울은 로마서에서 인간의 이와 같은 상태에 처한 것을 분명하게 나타냈습니다. 로마서 7장을 보겠습니다. 14-24절입니다.

¹⁴우리가 율법은 신령한줄 알거니와 나는 육신에 속하여 죄 아래 팔렸도다 ¹⁵나의 행하는 것을 내가 알지 못하노니 곧 원하는 이것은 행하지 아니하고 도리어 미워하는 그것을 함이라 ¹⁶만일 내가 원치 아니하는 그것을 하면 내가 이로 율법의 선한 것을 시인하노니 ¹⁷이제는 이것을 행하는 자가 내가 아니요 내 속에 거하는 죄니라 ¹⁸내 속 곧 내 육신에 선한 것이 거하지 아니하는 줄을 아노니 원함은 내게 있으나 선을 행하는 것은 없노라 ¹⁹내가 원하는 바 선은 하지 아니하고 도리어 원치 아니하는 바 악은 행하는도다 ²⁰만일 내가 원치 아니하는 그것을 하면 이를 행하는 자가 내가 아니요 내 속에 거하는 죄니라 ²¹그러므로 내가 한 법을 깨달았노니 곧 선을 행하기 원하는 나에게 악이 함께 있는 것이로다 ²²내 속 사람으로는 하나님의 법을 즐거워하되 ²³내 지체 속에서 한 다른 법이 내 마음의 법과 싸워 내 지체 속에 있는 죄의 법 아래로 나를 사로잡아 오는 것을 보는도다 ²⁴오호라 나는 곤고한 사람이로다 이 사망의 몸에서 누가 나를 건져 내랴

바울은 또 후에 예수께서 이러한 죄인을 구원하시려고 이 땅에 예수께서 오셨음을 분명히 밝히면서 자신이 죄인 중의 괴수라고 고백합니다. 디모데전서 1:15입니다.

> 15미쁘다 모든 사람이 받을 만한 이 말이여 그리스도 예수께서 죄인을 구원하시려고 세상에 임하셨다 하였도다 죄인 중에 내가 괴수니라

주의 말씀에 집중하여야 희망이 있다

다시 말해서 주님을 바로 알고 주님의 가르치심에 대해 조금만 주의해서 집중한다면 구약의 계시와 연계하여 얼마든지 이해할 수 있고 또 따를 수 있습니다. 자신이 따르는 분의 세력이 어떻고 물질적인 내용은 얼마나 되고 하는 것 등에 대해 관여치 않고 언제 어떤 상황 속에서도 순결하게 주님을 따르는 것입니다. 예수님은 지금 무리들이 그와 같이 되기를 바라시고 그 무리들의 참상을 보게 하시는 말씀을 비유로 표시하시고 해명하신 것입니다.

그러니까 자신이 뭐 좀 안다고 하는 것들을 일단 다 내려놓고 주님의 교훈 안에서 그 실질적인 것들을 다 취하여 나아가야 하는 것입니다. 본질상 더러운 내 것을 그냥 가지고 주님의 것을 받아들여 하나의 종교를 형성하려고 한다면 죽을 때까지도 주님의 말씀의 목표에 이를 수 없습니다. 아무리 인간적으로 선하게 보이는 도덕성이나 종교적 열정을 보인다고 해도 그 말씀이 지시하는바 궁극적인 데에는 미치지 못하고 더러운 냄새를 내는 것입니다. 그리고 더 나아가 불의한 바리새인들과 같이 주님을 대적하는 자리에까지 나아가고 말 것입니다.

실로 주를 따르려는 자들은 사람의 실체적 진실과 의롭게 되는 방법, 장차 이루어지게 될 일에 대해 주의 계시에 의준해서 사색하고 남아 있는 썩어질 부패한 사조도 주의 교훈에 근거해서 가차 없이 다 버려야 할 것입니다.

오늘날에도 전적 부패를 믿지 않는 주장을 펴는 자들이 많다

그런데 오늘날에도 바리새인들과 같이 인간의 전적 부패를 믿지 않는 자들이 있습니다. 그들은 자기들의 종교적·도덕적 행위를 의지하고 그것의 중요성을 무척 강조합니다. 그리고 그 행위를 근거로 남을 폄론하고 판단하는 일을 서슴지 않습니다. 그들은 대체적으로 알미니안들입니다. 로마가톨릭교회는 물론 감리교, 성결교, 순복음교 등등의 신학과 심지어 장로교를 표방하는 신학교에서도 이런 사조를 근간으로 하여 가르칩니다. 원죄를 믿지 않고 죄의 전가도 믿지 않으며 구조적으로 오염된 환경을 벗어나는 방법으로 스스로의 종교적이고 도덕적인 행위를 내세우는 것입니다.

이런 자들은 바리새인들과 같이 상대적으로 교만한 삶을 살지요? 사회참여나 도덕적인 생활의 추구 등을 내세워 하나님의 성신의 사역을 희석시키거나 아예 안중에도 두지 않고 다른 이들 위에 자신들을 두는 삶을 사는 것입니다. 이런 사람들의 열심은 상대적으로 아주 뛰어나 보입니다. 그렇지만 그 열심은 하나님 앞에서 의를 가리고 부패하고 더러운 자기 의를 드러내는 헛된 것입니다. 부패의 본질적인 것을 치우지 않고 무엇을 하려고 하기 때문인 것이지요.

나가는 말; 오직 그리스도만을 의지하여야 함

말씀을 맺습니다.

사실 이런 중생치 못한 소경된 사람들이 우리의 환경을 지배한다고 해도 우리들은 오늘 본문의 비유를 잘 헤아려서 오직 그리스도만을 의지하여야 할 것입니다. 그리스도께서 이룩하신 구원의 서정을 차서있게 누려가는 우리로서 철저하게 더러운 자리를 부인하고 깨끗한 그리스도의 의만을 의지하고 나아가야 할 것입니다.

예수께서 제자들에게 소위 세족식을 하실 때에 베드로가 보인 태도와 주님이 가르치신 말씀이 요한복음 13장에 나오지요. 거기 보면 베드로가 주님께서 제자들의 발을 씻기시는 본의도 모르고 그저 인간적인 도덕심으로 그것을 절대로 할 수 없다고 예수께 말하였지요? 예수께서 이에 대해 내가 너를 씻기지 않으면 네가 나와 상관이 없다고 하시니까 베드로가 내 발뿐 아니라 손과 머리도 씻겨달라고 하지요? 이에 대해 주님은 이미 목욕한 자는 발밖에 씻을 필요가 없다고 하시고서 내가 선생으로 너희를 씻긴 것 같이 너희도 서로 씻기라 하는 의미심장한 말씀을 하셨습니다.

인간적인 열정으로 종교적으로나 도덕적으로 무엇을 해 보려고 계속해서 해서는 엉뚱하게 더러운 일만 계속하고 나아가서는 주님의 사역을 대적하는 일을 하고 말 것입니다. 우리의 그리스도인으로서의 시작부터 진행 그리고 완성에 이르기까지 주님이 다 깨끗하게 이루신다는 것을 알고서 끝까지 말씀과 성신에 의한 주님의 인도를 교회아로 따르는 것이 중요한 것입니다.

기도

거룩하신 아버지 하나님, 타락한 인간 안에 있는 도덕적인 자아, 정신적인 자아, 종교적인 자아를 가지고 주님의 계시에 연대해서 무엇을 할 수 있는 것처럼 그렇게 산 과거가 있사옵나이다. 그런 속에 있었던 저희들인데 저희들을 긍휼히 여겨 주셔서 저희 자신들의 실체를 보게 하시고 오직 주님만 의지하고 이제 날마다 살아갈 수 있게 하시니 참으로 감사를 드립니다. 저희들이 상대적으로 우리를 높일 수 있는 위치에 있지 않다는 사실을 말씀을 통해서 분명히 깨닫고 철저히 주님만 의지하고 살아가야 한다하는 사실을 이 말씀을 통해서 배웁니다. 저희들이 진리 안에 자유케 된 자들로서 진정 자유롭게 하나님을 섬기고 이웃을 사랑하며 살아가게 하여 주시옵소서. 주님을 섬긴다고 하고서 상대적으로 자기의 의를 드러내고 자기 영광을 나타내고 두 마음을 품고 주님을 따르는 어리석은 자가 되지 않게 하여 주시옵고 늘 겸손하게 주님을 따라가면서 주님의 수종 노릇을 잘 감당하게 하여 주시옵소서. 그 일을 다 했다 할지라도 저희들은 무익한 종으로서 마땅히 해야 할 일을 했다고 고백할 수밖에 없는 존재들입니다. 우리가 무엇을 한 것을 가지고 주님 앞에 설 수 없는 존재인 것을 주님 앞에 설 때까지 각성하게 하옵시고 주님이 머리끝서부터 발끝까지 우리를 날마다 새롭게 해 가신다는 사실을 늘 기억하고 주님만을 의뢰하며 살아가게 하옵소서. 주님을 떠나서 무슨 일을 계획하고 세상적인 자기 영예를 생각하고 살아가지 않게 하옵시고 주님 한 분만으로 주님의 몸인 교회의 한 분자로 살아가는 그 영광을 알고 회복된 형상을 잘 누려가는 일에 주력하게 하여 주시옵소서. 모든 걸 주께 의탁드리옵고 감사드리며, 우리 구주 예수 그리스도의 이름으로 기도 올리옵나이다. 아멘.

제 12 강

잃은 양 비유

누가복음 15:3-7; 마태복음 18:12-14 참조

들어가는 말

오늘은 잃은 양에 대한 비유를 보도록 하겠습니다. 목자가 잃은 양을 찾았을 때의 기쁨이 어떤가를 이 비유에서 중요하게 말하고 있습니다. 이 비유는 순서상 더 후대에 나오는 것으로 여기기도 하지만 순서상의 중요성보다는 내용상의 중요성이 핵심이므로 그냥 먼저 보도록 하겠습니다. 본문은 누가복음 15:3-7입니다. 마태복음의 병행구절은 오늘 본문보다 간략하게 나와 있습니다. 물론 세부적인 환경의 차이는 있지만 본질적인 개요는 같다고 볼 수 있습니다. 그러면 본문을 제가 읽겠습니다.

3예수께서 저희에게 이 비유로 이르시되 4너희 중에 어느 사람이 양 일백 마리가 있는데 그 중에 하나를 잃으면 아흔 아홉 마리를 들에 두고 그 잃은 것을 찾도록 찾아 다니지 아니하느냐 5또 찾은 즉 즐거워 어깨에 메고 6집에 와서 그 벗과 이웃을 불러 모으고 말하되 나와 함께 즐기자 나의 잃은 양을 찾았노라 하리라 7내가 너희에게 이르노니 이와 같이 죄인 하나가 회개하면 하늘에서는 회개할 것 없는 의인 아흔 아홉을 인하여 기뻐하는 것보다 더하리라

이 사건이 일어난 시기와 배경

예수께서 오늘 본문의 말씀을 가르치신 때는 언제인가? 이 말씀은 대강 아마 예수께서 육신의 몸으로 갈릴리를 영구히 떠나기 바로 얼마 전으로 추정됩니다. 그러니까 세 번째 갈릴리 전도 여행을 대략 다 마치시고 그곳을 떠나시기 얼마 전이 되는 것입니다. 시기적으로 예수님 공생애 제3년 중간 정도 되는 때이지요? 이때는 주님의 적대 세력들의 적의가 아주 극으로 치달을 때라고 해도 과언이 아닙니다.

누가복음과 마태복음의 배경 차이

그런데 마태와 누가의 기록에서 서로 배경의 차이가 보입니다. 마태복음에서는 '천국에서 누가 큰가' 라는 질문에 대해 예수께서 어린 아이 하나를 세워 놓고 사람이 어떠해야만 천국에 들어가겠는가를 의미심장하게 말씀하셨습니다. 그리고 나서 나를 믿는 소자들을 죄 짓게 하거나 멸시하지 않아야 할 것을 말씀하셨습니다. 그러니까 이런 문맥 가운데에서 이 잃은 양의 비유를 말씀하시면서 그것을 어린 아이들에게 적용을 시킵니다. "이와 같이 이 소자 중에 하나라도 잃어지는 것은 하늘에 계신 너희 아버지의 뜻이 아니니라." 소자는 어린 아이와 같이 미성숙하고 단순한 믿음을 가진 자입니다. 그런 연약한 자들이 잃어버려지는 일이 없도록 힘이 있는 사람들이 돌보아야 한다는 것이지요?

하지만 누가복음에서는 이 비유를 예수님의 말씀을 들으려고 나온 세리와 죄인들에게 둘러 싸여 있는 장면과 연결 짓습니다. 더 나아가 자면 누가는 15장에서 19장에 이르는 소외된 자들의 구원의 과정에 이 비유를 넣고 있습니다(눅 19:10 참조). 자신들의 유전에 비추어 죄인들인 그들을 예수님이 영접하시는 것에 대해 바리새인들과 서기관들은 예수님을 비난하고 불평을 토하였습니다. 이 사람이 죄인을 영접하고 음식을 같이 먹는다고 한 것입니다. 예수님은 이 배경에서 잃은 양의 비유를 말씀하시고서 이와 같이 죄인 하나가 회개하면 하늘에서는 회개할 것이 없는 의인 아흔 아홉을 인하여 기뻐하는 것보다 더하리라 하셨습니다. 그러니까 예수님은 여기서 세리와 죄인들을 잃은 양으로 비유하셨습니다.

아까 허두에서 순서상 따지는 것보다 내용이 더 중요하다고 말씀드렸는데 그 이유가 여기서 나타나는 것입니다. 그리고 우리가 주의할 것은 예수께서 잃은 양의 비유를 단 한 번만 가르치셨겠는가 하는 것입니다. 환경에 따라 달리 적용하는 방식으로 말씀을 하셨을 수도 있는 것이지요? 그것을 우리가 잘 기억하고 있어야 할 것입니다. 오늘은 누가복음의 내용을 중심으로 살펴보도록 하겠습니다.

비유의 시작

예수께서는 이 잃은 양의 비유를 시작하시면서 일종의 수사학적인 질문을 제기하고 있습니다. '너희 중에 어느 사람이' 하여서 보편의 청중들을 그 비유에 참여시키시는 것입니다(눅 11:5, 14:31, 15:8; 마 7:9, 12:11 참조). 한편으로는 청중들이 잘 깨닫도록 하려는 의도이시고 또 한편으로는 청중들이 자신들의 행동에 핑계할 수 없도록 이렇게 참여시키시는 것입니다.

잃은 양의 비유

그리고 잃은 양의 비유를 말씀하시는데, '너희 중 누가 양 일백 마리를 가졌다고 치자. 그 중에 한 마리를 잃으면 나머지 아흔 아홉 마리 양을 놔두고 그 잃은 양 한 마리를 찾아 나서지 않겠느냐? 그러다가 그 양을 찾으면 그 양을 어깨에 메고 돌아와 그 벗과 이웃을 불러 모아 잃은 양을 찾았으니 함께 즐기자 하지 않겠느냐'는 것입니다. 그처럼 죄인 하나가 회개하면 하늘에서는 회개할 것이 없는 의인 아흔 아홉을 인하여 기뻐하는 것보다 훨씬 더할 것이라고 하셨습니다.

그들이 잘 아는 일을 비유하심

다른 하나님 나라 비유에서도 그러셨지만 예수님은 이 비유를 하실 때 저들이 잘 알고 있는 주변의 이야기를 들어서 비유하셨습니다. 양과 목자에 대한 이야기는 당대 농업 혹은 목축업을 중요시하는 일반 사회에서 얼마든지 찾아볼 수 있는 내용입니다. 그런데 팔레스틴 지역은 양들에 비해 목초지가 턱없이 부족했습니다. 그래서 목자들은 팔레스틴을 남북으로 가로지르는 고지대나 양들의 먹이가 되는 좋은 목초가 있다는 것을 알서 그곳을 따라 이동을 하곤 하였습니다. 그래서 험한 골짜기나 낭떠러지가 있는 험한 길도 넘어 다녀야 했습니다. 그리고 굶주린 맹수들의 습격도 주의해야 했습니다. 때론 양들과 함께 노숙을 하기도 했습니다. 그리고 양들은 개인의 소유로 구분이 되어 있어도 동네가 공동으로 관리를 하였습니다. 그래서 양들을 목자들이 돌아가면서 맡게 되는데 그만큼 그들의 관리 책임이 컸고 사명감도 투철하였습니다. 혹 양을 잃어버렸을 경우에 목자들이 그 양을 찾아 나서면 동네 사람들은 그가 오기만을 학수고대하고 기다립니다. 그러니까 본문의 잃은 양 비유는 저들에게 생소한 이야기가 전혀 아닌 것입니다. 우리가 지난 수요일에 공부해서 아는 것이지만 이 세상 것을 가지고 하시는 주님의 하나님 나라 비유의 가르침을 전적으로 우화화 해서 여자(如字)적으로 혹은 사상적으로만 해석하려고 해서는 안 될 것입니다.

양 일백 마리

그러면 예수님이 비유하신 양 일백 마리 정도라면 당시 어느 정도의 부를 나타내는 것인가? 이 정도라면 당시 일반적으로 중하층의 목축을 하는 사람에 해당할 것입니다. 그렇기에 이 사람에게 있어서는 그만큼 한 마리의 양의 가치가 큰 것이었습니다. 만 마리 정도 되는 데에서 한 마리하고, 이렇게 일백 마리에서 한 마리하고는 키우는 사람의 입장에서 보면 똑같은 양일지라도 각각 그 가치가 다르게 느껴지는 것이지요? 가령 양 만 마리를 먹이고 키운다면 주인 혼자 다 돌보기 어렵겠지요? 그러므로 일백 마리의 목자는 그만큼 양들에 대해 가족과 같이 개별적으로 일일이 다 알고 있었을 것이고 직접 그것들을 애지중지하며 다 돌보았을 것입니다.

무리에서 이탈한 양

그런데 목자가 잠시 시선을 다른 데 두고 있을 때 그만 한 마리 양이 무리에서 이탈을 하였습니다. 목자가 여기 저기 돌아다니면서 양들에게 풀을 뜯겠을 것인데 그러는 과정에서 그만 한 마리 양이 무리에서 떨어지고 말았습니다. 마태복음에서는 양이 미숙하여 그랬지만 여기 본문에 보면 왜 그렇게 길을 잃어서 무리를 이탈하게 되었는지 나타나지 않습니다. 그것을 말하려는 것이 목적이 아니기 때문이지요? 어쨌든 양이 길을 잃은 것은 대체적으로 혼자 풀을 정신없이 먹다가 라든지 아니면 주변에 대한 호기심으로 인해서 그렇게 되었을 가능성이 큽니다. 그래서 목자는 나머지 아흔 아홉 마리의 양을 놔두고 한 마리 잃은 양을 찾으러 나가서 찾기까지 돌아다니다가 찾으니까 기뻐서 마치 전쟁에서 승리한 자처럼 그 양을 어깨에 메고 이웃에게 그 양을 찾은 사실을 알리고 기쁨으로 그들과 그 찾은 즐거움을 같이 하고자 한 것입니다.

가르침의 의도

예수께서는 이 비유의 적용을 하늘에다가 합니다. 그러니까 하나님 나라에 대한 적용이 되는 것이지요? 다시 말해서 막연하게 하나님께 대한 지시를 하는 것이 아니고 천사들을 지시하여서 그 나라에서 일어나게 되는 정황에 대해 말하고자 하는 것입니다. 하나님이 주의 일꾼과 함께 회개하는 죄인을 인하여 기쁨을 가지는 것입니다(15:10 참조).

아까도 말씀드렸지만 누가복음 이 본문의 배경에는 바리새인들과 서기관들이 있습니다. 저들은 회개할 생각을 하지 않는 자들입니다. 저들의 구원관은 아브라함의 자손으로 태어나는 것이고 그저 외형상 그리고 도덕적으로 선행을 많이 하면 구원의 상급이 더 커지는 것으로 생각하는 자들이기 때문에 저들은 근본적인 회개를 모르는 자들입니다. 그리고 자기들의 행위를 근간으로 하여 다른 이들을 판단하고 정죄하는 자들입니다. 저들은 주님 가까이로 세리와 죄인들이 회개하러 나아오는 것을 보고 아주 좋지 않게 생각을 하였습니다. 저들은 예수께서 진짜 선지자라면 그런 죄인들을 구분할 줄 알아야 하는 것이 아닌가 하고 그리고 자기들과 같은 의인들을 반겨야 하는 것이 아닌가 하는 생각을 가졌던 것입니다.

주님께서는 저들의 그릇된 중심을 보셨습니다. 그래서 언어적 유희를 하시는 것입니다. 하늘에 들어가 이제 더 회개할 것이 없는 자들보다도 이 땅 위에서 보잘것없어 뵈지만 회개한 자들로 인하여 더 기쁨을 가진다는 표현을 하신 것입니다.

주의할 점

여기서 우리가 주의해야 할 점이 있습니다. 주님이 이 비유를 하시는 의도를 잘 생각해야 합니다. 그것은 한 사람이라도 회개하여 아버지의 품으로 돌아오는 것을 기뻐하신다는 것에 주안점이 있는 것입니다. 그래서 나머지 아흔 아홉 마리 양은 중요하게 생각지 않는다든지 아무렇게나 놔두어도 된다든지 하는 이상한 생각을 하지 않아야 합니다. 합리적인 측면에서 보면 잃어버린 한 마리의 양보다 나머지 아흔 아홉 마리의 양이 중요하지요? 그것을 그냥 놔두고 한 마리를 찾아간다는 것이 참으로 어리석게 느껴질 것입니다. 그러나 주님이 한 잃은 양을 찾는 데에 주안점을 두고서 말씀하시는 것이기에 그런 인간적인 생각은 이 비유를 가르치시는 의도에서 벗어나는 것이 되는 것입니다. 주님은 인간적인 관점에서 다소의 차이로 결코 그 중요성을 달리하시는 분이 아니십니다. 한 영혼이라도 중요히 여기시는 것입니다.

타락한 인간들의 관점

인간은 타락하여 소수나 보잘것없이 뵈는 소외된 하나에 대해 아주 소홀히 하는 습관이 있습니다. 늘 공공의 유익이라는 관점에서 소수를 희생시켜 버립니다. 우리는 그런 사조에 아주 길들여져 있습니다. 그래서 우리 자신들이 그런 세상적 관점과 태도를 가지고 있는지조차 잊고 삽니다.

그러나 하나가 부정이 되고 소수가 말살이 되면 전체도 없는 것입니다. 하나 안에 전체가 포함되어 있기 때문입니다. 소외된 소수나 연약한 자에 대한 배려가 없는 사회에 무슨 복지가 필요하고 무슨 사랑을 찾아볼 수 있겠습니까? 없는 것입니다. 특정인을 위한 논리나 양육강식만 자리하고 마는 것이지요. 바리새인들이 바로 그런 관점으로 인생을 경영하는 자들이었고 그러한 특정인들을 위한 이상한 나라를 소망하고 있었습니다. 가진 자와 기득권을 소유한 자들의 정책적인 배려를 하는 것이 저들의 생리였습니다. 이것은 자신들에게 부여된 섬기는 종으로서의 제사장 사명도 모르는 것이고 그것이 저들의 두려움이 되는 것이었습니다.

하나님 나라는 그렇지 않다

하지만 진짜 하나님 나라에서는 그렇지 않다는 것을 이 비유에서 보이시는 것입니다. 소외되고 보잘것없이 보이는 한 잃은 양을 위해 최선의 배려를 하는 나라라고 하는 것을 명백하게 나타내시는 것입니다. 소외된 한 영혼의 회복이 없이는 그 나라 전체의 회복이 이루어지지 않는다고 보고하시는 가르침인 것입니다.

우리가 알다시피 잃은 양은 스스로의 회복 능력을 상실한 존재입니다. 목자가 직접 찾아서 나서지 않으면 돌아올 희망이 없는 존재입니다. 언제 무슨 일을 당할지 알 수 없는 그런 존재들인데 주님은 그런 소외된 자들의 회복을 열망하고 계시고 그에 대한 준비를 다하시고 계신 것입니다. 양 같이 그릇 행하여 제 길로 간 영혼(사 53:6)의 회복을 가장 크게 여기고 계시는 분이신 것입니다.

나가는 말: 우리에게 주는 교훈

그러면 이 잃은 양의 비유가 우리에게 가르치는 교훈이 무엇인지 확실하게 드러납니다. 주님이 진정으로 가장 기뻐하시는 것이 무엇인가를 아는 것입니다. 목자로서 보잘것없이 소외된 자처럼 보이는 회개하는 잃은 양 하나를 찾는 것을 가장 기뻐하신 것입니다.

우리가 이후의 시간에 보겠지만 또 한편으로 주님은 탕자와 같은 우리들이 주님께 돌이키기를 바라는 분이십니다. 그릇된 생각으로 집을 나간 자식이라도 끝까지 돌아오기를 기다리시는 아버지이십니다(눅 15:11-32).

이 두 아들과 아버지의 비유에서는 오늘 본문의 목자가 길 잃은 양을 찾으러 나간 것과는 달리 아버지가 집 나간 자식을 끝까지 인내하며 기다리시는 모습이 나옵니다. 오늘 본문과는 다른 측면에서 기뻐하시는 아버지상을 그립니다. 그러나 이 두 아들과 아버지 비유의 설정 환경과 오늘 본문의 비유의 환경은 같습니다. 바리새인들의 그릇된 환경을 고려하고서 비유들이 베풀어지고 있는 것입니다. 우리는 그런 면을 주의해서 오늘 본문의 비유를 통해 주님이 가장 기뻐하시는 심정을 배워야 할 것입니다.

또 우리가 이 비유에서 배울 수 있는 것은 우리도 회개하여야 할 죄인들로서 할 일이 있고 회개할 것이 있는 죄인의 위치에서 가져야 할 관점이 있다는 것입니다. 자신이 회개하여야 할 것에 대해 관심이 없이 자신이 보기에 부정하게 보이는 자들을 하나님이 기쁘시게 여기시는 것을 함부로 생각해서는 안 될 것이고 자신들이 그런 죄인 된 위치에서 회개한 자로서 그렇게 보잘것없어 뵈지만 회개하는 자들을 기쁘게 여겨야 한다는 것입니다. 항상 말씀드리는 것이지만 한가한 사람은 자기의 공로적 행위의 의에 견주여서 약해 뵈는 다른 이들을 논죄하며 다른 이들에게 베풀어진 은혜를 함부로 여깁니다. 또 저들은 자기들의 공로적 행위를 크게 보고 하나님의 공로를 깎아 먹으려는 부정한 태도가 있습니다. 이런 면들을 우리가 주의해서 생각해야 할 것입니다.

기도

거룩하신 아버지 하나님, 바리새인들과 서기관들의 그 환경 가운데서 하나님의 심정이 어떠한가 하는 것을 잃은 양의 비유를 통해서 깨우쳐 주심을 감사를 드립니다. 저희들이 잃은 양의 위치에서 하나님의 은혜로 회개하여 주의 나라에 속하게 된 자들인데 주께서 어떤 자를 기뻐하시는가를 늘 알고서 주님을 기쁘시게 하기 위한 행보를 행해 나아가게 하여 주시옵소서. 우리들은 뭐가 잘나서 다른 잃은 양들보다 뭐가 다른 것이 있어서 보호받고 있는 것처럼 착각하고 살아가지 않게 하옵시고 다른 이들보다 더 낫기 때문에 나를 더 축복하시고 높이신다고 자신을 크게 생각해서 하나님의 영광을 가로채 먹는 그리고 하나님의 영광을 깎아 먹는 일을 하지 않게 하여 주시옵소서. 늘 저희들이 어린 아이와 같은 심정을 갖게 하여 주시고 하나님 나라의 그 정서를 잘 헤아려서 이 땅에서 진정 어떤 것에 마음을 모두우고 주력하고 살아가야 하는가 하는 것을 잘 찾아 나아갈 수 있게 하여 주시옵소서. 자신의 부귀영화에 눈이 어두워서 하나님께서 우리를 세우신 뜻을 다 잊어버리고 천국의 원리를 다 잊어버리고 세상적 원리로 자신을 포장해서 주의 백성인 것처럼 축복받은 백성인 것처럼 살아가지 않게 하옵시며 늘 주님의 긍휼을 따라서 행하여서 주의 긍휼을 입을 자에게 참 빛을 비추게 하여 주시옵소서. 모든 걸 주님께 의탁 드리옵고 감사드리며,

우리 구주 예수 그리스도의 이름으로 기도 올리옵나이다. 아멘.

제 13 강

무자비한 종의 비유

마태복음 18:21-35

들어가는 말

　예수님의 비유 13강째입니다. 오늘은 무자비한 종에 대한 비유를 보도록 하겠습니다. 주께서 이웃의 잘못을 널리 용서하고 그들과 화목하여야 할 것을 말씀하셨을 때에 그간에 배우고 알고 있는 것과 연관하여 나름대로 의문을 가진 베드로가 질문을 하였는데 거기에 대해 이 무자비한 종의 비유를 하셨습니다.

　주님께서는 베드로가 새 시대에 속한 주의 백성으로 가장 주력해서 기억하고 있어야 할 것을 이 무자비한 종의 비유로 가르치신 것이고 또 주변의 제자들 모두가 이 내용에 대해 알도록 깨우치셨습니다. 베드로와 제자들이 새로운 하나님 나라의 백성으로서 하나님 앞에서 어떠한 마음의 자세를 가지고 이웃의 잘못을 보아야 하고 어떻게 용서의 문제에 대한 일을 대처하여 나아가야 하는가를 이 비유로써 가르치신 것입니다.

　물론 이 비유는 당대의 베드로와 그 제자들에게만 해당하는 말씀이 아니고 주안에서 살아가고자 하는 오고 오는 세대의 모든 주의 백성들에게도 적용되는 말씀입니다. 주님께서는 그 어떤 죄인이라도 성신님의 인도 하에 회개하여 나아올 때 언제든지 용서하시는 분이십니다. 마태복음 18:23-35입니다. 그러면 본문을 제가 읽겠습니다.

²¹그 때에 베드로가 나아와 가로되 주여 형제가 내게 죄를 범하면 몇 번이나 용서하여 주리이까 일곱번까지 하오리이까 ²²예수께서 가라사대 네게 이르노니 일곱번 뿐 아니라 일흔번씩 일곱번이라도 할찌니라 ²³이러므로 천국은 그 종들과 회계하려 하던 어떤 임금과 같으니 ²⁴회계할 때에 일만 달란트 빚진 자 하나를 데려오매 ²⁵갚을 것이 없는지라 주인이 명하여 그 몸과 처와 자식들과 모든 소유를 다 팔아 갚게 하라 한 대 ²⁶그 종이 엎드리어 절하며 가로되 내게 참으소서 다 갚으리이다 하거늘 ²⁷그 종의 주인이 불쌍히 여겨 놓아 보내며 그 빚을 탕감하여 주었더니 ²⁸그 종이 나가서 제게 백 데나리온 빚진 동관 하나를 만나 붙들어 목을 잡고 가로되 빚을 갚으라 하매 ²⁹그 동관이 엎드리어 간구하여 가로되 나를 참아 주소서 갚으리이다 하되 ³⁰허락하지 아니하고 이에 가서 저가 빚을 갚도록 옥에 가두거늘 ³¹그 동관들이 그것을 보고 심히 민망하여 주인에게 가서 그 일을 다 고하니 ³²이에 주인이 저를 불러다가 말하되 악한 종아 네가 빌기에 내가 네 빚을 전부 탕감하여 주었거늘 ³³내가 너를 불쌍히 여김과 같이 너도 네 동관을 불쌍히 여김이 마땅치 아니하냐 하고 ³⁴주인이 노하여 그 빚을 다 갚도록 저를 옥졸들에게 붙이니라 ³⁵너희가 각각 중심으로 형제를 용서하지 아니하면 내 천부께서도 너희에게 이와 같이 하시리라

이 사건이 일어난 시기와 배경

용서의 문제와 관계된 오늘 본문의 말씀은 대략 잃은 양의 비유를 말씀하신 뒤에 하신 것으로 추정합니다. 예수께서 이제 갈릴리 지역의 전도 여행을 다 마치고 육신으로는 그곳을 영구히 떠나시기 바로 전의 때가 아닌가 하는 것입니다. 그렇다면 예수님의 공생애 제3년 중간 정도 되는 어느 때가 되겠지요? 이때는 주님의 적대세력들의 적의가 아주 극으로 치달을 때입니다. 영원한 주님은 앞으로 최소한도 6개월이 지나면 서게 될 신약의 교회의 일들을 미리 내다보시고 제자들이 그 거룩한 사회를 형성해 가고자 할 때에 형제의 허물에 대해 어떤 마음을 가지고 어떻게 처리해 나아가야 하는지를 알리시려고 이 비유의 말씀을 가르치신 것입니다.

누가복음의 기록과의 차이

오늘 본문의 말씀과 비슷한 용서에 관한 말씀이 누가복음 17:3-4에도 나옵니다. 이것은 예수께서 베레아 지방에 계시면서 공생애를 마무리하실 때에 하신 말씀입니다. "너희는 스스로 조심하라. 만일 네 형제가 죄를 범하거든 경계하고 회개하거든 용서하라. 만일 하루에 일곱 번이라도 네게 죄를 얻고 일곱 번 네게 돌아와서 내가 회개하노라 하거든 너는 용서하라 하시니라" 여기에는 오늘 본문의 말씀과 달리 회개의 조건이 명백하게 나타나 있습니다. 회개하지도 않는데 무조건 '용서한다.' 하는 것이 아니지요? 자기의 잘못을 인정하고 그 당사자 앞에 나와 회개할 때 하루 일곱 번이라도 용서하라는 것입니다. 이것은 오늘 본문의 배경과는 다른 상황에서 하신 말씀입니다.

이전에도 이와 유사한 말씀을 가르치셨다

그리고 이와 유사한 용서에 대한 말씀은 벌써 산상보훈 가운데에서 가르치셨습니다. 보복 금지의 명령을 내리신 것이지요? 보복의 마음자리에 용서가 들어가 있어야 할 것을 가르치신 것입니다. 마태복음 5:38-48입니다. 제가 읽지요.

> 38또 눈은 눈으로, 이는 이로 갚으라 하였다는 것을 너희가 들었으나 39나는 너희에게 이르노니 악한 자를 대적지 말라 누구든지 네 오른편 뺨을 치거든 왼편도 돌려 대며 40또 너를 송사하여 속옷을 가지고자 하는 자에게 겉옷까지도 가지게 하며 41또 누구든지 너로 억지로 오리를 가게 하거든 그 사람과 십리를 동행하고 42네게 구하는 자에게 주며 네게 꾸고자 하는 자에게 거절하지 말라 43또 네 이웃을 사랑하고 네 원수를 미워하라 하였다는 것을 너희가 들었으나 44나는 너희에게 이르노니 너희 원수를 사랑하며 너희를 핍박하는 자를 위하여 기도하라 45이같이 한즉 하늘에 계신 너희 아버지의 아들이 되리니 이는 하나님이 그 해를 악인과 선인에게 비취게 하시며 비를 의로운 자와 불의한 자에게 내리우심이니라 46너희가 너희를 사랑하는 자를 사랑하면 무슨 상이 있으리요 세리도 이같이 아니하느냐 47또 너희가 너희 형제에게만 문안하면 남보다 더 하는 것이 무엇이냐 이방인들도 이같이 아니하느냐 48그러므로 하늘에 계신 너희 아버지의 온전하심과 같이 너희도 온전하라

그러나 산상보훈의 이 보복 금지의 말씀에서는 용서해야 할 횟수라든지 언제까지 그렇게 해야 하는가에 대한 한계가 명료하게 나타나 있

지 않습니다. 이 보복 금지에 대한 산상보훈의 말씀은 오늘 본문의 비유를 하시기 약 1년 전에 하신 것입니다.

그리고 오늘 본문의 사건 바로 전에 공동체 안에서의 범죄의 문제를 어떻게 대처해야 하는가에 대해 가르치실 때 용서의 관점이 어떠해야 하는가를 약간 비치신 적이 있습니다. 베드로는 그간에 배운 그러한 말씀들을 마음에 두고 있다가 그와 관련된 문제가 대두되어 그에 대한 의문이 나니까 질문을 하였는데 주님께서 오늘 본문의 비유의 말씀으로 대답하신 것입니다.

베드로의 질문에서 주의해서 생각해야 할 점들

이제 베드로의 질문 내용에서 우리가 주의해서 생각해야 할 점들을 보도록 하겠습니다. 첫째로 이 질문이 베드로 개인에게 가해진 죄와 관련된 것이라는 점입니다. 앞부분, 즉 18:15-18에서는 공동체 안에서의 형제의 범죄에 대해 어떻게 처리하여야 하는가를 말씀했는데 여기서 베드로는 그 범죄가 자신에게 일어났을 경우를 가정하여 그 죄 문제의 처리를 묻고 있습니다. 원문에는 "(나의) 형제가 내게 범죄하면 (내가) 몇 번이나 용서하여 주리이까?" 해서 이것이 강조되어 나타납니다. 물론 베드로가 이제까지 2년 여 동안 주님의 가르침을 받은 자로서 거룩한 사회를 형성하여 갈 때 개인적으로 그런 일을 당한다면 어떻게 하는가 하는 것이겠지요.

둘째로 우리말 성경에는 '몇 번이나 용서하여야 하는가'라고 하고 있는데 원문에 보면 '더'가 들어있다는 점입니다. 그러니까 이것은 베드로가 용서의 횟수를 전제하고 이 말을 한다는 것을 추측할 수 있습니다. 유대인들은 일반적으로 하나님의 용서와 관련하여 세 번까지는 용서하되 네 번째는 용서하지 말라고 하였습니다. 베드로가 그들의 용서관을 전제하여 생각하고 그동안 주님께 가르침을 받은 것을 더하여 그보다 뛰어 넘어 몇 번이나 더 용서하여야 합니까? 하고 말을 하였습니다.

셋째로 베드로는 거기에다 구체적으로 더 하여 '일곱 번까지 하오리이까?' 하는 표현을 하였습니다. 다시 말해서 유대인들의 용서를 뛰어 넘어 자기 나름대로 완전하게 생각되는 일곱이라는 수를 생각한 것 같습니다. 이 일곱이라는 수는 창세기에 보면 가인이 자신의 범죄 때문에 유리하는 자로서의 벌이 내려졌을 때 두려워하였는데 하나님께서 그의 생명의 보장을 하실 방책으로 가인을 치는 자는 7배의 벌을 받을 것이라고 한 그것을 연상케 하는 표현입니다. 베드로는 이 하나님의 배려를 나름대로 고려하고서 이런 질문을 한 듯합니다. 그러니까 베드로는 나름대로 유대인들의 용서의 횟수를 뛰어 넘는 그런 용서를 생각하고서 질문을 하는 것입니다. 그러나 베드로가 나름대로 열정을 가지고 높은 차원의 일을 말하려는 것 같지만 그 질문에 그 자신의 많은 결핍이 보이는 그런 묘사가 되는 것입니다. 이상의 세 가지 점을 우리가 베드로의 질문에서 생각하여야 할 것입니다.

주님의 대답

이렇게 베드로가 천국민으로서의 용서의 한계에 대해 자기가 품은 열심대로 추정한 횟수의 문제로 예수님께 질문을 하였을 때 주님은 이렇게 대답하셨습니다. 네게 이르노니 일곱 번 뿐만이 아니라 일흔 번에 일곱 번이라고 그렇게 하라고 하신 것입니다. 수적 제한의 부적절함을 이렇게 한편으로 지적하시는 것이지요. 여기서 주님은 '네게 이르노니' 하여서 용서에 대한 과거의 전통이나 하나님 나라 안에서라도 개인의 결핍이 있는 열정적인 상식을 뛰어 넘어, 새로운 시대에 주의 백성이 가져야 할 내용을 가르치신 것입니다. 이것으로 베드로의 결핍과 용서에 있어서 횟수로 그것을 구분하려는 무모한 태도가 그대로 드러났습니다.

사실 여기서 주님의 이런 지혜의 대답은 창세기 4장에서 가인의 후손 라멕이 두 여인 앞에서 복수의 노래를 부를 때 쓴 표현(창 4:23-24)을 어느 정도 상기시키는 것인데 타락한 인간의 사악한 복수의 심정과 대조적으로 회복된 주님의 자녀들이 가져야할 마음 자세가 어떠해야 함을 깨우치시는 말씀입니다. 이는 단순하게 490번이라는 횟수의 문제보다 새로운 시대에 이웃의 직접적인 피해를 받아 용서하여야 하는 자가 어떤 마음을 가지고 그 용서의 문제를 해결하여 나아가야 하는가를 가르치시는 말씀입니다. 하나님 나라 안에서는 용서에 있어서 횟수의 문제가 아니라 질적인 문제로서 풀어야 할 것을 가르치시는 것입니다.

그러나 주님의 말씀대로 과연 이런 용서의 마음을 우리 인간이 가질 수 있는가? 타락한 우리 인간은 스스로 결코 이런 용서의 마음을 가질 수 없습니다. 주님의 함께 하심이 아니면 결코 할 수 없는 용서인 것입니다. 그러면 결국 이 말씀은 주님의 용서를 의지하고 그 안에 있을 때 비로소 그것을 할 수 있음을 이면적으로 가르치시는 것입니다. (골 3:13 참조).

항시 그렇지만 우리 주님은 이렇게 인간적으로 결핍이 많은 상대적 질문에 대해 직접적으로 지적하지 아니하시고 자신의 사역과 관련된 그 본질적이고 본원적인 말씀을 내리십니다. 우리 타락한 인간이 논쟁을 할 때 상대적으로 가진 마음자리와는 전혀 다른 자리에서 주님이 이렇게 답을 내리신다는 것을 우리가 여기서 생각할 수 있습니다.

무자비한 종의 비유

그리고 나서 그 대답에 대해 베드로를 포함한 제자들이 더 분명하게 잘 알 수 있도록 주님은 무자비한 종의 비유를 가르치셨습니다. 하나님 나라의 통치 영역에서 용서의 개념을 어떻게 가지고 있어야 하는가를 보이시는 비유입니다. 우선 예수님께서 이 비유로써 하나님 나라의 지상 생활에 있어서 질서와 규범이 어떠해야 하는가를 가르치시기 위한 것이고 그것이 궁극적인 심판과 어떤 관련이 있는지를 보이시는 것입니다(32-34절 참조).

하늘나라는 그의 종들과 회계하려고 한 어떤 임금과 비교될 수 있다는 것입니다. 이 비유도 다른 하나님 나라 비유와 같이 단순히 어떤 일의 한 면만을 말씀하는 것이 아니지요? 비유의 전체적인 정황이 하늘나라와 같다는 것입니다. 그렇게 해서 종들과 계산을 하게 되었는데 일만 달란트 빚진 종 하나가 임금 앞에 데려와졌습니다. 일만 달란트는 엄청나게 큰 화폐단위입니다. 달란트가 당시 화폐 단위로서는 가장 큰 것이었습니다. 한 달란트가 약 5-6000데나리온이 되니까 일만 달란트라면 약 6천만 데나리온이 되는 것이지요? 당시 헤롯왕의 모든 세수가 900달란트 정도 되었다고 하니까 일만 달란트라면 엄청 큰돈을 빚을 진 것입니다. 그리고 당시 1데나리온이 군인들의 하루 품삯이 되니까 일만 달란트 하면 약 5-6000명의 군사들이 거의 30년간 일하여 하나도 빠짐없이 모으면 되는 돈이 될 것입니다. 그러면 이 큰돈이 비유된 것은 무슨 이유일까? 그것은 인간이 그만큼 큰 대부금을 다 받고 사는 것을 비유적으로 표시한 것이지요. 아무튼 그 종은 그 큰 빚을 갚을 길이 없었습니다. 그래서 주인은 그에게 명하여 그와 처자와 그 밖에 있는 것을 모두 팔아 갚으라고 하였습니다. 율법에 보면 한시적으로 이웃에게 빚을 졌을 때 그런 일을 할 수 있음이 나타납니다(출 22:3; 레 25:25 참고). 그러나 주님은 여기서 그런 것들을 어떻게든 생각하시는 것이지만 과장해서 그리고 풍유적으로 이렇게 비유하신 것입니다. 그에 대해 종은 조금만 참아 달라고 하면서 어떻게든 다 갚아 보겠다고 하는 마음을 주인 앞에 간절히 무릎을 꿇고 표시하였습니다. 주인은 그에 대해 긍휼히 여겨서 놓아 보내며 빚을 탕감하여 주었습니다. 단지 빚 상환을 연기한다든지 아니하고 완전히 면제를 해주었습니다. 참으로 큰 빚을 진 종으로서는 믿을 수 없는 자비의 혜택을 주인으로부터 거저 받은 것입니다.

그런데 그 종이 주인으로부터 자유를 받고 나가서 자기에게 백 데나리온 빚진 동료 하나를 만났는데 그의 멱살을 붙들고 네가 내게 진 것을 다 갚으라고 호통을 쳤습니다. 사람의 됨됨이는 그 반대의 경우를 당할 때 분명하게 나타나는 것을 여기서 볼 수 있습니다. 100 데나리온 하면 일만 달란트의 약 60만분의 일에 해당하는 작은 것입니다. 그러니까 얼마든지 갚자면 갚을 수 있는 돈입니다. 그 종이 무자비하게 호통을 치자 그 빚진 동료는 엎드려 간청하기를 '조금만 참아주시오. 어떻게든 내가 다 갚아 보겠네' 하였습니다. 그러나 그 무자비한 종은 그의 간청을 듣지 않고 치안관들에게 끌고 가서 그 빚을 다 갚을 때까지 옥에 갇혀 있게 하였습니다.

그때 다른 종들이 이 무자비한 종의 하는 파렴치한 일을 다 목격하고서 아주 민망하게 생각했습니다. 그리고 그것을 아주 유감스럽게 여기고서 그 주인에게 가서 자신들이 보고 들은 이 일을 낱낱이 다 고하였습니다. 아무리 죄인이라도 무자비하게 하는 태도를 보여서는 안 되는 것인데 그런 은혜를 받은 자로서 그렇게 험한 일을 하는 것을 보고 그렇게 한 것입니다.

그렇게 되니까 그 주인이 그 무자비한 종을 불러 말하기를 '이 악한 종아, 네가 내게 빌어 네 빚을 다 탕감하여 주었으니까 내가 너를 불쌍히 여긴 것 같이 너도 너에게 빚진 자인 네 동료를 불쌍히 여겨야 할 것이 아니냐?' 하고서 크게 노하여 그 무자비한 종을 고통을 받도록 다시 담당 옥졸들에게 넘기고 그 빚진 것을 다 갚게 하였습니다. 완전한 공의의 터에서 그의 죄를 바로 판단을 한 것입니다.

주님은 이 비유를 하고서 마지막으로 주위를 돌아보면서 너희도 진심으로 형제를 서로 용서하지 않으면 나의 하늘 아버지께서도 너희에게 이와 같이 하실 것이라고 적용의 말씀을 하셨습니다. 사죄에 있어서 횟수의 문제로 풀 것이 아니라 질적으로 용서 받을 수 없는 상태에서 용서 받은 자로서의 자비의 태도를 가지고 풀어야 함을 이 비유로 가르치신 것입니다.

이런 자비의 가르침은 전혀 새로운 개념이 아니다

그런데 주님의 이런 지속적인 용서와 자비에 대한 가르침은 이전에 없다가 새롭게 주어진 사상은 아닙니다. 은혜로 하나님의 백성 된 유대인들에게 주어진 율법에 보면 철저하게 하나님의 법을 의롭게 여겨 이웃에게 인자와 동정을 베풀어야 할 것을 말씀하였습니다. 가령 가난한 이웃 형제에게 돈을 꾸어 주면 채주같이 하지 말고 이자를 받지 말아야 하며 혹 그 이웃의 옷을 전당 잡은 일이 있으면 해가 지기 전에 그것을 돌려주어야 할 것을 말씀하신 것입니다. 이것이 그 나라의 공의임을 나타내신 것입니다. 출애굽기 22:25-27을 보겠습니다. 제가 읽지요.

²⁵네가 만일 너와 함께한 나의 백성 중 가난한 자에게 돈을 꾸이거든 너는 그에게 채주같이 하지 말며 변리를 받지 말 것이며 ²⁶네가 만일 이웃의 옷을 전당 잡거든 해가 지기 전에 그에게 돌려 보내라 ²⁷그 몸을 가릴 것이 이뿐이라 이는 그 살의 옷인즉 그가 무엇을 입고 자겠느냐 그가 내게 부르짖으면 내가 들으리니 나는 자비한 자임이니라

이런 사상은 그 나라 모든 것의 주인이 주님이시라는 전제로 나온 것입니다. 이스라엘 백성은 희년이나 안식년에 어떤 과정 가운데 소유하게 된 모든 것을 애초에 하나님의 은사에 의해 각 지파 각 사람에게 기업으로 분배된 원래대로 돌려야 하는 책무를 받았습니다. 그러니까 어떤 과정 가운데 자기가 이웃에게 빚을 주었다고 해도 때가 되면 다 지난 일을 접고 자기가 잠시 소유하였던 것을 당사자에게 되돌려 주어야 하는 것이 이스라엘 백성들의 의로운 의무였습니다.

다시 말해서 이스라엘이 형제들에게 항시 계속해서 진정한 자비를 베풀어야 하는 것은 공의로운 책무였습니다. 이런 관점에서 하나님 나라 영역 안에서 이웃의 것을 잠시 소유한 것으로 영원히 자기의 것인 양 주장하는 것은 아주 불의한 일이 되는 것이지요? 게다가 여기 본문의 무자비한 종의 경우 그 주인으로부터 갚을 수 없는 빚을 탕감 받은 사람입니다. 그런 입장에서 작은 빚을 졌지만 갚겠다 하고 용서를 구하는 그 빚진 자를 험하게 대우하고 옥에 가두는 일을 한 것은 참으로 잘못된 일입니다.

유대인들의 상대적 가르침의 허구를 드러냄

아무튼 이스라엘은 세월의 흐름과 아울러 언약의 규정으로 내려진 말씀의 본의를 다 잊고 그리고 구속역사 안에서 자신들이 나타내야 할 일인 주님의 자비로우신 통치를 다 망각하고 자기들의 안위만을 지키기 위한 이기심과 탐욕으로 하나의 인간적인 공의에 의한 실정법만을 만들어 내고 그것을 지키도록 주장을 하였습니다. 그래서 저들은 최대한 3번까지는 이웃의 죄를 용서하되 그 이상은 하지 말라고 교조적으로 못을 박았습니다.

저들이 조금만 주의해서 율법의 정신을 살피고 그리고 그리스도의 가르침을 생각했다면 이런 사상을 정립하거나 그에 의한 이상한 태도를 보이지 않았을 것인데 저들은 그저 그릇된 인간적 전통에 눈이 멀어 이렇게 사람의 계명으로 하나님의 율법을 가리고 그리스도를 대적하는 일을 서슴지 않고 한 것입니다.

하나님 나라의 근본적인 회복을 염두에 둔 가르침

베드로도 유대인들의 그러한 가르침을 이미 알고 있었고 그리고 율법이 가르치는 바에 대해 어느 정도 이해하고 있었습니다. 그래서 열정을 가진 베드로는 유대인들의 그것을 뛰어 넘고 주님의 가르친 바의 내용도 알고 있는 측면에서 나름대로 그 가르침을 열심히 따르는 자기의 넓은 관용으로 한편으로 나타내고자 하면서 질문을 한 것입니다. 그런데 거기에 베드로의 결핍이 있었던 것입니다. 주님은 그 베드로가 하나님 나라의 한 분자로서 본질적으로 갖추어야 할 것을 갖추지 못하고 있는 것을 아시고서 그에 대한 가르침을 이 무자비한 종의 비유로 베푸신 것입니다.

주의하여야 할 점

그런데 여기서 잠깐 주의해야 할 것이 있습니다. 이 비유는 무조건 아무나 일방적으로 용서를 해야 한다고 가르치는 것은 아닙니다. 죄를 진 사람이 직접적으로 와서 돌이키는 태도를 보이지도 않았는데 무조건 용납하는 것은 공의를 무너뜨리는 용서가 됩니다. 물론 용서하지 않았다고 해서 그에 대한 험한 마음을 가지고 있어도 된다는 것은 아닙니다. 항시 돌아오면 용서할 마음을 가지고 있으되 돌아오지도 않고 회개도 않은 자를 무조건 내편에서 임의로 용서하는 것 같은 용서는 안 되는 것입니다. 흔히 불법한 일을 한 가해자가 이런 성경구절을 들어서 자기는 용서를 구하지도 않고서 자기를 용납하지 않는 것을 비난하는 일이 있는데 그것은 아주 괴악한 일입니다. 이것이 이 비유에서 우리가 한편으로 주의해야 할 내용입니다.

그리고 또 한 가지 주의할 것이 있습니다. 그것은 이 비유의 해석에 대한 문제입니다. 그것은 비유에 나타난 내용을 전체적으로 풍유화하여 해석하는 것입니다. 그러면 이 비유에 나타난 왕의 변덕, 즉 상황에 따라 달라지는 용서의 태도에 대해 의문을 가질 수밖에 없습니다. 따라서 이 비유는 다 풍유적으로 볼 수 없다는 것입니다. 비유적인 부분으로 볼 것이 있고 또 풍유적으로 볼 내용이 따로 있는 것입니다. 풍유적인 해석과는 달리 비유에 대한 해석에 있어서는 가장 중요한 점만이 해설적인 의미를 가지는 것입니다. 그러므로 왕의 행동 하나하나를 풍유적으로 볼 수 없는 것입니다. 이 비유 중에서 풍유의 내용으로는 죄 사함을 받음과 죄를 사해 주는 일 사이에 형성된 뗄 수 없는 관계와 하나님 앞에 지은 어떤 사람의 엄청난 죄와 그가 자기 이웃에게 취한 인색한 태도 사이의 엄청난 차이뿐입니다(헤르만 리델보스, 마태복음 주석 중에서).

오직 주님 만을 의지하여야 하는 사회

아무튼 좀 전에도 말씀드렸듯이 항시 자비의 주님을 의지하고 주님의 자비로운 마음을 발휘하려고 하는 태도가 우리에게 중요합니다. 우리는 하나님과 원수 된 죄인의 위치에서 거저 자비의 은혜로 용서를 받고 하나님의 자녀가 되었고 하나님 나라의 사회원이 된 자들입니다. 시편 103:8-14과 골로새서 1:13-14을 보겠습니다.

> 8여호와는 자비로우시며 은혜로우시며 노하기를 더디하시며 인자하심이 풍부하시도다 9항상 경책지 아니하시며 노를 영원히 품지 아니하시리로다 10우리의 죄를 따라 처치하지 아니하시며 우리의 죄악을 따라 갚지 아니하셨으니 11이는 하늘이 땅에서 높음같이 그를 경외하는 자에게 그 인자하심이 크심이로다 12동이 서에서 먼 것같이 우리 죄과를 우리에게서 멀리 옮기셨으며 13아비가 자식을 불쌍히 여김같이 여호와께서 자기를 경외하는 자를 불쌍히 여기시나니 14이는 저가 우리의 체질을 아시며 우리가 진토임을 기억하심이로다(시 103:8-14)
>
> 13그가 우리를 흑암의 권세에서 건져내사 그의 사랑의 아들의 나라로 옮기셨으니 14그 아들 안에서 우리가 구속 곧 죄 사함을 얻었도다(골 1:13-14)

우리는 어느 정도 남보다 덜 악한 죄를 지어서 이렇게 하나님의 아들의 나라의 거룩한 사회에 용납된 존재가 결코 아닙니다. 우리는 원죄가 되었든 자범죄가 되었든 그 죄책과 그 오염으로부터 자유로울 수가 없는 위치에 있었던 자들입니다. 그러한 일만 달란트 되는 빚을 진 위치에서 용서를 받아 하나님의 영광의 나라의 구성원이 되었으므로 우리에게 가해를 한 범죄자라 할지라도 늘 마음으로 용서를 준비하고 있는 것이 중요합니다. 우리 스스로 그런 용서의 준비를 할 수 없다는 사실을 늘 잊지 않고 주의해서 말씀과 성신님의 인도를 받아 그런 상태를 언제든지 유지하고 나아가는 것이 필요한 것입니다.

하지만 우리는 연약해서 우리 스스로 작정한 일에서조차 그 신실함을 절대로 지킬 수 없는 존재들입니다. 우리는 늘 육신적인 생각에 아주 친화력을 보이는 존재들입니다. 가령 우리에게 범죄하여 대드는 자들을 보면 우리의 옛 상태를 잊고 아주 처음 그런 기이한 일을 당하는 것처럼 대할 때가 너무도 많은 것입니다. 특히 우리가 인간적으로 어느 정도 공을 들였다고 생각하는 사람에 의하여 그런 배신을 당할 때에는 자제력을 잃고 흥분을 잘 하는 것입니다.

그러므로 이런 심각한 질병에 쉽게 노출되는 존재들인 줄을 알고 우리가 말씀과 성신님의 능력으로 깨어있지 않으면 안 됩니다. 우리가 용서할 수 없는 죄인들은 없습니다. 우리가 용서받을 수 없는 죄를 진 장본인들이었기 때문입니다. 이런 것을 잘 기억하고서 주님의 말씀과 성신님의 능력으로 자비의 태도를 늘 준비하고 있어야 할 것입니다.

그렇지 않은 자들의 심판 경고

만일 이런 것이 우리에게 없으면 여지없이 주님 앞에 심판을 피할 수 없을 것입니다. 오늘 본문 35절의 말씀과 같이 되는 것입니다. 마태복음 6:14-15을 잠깐 보겠습니다.

> 14너희가 사람의 과실을 용서하면 너희 천부께서도 너희 과실을 용서하시려니와 15너희가 사람의 과실을 용서하지 아니하면 너희 아버지께서도 너희 과실을 용서하지 아니하시리라

그리고 야고보서 2:13도 보겠습니다.

> 13긍휼을 행하지 아니하는 자에게는 긍휼 없는 심판이 있으리라 긍휼은 심판을 이기고 자랑하느니라

우리가 이전에 공부해서 아는 일이지만 우리는 스스로 누구에게 심판을 행할 수 있는 기준도 제대로 가지고 있지 못한 자들입니다. 그런 위치에서 우리가 우리에게 죄지은 자에 대해 어떤 조치를 할 수 있겠습니까? 하나님의 주권에 맡기고 용서를 받은 하나님 나라 백성으로 우리에게 주어진 책무에만 주력을 하여야 하는 것입니다. 우리는 기본적으로 긍휼의 속성을 발휘하고 살아가야 하는 것입니다.

나가는 말; 우리에게 가르치는 교훈

참으로 우리는 그리스도로 말미암은 새로운 시대에 마음으로부터 새롭게 된 어린아이와 같이 살아야 합니다. 어떤 경우에 어떤 해를 당하여도 하나님 나라의 거룩한 사회를 이루어 갈 자로서 늘 용서할 수 있는 사랑의 마음을 준비하고 있어야 합니다. 그저 상대적으로 우리에

게 잘하는 자에게만 잘하면 그것은 바리새인들과 같고 또 범죄자들도 그렇게 하는 일이지요? 우리는 늘 성신님을 의지하여 주님께 받은 사랑을 가지고 이웃의 허물에 대해 긍휼을 베풀 자세가 되어 있어야 하는 것입니다. 그래야 그리스도의 대속의 용서에 기초한 정상하고 완전한 하나님 나라 사회를 형성하여 나아갈 것입니다. 평소에 이런 마음이 없이 지내다가는 결정적으로 그런 사랑을 보일 시점에서 전혀 그 나라 백성의 사회적 성격을 드러내지 못하는 것입니다. 이제 요한일서 4:7-13을 함께 보고 마치도록 하겠습니다.

> 7사랑하는 자들아 우리가 서로 사랑하자 사랑은 하나님께 속한 것이니 사랑하는 자마다 하나님께로 나서 하나님을 알고 8사랑하지 아니하는 자는 하나님을 알지 못하나니 이는 하나님은 사랑이심이라 9하나님의 사랑이 우리에게 이렇게 나타난 바 되었으니 하나님이 자기의 독생자를 세상에 보내심은 저로 말미암아 우리를 살리려 하심이니라 10사랑은 여기 있으니 우리가 하나님을 사랑한 것이 아니요 오직 하나님이 우리를 사랑하사 우리 죄를 위하여 화목제로 그 아들을 보내셨음이니라 11사랑하는 자들아 하나님이 이같이 우리를 사랑하셨은즉 우리도 서로 사랑하는 것이 마땅하도다 12어느 때나 하나님을 본 사람이 없으되 만일 우리가 서로 사랑하면 하나님이 우리 안에 거하시고 그의 사랑이 우리 안에 온전히 이루느니라 13그의 성신을 우리에게 주시므로 우리가 그 안에 거하고 그가 우리 안에 거하시는 줄을 아느니라

기도

거룩하신 아버지 하나님, 저희들이 주님 앞에서 범죄 했던 참상을 보면 주님의 용서 받을 만한 것이 하나도 없다는 것을 저희들 분명히 기억하옵나이다. 우리가 하나님 앞에 범죄 한 성격을 보면 그 죄는 세상적인 어떤 것으로도 다 갚을 수 없는 것임을 분명히 보옵나이다. 하나님은 저희들의 체질을 아시고 상태를 아셔서 독생자 예수 그리스도를 이 땅에 보내주시어 저희들을 용서하시고 또 그 뿐만 아니라 주님의 자녀로 저희들을 입적시켜 주셨사옵나이다. 그리고 주의 자녀로서 주님의 그 사랑을 받은 자로 행보하며 살아갈 수 있게 하셨사옵나이다. 하오나 저희들은 그 큰 사랑을 입고서도 이 세상을 살아나갈 때 하나님 나라 백성으로서의 그 품성을 발휘하고 이웃을 사랑하고 용서하는 태도를 보이기는커녕 오히려 우리에게 해를 조금이라도 끼치고 손해를 끼치는 자들에게 독한 마음을 품고 악하게 말하고 행동을 하옵나이다. 전혀 주님 앞에 용서받은 자로서의 모습을 보이지 아니하고 상대적으로 이 무자비한 종과 같이 행보할 때가 많이 있습니다. 주님은 저희들의 상태로 또 다시 보게 하옵시고 주님 앞에 마음자리가 늘 어디에 가 있어야 하는가 하는 것을 이 비유의 말씀으로 깨우쳐 주시옵나이다. 우리보다 더 못하거나 낮거나 할 만한 사람이 세상에 없다는 것을 잘 기억하고 저희들이 늘 높은 마음을 품지 아니하고 늘 말씀과 성신을 의지해서 주의 용서함을 받은 자로서 하나님을 대하고 또 이웃을 대하고 살아가게 하여 주시옵소서. 저희들이 청지기로서 주께 받은 모든 것들을 잘 누려 사용해 나갈 때 주님이 우리에게 아낌없이 모든 것을 주시고 사랑하신 그 사랑으로 잘 그 사랑을 보이고 행사하고 나아가게 하옵소서. 그 거룩한 상속의 일을 받았음에도 불구하고 그 아드님의 후사의 일을 우리가 기업으로 차지하고자 주님이 주신 선물을 우리가 독식하고자 그렇게 악한 농부처럼 행동하지 않게 하여 주시옵소서. 언제든지 주님 앞에 서서 어떤 마음자리로 살았는가 하는 것을 평가받을 때에 주님 앞에 '잘했다, 착하고 충성된 종아 잘했다.' 하는 칭찬을 받게 하옵소서. 말씀과 성신을 의지해서 순간순간 살아가지 않으면 결코 이런 대우를 주님 앞에 받을 수 없다는 것을 잊지 않게 하여 주시옵소서. 주께서 허락하신 시공간 속에서 진정 참다운 하나님 나라의 아름다운 모습을 잘 체현하고 살아가게 하옵소서. 모든 말씀,

우리 구주 예수 그리스도의 이름으로 기도 올리옵나이다. 아멘.

제 14 강

어리석은 부자의 비유

누가복음 12:13-21

들어가는 말

　오늘은 예수님의 비유 14강째입니다. 어리석은 부자의 비유를 보도록 하겠습니다. 주님은 이 비유에서 유업에 대한 세속적인 문제를 가지고 잘못된 동기로 당신께 접근하는 자에게 직접적인 책망을 하시며 주를 따르는 자들로서 물질적인 욕심의 문제를 어떻게 풀어야 하는지에 대한 영적인 교훈을 하십니다. 이 말씀은 오늘을 살아가는 우리에게도 그대로 적용이 되는 것입니다. 경쟁 사회 속에서 자신의 참된 유업도 모르고 그저 외형적 물질 축복에 눈이 어두워진 자들에게 엄중한 경고가 되고 바른 깨우침을 받는 자들에게는 귀한 생명의 말씀이 될 것입니다. 본문은 누가복음 12:13-21입니다. 제가 읽겠습니다.

　　13무리 중에 한 사람이 이르되 선생님 내 형을 명하여 유업을 나와 나누게 하소서 하니 14이르시되 이 사람아 누가 나를 너희의 재판장이나 물건 나누는 자로 세웠느냐 하시고 15저희에게 이르시되 삼가 모든 탐심을 물리치라 사람의 생명이 그 소유의 넉넉한 데 있지 아니하니라 하시고 [16]또 비유로 저희에게 일러 가라사대 한 부자가 그 밭에 소출이 풍성하매 [17]심중에 생각하여 가로되 내가 곡식 쌓아 둘 곳이 없으니 어찌할꼬 하고 [18]또 가로되 내가 이렇게 하리라 내 곡간을 헐고 더 크게 짓고 내 모든 곡식과 물건을 거기 쌓아 두리라 [19]또 내가 내 영혼에게 이르되 영혼아 여러 해 쓸 물건을 많이 쌓아 두었으니 평안히 쉬고 먹고 마시고 즐거워하자 하리라 하되 [20]하나님은 이르시되 어리석은 자여 오늘 밤에 네 영혼을 도로 찾으리니 그러면 네 예비한 것이 뉘 것이 되겠느냐 하셨으니 [21]자기를 위하여 재물을 쌓아 두고 하나님께 대하여 부요치 못한 자가 이와 같으니라

이 비유의 시기에 관한 견해들

이 어리석은 부자의 비유는 시기적으로 보면 두 가지 견해가 있습니다. 혹자는 마태복음 13장의 하나님 나라에 대한 집중적인 비유보다 약간 앞서는 때에 했던 것으로 추정합니다. 그러니까 주님의 공생애 제2년 중간 정도 되는 때의 일로 생각하는 것입니다. 그리고 어떤 자들은 예수께서 육신으로는 갈릴리를 아주 떠나 예루살렘으로 올라가시는 과정 가운데 하신 것으로 봅니다. 그러나 이 사건에서 중요한 것은 시기보다는 당시 배경이나 상황에서 주님께서 가르치신 내용에 대한 것입니다.

본문의 내용 분해

오늘 본문 말씀은 내용상 넷으로 구분이 됩니다. 첫째는 무리 중 어떤 사람이 상속 문제를 가지고 예수님 앞에 와서 해결을 보려고 질문하는 내용입니다. 그것은 13절이지요. 그리고 둘째로 그 질문에 대해 그 의도를 아신 주께서 그를 책망하고 바로잡아 주는 말씀을 하신 것입니다. 그것은 14절과 15절입니다. 그리고 셋째로는 그 바로잡아 주신 말씀을 더 잘 알아들을 수 있도록 어리석은 부자의 비유를 하신 것입니다. 16절부터 20절까지입니다. 그리고 마지막으로 그에 대해 결론적인 말씀을 하시는 것입니다. 그것은 21절입니다. 이제 차례로 이 내용들을 보도록 하겠습니다.

비유의 배경

먼저 어리석은 부자의 비유의 배경이 되는 사건입니다. 무리 중에 어떤 사람이 상속 문제를 가지고 예수님 앞에 와서 해결을 보려고 하였습니다. 이 사람은 장자가 아니었습니다. 모세 율법에 의하면 상속을 할 때 형은 3분의 2를 갖고 동생은 3분의 1을 갖습니다. 그러니까 형이 동생의 몫보다 배를 더 갖게 한 것입니다. 신명기 21:15-17을 참조하시기 바랍니다.

> [15]어떤 사람이 두 아내를 두었는데 하나는 사랑을 받고 하나는 미움을 받다가 그 사랑을 받는 자와 미움을 받는 자가 둘 다 아들을 낳았다 하자 그 미움을 받는 자의 소생이 장자여든 [16]자기의 소유를 그 아들들에게 기업으로 나누는 날에 그 사랑을 받는 자의 아들

로 장자를 삼아 참 장자 곧 미움을 받는 자의 아들보다 앞세우지 말고 17반드시 그 미움을 받는 자의 아들을 장자로 인정하여 자기의 소유에서 그에게는 두 몫을 줄 것이니 그는 자기의 기력의 시작이라 장자의 권리가 그에게 있음이니라

그런데 그 사람의 형이 그것조차 동생에게 제대로 분배하지 않은 것 같습니다. 그래서 그 사람이 예수께 나아와 이 문제의 해결을 바랐습니다.

이 질문자의 그릇된 동기

그런데 이 질문자의 동기를 생각하면 아주 불의합니다. 이 사람의 하나님의 명령이나 예수님의 명성과 권위를 이용하여 형제라도 물리치고 자기의 물질적인 욕구를 채우려고 한 것입니다. 이 사람은 하나님의 율법에서 상속시에 왜 그렇게 기업을 나누도록 내리셨는지에 대해서는 관심이 별로 없습니다. 그리고 예수님이 왜 이 땅에 오셔서 말씀과 행동으로 무엇을 나타내시고자 하시며 예수께서 감당하시고자 하시는 진정한 사명(눅 19:10)이 과연 무엇인지에 대해 전혀 고려하고 있지 않습니다. 그리고 이 사람은 일반 권세를 의지하려는 마음도 크게 없었습니다. 랍비나 재판장들에게 문의를 하여 자신이 당한 상속의 문제를 풀어야 했는데 그런 것을 하지 않고 당장에 예수님의 권위와 명성을 이용하여 자신의 형을 고소하고 자기의 사욕을 채우려고 하는 것입니다. 그러니까 이 사람은 관심의 주 포인트는 다른 데에 있지 않고 어떻게든 자신의 행복과 부를 늘리는 데에만 미쳐 있었습니다. 하나님 나라와는 상관이 없는 마음을 가졌고 세속 권세도 별로 따르고 싶지 않은

그런 사람이었습니다.

물론 그는 종교적인 일에는 관심이 있는 자였습니다. 그리고 메시야에 대해서도 어느 정도 생각을 하고 있었던 사람임에는 틀림이 없습니다. 그래서 무리들과 함께 예수를 따라 다니며 그의 가르침도 듣고 거기에 나름대로 어떤 결론을 가지고 있었습니다. 다시 말해서 그는 여지껏 예수님에 대해 이스라엘의 한 선생 정도로 알고 쫓아다닌 것입니다.

실정이 그러하니 그의 그런 종교적인 관심의 것이 그에게 진정한 내적 자유나 기쁨을 가져다주지 못하였습니다. 그저 그는 세속적인 일이 여전히 마음 중심에 있었습니다. 그래서 생활 속에서 자신이 형에게 당한 일이 너무 억울하고 분하여서 마음 가득히 두고 있었습니다. 그래서 그것을 어떻게든 잘 풀어보려고 평소에 마음을 먹고 있었습니다. 그런 즈음에 이스라엘의 큰 선생처럼 보이시는 예수께서 그 앞에 서 계시므로 옳다 이번 참에 반드시 자신의 억울한 일을 어떻게든 풀어봐야겠다 하고 예수께 '선생이여 나의 고민을 좀 풀어주시라'는 그 질문을 한 것입니다.

주님의 책망과 교훈

예수님은 그 사람은 그런 그릇된 중심을 보셨습니다. 그래서 '이 사람아 누가 나를 너희의 재판장이나 물건 나누는 자로 세웠느냐' 하시는 책망의 말씀을 하셨습니다. '이 사람아' 하는 말씀은 결코 정답게 하시는 말씀이 아닙니다. 대속의 주로 이 땅에 오셔서 일하시는 당신을 전혀 알아보지 못하고 세상 사람들 중에서 꽤 유명세를 가진 분으로 알고만 있으면서 그것을 이용하여 자신의 탐심을 채우려 하였기에 그에 대한 엄중한 책망의 말씀을 예수님이 직접 하신 것입니다.

좀 전에도 말씀드렸지만 이스라엘 사람들은 보통 상속 문제 등 법률적인 제 문제가 발생할 경우에 재판장이나 랍비들에게 나아가 풀었습니다. 그런데 이 사람은 예수님에 대해 일반 세속의 권세를 가진 그 정도의 인물로 여기고서 예수께 나아와 그런 문제의 해결을 바란 것입니다. 예수님은 그것으로는 그가 그 어떤 문제를 풀 수 없다는 것을 아시고서 예수님 당신을 일반 선생의 수준으로 보는 그런 시각으로 바라보아서는 안 될 것을 먼저 지적하는 말씀을 하신 것입니다.

예수께서는 그 사고의 전환점이 되는 말씀을 하시고서 주위를 돌아보시면서 사람들이 그릇된 동기로 살아가는 것을 바로 바라볼 수 있도록 깨우치시는 농도 짙은 교훈의 말씀을 하셨습니다. 주님은 모든 탐심에 대한 경고를 단단히 하기 위하여 호라테(ὁράτε, 조심하라) '퓔라스센떼(φυλάσσενθε, 주의하라, 지키라)'라는 두 동사를 허두에 놓았습니다. 우리말 성경에는 '삼가'라는 말만 나옵니다. '삼가 모든 탐심을 물리치라 사람의 생명이 그 소유의 넉넉한데 있지 아니 하니라' 그러니까 주님은 그저 이 사람이 억울한 일을 당했다고 생각하는 것에 대해 풀 수 있는 방법론적인 것을 말씀하시는 것이 아닙니다. 이 사람이 근본적으로 매여 있는 부분을 일깨워 생명의 회복의 상태에 있게 되는 말씀을 주님께서 하신 것입니다. 탐심이 모든 악의 뿌리가 되고(딤전 6:9-11) 어리석은 것이며(시 39:6) 사람을 불만족케 하며(합 2:9) 허망한 것을 섬기게(골 3:5) 하는 그런 것이라는 사실을 고려하시면서 사람이 참된 생명에 있으려면 그 자신이 모든 탐심을 물리치는 것이라고 하신 것입니다.

어리석은 부자의 비유

그리고 주님은 저들이 잘 알아들을 수 있도록 그리고 한편으로 핑계치 못하도록 어리석은 부자의 비유를 증거하셨습니다. 예수께서는 저들이 잘 알 수 있는 하나의 쉬운 일상의 비유에다가 하나님 나라의 진리성을 확연히 심으시며 그 말씀을 듣는 자들이 자신을 비추어 보아 돌이킬 수 있는 재료로나 혹은 핑계할 수 없는 말씀을 주신 것입니다.

주님께서는 한 부유한 농사꾼이 풍성히 추수한 전경을 그리십니다. 그 부농(富農)은 이에 대해 곡식을 더 쌓아둘 곳이 부족하므로 그것을 마음으로 걱정합니다. 그리고 이내 마음먹고 곡간을 헐고 더 크게 짓고 내 모든 곡식과 물건을 거기에 쌓아둘 것을 작정하였습니다. 이것을 보면 이 농부가 단순히 곡물 창고를 더 크게 하려는 것은 아닙니다. 곡물뿐만이 아니라 농기구도 쌓아 놓을 수 있는 그런 창고를 크게 질 것을 마음먹은 것이지요? 그리고 그 사람은 그 커다란 창고를 지었습니다. 그리고 곡물과 물건들을 그곳에 쌓아 놓았습니다. 그리고 그것을 바라보면서 이제부터는 그 부를 자신이 평안히 쉬어가며 즐길 마음을 가졌습니다. 여기에 보면 그 부농이 '나의'라는 말을 강조하여 반복하고 있다는 것을 알 수 있습니다. 그만큼 그 부농의 마음이 어떤지를 추측할 수 있습니다. 이 정경을 다시 보자면 이 부농은 자기의 재산을 더 늘릴 계획을 한다든지 아니면 그 풍성한 곡물을 보고 이제 좀 가난한 자들을 돌아보아야겠다든지 아니면 하늘에 감사하는 일을 꾸민다든지 하는 것이 없습니다. 그는 단순히 자신의 현세적 쾌락의 삶에만 눈이 어두워있었습니다.

주님은 이제 그 어리석은 부농에 대해 직접적으로 하나님께서 심판하실 것을 증거하십니다. '하나님이 이르시되 어리석은 자여 오늘밤에 네 영혼을 도로 찾으리라 그러면 네 예비한 것이 뉘 것이 되겠느냐' 여기서 어리석다는 말은 함부로 아무 곳에서나 쓰이던 말은 아닙니다. 구약에서는 하나님이 생명의 근원이시라는 지식을 거부한 자들에게 쓰인 말입니다. 그리고 그 이하의 말씀은 잠언 27:1을 상기하는 듯한 말씀입니다.

> ¹너는 내일 일을 자랑하지 말라 하루 동안에 무슨 일이 날는지 네가 알 수 없음이니라

그리고 이사야 14:13-15 말씀을 기억나게 하는 내용입니다.

> ¹³네가 네 마음에 이르기를 내가 하늘에 올라 하나님의 뭇 별 위에 나의 보좌를 높이리라 내가 북극 집회의 산 위에 좌정하리라 ¹⁴가장 높은 구름에 올라 지극히 높은 자와 비기리라 하도다 ¹⁵그러나 이제 네가 음부 곧 구덩이의 맨 밑에 빠치우리로다

아무튼 그 말씀으로 주님은 그 쾌락주의자의 결말이 임박한 시간 안에 어떻게 될 것인가를 나타내 보이신 것입니다. 그 부농이 장담한 여러 날에 대해 하나님은 오늘밤이라는 대조적인 말을 쓰셔서 엄중한 경고를 하시는 것입니다.

그리고 그에 대한 결론적인 말씀으로 자기를 위하여 재물을 쌓아두고 하나님께 대하여 부요치 못한 자가 이와 같을 것이라고 했습니다. '자기를 위하여' 라는 말과 '하나님께 대하여'라는 말을 대조하여 말씀하셨습니다. 산상보훈에서는 하늘에 보물을 두라고 했었는데 여기서 자기를 위하여 쌓아두었다는 표현을 해서 그 사람의 저열함을 극명하

게 보이는 말씀입니다. 하나님과 특별한 관계 가운데 하나님을 진심으로 경외하지 않고 허망한 것에 생명을 두고 나아가는 자의 결국이 어떻게 결말이 나는가를 보이는 것입니다.

교훈

참으로 주님은 이 말씀으로 어떤 면에서 주님에 대해 관심이 있지만 여전히 탐심을 소유한 인간의 나약한 실체를 극명하게 보이신 것이며 또한 그릇된 하나님께 대한 지식을 가지고 하나님의 영역에 침범하는 자에 대한 하나님의 심판의 엄중성과 필연성과 긴박성을 보이십니다.

누구나 일확천금의 부를 꿈꾸며 그것을 모으면 평안히 즐길 마음을 가지고 있지만 그 목숨은 항시 바람 앞에 촛불과도 같은 존재인 것입니다. 어리석게도 자기의 소유로 단순히 내일을 장담하는 엄청난 착각 속에서 얼마든지 살아갈 수 있는 것 같지만 이는 하나님의 손 안에 있는 내일의 일을 침범하는 일이므로 하나님의 영역에 도전을 하는 것이며 그 일에 대한 마땅한 보응은 피할 수 없는 존재인 것입니다. 목숨이 썩은 줄에 걸려 있는 인생임에도 하나님이 일반적으로라도 허용하셔서 가지게 된 자기의 풍성한 소유로 하나님의 일은 하지 않고 창조주 하나님께 속한 내일을 스스로 장담하는 일을 한다면 하나님의 엄중하고 속히 되는 심판은 피할 수 없다는 것입니다. 야고보서 4:13-5:6을 보겠습니다.

13들으라 너희 중에 말하기를 오늘이나 내일이나 우리가 아무 도시에 가서 거기서 일 년을 유하며 장사하여 이를 보리라 하는 자들아 14내일 일을 너희가 알지 못하는도다 너희 생명이 무엇이뇨 너희는 잠깐 보이다가 없어지는 안개니라 ¹⁵너희가 도리어 말하기를 주의 뜻이면 우리가 살기도 하고 이것 저것을 하리라 할 것이거늘 ¹⁶이제 너희가 허탄한 자랑을 자랑하니 이러한 자랑은 다 악한 것이라 ¹⁷이러므로 사람이 선을 행할 줄 알고도 행치 아니하면 죄니라 ¹들으라 부한 자들아 너희에게 임할 고생을 인하여 울고 통곡하라²너희 재물은 썩었고 너희 옷은 좀먹었으며 ³너희 금과 은은 녹이 슬었으니 이 녹이 너희에게 증거가 되며 불같이 너희 살을 먹으리라 너희가 말세에 재물을 쌓았도다 ⁴보라 너희 밭에 추수한 품꾼에게 주지 아니한 삯이 소리지르며 추수한 자의 우는 소리가 만군의 주의 귀에 들렸느니라 ⁵너희가 땅에서 사치하고 연락하여 도살의 날에 너희 마음을 살지게 하였도다 ⁶너희가 옳은 자를 정죄하였도다 또 죽였도다 그는 너희에게 대항하지 아니하였느니라

물질주의자의 결국은 반드시 이와 같이 되고 말 것입니다. 탐욕으로 두 마음을 품고 주님께 나아와 주님의 주님 되심도 알아보지 못하고 그저 자신의 현실적인 욕구만 채우고 그것을 즐기려 한다면 주님의 임박한 심판을 피할 수 없을 것입니다.

그러므로 우리는 세상과 물질을 보는 관점이 달라져야 하고 주님께 나아오는 마음의 동기와 자세가 달라져야 합니다. 이것은 떼려야 뗄 수 없는 관계에 있는 것이므로 별달리 생각해서는 안 됩니다. 우리가 아무리 경쟁 사회 속에서 살아가는 존재들이고 소유가 모든 것을 해결해 줄 것이라는 생각으로 살아가는 사람들의 속에 둘러싸여 있어도 우리의 진정한 기업이 무엇인가를 인식하고 그 일에 주력하여 나아가야 합니다. 하늘의 기업을 쌓아가는 것임을 알고 현실에서 그 역사의 원인을 잘 심어 나아가야 할 것입니다.

하나님께 대하여 부요한 자는 세상의 재물이나 명예를 티끌과 같이 여기고 삽니다. 아브라함의 경우를 봐도 그것을 잘 알 수 있지요? 하나님의 말씀을 좇아 아브라함은 본토 친척 아비 집을 버리고 떠났습니다 (창 12:1-4). 모세도 바로의 공주의 아들이라 하는 칭함을 거절하고 그리스도를 위해 받는 능욕을 애굽의 모든 보화보다 더 귀히 여겼다고 했습니다(히 11:24-26). 물질적인 보화보다 하나님의 일에 관심을 쏟아 나아간 것입니다. 신약에 보면 바울과 같은 인물도 그와 같은 사람입니다. 빌립보서 3:7-8을 보겠습니다.

> 7그러나 무엇이든지 내게 유익하던 것을 내가 그리스도를 위하여 다 해로 여길뿐더러 8또한 모든 것을 해로 여김은 내 주 그리스도 예수를 아는 지식이 가장 고상함을 인함이라 내가 그를 위하여 모든 것을 잃어버리고 배설물로 여김은 그리스도를 얻고

주의할 점; 결코 물질이 필요 없다고 하시는 것이 아님

우리가 이 어리석은 부자의 말씀을 보면서 주의할 것이 있습니다. 그것은 주님께서 결코 물질이 필요 없다고 하거나 현실을 도피해서 살아야 할 것을 말씀하시지 않았다는 것입니다. 혹자들은 이런 말씀을 보고 재물은 다 허망한 것이라고 생각하고 그것 자체를 부정하는 태도를 보입니다. 그리고 어떤 사람들은 그저 자기 개인의 영혼의 만족만을 생각하고 현실을 도피하여 살아갑니다.

그러나 주님께서는 오히려 다른 곳에서 이 세상의 불의한 성격이 있는 재물을 가지고라도 지혜로운 청지기와 같이 살라고 하셨습니다. 그것이 누가복음 16장에 나옵니다.

¹또한 제자들에게 이르시되 어떤 부자에게 청지기가 있는데 그가 주인의 소유를 허비한다는 말이 그 주인에게 들린지라 ²주인이 저를 불러 가로되 내가 네게 대하여 들은 이 말이 어찜이뇨 네 보던 일을 셈하라 청지기 사무를 계속하지 못하리라 하니 ³청지기가 속으로 이르되 주인이 내 직분을 빼앗으니 내가 무엇을 할꼬 땅을 파자니 힘이 없고 빌어 먹자니 부끄럽구나 ⁴내가 할 일을 알았도다 이렇게 하면 직분을 빼앗긴 후에 저희가 나를 자기 집으로 영접하리라 하고 ⁵주인에게 빚진 자를 낱낱이 불러다가 먼저 온 자에게 이르되 네가 내 주인에게 얼마나 졌느뇨 ⁶말하되 기름 백 말이니이다 가로되 여기 네 증서를 가지고 빨리 앉아 오십이라 쓰라 하고 ⁷또 다른 이에게 이르되 너는 얼마나 졌느뇨 가로되 밀 백 석이니이다 이르되 여기 네 증서를 가지고 팔십이라 쓰라 하였는지라 ⁸주인이 이 옳지 않은 청지기가 일을 지혜 있게 하였으므로 칭찬하였으니 이 세대의 아들들이 자기 시대에 있어서는 빛의 아들들보다 더 지혜로움이니라 ⁹내가 너희에게 말하노니 불의의 재물로 친구를 사귀라 그리하면 없어질 때에 저희가 영원한 처소로 너희를 영접하리라 ¹⁰지극히 작은 것에 충성된 자는 큰 것에도 충성되고 지극히 작은 것에 불의한 자는 큰 것에도 불의하니라 ¹¹너희가 만일 불의한 재물에 충성치 아니하면 누가 참된 것으로 너희에게 맡기겠느냐 ¹²너희가 만일 남의 것에 충성치 아니하면 누가 너희의 것을 너희에게 주겠느냐 ¹³집 하인이 두 주인을 섬길 수 없나니 혹 이를 미워하고 저를 사랑하거나 혹 이를 중히 여기고 저를 경히 여길 것임이니라 너희가 하나님과 재물을 겸하여 섬길 수 없느니라(눅 16:1-13)

그러니까 이 내용을 보면 되려 재물 자체를 부정하지 말고 그것을 가지고 하나님께 대해 부요한 자로 살라는 것입니다. 바리새인들은 돈을 좋아하여 그것 자체로 자기의 영화를 생각하고 붙들지만 주의 자녀들은 재물에 대한 관점이 달라져서 그것을 어떻게 잘 써야 하는가를 보이시는 말씀이지요?

나가는 말

말씀을 맺습니다.
우리는 중생한 자답게 철저하게 주님을 대하는 관점이나 주님의 자녀로서 물질을 바라보는 관점이 달라져야 합니다. 그것이 없이 주님이나 물질에 대해 그것이 마치 자신의 세속적인 욕구를 채워주고 만족케 해 준다고 호리라도 집착하여 생각한다면 그 사람은 주님의 엄중한 경고의 말씀에 주의를 해야 할 것입니다. 주님께서 일반적으로라도 허락하시는 재물은 하나님 나라의 진행과 관련하여 반드시 사용되어야 합니다. 주님은 우리가 그렇게 하고자만 한다면 우리에게 지혜를 주셔서 그 일을 잘 할 수 있게 하십니다. 주님이 인간 삶의 참된 주재이신 것입니다. 주님의 본을 좇은 바울도 가난한 자로서 많은 사람을 부요케 한 자로 살았습니다(고후 6:10).
하지만 우리가 끝까지 재물에 대한 환상을 버리지 않고 막연히 주님을 따르고 한편으로 세속적인 부를 추구하여 살아간다면 이 비유의 어리석은 부자에게 하신 이 엄중한 심판의 말씀을 우리 자신이 그대로 오늘밤에 경험하게 될 수 있습니다.

기도

거룩하신 아버지 하나님, 어리석은 부자의 비유를 통해 저희들이 주님을 어떻게 생각해야 하고 재물을 어떻게 생각해야 하는가를 깨닫게 되옵나이다. 주님을 이 세상 선생 정도로만 알고 이 세상에서 어떤 상담 대상자로 삼고 또 재물에 대해 포기하지 않는 심정을 가지고 주의 백성으로 살아간다면 그 사람은 언제든지 어리석은 부자와 같이 되고 말 것임을 저희들이 말씀을 통해 분명히 보게 되옵나이다. 저희들 진정 주의 은혜로 모든 것으로부터 자유케 된 자들이온즉 삼가 그 모든 탐심을 물리치고 하나님 나라 청지기로서 주어진 책무를 잘 감당하게 하여 주시옵소서. 주께서 맡기신 것을 나의 소유인 것처럼 삼고 살아가거나 주님께서 목적을 위해 주신 것을 모르고 개인의 부귀영화를 위해서 쓴다면 그 사람은 참 주님 앞에 어리석은 자가 될 수밖에 없다는 것을 분명히 깨닫게 되옵니다. 거룩하신 아버지 하나님이시여, 저희들 불의의 성격이 있는 재물들이지만 그런 것들을 잘 써서 주의 나라의 전진에 쓰임 받게 하여 주시옵소서. 세상 것에 무슨 큰 신적 권능을 부여해서 그것이 우리를 살릴 수 있는 것처럼 나아가지 않게 하옵시며 세상의 지혜와 학식으로 우리가 우리 생명을 보존할 수 있는 것처럼 그렇게 오해하고 살아가는 일이 없게 하여 주시옵소서. 늘 주권자 되신 주님을 생각하고 주님의 구원과 주님의 구원 목적을 잘 헤아려서 주님이 주신 시공간 속에서 그 뜻을 이루기 위해서 충성 봉사하게 하여 주시옵소서. 모든 걸 주께 의탁 드리옵고 감사드리며,

우리 구주 예수 그리스도의 이름으로 기도 올리옵나이다. 아멘.

제 15 강
주인을 기다리는 충실한 종 비유

누가복음 12:35-38

들어가는 말

오늘은 주인을 기다리는 충실한 종에 대한 비유를 보도록 하겠습니다. 이 비유는 주의 백성들이 항상 주의 오심을 생각하고 기다리며 문 열 준비를 하고 깨어 경성해야 할 것을 가르치는 말씀입니다. 그러니까 이 비유도 예수께서 주의 백성들에게 현재적이고 미래적으로 그 심판을 준비하는 자세를 가르치시는 것이다 하는 것을 잘 알 수 있습니다. 현재의 주인을 기다리는 자세의 중요성과 그로 말미암아 주인으로부터 받게 되는 궁극적인 복이 어떠한 것인가를 가르치는 것입니다. 본문은 누가복음 12:35-38입니다. 제가 읽겠습니다.

35허리에 띠를 띠고 등불을 켜고 서 있으라 36너희는 마치 그 주인이 혼인 집에서 돌아와 문을 두드리면 곧 열어 주려고 기다리는 사람과 같이 되라 37주인이 와서 깨어 있는 것을 보면 그 종들은 복이 있으리로다 내가 진실로 너희에게 이르노니 주인이 띠를 띠고 그 종들을 자리에 앉히고 나아와 수종하리라 ³⁸주인이 혹 이경에나 혹 삼경에 이르러서도 종들의 이같이 하는 것을 보면 그 종들은 복이 있으리로다

복음서마다 차이가 나는 이유

주님께서 말씀하신 이 비유는 다른 복음서에서도 비슷하게 나타나는 것이 있습니다. 마가복음 13:32-27이라든가 마태복음 25:1-13 등에서도 비슷한 비유가 나옵니다. 물론 지난번에도 말씀드렸듯이 주님께서 어떤 비유의 가르침을 베푸셨을 때에는 단 한 번하고 마는 것이 아니고 수시로 상황에 따라 당신의 천상적 경륜과 그에 대한 계시에 맞게 다양하게 여러 번 하셨을 것입니다. 그에 대해 복음서 각 저자들이 자기들이 정한 어떤 주제와 그 목적을 위해 그 말씀들을 차서있게 인용하여 배열하고 있기 때문에 약간의 차이가 있는 듯이 보이는 것입니다. 이것은 성경에 무슨 오류가 있어서 동일하게 뵈는 사건이 전혀 달리 기록되어 있는 것이 결코 아닌 것입니다. 이것을 우리는 항상 주의해서 생각해야 할 것입니다.

아무튼 결과적인 측면에서 주의 오심을 기다리며 문을 열 준비를 하는 우리의 자세에 의해 오실 주님의 축복과 저주가 양편으로 갈리게 될 것은 자명한 일입니다. 물론 주께서 저주에 대한 말씀은 직접적으로 하시지 않았지만 이면적으로 나타나 있는 것은 확실합니다. 실로 충실한 종으로서 주님을 맞이할 일의 준비성과 그로 말미암는 자연스런 행동은 장래 오실 주님에 의하여 철저하고 명확하게 판단이 될 것입니다.

이 비유의 연대

　방금 말씀드렸듯이 다양한 정황에 의해 이와 비슷한 말씀들이 되어졌을 것이므로 그 시기가 앞서는 것이 있고 아니면 후반부에 있는 것이 있습니다. 오늘 본문의 비유는 추측컨대 주님의 공생애 제2년 중간 즈음일 것으로 추정됩니다. 마태복음 13장에 나오는 집중적인 하나님 나라 비유 이전에 이것이 된 것으로 보입니다. 그러나 중요한 것은 시기적인 것이 아니고 내용에 있습니다. 주님의 편에서 보자면 구약의 경륜에서 내다보았을 때 신약은 약속된 종말의 시작이 되는 것이고 우리 인간 편에서 보자면 우주적인 종말보다는 개인적인 종말이 앞서는 것입니다. 그러므로 시기적으로 앞으로 될 일에 대한 시간적인 내용보다는 본질적인 내용의 이해가 더욱 중요하다고 생각됩니다.

마가복음 13:32-37과의 차이

　그러면 오늘 본문과 문장 구조상 그 형식이 다르나 내용은 같은 마가복음 13:32-37의 내용을 잠깐 한 번 볼까요?

　　32그러나 그 날과 그 때는 아무도 모르나니 하늘에 있는 천사들도 아들도 모르고 아버지만 아시느니라 33주의하라 깨어 있으라 그 때가 언제인지 알지 못함이니라 34가령 사람이 집을 떠나 타국으로 갈 때에 그 종들에게 권한을 주어 각각 사무를 맡기며 문지기에게 깨어 있으라 명함과 같으니 35그러므로 깨어 있으라 집주인이 언제 올는지 혹 저물 때엘는지, 밤중엘는지, 닭 울 때엘는지, 새벽엘는지 너희가 알지 못함이라 36그가 홀연히 와서 너희의 자는 것을 보지

않도록 하라 ³⁷깨어 있으라 내가 너희에게 하는 이 말이 모든 사람에게 하는 말이니라 하시니라

마가복음에서는 주인이 모든 종들에게 각각 임무를 부여하고 문지기는 깨어 있으라고 하고 타국으로 떠난 것으로 나타납니다. 이스라엘의 재력이 있는 자들이 거하는 가옥 구조를 보면 도로에서 집주인이 거하는 곳은 서로 거리가 떨어져 있습니다. 대문만이 도로에 접해 있고 집 둘레는 축대와 높은 담으로 경계를 이루고 있습니다. 그래서 문 옆에 문지기의 자그마한 집을 짓고 거기서 들고나는 사람들을 통제하게 하였습니다. 그런데 이 비유의 적용은 모든 자에게(너희에게; 복수격) 이루어지고 있습니다. 그러니까 이 비유는 주님의 갑작스런 재림과 관련하여 그 시기를 아무에게도 알려 주지 아니하고 아버지 홀로만 알고 계시니까 그에 대해 주의하고 깨어 있으라는 말씀입니다. 다시 말해서 이 비유는 깨어 있는 종의 비유라는 표현이 더 합당합니다.

그러나 오늘 누가 복음 본문에서는 모든 종들이 어느 한 날 밤에 혼인잔치에서 집으로 돌아오는 주인을 맞이하기 위해 종들이 문을 열 준비를 충실히 하며 기다리는 것으로 나타납니다. 주인은 마가복음의 경우처럼 타국에 간 것이 아니고 혼인잔치에 갔습니다. 아무튼 오늘 본문에서는 그 주인이 언제 올지 모르므로 그것을 충실히 기다리다가 주인을 맞이하면 그 종이 복이 있을 것을 말씀하였습니다.

그러니까 문장구조는 다르지만 이 두 비유의 기본적인 가르침은 충실히 기다리는 것으로 깨어 있어야 하는 점에서 같다 하는 것을 우리가 인식할 수 있습니다. 어떤 사람들은 이 두 비유가 다른 것은 한 비유에 대한 다른 원문을 취하여 배열하였기 때문이 아닌가 하고 의견을 내지만 그렇지는 않고 아까도 말씀드린 것처럼 예수님이 다양한 정황 속에

서 말씀하신 것을 마가나 누가가 각기 자기의 기록 주제에 맞게 배열한 것으로 생각합니다. 이제 오늘 본문의 자세한 내용을 차례로 보도록 하지요.

앞의 내용과 어떻게 연결되는 것인가

여기서 잠깐 오늘 본문 앞의 내용과 본문의 내용이 어떻게 연결되고 있는지를 먼저 살펴보고 가겠습니다. 누가는 본문 이전까지 주님이 먹고 마시는 것 등의 세상 것을 염려하지 말고 하나님 나라를 구하여야 한다는 것을 말했습니다. 지상의 보화들은 일시적인 것이라는 것입니다. 물론 지상의 보화들이 필요 없다는 것은 아니지요? 그것들을 보는 관점이 달라야 한다는 것입니다. 그리하여 지상의 부를 잘 써서 하늘 보물을 쌓는 일을 하라는 것입니다.

그러고서 오늘 본문에서 주님의 다시 오심과 관련하여 교훈을 한 내용을 쓰고 있습니다. 어떻게 보면 이것이 무슨 연결이 되겠는가 생각할 수 있습니다. 다시 말해서 조화가 되지 않는 말씀이 연결되어 있는 듯하다는 것입니다. 그러나 자세히 보면 그렇지 않습니다. 주님이 이 땅에 하나님 나라를 가져온 것은 분명한 사실입니다. 주님은 제자들에게 그 나라를 구하라고 하셨습니다. 하지만 주님이 가지고 오신 나라는 아직 완성된 나라가 아닙니다. 완성된 하나님 나라는 주님이 십자가에 죽으시고 부활하신 뒤에 승천하시고 다시 이곳으로 오셔야 이루어집니다. 그러니까 현재적인 하나님 나라를 구해야 하는 것과 다가올 그 나라를 준비하는 것은 같은 맥락입니다. 그런 측면에서 오늘 말씀의 가르침은 자연스런 연결이 되는 것입니다.

허리에 띠를 띠고 등불을 켜고 서 있으라

주님은 허리에 띠를 띠고 등불을 켜고 서 있으라고 35절에서 명령하십니다. 유대인들의 옷은 통으로 길게 되어 있습니다. 그래서 저들이 여행을 한다든지 아니면 노동을 한다든지 할 때에 긴 옷을 허리까지 끌어올려 허리띠를 가지고 맵니다(출 12:11; 왕상 18:46; 눅 17:8; 요 13:4; 벧전 1:13). 그러니까 허리에 띠를 띠라는 것은 어떤 일을 하기 위한 준비 동작입니다.

그리고 등불을 들고 서 있으리라고 하셨습니다. 이 표현은 마태복음 25:1-13 중의 내용에서 나오는 상황과 흡사합니다. 등을 들고 신랑을 맞으러 나간 열 처녀와 같은 것입니다. 유대에서는 혼인 때 신부의 절친한 친구들 열 명이 신부 집에서 신랑이 온다는 것을 알고 미리 나아가 들러리를 섭니다. 각자가 등을 준비해 가지고 나아가서 서서 오는 신랑을 맞이할 태세를 갖추는 것입니다. 여기서 들러리들이 가진 등은 우리나라의 자그마한 청사초롱 같은 것이 아니고 장대에 기름 묻힌 솜뭉치와 같은 비교적 큰 것입니다. 그 감람유 기름 젖은 솜뭉치는 보통 한 15분이면 그 불꽃이 다 사그라진다고 합니다. 그래서 신랑을 끝까지 맞이하기 위해서는 들러리들은 미리 기름 준비를 해야 합니다. 기름을 15분마다 계속해서 공급해 주어야만 하기 때문입니다. 그런데 미련한 처녀들은 지혜로운 다섯 처녀와 같이 그런 기름을 준비하지 않고 그저 빈껍데기 같은 등만 가지고 갔습니다. 그리하여 그에 부합한 결과를 경험하였습니다. 신랑이 가령 결혼 지참금 등의 일로 인하여 늦게 오는 일이 발생하게 되자 나가서 서 있던 자리에서 그만 졸다가 다 잠이 든 것입니다. 그러다가 '신랑이로다. 맞이하러 나오라.' 하니까 지혜로운 다섯 처녀는 준비한 대로 나아가려고 하는데 여분의 기름을 준비하지 않은 미련한 처녀들의 등이 얼마 가지도 못하고 신랑이 오기 도 전에 그만 다 꺼진 것입니다. 그래서 기름을 준비한 처녀들에게 기 름을 구걸했지만 그들은 말하기를 우리들의 쓰기에도 부족하니까 상인 한테 가서 사라고 정중히 거절했습니다. 그러다가 그 미련한 처녀들이 기름을 사러 간 사이에 신랑이 왔고 기름 준비한 지혜로운 처녀들은 혼 인 잔치에 들어갔습니다. 하지만 준비 없이 있다가 다급하게 기름 사 러 갔던 미련한 처녀들이 돌아와서 문을 열어달라고 하지만 그 문은 이 미 닫힌 뒤였습니다. 결혼식 행진이 시작되면 그 집 문은 닫히게 되고 다른 이들은 이제 더 이상 못 들어가는 것이 당시 부자들의 결혼식의 통상적인 관례이었다고 합니다. 마태복음 25:1-13의 그 내용을 한 번 보겠습니다.

¹그 때에 천국은 마치 등을 들고 신랑을 맞으러 나간 열 처녀와 같 다 하리니 ²그 중에 다섯은 미련하고 다섯은 슬기 있는지라 ³미련 한 자들은 등을 가지되 기름을 가지지 아니하고 ⁴슬기 있는 자들은 그릇에 기름을 담아 등과 함께 가져갔더니 ⁵신랑이 더디 오므로 다 졸며 잘새 ⁶밤중에 소리가 나되 보라 신랑이로다 맞으러 나오라 하 매 ⁷이에 그 처녀들이 다 일어나 등을 준비할새 ⁸미련한 자들이 슬 기 있는 자들에게 이르되 우리 등불이 꺼져가니 너희 기름을 좀 나 눠 달라 하거늘 ⁹슬기 있는 자들이 대답하여 가로되 우리와 너희의 쓰기에 다 부족할까 하노니 차라리 파는 자들에게 가서 너희 쓸 것 을 사라 하니 ¹⁰저희가 사러 간 동안에 신랑이 오므로 예비하였던 자들은 함께 혼인 잔치에 들어가고 문은 닫힌지라 ¹¹그 후에 남은 처녀들이 와서 가로되 주여 주여 우리에게 열어 주소서 ¹²대답하여 가로되 진실로 너희에게 이르노니 내가 너희를 알지 못하노라 하

였느니라 13그런즉 깨어 있으라 너희는 그 날과 그 시를 알지 못하느니라

그러니까 등불을 들고 서 있으라는 표현은 어떤 예상된 일을 할 준비를 충분히 하고 있으라는 표현입니다. 단순히 아무 생각이 없이 형식만 갖추고 서 있으라는 것이 아닙니다. 자기가 맡은 일을 하기 위하여 그 일반적으로라도 준비하여야 할 일들을 하라는 것입니다. 그러면 허리에 띠를 띠는 것이나 등불을 들고 서 있는 것이나 어떤 일을 준비하는 일들을 미리 갖추어야 할 것을 말씀하시는 것이지요?

주인을 기다리는 충실한 종 비유

그렇다면 그 준비해야 할 것은 무엇입니까? 그것을 가르치시기 위해 예수께서는 구체적인 예를 들어 준비 명령을 하시는 것입니다. 그것이 주인을 기다리는 충실한 종의 비유입니다. 주인이 혼인 잔치에 갔기 때문에 종들이 그 주인을 기다리다 그 주인이 와서 문을 두드리면 열어주려고 기다리는 사람이 되라고 하셨습니다. 주인은 그 종들이 그렇게 한 것을 보면 주인은 대단히 기뻐할 것이라 하였습니다. 미리 몇 시에 간다고 종들에게 기별하지도 않았는데 종들이 깨어서 기다리다가 문을 열어주면 선한 주인 같으면 그렇게 미안하기도 하고 기쁘기도 한 일이 없는 것입니다.

그래서 그 주인은 너무도 기쁜 나머지 종들을 식탁에 앉히고 그들의 식사를 위하여 수종을 들 것이라고 하였습니다. 참으로 다시 온 주인의 이러한 태도는 아주 기이한 것입니다. 이것은 마치 주님이 제자들의 발을 씻기시는 모습과 너무도 비슷한 상황입니다. 이미 종들은

주인의 휘하에서 은혜를 누리고 있는 존재들이지만 순차적으로 따라오는 과정에서라도 선한 태도를 보인다면 거기에 더하여 특별한 선물로서의 축복을 내리시는 것입니다.

주님은 거듭 주인의 그 복을 누리는 자들의 상태에 대해 말씀합니다. 주인은 종들이 이경일는지 삼경일는지 모르는 불확실한 시각에 이르러도 종들이 그렇게 충실하게 하는 것을 보면 종들에게 복이 있을 것이라고 하였습니다. 로마식으로 하자면 저들은 시간을 네 등분하는데 히브리식으로 하면 셋으로 나눕니다(삿 7:19). 히브리식으로 보자면 이 시간들이 새벽이 가까운 시간이라는 것을 알 수 있습니다. 그러면 이 시간에도 종들이 기다리고 있다면 더 칭찬을 받을 것입니다.

충실히 기다리는 것

오늘 본문에는 다시 돌아오실 주인을 충실히 기다리는 종의 모습이 전면으로 나와 있지만 다른 성경을 보면 주인의 다시 오심을 충실히 기다림에는 그에 합당한 종들의 준비 내용이 있습니다. 주님이 다시 오실 때 미리 주안에서 죽은 자들은 홀연히 변화하여 주님과 함께 하지만 당대에 주를 믿는 자들에게는 마땅히 주의 백성으로서 준비하고 있어야 할 것이 있는 것입니다. 그것이 무엇입니까? 마태복음 7장을 봅니다. 21-23절까지입니다.

> [21]나더러 주여 주여 하는 자마다 천국에 다 들어갈 것이 아니요 다만 하늘에 계신 내 아버지의 뜻대로 행하는 자라야 들어가리라 [22] 그 날에 많은 사람이 나더러 이르되 주여 주여 우리가 주의 이름으로 선지자 노릇 하며 주의 이름으로 귀신을 쫓아내며 주의 이름으

로 많은 권능을 행치 아니하였나이까 하리니 ²³그 때에 내가 저희에게 밝히 말하되 내가 너희를 도무지 알지 못하니 불법을 행하는 자들아 내게서 떠나가라 하리라

여기를 보면 주 앞에 서는 자들이 다 자기의 고백을 한다는 것을 볼 수 있습니다. 자기 일을 주님 앞에 직고하는 것입니다(롬 13:12). 자기가 이 땅위에서 심은 대로 핑계할 수 없이 주님 앞에서 그 공력이 나타나게 되는 것입니다(고전 3:13~15). 그러면 어떤 자들이 주님의 상을 바라며 충실히 기다린 자가 될까요? 여기 보면 내 아버지의 뜻대로 행하는 자가 주인의 오심을 충실히 예비하고 기다리는 것이 됩니다. 물론 행위를 근거로 하는 말은 아니고 내 아버지의 뜻이 우선입니다. 아버지의 뜻 안에서 행하는 자가 주님의 다시 오심을 충실히 기다리는 자가 됩니다. 아버지의 뜻이 무엇이겠습니까? 그것은 그리스도 안에서 확연하게 계시된 것입니다. 그 나라의 회복과 관련된 그리스도의 구속의 경륜을 알고 그 분께 연합되어 성신님의 능력으로 현재적으로 하나님의 형상을 회복해 가면서 그 거룩한 사회를 이루는 것입니다. 교회적으로 뿐만이 아니라 일반 사회 속에서도 그런 속성이 나타나 자연스럽게 그 나라를 확장하며 살아가면서 그 궁극적인 완성이 이루어지는 주님의 다시 오심을 기다리는 것이 충실한 종의 자세인 것입니다. 주님께로부터 받은 은사를 잘 써가며 그런 기다림의 일을 하는 것입니다.

그릇된 세 가지 기다림

오늘날 많은 교회들이 주님의 다시 오심을 충실히 기다리노라고 나름대로 자부를 하고 열심을 내고 있지만 과연 아버지의 뜻대로 행하며

기다리고 있는지는 의문입니다. 그저 자기 환상에 빠져서 현실적인 문제를 떠나 신비적으로 주님을 기다리는 자들도 있고 아니면 하나님과는 상관이 없이 사회적인 개선만을 추구하며 이념을 좇는 것과 같이 쫓아가는 자들도 있으며 아무런 행함이 없이 이론만을 가지고 껍데기의 신앙만을 자랑하는 자들이 있는 것입니다. 아니면 그저 세속적인 축복만을 생각하며 주님의 다시 오심과 관련하여 자기가 하여야 할 일에는 안중에도 없이 자기의 현실적인 부와 명예에만 눈이 어두워 있는 자들도 있는 것입니다. 대부분이 진정한 장성을 이루지 못하고 이상의 세 가지 부류에 속하여 부허한 종교생활을 하고 마는 것입니다.

교훈

우리가 주님의 다시 오심을 충실히 기다리며 그 나라를 바로 형성하여 나아가려면 주님을 적극적으로 신뢰하여 그 분의 종으로서의 사명을 잘 감당하여야 할 것입니다. 그리고 그 분의 자녀로서 아버지의 약속과 능력에 따라 그 품격과 품위를 유지하여야 할 것입니다. 또한 영적 전투를 하는 군사로서 더욱 연단을 받아 힘을 기르고 나아가야 할 것입니다. 또한 교회아로서 갖추어야 할 요소를 잘 갖추어야 할 것입니다. 아울러 그 나라의 백성으로서의 책무를 다하여야 할 것입니다. 그리고 그분의 교육을 따르는 훌륭한 제자로서의 자세를 잃지 않아야 합니다. 이상의 일들을 고려하여 인내하면서 정작 준비하여야 할 것을 자기가 잘 감당하고 나아갈 때 주인으로부터 상이 거두어지는 일이 없이 그 문 앞에서 배척되는 일이 없이 잘 결실을 맺을 것입니다. 인내심이 없다면 세상에 취해 졸며 잘 수밖에 없고 현실에 매여서 자기가 준비할 일을 게으르게 미룰 수밖에 없습니다.

나가는 말

말씀을 맺습니다.

오늘은 다시 오실 주인을 충실히 기다리는 종의 비유를 보았습니다. 언제 주인이 다시 오실는지 알 수 없으므로 늘 마음으로 그리고 육신적으로도 경각심을 가지고 깨어서 닥치는 환경 가운데 인내하며 주님을 반갑게 맞이할 준비를 하여야 할 것입니다. 자기의 위치와 본분도 모르고 무지무각하게 있으면서 막연히 세월을 보낸다면 그저 쉽게 졸 수밖에 없습니다. 교회아면 교회아로서 그리고 하나님의 자녀면 자녀답게 그리고 주님의 종이라면 충성을 다하는 모습으로 살아야 할 것입니다. 존재와 속성이 다 바르게 되어야 하고 그것이 정상한 장성을 이루는 삶을 행하며 살아야만 합니다. 말씀과 성신님의 능력으로 거룩성과 보편성과 통일성을 이루며 가시적 교회원으로서의 일들도 인내로써 잘 감당하여야 할 것입니다. 그렇게 될 때 주님의 오심에서 큰 칭찬을 받게 될 것입니다.

기도

거룩하신 아버지 하나님, 주의 종으로서 허리에 띠를 띠고 늘 주님의 오심을 기다리며 등불을 켜고 있는 것이 주의 자녀 됨의, 또 주님을 신랑으로 둔 신부로서 마땅한 바인 줄 아옵나이다. 저희들이 주님이 더디 온다 생각하고 악한 친구들과 놀고먹고 마시게 되면 저희들은 졸며 자는 형상을 가진 존재가 되고 말 것이옵나이다. 거룩하신 아버지 하나님이시여, 저희들을 새롭게 만드셔서 이제 하나님의 형상으로 새로 지음 받은 자로서 살아가게 지혜와 능력을 다 주셨사온즉 주님이 베풀어주신 그 사랑을 기억해서 이 땅에서부터 하늘나라를 잘 증시하게 하옵시고 주님이 그 나라를 가지고 오실 때 충성된 종으로 나타나게 하시옵소서. 저희들 늘 주님 앞에서 바로 깨어있는 것이 무엇인지 무엇을 준비하고 있어야 할는지 잘 기억해서 주의 자녀로, 주의 종으로, 주의 양으로 또 주의 신부로서, 주의 군사로서, 주님의 몸인 교회의 한 분자로서 책무를 잘 감당하게 하여 주시옵소서. 모든 걸 주께 의탁 드리옵고 감사드리며,

　우리 구주 예수 그리스도의 이름으로 기도 올리옵나이다. 아멘.

제 16 강

도적 비유

누가복음 12:39-40

들어가는 말

오늘은 도적 비유를 보도록 하겠습니다. 이 비유는 간결성 때문에 비유라기보다는 비유적인 말씀이라고 해야 할 것 같습니다. 그리고 이 비유는 깨어 있는 삶에 대한 연속되는 세 가지 비유 중 하나입니다. 언제 주님이 오실는지 알 수 없으므로 깨어 있는 집주인과 같이 그에 대한 대비를 하고 있어야 할 것을 가르치시는 말씀입니다. 앞의 비유에서는 주로 주인의 더디 오심을 강조하여 그것을 기다리는 충실한 종의 복됨에 대해 말씀했는데 여기 이 비유에서는 불시에 주님이 오실 것을 예비해야 할 것에 대한 비교적 경고성의 말씀을 하시는 것입니다. 그리고 제자들에게 적용의 말씀으로 마무리를 하십니다. 주님께서 말씀하신 이 비유는 마태복음 24:42-44에도 나타납니다. 본문은 누가복음 12:39-40입니다.

39너희도 아는 바니 집주인이 만일 도적이 어느 때에 이를 줄 알았

더면 그 집을 뚫지 못하게 하였으리라 40이러므로 너희도 예비하
고 있으라 생각지 않은 때에 인자가 오리라 하시니라(눅 12:39-40)
42그러므로 깨어 있으라 어느 날에 너희 주가 임할는지 43너희가
알지 못함이니라 너희도 아는 바니 만일 집주인이 도적이 어느 경
점에 올 줄을 알았더면 깨어 있어 그 집을 뚫지 못하게 하였으리라
44이러므로 너희도 예비하고 있으라 생각지 않은 때에 인자가 오리
라(마 24:42-44)

이 비유의 연대

이 도적 비유의 말씀은 본문 앞의 비유들보다 연대적으로 늦은 것으로 봅니다. 십자가에 달리시기 전 6개월 동안에 가르치신 말씀 중의 하나로 생각합니다. 그런데 누가의 기록은 마태의 기록보다는 더 늦은 때에 된 것으로 여깁니다. '너희도 (이것을) 아는 바니' 했을 때 ('이것을')이라는 표현 용어를 보면 투토(τοῦτο)라는 누가의 표현이 에케이노(ἐκεῖνο)라는 마태의 표현보다 늦은 때에 된 것을 생각하기 때문입니다. 어쨌든 지난번에도 말씀드린 대로 주님의 교훈은 한 번만 딱 하시고 마는 것이 아니고 시시로 필요한 정황에서 가르치셨을 것이고 그래서 인용 시에 약간의 차이가 다 나타나는 것입니다.

너희도 아는 바니

주님은 이 비유를 시작하면서 '너희도 아는 바니' 하여서 제자들이건 무리들이건 간에 누구든지 잘 알 수 있고 반드시 알아야 하는 비유의 말씀을 하셨습니다. 이에 대한 직역은 '그리고 너희는 이것을 알아

야 한다'인 것입니다. 아무도 모르는 비밀스런 이야기를 그저 혼자 독백처럼 하신 것이 아니라 누구라도 조금만 생각하면 잘 알 수 있고 알아야 하는 말씀을 비유로 하려고 하시는 것입니다.

　다시 말씀드리지만 주님은 이스라엘 백성이나 이방인 중 누구든지 또 오고 오는 사람들을 염두에 두시고 그들의 생활상에서 그들이 경험한 종교적인 부분에서 얼마든지 추론하여 알 수 있고 알아야 하는 것을 예를 들어서 들을 귀 있는 자들은 더욱 잘 듣고 나아올 수 있도록 하고 들을 귀를 안 가진 사람들은 핑계할 수 없는 그런 말씀으로 증거하시는 것입니다.

주님의 가르침은 주님의 관점에서 조금만 주의하면 쉽게 알 수 있는 가르침이다

　복음의 비밀이라는 핑계를 들어서 알지도 못하고 알 수도 없고 시급하지도 않은 그런 이야기를 한 것이 아니고 그들이 조금만 주의하고 생각하면 알 수 있고 주의 제자로서 반드시 알아야 하는 그런 내용을 가르치시는 것입니다. 구약의 가르침이나 예수님이 그간에 가르치신 내용, 그리고 그들의 생활상에서 경험한 것을 유의해서 주의 도우심을 바라며 구하면 얼마든지 알 수 있고 알아야만 하는 그런 말씀을 하시는 것입니다. 사실 주님의 가르침이 잘못된 것이 있을 수 없으므로 받는 자들의 편에서 주님이 세워놓으신 조건에 의거하여 자신의 것들을 내려놓고 주님의 가르침을 숙고한다면 얼마든지 알 수 있는 그런 말씀을 하시는 것입니다. 바울은 주님의 말씀의 쉬운 면을 로마서 10장에서 가르쳤습니다. 5-8절입니다.

⁵모세가 기록하되 율법으로 말미암는 의를 행하는 사람은 그 의로 살리라 하였거니와 ⁶믿음으로 말미암는 의는 이같이 말하되 네 마음에 누가 하늘에 올라가겠느냐 하지 말라 하니 올라가겠느냐 함은 그리스도를 모셔 내리려는 것이요 ⁷혹 누가 음부에 내려가겠느냐 하지 말라 하니 내려가겠느냐 함은 그리스도를 죽은 자 가운데서 모셔 올리려는 것이라 ⁸그러면 무엇을 말하느뇨 말씀이 네게 가까와 네 입에 있으며 네 마음에 있다 하였으니 곧 우리가 전파하는 믿음의 말씀이라

이 말씀은 신명기에 나온 말씀을 풀어서 그 언약의 성취적인 측면에서 이 말씀을 한 것입니다. 신명기 30:11-14을 볼까요?

¹¹내가 오늘날 네게 명한 이 명령은 네게 어려운 것도 아니요 먼 것도 아니라 ¹²하늘에 있는 것이 아니니 네가 이르기를 누가 우리를 위하여 하늘에 올라가서 그 명령을 우리에게로 가지고 와서 우리에게 들려 행하게 할꼬 할 것이 아니요 ¹³이것이 바다 밖에 있는 것이 아니니 네가 이르기를 누가 우리를 위하여 바다를 건너가서 그 명령을 우리에게로 가지고 와서 우리에게 들려 행하게 할꼬 할 것도 아니라 ¹⁴오직 그 말씀이 네게 심히 가까와서 네 입에 있으며 네 마음에 있은즉 네가 이를 행할 수 있느니라

다시 말해서 주님의 가르침이나 사도들의 가르침이나 그것의 자증적 진리됨을 알고 자기의 것, 즉 인간적이고 육신적인 것을 내려놓고 들으면 얼마든지 쉽게 알 수 있고 따를 수 있는 그런 말씀입니다.

자기의 것을 내려놓지 않으면 도무지 알 수 없는 말씀이다

하지만 자기의 것을 그냥 두고 주님의 말씀을 듣는다면 여전히 어려운 말씀이 될 것이고 도대체 따를 수 없는 그런 말씀이 되고 별로 시급성도 느끼지 못하는 말씀이 될 것입니다. 주께서 생명의 떡에 대한 말씀을 하셨을 때 사람들이 그 말을 이해하지 못하였지요? 요한복음 6:53-63입니다.

> 53예수께서 이르시되 내가 진실로 진실로 너희에게 이르노니 인자의 살을 먹지 아니하고 인자의 피를 마시지 아니하면 너희 속에 생명이 없느니라 54내 살을 먹고 내 피를 마시는 자는 영생을 가졌고 마지막 날에 내가 그를 다시 살리리니 55내 살은 참된 양식이요 내 피는 참된 음료로다 56내 살을 먹고 내 피를 마시는 자는 내 안에 거하고 나도 그 안에 거하나니 57살아 계신 아버지께서 나를 보내시매 내가 아버지로 인하여 사는 것같이 나를 먹는 그 사람도 나를 인하여 살리라 58이것은 하늘로서 내려온 떡이니 조상들이 먹고도 죽은 그것과 같이 아니하여 이 떡을 먹는 자는 영원히 살리라 59이 말씀은 예수께서 가버나움 회당에서 가르치실 때에 하셨느니라 60제자 중 여럿이 듣고 말하되 이 말씀은 어렵도다 누가 들을 수 있느냐 한 대 61예수께서 스스로 제자들이 이 말씀에 대하여 수군거리는 줄 아시고 가라사대 이 말이 너희에게 걸림이 되느냐 62그러면 너희가 인자의 이전 있던 곳으로 올라가는 것을 볼 것 같으면 어찌 하려느냐 63살리는 것은 영이니 육은 무익하니라 내가 너희에게 이른 말이 영이요 생명이라

유대인들은 정치적인 메시야를 꿈꾸며 바랐고 그런 유전을 따르는 자들으므로 예수의 죄인들을 가까이 하는 성향과 자기들을 멀리하는 품행으로 보아 그의 진정한 메시야됨을 알지 못하였고 그의 가르침과 사역도 인정할 수가 없었던 것입니다. 그래서 예수께서 가르치시는 말씀이 그렇게 어렵지 않은 말씀이었지만 자기들이 가진 선입견으로 그것을 받아들일 수가 없어서 그렇게 어렵게 들린 것입니다.

얘기가 주제에서 약간 벗어난 듯하지만 우리는 주님께서 비유로 강조하여 우리가 아는 것을 자극하여 알게 하실 때에 우리의 것을 내려놓고 주님의 자증적인 진리로서 선포적이고 교육적이고 권고적인 가르침을 듣고 그 뜻을 알아야 할 것입니다.

도적 비유

주님은 그 말씀을 하시고서 이제 도적 비유를 하십니다. 아까도 말씀드렸지만 앞의 비유에서 종의 신실성을 강조하였는데 이 도적 비유에서는 언제 오실지 모르는 주님의 오심에 대해 주를 맞이할 성도의 준비성을 강조하고 있습니다. 주님은 말씀하시기를 집주인이 만일 도적이 언제 침입할지 알았다면 그 집을 뚫지 못하였을 것이라고 하셨습니다. 유대인들의 집은 흙벽돌로 되어 있기 때문에 도적들이 종종 그 벽을 뚫고 집안으로 들어오는 것입니다. 일반적으로 집안의 귀중품들을 털기 위해서 그렇게 은밀하게 침입하는 것이지요? 만약 집주인이 그 도적의 오는 때를 알면 그 일을 당하지 않는 것입니다. 주님은 저들이 생활상 쉽게 알 수 있는 내용으로 비유의 말씀을 하셨습니다.

도적이 침입하는 경우

보통 도적은 예기치 않은 때에 침입하는 것입니다. 그리고 집주인이 주의를 태만히 할 때나 아니면 깊은 잠에 빠졌을 때 아니면 외출하고 아무도 없을 때에 집안으로 몰래 기어 들어오는 것입니다. 요즈음 도적은 대낮에도 아주 대담하게 집주인이 있어도 흉기를 들고서 들어오는데 그만큼 사람이 더 악해져서 그러하겠지요?

구약에 보면 먹을 것이 없어서 도적질을 할 때 그를 멸시치 말아야 한다는 기록이 혹 있지만(잠 6:30) – 이런 경우에도 걸리면 칠 배나 보상하여야 함 – 모든 도적질은 악한 것으로 규정되어 있습니다. 그리고 도적은 반드시 사람을 해하고 물건을 사취하려고 하기 때문에 이스라엘 나라 가운데 반드시 없어져야 할 죄악으로 나와 있습니다.

너희도 예비하고 있으라

아무튼 주님은 집주인이 이 도적의 사악한 죄악을 알고 깨어서 언제든지 이런 도적이 침투하지 못하게 예비하고 예방하고 있는 것처럼 너희도 예비하고 있으라고 하셨습니다. 그 이유는 생각지 않은 때에 인자가 오리라고 한 것입니다.

그러면 예비한다는 것이 무엇입니까? 예비한다는 것에 대해 단도직입적으로 말하면 주님께서 가르치신 바대로 깨어 있는 삶을 사는 것입니다. 본연의 사명과 역사적인 사명 안에서 자기의 할 일을 행하여 나아가는 것입니다. 그냥 요때다 하고 세상에 취하여 졸며 자는 것이 아니라 주께서 명하신 말씀대로 그 모든 일들에 대해 차서있게 누려가며 주님의 오심으로 말미암는 그 궁극적인 완성의 때를 기다리는 것입니다. 하나님 나라 백성으로서 그리고 교회의 한 분자로서 주의 종으로서 그리고 주의 제자로서 또한 주님의 양으로서 그리고 주님의 군사로서 다른 지체들과 유기적으로 연합하여 그 존재와 속성의 실질을 구유하고 나아가는 것입니다.

주님의 다시 오심을 예비하지 않는 경우

그에 반하여 그저 형식이 실체를 거저 가져다주는 것처럼 생각하여 기계적이고 즉물적인 태도를 취하는 것은 주님의 다시 오심을 결코 예비하는 것이 아닙니다. 말씀의 결과적인 측면을 받아 누리는 의지에 대해 그냥 기계적으로 생각하고 별 생각이 없이 기독교라는 전통적 형식만을 취하고 두 길 보기나 하고 나아간다면 거기에 주님이 다시 오실 때에 보장 받을 수 있는 내용이 하나도 없는 것입니다. 세상의 저급한 종교들이 추구하는 바와 별 다를 것이 없이 나아가 그들의 부요를 꿈꾸고서 기독교라는 형식을 취하고만 있다면 바로 그런 것입니다.

이런 사람들의 특징은 첫째, 하나님과의 신령한 교통에 무디게 삽니다. 날마다 아버지의 말씀 듣기를 게을리 하고 아버지 앞에 모이기를 힘쓰지 않으며(히 10:25 참조) 아버지 앞에 자신의 죄를 회개치 않는 모습이 있습니다(사 41:4). 그리고 그 주님의 다시 오심에 대해서도 관심이 없습니다(눅 21:36 참조). 그리고 둘째로 자기의 현실적 행복과 관련된 물질과 명예에 대해 탐심이 많으므로(눅 12:16-21) 결코 이웃의 유익을 위해 삶을 살지 않습니다. 생명을 나누어야 할 이웃과의 거룩한 교통도 꺼리고 그들을 위해 중보 기도도 하지 않습니다. 이웃의 아픔에 대해 눈을 감고 살아갑니다. 셋째로 세상에 대한 사명도 감당하지 않습니다. 복음 전파의 시급성과 간절성도 없습니다(눅 12:8,9). 그리스도의 의와 거룩을 전파하지 않고 그저 세상으로부터 얻는 유익에만 관심이 있습니다. 그러다가 세속 것에 물들어 점점 타락의 길로 나아갑니다(벧전 4:3).

이들이 이렇게 살아가는 것은 하나님의 징벌이 속히 임하지 않는다는 생각 속에서 이런 것입니다. 다시 말해서 임박한 하나님의 심판을 무시하는 것입니다. 그래서 사람들이 자기의 일에만 취하여 있는 것입니다. 노아의 때나 롯의 때와 같이 말입니다. 마태복음 병행 구절 앞부분에서 이 도적 비유의 예를 들어 말씀을 하셨습니다. 마태복음 24:36-44입니다.

> 36그러나 그 날과 그 때는 아무도 모르나니 하늘의 천사들도, 아들도 모르고 오직 아버지만 아시느니라 37노아의 때와 같이 인자의 임함도 그러하리라 38홍수 전에 노아가 방주에 들어가던 날까지 사람들이 먹고 마시고 장가들고 시집가고 있으면서 39홍수가 나서 저희를 다 멸하기까지 깨닫지 못하였으니 인자의 임함도 이와 같으리라 40그 때에 두 사람이 밭에 있으매 하나는 데려감을 당하고 하나는 버려둠을 당할 것이요 41두 여자가 매를 갈고 있으매 하나는 데려감을 당하고 하나는 버려둠을 당할 것이니라 42그러므로 깨어 있으라 어느 날에 너희 주가 임할는지 43너희가 알지 못함이니라 너희도 아는 바니 만일 집주인이 도적이 어느 경점에 올 줄을 알았더면 깨어 있어 그 집을 뚫지 못하게 하였으리라 44이러므로 너희도 예비하고 있으라 생각지 않은 때에 인자가 오리라

예비하지 않은 자들에 대한 주님의 명백한 심판

주님의 오심에 대해 심각하게 생각지 않고 예비할 것을 예비하지

않고서 방만하게 산다면 반드시 그에 대한 심판적 보응을 피할 수 없습니다. 마태복음 24:48-51입니다.

> **48**만일 그 악한 종이 마음에 생각하기를 주인이 더디 오리라 하여 **49**동무들을 때리며 술친구들로 더불어 먹고 마시게 되면 **50**생각지 않은 날 알지 못하는 시간에 그 종의 주인이 이르러 **51**엄히 때리고 외식하는 자의 받는 율에 처하리니 거기서 슬피 울며 이를 갊이 있으리라

베드로도 이에 대하여 분명하게 경고를 하였습니다. 주께서 회개의 기회를 주실 때에 민감하게 반응하여 결과를 내지 않으면 주의 날이 도적같이 올 것이라는 말입니다. 베드로후서 3:9-10입니다.

> **9**주의 약속은 어떤 이의 더디다고 생각하는 것같이 더딘 것이 아니라 오직 너희를 대하여 오래 참으사 아무도 멸망치 않고 다 회개하기에 이르기를 원하시느니라 **10**그러나 주의 날이 도적같이 오리니 그 날에는 하늘이 큰 소리로 떠나가고 체질이 뜨거운 불에 풀어지고 땅과 그 중에 있는 모든 일이 드러나리로다

바울은 이에 대해 어떻게 경고하였습니까? 맥없이 살아가다간 그에 대한 보응을 피할 수 없다고 하였지요? 데살로니가전서 5:1-3입니다.

> **1**형제들아 때와 시기에 관하여는 너희에게 쓸 것이 없음은 **2**주의 날이 밤에 도적같이 이를 줄을 너희 자신이 자세히 앎이라 **3**저희가 평안하다, 안전하다 할 그 때에 잉태된 여자에게 해산 고통이 이름과

같이 멸망이 홀연히 저희에게 이르리니 결단코 피하지 못하리라

사도 요한도 이 도적같이 오시는 주님에 대해 깨우치면서 그에 대해 예비치 않으면 그 일에 합당한 보응을 받을 것이고 그것을 예비하고 있는 자는 복 있을 것이라고 하였습니다. 계시록 3:3, 16:15입니다.

> 3그러므로 네가 어떻게 받았으며 어떻게 들었는지 생각하고 지키어 회개하라 만일 일깨지 아니하면 내가 도적같이 이르리니 어느 시에 네게 임할는지 네가 알지 못하리라(계 3:3)
> 15보라 내가 도적같이 오리니 누구든지 깨어 자기 옷을 지켜 벌거 벗고 다니지 아니하며 자기의 부끄러움을 보이지 아니하는 자가 복이 있도다(계 16:15)

나가는 말; 주님의 다시 오심을 진정으로 예비하고 살아가는 자에게는 도적같이 오지 않음

말씀을 맺습니다.

주님의 다시 오심을 믿고 정상하게 주의 인도를 받아가며 교회아로서의 자기의 할 일을 하는 자에게는 결코 주님이 도적같이 오시지 않습니다. 그러나 주님이 더디 오리라 하여 당장에 주어진 말씀에 대해 한가한 생각을 하고 산다면 거기에 곧 주님의 보응의 뒤따를 것입니다. 우리의 깨어 있는 삶이라는 것이 당장에 무슨 큰 결과를 가져다주는 것은 아니고 세상적으로 무슨 큰 업적을 가져다주는 것은 아닐지라도 우리는 꾸준히 주님의 다시 오심을 믿고 그 일과 관련하여 예비하여야 할 일을 힘써서 행해 나아가야 할 것입니다. 데살로니가전서 5:4-28을

함께 읽고 오늘 말씀을 마치겠습니다.

4형제들아 너희는 어두움에 있지 아니하매 그 날이 도적같이 너희에게 임하지 못하리니 5너희는 다 빛의 아들이요 낮의 아들이라 우리가 밤이나 어두움에 속하지 아니하나니 6그러므로 우리는 다른 이들과 같이 자지 말고 오직 깨어 근신할지라 7자는 자들은 밤에 자고 취하는 자들은 밤에 취하되 8우리는 낮에 속하였으니 근신하여 믿음과 사랑의 흉배를 붙이고 구원의 소망의 투구를 쓰자 9하나님이 우리를 세우심은 노하심에 이르게 하심이 아니요 오직 우리 주 예수 그리스도로 말미암아 구원을 얻게 하신 것이라 10예수께서 우리를 위하여 죽으사 우리로 하여금 깨든지 자든지 자기와 함께 살게 하려 하셨느니라 11그러므로 피차 권면하고 피차 덕을 세우기를 너희가 하는 것같이 하라 12형제들아 우리가 너희에게 구하노니 너희 가운데서 수고하고 주 안에서 너희를 다스리며 권하는 자들을 너희가 알고 13저의 역사로 말미암아 사랑 안에서 가장 귀히 여기며 너희끼리 화목하라 14또 형제들아 너희를 권면하노니 규모 없는 자들을 권계하며 마음이 약한 자들을 안위하고 힘이 없는 자들을 붙들어 주며 모든 사람을 대하여 오래 참으라 15삼가 누가 누구에게든지 악으로 악을 갚지 말게 하고 오직 피차 대하든지 모든 사람을 대하든지 항상 선을 좇으라 16항상 기뻐하라 17쉬지 말고 기도하라 18범사에 감사하라 이는 그리스도 예수 안에서 너희를 향하신 하나님의 뜻이니라 19성신을 소멸치 말며 20예언을 멸시치 말고 21범사에 헤아려 좋은 것을 취하고 22악은 모든 모양이라도 버리라 23평강의 하나님이 친히 너희로 온전히 거룩하게 하시고 또 너희 온 영과 혼과 몸이 우리 주 예수 그리스도 강림하실 때에 흠없게 보전되기를 원하노라 ²⁴너희를 부르시는 이는 미쁘시니 그가 또한 이루시리라 ²⁵형제들아 우리를 위하여 기도하라 ²⁶거룩하게 입맞춤으로 모든 형제에게 문안하라 ²⁷내가 주를 힘입어 너희를 명하노니 모든 형제에게 이 편지를 읽어 들리라 ²⁸우리 주 예수 그리스도의 은혜가 너희에게 있을지어다

기도

그리스도 안에서 그 구원에 대한 믿음의 도가 완성되었다 할지라도 우리 앞에는 또 주님의 다시 오심이 열려 있고 또한 우리가 언제든지 주님 앞에 불려갈 수 있다는 것을 분명히 기억하옵나이다. 이런 현실 속에서 살아가는 저희들에게 저희들이 깨어서 경성하는 자로 살아갈 수 있도록 도적 비유를 통해 깨우쳐 주시니 감사를 드립니다. 저희가 도적이 언제 올 줄 알면 이제 깨어서 그 길을 막을 것입니다. 주님은 우리에게 도적같이 오시지 아니하신다고 말씀하셨는데 이는 우리가 주의 자녀로 본연의 사명을 감당하고 역사적인 사명을 감당함으로 그 일이 이루어지게 되는 줄 아옵나이다. 그 일을 하지 아니하고 그저 주님이 우리에게 도적같이 오지 아니하리라 생각하고 악한 친구들과 취하고 놀게 되면 저희들은 갑작스럽게 임하게 되는 그 종말에 대해 충성되이 예비하고 있는 자로 나타나지 못할 것이옵나이다. 거룩하신 아버지 하나님이시여, 저희들의 그 상태를 잘 아시고 또 이 긴박하고 시급한 도리들을 깨우쳐 주시오니 감사를 드립니다. 깨어서 믿음으로 살아가는 것이 어떤 것인지 주님이 알려주셨사온즉 저희들 늘 신령한 삶을 살기에 주력하게 하여 주옵소서. 저희들이 쉼이 있거나 또 일을 할 때

에나 잠을 잘 때에나 그 어떤 경우에 있다 할지라도 늘 다시 오시는 주님을 소망하고 대망하며 살아가게 하여 주시옵고 다시 오실 주님이 우리에게 요구하시는 바를 잘 알고 하나씩 실천하고 살아가게 하여 주시옵소서. 방만하게 인생을 경영하고 영원히 이 땅에 있을 것처럼 살아가다가 급작스런 종말에 대해 감당치 못하고 엄위로운 판단을 받게 된다면 저희들은 비참할 것이옵나이다. 거룩하신 아버지 하나님이시여, 주님이 우리에게 복 주시기를 원하여서 '너희도 아는 바니'로 시작하며 도적비유를 가르쳐 주셨사온즉 땅의 쉬운 비유의 말씀으로 하늘의 풍부한 모양을 알게 하셨사온즉 저희들 그 은혜 안에서 늘 붙잡혀 살아서 하나님께 영광이 되게 하옵시고 이웃에게 유익이 되게 하옵시며 피조물들에게도 기쁨을 주는 그런 존재들이 다 되게 하여 주시옵소서. 모든 걸 주께 의탁 드리옵고 감사드리며,

우리 구주 예수 그리스도의 이름으로 기도 올리옵나이다. 아멘.

제 17 강

지혜 있고 진실한 청지기 비유

누가복음 12:41-48

들어가는 말

오늘은 도적 비유 다음에 나오는 지혜 있고 진실한 청지기 비유를 보도록 하겠습니다. 예수님의 비유 17강째입니다.

구약 성경에 보면 청지기는 한 집을 관리하는 사람을 가리킵니다(창 43:19, 44:4; 사 22:15 등). 신약 성경에서는 청지기에 대해 두 가지 단어로 쓰고 있습니다. 하나는 에피트로포스(ἐπίτροπος; 마 20:8; 갈 4:2)로 후견인이나 보호자를 의미하고 또 하나는 오이코노모스(οἰκονόμος; 눅 16:2-3; 고전 4:1-2; 딛 1:7; 벧전 4:10 등)인데 지배인 감독을 말합니다(새성경 사전 중에서). 오늘 본문의 청지기는 후자에 속합니다.

주님은 당신이 하나님의 지혜 있고 진실한 청지기의 원형이시므로 말씀에서뿐만이 아니라 그 청지기의 실체를 친히 온 몸으로 본을 보이시며 당신을 좇는 자들을 향해 자신과 같이 지혜 있고 진실한 청지기가 되어야 할 것을 가르치십니다. 물론 이 말씀을 당신의 언약적 초청과 그 은혜 안에 거하면서 그런 신실한 충성을 행해야 하는 것을 가르치는 것이지 단순히 일반적으로 인간 행위의 선한 공로를 받아들여 어떤 것을 보상하겠다는 것이 결코 아닙니다. 이 점을 우리가 유의해야 할 것입니다. 주님은 또한 종이 생각하기를 주인이 더디 오리라 하여 자기 할 일을 하지 않고 방만하게 산다면 생각지 않은 날 알지도 못하는 시간에 그에 대한 보응을 반드시 받게 된다고 하는 것을 오늘 본문에서 분명하게 경고합니다. 본문은 누가복음 12:41-48입니다. 제가 읽습니다.

> 41베드로가 여짜오되 주께서 이 비유를 우리에게 하심이니이까 모든 사람에게 하심이니이까 42주께서 가라사대 지혜 있고 진실한 청지기가 되어 주인에게 그 집 종들을 맡아 때를 따라 양식을 나누어 줄 자가 누구냐 43주인이 이를 때에 그 종의 이렇게 하는 것을 보면 그 종이 복이 있으리로다 44내가 참으로 너희에게 이르노니 주인이 그 모든 소유를 저에게 맡기리라 45만일 그 종이 마음에 생각하기를 주인이 더디 오리라 하여 노비를 때리며 먹고 마시고 취하게 되면 46생각지 않은 날 알지 못하는 시간에 이 종의 주인이 이르러 엄히 때리고 신실치 아니한 자의 받는 율에 처하리니 47주인의 뜻을 알고도 예비치 아니하고 그 뜻대로 행치 아니한 종은 많이 맞을 것이요 48알지 못하고 맞을 일을 행한 종은 적게 맞으리라 무릇 많이 받은 자에게는 많이 찾을 것이요 많이 맡은 자에게는 많이 달라 할 것이니라

이 비유의 연대

이 지혜 있고 진실한 청지기 비유의 말씀은 대체적으로 하나님 나라의 집중적인 비유 바로 이전에 가르친 것으로 봅니다. 그러니까 주

님의 공생애 사역 제2년 어간에 가르쳐진 말씀으로 보는 것입니다. 그런데 마태복음 병행구절에 보면 예수님의 공생애 마지막 주간에 하신 일 가운데 배치되어 있습니다. 마지막 때를 영적으로 깨어 있어 준비하여야 할 제자들에게 장래의 일들에 대해 예언하시는 중의 말씀에 이 말씀을 배치하고 있는 것입니다. 마태복음 24:45-51입니다.

> 45충성되고 지혜 있는 종이 되어 주인에게 그 집 사람들을 맡아 때를 따라 양식을 나눠 줄 자가 누구뇨 46주인이 올 때에 그 종의 이렇게 하는 것을 보면 그 종이 복이 있으리로다 47내가 진실로 너희에게 이르노니 주인이 그 모든 소유를 저에게 맡기리라 48만일 그 악한 종이 마음에 생각하기를 주인이 더디 오리라 하여 49동무들을 때리며 술친구들로 더불어 먹고 마시게 되면 50생각지 않은 날 알지 못하는 시간에 그 종의 주인이 이르러 51엄히 때리고 외식하는 자의 받는 율에 처하리니 거기서 슬피 울며 이를 갊이 있으리라

이 비유는 주님이 다시 오실 때에 주의 종들이 때를 따라 영적으로 하나님의 백성들에 필요한 것을 적절하게 공급하고 있어야 할 것을 깨우치시는 말씀입니다. 종이 작은 일이라도 그 책임과 의무를 충실히 하면 거기에 대해 큰 복을 받고 그렇지 않고 주님의 다시 오심에 대해 방심하여 육신이 요구하는 데에 따라 제멋대로 살면 거기에 상당한 심판적 보응을 받게 된다는 경고의 말씀입니다. 엄히 때린다는 말은 두 동강을 낸다는 원어적 의미가 있는 단어인데 강력하고 치명적인 형벌이 있을 것이라는 말입니다. 지난번에도 말씀드렸지만 이 비유는 연대의 순서보다는 내용에 그 중요성이 있습니다. 그리고 이제까지 계속해서 말씀드렸지만 주님의 비유적 가르침은 한 번만 하고 마시는 것이 아

니고 상황에 따라 다양하게 가르치셨을 것이기 때문에 그에 대한 의문점들은 다 풀 수 있는 것입니다.

베드로가 여짜오되

이제 오늘 본문의 비유에 대해 자세히 보도록 하지요? 이 비유의 대상은 주님의 제자들입니다. 예수께서 제자들에게 가르치실 때 베드로가 이 비유, 즉 앞의 문지기 비유나 도적 비유가 과연 제자들에게만 해당하는 것인지 아니면 모든 사람에게 주시는 말씀인지 궁금하여 물었는데 주님은 비유를 통하여 이 가르치는 말씀이 누구에게 해당하는지를 알게 하십니다. 마태복음에는 이 내용이 나오지 않지요?

어쨌든 여기서 베드로의 이런 적극적인 태도를 보면 항상 주님의 가르침에 대해 그가 질문을 준비하고 있다 하는 적극성을 엿볼 수 있습니다(마 15:15). 그는 열 두 제자의 대표격으로서 자신의 열정을 이렇게 표출하고 있음을 짐작하게 되는 것입니다. 사실 이런 베드로의 적극성은 그리스도인들에게 매우 필요한 것입니다. 주께서 가르치시는 말씀에 아무런 반응도 없이 무지무각하게 있으면 거기에 어떤 결과가 나올 것이 없습니다.

혹자들은 베드로의 이같이 나섬에 대해 좋지 않게 보는 자들도 있습니다. 그러나 저들은 그저 뒤에서 비판하고 손가락질을 할 뿐 정작 자신이 그와 같은 일을 할 때에는 더욱 부족함이나 그릇됨을 보이는 경우가 많습니다. 생각도 없이 마구 그저 쉽게 따먹으려는 태도로 이것저것 질문을 한다면 생각해 볼 문제이지만 베드로처럼 늘 주님의 심오한 가르침에 대해 미치지 못하여서 자꾸 주님께 묻고 나아가는 것은 우리가 배워야 할 것입니다.

주께서 가라사대

베드로의 이런 적극성이 어떤 때는 문제가 될 때도 있지만 대체로 주님은 그의 이런 태도에 대해 직접적으로 뭐라고 하시지 않고 그런 질문에 대해 아주 지혜롭게 대답하십니다. 실상 주님이 베드로의 이 같은 태도에 대해 뭐라고 하실 때에도 아주 쳐내는 일은 하지 않으시는 것입니다(마 15:15-16 참조). 마태복음 15:15-16을 보겠습니다.

> ¹⁵베드로가 대답하여 가로되 이 비유를 우리에게 설명하여 주옵소서 ¹⁶예수께서 가라사대 너희도 아직까지 깨달음이 없느냐

과연 주님은 베드로의 그와 같은 질문에 대해 오늘 본문에서 지혜 있고 진실한 청지기의 비유를 선언하십니다. 한 마디로 신실한 청지기에 대한 비유의 말씀을 하시는 것입니다. 마태복음에서는 충성되고 지혜 있는 종이라고 했지만 누가복음 오늘 본문에서는 지혜 있고 진실한 청지기라고 하였습니다. 청지기에게 진실함이 없다면 진정한 충성은 나오지 않지요? 그러니까 같은 맥락이라고 볼 수 있습니다. 이 신실한 청지기가 그 집 종들을 맡아 때를 따라 양식을 나눠줄 때 주인이 와서 그것을 본다면 그 종이 복이 있으리라 하셨습니다. 아까도 잠깐 말씀드렸지만 청지기는 일반적으로 여러 종들 가운데 주인의 신임을 받아 선택되어 주인을 대신하여 집의 가사를 책임지고 주인의 재산과 다른 종들을 관리하는 종을 말합니다.

그러니까 이 비유를 좀 풀어서 생각해 보면 많은 종을 거느린 한 주인이 어느 기간 동안에 잠시 그의 집을 떠나야만 했습니다. 그래서 그 주인은 출발에 앞서서 그의 종 중에 한 사람을 불렀습니다. 그 사람은

주인이 평소에 보기에 자기를 대신하여 그 집을 잘 돌볼 수 있을 것 같은 그런 사람이었을 것입니다. 주인은 그 사람에게 나머지 종들을 잘 관리하고 때를 따라 양식을 나눠주고 하는 일을 맡겼을 것입니다. 그 사람의 신실함과 근면함을 믿고 그렇게 그 일을 맡기고 떠났습니다. 그리고 어느 때쯤에 주인이 다시 집으로 돌아왔는데 주인의 일을 맡은 그 청지기가 주인이 시킨 대로 일을 여전히 지혜롭고 진실하게 잘하고 있다면 주인은 그에게 큰 칭찬을 내릴 것이고 이제 앞으로는 그에게 집안의 모든 소유까지 맡기게 되는 일을 할 일군으로 승격시킬 것이라는 말씀입니다. 진정 종으로서 가장 복됨은 주인의 소유를 이렇게 주인이 기뻐하시는 대로 자기 마음껏 사용하는 것이지요? 집주인이 그 종에게 그와 같은 일을 맡기는 위치로 올린 것입니다. 그게 그에게 큰 복이 되는 것입니다.

주님의 다시 오심을 염두에 두고 신실한 자들에게 하신 비유의 말씀

이 비유의 말씀은 주님이 당신께서 다시 오실 것을 염두에 두고 신실한 제자들을 통하여 양육 받게 될 신약의 성도들을 생각하면서 하시는 말씀입니다. 만일 제자들이 주님이 가르치신 말씀을 바로 이해하고 따른다면 결과적으로 이런 일이 분명하게 나타날 것입니다. 참 지혜이시며 진실하신 주님의 가르침의 사역과 행동으로서의 계시를 잘 알고서 자신이 먼저 거기에 의해 양육을 받고 그리고 주님이 맡겨두신 자들을 위해 성신님으로 말미암아 최선을 다한다면 주님이 다시 오실 때에 자기 잘못을 이실직고(以實直告)하는 부끄러움을 당치 않고 이런 좋은 일이 있게 될 것입니다. 오직 참 지혜는 하나님께만 속해 있고(욥 12:13

이하; 사 31:2; 단 2:20-23) 그 지혜는 그리스도 안에서 우리 삶의 모든 영역에 걸친 완전한 지식이며 앞으로 그 주님에 의해 그 일이 온전히 이루어질 것이기 때문입니다. 바울은 골로새서에서 주님의 지혜를 잘 알고 그 충성된 일꾼됨을 표백합니다. 1:25-2:3입니다.

> 25내가 교회 일꾼 된 것은 하나님이 너희를 위하여 내게 주신 경륜을 따라 하나님의 말씀을 이루려 함이니라 26이 비밀은 만세와 만대로부터 옴으로 감취었던 것인데 이제는 그의 성도들에게 나타났고 27하나님이 그들로 하여금 이 비밀의 영광이 이방인 가운데 어떻게 풍성한 것을 알게 하려 하심이라 이 비밀은 너희 안에 계신 그리스도시니 곧 영광의 소망이니라 28우리가 그를 전파하여 각 사람을 권하고 모든 지혜로 각 사람을 가르침은 각 사람을 그리스도 안에서 완전한 자로 세우려 함이니 29이를 위하여 나도 내 속에서 능력으로 역사하시는 이의 역사를 따라 힘을 다하여 수고하노라 1내가 너희와 라오디게아에 있는 자들과 무릇 내 육신의 얼굴을 보지 못한 자들을 위하여 어떻게 힘쓰는 것을 너희가 알기를 원하노니 2이는 저희로 마음에 위안을 받고 사랑 안에서 연합하여 원만한 이해의 모든 부요에 이르러 하나님의 비밀인 그리스도를 깨닫게 하려 함이라 3그 안에는 지혜와 지식의 모든 보화가 감취어 있느니라

만일 그렇지 않은 종을 본다면

주님은 계속해서 그 반대의 경우를 비유로 말씀하십니다. 만일 그 종이 마음에 이르기를 주인이 더디 오리라 하여 노비를 때리고 먹고 마시고 취하게 되면 생각지 않은 날 알지도 못하는 시간에 종의 주인이

다시 와서 그 모습을 보고 엄히 때리고 신실치 아니한 자들이 받아야할 벌에 처하게 할 것이라고 하셨습니다. 마태복음에서는 악한 종이 자기 동무들을 때리고 술친구들로 더불어 먹고 마시게 되면 엄히 때리고 외식하는 자가 받게 될 벌을 받을 것이라 하였습니다. 대상 독자에 따라서 표현 방식에 있어서 약간의 차이가 있다는 것을 우리가 생각할 수 있습니다. 아무튼 주인이 나름대로 종들 중 나아 보이는 자를 선택하여 그 일을 맡겼지만 인간의 성품이라는 게 죄로 인하여 환경적 변화에 따라 많은 변화를 보이기도 하는 것입니다. 그래서 이렇게 주인의 권리를 남용하고 주인의 명예와 재산을 허비하는 일도 있는 것입니다.

악한 종을 두고 하시는 말씀

그러니까 이 말씀도 주님의 다시 오실 일과 관련하여 주의 성도들에게 제자로서 영적으로 할 일을 하지 않고 미련하게 임의, 또는 고의로 주의 백성들을 함부로 하고 육체가 이끄는 대로 살아서 주님을 욕을 보이고 주님의 것을 허비한다면 거기에 상당한 보응을 마땅히 받는 것입니다. 참 지혜이신 주님을 무시하고 그분의 명령을 소홀히 하며 그분의 소유에 대해 함부로 한다면 거기에 마땅한 심판밖에 남을 것이 없는 것입니다. 주님의 지혜는 실로 신앙적이고 실용적입니다. 그 지혜를 듣고 소유한 자로서 실제적이고 결과적인 내용이 없다면 그것은 잘못된 것입니다. 그것은 어리석은 것이고 악마적인 것입니다. 저들은 그리스도가 지혜라는 사실도 잊고 자기들의 신은 배로 여기고 오직 땅의 일을 생각하는 자입니다. 그러니까 영벌의 고통을 피할 수 없는 것입니다. 빌립보서 3:18-19입니다.

18내가 여러 번 너희에게 말하였거니와 이제도 눈물을 흘리며 말하노니 여러 사람들이 그리스도 십자가의 원수로 행하느니라 19저희의 마침은 멸망이요 저희의 신은 배요 그 영광은 저희의 부끄러움에 있고 땅의 일을 생각하는 자라

결론적 말씀

누가는 오늘 본문의 비유의 뒤에 결론적인 말씀을 합니다. 지금까지 계속해온 세 가지 비유의 총 결론적인 말씀이 되는 것입니다. 47-48절이지요? 마태복음에는 이 내용이 나오지 않습니다.

47주인의 뜻을 알고도 예비치 아니하고 그 뜻대로 행치 아니한 종은 많이 맞을 것이요 48알지 못하고 맞을 일을 행한 종은 적게 맞으리라 무릇 많이 받은 자에게는 많이 찾을 것이요 많이 맡은 자에게는 많이 달라 할 것이니라

그러니까 주인의 뜻을 알고도 고의로 그것을 예비하지 않고 그 뜻대로 행하지 않는 자, 그리고 주인의 뜻을 알지 못하고 본능적으로 맞을 일을 한 자 모두에게 심판에 있을 것이고 무릇 많이 받은 자에게 많이 달라고 하실 것이라 하였습니다. 죄질도 여러 가지고 심판에도 차등이 있다 하는 것을 여기서 우리가 볼 수 있습니다.

신실한 청지기로 예비하고 있어야 할 것

그러면 우리가 본문을 보면서 신실한 청지기로서 주님의 뜻을 알고

예비한다는 것이 무엇이겠습니까? 종이 예비해야 할 것은 간단히 말해서 주인께서 명하신 바대로 주인이 다시 오실 때까지 주인이 맡기신 일을 충실히 이행하는 삶을 신실하게 사는 것입니다. 그리고 그것에 따른 장성이 있어야 합니다. 주인이 명한 일상 안에서의 하늘에 속한 본연의 일들과 특별한 일들 안에 종으로서의 진정한 지혜가 있고 사명이 있고 충성이 있기 때문에 그렇고, 주님의 진리는 완성을 향해 발전적인 것이기 때문입니다. 주님이 바라는 결과를 얻기 위해 정확한 계획을 세우는 것이 우리의 지혜가 될진대 그것은 우리에게 있는 것이 아닙니다. 그것은 성경에서 주님이 바라시는 바를 우리에게 다 계시하고 있습니다. 그 안에서 바로 자라가야 하는 것입니다. 그러니까 그냥 주님이 더디 오니 이 때야말로 얼마나 좋은 기회인가 하고 악한 종과 같이 주님이 맡긴 주님의 은사를 자기 멋대로 남용하고 임시로 받은 주님의 특권을 스스로 오용하는 것이 아니라 주님이 명하신 말씀대로 그 모든 일들에 대해 충성을 다하고 그 일에서 장성하는 것이 진실 되고 지혜로운 종이 행하여야 할 바입니다.

　　이것은 지금 제자들에게 하시는 말씀이므로 주님의 경륜이 다 드러나 있지는 않지만 이제 그리스도 안에서 계시가 완성된 우리에게는 성경이 가르치신 바대로 성신님의 능력으로 말미암아 하나님 나라 회복된 백성으로서 그리고 교회에 연합된 한 분자로서 그리고 주의 종으로서 또 주의 제자로서 아울러 주님의 양으로서 그리고 주님의 군사로서 다른 지체들과 유기적으로 연합하여 그 존재와 속성의 실질을 구유하며 장성하여 나아가는 것이 주님의 다시 오심을 진정으로 예비하는 충성되고 지혜 있는 청지기가 됩니다.

주의 뜻을 알고 예비하지 않은 악한 종들에 대한 심판

우리가 지난주에 본 바와 같이 주님의 오심에 대해 심각하게 생각지 않고 예비할 것을 예비하지 않고서 정체된 가운데 방만하게 산다면 반드시 그에 대한 심판적 보응을 피할 수 없습니다. 베드로 사도도 이에 대하여 분명하게 경고를 하였습니다. 주께서 회개의 기회를 주실 때에 민감하게 반응하여 결과를 내지 않으면 주의 날이 도적같이 임하여 악한 종들에 대한 차등 있는 영원한 심판이 이루어질 것입니다(벧후 3:9-10). 베드로후서 2:3-19을 함께 보겠습니다.

3저희가 탐심을 인하여 지은 말을 가지고 너희로 이를 삼으니 저희 심판은 옛적부터 지체하지 아니하며 저희 멸망은 자지 아니하느니라 4하나님이 범죄한 천사들을 용서치 아니하시고 지옥에 던져 어두운 구덩이에 두어 심판 때까지 지키게 하셨으며 5옛 세상을 용서치 아니하시고 오직 의를 전파하는 노아와 그 일곱 식구를 보존하시고 경건치 아니한 자들의 세상에 홍수를 내리셨으며 6소돔과 고모라 성을 멸망하기로 정하여 재가 되게 하사 후세에 경건치 아니할 자들에게 본을 삼으셨으며 7무법한 자의 음란한 행실을 인하여 고통하는 의로운 롯을 건지셨으니 8(이 의인이 저희 중에 거하여 날마다 저 불법한 행실을 보고 들음으로 그 의로운 심령을 상하니라) 9주께서 경건한 자는 시험에서 건지시고 불의한 자는 형벌 아래 두어 심판 날까지 지키시며 10육체를 따라 더러운 정욕 가운데서 행하며 주관하는 이를 멸시하는 자들에게 특별히 형벌하실 줄을 아시느니라 이들은 담대하고 고집하여 떨지 않고 영광 있는 자를 훼방하거니와 11더 큰 힘과 능력을 가진 천사들이라도 주 앞에서 저희를 거스려 훼방하는 송사를 하지 아니하느니라 12그러나 이 사람들은 본래 잡혀 죽기 위하여 난 이성 없는 짐승 같아서 그 알지 못한 것을 훼방하고 저희 멸망 가운데서 멸망을 당하며 13불의의 값으로 불의를 당하며 낮에 연락을 기쁘게 여기는 자들이니 점과 흠이라 너희와 함께 연회할 때에 저희 간사한 가운데 연락하며 14음심이 가득한 눈을 가지고 범죄하기를 쉬지 아니하고 굳세지 못한 영혼들을 유혹하며 탐욕에 연단된 마음을 가진 자들이니 저주의 자식이라 15저희가 바른 길을 떠나 미혹하여 브올의 아들 발람의 길을 좇는도다 그는 불의의 삯을 사랑하다가 16자기의 불법을 인하여 책망을 받되 말 못하는 나귀가 사람의 소리로 말하여 이 선지자의 미친 것을 금지하였느니라 17이 사람들은 물 없는 샘이요 광풍에 밀려가는 안개니 저희를 위하여 캄캄한 어두움이 예비되어 있나니 18저희가 허탄한 자랑의 말을 토하여 미혹한 데 행하는 사람들에게서 겨우 피한 자들을 음란으로써 육체의 정욕 중에서 유혹하여 19저희에게 자유를 준다 하여도 자기는 멸망의 종들이니 누구든지 진 자는 이긴 자의 종이 됨이니라

바울 사도도 주인의 뜻을 예비치 않은 자들이 그에 대한 임박한 심판을 피할 수 없다고 분명하게 말씀하였습니다. 데살로니가전서 5:1-3입니다.

1형제들아 때와 시기에 관하여는 너희에게 쓸 것이 없음은 2주의 날이 밤에 도적같이 이를 줄을 너희 자신이 자세히 앎이라 3저희가 평안하다, 안전하다 할 그 때에 잉태된 여자에게 해산 고통이 이름과 같이 멸망이 홀연히 저희에게 이르니 결단코 피하지 못하리라

나가는 말

말씀을 맺습니다.

오늘은 지혜롭고 진실한 청지기의 비유에 대해 살펴보았습니다. 요약을 하자면 신약의 성도들은 무엇보다도 참 지혜이신 그리스도 안에서 하나님께 진실해야 합니다. 거기에만 지혜가 있기 때문입니다. 그리고 하나님께 명을 받은 자로서 자신의 일에 진실하여야 합니다. 그리스도 안의 자신의 일에 불충한 자가 하나님께 진실할 수 없습니다. 그리고 마지막으로 공동체 안에서 자기가 맡은 자들에게 진실해야 합니다. 때를 따라 자기가 맡은 자들에게 양식을 공급하는 근면과 성실이 있어야 합니다. 우리 선약 교회 성도들은 이 점을 잘 기억하여 다시 오실 주님을 예비하고 있는 자로 이 역사 앞에 바른 실질을 표시하고 나아가야 할 것입니다. 거기에 주님의 복이 있습니다. 그러나 만약 주님이 더디 오리라 하고 고의로 주님이 명하신 일에 게을리 하며 육체적이고 세상적인 일에 취하여 있다면 그 심판은 부지불식간에 임하게 될 것입니다.

기도

거룩하신 아버지 하나님, 주님은 주의 백성들이 살아갈 터전을 만드시고 주의 백성들이 살아갈 지혜를 허락하시며 주의 백성들이 살 수 있는 능력을 주십니다. 주께서 허락하신 터전에서 하나님 나라의 선한 열매를 맺으며 나아갈 수 있도록 다양한 국면의 계시의 말씀을 허락하시고 그 안에서 장성하도록 하시며 합력해서 또 선을 이루게 하시옵나이다. 주님의 은사를 충분히 쓸 만한 그런 원동력을 다 제시해 주시고 거기에 동참하여 선한 결실을 낼 때에 주님은 지혜롭고 충성된 종이라 여기시고 거기에 합당한 상급을 주시옵나이다. 완전하신 아버지로서 주의 자녀가 마땅히 올라서야 될 위치를 아시고서 이런 일들을 명하시고 또 명령을 순종할 때 그에 합당한 보응을 내려주시옵나이다. 하지만 주님의 명령을 소홀히 여기고 주님이 더디 오리라 생각하여 술친구들과 더불어 놀고 마시게 되면 주님은 외식하는 자의 받는 율에 처하게 하셔서 바깥 어두운 곳에 떨어져 그날에 슬피 울며 이를 갈게 하는 그런 심판을 내리시옵나이다. 거룩하신 아버지 하나님이시여, 주님이 그리스도 안에서 베풀어주신 사랑은 너무도 상상할 수 없이 큰 것이고 또 주님이 우리와 함께 하시는 사랑도 그에 버금되는 것이온대 그런 것을 소홀히 여기고 방만하게 생각해서 살아간다면 참으로 엄중한 심판을 피할 수 없을 것이옵나이다. 거룩하신 아버지 하나님이시여, 주님이 오늘이라고 하는 날 동안에 저희들을 다시 한 번 또 일깨우시고 주께 속한 자로서 그 은사를 잘 발휘하고 살게 하셨사온즉 각성을 하고 다시 돌이켜서 주님 뜻에 부합한 그런 신실한 청지기들이 다 되게 하여 주시옵소서. 누가 알아주건 알아주지 아니하건 간에 개의치 아니하고 주님의 사랑에 반응하여 선한 결실을 내기 위해 충실히 봉사하게 하여 주시옵소서. 모든 걸 주께 의탁 드리옵고 감사드리며,

　우리 구주 예수 그리스도의 이름으로 기도 올리옵나이다. 아멘.

제 18 강

열매 없는 무화과나무 비유

누가복음 13:6-9

들어가는 말

예수님의 비유 18강째입니다. 오늘은 열매 없는 무화과나무 비유에 대하여 보도록 하겠습니다. 여기에서는 인간의 회개의 필요성과 하나님의 오래 참으심에 대한 양면이 잘 묘사되어 있습니다. 그리고 인간의 회개라는 것도 한시적인 범위 안에 있다는 것을 분명하게 보여줍니다. 기회가 주어질 때 그것이 지켜지지 않으면 그 후에는 반드시 심판하신다는 것입니다.

항시 말씀드리지만 구원의 견고성과 확실성을 말씀하실 때에는 하나님의 일하심이 적극적으로 묘사되고 인간의 책임과 의무에 대해서 말씀할 때에는 그 면이 더 적극적으로 묘사되어 있습니다. 마치 동전의 앞뒷면과 같이 그 둘은 떼려야 뗄 수 없는 밀접한 관계가 있습니다. 구원에 있어서 이러한 양면을 말씀하심은 결코 인간의 행위를 하나님의 구원에 덧붙이시고자 하시는 것이 아닙니다. 하나님의 구원을 내세워 자기 할 일을 하지 않는 게으른 태도를 분명하게 지적하시고자 하시는 것이고 또 하나님의 말씀의 능력이 그렇게 활동적이지 않은 모습으로 결코 나타나지 않는다는 것을 보여주시는 것입니다.

이러한 양면을 주의하면서 오늘 본문에 대해 보도록 하겠습니다. 본문은 누가복음 13:6-9입니다.

> 6이에 비유로 말씀하시되 한 사람이 포도원에 무화과나무를 심은 것이 있더니 와서 그 열매를 구하였으나 얻지 못한지라 7과원지기에게 이르되 내가 삼 년을 와서 이 무화과나무에 실과를 구하되 얻지 못하니 찍어 버리라 어찌 땅만 버리느냐 8대답하여 가로되 주인이여 금년에도 그대로 두소서 내가 두루 파고 거름을 주리니 9이후에 만일 실과가 열면 이어니와 그렇지 않으면 찍어 버리소서 하였다 하시니라

이 비유의 연대

이 비유의 연대는 언제인가? 이 비유의 연대는 주께서 씨 뿌리는 자의 비유 등의 하나님 나라 비유에 대해 집중적으로 말씀하시기 바로 직전으로 생각합니다. 그러면 대강 주님의 공생애 2년 후반부에 들어갈 즈음입니다. 주님의 사역에 대해 인기와 반대가 양편으로 솟아 있었던 그러한 때입니다. 그러나 이 추정은 그렇게 중요한 것이 아닙니다. 다른 복음서에는 이 사건의 연대를 추정할 만한 증거가 나타나지 않습니다. 아무튼 누가가 문맥 안에서 우리에게 가르치고자 하는 그러한 면이 우리에게 더 가깝게 있기 때문입니다.

누가가 본 사건을 소개하는 문맥

이제 누가가 본 사건을 소개하는 문맥에 대해 보도록 하겠습니다. 누가는 이 비유를 빌라도가 갈릴리 사람들의 피를 제물에 섞은 악랄한 일에 대해 말씀하시는 예수님의 가르침 뒤에다가 배열하고 있습니다. 갈릴리 사람들의 피를 왜 제물에 섞었는지에 대해서는 의견이 분분하지만 아무튼 분란이 항시 존재하는 팔레스틴에서 빌라도가 과격하고 잔인하게 진압하려는 의도로 그러했다는 것을 생각할 수 있습니다. 예수께서는 여기서 과연 빌라도에 의해 잔인하게 도살된 갈릴리 사람들이 하나님의 심판을 받을만한 죄인들인가에 대해 논하고서 너희도 회개치 않으면 멸망당할 것이라고 하였습니다. 그리고 실로암 망대의 붕괴로 인하여 죽은 열여덟 사람이 예루살렘에 사는 다른 사람보다 죄가 더 있어서 그러한 일을 당하였는가에 대해 가르치는 말씀 뒤에 오늘 본문의 비유를 배치하고 있습니다. 항시 말씀을 당장에 듣고 있는 위치에서 가장 시급하게 인식하여야 할 것을 저들에게 깨우치시려고 오늘 본문을 가르치시는 데에 주안점을 두고 이 말씀을 연결하고 있는 것입니다. 그러니까 이런 문맥 속에서의 이 비유의 가르침이 더 중요하다 하는 것을 알게 되는 것입니다.

열매 없는 무화과나무 비유

예수께서는 신령한 측면에서 청중들의 한가한 상태를 염두에 두시고 오늘 본문의 열매 없는 무화과나무 비유를 하십니다. 예수님은 한 사람에 의해 포도원에 심겨진 한 무화과나무를 무대로 설정하시고 비유를 베풀어 나아가십니다. 이러한 일은 이스라엘 나라 안에 흔한 것입니다. 농부는 과실을 취하기 위하여 비옥한 땅과 그 외 무화과나무가 잘 자랄만한 여러 조건들이 구비된 포도원에 무화과나무를 심었을 것입니다.

여기서 보면 일반적으로 그 무화과를 심은 한 사람의 농부가 어느 정도 성숙한 무화과를 심었는지 대강 짐작할 수 있습니다. 어린 묘목을 심고서 바로 그 해에 무슨 결실을 바라는 그런 농부는 없는 것입니다. 대강 생각해 보면 무화과나무는 3년 정도 키우면 비로소 결실하기 시작합니다. 그러니까 대략 그런 정도로 성장한 무화과를 심었든지 아니면 그보다 더 어린 묘목을 심었다면 심고 나서 1-2년 기다리고서 열매를 구하려고 왔을 것입니다. 그런데 이 팔레스틴의 무화과나무는 우리나라의 무화과나무와 같이 키가 자그마하지 않습니다. 그곳의 무화과는 키가 무려 11미터나 되게 자라기까지 한다고 합니다. 이러한 무화과나무는 팔레스틴 지역에서 포도나무와 감람나무와 같이 오래 전부터 키워졌습니다(삿 9:7 이하). 구약에 보면 이 무화과나무 아래 거하는 것(왕상 4:25; 미 4:4; 슥 3:10 참조), 그리고 그 열매를 풍성하게 맺는 것(합 3:17 참조) 등에서 하나님이 축복하시는 여부를 찾았습니다.

그렇게 한 사람이 무화과나무의 열매를 취하려고 왔는데 얻지 못하였다고 하였습니다. 무화과는 그 잎을 약용으로 쓰기도 하지만(왕하 20:7) 대부분 식용의 그 열매를 취하는 것이 주목적입니다. 좌우간 그 무화과나무에서 열매를 따려고 기대하고 왔는데 열매가 없었습니다. 그리고 이후 2년을 더 와서 무화과나무의 열매를 취하려고 했는데 그 때도 열매를 구하지 못하였습니다. 최대한으로 잡아서 무려 6년가량을 그렇게 참고서 기다려 온 것입니다. 그래서 그 사람은 과원지기에게 말하였습니다. '내가 삼 년을 와서 이 무화과나무 실과를 구하되 얻지 못하였노라. 그러니 이제 아무짝에도 쓸모없이 자리만 차지하고서 다른 것들이 잘 자라지 못하게 방해만 하고 또 땅만 버리는 이 무화과나무를 베어버려라' 하고 말하였습니다. 그동안 얼마간에 열매 맺기 좋은 충분한 조건을 갖추고서 저에게 열매를 구하였는데 그 나무는 열매는 맺지 아니하고 땅의 양분만 취하고서 다른 일들을 다 망치고 있으니 그렇게 하라는 것이었지요? 예수께서는 미가서 7장을 상기하는 듯한 비유를 여기서 하시는 것입니다.

그렇게 주인이 과원지기에 말하니까 과원지기는 주인에게 청하기를 '주인님이여, 금년 한 해만 더 두고 보시지요. 한 번 더 이 나무에 거름도 주고 잘 길러 보아서 그래도 열매를 맺지 못하면 그 때 당신께서 찍어 버리실 수 있지 않으십니까?' 하였습니다. 무화과나무에게 한 번 더 기회를 주어 그래도 정 안되면 그렇게 당신의 일처리를 받아들이겠다는 말입니다. 과원지기는 본심으로 매우 자비하고 안타까운 마음을 가지고 그렇게 말한 것입니다.

주님은 왜 이 비유를 하시는 것인가; 청중들의 상태를 보고서

그러면 주님은 왜 이 비유를 하시는 것입니까? 그것은 아까 허두에서도 잠깐 언급했지만 첫째로 청중들의 상태를 보시고서 이 말씀을 하시는 것입니다. 이스라엘은 종종 무화과나무로 비유됩니다(호 9:10; 마 21:19). 저들이 정상한 언약적이고 하나님의 주권적인 은혜적 관점에 따라 순종을 할 때에 저들은 무화과로서 바른 열매를 맺는 것으로 표현됩니다. 그러나 청중들은 유대적 율법관의 영향에 따라 상대적이고 행위적인 면에 관점을 두고서 판단을 하는 사람들이었습니다. 실정이 그러하니 저들은 언약적이고 하나님의 주권에 의한 관점으로 주님에 대해 그리고 세상과 자신과 그 그룹들에 대해 판단하지 않습니다. 그러니까 저들은 하나님의 일하심으로 이 땅에 오신 메시야로서의 주님, 즉 과원지기로 상징되는 분을 바르게 대접할 수 없었습니다. 게다가 그 과원지기로서 메시야이신 주님으로부터 내리는 그러한 축복을 받아들일 수 없었습니다. 주님께서 돌이키기를 바라시며 회개의 기회를 주시는 말씀으로서의 가르치심과 행동으로 보이시는 계시에 대해 정상하게 볼 수 없었습니다. 다시 말해서 저들이 하나님의 경륜인 그 구속사 안에서 자신들의 위치에서 온전한 회개의 열매를 맺을 수 없었던 것입니다. 주님은 저들의 그러한 심각한 상황을 보시고서 저들이 이 비유를 통해 자신들의 상태를 알고서 회개할 수 있도록 이 비유의 말씀을 내리시는 것입니다. 물론 그 기간은 주님의 사역에 비추어 한시적인 것입니다.

주님은 왜 이 비유를 하시는 것인가; 주님의 오래 참으심을 선언하시고자

둘째로 이 비유를 말씀하시는 이유는 주님이 얼마나 자비가 많으신 분이시고 오래 참으시는 분이신가 하는 점을 나타내시기 위함입니다. 좀 전에도 말씀드렸지만 과원지기가 주님으로 상징되는 듯한데 과원지기로서 이스라엘로 상징 되는 무화과나무를 중보하고 심판주이신 하나님께 자비하심을 구하는 것입니다. 심판주이신 하나님은 과원지기의 간청을 들어서 더 이상 볼 것이 없는 상황이지만 심판을 일 년 더 유예하였습니다. 주님은 제자들이 당시의 상황 속에서 과원지기로 상징된 당신 자신이 어떤 관점으로 불의한 이스라엘에 대해 행동하시는 것인가를 잘 알도록 하기 위하여 이런 비유를 하신 것입니다.

이 비유의 성취

그런 측면에서 생각하자면 일차적으로 이 열매 없는 무화과나무 비유의 부정적인 성취는 앞으로 일 년여를 지나서 무화과나무의 저주에서 그 결실을 보게 됩니다. 마태복음 21:18-22을 봅니다.

> 18이른 아침에 성으로 들어오실 때에 시장하신지라 19길가에서 한 무화과나무를 보시고 그리로 가사 잎사귀밖에 아무것도 얻지 못하시고 나무에게 이르시되 이제부터 영원토록 네게 열매가 맺지 못하리라 하시니 무화과나무가 곧 마른지라 20제자들이 보고 이상히 여겨 가로되 무화과나무가 어찌하여 곧 말랐나이까 21예수께서 대답하여 가라사대 내가 진실로 너희에게 이르노니 만일 너희가 믿음이 있고 의심치 아니하면 이 무화과나무에게 된 이런 일만 할 뿐 아니라 이 산더러 들려 바다에 던지우라 하여도 될 것이요 22너희가 기도할 때에 무엇이든지 믿고 구하는 것은 다 받으리라 하시니라

주님이 고난 주간 중에 하신 일 가운데 이 일이 나타나는 것입니다. 바리새인들과 서기관들을 중심으로 한 자들이 주님의 공생애 후반부에까지 가도록 주님의 자비하심으로 말미암는 가르침과 행위의 계시에 대해 더 이상 반응을 보이지 않고 회개하지 않자 이제는 저들에게 경고와 심판에 대한 말씀만 주로 하시고 그 실제에 대해 이 무화과나무 저주에서 보이시는 것입니다. 잎만 무성할 뿐 열매가 없으므로 그에 대한 심판을 내리시는 것입니다. 다시 말해서 바리새인들과 서기관들을 중심으로 한 자들이 하나님이 자비로써 허락하신 시간 안에서 나름대로 형식적으로는 열의를 보였지만 내면으로는 그 형식의 내용을 갖추

지 못하고 있는 고로 이런 불행한 결과를 초래한 것입니다.

당시 주의 제자들이 알아야 할 내용

이제 주의 제자들은 이러한 일련의 내용을 듣고 또 그 일차적인 성취를 보게 되면서 하나님 나라의 전파자로서의 진정으로 열매를 맺는 자세를 배우게 될 것입니다. 저들을 둘러싸고 있는 환경이 악화된다고 해도 그 일로서 그치는 것이 아니라 반드시 주님이 약속하시고 경고하신 말씀들이 다 성취되어 나아간다는 것을 믿음으로 바라보게 되는 것입니다. 그러면 저들이 그러한 어려운 가운데에서라도 신약 경륜 하의 주의 백성으로서의 자태를 잃지 않고 주님이 본을 보이신 그 방식대로 자신들에게 주어진 일들을 소홀히 하는 일이 없이 얼마든지 살아가게 되는 것입니다. 세상에 대해 어디까지 주의 자비를 가지고 인내를 해야 하고 어느 범위 안에서 세상에 대해 경고를 하고 나아가야 할지를 알아서 그렇게 지혜롭게 살아가는 것입니다. 실제로 주의 일꾼들은 신약의 교회의 기둥들로서 세상에 대해 자비와 공의의 양면을 다 보이면서 땅 끝까지 나아갔습니다. 주께서 허락하신 한도 내에서 회개할 것을 촉구하였고 그리고 듣는 자들이 다시 회복할 수 있는 밑거름을 주는 일을 성신님으로 말미암아 감당하면서 임박한 심판에 대해 선언하였습니다. 사도행전 17:30-31과 로마서 2:1-10을 보겠습니다.

30알지 못하던 시대에는 하나님이 허물치 아니하셨거니와 이제는 어디든지 사람을 다 명하사 회개하라 하셨으니 31이는 정하신 사람으로 하여금 천하를 공의로 심판할 날을 작정하시고 이에 저를 죽은 자 가운데서 다시 살리신 것으로 모든 사람에게 믿을 만한 증거

를 주셨음이니라 하니라(행 17:30-31)

¹그러므로 남을 판단하는 사람아 무론 누구든지 네가 핑계치 못할 것은 남을 판단하는 것으로 네가 너를 정죄함이니 판단하는 네가 같은 일을 행함이니라 ²이런 일을 행하는 자에게 하나님의 판단이 진리대로 되는 줄 우리가 아노라 ³이런 일을 행하는 자를 판단하고도 같은 일을 행하는 사람아 네가 하나님의 판단을 피할 줄로 생각하느냐 ⁴혹 네가 하나님의 인자하심이 너를 인도하여 회개케 하심을 알지 못하여 그의 인자하심과 용납하심과 길이 참으심의 풍성함을 멸시하느뇨 ⁵다만 네 고집과 회개치 아니한 마음을 따라 진노의 날 곧 하나님의 의로우신 판단이 나타나는 그 날에 임할 진노를 네게 쌓는도다 ⁶하나님께서 각 사람에게 그 행한 대로 보응하시되 ⁷참고 선을 행하여 영광과 존귀와 썩지 아니함을 구하는 자에게는 영생으로 하시고 ⁸오직 당을 지어 진리를 좇지 아니하고 불의를 좇는 자에게는 노와 분으로 하시리라 ⁹악을 행하는 각 사람의 영에게 환난과 곤고가 있으리니 첫째는 유대인에게요 또한 헬라인에게며 ¹⁰선을 행하는 각 사람에게는 영광과 존귀와 평강이 있으리니 첫째는 유대인에게요 또한 헬라인에게라(롬 2:1-10)

우리에게 내리시는 교훈

우리가 이제까지 본 바와 같이 이 비유는 유대 민족들과 그 주변의 백성들을 향해 내려진 것이지만 거기서 그치는 것이 아닙니다. 이 비유는 그리스도 안에서 은혜롭게 연합되어 나아갈 자들을 향해서도 빛을 주는 말씀입니다. 다시 말해서 신약의 교회원이 되고 앞으로 될 자들을 향해 내리시는 말씀도 되는 것입니다. 하나님의 은혜는 유대인에게나 헬라인에게나 구속의 경륜에 따라 순차적인 차이만이 있을 뿐이지 공유하는 것은 같은 것입니다. 그리고 심판도 마찬가지이지요? 심판도 유대인에게나 헬라인에게, 그리고 우리와 같은 자들에게도 직면된 것입니다. 이상한 교리와 전통에 매여서 그리고 상황신학 등에 휘감겨서 아니면 자신의 정욕을 그대로 가지고 생활을 하는 현금(現今)의 기독교적 상태에서 살아가는 자들에게 이 말씀은 반드시 필요합니다.

그러면 난국과 같은 우리 시대에 요구되는 바른 회개의 열매는 과연 어떤 것이겠습니까? 주께서는 현재 주의 백성들이 하나님 나라의 백성으로서 닥치는 모든 생활의 국면에서 하나님 나라의 의와 자비를 바르게 드러내는 일을 요구하실진대 우리가 우리 시대의 종교적 정황을 파악하고서 그러한 요구에 부응하는 일들을 적극적으로 그리고 의연히 드러내고 나아가야 할 것입니다. 그런 측면에서 생각해 보면 형식주의와 세속주의가 판을 치는 상황 가운데 보다 본의적이고 신본주의적인 일들을 취하여 나아가는 것이 우리의 역사적인 사명이 될 것입니다.

비근한 예를 들자면 요즘 이천 지역의 교회에 유행하는 소위 있지도 않은 성전(?)을 짓는 일이 될 것입니다. 하나님의 성전을 짓기 위해 개인 당 땅 몇 평 사기 운동을 하기도 하고 부흥회를 열어 건축 작정 헌금을 강요하기도 합니다. 서울지역에서 벌써부터 써먹은 일들을 이천에서도 이제 그 답습에 열을 내고 있는 형편입니다. 우리 선약교회도 교회당과 사택을 짓는 일이 있을 것인데 이 일을 하는 동기와 과정과 목적에서 그 분명한 차이를 드러내야 할 줄 압니다. 우리도 저들과 같이 주객이 전도된 예배당과 사택 짓기를 한다면 우리도 더 이상 볼 것이 없는 교회가 되고 말 것입니다. 하나님의 성전된 우리가 가장 추구하고 나아가야 할 일과 거기에 따르는 부차적인 일로서의 이 일에 대한 구분은 확실히 알고 있어야 할 것입니다. 우리는 더디 가더라도 항시 본의적인 일을 취하여야 한다는 원칙을 잊어서는 안 될 것입니다. 그 원칙이 만일 깨진다면 여지없이 진정으로 성전의 실체되시는 주님을 배척하고 당대에 맺어야 할 열매를 맺지 아니한 바리새인과 서기관 꼴이 되고 말 것입니다. 요한복음 2:13-22을 함께 보겠습니다.

> 13유대인의 유월절이 가까운지라 예수께서 예루살렘으로 올라가셨더니 14성전 안에서 소와 양과 비둘기 파는 사람들과 돈 바꾸는 사람들의 앉은 것을 보시고 15노끈으로 채찍을 만드사 양이나 소를 다 성전에서 내어쫓으시고 돈 바꾸는 사람들의 돈을 쏟으시며 상을 엎으시고 16비둘기 파는 사람들에게 이르시되 이것을 여기서 가져가 내 아버지의 집으로 장사하는 집을 만들지 말라 하시니 17제자들이 성경 말씀에 주의 전을 사모하는 열심이 나를 삼키리라 한 것을 기억하더라 18이에 유대인들이 대답하여 예수께 말하기를 네가 이런 일을 행하니 무슨 표적을 우리에게 보이겠느뇨 19예수께서 대답하여 가라사대 너희가 이 성전을 헐라 내가 사흘 동안에 일으키리라 20유대인들이 가로되 이 성전은 사십육 년 동안에 지었거늘 네가 삼 일 동안에 일으키겠느뇨 하더라 21그러나 예수는 성전된 자기 육체를 가리켜 말씀하신 것이라 22죽은 자 가운데서 살아나신 후에야 제자들이 이 말씀하신 것을 기억하고 성경과 및 예수의 하신 말씀을 믿었더라

또 우리가 요즘은 읽은 책에서도 이와 비슷한 원리를 확인한 바 있습니다. 톨스토이 단편선에서의 〈두 노인〉에 대한 이야기이지요? 예핌 노인과 예르세이 노인의 순례의 이야기에서 본 것입니다. 물론 원리적인 면에서만 여기서 취할 것이 있지 그 외의 것들은 우리가 또 달리 생

각해 보아야 할 것이 있습니다.

나가는 말

말씀을 맺습니다.

오늘은 열매 없는 무화과나무의 비유에 대해 살펴보았습니다. 주님의 오래 참으시는 자비의 인내를 늘 기억하고서 주께서 허락하신 기간 안에 회개의 합당한 열매를 맺으며 나아가야 할 것입니다. 우리의 회개는 그리스도 안에서 법정적으로 단번에 다 이루어진 것이지만 그것을 누려감에 있어서는 평생 회개하는 삶을 살아야 할 것입니다. 우리가 하나님 나라 백성으로서 회복해가야 할 면들이 아직 많이 남아 있기 때문에 주께서 우리의 영광을 위해 남겨 주신 시간 안에 보편의 교회아로서 우리 당대에 주어진 일들의 시급성과 심각성을 잘 깨닫고 합력하여 실천하고 나아가야 할 것입니다. 그렇지 않고 주님의 오래 참으심을 악용하여 우리가 세상적이고 육체적이고 마귀적인 일에 빠져 주의 당면한 일들에 대해 형식적이고 세속적인 태도로 일관하며 나아간다면 임박한 심판은 피할 수 없을 것입니다.

기도

거룩하신 아버지 하나님, 무화과나무로 비유된 이스라엘이 주님이 요구하시는 때에 열매를 맺지 못하므로 과원지기가 또 긍휼을 발휘해서 시간 연장의 허락을 받고 중보적 책임을 다하였사옵는데 대다수의 사람들은 그 본의를 이루는 삶을 살지 아니하고 형식 속에서 하나님 백성 됨을 나타냄으로 결정적인 때에 예수님으로부터 저주의 선언을 받게 되옵나이다. 1년 여 기간이 지나서 그들의 상태를 보게 하시는 그 결정적인 사건을 일으키시고 그것을 통해 주님의 그 말씀하심이 반드시 그대로 이루어진다고 하는 사실을 나타내셨사옵나이다. 주의 제자들은 주님의 그런 가르침을 눈으로 보고 귀로 듣고 오감을 통해서 다 확인하고서 이제 주의 몸인 교회아로서 살아갈 때 과연 어떻게 살아가는 것이 정당한 것인가 하는 것을 깨우치게 되었사옵나이다. 주께서 한시적인 시간 동안에 우리에게 기회를 주시고 회개하라 하실 때 온전히 회개하게 하옵시며 적극적으로 능동적으로 주의 책임을 다해야 할 그런 때에 저희들이 그 책임을 잘 감당해서 하나님께 영광이 되게 하여 주시옵소서. 주님이 기회를 주셔서 우리에게 오늘도 또 말씀하고 계시옵는데 그것을 쉽게 생각하고 소홀히 해서 주님의 엄위로운 진노를 피하지 못하는 그런 상황 가운데 들어가는 그런 일이 없게 하여 주시옵소서. 주님이 우리를 구원해 내시고 목표하시는 일들을 잘 헤아려서 당대에 열매를 맺고 나가야 할 것들에 대해 늘 민감하게 깨어서 행보하고 나아가게 하옵소서. 형식으로 우리 자신들에 대해 도모하고 안심하고 살아가는 그런 일들이 없게 하여 주시옵고 늘 내면으로 주님의 함께 하심이 존재하여 선한 결실을 이 역사의 숙명 가운데 잘 맺고 나아가게 하여 주시옵소서. 결코 저희 자신들을 상대적으로 높여서 주 앞에 교만한 자로 나타나는 일이 없게 하여 주시옵고 마땅히 하여야 할 일을 주께 받은 자로서 기꺼이 순종해서 주님께만 영광을 돌리고 살아가게 하여 주시옵소서. 모든 걸 주께 의탁 드리옵고 감사드리며,

우리 구주 예수 그리스도의 이름으로 기도 올리옵나이다. 아멘.

제 19 강

선한 사마리아인의 비유

누가복음 10:25-37

들어가는 말

    오늘은 선한 사마리아인의 비유에 대하여 보도록 하겠습니다. 이 비유는 너무도 유명해서 많은 사람들에게 잘 알려져 있는데 많은 사람이 아는 만큼 또 해석상의 오류도 많고 적용상의 문제도 많다는 것을 우리는 생각해야 할 것입니다. 가장 심각한 오류는 우화적인 해석이고 그 다음은 도덕적인 해석입니다. 우리는 문맥 속에서 이 비유를 당대의 예수 그리스도를 중심으로 하여 해석하고 적용해야 할 것입니다. 우리에게 가르치는 내용을 본문은 누가복음 10:25-37입니다.

    25어떤 율법사가 일어나 예수를 시험하여 가로되 선생님 내가 무엇을 하여야 영생을 얻으리이까 26예수께서 이르시되 율법에 무엇이라 기록되었으며 네가 어떻게 읽느냐 27대답하여 가로되 네 마음을 다하며 목숨을 다하며 힘을 다하며 뜻을 다하여 주 너의 하나님을 사랑하고 또한 네 이웃을 네 몸과 같이 사랑하라 하였나이다 28예수께서 이르시되 네 대답이 옳도다 이를 행하라 그러면 살리라 하시니 29이 사람이 자기를 옳게 보이려고 예수께 여짜오되 그러면 내 이웃이 누구오니이까 30예수께서 대답하여 가라사대 어떤 사람이 예루살렘에서 여리고로 내려가다가 강도를 만나매 강도들이 그 옷을 벗기고 때려 거반 죽은 것을 버리고 갔더라 31마침 한 제사장이 그 길로 내려가다가 그를 보고 피하여 지나가고 32또 이와 같이 한 레위인도 그 곳에 이르러 그를 보고 피하여 지나가되 33어떤 사마리아인은 여행하는 중 거기 이르러 그를 보고 불쌍히 여겨 34가까이 가서 기름과 포도주를 그 상처에 붓고 싸매고 자기 짐승에 태워 주막으로 데리고 가서 돌보아 주고 35이튿날에 데나리온 둘을 내어 주막 주인에게 주며 가로되 이 사람을 돌보아 주라 부비가 더 들면 내가 돌아올 때에 갚으리라 하였으니 36네 의견에는 이 세 사람 중에 누가 강도 만난 자의 이웃이 되겠느냐 37가로되 자비를 베푼 자니이다 예수께서 이르시되 가서 너도 이와 같이 하라 하시니라

본문의 사건이 일어난 때

그러면 본문의 사건이 일어난 때는 언제인가? 정확하게는 알 수 없지만 주님의 지상 생애 제3년 초막절 즈음에 갈릴리 지역을 육체로는 영구히 이별하시고 예루살렘으로 올라가셔서 주를 따르는 제자들을 교훈하시고 그 주변을 전도하실 때에 있었던 일로 추정합니다. 그러니까 11월과 12월 사이에 예루살렘 근처에서 가르치시는 중에 한 율법사가 예수께 나아와 영생에 대한 질문을 했고 그 다음에 선한 사마리아인의 비유를 하신 것으로 생각합니다.

선한 사마리아인 비유의 배경

그렇다면 이 선한 사마리아인 비유의 배경이 무엇인지 금방 알 수 있지요? 물론 배경이라도 나름대로 독립적 계시의 내용은 있는 것입니다. 아무튼 방금 읽은 본문 초두에 나오듯이 한 율법사가 예수께 나아와 시험하고자 하면서 영생에 대한 질문을 한 일에서 시작이 되었습니다. 율법사는 모세 율법을 연구하고 해석하며 가르치는 자인데 유대에서는 지도층에 있는 지식계급에 속합니다. 그 사람은 서기관 그룹 중의 한 사람이었을 것입니다. 아무튼 그 그룹 중 한 율법사가 예수님의 소문을 듣고 예수께 나아와 그를 시험하고자(ἐκπειραξων) 하였습니다. 한 번 어떤 사상을 가지고 있는가 하고 알아보려고 한 것입니다. 그의 질문에서 그런 좋지 않은 동기가 드러납니다. 어떻게 하여야 영생을 얻는가에 대한 질문입니다. 여기서 영생은 하나님 나라의 생명입니다 (18:18, 24-25, 29; 요 3:3, 5, 15-16, 36). 이것은 우리 인생들의 최대의 문제이지요?

그런데 사실 율법사로서 늘 이 성경을 정상하게 연구하는 자라면 당연히 이 영생에 대해 알아야 하고 전적으로 신뢰하여야 합니다. 이 스라엘의 선생으로서 하나님으로부터 새로운 생명을 받아 거듭나야만 영생에 들어간다는 사상을 정립하고 그것을 따르고 있어야 하는 것입니다. 이스라엘의 지도자로서 그런 개념은 정리가 되어 있어야 마땅한 것이지요? 그럼에도 불구하고 영생의 실체로서 이 땅에 오신 은혜롭게 예수께 대해 영접은 하지 아니하고 그저 영생에 대한 방법론적인 질문으로 떠보는 것은 그만큼 예수님을 바라보는 관점이나 동기에 있어서 문제가 있다는 것을 보여주는 것입니다. 자기가 이미 정립하고 있는 어떤 관점에서 예수님을 바라보고 있고 영생을 생각하고 그 토대 위에서 예수님 당신이 알면 얼마나 아는가 하는 동기에서 한 번 시험적으로 건드려보고 있는 것입니다. 도대체 무엇을 가지고 자기들에게 돌아와야 할 민중들의 인기를 독차지하고 있는가 하고서 떠보고자 하는 것입니다. 그래서 그 증거를 찾으면 고발하려는 생각을 가지고 있는 것입니다. 그러니까 저는 유대주의적 영생관을 가지고 있었습니다. 행위로 말미암는 영생관을 가지고 있었던 것입니다. 유대주의자들은 이미 예수님을 초막절 때에 잡아오도록 명한 적이 있습니다(요 7:32).

예수께서는 유대주의의 영향 아래 있는 이 사람의 영적 상태를 아시지만 직접적으로 그것에 대해 뭐라고 하시지 않고 어떻게든 율법사의 현재적 상태를 반성할 수 있도록 그에게 성경 말씀으로 초점을 모아 질문을 하십니다. 주께서는 '율법에 무엇이라 기록되었으며 네가 어떻게 읽느냐' 하셨습니다. 모든 문제의 해결은 이렇게 항시 성경 말씀으로부터 시작해야 합니다. 그리고 그 사람의 읽는 관점의 분석이 중요합니다.

이에 대해 율법사는 말하기를 "네 마음을 다하며 목숨을 다하며 힘을 다하여 주 너의 하나님을 사랑하고 또한 네 이웃을 네 몸과 같이 사랑하라 하였나이다"(신 6:5; 레 19:18) 하여 전문가답게 적절하게 대답을 하였습니다. 그러나 그는 주님이 상기시키는 말씀의 본의에는 주의하지 않으면서 자기가 알고 있고 가지고 있는 성경 지식을 으스대는 차원에서 그 율법사는 자신 있게 율법과 선지자의 대강령을 가지고 대답을 하였습니다. 그는 그 말씀의 본의가 어디 있든지 간에 그 껍데기의 형식적인 말만 알고 있으면 다 되는 것처럼 평소에 생각하고 있는 자로서 그렇게 대답을 한 것입니다.

그러니까 예수께서는 말씀하시기를 "네 대답이 옳도다. 이를 행하라 그리하면 살리라" 했습니다. 주님께서는 일단 껍데기라도 알고 있는 그 점을 칭찬하셨습니다. 그 사람의 관점이 전적으로 옳다는 것을 말씀하시고자 이렇게 하신 것이 아닙니다. 그리고 그 말씀의 본의 안에 살아야 할 것을 제시하십니다. 알고 있는 그 말씀의 실질적인 결과를 경험하고 나아가야 할 것을 말씀하시는 것이지 여기서 피할 길을 내거나 단순히 조건적 행위로 말미암는 구원을 이야기하시는 것이 결코 아닙니다. 계명의 내용이 가리키는바 안에, 그러니까 은혜로운 언약 백성의 전제를 두고서 말씀을 따라 자신을 드려 주님이 내실 결과를 경험하여 나아간다면 살 것이라는 말씀을 하신 것입니다. 끝까지 참으시면서 그 사람으로 하여금 바른 하나님 나라 재료를 가지고 행할 수 있는 길을 제시하신 것입니다.

그런데 그 사람은 자신을 옳게 보이려고 예수께 말하기를 그러면 내 이웃이 누구오니이까? 하였습니다. 주께서 방금 대답해 주신 그 뜻을 깨닫지 못하고 자신은 이미 그런 방식으로 살고 있는 것처럼 여기고서 자기의 이웃이 누구인지만 가르쳐주면 그것을 실행하겠다고 하는 그와 같은 자랑하는 심정으로 이렇게 다시 질문을 하는 것입니다. 이것으로 그가 평소에 자기 죄와 무능력에 대해서는 알지 못하고 그저 자기 의에 사로잡힌 자의 심정을 가지고 있다 하는 것을 알 수 있습니다. 당시 저 율법사와 같은 자들은 이웃에 대해 무조건 가까이 있는 사람이라고 하지 않고 세리나 서민들은 이웃으로 치지 않았으며 또한 쿰란 공동체와 같은 자들을 어두움의 자식들이라고 여겼으며 겨우 이웃으로 인정하고 있는 것이 자기들의 사상을 지지하거나 같은 길을 가는 사람만을 이웃으로 여기고 있었습니다. 그러니까 자기들과 같은 관점을 가지면서 일정한 한도 내에서 동족애를 느낄 수 있는 그런 사람을 이웃으로 생각한 것입니다. 그리고 그러한 이웃에 대해 잘하는 것이 영생에 이르는 것으로 생각한 것입니다. 당시 예수님이 세리와 죄인들을 가까이 하며 저들에게 진정한 이웃이 되시는 일을 한편으로 고깝게 여기고 있는 터 위에서 이 율법사는 이런 질문을 예수님께 드리는 것입니다. 지금까지 우리가 본 내용이 선한 사마리아인 비유의 배경이 되는 말씀입니다. 율법사의 이 영생에 대한 질문의 말씀은 마태복음 22:34-40과 마가복음 12:28-31에 비슷하게 병행구로 나옵니다. 하지만 선한 사마리아인의 비유는 누가복음에만 나오고 있습니다.

선한 사마리아인의 비유

예수께서는 그 율법사의 질문 의도를 아시고서 인간 대(對) 인간으로서의 이웃에 대한 바른 개념과 영생의 본질과 관련된 아주 아름다운 이야기를 길게 만들어 내신 것입니다. 예수께서는 계시의 실체로서 구약 역대하 28:5-15에 나오는 이야기나 호세아서 6:9의 내용을 생각하시면서 그 용어를 사용하셨는지도 모르겠습니다.

> 5그러므로 그 하나님 여호와께서 아람 왕의 손에 붙이시매 저희가 쳐서 심히 많은 무리를 사로잡아 가지고 다메섹으로 갔으며 또 이스라엘 왕의 손에 붙이시매 저가 쳐서 크게 살육하였으니 6이는 그 열조의 하나님 여호와를 버렸음이라 르말랴의 아들 베가가 유다에서 하루 동안에 용사 십이만 명을 죽였으며 7에브라임의 용사 시그리는 왕의 아들 마아세야와 궁내대신 아스리감과 총리대신 엘가나를 죽였더라 8이스라엘 자손이 그 형제 중에서 그 아내와 자녀 합하여 이십만 명을 사로잡고 그 재물을 많이 노략하여 사마리아로 가져가니 9그 곳에 여호와의 선지자가 있는데 이름은 오뎃이라 저가 사마리아로 돌아오는 군대를 영접하고 저희에게 이르되 너희

열조의 하나님 여호와께서 유다를 진노하신 고로 너희 손에 붙이셨거늘 너희 노기가 충천하여 살육하고 10이제 너희가 또 유다와 예루살렘 백성들을 압제하여 노예를 삼고자 생각하는도다 너희는 너희 하나님 여호와께 범죄함이 없느냐 11그런즉 너희는 내 말을 듣고 너희가 형제 중에서 사로잡아 온 포로를 놓아 돌아가게 하라 여호와의 진노가 너희에게 임박하였느니라 한지라 12에브라임 자손의 두목 몇 사람 요하난의 아들 아사랴와 무실레못의 아들 베레갸와 살룸의 아들 여히스기야와 하들래의 아들 아마사가 일어나서 전장에서 돌아오는 자를 막으며 13저희에게 이르되 너희는 이 포로를 이리로 끌어들이지 못하리라 너희의 경영하는 일이 우리로 여호와께 허물이 있게 함이니 우리의 죄와 허물을 더하게 함이로다 우리의 허물이 이미 커서 진노하심이 이스라엘에게 임박하였느니라 하매 14이에 병기를 가진 사람이 포로와 노략한 물건을 방백들과 온 회중 앞에 둔지라 15이 위에 이름이 기록된 자들이 일어나서 포로를 맞고 노략하여 온 중에서 옷을 취하여 벗은 자에게 입히며 신을 신기며 먹이고 마시우며 기름을 바르고 그 약한 자는 나귀에 태워 데리고 종려나무 성 여리고에 이르러 그 형제에게 돌린 후에 사마리아로 돌아갔더라(대하 28:5-15)

9강도 떼가 사람을 기다림같이 제사장의 무리가 세겜 길에서 살인하니 저희가 사악을 행하였느니라(호 6:9)

좌우간 주님께서는 영생을 소유한 자로서 이웃에 대한 한계를 어떻게 정하고 어떻게 대우하고 나아가야 할 것인가 하는 것을 가르치는 것이 바로 선한 사마리아인의 비유입니다. 자신의 전적 무능력의 참상도 모르고 종교적으로 허울 좋게 포장이 된 채 도덕적인 행위로 영생을 소유하게 하는 사상을 가진 자가 바로 자신을 비추어 볼 수 있는 그러한 비유입니다. 비유의 내용을 먼저 풀어서 봅니다.

어떤 사람이 예루살렘에서 여리고로 내려가다가 강도를 만났습니다. 예루살렘은 해발 760미터의 고지(高地)이고 여리고는 해면(海面)보다 250미터나 낮은 곳에 있었습니다. 두 도시의 거리는 27킬로미터 정도 됩니다. 이 길은 산악지대에 있으므로 험하고 숲과 구덩이와 동굴들이 있어서 강도질하고 은신하기가 쉬워 강도들이 많았습니다. 최근에도 이 지역에 강도들의 습격 사건이 종종 발생한다고 합니다. 아무튼 유대인으로 추정되는 한 사람이 이 길로 내려가다가(돌아가다가) 강도를 만난 것이지요? 강도들은 그 사람의 가진 것을 빼앗고 옷을 벗기고 때렸습니다. 그렇게 해서 거의 죽게 된 사람을 그냥 버려두고 갔습니다. 때마침 한 제사장이 그 길로 내려가다가 그를 피하여 지나갔습니다. 예루살렘에서 봉사를 하고서 여리고의 집으로 돌아가는 중이었는지도 모릅니다. 당시 예루살렘 주변과 여리고 등지에 레위인이 많이 살고 있었다고 합니다. 그런데 왜 그냥 지나갔을까요? 율법에 비추어 부정한 신체나 알 수 없는 이상한 사람을 만나면 좋지 않다는 생각을 한 걸까요? 그 이유를 정확하게는 모르겠지만 제사장은 그렇게 절실하게 목숨이 왔다 갔다 하는 사람을 그저 힐끗 보고 몰인정하게 가버렸습니다. 그리고 레위인이 또 그곳을 지나게 되었습니다. 그도 그 강도 만난 사람을 보고 그냥 피하여 지나쳤습니다. 자기도 또 그런 일을 당할지 모른다고 생각했을까요? 그래서 두려움에 떨어서 빨리 그곳을 피하고 싶었을까요? 아니면 귀찮아서 그랬을까요. 어쨌든 그 레위인도 무슨 이유에서인지 모르지만 그냥 그곳을 피해 지나쳤습니다. 율법에 따라 원수의 짐승이라도 그런 위경이나 불쌍한 처지에 있으면 돌보아주어야 한다고 가르쳐야 할 사람이 그냥 강도 만난 사람을 두고서 피하여 지나갔습니다. 제사장이나 레위인이나 모두 오늘날로 치자면 교직자들인데 강도 만난 불쌍한 사람에게 그런 태도를 보였습니다.

그런데 어떤 사마리아인이 여행을 하는 도중에 거기에 이르렀습니다. 사마리아 사람은 유대인들이 포로기 이후부터 아니 그 이전으로 거슬러 올라가면 분열왕국 때부터 아주 개같이 멸시하여 여기는 그런 존재들입니다. 종교적으로 정통성이 없고 혼합 종교를 믿는다고 생각한 것입니다. 그는 강도 만난 사람을 보고 불쌍한 마음이 들었습니다. 그래서 우선 가까이 갔습니다. 그리고 기름과 포도주로 그 강도 만난 사람의 상처를 임시로 치료하였습니다. 그리고 가진 헝겊으로 그 상처를 싸맸습니다. 그리고 자기 짐승에 태워(본인은 걸어서) 주막으로 갔습니다. 그리고 그곳에서 그를 정성껏 밤새 돌보아 주었습니다. 그리고 이튿날 떠날 사정이 생겨서 주막 주인에게 데나리온 둘을 주고 간호를 부탁하였습니다. 당시 숙박비는 데나리온의 32분지의 1이었다고 하니까 데나리온 둘이 그렇게 작은 돈이 아닙니다. 그 착한 사마리아 사람은 덧붙여 말하기를 혹 부비가 더 들면 돌아올 때에 갚아준다고 약속까지 하였습니다. 참으로 이 사마리아 사람은 전심을 다해 강도 만난 사람을 돌보려는 긍휼의 심정이 충만하였습니다. 예수님은 이 비유를 말씀하시고서 그 율법사에게 '네 의견에는 이 세 사람 중에 누가 강도 만난 사람의 이웃이 되겠느냐' 하고 물었습니다. 직업이나 인종이나 종교나 계층 등 그 외 다른 조건이 진정한 이웃이 되는 데에 아무런 조건이 되지 않는다는 것을 보여주시기 위해 이런 말씀을 하신 것입니다.

다시 말해서 예수님은 한 율법사의 부정적인 이웃관과 잘못된 영생관을 깨우치시려고 이 비유를 하시고서 다시 질문을 하시는 것입니다. 이웃에 대해 영생에 대해 한계와 그릇된 관점을 가진 그 사람의 입에서 스스로 자백할 수밖에 없는 내용을 제시하셔서 자신의 그릇됨을 발견하도록 하시고자 하시는 것입니다. 그 율법사는 별 수 없이 '자비를 베푼 자니이다' 하였습니다. 사마리아 사람에 대해 언급하기 싫으니까 이렇게 대답을 하였습니다. 사마리아 사람이라는 말을 거론하기도 싫어서 그렇게 말을 했는지 모르겠지만 좌우간 그 사람은 진정한 이웃이 되는 사람이 누구인지 알았습니다. 예수님은 그 사람에게 최종적으로 '너도 이와 같이 하라'고 하셨습니다. 경직된 사고를 가지고 인간의 본연의 일도 저버리는 일을 하지 말고 인간 대 인간으로서 자연스럽게 가지고 있어야 할 그러한 자비의 심정을 가진 자와 같이 너도 그와 같이 하라는 것입니다. 사랑은 이렇게 행동으로 증명이 되는 것이기에 그 실질을 누리라는 것입니다.

우리가 알아야 할 것

우리가 여기서 주의해야 할 내용이 있습니다. 그것은 아까 서론 부분에서도 잠깐 말씀드렸지만 이 비유의 말씀은 단순하게 도덕적인 선행을 하여야 한다는 그런 말씀이 아니지요? 한 율법사의 영생과 관련하여 질문을 한 내용에 대해 예수께서 답을 해 가시면서 그 사람의 잘못된 관점을 고치시고자 가르치시는 것입니다. 자신의 전적 부패와 무능력을 인정하지 않고 그저 자기가 정한 종교적 카테고리 안에서 종교적 선행을 하여 무엇을 얻어 보고자 하는 자에게 가르치시는 내용입니다. 우리로 하여금 그런 결정을 하고 나아가게 하는 것입니다.

그렇다고 해서 그 사람 수준에서 잘 알아듣지도 못할 고도한 내용을 가르치시는 것은 아니지요? 이 비유에 나오는 사마리아 사람의 심정과 행동을 보면 사람 사이에서 아주 기본적이고 기초적이며 건전한 심성과 따뜻한 이성에 의한 진실한 행동이었습니다. 그리고 이 사람은 인종과 시간과 물질적인 면에서 얽매이지 않고 자유한 사람이었습니다. 그 사람이 사람 간에서 경계해야 할 것은 아무것도 없었습니다. 다만 그 사람의 불쌍한 처지에 진정한 이웃으로서 자비심이 발동하였고 그에 따라 건강한 행동을 한 것입니다. 그리고 자기가 책임을 져야 하겠다고 마음을 먹은 이상에는 그에 따른 모든 노력을 경주하였고 손해를 감수하였습니다. 물론 이 사람이 자기 일도 다 팽개치고 그 일만 한 것은 아니지요? 자기 몸을 사랑하는 수준에서 자기가 할 수 있는 한도 내에서 최선을 다하는 태도를 보인 것입니다. 이런 사랑은 하나님을 사랑하는 것과는 좀 차이가 있습니다. 하나님 사랑은 자기 목숨까지도 아끼지 않는 사랑이지요?

주님께서는 선한 사마리아인의 실체로서 극심한 곤란 가운데 빠진 자들을 위해 친히 모든 것을 감내하셨습니다. 이 이웃 사랑은 오직 주님만이 하실 수 있는 사랑입니다. 하지만 주님은 이 사랑의 깊이를 다 알지 못하는 자에게 무조건 사랑의 내용을 주입하시고자 하시는 것은 아닙니다. 인간 본성의 기초적이고 기본적인 심성을 일깨워서 스스로 그것을 다 할 수 없는 것을 알게 하시며 선한 사마리아인의 실체이신 주님 앞에 바로 나올 수 있게 하려고 하시는 것입니다.

그릇된 해석

아까 허두에서도 말씀드렸지만 어떤 사람들은 이런 문맥적 흐름을 알지도 못하고서 이 선한 사마리아인의 비유를 우화적으로 해석합니다. 이런 해석법은 초대교회 이후에 경건을 내세워 과도하게 오버하는 자들을 중심으로 꾸준히 유지되어 왔습니다. 억지로 인물들을 설정하여 대입하므로 학자 간에도 그 대입하는 자들에 대한 차이가 있습니다. 그러나 우리가 분명하게 알아야 할 것은 우화적으로 해석하지 않아야 할 것에 대해서는 계시 역사적인 흐름과 그 문맥에서 강조하는 것이 무엇인지를 아는 것입니다. 그래야 억지로 해석하는 일이 없습니다.

그리고 그저 도덕적으로 해석하는 일을 하는 자들도 많이 있습니다. 곤란에 처한 자들을 못 본 체하지 말고 돌아보아야 한다는 것입니다. 겉으로 드러나 보이는 면에서 그렇게 도덕적으로 해석할 수도 있겠으나 주님이 하신 말씀의 의도나 그리고 누가가 이 말씀을 인용하는 문맥에서도 단순히 도덕적으로 볼만한 것이 아니고 그리고 사람이 그 일을 스스로 할 수 있느냐 없느냐 정체성에 대한 검토부터 되어야 할 것입니다.

나가는 말

말씀을 맺습니다.

오늘은 선한 사마리아인의 비유에 대해서 상고하였습니다. 자기의 부패함과 무능력도 모른 채 그릇된 영생관을 가지고 주님께 나아와 그 행위의 의를 자랑하는 자에게 주님은 자신의 실체를 바로 바라볼 수 있는 비유의 말씀을 하셨습니다. 우리는 말씀을 듣고 행치 않는 자가 되지 않아야 할 것이고 우리의 부패한 행위의 의를 근거로 무엇을 자랑해 보려는 태도도 버려야 할 것입니다. 늘 말씀과 성신님을 의지하여 불쌍한 처지에 있는 자들에게 그리스도로부터 받은 품성적 은사를 잘 발휘하고 살아야 할 것입니다. 수다한 교조를 외우고 지키는 일보다 한 가지 바르게 깨달은 마음으로 불쌍한 이웃에게 그리스도의 사랑을 실천하는 것이 더 귀한 것입니다. 그 일을 함에 있어서 시간과 물질과 정력이 소비된다고 해도 기꺼이 그 일을 하여야 할 것입니다.

기도

거룩하신 아버지 하나님, 율법사는 어려서부터 율법의 아들로 자란 존재이고 모든 백성 중에서도 또 특별한 재능이 드러나서 율법사로 교직을 갖고 있는 존재인데, 그리고 성경을 연구해서 오실 메시야를 예비해야 될 그런 존재인데 오신 메시야로 계신 주님을 알아보지 못하고 주님을 시험하여 어떻게 하여야 영생을 얻겠느냐고 질문을 하고 또 주님이 가르치시는 말씀에 대해 인간적인 안목으로 대답을 하여 자신의 수준과 자신의 처지와 자신의 한계를 다 드러냈사옵나이다. 주님은 그에게도 기회를 주셔서 선한 사마리아인의 비유를 통해서 진정으로 타락한 인간이 무엇을 할 수 있겠는가를 알게 하시고 또 눈앞에 있는 주님을 바로 쳐다보고 바로 나아올 수 있도록 제시해 주시옵나이다. 그럼에도 불구하고 율법사는 주님의 권위에 눌려서 바른 대답은 하지만 그 결말이 주님을 주님으로 고백하는 것으로 나타나지 않아서 그 예후를 알 수 없는 상태로 나아갔사옵나이다. 거룩하신 아버지 하나님이시여, 참으로 땅의 안목을 가지고 하늘에서 오신 메시야를 바라볼 때 누구라도 이런 함정에 빠지고 이런 논리에서 헤어날 수 없다는 것을 분명히 기억하옵나이다. 저희들이 하나님의 말씀을 대함에 있어서 참으로 하나님의 시각에서 바라보고 해석하고 적용할 것이옵는데 인간적인 안목, 인간의 이성을 앞세워 그 해석을 가지고 적용하려고 하는 그런 모습이 있사옵나이다. 저희들 긍휼히 여겨 주시옵고 저희들을 땅에서 올려서 하늘로 인도하시는 주님의 배려를 잘 기억하고 하나님의 말씀을 하늘의 말씀으로 받아서 하늘 시민권을 가진 자로서 행보해 나아가게 하옵소서. 주님의 나라의 도덕에 대해 인간적인 희생과 사랑으로 나타나는 그런 도덕으로 끌어내려서 생각하지 않게 하옵시고 가장 자그마한 일이라 할지라도 우리 속에서 선한 하나님 나라의 일을 이룰 수 없다는 것을 잘 기억하고 오직 말씀과 성신님을 의지해서 선한 결실을 내고 나아가게 하여 주시옵소서. 주께서 주신 선물들, 여러 가지 지혜와 은사와 힘을 가지고 하나님 나라의 일에 주력해서 하나님이 기뻐하시는 열매를 잘 맺으며 나아가게 하여 주시옵소서. 선한 사마리아인의 비유를 통해서 우리 실체를 보게 하시고 주님 앞에서 길을 찾게 하시니 참으로 감사를 드립니다. 각성한 대로 저희들이 행보해서 주님께 큰 영광이 되게 하여 주시옵소서. 모든 말씀,

우리 구주 예수 그리스도의 이름으로 기도 올리옵나이다. 아멘.

제 20 강

밤중에 찾아온 친구 비유

누가복음 11:5-13

들어가는 말

오늘은 밤중에 찾아온 친구 비유를 보도록 하겠습니다. 이 말씀은 누가복음에만 나옵니다. 이 비유 말씀은 누가가 마태복음보다는 짧은 주기도문을 소개하면서 마태복음에서와 같이 '시험에 들게 하지 마옵소서'에 이어 계속하지 않은 다음에 나오고 있습니다. 그러니까 마태복음에서와 같이 '다만 악에서 구하옵소서 대개 나라와 권세와 영광이 아버지께 영원히 있사옵나이다' 하지 않고 이 비유를 통해 바른 자세를 가지고 지속적인 기도를 하여야 한다는 교훈적인 내용을 보도하고 있습니다. 먼저 본문 말씀을 제가 읽겠습니다. 누가복음 11:5-13입니다.

5또 이르시되 너희 중에 누가 벗이 있는데 밤중에 그에게 가서 말하기를 벗이여 떡 세 덩이를 내게 빌리라 6내 벗이 여행 중에 내게 왔으나 내가 먹일 것이 없노라 하면 7저가 안에서 대답하여 이르되 나를 괴롭게 하지 말라 문이 이미 닫혔고 아이들이 나와 함께 침소에 누웠으니 일어나 네게 줄 수가 없노라 하겠느냐 8내가 너희에게 말하노니 비록 벗됨을 인하여서는 일어나 주지 아니할지라도 그 강청함을 인하여 일어나 그 소용대로 주리라 9내가 또 너희에게 이르노니 구하라 그러면 너희에게 주실 것이요 찾으라 그러면 찾을 것이요 문을 두드리라 그러면 너희에게 열릴 것이니 10구하는 이마다 받을 것이요 찾는 이가 찾을 것이요 두드리는 이에게 열릴 것이니라 11너희 중에 아비 된 자 누가 아들이 생선을 달라 하면 생선 대신에 뱀을 주며 12알을 달라 하면 전갈을 주겠느냐 13너희가 악할지라도 좋은 것을 자식에게 줄 줄 알거든 하물며 너희 천부께서 구하는 자에게 성신을 주시지 않겠느냐 하시니라

본문의 사건이 일어난 때

오늘 본문의 사건이 일어난 때는 언제인가? 정확하게는 알 수 없지만 주님의 지상 생애 제3년 초막절 즈음에 갈릴리 지역을 육체로는 영구히 이별하시고 예루살렘으로 올라가셔서 주를 따르는 제자들을 교훈하시고 그 주변을 전도하실 때에 있었던 일로 추정합니다. 그러니까 11월과 12월 사이에 예루살렘 근처에서 가르치시는 중에 한 율법사가 예수께 나아와 영생에 대한 질문을 했고 그 다음에 선한 사마리아인의 비유를 하셨고 그 다음에 주께서 마르다와 마리아의 대접을 받으셨습니다. 그 일 바로 뒤에 예수께서 기도를 하셨는데 제자들이 그것을 보고 세례 요한을 생각하며 기도를 가르쳐 달라고 하여 그들에게 요약된 주기도문의 내용을 가르치시고 난 뒤에 오늘 본문의 말씀이 있었던 것으로 생각됩니다.

저들이 늘 기도하는 자들인데 무슨 다른 기도 방법에 대해 가르쳐

달라고 하는 것이 아니고 기도를 할 때보다 심오하고 거룩한 기도를 할 수 있는 것을 가르쳐 달라고 한 것에 대해 이미 저들이 들어서 알고 있는 주기도문을 요약하여 가르치신 것이고 그 다음 오늘 본문의 비유의 말씀과 그에 대한 실례들을 가르치신 것입니다.

다시 생각해서 말하지만 이 말씀은 주님의 공생애 2년 중에 있었던 마태복음의 산상보훈의 시기와 차이가 있습니다. 그리고 마태복음 6장에서는 당시의 유대인들의 기도에 있었던 것을 고려하시고 바른 기도를 가르치신 것이나 여기서는 아까도 말씀드렸듯이 기도에 있어서 독특한 예수님의 교훈을 하시려고 하신 것입니다. 본문의 말씀 뒤에는 갈릴리를 영별하실 때 베레아로 전도를 보냈던 70인이 예수님이 계신 곳으로 찾아와 전도보고를 하는 내용이 나옵니다.

본문의 내용 분해

그러면 오늘 본문의 내용을 분해해 보도록 하겠습니다. 오늘 본문은 셋으로 구분이 됩니다. 첫째는 5절부터 8절입니다. 여기에 밤중에 찾아온 친구 비유가 나옵니다. 밤중에 잠을 자려고 침소에 누웠는데 한 친구가 찾아와 떡 세 덩이를 강청하여 빌리는 내용입니다. 그 친구가 왜 떡을 빌리려고 하느냐면 자기에게 손님이 찾아왔기 때문이었습니다. 둘 사이의 서로 간 친분 관계로 보아서는 얼마든지 거절할 수 있는 지간이지만 그의 강청함을 인하여 떡 세 덩이를 빌려주었다는 이야기입니다. 둘째는 9절로 10절입니다. 이 말씀은 마태복음 7장 7-8절의 산상보훈 가운데 있는 말씀과 똑같습니다. 진정으로 하는 기도에 대한 하나님의 확실한 약속을 기술하고 있습니다. 그리고 이어 세 번째는 11절부터 마지막 13절까지입니다. 진실한 기도에 대한 하나님의 약속을 말씀한 다음 그에 대한 하나의 실례를 들어서 하나님과 사람의 차이에 대해 비교 증거하시는 것입니다. 사실 이 내용도 마태복음 7장 9-10절의 내용과 아주 유사한 것입니다. 용어상의 약간의 차이가 있을 뿐이지 같은 내용입니다. 눈에 확실히 보이지는 않지만 성신님의 구체적인 역사하심에 대한 결과들이 이렇다 하는 것을 예시하는 것입니다.

첫 번째 비유의 내용

이제 첫 번째 내용부터 보도록 하지요? 주님은 방 하나에 같이 사는 팔레스틴의 한 가정을 연상하시고서 이 말씀을 하십니다. 주님은 '너희 중에 누가 벗이 있는데 … ' 하시면서 이 비유를 시작하십니다. 한 동리에 A라는 사람과 B라는 사람이 있는 데 둘 사이는 그렇게 절친한 친구 사이는 아니었습니다. 그저 인사나 하고 지내는 정도였습니다. 그런데 어느 날 밤늦게 B라는 친구가 A라는 친구를 찾아왔습니다. B라는 친구는 A에게 '친구여! 미안하지만 떡 세 덩이를 내게 좀 빌려 달라'고 하였습니다. 자기 집에 이렇게 늦게 손님이 찾아왔는데 마침 주식이 되는 떡이 떨어졌다는 것이었습니다. 당시에는 지역에 따라 한낮의 더위를 피해 여행을 하는 일이 흔하여 이렇게 늦게 찾아오는 손님도 있었다고 하는데 여기서도 반드시 그런가는 확인할 바가 없습니다. 어쨌든 집에 온 손님은 반드시 환영해야하는 관습이 있었습니다. 그래서 B라는 친구는 떡을 빌려주면 반드시 갚겠다는 의사표시를 여기서 분명히 하고서 떡을 빌리려고 하였습니다. 아마 근처 주막도 밤이 늦어 문을 닫았던 것 같습니다. 하여튼 A라는 친구는 그렇게 청한 B에게 '이제 자려고 아이들과 함께 침소에 들었고 문단속도 하였기 때문에 나를 더 이상 괴롭게 하지 말라' 하며 '떡을 빌려줄 수 없다'고 하였습니다. 이스라엘에서 보통 시골에 있는 작은 집들은 거실과 식당과 침실로 사용하는 방 한 칸만으로 되어 있습니다. 이런 집들은 문을 하나만 갖고 있는데 낮에는 대개 다 열어 놓았다가 해가 지고 저녁이 되면 가장에 의해 이 문은 닫히고 그리고 다른 사람이 들어오지 못하게 문과 벽 양쪽에 있는 고리 사이에 나무로 된 무거운 문빗장을 끼워둡니다. 그런 다음 요를 깔고 가족들이 그 요 위에 누워 잠을 잡니다. 이런 상황에서 다시 일어나 지금까지 한 일을 뒤집어서 필요한 물건을 찾기는 쉽지 않았습니다. 그래서 귀찮으니까 빌려줄 수 없다는 것이었지요? 둘 사이는 그 정도를 말하는 사이였습니다.

A의 이 같은 소리를 들은 B라는 친구는 실망이 되어도 그냥 집으로 돌아갈 수 없었습니다. 당장에 먼 길을 찾아와 허기와 피곤에 지친 친구를 굶기게 되는 더 큰 실례를 범하게 되기 때문이었습니다. 이것은 이스라엘에 있어서 찾아온 손님을 아주 잘못 대하는 그런 욕된 경우가 되기 때문에 그는 여기서 그냥 빌려 달라기를 멈추고 집으로 돌아갈 수가 없었던 것입니다. 어떤 경우에라도 추후 이렇게 손님을 홀대한 일이 드러나면 어쨌든 하나님 나라 백성들인 주변 사람들로부터 그 사람은 손가락질을 받아야만 하는 것입니다. 그래서 B는 더욱 끈질기게 강청하여 A에게 떡 세 덩이를 빌려달라고 구하였습니다. A는 하는 수 없이 일어나 불을 켜고 떡 세 덩이뿐만 아니라 더 넉넉하게라도 찾아서 문을 열고 B에게 빌려주었습니다. 소용대로 빌려주면서 하는 말이 '우리 사이의 관계로 보아서는 이 떡을 주지 않을 것이나 강청함을 인하여 빌려준다.' 하였습니다. 여기서 강청한다는 말의 원어적 의미는 '부끄러운 것을 모르고 간곡하게 청했다'는 뜻입니다. 그러한 강청에 못 이겨 떡을 빌려주었다는 것입니다.

비유의 핵심

그러면 이 비유의 핵심은 무엇인가? 누구든지 단순하게 열심히 끈질기게 하나님께 강청하면 다 들어주신다는 그런 뜻인가? 물론 그것은 아닙니다. 혹자들은 이 비유를 곡해하여 무조건 열심히 강청하면 다 들어주실 것이다 하는 생각을 하고서 사람들에게 어찌되었든지 열심히 끈질기게 구하여 보라고 하였습니다. 그러면 과연 그런 뜻으로 이 비유를 하신 것인가? 이 말씀은 응답 받는 기도의 한 방법에 대해 가르치는 것이 아닙니다. 이 비유의 말씀에서 주의해야 할 것은 떡을 빌리려는 자의 자세나 그 성격에 대한 것입니다. B라는 사람은 보통 믿음이 없는 자와 같이 자기의 욕구 소비를 위하여 떡을 빌린 것이 아닙니다. 그는 이스라엘 나라 안에서 친구에 대한 예와 도덕을 지키기 위하여 자기가 비록 수모를 당한다고 해도 어떻게든 구해 보아야겠다는 그런 뜨거운 심정이 있었습니다. 말하자면 도고를 하는 심정으로 그렇게 강청을 한 것입니다. 다시 말해서 이 비유의 핵심은 열심히 무조건 강청하면 다 된다는 것이 아니고 강청하는 자의 도고를 하는 마음 자세와 그에 따른 끈질긴 행동에 있는 것입니다.

두 번째의 내용

이제 그 다음 두 번째 내용을 보도록 하지요? 주께서는 그렇게 밤중에 찾아온 친구 비유를 하시고서 "구하라 그러면 너희에게 주실 것이요 찾으라 그러면 찾을 것이요 문을 두드리라 그러면 너희에게 열릴 것이니 구하는 이마다 받을 것이요 찾는 이가 찾을 것이요 두드리는 이에게 열릴 것이니라" 하신 것입니다. 사람들 사이에서도 중도에 포기하는 일이 없이 대의를 위한 이와 같은 마음 자세로 끈질기게 겸손히 구하는 자에게 필요한 것을 주는 것인데 하물며 하늘에 계신 자에게 그와 같은 자세로 구하면 주시지 않겠느냐 하시는 것입니다. 그리고 겸손하게 구하는 데에서 그치지 말고 계속해서 기회가 되는 대로 신뢰심을 갖고 찾고 두드리는 적극성을 보이라는 말씀이지요? 몇 마디 구하면 금방 다 준다는 것이 아니고 간절함을 주시고 간절히 구한 그에게 찾을 것을 주시며 찾는 그에게 두드릴 문을 주셔서 인도해 가시는데 그와 같은 경영 앞에서 적극적인 태도를 보이고 나아가라는 발전적인 말씀이지요? 그러면 그렇게 대의를 위해서 적극적으로 구하는 자에게 하나님께서 필요한대로 응답해 주신다는 것입니다.

사람이 시험에 드는 이유와 거기서 벗어나는 방법

사람이 시험에 드는 것은 주의 나라를 이뤄야 할 말씀과 성신을 떠나 자기 일에 매달려서 그것을 구하고 찾는 데에 그 원인이 있습니다. 특별히 사단이 자기 수하의 사람을 강력하게 역사하여 미친 듯이 시험에 들어 나아가게도 하는 일이 있지만 대부분 사람이 단순히 성장하기 위한 시련이 아니라 추락하게 되는 시험에 드는 것은 주의 나라와 의를 향한 말씀과 성신을 멀리하고 자기 정욕에 눈이 멀어 미치면 그렇게 되는 것입니다. 그런 일에서 벗어나는 것은 철저하게 말씀과 성신님의 능력으로 자기의 정체성을 아는 일입니다. 주께서 예비하신 긍휼을 적극적으로 의지하고 나아가야 하는 것입니다. 그리고 나서 주의 긍휼을 입은 자로서 이웃을 위한 진실되고 진정한 간구와 도고를 하여야 합니다. 그러면 이전에 매였던 시험과 같은 일에 다시금 얽매이는 일이 없는 것입니다. 오히려 자비하신 아버지 하나님과의 깊은 교제와 그 교통으로 말미암는 응답으로 인하여 기쁨과 희락을 누리고 살아가는 것입니다.

주님은 진정으로 기도를 알기 원하고 심오한 기도의 경지에 오르기를 바라는 제자들에게 바로 이와 같은 마음의 경계를 갖도록 하기 위하여 이 말씀을 하십니다. 단순히 열심히 끈질기게 구하면 뭐든지 다 들어주신다는 그런 기도의 방법론적인 이야기를 하시는 것이 아닙니다.

세 번째의 내용

그 다음에 하신 말씀에서 그에 대한 구체적인 증거가 나타납니다. 이전에서 좀 더 나아가 너희가 과연 하나님을 어떤 하나님으로 알고 기도하는가를 가르치시는 내용입니다. '너희 중에 아비 된 자 누가 아들이 생선을 달라 하면 생선 대신에 뱀을 주며 알을 달라 하면 전갈을 주겠느냐 너희가 악할지라도 좋은 것을 자식에게 줄 줄 알거든 하물며 너희 천부께서 구하는 자에게 성신을 주시지 않겠느냐 하시니라' 너희 중에 아버지 된 자가 자기 자식이 생선이 먹고 싶어 그것을 달라고 하면 뱀을 줄 사람이 있으며 알을 먹고 싶어서 달라고 하면 전갈을 줄 사람이 있느냐? 그렇게 할 아버지는 하나도 없다는 것입니다. 혹 악한 아비라도 기본적으로 먹을 것을 달라 하는 자기 자식에게 그렇게 하지 않고 좋은 것으로 주려고 할 텐데 좋은 아버지의 원형이 되신 하늘 아버지께서 자기 자녀의 구하는 좋은 것을 반드시 주시는 것입니다.

마태복음에서는 그냥 좋은 것을 주신다고 했지만 누가복음에서는 성신을 주신다고 했습니다. 신약의 시대를 살아가는 신자들에게 가장 좋은 것은 물론 성신님이십니다. 그래서 그 좋은 성신님을 주시는 것입니다. 성신님의 인도를 받으면 진리 가운데 이끌림을 받고 그리스도의 발자취를 따라 갈 수 있으며 우리의 연약함을 대신하여 대언하시는 영이시므로 우리가 다 하지 못하는 중보의 일들을 다 해 주신 것입니다. 실제로 제자들은 주님이 약속하신 이 성신을 다 받아서 신약 교회의 터가 되었습니다. 그러니까 그렇게 좋은 것을 주시는 하늘 아버지를 알고 그 분께 나아와 겸손하게 믿음의 기도를 지속적으로 하여야 하는 것을 제자들에게 주님은 가르치시는 것입니다.

듣지 아니하시는 기도

물론 구하지 아니해도 혹 무엇이든지 구하면 다 줄 뿐만 아니라 그 위에 더 좋은 것을 준다는 것은 아닙니다. 주님이 듣지 아니하시는 기도가 있습니다. 죄를 품고 기도하면 하나님은 그 기도를 듣지 않으시고(시 66:18;사 50:2, 59:1-2) 율법을 준행치 않고 기도하면 주님은 들으시지 않으시며(잠 28:9) 정욕으로 구하면 하나님 아버지께서 들으시지 아니하십니다(약 4:3). 세상을 좋아해서 세상과 벗되고자 그리고 세상을 염려해서 아무리 구해도 그런 기도는 하나님 아버지께 상달되지 않습니다. 그리고 이방인과 같이 중언부언하는 기도도 듣지 아니하십니다. 방법이 아무리 간절하고 여러 번 끈질기게 간구해도 아니 들으시는 것입니다. 그러한 자들에게는 오히려 심판만이 기다리고 있을 뿐입니다. 시편 66:18, 잠언 28:9, 야고보서 4:3, 마태복음 6:7을 보도록 합니다.

> 18내가 내 마음에 죄악을 품으면 주께서 듣지 아니하시리라(시 66:18)
>
> 9사람이 귀를 돌이키고 율법을 듣지 아니하면 그의 기도도 가증하니라(잠 28:9)

³구하여도 받지 못함은 정욕으로 쓰려고 잘못 구함이니라(약 4:3)

⁷또 기도할 때에 이방인과 같이 중언부언하지 말라 저희는 말을 많이 하여야 들으실 줄 생각하느니라(마 6:7)

들으시는 기도

오직 하나님 아버지는 하늘 아버지를 사랑하여 그분의 뜻을 알기를 바라고 그분의 능력을 힘입기를 바라며 그분의 인도를 바라실 때 들으시는 것입니다. 시편 145:18-20을 보겠습니다.

¹⁸여호와께서는 자기에게 간구하는 모든 자 곧 진실하게 간구하는 모든 자에게 가까이 하시는도다 ¹⁹저는 자기를 경외하는 자의 소원을 이루시며 또 저희 부르짖음을 들으사 구원하시리로다 ²⁰여호와께서 자기를 사랑하는 자는 다 보호하시고 악인은 다 멸하시리로다

또 그의 나라와 그의 의를 구하면 주께서 들으시고 그 위에 무엇이든 더하여 주시는 것입니다(마 6:33). 그리고 어려움에 처한 이웃을 위해 기도할 때 또한 들으십니다. 그리고 회개하는 자의 말씀을 들으시며 교회의 한 분자로서 여러 가지의 환란과 곤고가 있을 때 주의 인도를 바라고 간구하면 들으십니다. 그 사람이 말을 많이 아니 해도 중심으로 기도하는 내용을 다 들으시고 응답하여 주시는 것입니다.

그런 예는 성경에서 허다히 볼 수 있고 실제 우리의 삶 가운데에서 분명하게 체험하는 것입니다. 솔로몬의 기도에서 그 예를 한 번 같이 보도록 하겠습니다. 왕상 8:28-53입니다.

²⁸그러나 나의 하나님 여호와여 종의 기도와 간구를 돌아보시며 종이 오늘날 주의 앞에서 부르짖음과 비는 기도를 들으시옵소서 ²⁹주께서 전에 말씀하시기를 내 이름이 거기 있으리라 하신 곳 이 전을 향하여 주의 눈이 주야로 보옵시며 종이 이 곳을 향하여 비는 기도를 들으시옵소서 ³⁰종과 주의 백성 이스라엘이 이 곳을 향하여 기도할 때에 주는 그 간구함을 들으시되 주의 계신 곳 하늘에서 들으시고 들으시사 사하여 주옵소서 ³¹만일 어떤 사람이 그 이웃에게 범죄함으로 맹세시킴을 받고 저가 와서 이 전에 있는 주의 단 앞에서 맹세하거든 ³²주는 하늘에서 들으시고 행하시되 주의 종들을 국문하사 악한 자의 죄를 정하여 그 행위대로 그 머리에 돌리시고 의로운 자를 의롭다 하사 그 의로운 대로 갚으시옵소서 ³³만일 주의 백성 이스라엘이 주께 범죄하여 적국 앞에 패하게 되므로 주께로 돌아와서 주의 이름을 인정하고 이 전에서 주께 빌며 간구하거든 ³⁴주는 하늘에서 들으시고 주의 백성 이스라엘의 죄를 사하시고 그 열조에게 주신 땅으로 돌아오게 하옵소서 ³⁵만일 저희가 주께 범죄함을 인하여 하늘이 닫히고 비가 없어서 주의 벌을 받을 때에 이 곳을 향하여 빌며 주의 이름을 인정하고 그 죄에서 떠나거든 ³⁶주는 하늘에서 들으사 주의 종들과 주의 백성 이스라엘의 죄를 사하시고 그 마땅히 행할 선한 길을 가르쳐 주옵시며 주의 백성에게 기업으로 주신 주의 땅에 비를 내리시옵소서 ³⁷만일 이 땅에 기근이나 온역이 있거나 곡식이 시들거나 깜부기가 나거나 메뚜기나 황충이 나거나 적국이 와서 성읍을 에워싸거나 무슨 재앙이나 무슨 질병이 있든지 무론하고 ³⁸한 사람이나 혹 주의 온 백성 이스라엘이 다 각각 자기의 마음에 재앙을 깨닫고 이 전을 향하여 손을 펴고 무슨 기도나 무슨 간구를 하거든 ³⁹주는 계신 곳 하늘에서 들으

시고 사유하시며 각 사람의 마음을 아시오니 그 모든 행위대로 행하사 갚으시옵소서 주만 홀로 인생의 마음을 다 아심이니이다 40 그리하시면 저희가 주께서 우리 열조에게 주신 땅에서 사는 동안에 항상 주를 경외하리이다 41또 주의 백성 이스라엘에 속하지 아니한 자 곧 주의 이름을 위하여 먼 지방에서 온 이방인이라도 42저희가 주의 광대한 이름과 주의 능한 손과 주의 펴신 팔의 소문을 듣고 와서 이 전을 향하여 기도하거든 43주는 계신 곳 하늘에서 들으시고 무릇 이방인이 주께 부르짖는 대로 이루사 땅의 만민으로 주의 이름을 알고 주의 백성 이스라엘처럼 경외하게 하옵시며 또 내가 건축한 이 전을 주의 이름으로 일컫는 줄을 알게 하옵소서 44 주의 백성이 그 적국으로 더불어 싸우고자 하여 주의 보내신 길로 나갈 때에 저희가 주의 빼신 성과 내가 주의 이름을 위하여 건축한 전 있는 편을 향하여 여호와께 기도하거든 45주는 하늘에서 저희의 기도와 간구를 들으시고 그 일을 돌아보옵소서 46범죄치 아니하는 사람이 없사오니 저희가 주께 범죄함으로 주께서 저희에게 진노하사 저희를 적국에게 붙이시매 적국이 저희를 사로잡아 원근을 물론하고 적국의 땅으로 끌어간 후에 47저희가 사로잡혀 간 땅에서 스스로 깨닫고 그 사로잡은 자의 땅에서 돌이켜 주께 간구하기를 우리가 범죄하여 패역을 행하며 악을 지었나이다 하며 48자기를 사로잡아 간 적국의 땅에서 온 마음과 온 뜻으로 주께 돌아와서 주께서 그 열조에게 주신 땅 곧 주의 빼신 성과 내가 주의 이름을 위하여 건축한 전 있는 편을 향하여 주께 기도하거든 49주는 계신 곳 하늘에서 저희 기도와 간구를 들으시고 저희의 일을 돌아보옵시며 50주께 범죄한 백성을 용서하시며 주께 범한 그 모든 허물을 사하시고 저희를 사로잡아 간 자의 앞에서 저희로 불쌍히 여김을 얻게 하사 그 사람들로 저희를 불쌍히 여기게 하옵소서 [51]저희는 주께서 철 풀무 같은 애굽에서 인도하여 내신 주의 백성, 주의 산업이 됨이니이다 [52]원컨대 주는 눈을 들어 종의 간구함과 주의 백성 이스라엘의 간구함을 보시고 무릇 주께 부르짖는 대로 들으시옵소서 [53]주 여호와여 주께서 우리 조상을 애굽에서 인도하여 내실 때에 주의 종 모세로 말씀하심같이 주께서 세상 만민 가운데서 저희를 구별하여 주의 산업을 삼으셨나이다

솔로몬의 이와 같은 기도는 계속해서 그에 따라 구하는 자들에게 그대로 성취되었습니다. 그러나 그렇게 구하지 아니함으로 인하여 멸망한 자들이 많이 있습니다.

중요히 알아야 할 것

그러니까 중요한 것은 기도의 방법이 끈질기지 않아서 받지 못하는 것이 아닙니다. 방법상의 문제는 두 번째입니다. 기도자의 신분이 성경에서 말하는 의인이어야 하고(잠 15:29) 기도의 동기가 발라야 하고 그러고 나서 그것의 성취를 위해 기도자가 여러 가지로 손해를 본다고 해도 간절함으로 기도해야 한다는 것입니다. 오늘 본문은 그와 같은 것을 전제로 끈질기게 기도하여야 한다는 것입니다. 그럴 때 주님은 기도를 들으시는 것입니다. 우리가 한 가지 잊지 말아야 할 것이 있습니다. 그것은 어제의 악인이라도 오늘 회개하면 주께서 그 사람의 기도를 들으시지만 어제의 의인이라도 오늘 범죄하면 주께서 그 기도를 들으시지 아니 하신다는 것입니다.

나가는 말

말씀을 맺습니다.

오늘은 밤중에 찾아온 친구 비유를 살펴보았습니다. 주님은 여기서 기도하는 자의 자세가 어떠해야 함을 분명히 가르치시고 그 의로운 기도의 발전적인 면을 보이셔서 보다 적극적으로 지속적으로 기도해야 할 것을 가르치십니다. 우리는 기도할 때 동기가 불분명한 때가 많고 막상 기도를 시작하면 그저 간절히 끈질기게만 하려고 하거나 아니면 들으시거나 말거나 별로 간절함이 없이 몇 마디 한 것으로 기도를 다 한 것으로 여깁니다. 진정 우리는 자기 정체성을 알고 대의를 위한 기도를 하되 끈질기게 보다 적극적으로 하여야 할 것입니다. 그것이 비록 나에게 여러 가지 어려움을 가져다준다고 해도 이런 자세를 잃지 않아야 할 것입니다. 그러면 주님께서 우리에게 하나님 나라에서 가장 좋은 것으로 함께 하실 것입니다. 그리고 분명하게 유의해야 할 것은 율법을 듣지 않고 기도를 하거나 그저 자기의 생계나 행복과 관련하여서만 기도한다거나 이웃을 위하여 기도를 해도 형식적으로 기도하고 마는 그런 일이 결코 없어야 할 것입니다.

기도

거룩하신 아버지 하나님, 밤중에 찾아온 친구 비유를 저희들에게 다시금 또 듣게 하셔서 저희들이 기도할 때 어떤 자세로 기도해야 하는가를 깨우쳐 주시니 감사를 드립니다. 주께 속한 자로서 주님의 대의를 위해서 수모를 당한다 할지라도 간청하여 적극적으로 기도할 때 주님은 필요한 것, 가장 좋은 것으로 채워주신다고 약속을 하셨사옵나이다. 저희들은 기도를 한다고 하지만 간절함이 빠질 때가 많이 있고 또 주의 뜻과 관련해 가지고 대의를 세우기 위해서 기도하는 때가 적으며 무엇을 구한다고 해도 끈기 있게 구하지 못하는 그런 모습이 많이 있습니다. 기회가 되면 우리의 정욕을 위해서 구하고 또 우리의 자아실현을 위해서 무엇을 구하고 그것을 들어주지 않는다고 시험에 들기도 하옵는데 저희들 기도의 본의와 그 자세를 다시금 알게 하셔서 주님 앞에 어떤 태도를 취하면서 마땅히 기도해야 할 것이 무엇인지 알게 하시니 감사를 드립니다. 저희들 주께서 들으시면 좋고, 아니 들으시면 할 수 없다 하는 식으로 적극적으로 기도하지 아니하고 마는 때가 너무도 많이 있는 존재들인데 주님 앞에서 바른 소원을 갖고 이제 우리가 어떤 수모를 당한다 할지라도 마땅히 구해야 할 것들을 구하고 나아갈 수 있게 하시니 감사를 드립니다. 악한 아비라도 자식에게 좋은 것을 줄줄 알거든 하늘 아버지께서 우리에게 가장 좋은 성신을 늘 주셔서 주의 선하신 인도를 진리 가운데 받아 나아갈 수 있게 하시온즉 저희들 늘 잊지 말고 주님이 주신 마음을 가지고 주님이 깨우쳐 주신 그 자세를 유지하며 주님 앞에 적극적으로 더욱 구하고 찾고 두드리게 하여 주시옵소서. 주께 속한 자로서 필요한 소원을 알게 하시고 그것을 위해서 간절히 기도하고 나아가게 하옵소서. 모든 걸 주께 의탁 드리옵고 감사드리며,

　　우리 구주 예수 그리스도의 이름으로 기도 올리옵나이다. 아멘.

제 21 강

좁은 문 비유

누가복음 13:22-30

들어가는 말

오늘은 좁은 문 비유를 보도록 하겠습니다. 좁은 문에 대한 말씀은 주님께서 공생애 제2년 중간 즈음에 하신 산상보훈의 말씀에도 나와 있습니다. 좁은 문과 멸망의 문인 넓은 문을 대조하시면서 생명의 문인 좁은 문으로 들어가야 할 것을 제시하셨습니다. 구원에 있어서 행위적 공로에 의한 구원이 아니라 하늘 아버지의 뜻을 따라 현재적으로 복음에 합당한 생활을 하는 삶과 연계하여 이 말씀을 하신 것입니다. 여기서의 좁은 문은 좁은 길과도 맥을 같이 하는 것이었습니다. 천국의 상태와 그 나라의 삶의 원리에 대해 말씀하시는 말미에 거짓 선지자들의 인도와 연결하여 이 말씀으로 매듭을 짓고 계십니다. 거짓 선생들의 가르침의 초점은 항시 하나님의 영광이 아니라 개인의 행복에 모아져 있습니다. 그것이 멸망으로 가는 넓은 문과 통하여 있는 것입니다. 오늘 본문도 주제는 산상보훈의 좁은 문의 가르침에 대한 내용과 비슷하지만 이야기되어지는 상황은 분명 다릅니다. 그리고 누가의 독특한 표현 방식이 나타나는 비유입니다. 먼저 본문 말씀을 제가 읽겠습니다. 누가복음 13:22-30입니다.

> 22예수께서 각 성 각 촌으로 다니사 가르치시며 예루살렘으로 여행하시더니 23혹이 여짜오되 주여 구원을 얻는 자가 적으니이까 저희에게 이르시되 24좁은 문으로 들어가기를 힘쓰라 내가 너희에게 이르노니 들어가기를 구하여도 못하는 자가 많으리라 25집주인이 일어나 문을 한 번 닫은 후에 너희가 밖에 서서 문을 두드리며 주여 열어 주소서 하면 저가 대답하여 가로되 나는 너희가 어디로서 온 자인지 알지 못하노라 하리니 26그때에 너희가 말하되 우리는 주 앞에서 먹고 마셨으며 주 또한 우리 길거리에서 가르치셨나이다 하나 27저가 너희에게 일러 가로되 나는 너희가 어디로서 왔는지 알지 못하노라 행악하는 모든 자들아 나를 떠나가라 하리라 28너희가 아브라함과 이삭과 야곱과 모든 선지자는 하나님 나라에 있고 오직 너희는 밖에 쫓겨난 것을 볼 때에 거기서 슬피 울며 이를 갊이 있으리라 29사람들이 동서남북으로부터 와서 하나님의 나라 잔치에 참석하리니 30보라 나중 된 자로서 먼저 될 자도 있고 먼저 된 자로서 나중 될 자도 있느니라 하시더라

본문의 사건이 일어난 때

오늘 본문의 사건이 일어난 때는 언제인가? 주님의 공생애 마지막을 약 3개월여 남겨놓은 시점이었습니다. 주님께서 약 3개월 전에 육신으로는 갈릴리를 영구히 떠나시고 제자들을 베레아 지방으로 파송하시며 당신은 초막절을 맞이하여 사마리아를 통과하여 예루살렘으로 올

라가셨지요? 이 발걸음은 인류 역사상 큰일을 이루시기 위한 것이었습니다. 거기 예루살렘에서 사람들에게 교훈을 하시고 또 간음한 여인을 용서하시고 선한 사마리아인의 비유를 하셨습니다. 또 마리아와 마르다를 방문하시고 그 뒤에 밤중에 찾아온 친구 비유의 말씀을 가르치셨습니다. 그리고 나서 그렇게 베레아로 파송하셨던 제자들이 돌아와 선교 보고를 하는 내용이 나옵니다. 그러고서 선한 목자 비유를 하셨습니다. 다음으로는 베레아로 가셔서 전도여행을 하시고 38년 된 불구의 여인을 고치셨습니다. 마지막으로 예루살렘으로 올라가(눅 9:51; 13:33-34; 17:11; 19:28, 41 참조) 구속사 안에서 할 일을 하려고 큰 도시가 됐든지 작은 마을이 됐든지 다니면서 전진할 즈음에 어떤 사람이 예수께 나와서 구원 얻는 자가 적지 않겠는가 하는 질문을 한 것입니다.

이 질문의 배경

그러면 이 사람이 질문하는 배경부터 생각하도록 하겠습니다. 이 질문을 한 사람은 주님의 제자 중의 한 사람일 것입니다. 언제부터 주를 따랐는지는 알 수 없지만 얼마간 나름대로 주의 가르침을 따라 주를 좇아오면서 여러 가지 일들을 경험하였는데 그것을 토대로 하여 구원관을 정립하고 생각하길 과연 구원 얻는 자가 많이 나타날까 하는 의문을 표시한 것입니다. 그간에 주님을 좇던 사람들이 적지 않았지만 주님의 십자가에 대한 가르침(마 10장, 16장; 눅 14장)이나 생명의 떡과 관련된 어려운 말씀 등을 내리시니까 그 중에 대부분은 반발을 하고서 떠나갔고 그것으로 보아 이제 앞으로도 구원을 받을 사람들이 그렇게 많지 않을 것 같으니까 구원될 자의 숫자에 대한 이런 질문을 한 것입니다. 다시 말해서 예수의 제자가 되어 구원을 받는다는 것이 외형상 매우 어렵지 않겠는가 즉 제자가 되어 구원을 얻으려면 죽을 각오를 하고 따라야 한다고 생각하여 여기서 그 구원 얻는 자의 희소성에 대한 것을 표시한 것입니다. 그러니까 당시 종교적 상황을 고려할 때 이 질문은 상당히 나름대로 현실성 있는 질문으로 보입니다. 그리고 그 일이 있기 불과 얼마 전에 그러니까 나사로를 살리신 사건 중에 나오는 내용으로 도마가 말하기를 우리도 주와 같이 죽으러 가자고 한 것처럼 이 사람에게도 그런 인간적이고 외적이며 주변적인 구원관에 대한 생각이 많이 지배하고 있었다는 것을 알 수 있습니다.

주님이 비유로 가르치심

이에 대해 주님께서는 그 사람에게만 직접적인 대답을 하시지 않고 주변의 제자들을 다 돌아보시면서 실존적인 문제를 들어서 비유의 말씀을 하셨습니다. 그저 장차 구원 얻는 사람이 얼마나 된다고 주께서 말씀하시지 않고 단도직입적으로 좁은 문으로 들어가라고 도덕적인 명령을 하셨습니다. 여기서 좁은 문에 대해 구체적으로 설명하지 않지만 이것은 성경의 다른 곳을 고려해 보면 하나님 나라의 문을 상징합니다. 구원의 문을 나타내는 것입니다. 그리고 들어가라는 말은 힘쓰라는 뜻입니다. 그러니까 그저 구원을 받을 수 있는 행위를 강조하는 것이 아니라 주를 따르는 자들 각자가 가장 시급하고 절박하게 시행하여야 할 내용을 제시하시는 것입니다. 평소에 한가하게 다른 이들의 장래 구원에 대해서나 관심을 갖고 자신의 구원은 당연히 따 놓은 당상인 양 생각하고 형식적으로 주를 따른다면 나중에 그 사람이 가장 불쌍한 사람이 될 수 있기에 그 사실을 고려하시고서 주를 따른 자들 각자가 혹 그러한 마음을 품고 나오지 않도록 하기 위해 직접적으로 그 사람들이 가장 중요하게 생각하고 시급하게 해야 할 말씀을 먼저 요구하시는 것입니다. 좁은 문으로 들어가기를 애쓰라고 하시며 말씀하시기를 내가 진정으로 장담하지만 좁은 문으로 들어가기를 구하여도 못 들어가는 자가 많을 것이라는, 다시 말해서 좁은 문으로 들어가기를 구하기는 구했지만 때가 늦어 들어갈 수가 없게 된 자들이 많을 것이라는 말씀을 하셨습니다.

좁은 문으로 들어가지 못하는 이유

그러면 그때에 왜 들어가기를 구하는 자들이라도 좁은 문으로 못 들어가는가? 현실적으로는 집주인이 일어나서 문을 한 번 닫아버리면 못 들어간다고 하셨습니다. 좁은 문 앞에서 사람들이 들어가기를 바라고 문을 두드리며 집주인에게 여러 가지로 간절히 청해 보지만 주인은 말하기를 이미 문은 닫혔고 나는 너희가 어디서 온 줄을 모른다 하는 것입니다.

그때 사람들은 나름대로 그 문을 열어줄 중요한 재료가 되는 것이라고 생각하는 것을 집주인에게 말한다고 하였습니다. 주인님 앞에서 먹고 마셨으며 또 주인님이 자기들의 길거리에서 가르치실 때에 많은 사람들이 들었는데 자기들도 거기에 끼어 있었다는 것입니다. 사실 불과 얼마 전까지도 제자들은 예수님과 그런 관계 속에서 종교적인 경험을 가지고 있었습니다. 주님과 먹고 마시며 한 일이 있고 길에서 가르치실 때에 저들은 그 가르침을 들었습니다. 그러니까 그렇게 친근하게 주인님과 가까이 교제를 하며 지냈다는 것이지요? 그러므로 주인님은 자기들을 모를 수가 없다는 것입니다. 다분히 인간적인 핑계를 둘러대는 것입니다.

그러나 주인은 말하기를 나는 너희가 어디서 왔는지 모르며 너희는 악한 자들인데 더 이상 닫힌 문을 열어달라고 떼쓰지 말고 다 나를 떠나라고 하셨습니다. 시편 6:8을 인용하여 이 말씀을 하신 것입니다. 여기서도 직접적으로 저들의 죄를 지적하지 않으셨습니다. 그러나 저들이 거기에 와서 떼를 쓰기 전에 그 문을 통과할 수 있는 절차를 밟지 아니한 것은 분명합니다.

그렇다면 저들이 밟지 않은 절차는 무엇입니까? 우리는 저들이 왜 거기 하나님 나라에 들어가지 못하게 됐는가에 대한 근본적인 원인이 무엇인지 추측하여 알 수 있습니다. 저들이 들어간다고 믿고 있는 구원의 조건이 잘못된 것입니다. 이 세상에 있을 때에 주인님이 내신 도리와 뜻에 따라 이미 도래한 그 특별한 관계 안에서 그 실질적인 하나님 나라 본의를 이루고 성신님의 능력으로 근본적인 하나님 형상의 회복의 상태를 유지·발전하는 삶을 살아야 하는 것인데 그러지를 않고 단지 주인과 자기들과의 외형적인 종교 관계 경험만을 내세워 자기들 편에서 모로 가도 서울만 가면 된다는 식의 떼를 쓴 것입니다. 이는 마태복음 7장에 나오는 불법을 행하는 자들과 동일한 결과적 상황입니다. 마태복음 7:21-23을 봅니다.

> 21나더러 주여 주여 하는 자마다 천국에 다 들어갈 것이 아니요 다만 하늘에 계신 내 아버지의 뜻대로 행하는 자라야 들어가리라 22그 날에 많은 사람이 나더러 이르되 주여 주여 우리가 주의 이름으로 선지자 노릇 하며 주의 이름으로 귀신을 쫓아내며 주의 이름으로 많은 권능을 행치 아니하였나이까 하리니 23그 때에 내가 저희에게 밝히 말하되 내가 너희를 도무지 알지 못하니 불법을 행하는 자들아 내게서 떠나가라 하리라

교훈

　이와 같은 내용을 오늘날로 말하자면 어떤 것일까요? 예수 그리스도에 대해서도 전인격적으로 잘 모르고서 현재적으로 자신의 본질적인 변화와 복음에 합당한 생활도 없이 단지 외형의 세례를 받아 기독교인이 되었다는 것입니다. 또 주의 몸 된 교회와 그에 연합된 내용을 잘 모르는 채 형식적으로 어떤 교단의 어떤 큰 교회에 출석하고 있다고 하며 또 그저 종교적 감성만 가지고 세월이 지남에 따라 직분도 받아 다른 이들을 가르치기도 했다는 것입니다. 또 별다른 은사를 받았다고 하며 사람들을 고치기도 하고 신비한 체험도 하였다고 외적 경험만을 내세우는 것과 같습니다. 다시 말해서 예수 그리스도의 존재와 그 속성에 대해서는 실질적으로 잘 모르는 채 그저 형식적으로 예수 그리스도에 대해 이론으로 주워들은 것을 가지고, 그리고 함께 식사를 같이 한 것을 내세워서 자신의 구원을 단정 짓는 것과 같은 것입니다. 이는 유대인들이 아브라함의 혈통을 내세워 구원을 논하고 행위와 종교적 경험을 바탕으로 그 구원을 유지하려고 하는 것과 같습니다. 내면적으로는 주님과 관계가 없이 지내면서 형식적으로 알고 있는 것을 구원의 근거로 삼으려고 하는 것과 같습니다. 이것은 개혁주의에서 말하는 3대 거짓 신앙인 일시신앙, 역사신앙, 기적신앙을 내세우고 거기에 안주하다가 결정적인 때에 그 외형적인 것을 가지고 구원의 조건으로 내세우는 것과 같은 것입니다. 그러니까 이 사람은 이 세상에서 대강대강 살다가 거기에 가서도 적당히 떼를 쓰면 된다는 생각을 가지고 있는 것입니다.

좁은 문에 못 들어간 결과

그러면 그런 사람들은 어떻게 되는가? 그냥 불쌍해서 받아 주시는가? 결코 그런 일은 없습니다. 역사적으로 선택을 받은 자들이지만 그들의 불법을 묵인하시지 않으십니다. 주님은 말씀하시기를 너희가 아브라함과 이삭과 야곱은 하나님 나라에 있고 너희 자신들은 거기서 쫓겨난 것을 볼 때에 슬피 울며 이를 갊이 있을 것이라고 하셨습니다. 슬픔을 느끼고 그 고통과 분노에 의해 이를 가는 모습을 드러낼 것이라는 말입니다. 자기들은 들어갈 줄 알고 있었고 이방인들은 들어가지 못할 줄 알고 있었는데 오히려 역전이 된 상황을 보고 더욱 고통을 느끼게 되겠지요?

다시 말씀드리지만 그 좁은 문 안의 세계는 하나님 나라(천당, 낙원) 세계입니다. 주님의 심판으로 그들의 조상들이 있는 거기에 들어가지 못한 것을 그들 자신들이 다 확인하고 슬피 울며 이를 간다고 한 것입니다. 그리고 그들이 들어가게 되는 거기는 구더기도 죽지 않고 불도 꺼지지 않는 그런 곳이지요? 그러니 얼마나 고통을 받겠습니까? 한 부자가 그곳에 들어가 그런 고통을 겪지요? 마가복음 9:48-49과 누가복음 16:23-24을 보겠습니다.

> [48]거기는 구더기도 죽지 않고 불도 꺼지지 아니하느니라 [49]사람마다 불로서 소금 치듯 함을 받으리라(막 9:48-49)
>
> [23]저가 음부에서 고통 중에 눈을 들어 멀리 아브라함과 그의 품에 있는 나사로를 보고 [24]불러 가로되 아버지 아브라함이여 나를 긍휼히 여기사 나사로를 보내어 그 손가락 끝에 물을 찍어 내 혀를 서늘하게 하소서 내가 이 불꽃 가운데서 고민하나이다(눅 16:23-24)

주의 백성으로 사는 동안 고통을 받지 않고 타협의 삶을 산 자는 궁극적으로 고통 가운데 들어가고 어려워도 장래의 영광을 바라보며 현재적 고통을 받는 자들은 아브라함의 품에서 안락을 누리는 것입니다.

그러한 때는 언제인가

    그러면 그렇게 고통이 이르는 때는 언제인가? 이 좁은 문이 닫히는 때는 그저 우주적 종말의 때만을 가리키는 것이 아닙니다. 이때는 개인적인 사망의 때도 되는 것입니다. 그때 주께서 말씀하신 방식대로 좁은 문과 좁은 길을 통과하지 않은 사람은 생명으로 인도함을 받지 못하고 영원히 버림을 받는 것입니다. 물론 이러한 사람들은 이 세상에서 주님과 관계를 맺지 못하고 살 때에도 타락의 비참한 가운데 받는 고통은 있었겠지요? 그렇지만 그것이 지속적인 것은 아니었습니다. 그러나 죽어서 그곳에 갈 때에는 영원한 고통입니다.

이 세상에 있을 때에만 그 근본적인 회복이 가능하다

    결국 이 세상에 있을 때에만 이 좁은 문으로 들어갈 기회가 있다는 것을 우리가 알 수 있습니다. 육신이 죽어서 주 앞에 설 때에는 결단해 봐야 소용이 없고 또 회복의 기회도 전혀 없는 것입니다. 로마카톨릭 교회에서 주장하듯이 믿지 않고 죽은 영혼이 연옥에 있을 때 후손들이 그들을 위해 속죄의 헌금을 하면 천국으로 올라가는 일이 없는 것입니다. 부자와 나사로 비유에서 그것을 가르치셨지요? 누가복음 16:20-26입니다.

²⁰나사로라 이름한 한 거지가 헌데를 앓으며 그 부자의 대문에 누워 ²¹부자의 상에서 떨어지는 것으로 배불리려 하매 심지어 개들이 와서 그 헌데를 핥더라 ²²이에 그 거지가 죽어 천사들에게 받들려 아브라함의 품에 들어가고 부자도 죽어 장사되매 ²³저가 음부에서 고통 중에 눈을 들어 멀리 아브라함과 그의 품에 있는 나사로를 보고 ²⁴불러 가로되 아버지 아브라함이여 나를 긍휼히 여기사 나사로를 보내어 그 손가락 끝에 물을 찍어 내 혀를 서늘하게 하소서 내가 이 불꽃 가운데서 고민하나이다 ²⁵아브라함이 가로되 얘 너는 살았을 때에 네 좋은 것을 받았고 나사로는 고난을 받았으니 이것을 기억하라 이제 저는 여기서 위로를 받고 너는 고민을 받느니라 ²⁶이뿐 아니라 너희와 우리 사이에 큰 구렁이 끼어 있어 여기서 너희에게 건너가고자 하되 할 수 없고 거기서 우리에게 건너올 수도 없게 하였느니라

그때 거기 가서는 이쪽 저쪽으로 갈 수 있는 기회가 없습니다. 그러니까 이 세상에 살 때에 반드시 좁은 문으로 들어가야 하는 것입니다.

왜 좁은 문인가

그러면 그 문이 왜 좁은 문입니까? 주님을 믿는 자들은 주님과 같이 세상으로부터 멸시와 천대를 받는 것입니다. 세상에 속한 자가 아니기 때문인 것이지요(요 15:19). 그리고 세상 방식대로 살아가지 않기 때문에 핍박과 곤란을 피할 수 없습니다. 좁은 문은 마태복음에서 좁은 길과 연결되어 있습니다. 좁은 길은 협착하고 험합니다. 바울사도는 이 험한 고난의 좁은 길을 알았지요? 그래서 하나님 나라에 들어가

려면 많은 환난을 겪어야 할 것이라 하였습니다. 사도행전 14:20-22 입니다.

> ²⁰제자들이 둘러섰을 때에 바울이 일어나 성에 들어갔다가 이튿날 바나바와 함께 더베로 가서 ²¹복음을 그 성에서 전하여 많은 사람을 제자로 삼고 루스드라와 이고니온과 안디옥으로 돌아가서 ²²제자들의 마음을 굳게 하여 이 믿음에 거하라 권하고 또 우리가 하나님 나라에 들어가려면 많은 환난을 겪어야 할 것이라 하고

사도 베드로도 주께서 고난의 좁고 험한 십자가의 길을 가신 것은 주의 백성들로 하여금 그 자취를 따라오게 하려 함이라고 하였습니다. 요한복음에서는 주님이 문으로 비유되었는데 그리스도를 통해야 정상한 것입니다. 베드로전서 2:19-21을 봅니다.

> ¹⁹애매히 고난을 받아도 하나님을 생각함으로 슬픔을 참으면 이는 아름다우나 ²⁰죄가 있어 매를 맞고 참으면 무슨 칭찬이 있으리요 오직 선을 행함으로 고난을 받고 참으면 이는 하나님 앞에 아름다우니라 ²¹이를 위하여 너희가 부르심을 입었으니 그리스도도 너희를 위하여 고난을 받으사 너희에게 본을 끼쳐 그 자취를 따라오게 하려 하셨느니라

단순히 험한 일을 겪는 그 고난 자체를 가지고 주의 백성들을 독려한 것이 아니고 주의 백성들이 복음을 따라 선을 행하고 믿음의 도를 전하는 가운데 받는 고난에 대해 말씀한 것입니다. 그러니까 주의 천국 복음을 들을 자로서 그 뜻대로 살아가려고 하는 가운데 겪는 어려움

의 길에 대해 두려워하지 말고 그 너머 있는 영광을 바라보고 나아가야 할 것을 그렇게 말씀하는 것입니다. 로마서 8:17-18을 봅니다.

> 17자녀이면 또한 후사 곧 하나님의 후사요 그리스도와 함께 한 후 사니 우리가 그와 함께 영광을 받기 위하여 고난도 함께 받아야 될 것이니라 18생각건대 현재의 고난은 장차 우리에게 나타날 영광과 족히 비교할 수 없도다

만약 세상과 타협하고 세상을 즐기고 살아간다면 결코 그 길은 좁은 길이 되지 않는 것입니다. 그리고 고난도 따르지 않습니다. 우리가 일부러 고행주의를 주장하는 것은 아니지만 늘 그러한 때를 생각하며 평화로운 시기에라도 환난을 예비해야 하고 또 평화롭게 보이는 시기에도 환난은 있다는 것을 잊지 말아야 할 것입니다.

주님은 본문의 마지막에서 그들의 종국에 대해 확실히 예고하신다

이제 주님은 오늘 본문의 마지막에서 그렇게 좁은 문으로 들어가지 않은 자들이 결국에 보게 될 일을 예고하십니다. 그것은 그들이 그렇게 고대하는 곳으로 가지 못하고 쫓겨나며 오히려 그들이 멸시했던 이방인들이 동서로부터 나아와 그 나라에 먼저 들어갈 것이라 하셨습니다. 하나님의 은혜로운 주권에 의한 구원을 무시하고 자기들의 혈통과 종교적 행위로 스스로의 구원을 장담한 유대 지도자들이나 교만한 자들은 쫓겨나고 그 좁은 문으로 들어가는 은혜의 삶을 현재적으로 받아들이는 이방인들은 그 나라에 먼저 들어갈 것입니다. 이것이 진정한

인생 역전에 대한 대조입니다. 이것은 구약의 성취이고 하나님의 경륜에 대한 계시에서 이미 예고된 내용입니다. 이사야 45:6, 49:12을 참조하십시오.

> 6해 뜨는 곳에서든지 지는 곳에서든지 나밖에 다른 이가 없는 줄을 무리로 알게 하리라 나는 여호와라 다른 이가 없느니라(사 45:6)
> 12혹자는 원방에서, 혹자는 북방과 서방에서, 혹자는 시님 땅에서 오리라(사 49:12)

나가는 말

말씀을 맺습니다.

오늘은 좁은 문의 비유에 대해 살펴보았습니다. 자기 개인의 구원에 대해 민감하게 깨어 있고 자신이 받은 복음 안에서 현재적으로 먼저 시급히 해야 할 일을 하면서 합당하게 사는 것이 매우 중요하다는 것을 여기서 확인합니다. 다시 말해서 함부로 장래에 있을 남의 구원에 대해서나 논단을 하고 그 수효에 대해 궁금해 하는 일보다는 자신이 서 있는 구속사 안의 위치에서 그 종교적 본의를 이루고 이미 도래한 그 나라 안에서 사는 실존적인 삶을 살아야 한다는 것을 보이시는 말씀입니다. 구원받는 사람이 얼마나 많은가에 대한 허망한 관심보다는 구원에 이르는 사람이 누구이며 너는 거기에서 어떠하냐 하는 것에 관심을 가져야 할 것을 가르치시는 것입니다. 그러한 구원의 삶이 현재 없다면 그가 가진 관심은 다 불의한 것이 되고 또 장차 이전의 불의한 유대인들이 당한 일들과 같은 일들을 우리가 피할 수 없을 것입니다. 그러면 그때 가서 후회하고 떼를 써봐야 변할 것은 아무것도 없는 것입니다. 자기가 평소에 알고 쌓고 심은 대로 그 분명한 결과를 볼 것입니다. 엄청난 고통 가운데 고민하며 그것을 영원토록 받아야 할 것입니다. 빌립보서 1:20-30을 보고 강설을 마치겠습니다.

> [20]나의 간절한 기대와 소망을 따라 아무 일에든지 부끄럽지 아니하고 오직 전과 같이 이제도 온전히 담대하여 살든지 죽든지 내 몸에서 그리스도가 존귀히 되게 하려 하나니 [21]이는 내게 사는 것이 그리스도니 죽는 것도 유익함이니라 [22]그러나 만일 육신으로 사는 이것이 내 일의 열매일진대 무엇을 가릴지 나는 알지 못하노라 [23]내가 그 두 사이에 끼였으니 떠나서 그리스도와 함께 있을 욕망을 가진 이것이 더욱 좋으나 [24]그러나 내가 육신에 거하는 것이 너희를 위하여 더 유익하리라 [25]내가 살 것과 너희 믿음의 진보와 기쁨을 위하여 너희 무리와 함께 거할 이것을 확실히 아노니 [26]내가 다시 너희와 같이 있음으로 그리스도 예수 안에서 너희 자랑이 나를 인하여 풍성하게 하려 함이라 [27]오직 너희는 그리스도 복음에 합당하게 생활하라 이는 내가 너희를 가보나 떠나 있으나 너희가 일심으로 서서 한 뜻으로 복음의 신앙을 위하여 협력하는 것과 [28]아무 일에든지 대적하는 자를 인하여 두려워하지 아니하는 이 일을 듣고자 함이라 이것이 저희에게 멸망의 빙거요 너희에게는 구원의 빙거니 이는 하나님께로부터 난 것이니라 [29]그리스도를 위하여 너희에게 은혜를 주신 것은 다만 그를 믿을 뿐 아니라 또한 그를 위하여 고난도 받게 하심이라 [30]너희에게도 같은 싸움이 있으니 너희가 내 안에서 본 바요 이제도 내 안에서 듣는 바니라

기도

거룩하신 아버지 하나님, 주의 제자라 하며 그동안 주님과 관계를 맺고 주님과 한 상에 먹고 마시며 또 주님의 가르침을 받았던 자가 이제 주님이 십자가를 지실 날이 얼마 되지 않은 시점에 구원을 받는 자의 숫자에 대한 관심을 주 앞에 표명하였사옵나이다. 그 시기의 중차대함도 알지 못하고 그 시기의 마땅히 추구해야 할 것이 무엇인지도 모르고 이후의 주의 백성으로 살아감에 있어서 어떤 삶을 살아가야 할 것인가에 대해서 기대함도 없이 그 숫자에 대해 관심을 보이고 나왔사옵나이다. 주님께서는 그 질문에 대해 '좁은 문으로 들어가기를 힘쓰라' 하시면서 마땅히 그가 가장 시급히 추구하고 나아가야 할 것이 무엇인지 분명하게 알게 하셨사옵나이다. 그에게 가장 필요한 것은 주의 자녀로서 주님의 고난에 동참하며 주님 나라에 들어가길 힘쓰기 위해서 마땅히 겪어야 될 그런 고난에 대해서 귀한 말씀을 통해서 알게 하시고 그것을 따르게 하셨사옵는데 주님은 선하시고 인자하심이 풍부하신 하나님이시옵나이다. 저희들도 사실 구원받는 자의 숫자에 대해 관심을 갖는 자와 별반 다를 바가 없는 존재들인데 또 이 시점에서 저희들이 마땅히 궁구하고 나아가야 할 것이 무엇인지 말씀으로 깨우쳐 주시니 감사를 드립니다. 저희들이 하늘의 시민권을 소유하고 이제 하늘나라를 소망하고 살아가는 자답게 이 땅에서 진정 가장 추구하고 나아가야 할 것이 무엇인지 배설물로 여기고 살아가야 할 것이 무엇인지 또 분명히 알게 하시고 또 주의 백성으로서 마땅히 추구해야 할 바에 대해서 긴급하게 순종하며 나아갈 수 있게 하시니 주님 참으로 감사를 드립니다. 저희들 우리 앞에 늘 닥쳐 있는 그런 일들 가운데서 주의 백성의 복됨의 상태를 잘 누려가야 할 것을 말씀을 통해서 보게 하시고 시급히 추구하고 나아가야 할 것에 대해 각성케 하시니 감사를 드립니다. 거룩하신 아버지 하나님이시여, 주의 몸인 교회에 속해 있고 주의 완성된 나라를 소망하고 사는 자라 하면서 여전히 한가하게 세상과 타협하고 세상을 즐기고 살아가는 그런 어리석은 자들이 되지 않게 하여 주시옵소서. 주님을 따라감에 있어서 적당히 넓은 문을 향해서 나아가는 그런 미련한 자들이 되지 않게 하여 주시오며 고난과 죽음 너머에 있는 그 세계를 바라고 저희들 오직 그리스도께서 나아가시는 그 고난의 길을 믿음으로 전진해 나아가게 하여 주시옵소서. 하루를 살아도 그 일을 위해서 진력하며 살아가게 하여 주시옵소서. 모든 걸 주님께 의탁드리옵고 감사드리며,

　우리 구주 예수 그리스도의 이름으로 기도 올리옵나이다. 아멘.

제 22 강

큰 잔치 비유

누가복음 14:15-24

들어가는 말

　오늘은 큰 잔치 비유에 대해 보도록 하겠습니다. 우리가 누차 확인한 것이지만 비유의 해석은 항시 하나님의 자기 계시적인 측면에서 해야 한다는 것입니다. 그리고 거기에서 파생되는 내용에 대해 부차적인 교훈을 받을 수 있습니다. 만일 그것을 벗어나서 인간의 반응을 주로 생각하고 비유의 본문을 보게 된다면 알레고리적 해석을 하기가 쉽습니다. 적용 위주의 해석적 관점은 항시 어디에다가 적용하느냐에 따라 달라지게 되고 그렇게 되면 본문의 일차적인 역사적 배경을 무시하고 허공을 떠다니는 해석을 할 수밖에 없는 것입니다. 오늘 본문의 비유의 말씀도 주님의 계시적인 측면에서 상고해야 할 것이지 그렇지 않으면 적용 대상에 따라 해석이 달라지는 알레고리적 해석이 나올 것입니다. 이런 점들을 주의하면서 오늘 본문의 큰 잔치 비유에 대해 보도록 하겠습니다. 이 비유에서는 우선, 주님이 저 반대하는 바리새인들의 상태를 보시면서도 이미 준비된 구원 잔치에 정상한 마음을 가지고 들어와야 할 것을 깨우치시기 위해 말씀하신다는 것입니다. 먼저 본문 말씀을 읽습니다. 누가복음 14:15-24입니다.

> 15함께 먹는 사람 중에 하나가 이 말을 듣고 이르되 무릇 하나님의 나라에서 떡을 먹는 자는 복되도다 하니 16이르시되 어떤 사람이 큰 잔치를 배설하고 많은 사람을 청하였더니 17잔치할 시간에 그 청하였던 자들에게 종을 보내어 가로되 오소서 모든 것이 준비되었나이다 하매 18다 일치하게 사양하여 하나는 가로되 나는 밭을 샀으매 불가불 나가 보아야 하겠으니 청컨대 나를 용서하도록 하라 하고 19또 하나는 가로되 나는 소 다섯 겨리를 샀으매 시험하러 가니 청컨대 나를 용서하도록 하라 하고 20또 하나는 가로되 나는 장가들었으니 그르므로 가지 못하겠노라 하는지라 21종이 돌아와 주인에게 그대로 고하니 이에 집주인이 노하여 그 종에게 이르되 빨리 시내의 거리와 골목을 나가서 가난한 자들과 병신들과 소경들과 저는 자들을 데려오라 하니라 22종이 가로되 주인이여 명하신 대로 하였으되 오히려 자리가 있나이다 23주인이 종에게 이르되 길과 산울 가로 나가서 사람을 강권하여 데려다가 내 집을 채우라 24내가 너희에게 말하노니 전에 청하였던 그 사람은 하나도 내 잔치를 맛보지 못하리라 하였다 하시니라

본문의 사건이 일어난 때

오늘 본문의 비유의 말씀은 언제 하신 것입니까? 이 말씀은 예수께서 베레아의 한 유명짜한 바리새인 집에서 식사하시는 중에 말씀하신 것인데 그 때는 예루살렘을 향한 주님의 공생애 마지막 3개월도 어

느 정도 지난 즈음입니다. 유대인들은 안식일 회당 예배 후에 약간의 손님을 초대하여 오찬을 나누기도 하는데 한 오만하고 교만한 바리새인이 예수님을 시험하려고 그 오찬에 초대하여 얘기를 나누는 중에 있었던 말씀입니다. 그 오찬 중에 바리새인들의 심사를 꿰뚫으시고 상좌 택함에 비유를 하시어 주를 믿는 백성의 정상한 겸손의 마음의 상태를 가르치시고 난 뒤에 그 식탁에 초대된 한 손님이 그 말씀에 반응하여 오자 그 말씀에 대해 오늘 큰 잔치 비유를 하신 것입니다.

마태복음 22:1-14의 내용과의 차이에 대해

이와 유사한 말씀이 마태복음 22:1-14에도 나옵니다. 이 마태복음의 비유의 말씀은 주님의 공생애 마지막 주간 화요일에 하신 말씀입니다. 예수님의 권위를 시험하여 잡으려고 하는 음모를 가진 대제사장들과 백성들의 장로들이 듣고 있는 자리에서 두 아들의 비유와 악한 농부들이 주인의 종과 아들을 죽인 비유에 이어서 세 번째로 하신 말씀입니다. 그러니까 오늘 누가복음의 비유와는 어느 정도 시간의 차이가 있는 비유입니다. 그리고 내용상으로도 그 잔치에 참여 받은 자들이라도 예복을 입었느냐 그렇지 아니했느냐에 따라 갈리게 되는 내용이 더 있습니다. 제가 이 말씀을 읽겠습니다.

> ¹예수께서 다시 비유로 대답하여 가라사대 ²천국은 마치 자기 아들을 위하여 혼인 잔치를 베푼 어떤 임금과 같으니 ³그 종들을 보내어 그 청한 사람들이 혼인 잔치에 오라 하였더니 오기를 싫어하거늘 ⁴다시 다른 종들을 보내며 가로되 청한 사람들에게 이르기를 내가 오찬을 준비하되 나의 소와 살진 짐승을 잡고 모든 것을 갖추

었으니 혼인 잔치에 오소서 하라 하였더니 5저희가 돌아보지도 않고 하나는 자기 밭으로, 하나는 자기 상업차로 가고 6그 남은 자들은 종들을 잡아 능욕하고 죽이니 7임금이 노하여 군대를 보내어 그 살인한 자들을 진멸하고 그 동네를 불사르고 8이에 종들에게 이르되 혼인 잔치는 예비되었으나 청한 사람들은 합당치 아니하니 9사거리 길에 가서 사람을 만나는 대로 혼인 잔치에 청하여 오너라 한대 10종들이 길에 나가 악한 자나 선한 자 만나는 대로 모두 데려오니 혼인 자리에 손이 가득한지라 11임금이 손을 보러 들어올새 거기서 예복을 입지 않은 한 사람을 보고 12가로되 친구여 어찌하여 예복을 입지 않고 여기 들어왔느냐 하니 저가 유구무언이어늘 13임금이 사환들에게 말하되 그 수족을 결박하여 바깥 어두움에 내어 던지라 거기서 슬피 울며 이를 갈이 있으리라 하니라 14청함을 받은 자는 많되 택함을 입은 자는 적으니라

우리가 항시 잊지 말아야 할 것은 주님이 비유의 말씀을 한 번만 하고 말았다고 생각해서는 안 된다는 것입니다. 다른 배경 속에서 유사한 각도로 가르치시기도 하신 것입니다. 편집비평자들은 누구나 마태가 한 참고자료를 인용하여 쓸 때 다른 방식으로 쓴 것이라는 주장을 하지만 이는 그릇된 것입니다.

이 사람의 반응

유대인들은 자신들은 주님이 청한 하나님 나라의 큰 잔치에 당연히 초청이 되는 것으로 여겼습니다. 그래서 주님의 잔치 배설에 대한 이야기를 들은 이 사람은 그러한 잔치에 참여한 자의 복에 대해 자신

이 마땅히 포함되지 않는가 하는 의식을 하면서 다음과 같은 반응을 보입니다. '무릇 하나님 나라에서 떡을 먹는 자가 복되도다.' 어쩌면 짐짓 잘난 척을 하면서 이런 표현을 한 것입니다.

주님이 큰 잔치 비유로 가르치심

주님은 이런 사람의 이런 반응에 대해 직접적인 답변을 하시지 않으시고 큰 잔치의 비유를 하셔서 과연 하나님의 오래 참으시며 자비를 베푸시는 구원 잔치에 온전하게 참여하는 것이 어떤지에 대해 나타내십니다.

먼저 이 비유를 개괄하도록 하지요? 어떤 사람이 큰 잔치를 열고 사람들을 미리 많이 청해 두었습니다. 유대인들은 그들의 일상에서 잔치를 열 때에 보통 일차로 손님을 초청하고 나서 음식을 다 준비한 다음 다시 확실하게 이차로 손님을 초청하는데 이 이차의 초청을 거절하게 되면 큰 결례로 여기는 풍습이 있습니다. 어떤 사람이 그렇게 사람을 일차로 초청을 하였고 잔치에 임박하여서 다시 그 잔치에 참여하여 주기를 바라는 이차의 초청을 하였는데 그 청함을 받은 자들은 한 가지로 일치되게 핑계를 대어 사양하였습니다.

한 사람은 나는 밭을 샀으니 불가부득 거기 가 봐야 하겠다는 것입니다. 보통 밭을 사기 이전에 밭에 가 보는 것인데 이 사람은 아마 계약 조건을 그렇게 맺었나 봅니다. 또 한편으로 보면 이 사람은 자신을 청한 주인에 대한 신의보다 자신의 물질적인 것에 더 관심이 많았습니다. 그리고 또 한 사람은 내가 소 다섯 겨리를 샀으니 불가부득 그것을 시험하여 보아야겠다고 하고서 사양을 했습니다. 이 사람도 이상한 것이 보통 소를 사기 이전에 시험하는 것인데 이 사람은 사고 나서 시험을 합니다. 어쨌든 당시 소 다섯 겨리가 필요하다면 상당한 토지를 소유한 부자에 속하는데 이 사람은 자기를 청한 주인에 대해 하찮게 여기고 외려 자기 개인의 것을 돌보는 것이 더 급하였던 모양입니다. 겨리는 짐승을 두 마리씩 묶어 헤아리는 단위입니다. 이 사람도 자기를 청한 주인에 대한 예의를 지키는 것보다는 자기의 소유된 것에 관심이 많았습니다. 그리고 또 한 사람을 찾아가 청하였으나 나는 장가를 들었으니 오늘은 갈 수 없다고 하였습니다. 아마 그 사람의 여자는 초청하지 않은 것 같습니다. 어떻게 보면 이 사양의 핑계는 그럴듯하지만 정상적이지는 않습니다. 그렇게 이상하게 유대인들의 풍습에 따른 첫 번째 초청과 두 번째 초청 사이에 결혼하였다는 것이 납득하기 어려운 것이고 그래서 그 핑계는 합리성이 없어 보입니다. 아무튼 세 사람 각각 상업적 혹은 가정적인 핑계를 댄 것입니다. 이 핑계는 신명기 20:5-7과 24:3에 나오는 사람들의 핑계와 꼭 같지는 않지만 흡사한 면이 있습니다. 거룩한 전쟁을 앞두고 개인적인 일과 관련된 핑계를 댄 것이지요?

> 5유사들은 백성에게 고하여 이르기를 새집을 건축하고 낙성식을 행치 못한 자가 있느냐 그는 집으로 돌아갈찌니 전사하면 타인이 낙성식을 행할까 하노라 6포도원을 만들고 그 과실을 먹지 못한 자가 있느냐 그는 집으로 돌아갈찌니 전사하면 타인이 그 과실을 먹을까 하노라 7여자와 약혼하고 그를 취하지 못한 자가 있느냐 그는 집으로 돌아갈찌니 전사하면 타인이 그를 취할까 하노라 하고(신 20:5-7)
>
> 3그 후부도 그를 미워하여 이혼 증서를 써서 그 손에 주고 그를 자기 집에서 내어 보내었거나 혹시 그를 아내로 취한 후부가 죽었다 하자(신 24:3)

그러니까 주인이 분이 나서 종들을 빨리 시내나 거리 혹은 거지들이나 거하는 골목으로 보내어 구제해 주기를 바라는 가난한 사람이나 불구자나 소경이나 절름발이들을 다 억지로라도 오게 하라고 했습니다. 이는 강제라는 의미보다는 손님에게 은근한 압력을 가해 초청에 응하게 하는 동양적인 예법의 표시입니다. 그렇게 해서 이 세상에서는 버림을 받은 것 같은 사람들을 잔치 자리로 다 불러 들였습니다. 종들은 주인의 명을 따라 그렇게 열심히 사람을 불러 들였지만 아직도 빈자리가 남아 있었습니다. 그래서 주인에게 그 사실을 고하였지요?

그러니까 주인은 말하기를 '너희는 길과 산울가로 가서 사람들에게 간절히 꼭 오라고 강청을 해서 이 공석을 다 채우라'고 하였습니다. 골목과 울타리를 따라 더 시골 골짜기로 들어가 더 어려운 처지에 있는 자들을 억지로라도 부르라는 것이지요? 그리고 부가하기를 전에 청함을 받았던 사람들은 하나도 내 잔치를 맛보지 못할 것이라고 했습니다.

이 큰 잔치 비유는 세 부분으로 되어 있다

지금 대강 살펴본 이 큰 잔치 비유는 셋으로 나눌 수 있습니다. 첫째는 어떤 사람이 큰 잔치를 열고 사람들을 청해 두었다가 잔치에 임해서 다시 초청을 하니까 하나같이 일치해서 자기들의 핑계를 대어 사양했다는 것입니다(16-20절). 그리고 둘째는 주인이 다른 사람들이라도 초청을 해다가 이 잔치를 베풀어야겠다고 생각해서 시내와 골목에 있는 가난한 사람, 불구자, 소경, 절름발이라도 다 청해 오는 것입니다(21-22절). 그리고 마지막 셋째로는 그렇게까지 했음에도 불구하고 아직도 빈자리가 남아 있으니까 성 밖의 큰 길이나 산울가로도 가서 사람들을 강청해다가 잔치 자리를 채우라고 한 것입니다(23절). 그리고 거기에 전 일에 청함을 받은 자는 내 잔치를 맛보지 못하리라는 말씀을 덧붙였습니다(24절).

주께서 이 비유를 하신 이유

주님께서 이 비유에 대한 해석을 직접 하시지 않으셨지만 이 비유는 예수 그리스도 안의 복음의 경륜에 대한 비밀스런 내용이 담겨 있습니다. 주님의 완벽하신 준비와 오래 참으심의 긍휼과 자비로운 초청을 무시한 무자격한 유대인들은 배격되고 이 세상에서는 인정되지 않는 조건을 가졌으나 그것을 받아들인 이 세상의 소외된 자들은 주님의 잔치에 넉넉히 참여할 것을 가르치는 것입니다. 이에 대해서는 우리가 이미 이전 시간에 좁은 문의 비유를 볼 때에 살펴본 바가 있습니다(눅 13:24-30).

유대인으로서 구속사 안에서 자기들의 한계와 큰 잔치에 얼마든지 넉넉히 들어가는 것인데 이 사람들은 아예 자기들의 구원은 육신적인 근거를 들어서 따 놓은 당상이고 이 후에는 상급만이 있을 뿐이라는 태도를 취하면서 인간적인 안목으로 사람을 차별하는 가운데 세속주의적인 관점으로 주님을 진심으로 영접하지 아니하므로 그러한 자신들의 상태를 먼저 바라볼 수 있는 비유의 말씀을 내리신 것입니다. 그리고 주님은 저들에게 거의 마지막 심판에 이를 때까지 이 땅에서 가져야 할 마음의 심성과 태도를 구체화하도록 하십니다. 만일 그렇지 아니하면 이미 청함을 받은 자라도 주님이 청한 그 부요한 천국 잔치에 들어가지도 맛보지도 못하는 것입니다. 오히려 청함을 받지 못하여 들어가지 못하리라고 생각했던 자들이 이제 주님의 청함을 받아 하나님 나라의 잔치에 참여하는 것입니다.

하나님이 베푸신 그 나라 잔치에 들어가려고 할 때 몇 가지 주의할 점

이 하나님 나라의 잔치에 들어가려고 할 때에 몇 가지 주의할 점이 있습니다. 첫째, 바로 메시야로 오신 주님의 오래 참으심에 대해 알고 있어야 한다는 것입니다. 주님은 바리새인들이 끝까지 대적을 함에도 불구하고 저들에 대해 오래 참으시면서 저들이 돌이키기를 바라십니다. 이제 얼마 후면 더 이상 저들의 회개나 돌이킴을 바라시지 않으시고 화에 대한 심판적 말씀으로 일관하십니다. 그러나 그때까지는 저들에 대해 참으시면서 말씀을 가르치시는 것입니다. 물론 하나님 나라의 진리를 선포해 가시면서 이제 얼마 후면 신약 교회의 기둥들이 될 주님의 제자들을 양육하시는 면도 있지만 바리새인들에 대한 배려도 접지 않으시고 계속하시는 것입니다. 베드로후서 3:8-15을 볼까요?

> 8사랑하는 자들아 주께는 하루가 천 년 같고 천 년이 하루 같은 이 한 가지를 잊지 말라 9주의 약속은 어떤 이의 더디다고 생각하는 것같이 더딘 것이 아니라 오직 너희를 대하여 오래 참으사 아무도 멸망치 않고 다 회개하기에 이르기를 원하시느니라 10그러나 주의 날이 도적같이 오리니 그 날에 하늘이 큰 소리로 떠나가고 체질이 뜨거운 불에 풀어지고 땅과 그 중에 있는 모든 일이 드러나리로다 11이 모든 것이 이렇게 풀어지리니 너희가 어떠한 사람이 되어야 마땅하뇨 거룩한 행실과 경건함으로 12하나님의 날이 임하기를 바라보고 간절히 사모하라 그 날에 하늘이 불에 타서 풀어지고 체질이 뜨거운 불에 녹아지려니와 13우리는 그의 약속대로 의의 거하는 바 새 하늘과 새 땅을 바라보도다 14그러므로 사랑하는 자들이 너

희가 이것을 바라보나니 주 앞에서 점도 없고 흠도 없이 평강 가운데서 나타나기를 힘쓰라 15또 우리 주의 오래 참으심이 구원이 될 줄로 여기라 우리 사랑하는 형제 바울도 그 받은 지혜대로 너희에게 이같이 썼고

베드로의 이런 기록처럼 바울도 주님이 오래 참으심에 대해 분명히 그 의도를 나타내었습니다. 디모데전서 1:15-17입니다. 그러니까 받는 편에서는 반드시 주님이 오래 참으시면서 말씀하실 때가 기회의 때입니다.

15미쁘다 모든 사람이 받을 만한 이 말이여 그리스도 예수께서 죄인을 구원하시려고 세상에 임하셨다 하였도다 죄인 중에 내가 괴수니라 16그러나 내가 긍휼을 입은 까닭은 예수 그리스도께서 내게 먼저 일체 오래 참으심을 보이사 후에 주를 믿어 영생 얻는 자들에게 본이 되게 하려 하심이니라 17만세의 왕 곧 썩지 아니하고 보이지 아니하고 홀로 하나이신 하나님께 존귀와 영광이 세세토록 있을지이다 아멘

물론 로마서에 보면 주님의 경륜 가운데 심판하시기로 작정한 자들에 대해 부러 오래 참으시는 경우도 있습니다. 그러한 것은 결과적인 측면에서 그렇게 말할 수 있습니다(롬 9:21-28 참조).

그러면 두 번째로 주의할 점은 무엇인가? 주님의 청함을 받을 때 외형적인 것이 진정한 조건이 되지 않는다는 것입니다. 오히려 인간의 외형적인 조건을 내세우고 자기 일들에 바쁜 바리새인과 같은 자들은 제함을 받고 주님의 강권적 청함에 고마워하며 그 잔치에 기꺼이 참

여한 각양의 소외된 사람들은 제함을 받지 아니한 것입니다. 혈통적인 근거나 행위적인 근거, 그리고 육신적인 근거를 내세우는 자들은 하나님 나라 잔치에 참여할 자격이 없는 것이고 도리어 그러한 외형적인 근거는 없을지라도 주인님의 초청에 무한 감사하고 그 안에서 자기의 인생을 다 드리면 너끈히 그 나라 잔치에 참여하는 것입니다. 이것은 실로 주님이 약속한 일들에 대한 1차적인 성취의 사건입니다. 이사야 61:1-9을 보겠습니다.

> ¹주 여호와의 신이 내게 임하셨으니 이는 여호와께서 내게 기름을 부으사 가난한 자에게 아름다운 소식을 전하게 하려 하심이라 나를 보내사 마음이 상한 자를 고치며 포로된 자에게 자유를, 갇힌 자에게 놓임을 전파하며 ²여호와의 은혜의 해와 우리 하나님의 신원의 날을 전파하여 모든 슬픈 자를 위로하되 ³무릇 시온에서 슬퍼하는 자에게 화관을 주어 그 재를 대신하며 희락의 기름으로 그 슬픔을 대신하며 찬송의 옷으로 그 근심을 대신하고 그들로 의의 나무 곧 여호와의 심이신 바 그 영광을 나타낼 자라 일컬음을 얻게 하려 하심이니라 ⁴그들은 오래 황폐하였던 곳을 다시 쌓을 것이며 예로부터 무너진 곳을 다시 일으킬 것이며 황폐한 성읍 곧 대대로 무너져 있던 것들을 중수할 것이며 ⁵외인은 서서 너희 양 떼를 칠 것이요 이방 사람은 너희 농부와 포도원지기가 될 것이나 ⁶오직 너희는 여호와의 제사장이라 일컬음을 얻을 것이라 사람들이 너희를 우리 하나님의 봉사자라 할 것이며 너희가 여랑의 재물을 먹으며 그들의 영광을 얻어 자랑할 것이며 ⁷너희가 수치 대신에 배나 얻으며 능욕 대신에 분깃을 인하여 즐거워할 것이라 그리하여 고토에서 배나 얻고 영영한 기쁨이 있으리라 ⁸대저 나 여호와는 공의를

사랑하며 불의의 강탈을 미워하여 성실히 그들에게 갚아 주고 그들의 영영한 언약을 세울 것이라 9그 자손을 열방 중에, 그 후손을 만민 중에 알리리니 무릇 이를 보는 자가 그들은 여호와께 복받은 자손이라 인정하리라

나가는 말

말씀을 맺습니다.

오늘은 큰 잔치 비유에 대해 살펴보았습니다. 주님의 경륜 가운데 주님이 예비하신 큰 잔치에 외형적인 초청을 먼저 받은 자라도 주님의 끊임없는 사랑을 배척하고 개인의 일에 빠지면 결국 그 아름다운 잔치에 들어가지 못하고 주님은 그러할지라도 당신의 직권으로 더 어려운 환경 속의 사람들을 불러 그 잔치에 사람들을 채우게 하시며 그런 사랑을 받은 자들은 넉넉히 그 나라 잔치에서 복을 누린다는 것을 오늘 본문에서 살펴보았습니다.

우리가 주님이 맡기신 귀한 은사를 소비하고 개인적인 행복과 아상에 빠진다면 주님은 돌들이라도 들어서 당신의 일들을 진전시켜 가실 것입니다. 우리는 주님이 우리가 어떤 처지에 있다 할지라도 오래 참으시면서 알게 하시는 그 나라에 들어갈 자들의 마음 자세를 성신님의 능력으로 잘 소유하고 나아가야 할 것이고 그렇게 오래 참으심의 자비를 베푸시는 주님께 늘 감사하는 마음을 가져야 할 것입니다. 그러면 결국에는 주님의 큰 잔치에 즐겁게 참여하는 복을 누릴 것입니다.

기도

　거룩하신 아버지 하나님이시여, 주님은 한 바리새인 집에 초대를 받아 식사를 하시는 중에 한 질문을 받고 이 큰 잔치 비유를 하셨사옵나이다. 바리새인들의 그 오만한 마음들을 내다보고 계셨지만 저들에게 또 기회를 주셔서 회개할 수 있도록 하는 그런 비유를 베푸신 것이고 또 당신을 따르는 여러 연약한 자들에 대해서는 또 위로가 되는 그런 말씀, 하나님의 언약의 말씀의 성취의 내용 가운데 들어있다고 하는 사실을 알게 하는 그런 비유의 말씀을 내려 주셨사옵나이다. 참으로 이 바리새인들은 주님의 초청에 대해 실제로 온전히 반응하지 못하고 온갖 핑계를 대고 주님 앞에 나아오지 않았고 세리와 죄인들은 그 뒤에 강권적으로 청함을 받아 들어오지만 그 청함에 대해 감사하며 감격하는 모습을 보여서 그 잔치의 기쁨을 다 만끽하였사옵나이다. 저희들은 바리새인과 같은 그런 존재들이었고 주님의 잔치 자리 초청에 대해 관심이 없었던 그런 자들인데 주님이 저희들에게 계시를 베푸시고 또 은혜의 빛을 베풀어 주셔서 저희들이 주님의 청함에 나올 수 있게 되었고 외적인 조건이 열악함에도 불구하고 주님의 청함 안에서 즐거움과 기쁨을 누리게 되었사옵나이다. 이것이 우연한 일이 아니고 하나님의 영원한 경륜 가운데 이루어진 일이라는 것을 저희들이 오늘 말씀을 통해서 분명히 확인하게 되었사옵나이다. 거룩하신 아버지 하나님이시여, 저희들 이방인들로서 돌 감람나무의 위치에서 접붙임을 받은 그런 존재들이 되었사온즉 이제 주님께 접붙임을 받은 자답게 주님의 품성을 잘 발휘하고 살게 하옵시고 시대적 상황을 잘 통찰하며 시대 앞에 마땅히 열매를 맺으며 나아가야 할 것이 무엇인지 각성하고 살아가게 하여 주시옵소서. 주님의 놀라운 청함을 받았음에도 불구하고 여전히 개인적인 생활 속에 빠져서 주님의 현재적인 인도하심을 알지 못한다면 그것처럼 불행한 일은 없을 것이옵나이다. 이제 그런 자들에게는 주님의 화 밖에는 남은 것이 없다는 것을 저희들이 분명히 깨닫습니다. 저희들 주님의 이 귀한 비유의 말씀, 큰 잔치 비유의 말씀을 잘 받았사온즉 말씀이 가르치는바 안에 잘 거하게 하여 주시옵고 주님의 청함을 받은 자로서 온전히 행보해 나아가게 하여 주시옵소서. 모든 걸 주님께 의탁 드리옵고 감사드리며,

    우리 구주 예수 그리스도의 이름으로 기도 올리옵나이다. 아멘.

제 23 강

동전(열 드라크마) 비유

누가복음 15:8-10

들어가는 말

오늘은 동전 열 드라크마 비유에 대해 보도록 하겠습니다. 이 드라크마 비유 이전에 바로 잃은 양의 비유가 나오고 또 이 동전 열 드라크마 비유 다음에는 두 아들의 비유라 할 수 있는 탕자의 비유가 나오는데 이 세 비유가 한 곳에서 이루어진 것으로 보입니다. 누가가 여기 15장에서 이런 비유들을 기록하는 것은 소외된 자들에 대한 복음의 내용을 알리고자 하는 것입니다.

잃은 양에 대한 비유에 대해서는 우리가 예수님의 비유 제12강에서 미리 본 바가 있으므로 그것을 잠깐 참조하면 다음과 같습니다. 마태복음 18장에 나오는 잃은 양의 비유와 여기 누가복음에 나오는 잃은 양의 비유가 서로 다른 원문에서 인용되었다는 설이 있고 한 가지 원문에서 저자의 의도에 따라 새롭게 둘로 창작이 되었다고 하는 설이 있는데 저는 전자를 믿는 사람입니다. 예수님의 비유라는 것이 항시 한 역사적인 환경에서 한 번만 하시고 마는 것이 아니고 때에 따라 아니면 강조점에 따라 같은 양에 대한 이야기도 다른 각도로 사용할 수 있기 때문입니다. 그렇게 보면 주님이 갈릴리를 떠나시기 전에 한 번 하시고 십자가를 지시기 약 1-2개월 전에 또 한 번 하신 것으로 보면 맞을 겁니다.

아무튼 그렇게 우리는 잃은 양의 비유에 대해 살펴보았습니다. 오늘은 거기에 이어서 동전 열 드라크마 비유에 대해 보도록 하겠습니다. 먼저 본문 말씀을 제가 읽겠습니다. 누가복음 15:8-10입니다.

> 8어느 여자가 열 드라크마가 있는데 하나를 잃으면 등불을 켜고 집을 쓸며 찾도록 부지런히 찾지 아니하겠느냐 9또 찾은즉 벗과 이웃을 불러 모으고 말하되 나와 함께 즐기자 잃은 드라크마를 찾았노라 하리라 10내가 너희에게 이르노니 이와 같이 죄인 하나가 회개하면 하나님의 사자들 앞에 기쁨이 되느니라

본문의 사건이 일어난 때는 언제인가

오늘 본문의 비유의 말씀은 예수께서 언제 하신 것입니까? 좀 전에도 말씀드렸지만 본문 앞의 잃은 양 비유를 더 후대에 한 것으로 보면 그것과 두 아들의 비유라 할 수 있는 탕자의 비유는 함께 한 장소에서 하신 것으로 보입니다. 그러니까 주님의 공생애에서 십자가를 지시기 약 1-2개월 정도 남은 시점이었을 것입니다. 주님께서 이제 베레아 지역에서 예루살렘으로 오르시는 사역을 하시면서 마지막으로 선교 사역을 하시는 그때쯤입니다.

예수님에 대해 사단적 궤계가 본격적으로 나타나기 시작하는 때

그렇다면 이 때는 예수님을 죽이려고 하는 마귀들의 궤계가 상당히 진전된 때인 것을 알 수 있습니다. 물론 마귀가 직접 나와서 일을 하는 것은 아니고 자기들 수하의 종들을 써서 그렇게 주님을 대적하는 방식을 적극적으로 취하는 때였습니다. 사탄의 수하에서 외식하는 서기관들과 바리새인들이 주님에 대해 도대체 저가 누군가 잘 알 수 없다고 생각하는 정도를 넘어 자기들의 대적 세력으로 어느 정도 정리하고서 자기들이 추구하는 히브리주의와 예수님의 가르침 사이에 상당한 격차가 있다는 것을 알고 예수님에 대해 공개적으로 비난을 하면서 대적을 하던 때였습니다. 그들 중 극히 미미한 숫자만이 예수님이 범상치 않으신 분이시라는 사실을 알고 관심을 보이고 은밀히 주시하고 있었지만 대부분은 예수님을 자기들과 견해를 달리하는 적대적인 존재로 보고 필요하면 어떤 법적 절차라도 밟아 짓밟으려고 하는 태세를 갖추고 있었습니다.

저들의 상태를 아시고서 깨우칠 말씀을 준비하시고 내리심

예수님께서는 바리새인들이나 서기관들의 이런 불의한 악계를 다 아시면서도 혹이라도 저들이 듣고 돌이킨다면 효과를 줄 수 있는 말씀을 차서 있게 선포하여 내리시는 것입니다. 지난번에도 말씀드렸지만 이제 저들에게는 그렇게 많은 시간이 남아 있지 않았습니다. 주님이 참아 보시며 가르치시는 그러한 때에 회개하고 돌이켜야 할 것입니다. 주님은 잃어버린 자들을 찾으시기 위해 이 땅에 내리신 분이십니다. 그러한 사실을 주님의 가르침을 통해 잘 알고서 기회가 주어지는 때에 결단을 하고 돌이켜야 할 것입니다. 만일 그렇지 못하면 저들에게는 이제 더 이상의 기회가 없고 오로지 불의한 자들이 받아야 하는 심판만이 있을 뿐입니다.

어떤 사람들은 주님이 바리새인들이 배척하고 백안시하는 세리나 죄인들을 가까이 하는 것에 대해 변명을 하기 위해 이 비유들을 하셨다고 하지만 그것은 주님을 잘 모르는 해석입니다. 주님은 뭐가 두려워서 핑계를 대거나 아니면 구차하게 자기 의로움을 변명하시고자 하는 분이 결코 아니십니다.

하나님의 경륜을 따라 이 세상에 오셔서 누가 됐든지 가령 세리가 됐든지 아니면 죄인이 됐든지 아니면 바리새인 중의 한 사람이 됐든지 하나님의 잃어버린 백성들을 찾는 심정을 따라서 이러한 선포적 가르침을 베푸시는 것입니다. 우리는 이런 주님의 거룩하시고 고고한 사랑의 심정을 잘 기억하고 있어야 할 것입니다.

그러면 비유의 대상은 누구인지 알 수 있다

누가복음 15:1-2을 보면 이 세 가지 비유를 들으러 나오는 대상이 누구인지 잘 알 수 있습니다. 모든 세리와 죄인들이 말씀을 들으러 가까이 나아오는데 바리새인들과 서기관들이 원망을 하면서 이 사람은 죄인을 영접하고 음식을 같이 먹는다고 하였습니다.

주님은 바리새인들과 서기관들이 사람 취급을 하지 않는 세리와 죄인들을 가까이 하셨습니다. 바리새인들이 보기에 로마의 앞잡이로 보이고 또 한편으로 쓸모없는 인간으로 보이는 세리와 죄인들을 예수님이 가까이 하시니까 저들은 나름대로 소신을 가지고 극렬하게 비난을 하였습니다.

어떻게 보면 저들의 입장에서 매우 타당한 것 같습니다. 사람이 죄인들을 가까이한다면 그만큼 해침을 당할 것인데 그러한 자를 가까이 한다면 그만큼 위험하다고 생각한 것입니다. 그러나 저들의 주장은 인본주의적인 것이고 자기 행위를 의지하는 신앙입니다.

하지만 주님은 그들의 그러한 상태에도 불구하고 여전히 하나님께서 찾으시는 사역을 순종하시되 그 시대 앞에 선포하여 누구라도 듣는 자들로 하여금 그 사실을 깨닫도록 하기 위해 이 비유의 말씀들을 내리시는 것입니다. 다시 말해서 이 비유들은 한결같이 누가 됐든지 간에 하나님이 그런 죄인을 찾으신다는 것을 계시하시는 말씀입니다.

잃은 동전을 찾는 비유

이제 잃은 동전을 찾는 비유에 대해 자세히 보도록 하지요? 여기 예수님의 비유에 나타난 동전들은 그렇게 큰돈은 아니지만 당시 가난한 여인이 저축한 돈이었거나 아니면 결혼 지참금으로 항상 몸에 지니고 있는 것이었습니다. 그 여자에게 나름대로 과부의 두 렙돈과 같은 상당한 가치가 있는 동전이지요? 헬라의 드라크마는 로마의 데나리온과 비슷하거나 그보다 약간 더 많은 가치를 지닌 동전입니다. 데나리온은 당시 노동자나 군인들의 하루 품삯이 되는 가치를 지녔다고 했지요? 그러니까 그 여인에게 있어서 단순히 화폐 단위의 가치 그것보다 더 가치가 있는 그런 단위의 동전이었습니다. 다시 말해서 그러한 동전들을 어떤 여인이 자기의 귀중한 재산의 전부로 알고 가지고 있었던 것 같습니다. 그러니까 그것을 잃고 여자는 매우 안절부절 어찌지 못하였고 또 동전을 찾은 뒤에는 너무 기뻐서 어쩔 줄을 몰랐습니다.

어떤 사람들은 이 동전에 대해 비교적 가치가 많지 않은 동전 열 개를 죽 꿰어서 목걸이로 하고 다니거나 아니면 자기의 장식품으로 몸에 지니고 다니다가 하나를 잃었다가 다시 찾아 거기에 붙였다고도 하지만 근거가 희박한 주장입니다.

아무튼 어떤 여자가 자기 재산의 전부로 여기고 아주 소중히 여기는 그 귀한 동전 열 닢 중 하나를 잃었습니다. 그래서 그것을 찾고자 그 여자는 등불을 켜고 집안 구석구석을 뒤졌습니다. 그 여자가 당대 팔레스틴 시골집에 살았다면 아마 문은 낮고 창문은 없었을지도 모릅니다. 그 여자는 잃은 동전을 찾기 위해 집안 가구 밑의 어두운 구석을 뒤지기도 했을 것이고 아니면 가구들을 꺼내 구석구석 쓸어 보기도 했을 것입니다. 동전인 만큼 소리가 날 수 있다고 생각해서 그렇게 하였을 것이고 또 자기가 소중히 여긴 그런 동전인 만큼 아주 성실하게 그것이 있을 만한 곳을 열심히 부지런히 찾았을 것입니다.

그렇게 땀 흘리며 뒤지고 쓸다가 그 여자는 자기에게 그 어느 것보다도 귀중한 그 잃어버린 동전을 찾은 것입니다. 그래서 그 여인은 친구들과 이웃의 사람들을 불러모았습니다. 그리고 그들에게 말하기를 잃은 동전을 찾았으니 나와 함께 기쁨을 나누며 즐겁게 놀자고 하였습니다.

이 비유를 하나님 나라에 적용하시는 주님

주님은 이 잃은 동전을 찾은 비유의 결론으로 사람들을 가르치십니다. "이와 같이 죄인 하나가 회개하면 하나님의 사자들 앞에 기쁨이 되느니라." 하나님 나라에서 죄인 하나가 회개하면 나타나는 상황과 잃은 동전을 찾은 것을 연계하여 적용하시는 것입니다. 우리가 배우고 느껴서 알지만 사람의 회개는 사람이 스스로 이루는 것이 결코 아니니다. 하나님의 신비한 능력으로 그 사람을 찾고 변화를 시키셔야 하는 것입니다. 이것이 없으면 하나님 앞에서 진정한 회개는 이루어지지 않습니다. 그러면 여기의 비유에서도 잃은 것을 찾는 주도권은 항시 하나님에게 있다 하는 것을 알 수 있습니다. 하나님이 찾으셔야 찾아지는 것입니다.

그리고 아까도 말씀드렸지만 이 비유는 앞의 잃은 양의 비유와 함께 한 말씀이므로 초점이 하늘나라에서 하나님께서 잃은 자를 찾는 것이 강조되어 있고 그로 말미암아 기쁨을 누리시는 그런 면이 부차적으로 나타나는 것입니다.

사람들은 사람들의 기준으로 사람의 층하를 나누고 함께 할 자와 그렇지 아니할 자를 가르지만 하늘나라에서는 그렇지 않다는 것을 여기서 명백하게 나타내 보이시는 것입니다. 물론 그렇다고 해서 좀 전에도 말씀드린 바와 같이 예수께서 세리와 죄인들의 그룹만을 찾으신다는 것을 보이고자 하시는 것은 아닙니다. 어느 누가 됐든지 죄인이든 세리이든 바리새인들이건 서기관이건 하나님이 그들 중 잃어버린 자들을 찾으셔야 찾아지는 것을 보이시고자 하시는 것입니다.

주님은 이 비유의 말씀으로 구약의 약속대로 오신 분이심을 보이신다

주님은 이 잃은 것을 찾는 비유들로써 당신이 구약의 성취자로 오신 분이심을 나타내십니다. 구약의 예언은 일차적으로 이스라엘 나라에게 적용이 되는 것이지만 2차적으로는 예수 그리스도 안에서 이루어지는 것입니다. 에스겔서 34:1-16을 함께 보도록 하겠습니다.

¹여호와의 말씀이 내게 임하여 가라사대 ²인자야 너는 이스라엘 목자들을 쳐서 예언하라 그들 곧 목자들에게 예언하여 이르기를 주 여호와의 말씀에 자기만 먹이는 이스라엘 목자들은 화 있을진저 목자들이 양의 무리를 먹이는 것이 마땅치 아니하냐 ³너희가 살진 양을 잡아 그 기름을 먹으며 그 털을 입되 양의 무리는 먹이지 아니하는도다 ⁴너희가 그 연약한 자를 강하게 아니하며 병든 자를 고치지 아니하며 상한 자를 싸매어 주지 아니하며 쫓긴 자를 돌아오게 아니하며 잃어버린 자를 찾지 아니하고 다만 강포로 그것들을 다스렸도다 ⁵목자가 없으므로 그것들이 흩어지고 흩어져서 모든 들짐승의 밥이 되었도다 ⁶내 양의 무리가 모든 산과 높은 멧부리에마다 유리되었고 내 양의 무리가 온 지면에 흩어졌으되 찾고 찾는 자가 없었도다 ⁷그러므로 목자들아 여호와의 말씀을 들을지어다 ⁸주 여호와의 말씀에 내가 나의 삶을 두고 맹세하노라 내양의 무리가 노략거리가 되고 모든 들짐승의 밥이 된 것은 목자가 없음이라 내 목자들이 양을 찾지 아니하고 자기만 먹이고 내 양의 무리를 먹이지 아니하였도다 ⁹그러므로 너희 목자들아 여호와의 말씀을 들을지어다 ¹⁰주 여호와의 말씀에 내가 목자들을 대적하여 내 양의 무리를 그들의 손에서 찾으리니 목자들이 양을 먹이지 못할 뿐 아니라 그들이 다시는 자기를 먹이지 못할지라 내가 내 양을 그들의 입에서 건져내어서 다시는 그 식물이 되지 않게 하리라 ¹¹나 주 여호와가 말하노라 나 곧 내가 내 양을 찾고 찾되 ¹²목자가 양 가운데 있는 날에 양이 흩어졌으면 그 떼를 찾는 것같이 내가 내 양을 찾아서 흐리고 캄캄한 날에 그 흩어진 모든 곳에서 그것들을 건져낼지라 ¹³내가 그것들을 만민 중에서 끌어내며 열방 중에서 모아 그 본토로 데리고 가서 이스라엘 산 위에와 시냇가에와 그 땅 모든 거

주지에서 먹이되 ¹⁴좋은 꼴로 먹이고 그 우리를 이스라엘 높은 산 위에 두리니 그것들이 거기서 좋은 우리에 누워 있으며 이스라엘 산 위에서 살진 꼴을 먹으리라 ¹⁵나 주 여호와가 말하노라 내가 친히 내 양의 목자가 되어 그것들로 누워 있게 할지라 ¹⁶그 잃어버린 자를 내가 찾으며 쫓긴 자를 내가 돌아오게 하며 상한 자를 내가 싸매어 주며 병든 자를 내가 강하게 하려니와 살진 자와 강한 자는 내가 멸하고 공의대로 그것들을 먹이리라

예수께서는 이런 일의 장본인으로 오신 것을 직접적으로 말씀하셨습니다. 우리가 앞으로 살펴보겠지만 삭개오의 구원에 대해 말씀하실 때(눅 19:1-10) 구약에 예고된 일의 성취자로 오심을 나타내셨습니다.

그리고 듣는 자들이 자신들의 상태를 바로 보고 바른 하나님께 나아오도록 하기 위해 이 비유를 하셨습니다.

주님은 이 비유들을 통하여 듣는 어떤 자들이 처한 현실을 바로 바라보도록 하시는 것입니다. 예수님을 구약의 메시야로서 바로 바라보지 못하고 전통적으로 자기들이 알고 있던 메시야만을 찾으려는 자들의 상태와 자기들과 관심이 다르다고 하여 적대하려는 자들의 실질적인 상태가 어떤 것인가를 알게 하기 위하여 이 비유를 하신 것입니다. 나름대로 열심히 나라를 위한다고 하고 열심히 성경을 연구하고 기도도 하고 하지만 실은 길 잃은 상태에 있는, 그래서 주님으로부터 오는 진정한 기쁨이 없는 그런 자들의 참상을 보게 하려고 하시는 것입니다. 진정으로 하나님이 어떠하신 하나님이시며 당신을 통하여 어떤 일을 하시는가를 알게 하여서 저들이 제대로 된 하나님을 찾아 나아오도록 이렇게 비유를 선포하고 가르치시는 것입니다.

주님의 가르침을 시급하게 받아들이지 아니하면 주님의 경륜은 옮겨질 것이다

저들 중 누구라도 만일 주님의 이러한 한시적인 가르침을 따르지 아니하고 여전히 제멋대로 산다면 이제 저 히브리 지도자들이라도 희망이 없습니다. 오히려 회개하는 세리와 죄인들에게 희망이 있고 또 불과 두 달 정도 지나면 이제 주님의 경륜은 세계로 퍼져서 이방인 중에서라도 열매를 맺는 자들이 하나님의 백성이 될 것입니다(마 21:28-32, 42-44 참조).

교훈

그러면 이 비유가 오늘을 살아가는 우리에게 주는 교훈은 무엇입니까? 우리가 과연 어떤 주님을 따르고 있으며 그 주님 앞에 어떤 자로 살아가고 있는가 하는 점을 살펴보는 일입니다. 우리가 좇는 주님에 대한 관점이 바르지 않으면 늘 우리의 입장에서 우리에게 요구되는 주님을 바라고 따르는 것과 같습니다. 그렇게 되면 길 잃은 자로서 마지막에 분명 갈릴 수 있습니다. 우리가 따르는 주님이 어떤 분이시고 그분이 어떤 일을 이루셨고 그분이 이 시대에 우리에게 요구하시는 것이 무엇이며 우리가 궁극적으로 소망할 것이 무엇인지 잘 알아서 거기에 걸맞은 모습으로 주님을 따라야 한다는 것입니다.

우리 개인의 현실적인 행복과 번영과 명예도 함께 누려보고자 하는 심정으로 주를 따라 간다든가 우리에게 닥친 현실적인 어려움을 극복하고자 주를 따라 간다면 구세주로 오신 주님을 잃어버린 모습이며 그것은 한편으로 주님을 바로 대접하는 것이 아닙니다.

그렇게 된다면 우리에게 말씀과 성신님의 인도에 의한 정상하고 아름다운 열매가 맺혀질 수 없을 것입니다. 겉모습은 그럴듯하게 성경 연구, 기도, 구제, 전도 등의 경건한 종교풍을 나타낸다고 해도 속은 썩고 더러운 냄새가 나는 열매를 맺을 것입니다. 육신적으로 위선과 교만의 부패가 그 사람 내부에 가득차서 회칠한 무덤과 같은 존재일 것이고 수많은 사람이 아무리 그 사람과 관계하여 보아도 그 사람에게서 그리스도의 영적 생명의 싹을 발견할 수 없을 것입니다. 아상으로 인하여 주님의 사랑을 받지 못했으므로 다른 이에게도 그런 사랑을 전혀 표현하지 못하는 것입니다.

그러한 자의 결국은 주님 앞에서 인정이 되지 않는 불법한 사람이 될 것이고 주님이 예비하신 심판을 면할 수 없게 될 것입니다. 오히려 인간적인 잣대로 멸시한 사람들이 하나님의 사랑을 힘입어 변화를 받아 주 앞에 유명한 자로 나타날 것입니다.

나가는 말

말씀을 맺습니다.

오늘은 동전 열 드라크마 비유에 대해 보았습니다. 한 여인이 열 드라크마 중 하나를 잃어 고민하다가 그것을 찾아서 벗과 이웃과 함께 기쁨을 누리는 내용으로 하나님의 주권에 의해 잃은 것을 되찾는 사랑이 뚜렷하게 나타납니다. 이제 주님의 제자들은 약 2달 이내에 신약 교회의 기둥들이 될 자들입니다. 저들은 주님의 가르침을 따라 주님의 심정을 품고 잃어버린 자들을 찾아 사역을 하여야 할 것입니다. 그저 입으로만 기독교꾼 행세를 하고 삶으로는 여전히 자기나 자기에 속한 것이 주가 되어 그에 따른 욕구충족으로 움직인다면 그 사람은 정녕 욕심으로 세상 것을 잠시 소유하고 나아가겠지만 머지않아 주님을 영원히 잃은 자로 나타나고 말 것입니다.

기도

거룩하신 아버지 하나님, 이 오후에 또 저희들을 사랑하셔서 열 드라크마 비유에 대해 살펴볼 수 있게 하시니 감사를 드립니다. 한 여인이 드라크마 하나를 잃어버려서 열심히 찾고 살핀 결과 그 드라크마를 되찾게 되는데 그것으로 인해서 기쁨을 누렸다는 그런 말씀이옵나이다. 주님은 잃어버린 자들을 찾으러 이 땅에 낮아지시고 잃어버린 자들을 위해서 고난을 받으시며 십자가에 죽기까지 나아가셨사옵나이다. 잃어버린 자들의 상태 모습은 처참하기 이를 데 없는데 창세전에 그리스도 안에서 선택하시고 예정하셔서 때를 따라 택하신 자들을 통해 복음을 받게 하시고 그 복음을 듣고 회개해서 그 잃어버려진 위치에서 본상의 위치로 돌아올 수 있게 하시니 참으로 감사를 드립니다. 저희들이 이방인 중에서 그런 존재로 살다가 주님의 복음으로 부르심을 받은 존재들일진대 바른 정서 체계를 가지고 주님을 사랑하고 나아가게 하여 주시오며 또한 그 받은 사랑을 기초해서 이웃들을 온전히 사랑하고 나아가게 하여 주시옵소서. 무엇보다도 잊지 않아야 할 것은 주님 앞에서 바른 정서적인 체계일 것이옵나이다. 저희들 잃어버린 자의 위치에서 회복이 돼서 살아가는 자로서 바른 정서를 소유하고 온 마음으로 하나님을 찬양하게 하여 주시오며 그런 위치에서 세움을 입은 자답게 잃어버린 위치에 있는 자들을 향해서 또 주님의 본을 좇아 낮아지고 저들에게 가까이 하는 저희들이 다 되게 하여 주시옵소서. 그 잃어버린 상태에 대해 얼마나 처참하고 비참한 것인가를 알지 못하게 될 때 바른 정서를 소유하지 못하고 또 이웃에게도 참다운 복음을 전할 수 없는 그런 존재 일 것이옵나이다. 거룩하신 아버지 하나님, 하나의 실재에 대한 내용을 말씀으로 깨우쳐 주시고 실재 안에서 바른 행보를 행해 나아 갈 수 있게 하시니 감사를 드립니다. 주께서 더욱 긍휼히 여겨 주셔서 더욱 더 기쁘고 충성된 마음으로 주님의 잃어버린 남은 자들을 불러 모으는 일에 주력하게 하여 주시옵소서. 한가하게 기본적인 사명도 감당하지 아니하고 그리고 역사적인 사명에 대해서는 아예 무지 무각하게 살아가는 어리석은 자들이 되지 않게 하옵시며 주님을 더욱 알아 가면 알아 갈수록 각성을 해서 주님의 뜻이 우리의 뜻이 되어 행보해 나아가게 하옵소서. 모든 걸 주께 의탁 드리옵고 감사드리며,

　우리 구주 예수 그리스도의 이름으로 기도 올리옵나이다. 아멘.

제 24 강

두 아들(탕자)의 비유

누가복음 15:11-32

들어가는 말

오늘은 두 아들의 비유라 할 수 있는 그 유명한 탕자의 비유에 대해 보도록 하겠습니다. 이 두 아들의 비유는 앞의 두 비유, 잃은 양, 동전 비유와 아울러 한 곳에서 베풀어진 비유라고 할 수 있습니다. 앞의 두 비유는 잃은 자를 능력 있게 적극적으로 찾으시는 면이 강조되어 나타나는 것 같지만 본 비유에서는 어떻게 보면 고약한 자식들 앞에 한없이 나약해 보이는 아버지상이 전면으로 나옵니다. 그러나 결코 주님은 나약하지 않으시고 오히려 당신의 일꾼으로 하여금 당신의 속성을 발휘케 하여 자기 자녀를 지극히 인내하시며 사랑하시는 것으로 당신의 각본대로 되도록 하시는 높으신 지혜가 부각되어 나타납니다. 이것을 생각해 보면 우리가 우리 주님의 어떠하심에 대해 함부로 속단하고 예단하는 일이 얼마나 잘못된 것이며 어리석은 일인가를 잘 알 수 있습니다. 주님은 어떤 환경에서라도 가장 지혜롭고 확실하게 당신의 뜻을 성취하여 나아가시는 분이십니다. 이러한 주님의 변화무쌍한 인도를 오늘을 살아가는 우리가 성신님의 지혜로 잘 받아가야 할 것입니다. 먼저 본문 말씀을 읽겠습니다. 누가복음 15:11-32입니다.

11또 가라사대 어떤 사람이 두 아들이 있는데 12그 둘째가 아비에게 말하되 아버지여 재산 중에서 내게 돌아올 분깃을 내게 주소서 하는지라 아비가 그 살림을 각각 나눠 주었더니 13그 후 며칠이 못되어 둘째 아들이 재산을 다 모아 가지고 먼 나라에 가 거기서 허랑방탕하여 그 재산을 허비하더니 14다 없이한 후 그 나라에 크게 흉년이 들어 저가 비로소 궁핍한지라 15가서 그 나라 백성 중 하나에게 붙여 사니 그가 저를 들로 보내어 돼지를 치게 하였는데 16저가 돼지 먹는 쥐엄 열매로 배를 채우고자 하되 주는 자가 없는지라 17이에 스스로 돌이켜 가로되 내 아버지에게는 양식이 풍족한 품꾼이 얼마나 많은고 나는 여기서 주려 죽는구나 18내가 일어나 아버지께 가서 이르기를 아버지여 내가 하늘과 아버지께 죄를 얻었사오니 19지금부터는 아버지의 아들이라 일컬음을 감당치 못하겠나이다 나를 품꾼의 하나로 보소서 하리라 하고 20이에 일어나서 아버지께 돌아가니라 아직도 상거가 먼데 아버지가 저를 보고 측은히 여겨 달려가 목을 안고 입을 맞추니 21아들이 가로되 아버지여 내가 하늘과 아버지께 죄를 얻었사오니 지금부터는 아버지의 아들이라 일컬음을 감당치 못하겠나이다 하나 22아버지는 종들에게 이르되 제일 좋은 옷을 내어다가 입히고 손에 가락지를 끼우고 발에 신을 신기라 23그리고 살진 송아지를 끌어다가 잡으라 우리가 먹고 즐기자 24이 내 아들은 죽었다가 다시 살아났으며 내가 잃었다가 다시 얻었노라 하니 저희가 즐거워하더라 25맏아들은 밭에 있다가 돌아와 집에 가까웠을 때에 풍류와 춤추는 소리를 듣고 26한 종을

제 24 강 두 아들(탕자)의 비유 341

불러 이 무슨 일인가 물은대 ²⁷대답하되 당신의 동생이 돌아왔으매 당신의 아버지가 그의 건강한 몸을 다시 맞아들이게 됨을 인하여 살진 송아지를 잡았나이다 하니 ²⁸저가 노하여 들어가기를 즐겨 아니하거늘 아버지가 나와서 권한대 ²⁹아버지께 대답하여 가로되 내가 여러 해 아버지를 섬겨 명을 어김이 없거늘 내게는 염소 새끼라도 주어 나와 내 벗으로 즐기게 하신 일이 없더니 ³⁰아버지의 살림을 창기와 함께 먹어 버린 이 아들이 돌아오매 이를 위하여 살진 송아지를 잡으셨나이다 ³¹아버지가 이르되 얘 너는 항상 나와 함께 있으니 내 것이 다 네 것이로되 ³²이 네 동생은 죽었다가 살았으며 내가 잃었다가 얻었기로 우리가 즐거워하고 기뻐하는 것이 마땅하다 하니라

본 비유가 베풀어진 시기와 장소

본 비유가 베풀어진 시기는 언제라고 했습니까? 이 비유는 앞의 두 비유와 같이 주님의 공생애를 불과 1-2개월을 남겨둔 때라고 했지요? 그러니까 모든 인류를 위한 대속의 십자가를 지시려고 요단 동편 베레아에서 예루살렘으로 오르시기 위해 거룩한 발걸음을 떼어 놓으시던 때였습니다.

그러한 때에 한 바리새인의 집에 계실 때에 세리들과 죄인들이 주님 앞으로 나아오는 것을 보고 바리새인들이 자기들의 관점에서 좋지 않은 시각으로 주님을 바라보자, 이에 대해 당신의 경륜과 관련된 계시의 내용과 주님을 둘러싸고 있는 자들의 현재적 상태를 깨우치시기 위해 이 비유를 베푸신 것입니다. 경건주의자들인 바리새인들은 평시에 히브리주의의 핵심적 존재들로 생각했고 세리나 죄인들은 거기에

반하는 세력들이라고 여겼습니다. 그런데 주님이 계속해서 그들과 함께 하며 같이 먹고 같이 이야기 나누는 것을 보고 이제 주님에 대해서도 점점 바른 시각으로 보지 않은 것입니다. 아니 이제는 본격적으로 주님을 대적하려고 여러 준비를 강구하고 있었습니다. 세리나 죄인들 또한 대다수가 자기들의 관점에서 물질적이고 현세적인 왕국을 이루실 분으로 예수님을 알고 따라 다녔습니다.

그런 때에 주님은 이 비유를 통하여 하나님의 어떠하심과 청중들의 성분을 반영하시는 것입니다. 적대자들의 저항은 높아가고 있었지만 그리고 한편으로 예수님의 사역을 곡해하며 따르는 자들이 많았지만 그들에 대해 아직 참으시면서 누구라도 회개의 심정으로 아버지의 사랑을 찾으면 기다리시는 주님이 기뻐하심을 묘사하는 것입니다.

주님의 계속된 사랑으로 가르치시는 말씀

지난번에도 말씀드렸듯이 주님은 당신의 사역을 변명하기 위해서나 아니면 당신의 의로움을 단순하게 나타내시기 위해 이 비유를 베푸신 것은 아니고 당신이 처한 상황에서 당신의 경륜과 관련된 내용을 선포하고 더 나아가 듣는 자들로 하여금 그 경륜 안에서 자신들의 잃어버려진 상태를 되돌아보고 돌이킬 수 있는 말씀을 비유로 나타내시는 것입니다.

그러니까 여기에 주님의 인내하시는 사랑이 극명하게 나타납니다. 당시 극히 소수를 제외한 대다수 유대교의 지도자들이 한결같이 주님을 대적하며 할 수만 있으면 꼬투리를 잡아 법적인 처리를 하려고 하였습니다. 그리고 주님의 주님 되심에 대해 자기들의 좋은 관점으로 따르고 있을 때에 주님은 그들에 대한 사랑을 끊이지 아니하시고 오히려 인내하시면서 저들 중 누구라도 언제든지 돌이키고자 할 때 중요한 재료가 되는 내용을 비유로 말씀하시는 것입니다.

이제 얼마 후면 이러한 주님의 인내심도 내려놓으시는 때가 옵니다. 그때는 저들이 회개하려고 해도 하지 못할 것입니다. 그들에게는 오로지 심판만이 예비 되어 있을 뿐입니다. 그러니까 저들은 이제 주님의 그런 배려를 잘 기억하고 어떻게든 그 귀한 말씀이 들려질 때 자신의 참상을 보고서 결단을 하여야 할 것입니다. 만일 그러한 회개의 기회를 누구라도 우습게 넘겨 버리게 된다면 저들에게 들려진 말씀이 핑계할 수 없는 심판의 증거로나 적용이 될 것입니다.

본문의 분해

이제 본문의 내용을 분해하여 보도록 하겠습니다. 본문을 크게 나누면 둘로 나누어집니다. 첫째 부분은 11-24절인데 이 탕자가 아버지 집에 돌아온 것에 대한 내용은 앞의 두 비유와 같이 잃은 자를 다시 찾는 것과 관련된 것입니다. 둘째 부분은 25-32절까지입니다. 여기서는 대조적으로 장자의 냉혹한 면을 두고 아버지의 똑같은 사랑의 가르침이 베풀어집니다. 다시 말하자면 한 아들이 아버지의 사랑으로 도덕적으로 타락하였다가 다시 회복되었는데 또 다른 아들이 도덕적인 부패의 모습을 보여 그 아들도 똑같은 심정으로 사랑을 하면서 돌이킬 수 있는 재료를 주는 가르침의 내용인 것입니다. 이 위대한 비유는 극적 반전과 아버지의 동일한 사랑을 당시의 역사적인 환경과 관습을 배경으로 기묘하게 조화시킵니다. 이런 것이 이 비유가 우리에게 극적 감동을 주고 영적인 안목을 갖게 하는 위대한 내용입니다.

탕자의 비유

먼저 탕자의 비유의 내용을 보시지요. 어떤 사람에게 두 아들이 있었는데 그 중 둘째가 아버지에게 말하기를 아버지 재산 중에 자신에게 돌아올 분깃을 달라 하였습니다. 이 둘째 아들이 그 아비에게 정확하게 얼마만큼의 양을 어떤 내용의 분깃으로 요구했는지 알 수 없으나 적지 않은 동산(動産)의 재산이었던 것 같습니다. 당시 풍습으로 보면 아버지가 살아계실 때 분깃을 요구할 수도 있으나 아버지가 장사하시는 사람이라면 그 이익금에 대해서 분배를 받지 못하였다고 합니다. 그리고 당시 법으로 보면 아버지가 서거하면 둘째 아들의 분깃은 아버지 재산의 1/3을 받을 수 있었습니다. 장자는 다른 아들의 두 배를 받았으니까 2/3가 되겠지요?(신 21:17) 과년한 딸이 있는 것으로 보면 재산은 1/3이 아닌 2/9 정도가 되었을 것입니다.

좌우간 이 둘째 아들은 자기의 분깃을 아버지에게 요구했고 아버지는 그에 대해 일언반구 탓할 것도 없이 그 차에 살림을 큰 아들 것과 작은 아들 것을 나누어 각각에게 자신의 것 전부를 내어 주었습니다. 어떻게 보면 분깃을 요구하는 자식 앞에 아버지는 아무 힘도 없는 나약한 아버지와 같은 모습을 이 비유는 전면으로 나타내 말하고 있습니다.

둘째 아들은 몇 살에 그랬는지 잘 알 수 없지만 자기가 아버지로부터 받은 그 분깃을 다 챙겨 가지고 먼 나라로 갔습니다. 아마 자기가 보기에 화려하게 보이는 그런 동경의 나라였는지 모르겠습니다. 진정한 아브라함의 자손으로서 하나님의 거룩하고 신실한 약속을 믿고 그 거룩한 땅 안에서 그 내리신 언약의 법을 따르며 자기 사명이 무엇인지 아는 자였다면 그러하지 아니하였겠지만 그는 그저 세상이 좋고 쾌락이 좋아 그것을 즐기고 그 안에서 무엇을 얻어 보고자 자기가 있던 나라에 비해 가시적으로라도 화려하고 멋있어 보이는 그러한 먼 나라로 갔겠지요? 그리고 그는 그곳에서 허랑방탕하게 재산을 허비하였습니다. 일반적으로라도 세상 돈의 가치나 무게에 대해 자신이 땀 흘린 노동을 통해 알았다면 결코 그렇게 쉽게 자기 재산을 허비하지 않을 것인데 그 탕자는 돈의 진정한 가치를 알지 못하여 생산적인 일은 하지 않고 술과 여자와 주악 등의 유흥으로 함부로 낭비하여 다 없이 하였습니다. 그리고 실제로 돈의 가치를 알고서라도 생활의 환경이 다르고 자기 텃밭도 아닌 다른 환경에 가서 쉽게 적응하며 돈을 벌기는 어려운 것입니다. 그런데 그런 것도 없었으니 돈을 낭비하기가 얼마나 쉬웠겠습니까? 여기서 그의 경험 미숙과 무분별, 그리고 무절제, 불신앙 등을 찾아볼 수 있습니다.

그런데 엎친 데 덮친 격으로 돈이 떨어지는 것으로 그치지 않고 이제 흉년이 들어 아주 궁핍하게 되었습니다. 물가도 오르고 일자리도 없고 경제가 쇠락했습니다. 사실 세상 사람도 허랑방탕하게 살면 하나님의 저주라는 일반 역사적 환경에서 더욱 형편없이 되는 것인데 유대인으로서 그렇게 산다면 그것은 볼 것도 없이 하나님의 법을 어기는 삶을 산 것이므로 법의 저주를 받지 아니할 수가 없는 것입니다. 신명기 28:15-20을 볼까요?

> 15네가 만일 네 하나님 여호와의 말씀을 순종하지 아니하여 내가 오늘날 네게 명하는 그 모든 명령과 규례를 지켜 행하지 아니하면 이 모든 저주가 네게 임하고 네게 미칠 것이니 16네가 성읍에서도 저주를 받으며 들에서도 저주를 받을 것이요 17또 네 광주리와 떡반죽 그릇이 저주를 받을 것이요 18네 몸의 소생과 네 토지의 소산과 네 우양의 새끼가 저주를 받을 것이며 19네가 들어와도 저주를

받고 나가도 저주를 받으리라 20네가 악을 행하여 그를 잊으므로 네 손으로 하는 모든 일에 여호와께서 저주와 공구와 견책을 내리사 망하여 속히 파멸케 하실 것이며

물론 이것은 이스라엘 백성의 경우라도 일반의 경우를 말하는 것입니다. 특별한 계시를 내리시기 위하여 일시적으로 그런 환경을 당하게 하는 일도 있지만 여기서는 그런 경우는 아니고 일반으로 하나님의 법을 어긴 결과로 나타난 것이라고 할 수 있습니다.

그래서 그는 그 인생고를 해결하기 위해 그 이방 나라 백성 중에 한 사람에게 붙어서 살고자 하였는데 그 나라 사람은 그 대가로 탕자에게 들에서 돼지를 치게 하였습니다. 유대인들에게 있어서 돼지는 아주 부정한 짐승인데 유대인으로서 그렇게 부정한 짐승(레 11:7)을 치는 일까지 하지 않을 수 없게 된 것은 그만큼 인생이 아주 밑바닥으로 내려갔고 그리고 아주 절박했다고 볼 수 있습니다. 신앙의 본질도 잊은 판에 그것을 표시하는 형식조차도 지킬 수 없는 상황이 된 것입니다. 그리고 그는 돼지가 먹는 쥐엄열매조차 맘대로 얻어먹을 수가 없었습니다. 쥐엄나무는 지중해 연안에서 자라는 나무인데 그 열매는 사람이 먹기는 그렇고 돼지의 사료용으로나 먹이는 것이었습니다. 그와 같은 것조차 맘대로 먹을 수 없게 된 것은 그만큼 그 지역에 흉년이 심하게 든 것이지요? 아무튼 그에 대한 소문은 종종 그의 가족들에게도 전하여졌습니다.

이즈음에 그는 스스로 돌이켜 생각하기를 내 아버지 집에 양식이 풍족한 품꾼이 얼마나 많은가, 나는 여기서 굶어 죽고 마는가 차라리 하나님께 회개하고 아버지에게 돌아가 용서를 구하고 아들로서의 권리도 포기하고 일꾼으로서 살아가겠다고 하는 것이 낫지 않겠는가 하였

습니다. 진정 둘째 아들이 회개를 결심한 이런 생각을 한 것으로 보아 그저 변죽이 좋고 배짱 좋게 그렇게 한 것은 아니었겠지요? 요즈음 보면 아버지 것 가져다가 욕심껏 주식투자나 유흥비로 다 없이하고도 회개의 면면이 없이 또 집으로 기어 들어와서 슬슬 식구들 눈치를 보면서 또 자기 필요한 것을 챙기는 인간들이 있는데 그런 류의 인간은 아니었을 것이고 회개를 결심하고 차츰 하나님 나라에 돌아와 종으로라도 받아주시면 감사히 여기고 나머지 생을 열심히 살겠노라고 하는, 그런 겸손하게 낮아진 사람으로서의 생각이었을 것입니다. 돌아갈 생각은 배고픔 때문에 시작되었지만 돌아갈 곳은 오로지 하늘과 아버지의 품이었습니다. 그간에 베풀어진 하나님의 사랑어린 채찍을 기억하고 또 아버지의 사랑어린 배려를 생각하여 돌아갈 마음이 생겼을 것입니다.

사람이 돌아가려고 할 때 돌아갈 곳에 있는 자들의 품성에 사랑과 공의가 없다면 돌아갈 마음이 정상하게 돌더라도 금방 그것이 사그라지고 말 것인데 둘째 아들에게는 그런 것에 대한 문제는 없었습니다. 그래서 회개의 심정이 마음을 계속 자극하였고 그리하여 돌아가려고 하는 마음을 확정하였을 것입니다. 이런 것이 정상한 회개의 열매가 되겠지요? 단지 탕자가 배고픔 때문에 돌아가기를 바란다면 하늘 아버지께 대해 죄를 지었다고 생각하지 않고 또 육신에 위기가 왔으니 그런 위기나 벗자고 부모의 좋은 환경만을 생각하고 집으로 돌아오는 것이지만 여기서의 탕자는 그런 심정은 아니었을 것이고 생각의 시작은 배고픔으로 시작되었지만 생각의 귀착은 하늘과 아버지의 품이었습니다. 세상에서 자존심이 센 사람이라면 이런 생각조차 하지 않고 차라리 그렇게 된다면 죽어버리고 말지 하겠지요?

그 둘째 아들은 그렇게 겸손한 생각을 하고서 일어나 본국의 아버지에게로 돌아갔습니다. 그런데 아버지는 그 둘째 아들이 집을 나간 뒤로 늘 그 아들이 돌아오기를 바라고 마을 어귀에 눈을 떼지 못하고 살다가 멀리서 거지와 방불한 품새만을 보고도 그 사람이 자기 아들임을 단번에 알아보았습니다. 행색은 더 이상 볼 것이 없이 추한 모습을 띠고 둘째 아들이 돌아오지만 그 아버지는 그를 단박에 알아본 것입니다. 평시에 그 모습을 그리며 애가 타도록 기다린 아버지가 아니면 상상하기 어려운 내용입니다. 그리고 주위의 눈치를 보며 감히 고개도 못 들고 무거운 발걸음을 떼고 집으로 돌아오는 둘째 아들에게 아버지는 측은한 심정이 부풀어 터질듯하여 흐르는 눈물을 주체도 못하면서 노인의 걸음이지만 한달음에 달려갔습니다. 그리고 과연 네가 내 둘째냐? 하며 그 초라하고 냄새가 나고 다 큰 아들이었음에도 불구하고 개의치 않고 아들의 목을 끌어안고 입을 맞추었습니다. 참으로 감동적인 장면이지요? 그 둘째 아들은 그토록 자신을 반기는 아버지 앞에 고개도 감히 들지 못하고 말합니다. '아버지여! 내가 하늘과 아버지께 죄를 얻었사오니 지금부터는 아버지의 아들이라 부름을 받는 것조차 감당할 수 없습니다.' 자신이 지은 죄가 단순히 아버지에게만 지은 것에서 멈추지 않고 그 아버지를 내시고 그 아버지를 통하여 자신을 온전한 사람이 되게 양육해 오신 하늘의 하나님에게까지 미쳐서 이런 고백을 하였습니다. 자신의 죄가 아버지에게만 국한되어 해를 끼친 것이 아니고 그것이 궁극적으로 하나님의 거룩한 표준에 미치지 못하는 것이 된다고 생각하여 이러한 고백을 한 것입니다(시 51:4 참조).

우리가 이것을 보면서 잊지 말아야 할 것은 사람의 회개는 반드시 이러한 절차와 과정을 거쳐야 한다는 것입니다. 하나님께 회개했으니까 사람에게는 직접 사과하지 않아도 된다든지 사람에게만 손해를 끼쳤으니까 그것을 갚으면 하늘 하나님께는 회개하지 않아도 된다고 생각한다면 그것은 잘못된 회개가 됩니다.

어쨌든 그 탕자의 아버지는 품꾼의 하나로 봐달라는 말을 아직 듣지는 아니했지만 둘째 아들의 진정한 회개의 모습을 보면서 그러한 고백들을 괘념치 않고 오히려 종들로 하여금 그 아들을 위해 제일 좋은 옷을 내어다가 입히고 손에 가락지를 끼우고 발에 신을 신기라고 하였습니다. 학자 예레마이아스는 이것은 보통 아들들에게 대우하는 것과는 차원이 다른 법적 권리의 회복을 고려한 대접이었다고 했습니다. 그러니까 이 옷은 명예로운 손님에게나 주는 예복과 같은 것이었으며 가락지는 권위를 상징하며 신은 당시 자유인들만이 신을 수 있었다고 한 것입니다. 그리고 거기서 멈추지 않고 주위 사람들과 함께 기쁨을 나누며 먹고 즐기기 위해 살진 송아지를 끌어다가 잡으라고 지시를 하였습니다. 왜냐하면 '이 아들은 죽었다가 다시 살아난 것이며 잃었다가 다시 얻었기 때문'이었습니다. 아들의 지위를 회복하여 주었을 뿐만 아니라 종들과 그 기쁨을 함께 즐거이 나누었습니다.

맏아들의 비유

이제 오늘 본문의 둘째 부분인 맏아들에 대한 주님의 비유를 이어 보도록 하겠습니다. 집에서 그런 잔치가 벌어지고 있을 때에 맏아들은 밭에 있었습니다. 맏아들은 밭에서 일을 마치고 집으로 돌아오는데 집에 가까이 왔을 때에 집에서 풍류와 춤추는 소리가 들리는 것을 알았습니다. 그래서 한 종을 불러서 이것이 무슨 일인가 하였습니다. 종은 그에게 대답하기를 '당신의 동생이 돌아왔는데 당신의 아버지가 그 동생의 건강한 몸을 다시 맞아들이게 된 것 때문에 살진 송아지를 잡았나이다' 했습니다. 그 종이 아직 그 잔치의 상황에 대해 구체적으로 말하기도 전에 맏아들은 화부터 벌컥 냈습니다. 그리고 그 아들은 집에 들어가려고 하지 않았습니다. 떠나간 동생이 돌아왔다는 기쁨보다는 울분이 나서 그것을 삭이지를 못한 표시를 그렇게 한 것입니다. 그 맏아들이 밖에서 그러할 때 아버지가 그 큰 아들의 불손함에 대해 이야기를 들었습니다. 그러나 큰 아들에게도 둘째 아들의 경우와 같이 동일한 사랑을 보이시고자 했습니다. 그래서 그 아버지가 화를 내지 않고 맏아들을 다독거려 집안으로 데리고 들어가려고 밖으로 나왔습니다. 인자한 아버지는 그 화난 맏아들을 나무라지 않고 좋게 권면하였습니다. 주의 법과 그 영을 의지하여 그런 태도를 취하였겠지요?

그러나 맏아들은 그 아버지의 선한 권면을 전혀 받지 않고 자신의 평소의 생각과 그 상황에 대한 불편한 심상을 아버지에게 그대로 말로써 다 드러냈습니다. '내가 여러 해 아버지를 섬겨 명을 어김이 없었는데 내게는 그동안 염소새끼라도 주어 나와 내 벗을 즐기게 하신 일이 없더니 아버지의 살림을 창기와 함께 먹어 버린 이 아들이 돌아오매 이를 위하여 살진 송아지를 잡으셨나이다.' 아버지를 부르지도 않고 말을 하고 동생을 동생으로 언급하는 것조차 하기 싫어하며 이런 말을 하였습니다. 그러니까 이 맏아들은 평소에 하나님의 무상의 은혜나 자기 동생에 대한 책임 있는 생각이나 아버지의 인품에 대해서보다는 아버지의 재물에 더 관심이 많았고 상대적으로 도덕심이 강하였으며 또한 자기의 인간적 행위를 근거로 그에 대한 보상을 반드시 받아야 한다는 그런 관점이 그의 마음에 가득하였습니다. 큰 아들의 이러한 불의한 태도에도 불구하고 아버지는 일관된 마음으로 흐트러짐이 없이 친밀감 있고 부드럽게 다시 권면을 하였습니다. '애야, 너는 항상 나와 함께 있으니 내 것이 다 네 것이다. 그러나 네 동생은 죽었다가 다시 살아난 것과 같고 잃었다가 다시 얻은 것이 아니냐? 그러니 우리가 즐거워하고 기뻐하는 것이 마땅하다.' 했습니다. 그러니까 여기서의 아버지는 큰 아들들에게도 유산 분배를 하고서라도 관리는 한 것으로 생각합니다. 그래서 여기서와 같은 말을 한 것이지요? 그러나 동생은 이미 다 끝나버린 자와 같았는데 다시 회복되었으니 축하하는 일은 당연히 필요한 것이고 너도 이 잔치에 시급히 함께 참여하여 즐겨야 한다는 것입니다. 참으로 이 아버지의 품성은 하늘 아버지의 속성을 투영하여 내는 것이었습니다.

비유를 그만한 이유

예수께서는 여기까지 비유하시고 더 이상의 결과에 대해 의도적으로 침묵하십니다. 맏아들이 만일 집으로 들어가기를 거절했다면 그에게는 문이 닫혀 버리는 셈이 될 것입니다. 그러니까 예수님은 이 비유의 나머지 내용들을 생략하시면서 아직 누구에게라도 구원의 문은 넓게 열려 있다는 것을 지적하십니다.

이 비유에서 주의할 점

그러면 이 비유에서 주의해야 할 점을 잠깐 생각하도록 하겠습니다. 첫째로 주의할 것은, 어떤 이들은 여기 두 아들의 아버지가 하나님이라고 직접 대입하여 우화적으로 해석하기도 한다는 것입니다. 그러나 이것은 바른 본문 해석이 될 수 없습니다. 하늘로 상징된 하나님의 역할과 두 아들의 아버지의 역할이 분명히 구분이 되어 있기 때문입니다. 아버지가 하나님의 속성을 반영하는 모습이 있지만 동일하지는 않은 것입니다. 이 비유의 요점은 앞의 두 비유들과 맥을 같이 하는 것입니다. 그러니까 비유의 요소요소를 들어서 우화적으로 해석하기보다는 본문의 문맥에서 전체 내용이 목표하는 그런 것을 찾아 해석하는 것이 중요한 것입니다. 그러면 본문에서 하늘 아버지의 높으신 사랑으로 회개한 죄인들을 찾거나 기다리시며 회개한 자들을 기뻐 받으시는 면을 중점적으로 가르친다는 것을 알 수 있습니다. 여기에는 물론 예수님의 구원하시는 사역을 염두에 두고서 하시는 것이지요? 둘째로 주의할 것은 어떤 이들의 주장처럼 이 비유가 누가의 창작에 의한 두 비유의 합성이 아니라는 것입니다. 주님은 당대의 역사적인 환경을 내다보시면서 분명한 목표를 가지고서 이 비유를 하신 것입니다. 이런 점들을 유의해야 할 것입니다.

주님은 이 비유의 말씀으로 구약의 원리들을 신약에 이행하시는 분이심을 보이신다

예수님은 이상의 비유를 통하여 고래로 비슷한 종교적 환경에 대해 같은 원리들을 나타내시면서 일관된 하나님의 사랑과 바리새인과 서기관들과 세리들과 창녀들에 대한 자세를 묘사합니다. 구약에 보면 이스라엘의 불의에 대해서도 지적을 하시지만 그와 아울러 유다의 죄악이 더욱 추악하다고 하시고서 오래 참으시면서 기다리시는 언약의 하나님에게로 돌아와야 할 것을 계시하셨습니다. 에스겔서 16:48-63을 보면 형과 동생의 위치가 바뀌어 있지만 같은 맥락의 종교적 환경과 끊임없는 언약의 하나님의 사랑이 계시되어 있습니다.

그러니까 주님은 이상의 비유에서 목적하시는 바가 확실한 것입니다. 때가 임박한 시점에 누구라도 찾으시는 백성에 대해 주님의 일관되고 그 신실하신 언약적 큰 사랑을 기억하여 알아야 한다는 것입니다.

듣는 자들이 하여야 할 일

그 다음에 주님은 이 비유를 통하여 듣는 자들 중에 누구라도 자신의 참상을 보고서 겸손하게 자기를 찾으시는 아버지 앞에 돌아와야 할 것을 인식토록 합니다. 자기들의 그릇된 것들을 다 벗고 자기의 비참을 고백하며 하나님이 기뻐하시는 회개의 참모습을 취하여 돌아와야 하는 것입니다. 아까도 말씀드렸지만 맏아들과 같이 그저 종교 형식적인 환경 안에 있다고 높은 마음을 품지 않아야 할 것이고 탕자의 회개에서와 같이 주님을 찾아 돌아오더라도 겸비한 자세를 가지고 언약의 주님 앞에 용서를 구하는 자세로 나아와야 할 것입니다. 그럼에도 불구하고 자기들이 스스로 부인할 수 없는 내·외적 환경을 무시하고 자기들의 관점에서 허망한 소망을 가지고 허탄한 주장을 한다면 더 이상 하나님이 찾으시는 존재가 되지 못하는 것입니다. 그렇지 아니한다면 구약에서도 확인을 하였고 예수님의 가르침 안에서도 스스로 핑계할 수 없는 사랑의 가르침을 거부한 대가를 톡톡히 치르게 될 것입니다(마 21:42-44).

나가는 말; 교훈

말씀을 맺습니다.
그러면 이 두 아들의 비유의 말씀이 우리에게 가르치는 내용은 무엇입니까? 다시 말씀드리지만 먼저 주님이 주신 은사나 기업을 가지고서 할 일은 하지 않고 부차적으로 받는 그런 세상의 정신적이고 육체적인 일에 빠져서 모든 것을 허비하였더라도 그리스도의 사랑으로 용서하시며 돌아오기를 기뻐하시며 기다리시는 은혜로운 아버지를 생각하고 돌아와야 할 것입니다. 그리고 하나님의 사랑을 힘입은 사람이라면 그 어떤 죄를 지은 누구라도 주 앞으로 돌아올 때에 주와 함께 기뻐할 줄 알아야 하고 자기의 행위를 근거한 보상에 관심을 갖지 아니해야 할 것입니다. 주님의 은혜를 투영하여 내는 삶이 없이 한가하게 남의 구원에 대해 폄론이나 하고 상대적인 관점으로 다른 이들을 낮추어 보고 높은 마음을 가지고 오로지 자기의 행복과 번영에 눈이 어두워진다면 끝까지 사랑으로 기다리시는 주님의 품 안에서 진정으로 회개하고 화목하게 되는 일이 어렵습니다. 그리고 긍휼의 주님이 잃은 위치에서 다시 회보된 자들을 위해 베풀어 놓으실 그 잔치에 참석하지도 못하고 말 것입니다. 그리고 더 나아가 그런 위치에서 추방이 되어 엄청난 심판을 면할 수가 없게 되는 것입니다.

기도

거룩하신 아버지 하나님, 저희들은 자기 의에 집착하는 성향이 너무도 강해서 자기 의와 상대적으로 맞지 않는 그런 상황에 대해서는 분노하고 적개심을 나타내는 그런 모습이 많이 있사옵나이다. 상대적으로 또 우리가 허랑방탕하게 살았을 경우에는 주 앞에서 죄를 지었다 하는 생각보다는 사람 앞에 죄를 지었다 하는 생각에 낮은 자존감에 돌아올 생각을 하지 아니하고 갈 데까지 가는 그런 성향도 가지고 있사옵나이다. 주님께서는 그런 성향을 가진 자들을 염두에 두고 또 이 두 아들의 비유를 말씀하셨사옵나이다. 주님의 구속 사역이 얼마 남지 아니한 시점이고 또 바리새인들을 향한 화를 선포할 때가 얼마 남지 아니한 그런 시점인 데도 불구하고 저들에게 기회를 주어서 저들이 주님 안에서 어떤 태도를 취하고 하나님 나라 잔치에 참여해야 할 것인가 비유로 가르치시고자 하셨사옵나이다. 주님은 그 옛날 당시 사람들에게만 이 말씀을 하시는 것이 아니고 오늘을 살아가는 동일한 연약 가운데 살아가는 우리들에게도 또 말씀하시옵나이다. 저희들 헛된 자기 의에 집착하지 않게 하옵시고 무슨 오기로 인생을 살아가는 일이 없게 하여 주시옵소서. 하늘 아버지와 우리를 우리 되게 한 그런 환경들 앞에서 과연 어떤 태도를 취하고 살아가야 할 것인가 하는 것을 늘 각성하게 하여 주시옵고 각성을 한 토대 위에서 바른 정서를 발휘하고 살아서 하나님께나 사람에게 기쁨이 되는 존재들이 다 되게 하여 주시옵소서. 우리들이 주님 앞에 돌아오게 된 것도 다 주의 은혜이고 주의 잔치 자리에 참여해서 그 아들의 신분을 다시 회복하고 살아가는 것도 다 은혜이옵나이다. 이 은혜 가운데 살아가는 자로서 정상한 정서를 발휘하고 살아가게 하여 주시오며 주님의 은혜 안에서 다시 돌아올 자들을 생각해서 배려하는 삶을 살아가게 하여 주시옵소서. 상대적인 의에 갇혀서 맏아들과 같이 위험한 환경 가운데 들어가지 않게 하여 주시옵고 늘 우리 자신들을 살피며 하나님 앞에서 취하고 나아가야 할 바들을 잘 찾아서 취해 나아가게 하여 주시옵소서. 이 공동체 안에서 마땅히 드러내야 할 일들이 무엇인가 하는 것들을 잘 기억하고 모든 관계성 속에서 주님의 성품을 잘 발휘하고 살아가게 하옵소서. 모든 말씀,

  우리 구주 예수 그리스도의 이름으로 기도 올리옵나이다. 아멘.

제 25 강

불의한 청지기 비유

누가복음 16:1-13

들어가는 말

　오늘은 불의한 청지기 비유에 대해 보도록 하겠습니다. 이 불의한 청지기 비유는 그 내용이나 그 비유의 범위에 따라 시대를 뛰어 넘는 윤리적 적용의 차이가 생기고 그것으로써 다양하게 해석되고 있는 비유입니다.
　그러나 몇 가지 전제적으로 추론해 보아야 하는 문제들을 풀고 유대의 특수한 환경에서 일정한 역사 시기에 주어진 주님의 비유라는 사실을 상기하고 본다면 그렇게 여러 가지로 해석될 것이 아니라는 것을 알 수 있습니다.
　그리고 이 비유는 이미 그리스도 안에서 도래한 하나님 나라가 전제되어서 그 은혜로운 시대에 그것을 따르는 자들이 어떤 결단을 하고 나아가야 하는가도 가르쳐 줍니다. 그것을 배제한다면 그리스도인의 공부와 앎이라는 것이 우리의 삶과는 무관한 지적 놀음에 불과할 것입니다. 물론 주님 말씀의 진정한 깨달음은 성신님의 인도하심과 가르치심에 의한 결과여야 할 것입니다. 그래야 주님이 영광을 받으실 만한 것이 될 것입니다. 그러면 먼저 본문 말씀을 읽겠습니다. 누가복음 16:1-13입니다.

> ¹또한 제자들에게 이르시되 어떤 부자에게 청지기가 있는데 그가 주인의 소유를 허비한다는 말이 그 주인에게 들린지라 ²주인이 저를 불러 가로되 내가 네게 대하여 들은 이 말이 어찜이뇨 네 보던 일을 셈하라 청지기 사무를 계속하지 못하리라 하니 ³청지기가 속으로 이르되 주인이 내 직분을 빼앗으니 내가 무엇을 할꼬 땅을 파자니 힘이 없고 빌어 먹자니 부끄럽구나 ⁴내가 할 일을 알았도다 이렇게 하면 직분을 빼앗긴 후에 저희가 나를 자기 집으로 영접하리라 하고 ⁵주인에게 빚진 자를 낱낱이 불러다가 먼저 온 자에게 이르되 네가 내 주인에게 얼마나 졌느뇨 ⁶말하되 기름 백 말이니이다 가로되 여기 네 증서를 가지고 빨리 앉아 오십이라 쓰라 하고 ⁷또 다른 이에게 이르되 너는 얼마나 졌느뇨 가로되 밀 백 석이니이다 이르되 여기 네 증서를 가지고 팔십이라 쓰라 하였는지라 ⁸주인이 이 옳지 않은 청지기가 일을 지혜 있게 하였으므로 칭찬하였으니 이 세대의 아들들이 자기 시대에 있어서는 빛의 아들들보다 더 지혜로움이니라 ⁹내가 너희에게 말하노니 불의의 재물로 친구를 사귀라 그리하면 없어질 때에 저희가 영원한 처소로 너희를 영접하리라 ¹⁰지극히 작은 것에 충성된 자는 큰 것에도 충성하고 지극히 작은 것에 불의한 자는 큰 것에도 불의하니라 ¹¹너희가 만일 불의한 재물에 충성치 아니하면 누가 참된 것으로 너희에게 맡기겠느냐 ¹²너희가 만일 남의 것에 충성치 아니하면 누가 너희의 것을 너희에게 주겠느냐 ¹³집 하인이 두 주인을 섬길 수 없나니 혹 이를

미워하고 저를 사랑하거나 혹 이를 중히 여기고 저를 경히 여길 것
임이니라 너희가 하나님과 재물을 겸하여 섬길 수 없느니라

비유가 베풀어진 시기와 그 대상

이 비유는 언제 가르쳐졌는가? 누가복음 15:1, 2 그리고 16:14을 보면 이 비유는 잃은 것에 대한 세 가지 비유에 대해 말씀하시고 난 다음에 가르치신 것으로 보입니다. 이때는 주님께서 그의 공생애 마지막 사역을 약 2개월 정도를 남겨 놓은 시점이고 예수께서 베레아에서 예루살렘으로 거룩한 발걸음을 떼시던 때였습니다.

이때는 예수님에 대한 바리새인들과 서기관들의 악의가 점점 극에 달해 가는 때였습니다. 그래서 주님은 이제 저들에게 마지막으로 돌이킴에 대한 권고와 아울러 최후의 경고가 될 만한 말씀을 하셨습니다. 오늘 본문에는 제자들에게만 이 비유의 말씀을 하신 것으로 나타나 있지만 바리새인들도 함께 있었을 것으로 추정이 됩니다(참조. 눅 16:14).

그러니까 현실에나 관심이 있는 바리새인들과 서기관들의 악의를 직접 경험하게 될 제자들을 우선적으로 염려해서 저들이 그 위기 앞에서 신약 교회의 기둥들로서 잘 서 나갈 수 있는 비유의 말씀을 내리시는 것입니다.

누가의 본문 배열 의도

누가는 16장에서 청지기 비유에서부터 시작해서 돈을 좋아하는 바리새인에 대한 이야기, 그리고 부자와 나사로 비유를 쓰고 있습니다. 주께서 예루살렘으로 오르시는 중에 보다 급박한 위기의 상황 속에서

시급히 가르치신 말씀들을 순차적으로 나열하고 있는 것입니다.

청지기 이야기

먼저 청지기에 대해서부터 보지요? 예수님은 이 비유에서도 주님을 따르는 제자들이나 그 말씀을 주변에서 듣고 있던 자들이 얼마든지 잘 이해할 수 있는 내용을 가지고 비유의 말씀을 하십니다. 저들 주변에서 쉽게 본문에 나타난 청지기와 같은 이야기를 접할 수 있기 때문이고 일찍이 저들에게 예표적으로 가르쳐주신 구약의 말씀에서도 청지기의 개념과 그들의 자세가 잘 나와 있기 때문입니다. 아브라함의 종이나 요셉의 경우에서 이것을 눈여겨 볼 수 있지요?

일반적으로 보나 특별하게 보나 유대지역의 청지기는 다른 지역의 청지기와 다릅니다. 저들은 일단 청지기로 뽑히게 되면 주인의 두터운 신임을 받았고 또 주인의 가족의 한 구성원으로 대우를 받았습니다. 물론 저들은 주인이 믿는 신앙을 동일하게 따라야 합니다. 그리고 저들에게는 자기들이 속한 사회 속에서 많은 특권이 부여되어 있었습니다. 그들은 언제나 주인을 대변할 수 있는 위치에 있었으며 그리고 주인의 재산을 주어진 한도 내에서 자유롭게 통제를 하였고 뿐만 아니라 채무자들을 임의로 처리할 수 있는 권세도 가지고 있었습니다. 채무자들은 적법하게 청지기가 정한 규율에 따라 움직일 수밖에 없었습니다. 그래서 저 청지기들의 잘잘못에 따라 고용주가 당연히 그 책임을 지게 되어 있었습니다.

예수님은 유대지역에서 자기 사업을 돌봐줄 청지기를 임명한 한 부자와 그 청지기와의 관계에서 말씀을 듣는 자들이 생각해야 할 점들을 가르치시려고 하십니다.

불의한 청지기 비유

이제 불의한 청지기 비유의 개괄적인 내용을 보도록 하지요? 어떤 부자에게 청지기가 있었습니다. 그런데 그 청지기에 대해 좋지 않은 소문이 주인에게 들렸습니다. 그것은 그 청지기가 집주인 부자의 재산을 허비한다는 것이었습니다. 그래서 그 부자는 어느 날 그 청지기를 불렀습니다. 자기가 들은 소문의 사실여부를 확인하고 그에 대해 적절히 처리한 다음 그 사람 대신 다른 고용인을 쓰고자 함이었습니다. 그러니까 이전까지는 부자 주인이 이 청지기를 신뢰했었다 하는 것을 알 수 있고 이제 그 사람의 불의를 알았다고 해도 더 이상 볼 것이 없다 생각지 않고 그 청지기에게 한 번 더 기회를 보려고 했다 하는 것도 알 수 있습니다. 사실 이 비유 끝에도 저의 불의에 대해 알아서 주인이 저를 내쫓았다 하는 내용이 나오지 않습니다.

아무튼 이런 소환 요구를 주인으로부터 받은 청지기는 속으로 자기의 앞일을 생각하였습니다. 이제 자기의 불의의 사실, 주인에게 돌아가야 할 것을 중간에서 가로챈 사실이 탄로 난 이상 주인에게 용서를 구할 수 없을 뿐만 아니라 더 이상 주인과 함께 할 수 없구나 생각을 하였습니다. 그러면 다른 사람이 자기의 자리를 차지할 것도 생각했습니다. 그리고 자기의 앞으로의 처지를 또 생각했습니다. 주인을 떠나 앞으로 살아가려면 자기의 재주를 의지하여야 하는데 이제 나이가 들어 막노동은 할 수 없을 것 같고 그렇다고 해서 창피하게 빌어먹을 수도 없었습니다. 그래서 앞으로 과연 어떻게 살아가야 하나 이리저리 골머리를 앓다가 한 가지 묘안을 생각해 냈습니다. 그것은 자기에게 아직 청지기로서의 직책이 남아 있는 동안에 그 직권을 한 번 이용해보자는 것이었습니다. 주인의 채무자들을 임의로 규제할 수 있는 권세를 가지고 자기의 앞날을 예비하면 되겠다고 생각했습니다. 자기의 권리와 책임의 한도 내에서 자기의 것으로 챙겼던 것을 주인의 채무자들에게 많은 유익을 주어서 거기서 생기는 차액을 챙겨 가지고 자기의 노후를 준비하면 될 것으로 생각했던 것입니다.

그래서 그는 채무자 한 사람 한 사람을 개별적으로 불렀습니다. 처음의 채무자에게 그는 네가 내 주인에게 얼마를 빚졌느냐 하고 물었습니다. 그 채무자는 말하기를 '기름 백 말입니다.' 하였습니다. 이것은 3,946리터, 그러니까 약 4천 리터에 달하는 양이었습니다. 이 기름은 감람나무 150여 그루에서 뽑을 수 있는 그런 많은 양이었습니다. 청지기는 이 채무자에게 말하기를 이런 저런 다른 이야기 없이 '여기에 오십이라 쓰라'고 하였습니다. 추측컨대 청지기는 이미 있는 문서에서 그 부분만 고쳐 쓰게 한 것 같습니다. 그러니까 그 채무자의 빚을 자기가 절반으로 줄여주겠다는 것입니다. 그러면 도대체 청지기의 이런 삭감은 어디에 근거해서 이루어지는 것인가? 당시 기름을 빌릴 경우 통상적으로 이율이 100퍼센트였다고 합니다. 아주 고리(高利)였습니다. 그러니까 기름 백 말 빚을 졌을 경우 원래 빌린 기름 양은 해가 오래될수록 절반에 절반으로 계산되는 것입니다. 그래서 청지기로서 그러한 고리에 의한 이자로 붙은 양을 삭감해 줄 수 있었던 것입니다.

그리고 다음 채무자에게도 물었습니다. '너는 내 주인에게 얼마를 빚졌느냐?' 그 채무자는 밀 백 석의 빚이 있다고 했습니다. 밀 백 석을 소출할 수 있는 토지는 당시의 농사법으로 얼마만할까? 혹자에 의하면 약 12,200여평에 농사를 지어야 밀 백 석이 나온다고 하였습니다. 청지기는 그 채무자에게 이런 저런 이야기를 하지 않고 말하기를 그 빚에 대해 20퍼센트 삭감해 주겠다고 하였습니다. 여기의 20퍼센트 삭감도 당시 밀에 대한 통상적인 이율 25퍼센트에 근거하여 한 것입니다. 그러니까 주인의 원금에는 손해가 되지 않는 범위 안에서 임의로 빚을 탕감해 주고 그 호의와 인자에 따른 반사 이익을 채무자에게 받고자 하여 이렇게 한 것입니다. 주님은 여기에서 더 이상의 채무자는 등장시키지 아니하십니다. 상징적인 본보기로서 그 둘이 충분하다고 보신 것이겠지요?

어쨌든 불의한 청지기의 빚 받을 자들에 대한 그런 상황 조정 행동에 대해 주인은 그가 지혜롭게 일처리를 잘한 것으로 보고 칭찬을 하였습니다. 물론 이 지혜는 세상을 살아가는 지혜를 가리키는 것입니다. 주인이 보기에 청지기가 세상에서 제 살 궁리를 찾아 자기의 어려움을 극복해 나가는데 세상적인 꾀가 있게 했다는 것이지요. 이런 점에 대해 주님은 최종적으로 말씀하시기를 이 세대의 아들들이 자기들의 시대에 빛의 아들들보다 더 세상적인 꾀가 있다고 말씀하셨습니다. 주의 백성이라면 그런 짓을 하지 않았을 것인데 그들은 그렇게 세상에서 살기 위해 자기 꾀를 더 부린다고 하신 것입니다.

아까 허두에서도 말씀드렸지만 주님이 이 비유를 말씀하시는 것에 대해 도덕적으로만 보자면 이 비유에 대한 해석은 오석(誤釋)으로 나아갈 수밖에 없습니다. 김홍전 목사님은 이에 대해 "하나님 나라의 도덕적 표준 하에서 너희는 이래야 한다, 저래야 한다는 것을 가르치려고 한" 것이 아니라고 하였습니다. 여기서의 지혜라는 것이 결코 하나님 나라 지혜를 의미하는 것이 아닌 것입니다.

주님은 계속해서 말씀하시기를 "내가 너희에게 말하노니 불의의 재물로 친구를 삼으라. 그리하면 없어질 때에 저희가 너희를 영원한 처소로 영접하리라"고 하셨습니다. 불의한 청지기가 제 것이 아닌 것을 가지고도 저에게 주어진 기회를 이용하여 사람들의 마음을 사서 뒷일을 준비한 것처럼 불의한 재물로 친구를 삼아서 좋은 결과가 있게 하라고 하신 것입니다. 그리고 지극히 작은 것에 충성하여야 할 것을 말씀하시며 그 이유로 한 사람이 두 주인을 섬길 수 없다고 하셨습니다. 하나님과 재물을 겸하여 섬길 수 없음을 말씀하신 것입니다.

이 비유에 대한 제 해석들에 대해서

여기서 잠깐 우리의 머리를 아프게 하는 이 비유에 대한 여러 가지 난문제들에 대해서 생각해 보고 가도록 하지요? 어디까지를 비유로 보느냐에 따라 해석과 적용이 달라지는 것이 주된 의문입니다. 그래서 8절에 나오는 칭찬하는 주인은 3절과 5절의 청지기의 주인을 말하는 것이 아니고 예수님을 가리킨다고 보는 것으로 그것이 갈라집니다. 그렇게 보면 비유는 7절에서 끝나고 그렇지 않게 보면 비유는 8절 상반절, 아니면 하반절, 아니면 9절에서 이 비유가 끝납니다. 이 견해는 누가복음 18:6과 이 16:8 상반절의 내용을 병행하는 구절로 보고 해석하는 것입니다.

그러나 저들의 주장대로 과연 그렇게 볼 수 있는가? 그렇지 않습니다. 누가복음 18:1-5에서는 주인이라는 용어가 비유에 나오지 않습니다. 그리고 이 비유는 5절에서 끝납니다. 그 부분을 잠깐 볼까요?

1항상 기도하고 낙망치 말아야 될 것을 저희에게 비유로 하여 2가라사대 어떤 도시에 하나님을 두려워 아니하고 사람을 무시하는 한 재판관이 있는데 3그 도시에 한 과부가 있어 자주 그에게 가서 내 원수에 대한 나의 원한을 풀어 주소서 하되 4그가 얼마 동안 듣지 아니하다가 후에 속으로 생각하되 내가 하나님을 두려워 아니하고 사람을 무시하나 5이 과부가 나를 번거롭게 하니 내가 그 원한을 풀어 주리라 그렇지 않으면 늘 와서 나를 괴롭게 하리라 하였느니라 ⁶주께서 또 가라사대 불의한 재판관의 말한 것을 들으라 ⁷하물며 하나님께서 그 밤낮 부르짖는 택하신 자들의 원한을 풀어 주지 아니하시겠느냐 저희에게 오래 참으시겠느냐 ⁸내가 너희에게 이르노니 속히 그 원한을 풀어 주시리라 그러나 인자가 올 때에 세상에서 믿음을 보겠느냐 하시니라

그러니까 이 누가복음 18장의 비유와 오늘 본문의 비유를 병행하여 8절 상반절의 주인을 예수님으로 보는 것은 타당하지 않습니다. 그리고 저들의 주장과 유사하게 생각할 수 있는 누가복음 12:36, 37절과 누가복음 12:41-46에 나오는 주인과 주라는 표현에 주의하여 보아도 저들의 주장대로 주인과 주님의 구분에 대한 명백한 근거 구절이 되지 않는다는 것을 알 수 있습니다. 그리고 적극적으로 보아서 3절과 5절에 나오는 주인과 8절에 나오는 주인과 다르지 않다는 이유가 있습니다. 그것을 구분해야만 하는 뚜렷한 증거가 보이지 않는 것입니다. 8절 상반절의 결론이 나오지 않으면 비유가 어정쩡한 것이 됩니다. 16:8의 하반절은 그리고 16:9에 주어의 인칭이 이전의 3인칭에서 1인칭으로 바뀌었다는 것으로 보아도 그것은 입증되는 것입니다.

그리고 주인이 보기에 청지기의 하는 일이 과연 세상적으로 지혜 있는 일이었다고 한다면 그 청지기에 대해 8절에서 불의한 청지기라 하는 의문이 두 번째입니다. 1-2절에서 청지기가 한 일이 불의했기 때문에 그렇게 말한 것인가? 어떤 학자는 1-2절에서 주인의 소유를 허비한 일이 불의한 일로 보아 이전에 불의한 일을 기억하여 불의한 청지기라고 하는 거라고 합니다. 어떤 학자는 1-2절의 내용만으로 그 청지기가 불의하다고 볼 수 없다 하고 8절의 옳지 않은 이라는 표현은 부주의하고 방탕한 사람이란 뜻으로 3-7절의 청지기의 행동을 생각하면 생

략해도 좋은 부적합한 표현으로 여기기도 합니다. 결과적인 측면에서 그저 그렇게 표현한 것이라고 보는 것입니다.

그리고 마지막으로 가질 의문은 청지기를 칭찬하는 주인의 행동에 대한 것입니다. 과연 자기를 속이고 옳지 않은 일을 한 청지기를 칭찬할 수 있는 것인가? 어떤 사람은 청지기가 자기 살 궁리를 한 것이지만 한편으로는 주인의 것을 책임 맡은 자로서 주인의 인자함을 나타낸 것이기에 칭찬했다고도 합니다.

이 비유 또한 주님의 신적 지혜의 가르치심

아까도 잠시 말씀드렸지만 이상 제 문제들은 도덕적 관점을 전제로 적용적 해석하려고 하기 때문에 나타나는 문제들입니다. 주님은 하나님 나라의 윤리를 가지고 너희는 이렇게 살아야 한다고 말씀하시는 것이 결코 아닙니다. 당시의 역사적 상황을 고려하여 불의한 자들이 말씀을 듣는 주변에 널브러져 있는데 저들의 불의도 지적을 하고 그들 가운데 세리와 같은 자들이 돌이킬 수 있는 기회를 한 번 주시는 것입니다. 또 저와 같은 자들이 위기를 당하여 한시적인 불의한 일에도 열심을 내는데 하나님 나라 백성으로 영생을 소유한 자들로서 불의한 성격이 있는 재물을 가지고라도 하나님을 신속하고 충성되이 바로 섬기고 나아가야 할 것을 말씀하신 것입니다.

우리가 알아야 할 것

주님께서는 본 비유의 주인과 같이 우리에게 별안간 심판부터 하시지 않고 어디 한 번 계산을 해보자 하실 때가 있으십니다. 무조건 세상에서 자기 살 궁리를 하는 것처럼 하라고 하시는 것이 아니라 네 자신의 정체성을 알고서 그러한 지혜의 일에 충성하여야 할 것을 가르치시는 것입니다.

실로 우리는 주님으로부터 주님의 영광과 그 목표를 위해 모든 것을 은사로 받아 살아가는 청지기들인 것입니다. 우리가 언약의 주께로부터 받지 아니한 것이 아무것도 없습니다. 건강이 됐든지 재물이 됐든지 재능이 됐든지 지위가 됐든지 지혜가 됐든지 그 외 기타 등등의 것들을 다 만유의 주께로부터 받은 것입니다. 그리고 주님은 세상 청지기의 주인과 달리 주님으로부터 받은 것을 바로 쓸 수 있는 방법과 능력을 수시로 의지하도록 우리에게 명령을 하였습니다. 그것이 많든지 적든지 간에 그들을 이행하는 데에 문제가 되는 것은 없습니다. 주님은 때때로 이에 대해 어디 얼마나 잘 쓰고 있는가를 물으실 수 있고 그런 권위를 충분히 가지고 계십니다.

그런 주님의 요구에 우리가 직면하여 있다면 우리는 그리스도 안에서 이미 맡은 일에 충성을 다하여야 할 것입니다. 그 일이 작든지 크든지 문제가 되지 않습니다. 예배에서든지 교제에서든지 하나님 나라를 전파하여 나아갈 때 우리에게 부여된 직무에 충실해야 하는 것입니다. 나는 보잘것없는 사람이니까 대강 해도 된다고 허락을 받은 그리스도인은 아무도 없습니다. 아무리 큰일을 하여도 하나님의 뜻 안에서 나는 하나님께 쓰일 만한 존재가 못 되지만 주님이 은혜를 주셔서 이 거룩한 일에 가담하게 되었은즉 불쌍히 여기시고 나의 드리는 이것을 받으시옵소서 하는 심정을 가지고 충성을 하여야 할 것이고 아무리 작은 일을 하여도 죄인으로서 감히 할 수 없는 일을 영광 가운데 할 수 있게 된 것을 알고 감사함으로 드리고 나아가야 하는 것입니다.

이전에도 한 번 말씀드린 바 있지만 세상의 재물은 불의한 성격이 섞여 있기도 하고 붙어 있기도 합니다. 그래서 주님이 불의한 재물로 친구를 사귀라 하신 것입니다. 순백의 재물은 어쩌다 한 번 접하는 것이지 대부분이 불의의 성격이 여러 경로로 섞여 있는 것입니다. 이런 가운데 어느 정도 일반적인 도덕적 상태를 수용하면서 방향성과 그 목표에서 하나님의 뜻을 찾아가는 것입니다. 그저 주님이 주신 것을 가지고 세상의 일부로서 그 의무와 책임을 다하는 것으로 만족하고 나아가는 것은 합당치 않은 것입니다. 아무리 자그마한 것이라도 하나님 나라의 영광을 위해 써야 하고 그 쓰는 과정에서도 주님의 의가 나타나도록 하여야 하는 것입니다. 물론 불의한 재물로 친구를 사귀라 해서 아무렇게나 돈을 모아서라도 주님께 충성하면 다 된다는 생각을 가져서는 안 될 것입니다.

나가는 말

말씀을 맺습니다.

오늘은 불의한 청지기 비유에 대해 살펴보았습니다. 다시 말씀드리지만 주님은 거룩한 사역을 감당하시기 위해 베레아에서 예루살렘으로 오르시는 중에 이 말씀을 하셨습니다. 불의한 자들이 주님의 주변에서 그 마지막 기세를 더하고 있었고 제자들은 아직도 많은 연약 가운데 있습니다. 주님이 불의한 자들에 대해 더 이상 회개를 요구하시지 않는 시간은 점점 다가오고 있습니다. 그러나 아직 그 남은 때에 진리의 빛에 비추어 볼 수 있는 말씀을 하시고 또한 제자들을 위해서는 주님의 청지기로서 삶에 결단하여 받은 은사로서 충성할 수 있도록 지혜를 주십니다. 그리고 저들이 보다 적극적으로 주님께 빚진 자들에게 할 일을 다 하여서 주님께 칭찬을 받을 수 있도록 인도하십니다. 땅에 보물을 쌓아둔다면 회계하는 날에 더 이상 주님의 칭찬을 받을 길은 없습니다. 백성들의 헌신을 보고서 다윗이 주님께 기도한 것 같은 맥락의 고백을 우리가 자연스럽게 하는 상태로 나아가는 것이 우리의 일입니다. 역대상 29:13-14입니다.

> 13우리 하나님이여 이제 우리가 주께 감사하오며 주의 영화로운 이름을 찬양하나이다 14나와 나의 백성이 무엇이관대 이처럼 즐거운 마음으로 드릴 힘이 있었나이까 모든 것이 주께로 말미암았사오니 우리가 주의 손에서 받은 것으로 주께 드렸을 뿐이니이다

그리고 히브리서의 기자가 증거한대로 주께로부터 받은 것을 나눠주기를 잊지 말아야 할 것입니다. 히브리서 13:16입니다.

> 16오직 선을 행함과 서로 나눠주기를 잊지 말라 이 같은 제사는 하나님이 기뻐하시느니라

기도

거룩하신 아버지 하나님, 주님이 이 땅에 오셔서 빛을 비추시고 이 어두움 가운데 빛의 자녀들이 살아갈 터전을 마련해 주셨지만 세상은 여전히 불의의 성격이 있는 그런 세상이옵나이다. 주님의 제자들이 불의한 성격이 있는 세상 속에 살아갈 때 어떻게 청지기로서 잘 살 수 있는가 하는 것을 이 불의한 청지기의 비유로 깨우쳐 주시옵나이다. 주님이 십자가에 달리시기 두 달여 정도밖에는 남지 않았음에도 불구하

고 주님께서는 끊임없이 바리새인들과 서기관들에게 기회를 주시고 주의 제자들에게(장차 얼마 후면 신약의 교회의 기둥들이 될 제자들에게)또 그들이 주의 제자로서 청지기적인 사명을 어떻게 감당할 수 있을까 하는 지혜로운 말씀을 깨우쳐 주셨사옵나이다. 이 말씀은 그 옛날 주의 제자들에게만 필요한 것이 아니고 오늘을 살아가는 우리에게도 필요한 지혜로운 말씀임을 저희들 분명히 기억하옵나이다. 저희들이 하나님의 청지기로 살아갈진대 그리고 이 불의한 세상 속에서 주님의 의를 행사하고 살아가야 할진대 어떤 기본적인 틀을 가지고 어떤 목표를 향해서 어떻게 살아가야 할 것인가를 깨우쳐 주시옵나이다. 저희들 순백의 것으로 주님께 드리면 좋을 것이오나 불의한 세상에서 그러한 일은 저희들 평생에 몇 번이나 겪게 될지 알 수가 없습니다. 그런 속에서 주님은 좌절하지 아니하고 끊임없이 주님을 공경하고 살아갈 방도를 깨우쳐 주시고 또 이웃에 대한 책임을 다할 수 있는 그런 은혜를 주시옵나이다. 저희들 각성을 해서 더욱 주께 지혜를 구하고 살아가며 이제 영생을 보장 받은 자들답게 그 말과 행동에서 그 인생의 경영에서 주님의 자녀로서 그 나라와 의를 잘 드러내게 하여 주시옵소서. 모든 걸 주께 의탁드리옵고 감사드리며,

　우리 구주 예수 그리스도의 이름으로 기도 올리옵나이다. 아멘.

제 26 강

부자와 나사로 비유

누가복음 16:19-31

들어가는 말

오늘은 부자와 나사로 비유에 대해 보도록 하겠습니다. 이 부자와 나사로 비유는 나사로라는 특정 인물의 이름이 구체적으로 언급되었는데 이런 예는 예수님의 비유에서 유일한 것입니다. 혹자는 구체적으로 이름이 진술되었기에 이것은 비유로 볼 수 없고 역사적인 사건이나 실화로 보아야 한다고 합니다(칼빈, 김홍전 등). 하지만 국제 성경 주석에서는 가난한 이의 경건을 암시하려고 이렇게 예수님이 구체적으로 이름을 말씀하신 것으로 여기고 비유로 보아야 한다고 기록합니다. 비유 학자들은 이 이야기에 대해 형태상 비유의 방식으로 보고 비유로 취급합니다. 중요한 것은 비유건 비유가 아니건 간에 여기서 가르치는 거룩한 도리는 같다는 사실입니다. 그러면 먼저 본문 말씀을 제가 읽도록 하겠습니다. 누가복음 16:19-31입니다.

19한 부자가 있어 자색 옷과 고운 베옷을 입고 날마다 호화로이 연락하는데 20나사로라 이름한 한 거지가 헌데를 앓으며 그 부자의 대문에 누워 21부자의 상에서 떨어지는 것으로 배불리려 하매 심지어 개들이 와서 그 헌데를 핥더라 22이에 그 거지가 죽어 천사들에게 받들려 아브라함의 품에 들어가고 부자도 죽어 장사되매 23저가 음부에서 고통 중에 눈을 들어 멀리 아브라함과 그의 품에 있는 나사로를 보고 24불러 가로되 아버지 아브라함이여 나를 긍휼히 여기사 나사로를 보내어 그 손가락 끝에 물을 찍어 내 혀를 서늘하게 하소서 내가 이 불꽃 가운데서 고민하나이다 25아브라함이 가로되 얘 너는 살았을 때에 네 좋은 것을 받았고 나사로는 고난을 받았으니 이것을 기억하라 이제 저는 여기서 위로를 받고 너는 고민을 받느니라 26이뿐 아니라 너희와 우리 사이에 큰 구렁이 끼어 있어 여기서 너희에게 건너가고자 하되 할 수 없고 거기서 우리에게 건너올 수도 없게 하였느니라 27가로되 그러면 구하노니 아버지여 나사로를 내 아버지의 집에 보내소서 28내 형제 다섯이 있으니 저희에게 증거하게 하여 저희로 이 고통받는 곳에 오지 않게 하소서 29아브라함이 가로되 저희에게 모세와 선지자들이 있으니 그들에게 들을지니라 30가로되 그렇지 아니하니이다 아버지 아브라함이여 만일 죽은 자에게서 저희에게 가는 자가 있으면 회개하리이다 31가로되 모세와 선지자들에게 듣지 아니하면 비록 죽은 자 가운데서 살아나는 자가 있을지라도 권함을 받지 아니하리라 하였다 하시니라

배경적인 내용

지난주에도 말씀드렸지만 이 부자와 나사로의 비유는 잃은 세 가지를 찾는 비유에서부터 시작하여 불의한 청지기 비유, 그리고 돈을 좋

아하는 바리새인들에 대한 이야기를 하고 나서 기록한 이야기입니다. 주께서 예루살렘으로 오르시는 중에 세상 것으로 눈이 어두운 세력들의 악의가 기승을 부리는 보다 급박한 위기적 상황 속에서도 쉼 없이 연약한 제자들을 가르치시는 것이고 그리고 그들의 때가 얼마 남지 않은 바리새인들과 서기관들에게 마지막으로 기회를 주시는 내용입니다.

그러니까 이 비유가 베풀어진 때는 주님이 공생애를 마무리할 시기를 약 2개월 정도 남겨 놓은 시점입니다. 이미 말씀드렸듯이 이 비유는 제자들에게만 하신 것이 아니고 주변의 바리새인들도 듣고 있었습니다. 저들 중에는 나름대로 주님께 나아오지만 계시의 말씀을 들은 궁극적인 효과를 나타내는 자들이 극히 적었습니다. 그리하여 재삼 그들의 참상을 분명히 보도록 이 말씀을 하시는 것입니다. 계시에 진정으로 착념하지 아니하는 바리새인들은 다소 이교의 신비적이고 형식적인 요소를 갖고 있었던 것이 분명합니다. 그런 안목으로 자기들의 신앙행위를 점검하고 그로 말미암은 상급적이고 신비적인 내세를 바란 것입니다. 요한복음 5:35-47을 보도록 하겠습니다.

> 35요한은 켜서 비취는 등불이라 너희가 일시 그 빛에 즐거이 있기를 원하였거니와 36내게는 요한의 증거보다 더 큰 증거가 있으니 아버지께서 내게 주사 이루게 하시는 역사 곧 나의 하는 그 역사가 아버지께서 나를 보내신 것을 나를 위하여 증거하는 것이요 37또한 나를 보내신 아버지께서 친히 나를 위하여 증거하셨느니라 너희는 아무 때에도 그 음성을 듣지 못하였고 그 형용을 보지 못하였으며 38그 말씀이 너희 속에 거하지 아니하니 이는 그의 보내신 자를 믿지 아니함이니라 39너희가 성경에서 영생을 얻는 줄 생각하고 성경을 상고하거니와 이 성경이 곧 내게 대하여 증거하는 것이로다 40

그러나 너희가 영생을 얻기 위하여 내게 오기를 원하지 아니하는도다 41나는 사람에게 영광을 취하지 아니하노라 42다만 하나님을 사랑하는 것이 너희 속에 없음을 알았노라 43나는 내 아버지의 이름으로 왔으매 너희가 영접지 아니하나 만일 다른 사람이 자기 이름으로 오면 영접하리라 44너희가 서로 영광을 취하고 유일하신 하나님께로부터 오는 영광은 구하지 아니하니 어찌 나를 믿을 수 있느냐 45내가 너희를 아버지께 고소할까 생각지 말라 너희를 고소하는 이가 있으니 곧 너희의 바라는 자 모세니라 46모세를 믿었더면 또 나를 믿었으리니 이는 그가 내게 대하여 기록하였음이라 47그러나 그의 글도 믿지 아니하거든 어찌 내 말을 믿겠느냐 하시니라

제자들은 어떠한가? 제자들은 어느 정도 주님을 알고 따르고 있지만 여전히 결핍이 많고 연약한 존재들입니다. 현재의 행위와 내세의 결과에 대해 계시의 말씀 안에서 어떻게 연결하여 확정을 짓고 나아가야 하는지도 아직 구체적으로 모르고 있는 것입니다. 주님은 그리스도인들이 어떻게 이 세상에서 어떤 고초를 겪게 되는가와 그것을 어떻게 극복하고 나아가야 하며 진정 그러한 속에 어떤 것을 소망하고 나아가야 하는가를 알게 하시려고 오늘 본문의 말씀을 하시는 것입니다.

두 사람의 대조적인 이야기

오늘 본문의 말씀은 부자와 나사로 두 사람에게 있어서 두 가지 즉 시간상으로나 신앙 행위와 그 결과가 주님의 의도에 따라 아주 대조적으로 극명하게 구분되어 있었습니다. 두 사람의 현세 삶의 대조, 그리고 내세에서 두 사람의 상태가 반전되는 것에 대해 아주 적나라하게 대

비하고 있는 것입니다. 그리고 내세의 대조에서는 아브라함이 특이하게 등장하고 있다는 것을 우리가 또한 눈여겨보아야 할 것입니다.

불의한 청지기 비유와 비슷한 형식

그리고 이 부자와 나사로의 비유는 우리가 지난주에 본 불의한 청지기 비유와 매우 유사한 공통점을 가지고 있습니다. 그것은 서두가 '한 부자가 있어'로 시작하는 것하고 그리고 사람은 진정으로 재물을 어디에 쌓아두어야 하는가를 복선적으로 말한다는 것입니다. 그리고 할 수만 있으면 이 비유들이 증거될 때에 그에 합당한 변개를 하여야 한다는 것입니다. 물론 오늘 본문의 말씀에서는 세상을 탐하는 부자로 상징되는 사람들에게 믿음에서 계시의 중요성이 어떤가에 대해 구체적으로 가르칩니다.

이집트와 유다의 민담에서 끌어온 이야기인가

어떤 학자는 이 이야기가 이집트의 민담(民譚)에서 그 배경을 찾을 수 있다고 합니다. 그 민담을 잠깐 볼까요. 죽은 다음 자식이 없는 부부 사이에 기적적으로 태어난 시-오시리스(Si-Ociris)에 대한 이야기입니다. 어느 날 그의 "아버지"가 말하기를 '어느 부자가 죽어 아주 거창한 장례식을 갖고 어느 가난뱅이는 아주 간단한 장례식을 가졌다' 하였습니다. 그러자 시-오시리스는 아버지를 암느태라는 죽은 이들의 땅으로 데리고 갔습니다. 거기서 그는 그 부자가 고문을 당하고 있고 가난한 사람이 화려하게 생활하는 광경을 보게 된다는 내용의 이야기입니다. 그리고 그에 대한 설명의 이야기로서 가난한 이는 선행을 많이 했고 부자는 그렇지 않았기 때문이라고 하였습니다.

그리고 유대교의 민담에도 이와 유사한 내용이 있다는 것으로 이 이야기의 근거로 삼으려는 사람이 있습니다. 그것은 가난한 학자와 바르 마얀이라는 세리의 이야기입니다. 세리 바르 마얀은 부자로서 죽었는데 성대한 장례식을 하였습니다. 그러나 돈이 없는 가난한 학자는 죽었을 때 변변치 못하게 장례를 치렀습니다. 그런데 그 가난한 학자의 친구가 꿈을 꾸었는데 죽은 그 가난한 학자가 낙원 강가에서 평화롭게 사는 모습을 보았습니다. 반면에 세리는 강가에 서 있기는 하지만 그 물에 도달하지 못하였습니다. 그 이유는 가난한 학자는 죽어서 그 보상을 받은 것이고 세리는 현세에서 보상을 다 받았으므로 그러하다는 것이었습니다.

그러나 예수께서 가르치신 본문의 말씀이 이상의 민담과 유사한 점이 있기는 해도 거기에서 따다가 했다고 전혀 그렇게 볼 수 없습니다. 그렇다면 이 부자와 나사로의 이야기 앞부분의 일들에 대한 증거를 그 민담들에서 찾아야만 하기 때문입니다. 하지만 그 앞부분에 대한 증거는 어디에서도 나타나지 않습니다. 그리고 예수께서는 언어의 창조자이시자 지혜자이시므로 이집트 민담이나 유다 민담을 뛰어 넘는 이야기를 얼마든지 하실 수 있는 것입니다.

부자에 대해서

이제 이 부자와 나사로 비유에 대해 자세히 보도록 하겠습니다. 먼저 부자에 대해서 보도록 하지요? 부자가 어떤 지위에서 얼마나 사치한 삶을 살았는지에 대해 먼저 말씀합니다. 이 부자는 자줏빛 옷과 고운 베옷(속옷)을 입고 날마다 호화로이 연락하고 지냈습니다. 당시는 신분적으로 높은 위치에 있는 자들이 자줏빛 옷을 입었다고 합니다. 요즘 말로 유명 디자이너가 만든 비싼 옷을 입고 날마다 성대하게 파티를 하고 지낸 거라고 보면 되겠지요? 그러니까 돈 많고 권력 있는 티를 공개적으로 뽐내고 살았다는 말입니다. 예수께서는 이것으로 주변에서 듣고 있는 바리새인들과 그 부류들의 실체를 묵시적으로 보이십니다.

그런데 이 부자가 사는 집 앞에 거지 나사로가 누워 있었습니다. 그 거지 나사로는 온 몸이 궤양으로, 그리고 종기로(ἑλκόω) 뒤덮인, 어떻게 보면 문둥병과 같은 그런 병에 걸려 있었습니다. 왜 그런 나쁜 병에 걸리게 되었는지 알 수 없지만 그런 병으로는 어떻게 경제생활을 할 수 없어서 먹고 살기 위해 부잣집 문 앞에 누워 있었습니다. 혹 부잣집에서 나오는 것 중에 개들이나 먹을 만한 허접한 것들과 쓰레기와 같은 것을 먹어서라도 목숨을 부지하려고 한 것이지요? 그러한 처지에 있는데 심지어 사나운 개들이 와서 그 헌 데를 핥는 일도 있었습니다. 개들이 그렇게 해도 그것을 쫓을 수 있을 만한 힘이 없었습니다. 그 거지는 얼마 가지 않아 죽어 천사들에게 받들려 아브라함의 품으로 들어가게 됩니다.

하지만 부자는 그러한 거지가 죽기 전에 자기 집 앞에 누워 있었어도 종들을 시켜서 당장 다른 곳으로 쫓아 버린다든지 하지 않았습니다. 그러니까 그 부자에게는 어느 정도의 일반적인 동정심이나 아량이 있었다는 것을 추측할 수 있습니다. 왜 그랬겠는가? 그러한 소극적인 의로라도 나중에 천당 가려는 근거로 삼으려고 했던 것으로 보입니다. 다시 말해서 이 부자는 적극적으로 언약의 법전의 말씀에 따라 그 병든 동족(同族) 나사로를 사랑하여 돌아보려고 하는 태도는 전혀 없었습니다.

아무튼 이 부자는 그러한 소극적이고 위선적인 삶을 살아가다가 죽었습니다. 그 남은 형제들이 그 부자의 장례식을 아주 성대하게 거행하였을 것입니다. 그러나 부자의 영혼은 음부로 갔습니다. 음부는 지옥을 말하는 것입니다. 최후의 심판 뒤에 들어가게 될 영원한 불못을 말하는 것이 아니고 불신자들이 죽고 난 뒤에 최후의 심판을 받기 전까지 거하게 되는 장소를 의미합니다. 이곳에서 부자는 살았을 때와는 전혀 반대의 극심한 고통을 받았습니다.

그런데 그 부자였던 자가 괴로운 고통 중에 눈을 들어 보니까 아브라함이 보였습니다. 그리고 그의 품에 있는 나사로도 보았습니다. 아브라함이 품은 신자들이 최후의 심판을 받기 이전에 있게 되는 장소를 말합니다. 그러니까 예수님이 십자가에 달리셨을 때에 한 편 강도에게 약속한 그 '낙원'을 말하는 것입니다. 부자가 평소에 가기를 소원했던 그 평안의 나라에 자기 집 문 앞에 구걸하며 누워있던 나사로가 있는 것을 보았습니다. 부자는 이것을 보고 한편으로는 전율을 느꼈을 것이고 한편으로는 고통 가운데 어떻게든 비비고 싶은 상대를 만나 마음으로 헐떡거리게 되었을 것입니다. 그래서 부자는 아브라함을 불러서 뒤늦게 공손하게 말하였습니다. '아버지 아브라함이여! 나를 긍휼히 여기사 나사로를 보내어 그 손가락 끝에 물을 찍어 내 혀를 서늘하게 하여 주세요. 내가 이 불꽃 가운데 고민합니다.' 아브라함을 아버지라 부르는 것으로 보아 이 사람은 분명 혈통적 유대 신앙을 가진 사람임에는 틀림이 없고 형식적으로라도 기도를 했었던 사람임에는 틀림이 없습니다. 그리고 나사로를 잘 알아서 그의 이름을 끌어다 대는 것을 보면 나름대로 살았을 때 자기 행위적 공로심을 갖고 살았던 사람임에도 틀림이 없습니다.

아브라함은 그러한 부자의 요구에 대해 말하기를 '얘, 너는 살았을 때에 네 좋은 것을 받았고 나사로는 고난을 받았으니 이것을 기억하라. 이제 저는 위로를 받고 너는 고민을 받느니라. 이뿐 아니라 너희와 우리 사이에 큰 구렁이 끼어 있어 여기서 너희에게 건너가고자 하되 할 수 없고 거기에서 우리에게 건너 올 수도 없게 하였느니라.' 그러니까 네가 이 세상에서 살았을 때 어떤 삶을 살았는가를 한 번 생각해 보라고 한 것이고 그 결과로 이런 일이 생겼다고 한 것입니다. 그리고 이 세상에 살았을 때에나 하나님의 은혜로 거룩한 곳이나 추한 곳을 서로 왕래할 수 있는 것이지 죽은 뒤에는 더 이상 그런 일이 있을 수 없게 갈라져 있다는 것을 밝히 보였습니다. 죽은 뒤에는 각기의 삶이 결정지어져 서로 오고 갈 수 없는 위치에 있게 된다는 것을 보인 것입니다.

그러자 이 부자는 다시 간절히 구합니다. "아버지여 나사로를 내 아버지의 집에 보내소서. 내 형제 다섯이 있으니 저희에게 증거하게 하여 저희로 이 고통 받는 곳에 오지 않게 하소서" 이것을 보면 이 부자가 가지고 있던 기도나 구원에 대한 관점이 어떠한가를 잘 알 수 있습니다. 이 부자는 기도가 자기 필요에 의한 것을 구하는 수단이라는 것과 또 육신적이며 기적만을 믿는 신앙을 가지고 있었던 것입니다. 죽은 자가 다시 살아서 저희에게 간다면 자기 형제들이 이 고통스러운 곳에 오지 않을 것이라는 생각입니다. 부자의 이런 생각은 오로지 성경에 의하여야만 구원이 이루어진다는 아브라함의 말에 다른 의견을 내놓는 부자의 태도에서 분명하게 나타납니다.

아무튼 그러한 부자의 간구에 대해 아브라함은 이렇게 대답했지요? "저희에게 모세와 선지자들이 있으니 그들에게 들을지니라." 모세와 선지자들이라는 말은 구약성경을 의미합니다. 그러니까 구원이라는 것은 단순히 육신의 부활과 같은 기적에 의한 것이 될 수 없고 오직 성경에 계시된 복음의 내용을 듣고 거기에 순복함으로써 이루어지는 것이라는 것을 분명히 보이는 것입니다.

하지만 부자는 자기의 생각에 눈이 어두워 제 뜻을 굽히지 않고 아브라함을 오히려 가르치려고 합니다. "가로되 그렇지 아니하니이다. 아버지 아브라함이여 만일 죽은 자에게서 저희에게 가는 자가 있으면 회개하리이다." 육신적인 생각에 눈이 어두워 자기가 가진 그릇된 회개관과 구원관으로 자기가 아버지라고 부른 아브라함이 가르친 구원의 바른 방식을 대적하는 짓을 하는 것입니다.

아브라함은 부자의 그런 요구에 대해 재차 "모세와 선지자들(구약성경)을 듣지 아니하고서는 죽은 자 중에 다시 살아나는 자가 있을지라도 권함을 받지 아니하리라."고 대답하였습니다. 모세와 선지자들은 곧 무엇을 가리킵니까? 그것은 오실 메시야의 구속과 해방, 그리고 그 메시야로 말미암는 왕국을 가리킵니다. 그것이 아니고는 부활의 기적을 보아도 구원과 아무런 연관이 없는 것입니다.

오늘날에도 부자의 이런 그릇된 신앙을 가진 자들이 많다

사실 오늘날에도 여기 비유에 등장하는 부자와 같은 그런 신앙을 가진 자들이 많이 있습니다. 말씀과 성신으로 거듭나지 아니한 채 탕자와 장자 두 아들의 비유에서 나오는 장자의 심정을 가지고 적당히 자기 사욕과 행복을 좇으면서 인간적인 종교 감정으로 신앙생활을 하는 자들이 허다한 지경입니다. 이들은 비유에 나오는 부자와 같이 적당히 동정심도 있고 나름대로 세상에서 사는 멋도 알고 있습니다. 그리고 자기들 나름대로 정립한 기도에 대한 관점과 구원관, 그리고 회개관 등등이 있습니다. 그런데 이들은 세상적 관점으로는 사람들에게 크게 욕을 받을 만한 내용을 가지고 있지 않습니다.

그러나 지도자가 됐든지 일반 사람이 됐든지 이러한 자들의 특징은 성경의 말씀이 항상 구원의 기준이 되지 않습니다. 성경 말씀에 대해 세상의 여러 지식 중에 본받을 만한 한 가지 정도로 여기거나 아니면 아예 하나의 형식적인 것에 불과하다고 여기기도 합니다.

이러한 자들의 사정이 이러한 근본적인 이유는 뭐겠습니까? 육신적인 생각을 가지고 신앙생활을 하는 것이며 세상과 하나님에게서 동시에 유익을 얻고자 하는 그런 태도가 있는 것입니다. 두 길 보기를 하는 것이지요. 세상에서 행복도 취하고 천당도 가려는 것입니다. 그런 두 가지의 생각이 있으므로 그리스도의 남은 고난에 대해서 생각지 않으며 자기가 책임을 지고 나아가야 할 어려운 동족에게 적극적인 의를 행사하지 않습니다. 룻기에 나오는 한 사람이 기업 무를 책임을 회피해서 보아스가 대신한 이런 사람의 대표적인 존재입니다(룻기 4:2-8).

나사로에 대해서

이제 비유에서 독특하게 이름이 등장하는 나사로에 대해서 보도록 하겠습니다. 나사로라는 이름은 당대에 흔한 이름이었습니다. '하나님께서 돕는 자'라는 히브리어 엘레아자르(Eleazar)의 헬라어형입니다. 어떤 이들은 이것 때문에 아브라함과 그의 종 엘리에셀과 이 이야기 비유와 연관 짓기도 합니다. 이 나사로는 아까도 말씀드렸지만 심한 피부병에 걸려서 경제생활을 할 수 없는 자였습니다. 그래서 이 부자의 집 대문 앞에 누워 부자의 집에서 나오는 허접한 것들로 생명을 부지하여 나아가고 있었습니다. 그는 육체적으로 아주 무기력한 상황에 있어서 개들이 와서 그 아픈 상처를 핥아 더욱 모욕적인 어려운 지경에 빠져도 꼼짝할 수 없었습니다. 부자의 행실과 극단적으로 대조되는 나사로는 더 이상 처참할 수 없는 지경에 있었습니다.

그러나 그는 그 고난 가운데에서도 하나님께 대한 신앙을 잃지 않았습니다. 그 처참한 와중에라도 하나님을 향하여서나 그 부자를 향하여서 그리고 자신의 처지에 대해 원망하거나 불평하는 일을 하지 않았습니다. 오히려 중보자의 대속을 통한 구원의 확신과 내세의 소망에 대해 견고하게 가지고 있었습니다. 아마 주변 사람들이 그런 신앙을 가진 나사로에게 '만일 하나님이 살아계신다면 너처럼 그냥 버려두시겠느냐' 아니면 '네가 무슨 죄를 얼마나 많이 지었기에 그런 처참한 질병의 재앙을 당하느냐 회개하여라' 하는 등등의 소리를 다하였을 것인데 그에 대해 나사로는 무슨 장탄식이나 불평을 하지 않았습니다.

그러던 중 거지 나사로가 죽게 되었습니다. 아마 그의 장례식은 아주 보잘것없이 치렀을 것입니다. 누가 불쌍히 여겨 힌놈의 골짜기로 가서 그의 시체를 대강 처리했거나 아니면 공적인 대인봉사의 임무를 맡은 자들이 최소한도의 형식에 따라 어떻게 시체를 처리했을 것입니다. 그러나 그가 그렇게 비참하게 죽었을 때에라도 천사들이 그를 받들어 나사로가 그토록 소망하였던 아브라함의 품으로 데리고 갔습니다. 아까도 말씀드렸지만 여기서 아브라함의 품은 낙원을 의미합니다. 최후의 심판이 있기 전까지 신자들이 가 있는 곳입니다. 그 낙원에서 나사로는 찬송을 하고 영광을 돌리고 육신이 부활되어 들어갈 영원한 나라를 소망할 것입니다. 나사로는 거기에서 평안한 안식을 누리게 됐습니다. 나사로가 복음을 믿음으로 그러한 복을 받게 된 것이지요? 진정한 인생역전이란 바로 이런 것입니다. 갈라디아서 3:6-9을 함께 볼까요?

> [6]아브라함이 하나님을 믿으매 이것을 그에게 의로 정하셨다 함과 같으니라 [7]그런즉 믿음으로 말미암은 자들은 아브라함의 아들인 줄 알지어다 [8]또 하나님이 이방을 믿음으로 말미암아 의로 정하실 것을 성경이 미리 알고 먼저 아브라함에게 복음을 전하되 모든 이

방이 너를 인하여 복을 받으리라 하였으니 9그러므로 믿음으로 말
미암은 자는 믿음이 있는 아브라함과 함께 복을 받느니라

　나사로는 그곳에서 부자가 음부에서 고통 받는 것을 보았을 것인데 그는 부자가 그렇게 된 것을 당연하게 여기거나 고소해 하지 않았습니다. 거룩한 상태에서 거룩한 속성만을 나타내고 있었습니다. 아마 지금도 나사로는 그런 삶을 살고 있을 것입니다.

여기서 우리는 무엇을 알아야 하는가

　면죄부를 팔았던 로마가톨릭에서는 죽은 뒤 중간 지대인 연옥이라는 것이 있어서 나중에 죽은 사람들의 위치 변경이 가능한 것처럼 말하지만 이것은 거짓입니다. 오늘 본문과 같은 성경의 가르침과 아주 대치되는 것입니다.
　어쨌든 사람은 죽은 뒤에 그 평생의 삶과 그 행위에 따라 갈 곳이 정해지고 그에 따라 평가도 받는 것이지요? 그리고 낙원이든 음부이든 간에 그곳에 간 이상 서로 왕래할 수 없습니다. 그리고 다시 살아서 돌아갈 수 없습니다. 지옥에 간 부자는 자기는 다시 살 수 없다는 것을 알고 있었지요? 나사로는 살 수 있지 않겠나 해서 아브라함에게 부탁을 했지만 -물론 그것은 가능한 일은 아니지만- 자신은 다시 살 수 없겠다고 생각은 하고 있었습니다.
　그러니까 살아서 이 땅에 존재할 때 내세의 삶을 믿음으로 완벽하게 준비하여야 하는 것입니다. 그 어떤 처지에 있다고 해도 나사로와 같아야 합니다. 조금 어렵다고 좌절하거나 낙망하거나 원망하거나 불평하지 않아야 하는 것입니다. 좀 전에도 말씀드렸지만 나사로는 살았

을 때에나 죽었을 때에나 주님께서 새롭게 해주신 속성만 발휘하려고 했습니다. 옛사람의 성향은 조금도 나타내지 않았습니다. 현세에서 왜 나는 이렇게 비참한가라든지 하지 않았고 아브라함의 품에서도 가난한 동족을 돌아보지 않은 부자는 고통 받아 마땅하다 하는 심정을 가지지 않았습니다. 겉으로는 그럴싸하게 업적을 내지 못하고 있었지만 신심(信心)에서 주님의 사랑을 흠뻑 받고 있었고 누리고 있었습니다. 여기 본문에는 자세히 나와 있지 않지만 역설적으로 보자면 나사로는 부자와 달리 모세와 선지자들로부터 그 신심을 돋우는 계시관이 정확하였습니다.

바리새인들을 상징하는 부자는 탐심이 가득하고 돈을 사랑하며 화려한 삶을 추구하면서 또 나름대로 도덕성을 어느 정도 발휘하지만 종교적으로 계시관이 정확하지 않았고 그리고 신비적이었지요?(마 12:38; 16:1, 막 8:11, 눅 11:16, 요 6:30) 그리고 혈통적으로나 육신적으로 말미암는 구원관을 가지고 있었습니다. 실로 우리는 하나님 앞에 진정한 부자가 되도록 하여야 합니다. 계시에 충실해서 하나님과 이웃을 위해서 물질을 쓴다면 거기에 합당한 결과가 있을 것입니다. 그릇된 계시관을 가지고 자기의 행복이나 탐욕을 채우고 나아가려 한다면 그러한 자들이 주축이 된 교회는 금방 무너지고 말 것입니다.

나가는 말

오늘은 부자와 나사로 비유에 대해 보았습니다. 이 땅위에서 어떤 관점으로 삶을 영위했느냐에 따라 그 결과로서 마땅한 고통의 심판이나 혹은 안위의 복을 받게 된다는 것을 생각했습니다. 이 땅에서 잘 살고 못 살고는 외형으로 판단되지 않습니다. 계시를 무시하는 믿음 없는 자들이 더욱 득세를 하고 계시를 존중하는 믿음의 사람들은 더욱 고통을 받아도 그 결과는 판이하게 다르게 나올 수 있습니다. 계시를 존중하고 따르는 그리스도인들은 상대적으로 비교하여 자신의 상태에 대해 원망하거나 불평하는 일을 하지 않아야 합니다. 세상 것을 좇느라 계시를 무시하는 부한 자들에 대한 심판은 그 부한 자들이 보인 현세에서의 마음과 행동에 따라 하나님이 반드시 결과를 내실 것이고 계시를 존중하지만 가난한 그리스도인에 대한 안위도 마찬가지입니다. 진실로 우리 그리스도인들은 받은 하나님 나라 축복이 너무 크기에 그 어떤 세상의 외형의 것으로 비교할 것이 없습니다. 이런 점들을 유의하고 하루하루 성신님의 인도에 따라 현실적으로 주의 말씀을 누리고 사는 자들이 진정으로 복 있는 자들입니다.

기도

거룩하신 아버지 하나님, 저희들은 주님의 말씀으로 거듭났고 말씀으로 자라가며 주의 말씀으로 완성될 것입니다. 말씀으로 산 소망을 가지고 어떤 형편에서든지 위로를 받고 살 수 있게 되었사온즉 허탄한 것에서 위로를 찾고 안위를 찾는 일이 없게 하여 주시옵소서. 그리고 악인의 형통을 본다 할지라도 한쪽으로 질투하거나 부러워하는 일이 없게 하옵시고 비루한 처지에서도 하나님의 말씀을 존중히 여겨서 과연 하나님의 자녀다운 그런 품성을 잘 드러내고 나간다고 하는 것을 경험하고 살아가게 하여 주시옵소서. 외형을 따라서 자신의 자존감과 자신의 가치를 따지는 그런 성향이 저희 안에 많이 있사옵는데 저희들 낮아지신 주님의 그 품성을 잘 기억하고 오히려 우는 자들과 함께 울고 슬퍼하는 자들과 슬퍼하며 또 가난한 자들에게 위로가 되는 그런 삶을 살아가게 하옵소서. 그저 주님이 주신 선물을 외형적으로 즐기고 안위하는 것으로 족하게 여기며 하나님의 의에 대해서는 소극적으로 누리고 살아가는 그런 이상한 신앙인이 되지 않게 하옵시며 어떤 처참한 지경에 있다 할지라도 주님 한분만으로 족하게 여기며 주님이 목표하시는 사회를 향해서 힘써서 소망하고 행보해 나아가게 하여 주시옵소서. 모든 걸 주께 의탁 드리옵고 감사드리며,

    우리 구주 예수 그리스도의 이름으로 기도 올리옵나이다. 아멘.

제 27 강

종의 의무에 대한 비유

누가복음 17:7-10

들어가는 말

오늘은 예수님께서 제자들에게 가르치신 종의 의무에 대한 비유에 대해 보도록 하겠습니다. 오늘날 착취당하는 노동자나 그들을 대변하는 노동 운동가들에게 이 비유의 적법성에 대해 말한다면 저들은 먼저 매우 화를 내겠지요? 그리고 노예 제도가 없는 사람들에게는 이 법이 불필요한 것처럼 보일 수도 있을 것입니다. 그러나 당대의 상황을 생각하고 주님이 가르쳐서 회복하시고자 하시는 하나님 나라 봉사 원리라는 측면에서 본다면 어느 시대 어느 나라 어느 사회에라도 아주 필요하고 적법한 가르침입니다. 특별히 그리스도인들에게는 생명의 말씀으로 작용되는 가르침이지만 불신자 사회에게도 아주 소망의 빛이 되는 말씀입니다. 일반적으로라도 하나님의 말씀은 타락한 인간들에게도 일정하게 유익을 주시기 때문입니다. 물론 저들의 일이라는 것은 하나님 나라의 열매로 인정되지 않는 것입니다. 다시 말하지만 하나님 나라 백성에게 이 종들의 의무에 대한 말씀이 생명의 말씀으로 작용되기 위해서는 굴욕적인 복종이나 힘에 의해 강제된 복종이 아닌 성신님의 인도에 의한 자발적인 복종의 태도가 중요합니다. 하나님의 백성에게 있어서 의무수행은 결코 보상의 대상으로서가 아닙니다. 우리는 그러한 분별력을 가지고 오늘 본문의 말씀을 자세히 보아야 할 것입니다. 그러면 먼저 본문 말씀을 제가 읽겠습니다. 누가복음 17:7-10입니다.

> 7너희 중에 뉘게 밭을 갈거나 양을 치거나 하는 종이 있어 밭에서 돌아오면 저더러 곧 와 앉아서 먹으라 할 자가 있느냐 8도리어 저더러 내 먹을 것을 예비하고 띠를 띠고 나의 먹고 마시는 동안에 수종들고 너는 그 후에 먹고 마시라 하지 않겠느냐 9명한 대로 하였다고 종에게 사례하겠느냐 10이와 같이 너희도 명령받은 것을 다 행한 후에 이르기를 우리는 무익한 종이라 우리의 하여야 할 일을 한 것뿐이라 할지니라

본문의 배경

이제 본문의 배경부터 보도록 하지요? 주님께서는 16:14 이후부터 계속해서 16장 마지막까지 바리새인들과 제자들을 염두에 둔 말씀을 하셨지만 17장에 들어와서는 제자들을 직접적으로 고려한 말씀을 하십니다.

시기적으로 앞의 16장 말씀과 오늘 17장의 말씀들과 바로 연결되는 것인지 그렇지 않은지에 대해서는 명확하게 어느 것이 옳다 말할 수 없지만 논리적인 연관성은 어느 정도 있는 것으로 보입니다.

예수님은 우선 17장 초두에서 제자들에게 실족케 하는 일에 대한 화를 생각하도록 하십니다. 또 스스로 조심해야 할 것을 말씀하십니

다. 이 스스로 조심하라는 말은 번역 성경에 따라 앞부분과 연결되기도 하고(NIV, RSV, NASB 등) 뒷부분으로 연결되기도 합니다. 둘 다 나름대로 의미가 있다고 합니다.

그 뒤에는 죄인을 권면하는 일과 회개하는 형제를 용서해야 하는 일에 대한 그리스도인의 마음 자세에 대해 말씀하셨습니다. 끝까지 용서받고 용서받을 자가 어느 경우에라도 진정한 용서를 할 수 있음을 분명하게 보여주는 대목입니다. 이런 말씀은 이미 산상보훈에서도 하셨고(마 6:14-15) 무자비한 종의 비유(마 18:21-35)에서도 재차 가르치셨습니다. 그리고 이 용서의 자세가 중요하기에 여기 지금 공생애를 마무리해 가는 시점에서 또 말씀하신 것입니다. 나중에 공생애 마지막 주간에 형제를 위해 기도하기 전에 형제를 먼저 용서해야만 하는 것을 또 가르치십니다(막 11:25). 물론 이 용서하는 마음을 가지고 있는 것과 관계를 개선해 가는 것은 별개의 일입니다. 용서를 한다고 용서를 구하지도 않는 모든 악한 자들을 용납하여 관계를 맺고 갈 수는 없는 일입니다.

예수님의 그러한 용서의 말씀에 대해 사도들은 예수님께 말씀드리기를 '믿음이 없는 자신들에게 믿음을 더해 달라' 했습니다. 그에 대해 예수께서는 너희에게 겨자씨만한 믿음만 있어도 뽕나무더러 뿌리째 뽑혀 바다에 심기우라 해도 할 수 있음을 말씀하셨습니다. 공관복음서에는 '산'으로 된 것이 여기서는 뽕나무로 묘사되고 있습니다(마 17:20, 21:21; 막 11:23 참조). 뽕나무는 다 큰 나무라면 그 크기가 무려 35피트(1 feet=30.48cm)나 됩니다. 그러니까 그런 나무가 뿌리째 뽑혀 바다에 던지우라 한다는 것은 인간의 힘으로는 불가능한 일입니다. 오로지 믿음으로만 가능하다는 것을 가르치시는 말씀입니다. 물론 믿음으로 한다고 하고서 시험적으로나 만용을 부려서는 될 일은 아닙니다. 겨자씨와 같이 적은 믿음을 가졌다고 해도 하나님의 뜻을 알고 그것을 간구할 때 그런 일과 같은 일들이 능히 이루어진다는 것을 가르치시는 것입니다.

그리고 나서 예수님께서는 제자들에게 오늘 본문의 종들의 의무에 대한 비유의 말씀을 하신 것입니다. 그러니까 대적자들의 악의가 점점 그 마지막 수위를 높일 때에 그러한 상황 속에서라도 제자들로서 가져야할 마음 자세는 하나님 나라 안에서 올곧게 살아야 한다는 것을 깨우치시기 위해 이 말씀을 하시는 것입니다. 이제 본문의 내용을 자세히 보도록 하겠습니다.

당대의 풍습을 고려한 비유의 말씀

아까도 말씀드렸지만 이 종들의 비유의 말씀은 제자들이 잘 알고 있는 당대의 풍습을 고려해서 하나님 나라 종들로서 어떤 마음 자세를 가져야 하는가 하는 것에 대해 하시는 말씀입니다. 물론 히브리 사회에서의 종에 대한 개념과 헬라 사람들의 종에 대한 개념은 차이가 있습니다. 히브리 사회에서 종이라 할 때에는 어느 정도 가족 구성원처럼 인정을 하고 청지기와 같이 살아가는 사람을 말하지만 헬라인들에게 있어서 종들의 개념은 거의 노예적인 것입니다. 그런데 어느 사회이건 간에 종들이 할 일을 한 후에라도 주인의 일을 돌아보고 자신의 일을 하는 것이지 자기가 힘든 일을 했으니까 주인이 자기에게 먼저 대접을 해야 한다는 것은 없는 일입니다.

좌우간 제자들이 어떤 사회 속에 살아간다고 해도 하나님 나라의 종들로서 어떤 마음 자세를 가지고 살아야 하는가를 예수께서 이 비유의 말씀으로 하고자 하시는 것입니다. 일차적으로 제자들이 자원해서 무익한 종으로서 마땅히 하여야 할 일을 했다는 고백을 하며 자기의 맡은 바 사명을 마음으로부터 시작해서 잘 감당하도록 예수께서 말씀하시는 것입니다. 그리고 주님께서는 오고 오는 불의한 사회 속에서라도 주의 제자들이 하나님 나라 종으로서 어떤 마음 자세를 가지고 살아야 하는가를 일깨우고자 하시는 말씀입니다.

제자들의 상태를 보고 가르치시는 말씀

제자들은 자기들이 주님의 종으로서 따라다닌다고는 하지만 종에 대한 개념으로 그릇되게 알고 있는 것이 많이 있었습니다. 불과 얼마 전 마태복음의 잃은 양의 비유(마 18:12-14)와 무자비한 종의 비유(마 18:23-35)을 가르치시기 전에 저들이 어떤 종의 개념을 가졌는지에 대해 극명하게 역설적으로 보여주는 내용이 있습니다. 마태복음 18:1-4 내용이 바로 그것입니다.

마태복음 18:1-4 본문에 따르면 제자들은 천국에서 큰 자는 높임을 받는 자로 알고 있었습니다. 자신들이 주님을 따르고 있고 그 주님의 일을 하고 있는 것으로 큰 보상을 받아 그와 같이 큰 자로 인정이 될 것으로 알고 있는 것입니다. 참으로 저들은 바리새적이고 세상적인 개념에 많은 영향을 받고 있었습니다. 실제로 당시 바리새인들은 하나님의 보상을 생각하고 그 신앙의 다양한 행위를 상대적 관점으로 추구하고 있었습니다. 어쨌든 주님은 그때에도 제자들을 크게 무슨 책망의 말씀을 하시기보다는 저들이 하나님 나라 안에서 과연 어떤 자가 큰 자인지 여기서 확실하게 가르치셨습니다.

그러나 제자들은 아직 예수님의 그런 가르침의 말씀을 다 이해하지 못하고 있었습니다. 그래서 또 다시 저들이 다른 각도에서 하나님 나라의 종에 대해 잘 이해할 수 있도록 오늘 비유의 말씀을 하시는 것입니다. 앞으로 저들이 최선을 다해 주님의 일을 한다고 하더라도 결코 하나님 나라의 법칙에서 벗어나지 않고 충성하도록 가르치시는 것입니다.

종들을 비하하시고자 하시는 말씀이 아니고 본질적인 것을 회복하시고자 말씀하시는 것이다

여기서 우리가 잠깐 생각해 볼 것이 있습니다. 그것은 주님이 이 비유에서 혹자들의 주장처럼 결코 종들을 비하하시고자 하시는 것이 아니라는 것입니다. 오히려 기본적으로 인간이 타락하여 생겨진 제도 안에서라도 그 진정한 본질과 정신을 찾도록 주님은 말씀하시는 것입니다. 그러니까 이 종들의 의무에 대한 비유는 제자들뿐만 아니라 어느 시대를 막론하고 어느 지역을 망라하여 잃어버린 인간상을 온전히 회복할 수 있는 말씀이 되는 것입니다. 주인과 종 사이의 모든 괴리와 모순 등을 없애고 하나가 될 수 있는 말씀을 하시는 것입니다. 결코 주인을 높이기 위해서 그리고 종들을 억제하기 위해서 이런 말씀을 하시는 것이 아닙니다.

세상의 현실

그런데 세상에서는 어떻습니까? 천국에서의 큰 자 논쟁에서 제자들의 태도도 보았지만 세상 사람들은 어떻게든 성공하여 많은 종들을 거느려 그들 위에 군림하고자 합니다. 그것으로 자기의 권위를 누리고 행복을 만끽할 수 있다고 보는 것입니다. 그래서 주인과 종에 대한 근본적인 문제는 해결하지 않고 그저 현상적으로 다양하게 나타나는 제 모순들을 극복하며 해결하는 것으로 자기들의 일을 잘하는 것으로 알고 있습니다. 세상 학자들은 그런 논리를 정립하고 세상의 경영자들은 그것을 써서 어떻게든 현상적으로 나타나는 일들만 잘 대처해 나가려고 하는 것입니다.

혹 세상에서 양심적인 사람들은 종들과 같이 일하고 식사도 하고 이익도 같이 나누는 일을 하기도 합니다. 그래서 사람들의 추앙을 받기도 합니다. 조선시대 병조판서까지 지낸 한 사람은 관리로 지낸 시절에 공사가 끝나면 집으로 돌아와 일꾼들과 같이 논과 밭에 나아가 일도 하고 밥도 같이 먹고 하였다고 합니다.

그러나 세상의 대부분의 사람들은 할 수만 있으면 많은 종들을 거느리고 많은 부를 축적하여 자기의 행복의 수단으로 삼으려고 합니다. 그렇게 해서 자기 독특한 방식대로 성공하게 되면 그런 사람을 추앙하고 어떻게든 그것을 흉내내어 좇아가려고 하는 것입니다.

그렇지만 저들의 주인과 경영자로서의 논리와 방법으로는 주인과 종과의 관계에 대한 근본적인 해결책이 서지 않습니다. 임시방편으로 그때그때 땜질용은 될지 몰라도 원인 치료는 하지 못하는 것입니다.

근본적인 회복을 염두에 둔 가르침

그러니까 주님께서 오늘 본문에서 가르치시는 것은 세상의 주종간의 관계를 승인하는 것이나 혹은 세상에서처럼 단순히 주종간의 현상적인 해결책으로서의 종들의 의무에 대해 말씀하시는 것이 아닙니다. 당대의 제자들뿐만 아니라 오고 오는 모든 세대와 어느 지역이라도 해당이 되는 근본적인 하나님 나라의 회복 안에 이는 말씀을 내리시는 것입니다. 이 가르침을 제대로 알아듣는 자들은 하나님 나라의 일꾼들의 마음 자세가 어떠해야 하는가를 알게 되고 그렇지 아니하다면 이런 말씀은 수수께끼 같은 말씀이 될 것이고 할 수 없는 것을 하라는 것과 같은 말씀이 될 것입니다.

누가복음 12:35-48과의 관계

여기서 또 한 가지 잠깐 주의해서 생각해 볼 것을 보도록 하겠습니다. 그것은 오늘 본문과 누가복음 12:35-48과 연관해서 생각해야 할 것입니다.

> 35허리에 띠를 띠고 등불을 켜고 서 있으라 36너희는 마치 그 주인이 혼인 집에서 돌아와 문을 두드리면 곧 열어 주려고 기다리는 사람과 같이 되라 37주인이 와서 깨어 있는 것을 보면 그 종들은 복이 있으리로다 내가 진실로 너희에게 이르노니 주인이 띠를 띠고 그 종들을 자리에 앉히고 나아와 수종하리라 38주인이 혹 이경에나 혹 삼경에 이르러서도 종들의 이같이 하는 것을 보면 그 종들은 복이 있으리로다 39너희도 아는 바니 집주인이 만일 도적이 어느 때에 이를 줄 알았더면 그 집을 뚫지 못하게 하였으리라 40이러므로 너희도 예비하고 있으라 생각지 않은 때에 인자가 오리라 하시니라 41베드로가 여짜오되 주께서 이 비유를 우리에게 하심이니이까 모든 사람에게 하심이니이까 42주께서 가라사대 지혜 있고 진실한 청지기가 되어 주인에게 그 집 종들을 맡아 때를 따라 양식을 나누어 줄 자가 누구냐 43주인이 이를 때에 그 종의 이렇게 하는 것을 보면 그 종이 복이 있으리로다 44내가 참으로 너희에게 이르노니 주인이 그 모든 소유를 저에게 맡기리라 45만일 그 종이 마음에 생각하기를 주인이 더디 오리라 하여 노비를 때리며 먹고 마시고 취하게 되면 46생각지 않은 날 알지 못하는 시간에 이 종의 주인이

이르러 엄히 때리고 신실치 아니한 자의 받는 율에 처하리니 [47]주인의 뜻을 알고도 예비치 아니하고 그 뜻대로 행치 아니한 종은 많이 맞을 것이요 [48]알지 못하고 맞을 일을 행한 종은 적게 맞으리라 무릇 많이 받은 자에게는 많이 찾을 것이요 많이 맡은 자에게는 많이 달라 할 것이니라

이 비유에서 보면 일꾼들에게 줄 상을 염두에 두고 그에 부합한 깨어 있는 삶을 살 것에 대해 말씀하십니다. 오늘 본문의 비유와 서로 대치되는 듯한 내용이지요? 오늘 본문에서는 종들에게 무익한 종이라 하라고 하시는데 누가복음 12장 지금 읽은 부분에서는 주인과 종의 이야기가 바뀌어 어떤 종이 복이 있는 종인가에 대해 말하면서 깨어 있는 종들에게 고마움과 보상으로 대우할 것을 말씀하시는 것입니다. 그러면 이는 서로 모순이 되는 주장인가? 물론 그렇지 않습니다. 누가복음 12장 말씀은 강조점이 종들에 대한 보상은 하나님의 무한한 은혜에 있습니다. 그러나 오늘 본문은 종으로서 마땅히 해야 할 일에 대해 가르치시는 것입니다. 그러니까 주님의 두 가르침은 충돌되지 않고 짝으로서 조화를 이루는 것입니다.

주님의 종으로서의 가르치심과 본

그러면 이제 우리가 하나님 나라 종으로서 행위의 보상으로서의 의무 수행을 할 수 없음에 대해 보도록 하지요. 그것은 우선 예수 그리스도의 종으로서의 가르치심과 본을 보임에서 볼 수 있습니다. 주님은 우리에게 무슨 빚이 있어서 그것을 갚기 위해 이 땅에 낮아지신 분이 아니십니다. 주님은 죄인인 우리를 사랑하여 이 낮은 땅에 오신 것입니다.

주님은 우리를 사랑하여 구속의 은혜를 베푸시기 위해 섬기는 종으로서 이 땅에 오셨습니다(막 10:45). 결코 하나님 앞에 무슨 보상을 받으시려고 오신 것이 아니고 또 그런 보상이 있어야 더 영광스럽게 되시는 분도 아니십니다. 영원토록 변치 않게 영광스러우신 주이시자 심판자이신 주님은 죄인인 우리를 사랑하시는 기쁘신 뜻 안에서 스스로 낮아지셔서 죄인들과 함께 하시며 우리의 죄의 짐을 짊어지는 섬기는 종이 되신 것입니다. 그리고 그 섬김에 대해서는 후에 제자들의 발을 씻기는 것으로 본을 보이셨습니다. 그것이 요한복음 13:1-17에 나오지요?

이러한 진리 앞에 우리가 무슨 행위의 공적을 내세워 무엇을 요구할 수 있는 것은 없습니다. 영광의 주님이시라도 사랑으로 섬김의 도를 보이셨는데 하물며 우리가 무엇을 근거로 자신을 하나님 나라 안의 유익한 종으로 표시해서 어떤 대가를 바랄 수 있겠습니까?

사악하고 교만한 자들

그러나 역사상 사악하고 교만한 자들은 하나님을 채무자로 만들면서 헛된 종교적 열심을 조장하고 그것 위에 자기의 행복과 쾌락을 누려왔습니다. 하나님께 열심을 내야 한다고 하고 그것을 하나님께서 소홀히 보시지 않는다 하며 그 축복된 보상으로 갚아주실 것을 부풀려서 성도들의 가죽을 벗기고 그 고기로 배를 채우는 일을 하는 것입니다. 구약에 그런 악한 자들에 대해 잘 묘사된 내용이 있지요? 미가서 3:1-12입니다.

1내가 또 이르노니 야곱의 두령들과 이스라엘 족속의 치리자들아 청컨대 들으라 공의는 너희의 알 것이 아니냐 2너희가 선을 미워하고 악을 좋아하여 내 백성의 가죽을 벗기고 그 뼈에서 살을 뜯어 3그들의 살을 먹으며 그 가죽을 벗기며 그 뼈를 꺾어 다지기를 남비와 솥 가운데 담을 고기처럼 하는도다 4그 때에 그들이 여호와께 부르짖을지라도 응답지 아니하시고 그들의 행위의 악하던 대로 그들 앞에 얼굴을 가리우시리라 5내 백성을 유혹하는 선지자는 이에 물면 평강을 외치나 그 입에 무엇을 채워 주지 아니하는 자에게는 전쟁을 준비하는도다 이런 선지자에 대하여 여호와께서 가라사대 6그러므로 너희가 밤을 만나리니 이상을 보지 못할 것이요 흑암을 만나리니 점치지 못하리라 하셨나니 이 선지자 위에는 해가 져서 낮이 캄캄할 것이라 7선견자가 부끄러워하며 술객이 수치를 당하여 다 입술을 가리울 것은 하나님이 응답지 아니하심이어니와 8오직 나는 여호와의 신으로 말미암아 권능과 공의와 재능으로 채움을 얻고 야곱의 허물과 이스라엘의 죄를 그들에게 보이리라 9야곱 족속의 두령과 이스라엘 족속의 치리자 곧 공의를 미워하고 정직한 것을 굽게 하는 자들아 청컨대 이 말을 들을지어다 10시온을 피로, 예루살렘을 죄악으로 건축하는도다 11그 두령은 뇌물을 위하여 재판하며 그 제사장은 삯을 위하여 교훈하며 그 선지자는 돈을 위하여 점치면서 오히려 여호와를 의뢰하여 이르기를 여호와께서 우리 중에 계시지 아니하냐 재앙이 우리에게 임하지 아니하리라 하는도다 12이러므로 너희로 인하여 시온은 밭같이 갊을 당하고 예루살렘은 무더기가 되고 성전의 산은 수풀의 높은 곳과 같게 되리라

신약에서도 그런 자들이 있음을 분명히 알 수 있습니다. 외식하는 바리새인들과 같은 자들입니다. 저들은 십자가의 원수요, 저들의 신은 배요, 땅의 일을 생각하는 자입니다. 빌립보서 3:17-19입니다. 저들은

무지한 성도들을 유혹하여 넘어뜨리는 자들입니다.

이러한 자들은 그토록 들어가기 바란다고 하는 천국에 자기들도 들어가지 않고 남들도 들어가게 하지 못하는 일을 하는 것입니다. 그리고 자기들과 꼭 같은 일을 하는 자들을 옳다 하는 일을 합니다. 로마서 1:28-32입니다.

> 28또한 저희가 마음에 하나님 두기를 싫어하매 하나님께서 저희를 그 상실한 마음대로 내어 버려 두사 합당치 못한 일을 하게 하셨으니 29곧 모든 불의, 추악, 탐욕, 악의가 가득한 자요 시기, 살인, 분쟁, 사기, 악독이 가득한 자요 수군수군하는 자요 30비방하는 자요 하나님의 미워하시는 자요 능욕하는 자요 교만한 자요 자랑하는 자요 악을 도모하는 자요 부모를 거역하는 자요 31우매한 자요 배약하는 자요 무정한 자요 무자비한 자라 32저희가 이같은 일을 행하는 자는 사형에 해당하다고 하나님의 정하심을 알고도 자기들만 행할 뿐 아니라 또한 그 일을 행하는 자를 옳다 하느니라

참으로 이 사악한 자들은 하나님의 주권적인 신실하심을 믿지 못하고 자기들의 그 잘난 믿음으로 구원 및 보상을 얻어 보려는 짓을 하는 것입니다. 이는 철에다가 진흙을 붙이려고 하는 것과 같습니다.

주님이 우리를 값 주고 사셨으므로 마땅히 당위의 일을 하여야 한다

다시 보지만 우리는 주님이 핏값으로 산 바 된 존재들입니다. 아무 공로 없이 거저 주님의 선택적이고 언약적인 사랑을 받아 주의 것이 된

자들인 것입니다. 머리 되신 주님의 지체로 연합이 된 자들입니다. 그러므로 이제 하나님 앞에서 우리 자신의 것에 대해 우리의 것으로 주장하는 일은 지나간 때가 족한 것입니다. 주님이 거저 우리를 하나님 나라 백성으로 회복케 하셨고 그리스도께 연합시키셨은즉 늘 감사함으로 우리에게 주어진 당위의 일들을 하여야 할 것입니다.

설사 우리가 율법의 모든 일을 다 행하였어도 우리는 우리에게서 그 공로를 찾지 말고 하나님의 은혜 안에서 그 공로를 찾아야 합니다. 우리는 주님의 이름으로 그리고 말씀과 성신님의 능력으로 그 일에 가담했기 때문입니다. 따라서 당연히 하나님의 이름과 그 사역을 높여야 하는 것입니다. 그것이 우리에게 영광이 되고 진정으로 가치 있는 일이 됩니다. 하찮게 뵈는 조그마한 것이라도 우리의 수고와 공로로 생각하고 그에 대한 보상을 생각한다면 그것은 하나님의 것을 도적질하는 것과 같습니다.

진정 주님은 우리에게 자랑하는 자는 주 안에서 자랑하라고 했습니다(고후 10:17). 주님의 신실하심만을 힘껏 자랑해야 하는 것입니다. 그리고 우리의 약함을 자랑해야 합니다(고후 12:5). 우리는 주님의 그 신실하심에 의해 그 복된 영광에 가담하는 은총을 거저 받은 것뿐입니다. 무슨 대단한 것이 우리에게 있어서 그것으로써 하나님 나라에 보탬이 되게 할 수는 없습니다.

나가는 말

말씀을 맺습니다.

오늘은 종의 의무에 대한 비유를 보았습니다. 주님께서 주의 종들로서 신약의 기둥들이 될 제자들의 마음 자세를 바르게 갖도록 가르치신 말씀입니다. 주 안에서 그 어떤 큰일을 했다고 해도 바리새인들과 같이 한 일에 대한 보상 심리를 갖지 않도록 주의시키시는 말씀이며 이것은 곧 하나님 나라 일꾼들 모두가 가져야 할 하나님 나라의 원리입니다.

다시 말하지만 우리 그리스도인들은 그 어떤 것을 보상으로 받을 만한 존재도 아니고 상대적으로 자신의 일을 평가할 수 있는 자들도 아닙니다. 오직 주님이 약속하신 기업을 받는 것으로 족하고 그 영광에 가담한 것에 감격할 수밖에 없는 존재들입니다. 그것이 우리에게 가장 큰 상이 되는 것이지요. 그러니까 상의 개념이 다른 종교들과 차원이 다른 것입니다.

봉사의 대가를 바라는 자들은 바리새인들을 닮은 알미니안들이나 펠라기안들입니다. 구원에 있어서 하나님의 일에 협력해서 완성할 수 있다고 생각하는 자들입니다. 이런 관점으로는 자신들의 구원은 물론 거지 나사로의 구원이나 노약자, 정신지체자들 등등의 구원에 대해 이해할 수 없습니다. 그리고 포도원 품꾼 비유에서 오후 늦게 온 자들의 구원을 받아들일 수 없습니다.

우리는 진정 마태복음 25:31-40에 나오는 양과 같은 사고방식으로 살아야 할 것입니다. 자기 행위를 기억하여 큰소리치고 내세우는 자들이 아닌 주님과 같이 겸손하게 섬기는 마음 자세를 가져야 할 것입니다. 이 부분을 같이 읽고 마치지요.

> 31인자가 자기 영광으로 모든 천사와 함께 올 때에 자기 영광의 보좌에 앉으리니 32모든 민족을 그 앞에 모으고 각각 분별하기를 목자가 양과 염소를 분별하는 것같이 하여 33양은 그 오른편에, 염소는 왼편에 두리라 34그 때에 임금이 그 오른편에 있는 자들에게 이르시되 내 아버지께 복받을 자들이여 나아와 창세로부터 너희를

위하여 예비된 나라를 상속하라 35내가 주릴 때에 너희가 먹을 것을 주었고 목마를 때에 마시게 하였고 나그네 되었을 때에 영접하였고 36벗었을 때에 옷을 입혔고 병들었을 때에 돌아보았고 옥에 갇혔을 때에 와서 보았느니라 37이에 의인들이 대답하여 가로되 주여 우리가 어느 때에 주의 주리신 것을 보고 공궤하였으며 목마르신 것을 보고 마시게 하였나이까 38어느 때에 나그네 되신 것을 보고 영접하였으며 벗으신 것을 보고 옷 입혔나이까 39어느 때에 병드신 것이나 옥에 갇히신 것을 보고 가서 뵈었나이까 하리니 40임금이 대답하여 가라사대 내가 진실로 너희에게 이르노니 너희가 여기 내 형제 중에 지극히 작은 자 하나에게 한 것이 곧 내게 한 것이니라 하시고

기도

거룩하신 아버지 하나님, 저희들은 할 수만 있으면 우리를 높이고 자랑하고 싶어 하는 그런 존재들입니다. 그렇게 살아왔고 그렇게 살아온 습관이 우리 몸에 밴 존재들입니다. 그런 자들인데 주님이 언약 안에서 저희들을 불러 모으시고 복음으로 불러 모으시고 주의 자녀로 살아가게 하십니다. 여전히 세상 냄새가 나는 그런 존재들인데, 세상의 악한 냄새가 나는 존재들인데 주의 백성으로 부르시고 또 주의 몸인 교회에 연합시키셔서 날마다 저희들을 주의 몸인 교회의 한 지체로서 적응하고 살아가게 하시옵나이다. 기계적으로 강제적으로 적응하고 살게 하시는 것이 아니라 그리스도께서 본을 보이신 그 본을 좇아서 자원하는 믿음으로 살아가게 하시옵나이다. 주님은 이제 어떤 처지에 있는 자들이라

도 능히 힘 있게 하셔서 주의 나라의 천국에 침노하는 자로서 그렇게 살아가게 하시옵나이다. 그리고 그 모든 것을 다 했다 할지라도 주님께만 영광을 돌리고 살아가게 하시옵나이다. 저희들 그 은혜 안에 있는 존재들인데 호리라도 저희 개인의 영예와 저희들의 이름을 위해서 살아가지 않게 하옵시며 할 수만 있으면 주의 영광과 의를 위해서 주의 나라를 위해서 살아가게 하여 주시옵소서. 사단이 기괴한 소리로 우리를 미혹한다 할지라도 넘어지지 않게 하옵시며 또 불신자들을 통해서 우리의 마음을 긁는다 할지라도 거기에 현혹되는 일이 없게 하여 주시옵소서. 주님이 주신 희락과 기쁨은 너무도 커서 이제 저희들은 자원하지 않으면 견딜 수 없는 그런 심정이 있사옵나이다. 저희들 결코 하나님 나라의 일을 맡아서 할 때에 억지로 하거나 마지못해 책임을 받아서 하는 그런 일이 없게 하여 주시오며 자원해서 하나님 나라 일을 감당하고자 주의 직분을 사모하게 하옵시고 또 그 일을 다 했다 할지라도 주님께만 영광을 돌리게 하여 주시옵소서. 모든 걸 주께 의탁 드리옵고 감사드리며,

 우리 구주 예수 그리스도의 이름으로 기도 올리옵나이다. 아멘.

제 28 강

불의한 재판관에 대한 비유

누가복음 18:1-8

들어가는 말

　　오늘은 예수님께서 제자들에게 항상 기도하고 낙망치 말아야 할 것을 가르치시기 위해 비유하신 불의한 재판관에 대한 비유를 보도록 하겠습니다. 이 비유는 복음서 중에 누가복음에만 나옵니다. 주님께서는 당대의 제자들뿐만 아니라 오고 오는 모든 세대 가운데 나타날 주의 일꾼들까지 염두에 두고 이 불의한 재판관에 대한 비유를 하셨습니다. 오늘 본문의 8절에 보면 인자가 올 때에 세상에서 믿음을 보겠느냐 하는 말씀이 그것을 증거합니다. 그러니까 주님은 제자들이 주님의 다시 내림까지라도 쉼 없이 끈기 있게 기도해야 할 것을 가르치시는 말씀입니다. 그러면 먼저 본문 말씀을 제가 읽고 자세한 내용을 보겠습니다. 누가복음 18:1-8입니다.

　　¹항상 기도하고 낙망치 말아야 될 것을 저희에게 비유로 하여 ²가
　　라사대 어떤 도시에 하나님을 두려워 아니하고 사람을 무시하는

한 재판관이 있는데 ³그 도시에 한 과부가 있어 자주 그에게 가서 내 원수에 대한 나의 원한을 풀어 주소서 하되 ⁴그가 얼마 동안 듣지 아니하다가 후에 속으로 생각하되 내가 하나님을 두려워 아니하고 사람을 무시하나 ⁵이 과부가 나를 번거롭게 하니 내가 그 원한을 풀어 주리라 그렇지 않으면 늘 와서 나를 괴롭게 하리라 하였느니라 ⁶주께서 또 가라사대 불의한 재판관의 말한 것을 들으라 ⁷하물며 하나님께서 그 밤낮 부르짖는 택하신 자들의 원한을 풀어 주지 아니하시겠느냐 저희에게 오래 참으시겠느냐 ⁸내가 너희에게 이르노니 속히 그 원한을 풀어 주시리라 그러나 인자가 올 때에 세상에서 믿음을 보겠느냐 하시니라

이 비유가 베풀어진 시기와 대상

오늘 본문의 비유가 베풀어진 시기는 언제인가? 이 시기는 정확하게 알 수 없습니다. 누가복음의 기록 순서대로 보면 대강 베레아에서 예루살렘으로 오르는 시기 중에 하신 말씀으로 추정합니다. 누가는 바로 앞장 22-37절에서 주님의 재림에 관한 바리새인들의 질문에 대해 제자들에게 답변한 것을 기록하였습니다. 이 내용과 본문이 똑 떨어지게 연결되는 것 같지는 않지만 8절의 내용을 보면 인자의 재림이 있는 때와 상관이 있으므로 그런 내용의 말씀을 하신 후에 이 불의한 재판관에 대한 비유를 하신 것으로 생각합니다.

그리고 이 비유는 누구에게 하신 것인가 할 때 우선은 이제 곧 닥치게 될 구속사안에서의 위기적 상황을 앞두고 있는 제자들인 것이 확실합니다. 당시 제자들은 아직 연약하고 결핍이 많았습니다. 나름대로 그리스도 주 예수의 말씀을 따라 가족과 생업을 버려가며 열심히 좇아

오고 있지만 아직도 하나님 나라의 기둥들로서는 여러 면에서 부족하였습니다. 그리고 저들은 유대교의 직접적인 영향권 안에 있었습니다. 유대인들은 보통 하루에 세 번 기도를 하는데 그것이 하나님을 귀찮게 하지 않는 최소 한도였습니다(단 6장을 참조). 그리하여 주님은 주님의 제자들이 바로 그러한 부정적인 기도관에 영향을 받지 않고 내부적으로 방해하는 기도의 적들을 물리치고 인자의 날을 온전히 예비할 수 있도록 이 비유의 말씀을 하신 것입니다.

아까도 말씀드렸지만 이 비유는 당대의 제자들에게만 하신 것이 아닙니다. 인자의 재림의 때까지를 고려한 비유이므로 오고 오는 세대에 있어서 나타나게 될 주님의 제자들에게도 해당되는 말씀입니다. 인자의 재림을 소망하고 바라보는 자들이 어떤 자세를 가지고 기도를 쉼 없이 끈기 있게 하여야 하는가를 말씀하시는 것입니다.

비유의 내용

이제 예수님이 말씀하신 재판관에 대한 비유의 내용을 먼저 살펴보도록 하지요? 비유의 내용은 둘로 나뉩니다. 1–5절까지가 첫째이고 6–8절이 두 번째입니다. 두 번째의 내용은 불의한 재판관 비유에 대한 적용의 말씀입니다. 이제 첫째부터 보도록 하지요?

어떤 도시에 하나님을 두려워하지 않고 사람을 사람같이 대우하지 않는 한 재판관이 있었습니다. 그리고 그 도시에 또 과부 하나가 있었습니다. 그런데 그 과부는 그 재판관에게 늘 가서 내 원수에 대한 나의 원한을 좀 풀어주십시오 하는 강청을 하였습니다. 어느 시대 어느 나라든지 과부는 참 힘이 없는 존재입니다. 모세 율법에 보면 과부의 송사를 억울케 하는 자는 저주하신다(신 27:19; 시 68:5 참조)고 했는데 그만큼 과부들이 힘이 없는 위치에 있기 때문에 그런 보호 장치를 만드신 것이지요? 그러한 과부가 왜 그렇게 재판관을 찾아가서 강청을 했는지는 잘 알 수 없습니다. 혹 재판관이 과부 재판의 상대방에게 많은 뇌물을 받았는지 아니면 다른 이유에서 혹 돈 문제라든지 하는 것으로 그 과부의 소송을 접수하지 않았는지 알 수 없지만 어쨌든 그 일로 인하여 그 과부는 아주 애타는 심정을 가졌습니다. 과부는 참으로 약하고 약한 존재이지만 끊임없이 그 재판관에게 나아가 자기의 간절한 소원을 들어줄 것을 강청하였습니다. 그 과부의 끈질긴 강청함에 대해 불의한 재판관은 오랫동안 무시를 해 버렸습니다. 애써서 그 과부의 끈질긴 강청을 들은 척도 하지 않은 것이지요. 그러나 과부는 거기서 멈출 수 없었습니다. 너무도 억울하고 분하였기에 그리고 달리 뾰족한 방도가 없었으므로 그 담당 재판관에게 나아가 끊임없이 자기의 소원을 들어달라고 하며 번거롭게 하였습니다. 그 재판관은 과부에게 그렇게 끊임없이 성가심을 당하다가 생각하기를 '내가 하나님도 두려워하지 않고 사람도 무시하지만 과부가 나를 너무 성가시게 하니 못 견디겠다. 그 끈질긴 강청함을 인하여 그 원한을 풀어주어야 하겠다' 하고 그대로 하였습니다.

예수께서는 이제 본문의 두 번째로 이 불의한 재판관의 비유를 고려하시며 6-8절에서 제자들에게 적용의 말씀을 하십니다. "너희는 이 불의한 재판관의 하는 말을 들으라. 하나님께서 자기에게 밤낮으로 부르짖는 택한 백성의 원한을 풀어주시지 않고 오랫동안 그대로 두시겠느냐?" 나는 너희에게 말한다. "하나님께서는 속히 그대들의 원한을 풀어주실 것이다. 그러나 인자가 올 때에 세상에서 믿음을 보겠느냐?" 그러니까 이 적용의 요지는 불의한 재판관도 강청에 의해 그 소원을 들어주기도 하는데 하물며 하나님께서도 그가 친히 선택하신 백성들의 간절한 기도를 반드시 들어주신다는 것입니다. 그런데 여기서 문제는 그의 백성들이 인자의 재림까지 그 신실함을 끊임없이 유지해 가느냐 하는 것입니다.

누가복음 11:5-8과 비슷한 비유

이상의 비유의 내용은 단순히 적용적인 면을 보면 누가복음 11:5-8에 나오는 비유와 흡사합니다. 어떤 사람에게 밤중에 친구가 찾아왔는데 그 친구에게 먹일 것이 없으므로 다른 벗에게 가서 떡 세 덩이를 빌리고자 하되 아주 강청하여 그것으로 떡을 빌려 돌아가 집에 온 손님을 대접할 수 있게 되는 내용입니다. 그러면 기도에 대해 누가복음 11장과 같이 그렇게 끈질기게 강청해야만 하는 것을 반복해서 여기 본문에서 가르치시고자 하시는 것입니까? 물론 그런 면도 없지 않지만 분명히 다른 내용이 있습니다.

본 비유의 마지막 8절 하반절의 내용에 대해

그것은 무엇입니까? 그것은 8절 하반절의 말씀입니다. 8절 하반절이 결정적인 문제로서 차이가 있는 것입니다. 인자의 재림까지 그 신실함을 계속하여 나아가는 것이 다른 것입니다. 이 부분에 대해 학자마다 약간의 다른 견해를 주장합니다. 즉 8절 하반절은 누가가 추가한 것이다, 아니면 아예 6-8 전부가 누가에 의해 추가된 것이다, 혹은 이 부분들이 누가의 글체가 아니고 어느 문서에서 인용하여 만든 것으로 보기도 합니다.

그러나 예수께서는 이런 식의 가르침을 다른 곳에서도 하셨었습니다. 두 아들의 비유에서 그 증거를 찾을 수 있습니다. 주님의 이중적 적용의 가르침이 나타나는 것입니다. 그러니까 이 누가복음의 연결은 아주 자연스러운 것이고 본문 앞부분의 내용과도 연관성이 있는 것입니다.

주님이 이 비유를 가르치신 까닭

이제 주님께서 이 비유를 제자들에게 가르치신 까닭을 보도록 하지요? 기도에 있어서 제자들의 상태가 어떠했기에 이런 인자(人子)의 재림까지 끈질긴 기도를 해야 하는가에 대해 가르치시는 것입니까?

그동안 주님께서는 몸소 기도의 모습을 제자들에게 보이셨습니다(눅 6:12). 한적한 곳에 가셔서 기도하신다든지 밤이 맞도록 기도하시는 모습을 보이신 것입니다. 그리고 산상보훈에서는 기도에 대해 가르치셨습니다(마 6장). 기도의 동기와 자세 등에 대해 가르치셨습니다. 외식적인 기도 중언부언의 기도 등을 하지 말 것을 가르쳤지요? 그리고 기도에 대해 묻는 제자들에게 기도의 모범적인 방식인 주기도문을 가르쳐주셨습니다(눅 11:1- 참조). 그리고 좀 전에도 말씀드렸듯이 계속해서 강청의 기도를 드려야 할 것을 가르쳐 주셨습니다(눅 11:5-8). 이제 저들이 기도에 있어서 어떤 마음의 자세를 갖고 그 간절함을 얼마나 계속해야 하는가에 대해 가르치시고자 하시는 것입니다. 곧 닥치게 될 끊임없는 박해와 환난 가운데 쉬지 않고 자신들을 신원하여 주실 주님께 간절히 끈기 있게 기도하여야 할 것을 가르치시는 것입니다.

보통 사람들의 기도에 대한 자세와 방법

보통 사람들의 기도에 대한 자세와 방법은 어떠합니까? 사람은 무엇을 얻기 위해 얼마 동안 기도하다가 그것이 성취되지 않으면 아, 이것은 하나님의 뜻이 아닌가보다 하고 중도에 그만 두는 일이 많이 있습니다. 기도하기 전에 먼저 하나님의 뜻을 찾고 그에 따라 그 진행을 위해 간절히 그리고 끊임없이 기도하는 것이 아니라 먼저 자기의 필요가 생기면 그에 따라 당장 기도를 시작하고서 계속해서 기도해도 별 무반응인 것 같으면 이게 아닌가보다 하고 그만두는 경우가 태반입니다. 물론 개인의 욕구충족을 위해 끈질기게 기도하는 자들도 있기는 있습니다. 그러나 그것은 그것대로 따로 볼 것이고 대부분 기도할 때에 막연히 기도하거나 일방적으로 기도하고 마는 경우가 많이 있습니다.

제자들의 수준

당시 제자들의 생각도 거기서 크게 벗어나지 않는 위치에 있었습니다. 주님께서 다양하게 기도의 동기와 방법과 자세에 대해 가르쳐 오셨지만 저들의 기도에 대한 수준은 늘 저급한 가운데 있었습니다. 기도를 하되 상대적인 관점이 많았고 그로 말미암은 자기 우월감이 있었으며 삶과 직접적인 연관 지어 구체적으로 기도하는 일이 없었습니다. 우리가 다음 기회에 보겠지만 저들의 기도는 바리새인들이 하는 기도에서 크게 벗어나 있지 않았습니다.

이제 앞으로는 저들이 가르침 받은 대로 원수를 위해 기도를 하고 박해자들을 기억하여 기도하여야 하고 또 하나님 나라의 전진을 위해 중단 없이 기도해야 합니다. 그리고 그러한 기도를 하되 응답이 될 때까지 끊임없이 간절히 해야만 합니다. 그래야 하늘 하나님의 작정하심이 이 땅 위에 차서있게 이루어지는 것이고 장차 인자가 다시 오실 때 비로소 그 완성을 볼 것입니다.

그래서 저들이 확신을 가지고 낙심하지 말고 계속해서 하던 일을 계속할 수 있도록 가르치시고자 이 비유의 말씀을 내리시는 것입니다.

무엇이 기도를 간절하게 그리고 끊임없이 못하게 하나

그러면 여기서 우리는 부정적인 측면에서 그렇게 주의 제자들이 마땅히 해야 할 간절하고 끊임없는 기도를 방해하는가 하는 점에 대해 살펴보지 아니할 수 없습니다.

첫째는 주께서 우리의 억울함을 신원(伸寃)하여 주신다는 점이 희미할 때 기도를 간절하고 쉼 없이 하지 못합니다. 주님을 믿되 막연히 믿어서 주님이 자기와 직접적인 연관이 없는 분처럼 느껴져서 주를 믿는 믿음으로 말미암아 일상 닥치게 되는 어려운 일 가운데에서도 주님을 더욱 의뢰하고 바라는 태도를 견지하지 못하는 것입니다. 한 마디로 주님을 잘 알지 못해서 이런 일이 생기는 것입니다. 역대하 16:9을 보면 "여호와의 눈은 온 땅을 두루 감찰하사 전심으로 자기에게 향하는 자를 위하여 능력을 베푸시나니" 했는데 이를 믿지 못하니까 그런 기도를 못하는 것입니다. 실로 이는 자신이 주님의 뜻을 알고 행한다는 확신이 없어서 생기는 일이기도 합니다. 말씀을 들을 때에나 읽을 때에나 아니면 연구할 경우에라도 내가 반드시 주님의 뜻을 알아서 순복하여야 하겠다 하는 심정으로 하여야 그로 말미암는 간절함과 끈기가 생기는 것인데 그런 것이 없이 그저 무감각하게 종교생활을 하니까 기도를 해도 간절함과 끈질김이 나타나지 않는 것입니다. 우리가 주의 공의롭고 자비로운 뜻을 따라 살면 반드시 이 세상으로부터 억울함을 당하게 되어 있습니다. 주님의 남은 고난을 우리 육체에 채우는 일이 반드시 생기게 마련인 것입니다. 그러면 주님을 의지하여 간절히 그 피할 길을 찾기를 소원하고 바라는 것은 당연한 것입니다. 그런데 주님의 뜻을 알고도 행치 아니하려니까 다른 말로 해서 대강 세상과 육신과 타협해서 살려고 하니까 그로 말미암아 나타나는 억울함도 없고 안타까움도 없는 것입니다. 그러니 기도를 해도 형식이 되고 기도를 해도 그 응답하고는 상관이 없는 기도를 하고 마는 것입니다. 다시 말해서 욕심을 십자가에 못 박지 않고 그저 가지고 살면 이런 결과가 나오는 것입니다. 이런 때 사무엘의 기도 자세에 대해 기억하는 것이 매우 유익할 것입니다. 사무엘은 주의 뜻을 알고 주의 백성들을 위해 왕을 세우면서 이런 고백을 했습니다. 삼상 12:23-25입니다.

> 23나는 너희를 위하여 기도하기를 쉬는 죄를 여호와 앞에 결단코 범치 아니하고 선하고 의로운 도로 너희를 가르칠 것인즉 24너희는 여호와께서 너희를 위하여 행하신 그 큰 일을 생각하여 오직 그를 경외하며 너희의 마음을 다하여 진실히 섬기라 25만일 너희가 여전히 악을 행하면 너희와 너희 왕이 다 멸망하리라

둘째로 무엇이 우리의 간절하고 끊임없는 기도를 못하게 합니까? 그것은 낙심(落心)입니다. 주의 뜻을 알고 행하되 당장에 그 응답은 이루어지지 않고 계속해서 어려운 일이 닥치고 하니까 그만 견디지 못하고 낙심하는 것입니다. 환난이 우리의 영광이 되는 사실을 잊고 어려움 가운데 마음을 놓아버리니까 이런 일이 생기는 것입니다. 바울 사도는 환난에 대해 확고한 태도를 가지고 있었습니다. 그래서 자신들

이 당하는 일이 영광인줄 알고 낙심하지 않았습니다. 고린도후서 4:1-5:10에 잘 드러납니다.

우리가 보통 우리 자신이나 자신의 일에 매일 때에 낙심합니다. 진정으로 이웃과 하나님 나라를 위해 일할 때라면 이런 부정적인 일은 없습니다. 낙심은 육신의 열매이지 결코 거룩한 것이 되지 않습니다.

셋째, 우리가 끈질기게 계속해서 기도하지 못하는 이유는 또 무엇이 있겠습니까? 그것은 일의 분주함입니다. 주 안에서 스스로 자기의 인생 경영을 통제하며 받은바 은사를 바로 쓰려고 노력하여야 하는데 자기 일도 아닌 것에 분주하고 자기의 일이라도 과도하게 욕심이 들어가 분주하면 끈질기게 기도하지 못하는 것입니다. 우리는 기도를 해야 더 안정되고 완전한 삶으로 들어가게 된다는 사실을 알아야 합니다. 그래서 기도를 하지 못하게 하는 분주한 삶을 정리하고 끈질기게 기도하여야 할 것입니다.

주님은 우리의 기도를 들으시는 분이시다

이제 끈질기게 끊임없이 기도해야 할 긍정적인 측면을 보도록 하겠습니다.

첫째, 주님은 주의 제자들의 기도를 반드시 들으시는 분이십니다. 밤낮 부르짖는 택하신 자들의 원한을 풀어주시기 위해 제자들의 기도를 들으시는 분이십니다. 물론 무조건 자기의 욕구를 채우기 위해 간구하는 것에 대해서는 듣지 아니하십니다. 만왕의 왕이 되시고 만주의 주가 되시며 우리 신자들의 구속주가 되신 분이 당신의 백성인 우리의 기도를 들으시는 데에 더 이상 바랄 것이 무엇이겠습니까? 아무 신실함이 없는 불의한 재판관도 강청하는 자를 위해 마지못해 들어주는데 우리의 영생을 위해 구속의 경륜을 신실하게 약속하시고 이행하시고 완성하신 그 분이 우리의 간절한 기도를 듣지 아니하시겠습니까? 약속하신 아들을 보내시고 성신님으로 말미암아 우리를 매일 살펴보기를 원하시고 필요한 것으로 채우기를 바라시는 그 주님이 언약 안에서 끈기 있게 드리는 우리의 간구를 듣지 아니하시겠습니까? 시편 50:15입니다.

15환난 날에 나를 부르라 내가 너를 건지리니 네가 나를 영화롭게 하리로다

다윗이 시므이에게 저주의 말을 들을 때에도 이런 일에 대한 믿음을 가지고 기도를 하였습니다. 사무엘하 16:7-12입니다.

7시므이가 저주하는 가운데 이와 같이 말하니라 피를 흘린 자여 비루한 자여 가거라 가거라 **8**사울의 족속의 모든 피를 여호와께서 네게로 돌리셨도다 그 대신에 네가 왕이 되었으나 여호와께서 나라를 네 아들 압살롬의 손에 붙이셨도다 보라 너는 피를 흘린 자인 고로 화를 자취하였느니라 **9**스루야의 아들 아비새가 왕께 여짜오되 이 죽은 개가 어찌 내 주 왕을 저주하리이까 청컨대 나로 건너가서 저의 머리를 베게 하소서 **10**왕이 가로되 스루야의 아들들아 내가 너희와 무슨 상관이 있느냐 저가 저주하는 것은 여호와께서 저에게 다윗을 저주하라 하심이니 네가 어찌 그리하였느냐 할 자가 누구겠느냐 하고 **11**또 아비새와 모든 신복에게 이르되 내 몸에서 난 아들도 내 생명을 해하려 하거든 하물며 이 베냐민 사람이랴 여호와께서 저에게 명하신 것이니 저로 저주하게 버려두라 **12**혹시 여호와께서 나의 원통함을 감찰하시리니 오늘날 그 저주 까닭에

선으로 내게 갚아 주시리라 하고

다만 하나님께서 아직 때가 되지 않아 안 들으시는 것 같으나 사실은 우리의 기도를 다 들으시고 계신 것입니다. 계시록 6:9-11을 봅시다.

9다섯째 인을 떼실 때에 내가 보니 하나님의 말씀과 저희의 가진 증거를 인하여 죽임을 당한 영혼들이 제단 아래 있어 10큰 소리로 불러 가로되 거룩하고 참되신 대주재여 땅에 거하는 자들을 심판하여 우리 피를 신원하여 주지 아니하시기를 어느 때까지 하시려 나이까 하니 11각각 저희에게 흰 두루마기를 주시며 가라사대 아직 잠시 동안 쉬되 저희 동무 종들과 형제들도 자기처럼 죽임을 받아 그 수가 차기까지 하라 하시더라

그리고 둘째로 그 하나님은 불의한 자들을 속히 심판하신다는 것입니다. 현재적으로도 심판을 시행하시고 불의한 자들이 죽음을 통하여도 그 심판적 성격의 어떠함을 보이시며 그리고 장차 영원한 심판을 받을 수밖에 없도록 하십니다. 그러니까 하나님이 친히 그러한 자들을 심판하신다는 말씀입니다. 단순히 우리에 대한 불의한 자들의 복수적인 심판을 하시는 것은 아니고 불의를 심판하시고 공의로운 나라를 세우시기 위해 그 나라의 일에 가담한 자들의 억울한 고통을 다 들어주시는 것입니다. 계시록 22:7을 봅니다.

7보라 내가 속히 오리니 이 책의 예언의 말씀을 지키는 자가 복이 있으리라 하더라

나가는 말

말씀을 맺습니다.

오늘은 불의한 재판관의 비유에 대해 살펴보았습니다.

주님은 앞으로 주의 제자들이 닥치게 될 일들을 내다보시고서 저들이 어떤 상황 가운데에서라도 주의 백성으로 낙심하는 일이 없도록 그리고 주의 거룩한 일에 영광스럽게 가담하는 자로 계속해서 남도록 끈기 있게 기도하여야 할 이유와 목적을 제시하여주시는 것입니다. 일반적으로도 끈기 있는 태도가 그로 말미암는 결과물을 내놓는데 하물며 우리를 간섭하시고 지도하시는 주님을 더욱 간절히 끈기 있게 기도해야 하는 일이야 얼마나 선한 결과가 나오겠습니까? 주님의 약속을 바라보고 성신을 의지하여 주께서 경험케 하시는 일과 관련하여 우리 모두 더욱 끈기 있게 기도하고 나아가야 할 것입니다.

기도

거룩하신 아버지 하나님, 주님은 우리가 낙심하지 아니하고 또 형식적으로가 아닌 진심으로 끊임없이 기도할 수 있는 그런 에너지를 허락해 주셨습니다. 그리스도 안에서 그 에너지가 저희에게 왔고 저희들은 그 에너지를 힘으로 삼아서 주의 백성으로 힘 있게 살게 되었사옵나이다. 저희들 도무지 사람의 지혜로는 알 수 없고 받을 수 없는 그런 나라에 그리스도로 말미암아 속하게 되었사온즉 늘 주님께 필요한 소원을 가지고 주께 간청하여 기도를 드리게 하여 주시옵소서. 그저 형식적으로 주 앞에 모양만 꾸미다가 기도가 상납이 되든 상납이 되지 않든 신경을 쓰지 않고 지내며 인생을 망치는 일이 없게 하여 주시옵고 어떤 처지에서라도 마땅히 기도할 힘과 능력을 주셨사온즉 늘 주의 몸인 교회의 한 분자로서 바른 소원을 가지고 간절히 끊임없이 기도하고 살아가게 하여 주시옵소서. 주 앞에서 생명 있는 자들은 호흡으로 주님과 교통하며 주님의 영예를 높이게 되는 줄 아옵나이다. 주님과의 관계가 끝나면 저희들의 삶 전체가 다 무의미해지고 말 것입니다. 저희들이 아무리 열악한 환경에 있다 할지라도 주님만 바라고 살아갈 때, 때를 따라 주님께서 저희들에게 필요한 것들을 공궤하여 주실 줄 아옵나이다. 거룩하신 아버지 하나님, 저희들 진정 주의 몸인 교회의 한 분자로서 주께서 기뻐하시는 것들을 구하고 찾고 두드리게 하옵시고 주님께 월권적이 아닌 주의 나라의 전진을 위해서 주의 나라의 영광을 위해서 저희들이 힘쓰고 나아가게 하여 주옵소서. 그저 형식 속에서 자신의 자신됨을 드러내고 아무런 정서도 없이 기도하여서 하나님께서 '나는 너를 모른다.' 하는 그런 미련한 상태로 들어가는 자들이 없게 하여 주시옵고 늘 각성해서 깨어 기도하며 주 안에서 응답을 받아서 이 시대에 주께서 증험하여 내기를 원하는 일들에 귀하게 쓰임 받게 하여 주시옵소서. 모든 걸 주께 의탁 드리옵고 감사드리며,

우리 구주 예수 그리스도의 이름으로 기도 올리옵나이다. 아멘.

제 29 강

바리새인과 세리의 기도 비유

누가복음 18:9-14

들어가는 말

오늘은 바리새인과 세리의 기도 비유에 대해 보도록 하겠습니다. 자기를 스스로 의롭다고 여기고 다른 이들을 멸시하는 교만한 바리새인들에게 예수님은 이 비유를 하십니다. 그러니까 이것은 주께서 바리새인들 전체를 묶어서 말씀하시는 것이 아니고 정상한 기도를 하는 바리새인들은 제쳐놓고 말씀하시는 것이겠지요? 주님은 주님의 공생애 기간이 불과 1-2개월 남은 시점에서도 저들을 향해 쉬지 않고 자신들을 돌아볼 기회를 주십니다. 물론 그렇게 주님이 말씀으로 그렇게 저들 자신들을 돌아볼 수 있게 하셔도 저들 스스로 강퍅해진다면 더욱 대적하는 모습을 보일 것이고 궁극적으로는 심판에 대해 핑계치 못할 증거를 쌓는 꼴이 되고 말 것입니다. 그러면 먼저 본문 말씀을 읽고 자세한 내용을 보겠습니다. 누가복음 18:9-14입니다.

9또 자기를 의롭다고 믿고 다른 사람을 멸시하는 자들에게 이 비유로 말씀하시되 ¹⁰두 사람이 기도하러 성전에 올라가니 하나는 바리새인이요 하나는 세리라 ¹¹바리새인은 서서 따로 기도하여 가로되 하나님이여 나는 다른 사람들 곧 토색, 불의, 간음을 하는 자들과 같지 아니하고 이 세리와도 같지 아니함을 감사하나이다 ¹²나는 이레에 두 번씩 금식하고 또 소득의 십일조를 드리나이다 하고 ¹³세리는 멀리 서서 감히 눈을 들어 하늘을 우러러 보지도 못하고 다만 가슴을 치며 가로되 하나님이여 불쌍히 여기옵소서 나는 죄인이로소이다 하였느니라 ¹⁴내가 너희에게 이르노니 이 사람이 저보다 의롭다 하심을 받고 집에 내려갔느니라 무릇 자기를 높이는 자는 낮아지고 자기를 낮추는 자는 높아지리라 하시니라

누가가 이 기도에 대한 비유를 여기에 쓴 이유

그러면 누가가 이 기도에 대한 비유를 여기에 쓴 이유는 무엇인가? 누가는 전장에서 인자의 내림에 대해 바리새인들이 질문하는 것을 대답하시는 내용을 썼습니다. 그리고 오늘 본문 앞부분에서 인자의 내림 때에 과연 믿음이 있는 자를 볼 것인지를 밝혔습니다. 그리고 오늘 본문에서 그러한 인자의 도래로 하나님 나라가 왔을 때 과연 어떤 자들이 신실한 자들로 나타날 수 있는지에 대해 여기서 말합니다. 그러니까 실제로 어떤 자질을 갖춘 자들이 어떻게 그 도래한 인자의 나라에 들어가게 되는가에 대해 말씀하는 것입니다. 바리새인들처럼 상대적이고 혈통적인 의로써, 그리고 행위적인 의로써 그 나라에 들어가는 것이 아니라 하나님의 은혜로 자신을 낮추고 주님의 처분을 바라는 자라면 세리들이라도 그 나라에 들어간다는 것입니다.

비유가 베풀어진 시기와 그 대상

누가가 그런 의도로 기록한 이 비유는 언제 주님이 말씀하신 것인가? 지난주에 본 것과 같이 이것도 정확하게 언제 쓰였는지 알 수 있지 않습니다. 말씀이 베풀어진 때를 아는 것이 중요하다면 예수께서 분명 가르쳐주셨을 것인데 여기에는 그 시기가 언제인지 나오지 않습니다. 그렇다면 이 비유가 말하여진 시기가 언제인지를 아는 것보다 비유에서 말씀하고자 하는 내용이 더 중요하게 볼 포인트가 될 것입니다. 굳이 그 시기를 알고자 한다면 누가의 기록 순서로 보아 주님의 공생애 마지막 주간을 1-2개월 남겨둔 즈음이 아닌가 생각합니다.

그런 때쯤에 스스로 의롭다고 여기고서 다른 이들을 멸시하는 바리새인들에게 이 대조적인 기도에 대한 비유의 말씀을 하셨습니다. 다시 말해서 바리새인 모두를 포괄하여 이 비유에 담는 것은 아니고 그들 중 실질적으로 스스로 의롭다고 여기고서 남을 멸시하는 자들을 특징적으로 지목하여 이 말씀을 하시는 것입니다. 바리새인들 중에는 예외적으로 긍정적으로 볼 만한 자들도 있었지요? 니고데모나 아리마대 요셉 같은 인물들입니다. 그러나 대부분의 바리새인들의 주된 상태는 주님이 비유하신 부정적인 바리새인들과 같습니다.

비유의 구조와 내용

이제 이 비유의 구조와 내용을 보도록 하겠습니다. 이 비유는 두 부분으로 나눌 수 있지요? 첫째는 10-13절까지 두 사람의 기도의 대조적인 비교이고 둘째는 14절의 결론적인 말씀입니다.

비유의 첫째 부분의 내용부터 보겠습니다. 바리새파 한 사람과 세리 한 사람이 기도하려 성전에 올라갔습니다. 예루살렘이 언덕 위에 있었으므로 올라간다는 표현을 하는 것이고 또 높이 계신 주님 가까이 나아가는 일이 되므로 그렇게 올라간다고 한 것 같습니다. 일반적으로 경건한 유대인들은 하루에 세 번 그러니까 오전 9시, 그리고 12시, 오후 3시에 기도하러 성전에 올라가는데 그 시간 중에 하나가 되는 시간에 기도하러 성전에 올라간 것입니다.

그런데 바리새파 사람은 성전 가까이에서 한쪽으로는 멀리 선 세리를 의식하며 이렇게 기도를 하였습니다. "하나님, 나는 다른 사람들과 같이 욕심이 많거나 불의하거나 간음하는 사람이 아니며 또 이 세리와 같은 사람도 아닌 것을 감사합니다. 나는 한 주간에 두 번씩 금식하고 있으며 내가 얻은 것의 십일조를 드립니다."(국제 성경 주석 중에서) 그러니까 이 바리새인의 기도하는 말을 보면 아주 도덕적으로 상대적인 의에 대해 자부심을 품고 하는 것을 알 수 있습니다. 바리새인은 인간 존재로뿐만 아니라 그 인간의 행동양태에서도 상대적으로 뛰어난 의를 가지고 있다는 것을 자랑하는 것입니다. 존재적인 측면에서는 상대적으로 뛰어난 상태에 있게 된 것이 축복적 은혜라는 아부 섞인 자랑이요, 행위적인 측면에서는 하나님의 율법에 따라 혹은 그것을 넘어서서 (이레에 두 번 금식) 자기가 그것을 잘 수행하고 있다 하는 행위공로를 자랑하는 것입니다. 모세의 율법에는 공식적으로는 일 년에 한 번 속죄일에만 금식하도록 되어 있습니다(레 23:27; 민 29:7). 그런데 바리새인들은 장로들의 유전에 따라 이레에 두 번씩이나(월, 목) 금식을 하였습니다. 그리고 저들이 소득의 십일조를 한다고 하였는데 소산물의 십일조(신 12:17)만이 아니라 소득의 십일조도 드린다고 자기들의 종교적 열정을 드러내는 기도를 한 것입니다. 진정 이 바리새인은 영적 자만으로 배불러서 하나님께 더 구할 것이 없는 것처럼 포만감을 가지고 하나님께 감사(?) 기도를 하고 있습니다.

당시의 기록을 보면 이런 바리새인의 외식적인 기도가 예수님이 꾸며낸 이야기가 아니라 실제적으로 있는 이야기라는 것을 알 수 있습니다. 이와 유사한 기도가 탈무드에도 나오는 것입니다. 주후 70년경에 살았던 랍비 네드훈야(R. 네후니아) 벤 하 카나의 기도입니다(샤이먼 키스트메이커, 예수님의 비유 중에서).

오, 주 나의 하나님이시여.
주께서 나의 생업을 배우는 집(베이트 하 미드라쉬)에 앉아 있는 자들과 함께 하게(기업을 얻게) 하시고,
거리 모퉁이에 앉아 있는 자들과 함께 하지 않게 하심에 대하여 감사하나이다.

나도 일찍 일어나고 저들도 일찍 일어납니다.
그러나 나는 토라(율법)의 말씀을 위해 일찍 일어나지만,
저들은 천박한 이야기를 지껄이기 위해 일찍 일어납니다.

나도 일하고 저들도 일합니다.
그러나 나는 일하고 상을 받지만 저들은 일해도 상을 받지 못합니다(바람을 잡는 것과 같습니다).

나도 달음질하고 저들도 달음질합니다.
그러나 나는 미래의 영원한 생명을 위해 달려가지만 저들은 파멸의 웅덩이를 향해 달려갑니다.

실로 당시 랍비들은 매일 기도 시간에 자신이 이방인으로 나지 않은 것에 대해 그리고 하층민으로 나지 않은 것에 대해 그리고 여자로 나지 않은 것에 대해 감사하였다고 합니다. 그러나 하나님께 도움을 구해야 하는 수단을 가지고 교만한 자아도취에 빠져 자기의 존재나 그 행동에 대해 자랑한다면 이는 기도의 본의도 모르고 하나님의 권위 또한 무시하는 참으로 악한 것입니다.

그리고 세리는 성전 멀찍이 서서 감히 하늘을 우러러 볼 생각도 못하고 가슴을 치며 이렇게 기도하였습니다. "오, 하나님, 이 죄인에게 자비를 베풀어 주옵소서" 당시 세리는 감히 도처에 있는 회당에 들어갈 엄두도 못내었습니다. 대다수의 세리들이 동족의 재산을 갈취하였기 때문입니다. 물론 여기의 세리도 한편으로는 동족의 재산을 갈취하고 한편으로는 종교심을 발휘하여 이렇게 모양새를 갖추는 것은 아닙니다. 어찌할 수 없는 상황에서 세리의 일이라도 하게 됐지만 하나님의 백성으로 하나님을 높이고 또한 그 앞에서 자기 성찰을 하고자 하는 것입니다. 어쨌든 그래서 그 세리는 자기가 기도할 자리를 찾았겠지요? 성전 안은 고사하고 성전 바깥뜰 한편 구석 어디쯤 될 것입니다. 거기서 기도를 하는데 감히 하늘을 우러러 볼 생각조차도 갖지 않았습니다. 보통 유대인들이 서서 하늘을 바라보며 손을 들고 기도하는데 이 세리는 자신의 죄에 대한 통회와 뉘우침의 자연스런 표현으로 그런 자세를 가지고 기도한 것입니다. 물론 결과적으로 보자면 이 세리가 내면적으로 주의 말씀에 효과적인 부르심을 받고서 자기 죄의 심각함을 알고 하나님의 진노가 주의 자비로 사그라지기를 바라며 이런 진정한 기도를 한 것이겠지요? 그런데 그저 기도의 내용의 양이나 표현 방식으로만 보자면 이 세리의 기도는 참으로 빈약한 것 같고 그저 두루뭉술 묶어서 하나님의 처분만을 바라는 것 같습니다. 바리새인의 청산

유수(?)와 같은 기도와 너무도 대조가 되는 기도이지요? 그러나 이 세리의 기도는 공의로우신 하나님과 용서하시는 하나님에 대한 인식이 있고 그리고 철저하게 자신은 부패한 존재라는 각성이 있으며 또한 그 죄를 처리하기 위해 하나님의 자비만이 유일하다는 관점이 있었습니다 (시 51:1 참조). 그래서 그에 대한 응답을 바라고 이런 자기 부인의 기도를 하나님께 드린 것입니다. 세리의 이런 기도는 시편 51편의 기도를 기억하게 합니다.

> 1하나님이여 주의 인자를 좇아 나를 긍휼히 여기시며 주의 많은 자비를 좇아 내 죄과를 도말하소서 2나의 죄악을 말갛게 씻기시며 나의 죄를 깨끗이 제하소서 3대저 나는 내 죄과를 아오니 내 죄가 항상 내 앞에 있나이다 4내가 주께만 범죄하여 주의 목전에 악을 행하였사오니 주께서 말씀하실 때에 의로우시다 하고 판단하실 때에 순전하시다 하리이다 5내가 죄악 중에 출생하였음이여 모친이 죄 중에 나를 잉태하였나이다 6중심에 진실함을 주께서 원하시오니 내 속에 지혜를 알게 하시리이다 7우슬초로 나를 정결케 하소서 내가 정하리이다 나를 씻기소서 내가 눈보다 희리이다 8나로 즐겁고 기쁜 소리를 듣게 하사 주께서 꺾으신 뼈로 즐거워하게 하소서 9주의 얼굴을 내 죄에서 돌이키시고 내 모든 죄악을 도말하소서 10하나님이여 내 속에 정한 마음을 창조하시고 내 안에 정직한 영을 새롭게 하소서 11나를 주 앞에서 쫓아내지 마시며 주의 성신을 내게서 거두지 마소서 12주의 구원의 즐거움을 내게 회복시키시고 자원하는 심령을 주사 나를 붙드소서 13그러하면 내가 범죄자에게 주의 도를 가르치리니 죄인들이 주께 돌아오리이다 14하나님이여 나의 구원의 하나님이여 피 흘린 죄에서 나를 건지소서 내 혀가 주의 의

를 높이 노래하리이다 15주여 내 입술을 열어 주소서 내 입이 주를 찬송하여 전파하리이다 16주는 제사를 즐겨 아니하시나니 그렇지 않으면 내가 드렸을 것이라 주는 번제를 기뻐 아니하시나이다 17하나님의 구하시는 제사는 상한 심령이라 하나님이여 상하고 통회하는 마음을 주께서 멸시치 아니하시리이다

이제 비유의 두 번째 부분을 보지요? 예수께서는 이제 그들의 기도에 대한 응답으로 본 비유의 결론적인 말씀을 14절에서 하십니다. "내가 너희에게 이르노니 이 세리가 저 바리새인보다 하나님 앞에 의롭다 하심을 받고 집으로 돌아갔느니라." 이 결론적인 말씀은 상좌에 대한 비유에서 결론으로 말씀하신 내용과 동일합니다. "무릇 자기를 높이는 자는 낮아지고 자기를 낮추는 자는 높아지리라(눅 14:11)." 주님의 이런 선언은 상대적인 것이 아닙니다. 절대적인 것이지요? 다시 말해서 어떤 이가 조금 더 의롭고 어떤 이가 조금 덜 의롭고 한 것이 아닙니다. 하나님의 긍휼을 의지한 세리는 완전한 의인으로 용납이 된 것이고 자기 존재나 행위를 의지한 바리새인은 완전하게 죄인의 심판을 받는다 하는 것입니다.

기도에 대해서

여기서 우리는 통상적인 기도에 대해서 잠깐 생각해야 할 것입니다. 통상적으로 기도는 하나님께 나아가는 일로서 구원받은 인간이 취할 수 있는 모든 자세로 드리는 예배의 한 모습입니다. 말씀과 성신으로 거듭난 주의 백성들은 기도를 통하여 하나님을 숭배하고 하나님 앞에 신앙고백을 하며 하나님을 찬양도 하고 하나님께 영광도 돌리며 하

나님의 도우심을 바라기도 하는 것입니다. 그리스도의 말씀과 성신의 능력으로 죄와 사망으로부터 해방이 되어 하나님의 아들로 인정이 되고 그리스도의 몸 된 교회아로서 살아가게 되었으므로 그리스도를 의지하여 하나님과 그의 구원 사역을 높이며 찬양하며 그의 지속적인 인도하심과 가르치심을 바라는 것입니다.

세리와 같은 자들의 기도

그러니까 여기 비유에 나타난 세리의 기도를 보자면 그의 기도 형식에는 우리가 지금 방금 살펴본 완전한 예배의 한 모습을 모두 갖추고 있지 않은 것 같지만 그 내면적인 자세를 보면 완전한 예배의 한 모습이 될 것입니다. 그의 고백에는 하나님은 공의로우신 분이시고 심판을 거행하시는 분이시지만 또한 용서를 베푸시는 분이시라는 전제(前提)가 들어있습니다. 그리고 그 분의 자비 안에 진정한 안위와 자유와 기쁨이 있다는 것을 함의(含意)하고 있습니다. 비록 그의 기도에서 교회아로서의 그의 기도 내용이 나타나고 있지 않지만 그것은 아직 그 내용에 대해서는 잘 모르고 혹은 주님께서 이 비유에서 강조하고자 하시는 점에서 빠져 있는 것이고 만약에 몰랐다면 조금 더 올라서서 이 세리가 반드시 기도하게 될 내용일 것입니다.

불의한 자들의 기도

우리가 방금 전에 보았듯이 불의하고 구원받지 못한 자들이라도 이 비유에 나타난 바리새인의 기도와 같이 기도의 다양한 형태를 취하고 여러 가지를 구하는 기도를 할 수 있지만 그것은 결코 하나님께 열납이 되는 기도로 올라가지 못하는 것입니다. 그러한 자들의 기도는 나름대로 어떤 형식을 취하고 종교 용어도 사용하지만 그저 암중모색을 하는 것과 같고 오리무중 가운데 닥치는 대로 무엇을 붙잡고자 하는 것에 불과한 것입니다. 거기에는 진정한 기쁨이나 평안이 없고 자유도 없습니다. 그런 기도를 드리는 자들은 육신적으로 두려움을 물리치고 그저 짐승과 같이 배부르기를 바라며 그리고 다른 사람들 위에 군림하려는 정욕만 가득하기 때문입니다. 때때로 저들은 나라와 국민을 위해 그리고 자기의 혈통을 위해 상대적인 의를 행하고 그것을 구하기도 하지만 그것은 주님의 뜻과는 상관이 없이 되는 일입니다. 그리고 혹 기독교로 그저 포장만 된 자들이 열심히 기도하는 일도 있지만 그들의 기도에는 바리새인들의 그것과 같이 주님의 자비로운 용서를 바라는 진실 된 겸손함이 없고 또한 간절한 회개도 없습니다. 이 비유에 나오는 바리새인의 기도와 같이 교만한 자랑과 허세만이 가득합니다. 그러니까 기도의 동기와 목적에 있어서 주의 뜻이 빠져 있고 야상만 가득하여 주님께 영광을 돌림이 전혀 나타나지 않습니다. 물론 그런 자들의 기도에 입술로 회개를 하는 것도 있고 영광도 돌리고 감사도 합니다만 그저 종교 형식으로만 그러한 종교 용어를 나열하고 지나갈 뿐입니다. 이들은 배부른 가운데 간절함과 끈기도 없는 기도를 드리므로 주님의 응답도 크게 기대하지 않습니다.

주님의 평가

그래서 주님은 그런 자들의 기도 내용이나 그 형식을 간파하시고 그에 대해 경고하시는 말씀을 하시는 것입니다. 이는 하나님 나라 안에서 주의 백성들이 어떤 기도를 드려야 하는가를 또한 역으로 깨우치시는 것입니다. 주님의 주권적이고 신실한 구원을 알고 자기의 죄 된 상태와 그로 말미암는 한계를 알고 겸손하게 주님의 도우심을 구하는 기도를 드려야 함을 가르치시는 것입니다. 비록 당대에 겉으로 보기에는 로마에 협조를 하고 자기 민족을 착취하는 듯하여 더 이상 볼 것이 없이 매국노와 같은 위치에서 살았지만 그의 고백에 대한 응답과 같이 하나님이 보시기에 진정으로 하나님 앞에 높임을 받는 자가 되어야 할 것을 보이시는 것입니다.

우리가 알아야 할 것

여기서 우리가 알아야 할 것이 무엇인지에 대해 상고하도록 합시다. 우리가 바리새주의에 대해 공부해서 아는 바이지만 원래 바리새주의가 잘못됐던 것은 아니지요? 다신을 믿는 이교적인 헬레니즘 문화의 침해에 반대하여 유일신 하나님에 대한 경건성을 유지하는 구별된 무리를 이루어보자는 것이 그들의 주장이었습니다. 그리고 이전에 포로가 된 일을 생각하며 그들의 경건성을 지켜가려면 어떻게든지 율법을 충실히 지켜가야 한다고 생각했습니다. 그리하여 그들의 과업은 율법의 가르침을 상세한 부분에까지 정통하려고 하는 것이고 그의 후예들이 그 율법을 잘 수행하여 하나님께 충성스러운 사람이 되도록 하는 것이었습니다. 그러나 그들의 그러한 추구는 정치적인 변화 가운데 분열이 되었습니다. 크게는 현실 정치 안에서 타협을 해 가는 자들과 아예 현실을 떠나 종말적 구원을 바라는 자들로 나뉘었습니다. 세분하면 현실과 타협하는 자들 가운데에는 아예 정치적인 해방을 추구하는 자들과 그저 종교적 지위를 누리면서 자기들의 이익을 추구하는 자들이 있었습니다. 어쨌든 저들은 율법의 모든 측면에 대한 개인적인 수행을 표방하여 조목조목 유전을 만들어 후대에 전하였습니다.

바리새인들은 기도에 대해서도 수없이 많은 규정들을 만들었습니다. 회당 예배에서의 기도 규례나 생활에서의 기도 규례들이 수없이 많은 것입니다. 예를 들면 그들은 회당에서 예배를 끝낼 때마다 그들의 고대 아람어 기도인 콰다쉬(성화)를 암송했습니다. "그의 뜻에 따라 그의 창조한 세계에서 그의 위대한 이름이 높임을 받고 거룩히 여김을 받을지어다. 그가 그의 나라를 너희의 평생에, 너희의 날에, 이스라엘 온 집의 평생에 속히 임하도록 하시기를 원하노라. 이 말에 너희는 아멘할지어다." 참으로 대단한 기도문입니다. 그런데 문제는 그런 기도 규정을 수행하기 전에 하나님 앞에서의 자신의 참상을 볼 수 있도록 하고 하나님의 약속을 바라고 겸손하게 기도하도록 하여야 하는데 그런 것은 없고 기도의 형식만 남은 것이 문제였습니다.

사실 주님께서도 저들의 기도 방법, 그리고 기도하는 장소 등을 가지고 지적하신 적이 없으십니다. 주님은 기도에 있어서 저들의 외식적인 면을 아시고 그들의 잘못을 지적하신 것입니다.

외식에는 세 가지가 있지요? 자기가 악하다는 것을 알지만 선을 위장하는 것이 그 첫째입니다(마 22:15-18). 이 외식자는 자신이 남을 속이고 있다는 것을 아는 자입니다. 그리고 스스로의 행위에 도취가 되어 자칭 경건자로 내세우는 자가 둘째입니다(마 7:1-5). 이 사람은 남을 속이는 배짱이 없습니다. 셋째는 자신이 의롭다고 스스로 속고 겉으로 보기에 선하게 보이는 그 행위를 보는 다른 이들도 속이는 것입니다. 바리새인들의 이런 외식적 기도에 대해 주님은 이렇게 지적하셨지요? 마태복음 6:5입니다.

⁵또 너희가 기도할 때에 외식하는 자와 같이 되지 말라 저희는 사

람에게 보이려고 회당과 큰 거리 어귀에 서서 기도하기를 좋아하느니라 내가 진실로 너희에게 이르노니 저희는 자기 상을 이미 받았느니라

사람에게 보이기 위해 기도하는 것에 대해 주님께서 지적하신 것입니다.

여러 가지 이유로 하나님과 정상한 교류를 하지 못하는 자가 종교적인 허울을 입은 가운데 세월이 지나가게 되면 자꾸 자신을 꾸미게 되어 있습니다. 내면은 전혀 변화가 없이 겉으로는 자꾸 선으로 위장을 하는 것이지요. 특히 개혁을 표방하고 진리를 보수하고자 하는 조직 속에 들어와서 행동하게 될 때에는 더욱 교묘하게 그 의를 포장하는 것입니다. 그런 자들이 기도를 하면 자기의 더러운 의를 과시하기에 바쁘고 자기의 행위를 자랑하기 위해 게거품을 뿜는 것입니다. 우리는 이런 것들을 잘 분별하여야 할 것입니다. 그리고 우리에게도 이렇게 사람에게 보이려는 부정적 기도의 영향을 받은 것이 없는가 살펴보고 반성하는 일이 아주 중요한 것입니다. 하나님과의 은혜의 교통의 수단이 되는 것을 가지고 자기 존재와 그 행위를 과시하는 일은 아주 악한 것입니다. 이러한 악인은 주님이 반드시 심판하시는 것입니다(시 147:6).

오히려 우리는 하나님 앞에 설 때에 함부로 입을 열지 않도록 하여야 할 것이고 급한 마음으로 말을 내지 않아야 할 것입니다. 전도서 5:1-3을 보도록 하지요?

> ¹너는 하나님의 전에 들어갈 때에 네 발을 삼갈지어다 가까이 하여 말씀을 듣는 것이 우매자의 제사드리는 것보다 나으니 저희는 악을 행하면서도 깨닫지 못함이니라 ²너는 하나님 앞에서 함부로 입을

열지 말며 급한 마음으로 말을 내지 말라 하나님은 하늘에 계시고 너는 땅에 있음이니라 그런즉 마땅히 말을 적게 할 것이라 ³일이 많으면 꿈이 생기고 말이 많으면 우매자의 소리가 나타나느니라

과연 주님은 겸손한 자의 소원을 들어주십니다(시 10:17). 그리고 겸손한 자와 함께 하시고 그들을 부흥시키십니다. 이사야 57:15입니다.

¹⁵지존 무상하며 영원히 거하며 거룩하다 이름하는 자가 이같이 말씀하시되 내가 높고 거룩한 곳에 거하며 또한 통회하고 마음이 겸손한 자와 함께 거하나니 이는 겸손한 자의 영을 소성케 하며 통회하는 자의 마음을 소성케 하려 함이라

그리고 주님은 겸손한 자에게 은혜를 주시고(잠 3:34; 약 4:6) 그들에게 먹을 것을 주시고(시 22:26) 그들을 아름다운 구원의 길로 인도하십니다(욥 22:29; 시 149:4). 그러니까 철저하게 세리와 같이 하나님의 긍휼을 바라는 위치에서 벗어나지 않도록 하여야 할 것이고 조금 무엇을 하는 것에서 자기 의를 가질 것이 아니고 자랑하는 자는 주안에서 자랑하라 하신 것처럼 최종적으로 주님을 높이는 일로 모든 일이 마무리가 되어야 할 것입니다.

나가는 말

말씀을 맺습니다.
오늘은 바리새인과 세리의 기도 비유에 대해 살펴보았습니다. 시공을 초월하여 불의하면서 선한 것을 위장하여 기도하는 자들은 이 말씀

에 주의를 하여야 할 것입니다. 모든 것을 주께로부터 다 받아 누리고 살면서 받지 않고 스스로 재능이 있어서 된 것처럼 자기를 위장하고 자기를 자랑하면 그 결국은 하나님의 낮추심으로 불쌍하게 될 것입니다. 그리고 하나님의 말씀에 따라 시대를 통찰하고 정상한 개혁을 한다고 하더라도 거기에 상대적 자기 우위와 자기 행위에 대한 공로가 조금이라도 들어있게 된다면 마침내는 주님이 인정하지 않는 심판을 받을 수밖에 없습니다. 인자의 다시 오마 약속하신 시기가 언제 될지 모르지만 우리가 항상 그 나라에 부합한 자로 기도 생활을 하고 있는지 말씀과 성신님으로 자세히 살펴볼 일입니다. 그 선한 결과는 주께서 반드시 내실 것입니다. 시편 10:17-18을 읽고 강설을 마치겠습니다.

> 17여호와여 주는 겸손한 자의 소원을 들으셨으니 저희 마음을 예비 하시며 귀를 기울여 들으시고 18고아와 압박당하는 자를 위하여 심 판하사 세상에 속한 자로 다시는 위협지 못하게 하시리이다

기도

거룩하신 아버지 하나님, 저희들이 아담 안에서 태어난 자로서 원죄와 자범죄를 온 몸으로 둘러쓰고 있는 자들이온대 주님이 저희들을 긍휼히 여겨 주셔서 둘째 아담 되신 그리스도 안에서 새롭게 하시고 이제는 목욕한 자로 날마다 발을 서로 씻기며 살아갈 수 있게 하셨사오니 감사를 드립니다. 우리 스스로 우리를 씻을 수 있는 것처럼 우리가 하나님 앞에 나아갈 때 우리는 위선자로 나타날 수밖에 없사옵나이다. 저희들 결코 하나님이 은혜의 방도로 주신 것을 가지고 우리를 자랑하

는 수단으로 쓰는 일이 없게 하여 주시옵소서. 주께서 최종적인 목표로 제시하신 것이 있사옵는대 그 최종적인 목표 자리에 우리 자신을 놓고 영광을 받는 일이 없게 하여 주시옵소서. 저희들 주 앞에 함부로 입을 열지 않게 하옵시고 주 앞에 잠잠히 참아 자신을 살피면서 주님의 긍휼을 바라는 자들이 다 되게 하여 주시옵소서. 주께서 주신 것을 가지고 주의 영광을 취할 뿐만 아니라 형제들 위에 군림한다면 저희들은 심각한 저주를 피할 수 없사옵나이다. 거룩하신 아버지 하나님이시여, 주님이 낮아지셔서 형제 사랑의 모범을 보여 주셨사온즉 그리고 또 기도의 참모습을 겟세마네 동산에서 우리에게 보여 주셨사옵는데 주님의 그 모범을 좇아서 저희들이 믿음으로 잘 살아서 하나님께는 영광이 되게 하옵시고 이웃에게는 큰 유익이 되게 하여 주시옵소서. 모든 걸 주께 의탁 드리옵고 감사드리며,

우리 구주 예수 그리스도의 이름으로 기도 올리옵나이다. 아멘.

제 30 강

자비로운 포도원 주인 비유

마태복음 20:1-16

들어가는 말

오늘은 자비로운 포도원 주인 비유에 대해 보도록 하겠습니다. 이 비유는 포도원 품꾼 비유로 널리 알려져 있고 또 그렇게 불러도 별무리가 없어 보이는데 그렇지만 그것보다는 자비로우시고 은혜로우신 하나님 아버지의 의로움이 강조되어 드러내는 비유이므로 자비로운 포도원 주인 비유라 함이 적당하지 않은가 합니다(요아킴 예레미야스는 선한 고용주에 대한 비유라 했다). 타락한 인간들의 관점은 어떤 부분에서든지 상대적이지만 주님 나라에서는 그렇지 않다 하는 것을 분명하게 보이시는 비유입니다. 물론 주님은 이 비유로써 먼저 부름을 받았다고 생각하고 자기의 상대적 의를 가진 유명짜한 자들의 불의를 드러내시고 오히려 연약하여도 주님의 주권적 은혜에 반응하고 주님의 자비를 의지하고 나아오는 자들에게 공평하고 합당한 구원으로 함께 하심을 확연히 나타내고 계십니다. 그러니까 주의 제자들은 이런 말씀을 듣고 주의 의도에 따라 또 한 걸음 힘 있게 전진하는 모습을 보여야 할 것입니다. 그러면 먼저 본문 말씀을 제가 읽고 자세한 내용을 보겠습니다. 마태복음 20:1-16입니다.

1천국은 마치 품꾼을 얻어 포도원에 들여 보내려고 이른 아침에 나간 집주인과 같으니 2저가 하루 한 데나리온씩 품꾼들과 약속하여 포도원에 들여 보내고 3또 제 삼 시에 나가 보니 장터에 놀고 섰는 사람들이 또 있는지라 4저희에게 이르되 너희도 포도원에 들어가라 내가 너희에게 상당하게 주리라 하니 저희가 가고 5제 육 시와 제 구 시에 또 나가 그와 같이 하고 6제 십일 시에도 나가 보니 섰는 사람들이 또 있는지라 7가로되 너희는 어찌하여 종일토록 놀고 여기 섰느뇨 가로되 우리를 품꾼으로 쓰는 이가 없음이니이다 가로되 너희도 포도원에 들어가라 하니라 8저물매 포도원 주인이 청지기에게 이르되 품꾼들을 불러 나중 온 자로부터 시작하여 먼저 온 자까지 삯을 주라 하니 9제 십일 시에 온 자들이 와서 한 데나리온씩을 받거늘 10먼저 온 자들이 와서 더 받을 줄 알았더니 저희도 한 데나리온씩 받은지라 11받은 후 집주인을 원망하여 가로되 12나중 온 이 사람들은 한 시간만 일하였거늘 저희를 종일 수고와 더위를 견딘 우리와 같게 하였나이다 13주인이 그 중의 한 사람에게 대답하여 가로되 친구여 내가 네게 잘못한 것이 없노라 네가 나와 한 데나리온의 약속을 하지 아니하였느냐 14네 것이나 가지고 가라 나중 온 이 사람에게 너와 같이 주는 것이 내 뜻이니라 15내 것을 가지고 내 뜻대로 할 것이 아니냐 내가 선하므로 네가 악하게 보느냐 16이와 같이 나중 된 자로서 먼저 되고 먼저 된 자로서 나중 되리라

당시 팔레스틴에 사는 사람이라면 알만한 비유

이 비유는 당시 팔레스틴에 사는 사람이라면 누구나 잘 알 수 있는 것입니다. 주님은 팔레스틴의 포도원을 상기시키고서 그 포도원을 중심으로 농사를 짓는 가운데 발생할 수 있음직한 내용을 가지고 영적 교훈을 하시는 것입니다. 팔레스틴에서는 대개 9월 중에 포도 수확을 하는데 그때의 상황이 연상이 되는 것이고 그것으로 제자들에게 하나님 나라의 원칙을 가르치시는 것입니다.

이 비유를 하신 배경과 목적

그러면 이 비유를 하신 배경과 목적에 대해 보도록 하지요? 이 자비로우신 포도원 주인 비유는 마태복음의 문맥으로 볼 때에 주님이 마태복음 19:23-30에서 부자청년의 영생에 대한 질문에 대해 천국의 상급에 대한 설명의 말씀을 하시고 나서 베드로가 '그런즉 우리가 무엇을 얻으리이까?'라고 하는 질문에 대해 본질적인 보장에 대해 말씀을 하셨고 마지막으로 묘한 명제적인 말씀을 하셨습니다. 그리고 그에 대한 예화와 같이 비교적 부드럽게 경계를 주도록 의도하셔서 베푸신 비유입니다.

베드로는 이제까지 자기 가족과 자기 소유와 자기 생업을 팽개치고 주님을 따르는 터이고 일찍이 주님의 인도를 받아온지라 자기 나름대로 주님께로부터 오는 어떤 큰 상급을 기대하고 있었는지 모릅니다(막 10:35).

제자들의 그런 상태를 직시하시고 계신 주님께서는 이 자비로운 포도원 주인 비유에서 저들이 먼저 부름을 받은 자라 할지라도 더 큰 수

고의 대가로 구원과 상급을 받는다고 생각할 것이 아니라고 하셨습니다. 그리고 오히려 사람 가운데 약하게 뵈고 천하게 보이는 나중된 자가 먼저 하나님의 주권적 은혜를 받아 주님 나라에서 인정이 될 것을 말씀하셨습니다. 그러니까 주님의 나라는 이 세상 나라가 아니므로 행위의 대가로서가 아닌 주님의 선물로서의 구원을 받아 누리는 것이 중요하고 이미 주님의 선택적 은혜를 받은 자라도 계속되는 주님의 지속적 은혜를 끝까지 유지하는 것이 중요하다는 것입니다. 결코 주를 따르는 자기의 행위에 대해 큰 의미를 부여하여 높은 마음을 품지 말아야 하고 하나님의 주권적이고 선하신 뜻에 대해 계속해서 의지하여야 할 것을 이 비유로써 가르치시는 것입니다.

비유의 내용

이제 이 비유의 내용을 자세히 보도록 하겠습니다.

팔레스틴에서는 보통 9월에 포도를 수확한다고 합니다. 포도가 익기 시작하면 3-4일 안에 빨리 수확하여야 합니다. 이 포도를 수확하기 위해 포도원 주인은 일꾼을 부르러 이른 아침 일찍 장터로 나아갑니다. 장터에 가면 일자리를 찾는 사람들이 한데 모여 인력시장을 형성하고 있기 때문입니다. 요새 이천에서 보면 인력 회사 앞에 아침 5-6시부터 진 친 사람들을 데려다가 일을 시키지요? 대개 그런 식입니다. 그런데 당시 유대인들은 일반적으로 9월 즈음에 품꾼을 쓸 때 아침 6시에서부터 시작하여 쉬는 시간 빼고 약 10시간 노동을 시켰다고 합니다. 그러니까 포도원 주인은 그 보다 이른 아침 일찍 장터로 나아가 필요한 품꾼을 선택하여 데리고 오는 것입니다. 그 장터로 나간 포도원 주인은 적정한 노임인 하루 1 데나리온을 약속하여 품꾼들을 데리고 와서 포도원에 들여보내 일하도록 하였습니다.

그러다가 주인은 3시에도 장터로 나아가 보았습니다. 3시는 아침 9시를 가리키는 것이지요? 그런데 그 시간에도 놀고 있는 사람이 보였습니다. 포도원 주인은 저들이 딱하여서 그들에게도 일할 기회를 주고 정확하게 얼마라고 약속은 하지 않았지만 얼마간의 공정한 노임을 약속하고 포도원으로 들여보냈습니다. 그리고 주인이 6시(정오)와 9시(오후 3시)에도 장터로 나가보니까 아직도 일꾼으로 쓰이지를 못하여 놀고 있는 사람이 있어서 저들도 데려다가 포도원으로 들어가게 했고 거기서 일하도록 하였습니다. 포도원 주인이 그들에게 정확하게 얼마를 주겠노라고 약속은 아니 했겠지만 공정한 노임을 보장하고서 그리하였을 것입니다. 그리고 11시(오후 5시)에도 나가보니 아직도 쓰는 사람이 없어 놀고 있는 사람들이 있어서 그들에게 '너희는 어찌하여 종일토록 놀고 여기 섰느뇨' 하고 물었습니다. 그러자 저들은 '우리를 품꾼으로 쓰는 이가 없음이니이다' 하였습니다. 생계가 너무도 막연하고 집에 돌아가 봐야 집 식구들이 자기 손만 바라고 기다리고 있으니까 이렇게까지 한 것이겠지요? 자비로운 포도원 주인은 저들에게도 일할 기회를 주어 적정한 노임으로 생계를 유지토록 하기 위해 포도원에 들어가 일하게 하였습니다. 아마 이 사람은 포도원 주인의 깊은 배려에 너무 감격해서 남은 1시간이라도 남 10시간 못지않게 아주 열심히 일했을지도 모릅니다.

이제 1시간 정도 지나자 날이 저물었습니다. 그리하여 포도원 주인은 청지기를 불러 일렀습니다. 주인은 청지기에게 나중에 온 사람부터 시작하여 먼저 온 자까지 약속한 노임을 주라고 하였습니다. 모세 율법에 의하면 노동자의 품삯은 반드시 해지기 전에 계산해 주어야 합니다. 신명기 24:14-15을 볼까요?

¹⁴곤궁하고 빈한한 품꾼은 너의 형제든지 네 땅 성문 안에 우거하는 객이든지 그를 학대하지 말며 ¹⁵그 품삯을 당일에 주고 해진 후까지 끌지 말라 이는 그가 빈궁하므로 마음에 품삯을 사모함이라 두렵건대 그가 너를 여호와께 호소하면 죄가 네게로 돌아갈까 하노라

청지기는 주인의 지시에 따라 나중 온 자들부터 노임을 주기 시작했습니다. 여기 나중 온 자들에게 먼저 노임을 준다고 문제되는 것은 없습니다. 저 나중 온 자들에게 한 데나리온이 노임으로 쥐어졌습니다. 그것을 본 먼저 온 자들은 더 많이 수고한 자기들에게는 그보다 더 주겠지 하고 생각했습니다. 그러나 그들에게도 동일하게 1 데나리온을 주니까 저들은 집주인을 원망하기 시작했습니다. 나중 온 사람들 중에 한 시간만 일한 사람도 있는데 하루 종일 수고와 더위를 견딘 자기들에게 똑같이 1 데나리온을 주는 것은 합당치 않다고 먼저 온 자들이 생각을 한 것입니다.

포도원 주인은 그들의 그러한 원망에 대해 직접적으로 뭐라고 싫은 소리를 하지 않았습니다. 오히려 포도원 주인은 그들 중 한 사람에게 말하기를 '친구여! 내가 네게 잘못한 것이 없노라. 네가 나와 하루 품삯으로 1 데나리온을 약속하지 않았느냐?' 하면서 '네 것이나 가지고 가라. 나중 온 이 사람에게 너와 같이 주는 것은 내 뜻이니라. 내 것을 가지고 내 뜻대로 하는 것이 당연한 것이 아니냐? 내가 선한 일을 했다고 해서 네가 나를 악하게 보느냐(뜻; 네가 질투하느냐)' 하였습니다. 주인의 선함을 좋지 않게 보는 시기심이 얼마나 악한 것인가를 극명하게 드러내는 내용입니다. 아마 주인이 자기의 한 식구에게 그런 배려를 해주었다면 크게 고맙다고 했을 것인데 남이라 생각하니까 자기보다 덜 수고한 자가 자기와 똑같이 받는 것에 대해 견디지 못한 것입니다.

마태의 16절 배치에 관하여

마태는 이 비유로 첫 번째 문구와 마지막 문구를 통해서 틀을 만들어 고정시켰습니다. 아까도 말씀드렸지만 19:30에서 마태는 지금 모든 것을 소유한 사람은 언젠가 지금 모든 것을 포기하고 예수를 따르는 사람들 뒤에 서게 될 것이라는 것을 말했습니다. 같은 명제가 누가복음 13:30에서는 이스라엘에 대한 심판 예고와 이방인들에 대한 약속 다음에 나타납니다. 그러나 누가복음의 문맥은 마태복음의 그것과 약간 다르지요? 이 말은 전승에서 부유하다고 생각하는 사람은 심판을 받을 때에 잃어버릴 수 있으며 가난하다고 생각하는 사람은 구원을 받을 것이라는 사실을 서술하고 있습니다. 마태는 본문 16절에서 맨 마지막에 온 사람부터 지불이 시작되는 것과 더불어 하나의 부차적인 특색만 드러냅니다. 그러니까 마태는 제자들에게 나중 온 자들부터 먼저 된 사람이 될 것이고 그러나 먼저 왔다고 해도 하나님이 부르신 보잘 것이 없는 자들에 대해 마음으로 기뻐하지 못한다면 나중 된 사람이 될 수 있다는 것입니다. 다시 말해서 하나님의 호의에 대해 상대적 행위 공로로써 견주어서 시기심이 발출된다면 먼저 된 자로서 나중 될 수 있다는 것입니다(국제 성경 주석 중에서 참조).

유대교의 공로 교리에 둘러싸인 제자들

우리가 지난번에도 살펴본 바 있지만 주의 제자들은 유대교의 공로교리에 둘러싸여 있습니다. 하나님 앞에 보상을 받으려면 많은 선행을 축적해야 한다고 하는 주장들이 주의 일꾼들 주변에 널부러져 있었습니다. 그들은 하나님의 은혜를 말하면서도 한편으로는 이렇게 자기들의 선행을 강조하였습니다. 은혜의 결과로 자연스럽게 나타나는 선행이 아니라 하나님으로부터 무엇을 끌어내리기 위한 선행이었습니다. 이렇게 되면 은혜가 은혜가 아니라 빚이 되고 마는 것이지요? 주님은 하나님이 기쁘신 뜻 안에서 자비를 베풀 자에게 자비를 베푸신다는 사실을 가르치고 그러한 주님의 은혜 안에 제자들이 온전히 거하도록 이 비유의 말씀을 일차적으로 내리시는 것입니다. 자기들이 모든 것을 다 버리고 주를 좇고 있다고 하더라도 그리고 먼저 부름을 받아 열심히 일을 했다고 해도 거기에 대해 조그마한 공로심을 가져서는 하나님 나라에 부합하지 아니하기에 주님은 이 말씀을 가르치시는 것입니다.

우리가 알아야 할 것

그러면 이 비유를 통하여 이 시대를 살아가는 우리가 알아야 할 것은 무엇입니까? 이 시대에도 인간의 행위의 의를 강조하는 교리는 우리 주변에 가득합니다. 알미니안 교회들, 로마가톨릭교회 등이 다 그런 세력들입니다. 그리고 지나친 율법적 신앙을 가진 죽은 정통주의자들도 그러한 부류에 속할 것입니다. 이러한 가운데에 우리는 이 비유에서 가르치는 내용을 확고하게 잘 알고 있어야 하고 이 사실에 비추어 자신을 잘 점검하여야 할 것입니다.

첫째로 우리는 하나님 나라의 은혜 원칙을 잊지 말아야 합니다. 하나님의 은혜로운 주권적 사랑으로 그리스도 안에서 우리가 별다른 조건 없이 하나님의 나라에 거하게 된 자들입니다. 뿐만 아니라 은혜의 하나님의 신실하신 언약적 사랑으로 지속적인 돌보심을 받는 자들입니다. 우리가 언제 그 은혜의 주님으로부터 부르심을 받았던 간에 우리는 이러한 자비로우신 하나님을 인식하고 그 분을 찬양하며 살아가야 할 것입니다. 요 1:14-17과 엡 1:3-12 시 135:1-4을 보겠습니다.

14말씀이 육신이 되어 우리 가운데 거하시매 우리가 그 영광을 보니 아버지의 독생자의 영광이요 은혜와 진리가 충만하더라 15요한이 그에 대하여 증거하여 외쳐 가로되 내가 전에 말하기를 내 뒤에 오시는 이가 나보다 앞선 것은 나보다 먼저 계심이니라 한 것이 이 사람을 가리킴이라 하니라 16우리가 다 그의 충만한 데서 받으니 은혜 위에 은혜러라 17율법은 모세로 말미암아 주신 것이요 은혜와 진리는 예수 그리스도로 말미암아 온 것이라(요 1:14-17)
3찬송하리로다 하나님 곧 우리 주 예수 그리스도의 아버지께서 그리스도 안에서 하늘에 속한 모든 신령한 복으로 우리에게 복 주시되 4곧 창세 전에 그리스도 안에서 우리를 택하사 우리로 사랑 안에서 그 앞에 거룩하고 흠이 없게 하시려고 5그 기쁘신 뜻대로 우리를 예정하사 예수 그리스도로 말미암아 자기의 아들들이 되게 하셨으니 6이는 그의 사랑하시는 자 안에서 우리에게 거저 주시는 바 그의 은혜의 영광을 찬미하게 하려는 것이라 7우리가 그리스도 안에서 그의 은혜의 풍성함을 따라 그의 피로 말미암아 구속 곧 죄 사함을 받았으니 8이는 그가 모든 지혜와 총명으로 우리에게 넘치게 하사 9그 뜻의 비밀을 우리에게 알리셨으니 곧 그 기쁘심을 따라 그리스도 안에서 때가 찬 경륜을 위하여 예정하신 것이니 10하늘에 있는 것이나 땅에 있는 것이 다 그리스도 안에서 통일되게 하려 하심이라 11모든 일을 그 마음의 원대로 역사하시는 자의 뜻을 따라 우리가 예정을 입어 그 안에서 기업이 되었으니 12이는 그리스도 안에서 전부터 바라던 우리로 그의 영광의 찬송이 되게 하려 하심이라(엡 1:3-12)

> 1할렐루야 여호와의 이름을 찬송하라 여호와의 종들아 찬송하라 2여호와의 집 우리 하나님의 전 정에 섰는 너희여 3여호와를 찬송하라 여호와는 선하시며 그 이름이 아름다우니 그 이름을 찬양하라 4여호와께서 자기를 위하여 야곱 곧 이스라엘을 자기의 특별한 소유로 택하셨음이로다(시 135:1-4)

둘째로 그러니까 우리는 상대적인 의를 갖지 않도록 하여야 합니다. 존재론적이나 사역적인 측면 모두에서 그러해야 합니다. 우리가 하나님 나라의 일을 하는 것은 우리의 힘으로 하는 것이 아니지요? 말씀과 성신님의 능력으로 하나님 나라의 일들에 동참하여 그 거룩함을 힘입어 가는 것입니다. 우리가 주님께 받지 아니한 것은 아무것도 없습니다. 다 주님으로부터 부여받은 것이지요? 고전 4:7-8입니다.

> 7누가 너를 구별하였느뇨 네게 있는 것 중에 받지 아니한 것이 무엇이뇨 네가 받았은즉 어찌하여 받지 아니한 것같이 자랑하느뇨 8너희가 이미 배부르며 이미 부요하며 우리 없이 왕 노릇 하였도다 우리가 너희와 함께 왕 노릇 하기 위하여 참으로 너희 왕 노릇 하기를 원하노라

그래서 우리는 받은 대로 하나님의 말씀을 하고 봉사도 하는 것입니다. 베드로전서 4:10-11입니다.

> 10각각 은사를 받은 대로 하나님의 각양 은혜를 맡은 선한 청지기 같이 서로 봉사하라 11만일 누가 말하려면 하나님의 말씀을 하는 것같이 하고 누가 봉사하려면 하나님의 공급하시는 힘으로 하는

것같이 하라 이는 범사에 예수 그리스도로 말미암아 하나님이 영
광을 받으시게 하려 함이니 그에게 영광과 권능이 세세에 무궁토
록 있느니라 아멘

우리의 수고와 희생은 우리에게 영광이 되는 것이지 짐이 되는 것
은 아닙니다. 기쁜 마음으로 먼저 수고하고 먼저 희생하는 것이 결코
부담이 될 수 없습니다. 오히려 그렇게 선한 일을 많이 먼저 할 수 있
다는 것에 감격을 해야 할 것입니다. 조그마하게 먼저 한 것을 가지고
다른 이들과 비교하여 자기의 의를 삼거나 자랑을 해서는 아니 되는 것
입니다. 세상적으로 열등감이 많은 사람이 무엇을 해도 공부를 하거나
돈을 벌거나 심지어 하나님의 일을 하는 일에서도 꼭 남보다 더 앞서야
된다고 생각하고 그것으로 자기의 아상을 구축하는 것입니다. 이런 사
람은 자유가 없고 마음으로 늘 고통을 받고 살아갑니다. 겉은 화려하
나 속은 피폐한 황무지와 같은 사람입니다. 우리가 이러한 데서 자유
함을 받았으므로 즐겨 자원함으로 하나님과 이웃을 위해 무엇을 하여
야 할 것입니다.

셋째로 우리가 상대적인 비교를 하지 말고 언제 어떻게 부름을 받
았건 간에 나머지의 생애 동안에 더 나아가 주님이 오시기 이전까지 충
성과 헌신을 다 하여야 합니다. 맡은 자에게 구할 것은 충성이라 했지
요? 서머나 교회에 권면하신 내용을 잠깐 볼까요? 계 2:8-11입니다.

8서머나 교회의 사자에게 편지하기를 처음이요 나중이요 죽었다가
살아나신 이가 가라사대 9내가 네 환난과 궁핍을 아노니 실상은 네
가 부요한 자니라 자칭 유대인이라 하는 자들의 훼방도 아노니 실
상은 유대인이 아니요 사단의 회라 10네가 장차 받을 고난을 두려

워 말라 볼지어다 마귀가 장차 너희 가운데서 몇 사람을 옥에 던져 시험을 받게 하리니 너희가 십 일 동안 환난을 받으리라 네가 죽도록 충성하라 그리하면 내가 생명의 면류관을 네게 주리라 11귀 있는 자는 성신이 교회들에게 하시는 말씀을 들을지어다 이기는 자는 둘째 사망의 해를 받지 아니하리라

참으로 우리 주님은 사람을 외모로 취하심이 없습니다. 따라서 우리가 스스로 높낮이를 판단할 그 어떤 것이 존재하지 않습니다. 오히려 외식하는 바리새인과 같이 자기의 외모를 자랑하고 자기의 능력을 자랑하는 자들은 결국에 가서 나중 되고 말 것입니다. 여기서 나중 된다는 것은 조금 늦게 된다는 말이 아니라 아예 안 된다는 것입니다. 주님 나라에 전혀 부합하지 않은 존재로 남을 것이라는 말입니다.

나가는 말

말씀을 맺습니다.

오늘은 자비로운 포도원 주인 비유에 대하여 살펴보았습니다.

주님은 일차적으로 자기를 따르는 자들이 높은 마음을 먹지 않고 은혜로우신 주님 앞에서 겸손하게 반응하고 살아가기를 바라서 이 비유를 하신 것입니다. 주님의 부르심을 따르는 자들이라도 연약하고 결핍됨이 많습니다. 주께서 그런 면을 깨우치시면 정상하게 자신을 돌이켜 하나님 나라의 면면을 잘 드러내야 할 것입니다. 다양한 시각에서 상대적으로 자신이 다른 이들보다 뛰어난 것처럼 포장하게 된다면 그 앞날은 보장 받을 것이 없습니다.

기도

거룩하신 아버지 하나님, 주님이 자비하셔서 아침 일찍 나가서 일꾼들을 불러모을 때라도 충분한 일당을 보장하시고 일하게 하셨고 또 늦게 부름을 받아 나온 자들에게도 충분한 보상을 해주셔서 하나님의 자비하심을 다 드러내셨사옵나이다. 하나님의 자비는 인간의 자비와 비교할 수 없이 크다는 것을 우리가 본 비유를 통해서 깨닫게 되옵나이다. 도토리 키 재기 같은 일들을 우리가 주님을 알기 전에 했사옵는데 이제 그런 일들을 다 벗어버리게 하여 주시옵고 할 수만 있으면 형제들을 잘 섬겨서 주님의 자비하심 가운데 들어가길 애쓰게 하여 주시옵소서. 형제가 나보다 더 잘 되는 것에 대해 시기하거나 투기하는 마음이 생기지 않게 하여 주시오며 이제 어쨌든지 자원해서 신령하게 자유함으로 주님 나라를 섬기고 자연스럽게 주의 자녀로서의 품격을 갖춰 나아가게 하옵소서. 겉으로는 자유스럽고 자연스럽다고 그리고 신령하다고 말을 하지만 내면으로는 열등감이 많고 시기심이 많아서 진정 그것이 우리의 모든 것을 옭아맨다면 비참하기 이를 데가 없는 것이옵나이다. 거룩하신 아버지 하나님, 거름 더미에서 건짐을 받아서 높아졌다는 사실을 늘 기억하고 감사한 마음으로 살게 하옵시고 또 거름 더미에 앉아 있는 연약한 형제들을 위해 수고하고 희생하는 저희들이 다 되게 하여 주시옵소서. 모든 걸 주께 의탁 드리옵고 감사드리며,

우리 구주 예수 그리스도의 이름으로 기도 올리옵나이다. 아멘.

제 31 강

므나 비유

누가복음 19:11-27

들어가는 말

오늘은 므나 비유에 대해 보도록 하겠습니다. 므나 비유는 예수님이 십자가를 지시기 위해 예루살렘에 입성하기 불과 얼마 전에 베풀어진 비유입니다. 먼저 본문 말씀을 읽고 자세한 내용을 보겠습니다. 누가복음 19:11-27입니다.

> 11저희가 이 말씀을 듣고 있을 때에 비유를 더하여 말씀하시니 이는 자기가 예루살렘에 가까이 오셨고 저희는 하나님의 나라가 당장에 나타날 줄로 생각함이러라 12가라사대 어떤 귀인이 왕위를 받아 가지고 오려고 먼 나라로 갈 때에 13그 종 열을 불러 은 열 므나를 주며 이르되 내가 돌아오기까지 장사하라 하니라 14그런데 그 백성이 저를 미워하여 사자를 뒤로 보내어 가로되 우리는 이 사람이 우리의 왕 됨을 원치 아니하노이다 하였더라 15귀인이 왕위를 받아 가지고 돌아와서 은 준 종들의 각각 어떻게 장사한 것을 알

고자 하여 저희를 부르니 ¹⁶그 첫째가 나아와 가로되 주여 주의 한 므나로 열 므나를 남겼나이다 ¹⁷주인이 이르되 잘 하였다 착한 종이여 네가 지극히 작은 것에 충성하였으니 열 고을 권세를 차지하라 하고 ¹⁸그 둘째가 와서 가로되 주여 주의 한 므나로 다섯 므나를 만들었나이다 ¹⁹주인이 그에게도 이르되 너도 다섯 고을을 차지하라 하고 ²⁰또 한 사람이 와서 가로되 주여 보소서 주의 한 므나가 여기 있나이다 내가 수건으로 싸 두었었나이다 ²¹이는 당신이 엄한 사람인 것을 내가 무서워함이라 당신은 두지 않은 것을 취하고 심지 않은 것을 거두나이다 ²²주인이 이르되 악한 종아 내가 네 말로 너를 판단하노니 너는 내가 두지 않은 것을 취하고 심지 않은 것을 거두는 엄한 사람인 줄을 알았느냐 ²³그러면 어찌하여 내 은을 은행에 두지 아니하였느냐 그리하였으면 내가 와서 그 변리까지 찾았으리라 하고 ²⁴곁에 섰는 자들에게 이르되 그 한 므나를 빼앗아 열 므나 있는 자에게 주라 하니 ²⁵저희가 가로되 주여 저에게 이미 열 므나가 있나이다 ²⁶주인이 가로되 내가 너희에게 말하노니 무릇 있는 자는 받겠고 없는 자는 그 있는 것도 빼앗기리라 ²⁷그리고 나의 왕 됨을 원치 아니하던 저 원수들을 이리로 끌어다가 내 앞에서 죽이라 하였느니라

므나는 무엇인가?

이 비유에 나오는 므나는 무엇입니까? 므나는 미나(Mina)로도 불리며 1 므나는 은 100 드라크마(헬)에 해당하는 돈이었습니다. 드라크마의 화폐 단위가 데나리온(롬)과 같으므로 므나는 그래도 어느 정도 되는 돈임을 알 수 있습니다. 요즈음 화폐 가치로 본다면 므나는 약 5-6백만

원(근로자의 하루 품삯을 5-6만으로 계산) 가량 된다고 보면 될 것입니다. 이 비유와 비슷한 달란트 비유에서 나오는 달란트는 아주 화폐를 세는 큰 단위의 돈으로 1 달란트가 6000 드라크마에 달합니다. 그러니까 달란트에 비하면 므나는 비교적 작은 돈이 되는 것입니다.

비유가 베풀어진 시기와 정황, 그리고 그 목적

이 비유는 언제 베풀어진 것인가? 예수께서 삭개오의 집에 있을 때 잃어 버렸던 자인 삭개오의 구원에 대한 말씀을 주변 사람들이 함께 듣고 있을 때에 이 말씀을 하셨습니다. 주의 제자들과 삭개오의 집 식구들 그리고 주를 따라 들어온 자들이 함께 삭개오에게 이 사람도 아브람의 자손이라 하는 선언을 듣고 있을 때 저들에게 이 말씀을 더 하여 하신 것입니다.

그러면 왜 이 비유를 저들에게 하신 것인가? 그것에 대한 내용은 본문에 잘 나와 있습니다. 제자들이나 주변에서 말씀을 듣고 있던 자들이 하나님의 나라가 당장에 나타나는 것으로 알고 있었기 때문이었습니다. 이 비유를 하신 곳이 여리고니까 예수님이 곧 예루살렘으로 올라가면 그 나라가 오는 줄로 알고 있었습니다.

그간에 주님이 가르치신 현재적이고 미래적인 하나님의 나라

그렇다면 이 비유를 하시기 전에는 하나님 나라가 무엇이며 언제 도래하는지에 대해 말씀하시지 않으셨는가? 그래서 저들이 그러는 것인가? 그것은 아닙니다. 주님은 분명히 그것에 대해 말씀을 하셨습니다. 그에 대해 차례차례 살펴보도록 하지요.

주님은 공생애 초두에 예루살렘에 올라가셨을 때 밤중에 찾아온 니고데모에게 중생의 도리를 말씀하시면서 하나님 나라에 대해 가르치셨습니다. 거듭나야만 하나님 나라를 볼 수 있고 물과 성신이 아니고서는 하나님 나라에 들어갈 수 없다는 말씀을 하셨습니다. 그리고 갈릴리 전도를 시작하시면서 말씀하시기를 "가라사대 때가 찼고 하나님 나라가 가까왔으니 회개하고 복음을 믿으라(막 1:15)"고 하셨습니다. 그리고 주님은 산상보훈에서도 하나님 나라의 어떠함과 그 백성의 상태와 해야 할 일들에 대해 제자들에게 가르치셨습니다. 그리고 하나님 나라의 비밀을 제자들에게만 일러 주셨습니다(눅 8:10; 막 4:11). 다른 이들에게는 비유로만 하시고 해석하시지 않으셨으나 제자들에게는 분명 하나님 나라의 비유를 말씀하시고 그에 대해 해설을 하신 것입니다. 그리고 가시적으로 귀신을 쫓아내시면서 하나님 나라가 이미 저희들 가운데 임하였다 하는 것도 가르치셨습니다. "그러나 내가 만일 하나님의 손을 힘입어 귀신을 쫓아내는 것이면 하나님의 나라가 이미 너희에게 임하였느니라(눅 11:20)" 주님께서 강한 자를 결박하고 추락시키셨다는 것으로 그것을 나타내신 것입니다. 그리고 불의한 청지기 비유를 하셨을 때 바리새인들이 비웃자 그들에 대해 하나님 나라가 언제 왔으며 그 이후의 상태에 대해 사람들에게 말씀을 하셨습니다. "예수께서 이르시되 너희는 사람 앞에서 스스로 옳다 하는 자이나 너희 마음을 하나님께서 아시나니 사람 중에 높임을 받는 그것은 하나님 앞에 미움을 받는 것이니라 율법과 선지자는 요한의 때까지요 그 후부터는 하나님 나라의 복음이 전파되어 사람마다 그리로 침입하느니라(눅 16:15-16)"

그러니까 그동안 주님은 구약에 예고된 하나님 나라가 현재적으로 이미 당신의 오심과 함께 도래했으며 그 나라에는 어떻게 들어가며 그 나라에 들어간 자들이 어떻게 살아야 하는가를 분명히 말씀하셨습니다. 그리고 한편으로 그 나라가 아직 완성된 상태는 아니라는 것을 수시로 나타내셨습니다(마 8:29). 귀신들이 영원한 형벌을 받을 미래의 그 때는 아직 아닌 것입니다. 주님은 다양한 방식으로 하나님 나라의 우주적이고 묵시적인 면면을 보이신 것입니다. 하나님 나라 복음이 파종되는 씨로 뿌려지고 있다는 것도 그런 것을 나타낸 것입니다. 그리고 고난 받는 메시야로서 생명의 대속물로 자신을 드리고 난 뒤에 이루어질 일들을 미리 예고 하셨습니다. 그것도 그 나라의 미래적인 면이라 할 수 있습니다. 그리고 복음이 천하 만민에게 전파되어야 하는 것도 그와 같은 것입니다. 가장 최근의 비유인 좁은 문의 비유에서 보면 예수께서는 그 때에 하나님 나라에 들어갈 자와 그렇지 않은 자에 대해 말씀하셨습니다. 여기서 그 때라는 것은 미래적인 의미에 하나님의 나라입니다. 누가복음 13:22-30을 볼까요?

> 22예수께서 각성 각촌으로 다니사 가르치시며 예루살렘으로 여행하시더니 23혹이 여짜오되 주여 구원을 얻는 자가 적으니이까 저희에게 이르시되 24좁은 문으로 들어가기를 힘쓰라 내가 너희에게 이르노니 들어가기를 구하여도 못하는 자가 많으리라 25집주인이 일어나 문을 한 번 닫은 후에 너희가 밖에 서서 문을 두드리며 주여 열어 주소서 하면 저가 대답하여 가로되 나는 너희가 어디로서 온 자인지 알지 못하노라 하리니 26그 때에 너희가 말하되 우리는 주 앞에서 먹고 마셨으며 주는 또한 우리 길거리에서 가르치셨나이다 하나 27저가 너희에게 일러 가로되 나는 너희가 어디로서 왔는지 알지 못하노라 행악하는 모든 자들아 나를 떠나가라 하리라 28너희가 아브라함과 이삭과 야곱과 모든 선지자는 하나님 나라에 있고 오직 너희는 밖에 쫓겨난 것을 볼 때에 거기서 슬피 울며 이를

값이 있으리라 ²⁹사람들이 동서 남북으로부터 와서 하나님의 나라 잔치에 참석하리니 ³⁰보라 나중 된 자로서 먼저 될 자도 있고 먼저 된 자로서 나중 될 자도 있느니라 하시더라

그리고 하나님 나라에서 교회의 역할에 대해서 보더라도 그 나라의 미래적인 면은 강조되어 온 바입니다.

제자들의 메시야 왕국관

그러나 제자들이나 그 주변의 사람들은 그러한 하나님 나라에 대한 가르침에 대해 국가적인 나라로서의 나라, 그러니까 다윗의 후손으로서 세워질 메시야 왕국의 정치적인 면에 초점이 맞추어져 있어서 잘 이해하지 못하였습니다. 조급하게 그 나라의 도래를 기대하고 있었기 때문에 최근 6개월 어간에 예수님의 수난과 부활에 대해 네 번에 걸쳐 말씀하셨을 때에 제자들은 그 말씀이 어려워서 차라리 무서워하는 모습을 보였습니다(마 16:31; 17:9,22-23; 20:17-19; 막 8:31; 9:9; 9:31-32; 눅 9:44).

저들은 분명 메시야가 오시면 로마나라를 물리치고 예루살렘을 수도로 하고 팔레스틴을 국토로 하는 한 왕국을 건설하실 것이라는 유대교적 가르침에 잠재적으로라도 매우 크게 영향을 받고 있었습니다. 그래서 그동안 주께서 그토록 자주 반복되게 가르쳤던 그 나라에 대해 이해를 못하고 오히려 예수님의 능력적인 면들을 크게 생각하며 자기들의 시각에서 그 나라가 속히 나타나지 않겠나 하는 생각 속에 갇혀 있었던 것입니다. 능력이 많으신 예수께서 예루살렘에 올라가시면 그 나라가 곧 성립이 될 것으로 여긴 것입니다.

비유의 내용

그래서 주님은 저들의 현재적 구원관과 그 나라의 미래적 종말관의 유기적인 관계가 없는 심각한 상태를 내다보시고 저들에게 합당한 비유의 말씀으로 깨우치시는 것입니다. 그것이 본문의 므나 비유입니다. 이제 비유의 내용을 자세히 보도록 하겠습니다.

어떤 귀인이 왕위를 받으려고 먼 나라에 갔습니다. 아마 그는 귀족으로서 왕위 계승자였던 것 같습니다. 그는 왕위를 받으러 그 나라에 가기 전에 자기의 종 열 사람을 불렀습니다. 그리고 그들 각각에게 은 1 므나씩 주었습니다. 아까도 말씀드렸지만 한 므나는 달란트와 같이 아주 큰돈은 아니고 적당히 무엇을 할 만한 약 5-6백만 원 정도 되는 돈이었습니다. 그 귀인은 종들에게 은 한 므나씩 주면서 "내가 돌아오기까지 이 돈을 가지고 장사하여 너희의 할 일을 다하라"고 하였습니다. 종들에게 큰돈은 아니지만 그 돈을 잘 써서 한 번 이익을 내어 보라고 한 것이지요? 이는 예수님의 부활 이후의 부재적 상황에 대해 어떻게 대처해야 하는가를 암시하는 표현입니다.

그런데 백성이 그 귀인을 미워하였습니다. 무슨 까닭에 미워했는지 알 수 없으나 자기들의 이상에 맞지 않는다고 생각했겠지요? 그래서 백성들은 사자를 뒤로 보내어 이 사람이 우리의 왕 됨을 원치 아니한다 하였습니다. 이것은 예수님과 그의 구원방식을 환영하지 않는 사람들의 행태와 같습니다.

그럼에도 불구하고 그 귀인이 왕위를 받아 가지고 돌아왔습니다. 귀인은 돌아와서 자기가 전에 은 1 므나씩을 준 종들을 불렀습니다. 저들이 어떻게 장사하여 이익을 남겼는가를 보기 위해서였습니다. 그 종들 중 첫째가 나아와 말하기를 '주여 주의 한 므나로 열 므나를 남겼습니다.' 하였습니다. 열 배의 이익을 남긴 것이지요? 열 배를 남기기는 어려운 것인데 당시 사회 구조적인 방식(엄청난 이자율, 수수료)을 생각할 때 충분히 가능한 내용이었습니다. 이에 대해 주인은 말하기를 '잘하였도다 착한 종이여 네가 지극히 작은 것에 충성하였으니 열 고을 권세를 차지하라' 하였습니다.

그리고 둘째가 나아와 가로되 '주여 주의 한 므나로 다섯 므나를 만들었나이다.' 하였습니다. 다섯 배의 이익을 남긴 것이지요? 그에 대해 주인은 그에게 '너도 다섯 고을을 차지하라' 했습니다.

그런데 마지막으로 또 한 종이 와서 말하기를 '주여 보소서 주의 한 므나가 여기 있나이다. 내가 수건으로 싸두었었나이다. 이는 당신이 엄한 사람인 것을 내가 무서워함이라. 당신은 두지 않은 것을 취하고 심지 않은 것을 거두나이다.' 하였습니다. 자기의 게으름을 주인이 인색하고 엄격하며 정확한 사람이라는 것으로 위장하여 말한 것입니다. 이에 대해 주인은 '악한 종아 내가 네 말로 너를 판단하노니 너는 내가 두지 않은 것을 취하고 심지 않은 것을 거두는 엄한 사람인 줄을 알았느냐? 그러면 어찌하여 내 은을 은행에 두지 아니하였느냐? 그리하였으면 내가 와서 그 변리까지 찾았으리라' 하였습니다. 그리고 주인은 가장 쉬운 일조차 하지 않은 그 사람을 엄히 책망합니다. 주인은 곁에 있는 사람들에게 말하기를 '그 한 므나를 빼앗아 열 므나 있는 자에게 주라' 하였습니다.

그런데 주변 사람들이 가로되 '주여 저에게 이미 열 므나가 있나이다.' 하고 이의를 제기하였습니다. 그에 대해 주인은 '내가 너희에게 말하노니 무릇 있는 자는 받겠고 없는 자는 그 있는 것도 빼앗기리라.' 이 비유와 비슷한 마태복음의 달란트 비유에서는 이후에 심판을 받는 내용까지 나오는데 여기서는 여기까지만 나옵니다. 그리고 주인은 계속해서 나의 왕 됨을 원치 아니하던 저 원수들을 이리로 끌어다가 내 앞에서 죽이라' 하였습니다. 이 예고는 일차적으로 예루살렘의 멸망(주후 70년)을 보이는 것이지요? 궁극적으로는 마지막 때의 심판을 가리키는 것입니다.

헤롯 아켈라오의 이야기와 관련된다는 견해에 대해서

혹자들은 이상의 비유의 내용이 헤롯 아켈라오가 로마에 가서 왕위를 받으려고 시도한 사건에서 가져온 것이 아닌가 하는데 정확하지 않은 이야기로 보입니다. 아무리 군중들이 자세히 알고 있는 내용을 비유로 말씀하신다고 하여도 부정적인 시각에서 이루어진 사건을 비유로 끌어들여 하실 이유가 예수님께는 없는 것입니다. 예수님은 하나님 나라 안에서 당신의 존재와 사역에 대해 상징적으로 하여 미리 예고하시면서 제자들과 주변 사람들을 가르치시는 것이지 일반에게 부정적으로 알려진 내용을 들어서 알기 쉽다는 이유 하나만으로 사용하시지는 않는 것입니다.

비유를 통한 가르침에 대해서

실로 주님께서는 이 비유로써 제자들과 그 주변의 사람들의 그릇된 메시야 왕국관, 속히 임할 메시야 왕국관에 대해서 지적하시고 오히려 저들이 하나님 나라 종들로서 어떤 준비를 하고서 있어야 하는가를 적절한 비유로써 말씀하시고자 하십니다.

저들이 금방 그 나라가 올 줄로 알고 있는 것에 대해서는 귀인이 먼 나라로 왕위를 받으러 가는 것으로 가르치십니다. 먼 나라에 갖다 오려면 많은 시간이 걸리는 것이지요? 이제 곧 예루살렘에 올라가 십자가를 지시고 만인들의 죄를 위해 죽으시고 부활하시고 하늘에 오르시고 하나님 우편에 앉으시어 그 왕위를 받아 그 권세를 하늘에서도 행하시고 또 다시 오셔서 행사하실 것을 내다보시면서 이 말씀을 하신 것입니다.

아까도 말씀드렸지만 그 나라는 예수님의 초림으로 이미 도래했고 그리고 진행 중입니다. 물론 그 하나님 나라는 정치적인 성격이 있지만 그것은 영적인 것입니다. 그러나 그 나라는 아직은 다 완성이 되지 않은 나라이지요? 고난을 받으시고 높이 되신 주님의 통치하심으로 하나님 나라의 복음이 땅 끝까지 전파되어야 할 것이고 그 일에 교회가 온전히 쓰임을 받아야 하는데 저들이 바로 그 터를 닦을 자들인 것입니다.

그러니까 언제가 될는지 모르지만 그 왕위를 받은 주인이 오기까지 저들이 주인에게 받은바 은사를 가지고 주어진 일들을 하여야 하는 것입니다. 그것이 한 므나씩 종들에게 나눠준 것으로 가르치시는 것입니다. 충성스럽게 그 맡겨진 자그마한 은사에 충실하여 주인이 다시 올 때 인정이 되어야 할 것이라는 것입니다. 만일 이런 사실이 가르쳐지지 않은 가운데 예수님이 예루살렘에 올라가 그냥 십자가에 죽으시고 만다면 예수를 따르는 자들은 실망하여 그대로 흩어지고 말 것입니다. 그런 것을 다 아시고서 예수님이 저들이 그 나라의 도래를 어떻게 기다리며 다른 곳에서 말씀한 내용과 어떻게 유기적으로 연결하여 그 나라에 대해 이해하여야 하는가를 가르치시고자 하시는 것입니다.

달란트 비유와 차이점

여기서 잠깐 이 므나 비유와 비슷한 달란트 비유에 대해서 비교하여 보도록 하겠습니다. 달란트 비유는 주님의 공생애 마지막 주간 화요일

이후의 사역에 나옵니다. 마태복음 25:14-30에 그 내용이 나옵니다.

이 달란트 비유에서는 백성이 왕위를 받으러 간 귀인 뒤로 사자를 보낸 내용이 나오지 않지요? 그리고 므나 비유에서 동일하게 한 므나씩 나누어준 은화가 달란트 비유에서는 각기 다르게 나누어주었습니다. 어떤 이에게는 다섯 달란트, 어떤 이에게는 두 달란트, 그리고 한 사람에게는 한 달란트 이렇게 준 것입니다. 능력별로 구분해서 차등을 두어 준 것입니다. 물론 차등을 두었다고 해서 결과도 차등이 있었던 것은 아니지요? 동일하게 같은 상인 주인의 즐거움에 참여하게 한 것입니다. 므나 비유에서는 결과에 있어서 차등이 주어졌습니다. 물론 남긴 것에 대한 비율로 따지면 동일합니다. 그리고 므나 비유에서는 비교적 적은 돈을 준 것으로 나오지만 달란트 비유에서는 아주 큰돈을 준 것으로 나옵니다.

그러니까 달란트 비유와 므나 비유는 분명히 다른 두 사건입니다. 혹자는 한 사건으로 보려 하고 혹자는 전혀 다른 두 내용이 대조하는 과정에서 거의 같은 것으로 만들어졌다고 하는데 이는 합당한 관점이 아닙니다. 마태복음에서는 서로 다른 능력을 가진 종들과 그들이 한 장사에 초점이 맞추어져 있고 먼 나라로 왕위를 받으러 간 귀인과 그 주인의 오심을 믿음으로 기다리며 할 일을 하는 그의 신하들의 태도를 강조하고 있습니다.

므나 비유에서 알아야 하는 것

그런고로 주의 일꾼들과 주변의 사람들은 일차적으로 메시야의 나라가 예루살렘에 올라가면 바로 이루어질 것이라는 생각을 버리고 잠정적으로 얼마간의 시간이 걸리는 일이라고 알아야 할 것입니다. 아까도 잠깐 말씀드렸지만 주님은 예루살렘에 올라가 십자가에 죽으시고 사흘 만에 부활하시어 하늘로 올라가셔야 합니다. 그리고 하나님 우편에 앉아 계셔서 다스리는 그때로부터 왕위를 가지신 주님의 통치가 공식적으로 구현되는 것입니다.

물론 이전부터 주님의 왕권은 행사되는 것입니다. 그것의 시초로 올라가자면 그것은 인류 최초의 범죄 이후부터라고 하겠습니다. 그러나 구속사 안에서 인성을 입으신 중보자로서 성신의 능력으로 그 나라를 통치하시는 것은 하늘에 오르셔서 하나님 우편에서 그 왕권을 행사하신 이후부터라 하겠습니다.

그리고 약속하신 대로 주의 복음이 사도들이 터를 닦은 교회로 말미암아 땅 끝까지 이르러야 주님의 다시 오시는 것입니다. 그러한 사실을 제자들과 주변의 사람들이 바로 알아야 하는 것입니다. 그래야 그 나라의 영적 성격과 지상에서의 참된 모습을 믿음으로 바로 현시하고 궁극적으로 다시 오실 그 날을 소망하고 살아가는 것입니다. 그리고 그 분이 기본적으로 허락하신 것을 가지고 믿음으로 그것을 체현하며 살아가는 것입니다.

그렇지 않으면 유대교의 영향을 받을 수밖에 없고 그 하나님 나라가 현실적으로 속히 오지 않는 것으로 인하여 큰 시험에 들게 되는 것입니다.

그리고 둘째로 주님께서 기본적으로 사용하게 하시려고 주신 은사를 바로 사용해야 한다는 것입니다. 공연히 엄위로운 하나님께 대하여 막연한 두려움과 공포심으로 인하여 그 기본적인 은사마저 묵히고 활용을 하지 않는다면 그것은 악한 것입니다. 아무리 그 은사가 작다고 하더라도 목숨을 다하여 충성을 해야 하는 것입니다. 마지막 사람과 같이 마땅히 하여야 할 일도 하지 않은 채 그 기본적인 은사를 묵힌다면 그것은 아주 불의한 것입니다. 그러면 가진 것조차도 다 잃고 말 것입니다. 그러니까 고루 주어진 물질을 잘 사용하여 많이 남기면 그 사람은 앞으로 더 잘 사용하여 더 큰 것을 가질 것입니다.

나가는 말; 우리가 알아야 할 것

말씀을 맺습니다.

우리는 오늘 므나 비유를 보았습니다. 이 비유에서 우리가 알아야 할 것은 무엇입니까? 주님 나라의 도래의 상황과 우리가 받은 은사의 사용의 상관관계를 잘 알아서 충성하여야 한다는 것입니다.

오늘날의 우리 기독교 형편은 어떻습니까? 주님 나라에 대해 얼마나 관심이 있습니까? 개인적인 일에 치어서 주님 나라를 위한 은사를 소홀히 하고 있지는 않습니까? 개인의 현실적 행복과 번영에 눈이 멀어서 그 나라가 다시 오는 사이의 영적 성격을 바로 현시하지도 못하고 있는 것은 아닙니까? 그 나라 도래의 미래적 성격에 관심을 두고서 현재 증시하여야할 하나님 나라에는 얼마나 마음을 쏟고 있는 것입니까? 혹 받은 은사가 미미하니까 그 은사를 발전시키는 일을 게을리 하는 것은 아닙니까? 그렇게 된다면 주님께 인정을 받기는커녕 심은 대로 거두게 될 것입니다. 자칫 우리의 있는 것조차 다 빼앗기는 불상사를 겪게 될 것입니다.

기도

거룩하신 아버지 하나님, 문서 비평가들은 므나 비유와 달란트 비유가 같은 사건을 달리 해석한 것으로 말하고 각각의 고유한 비유의 가르침을 희석시키고 왜곡시키옵나이다. 하나님 말씀의 권위를 훼손하고 인간의 땅의 수준으로 전락시켜서 하나님의 말씀을 모호하게 만들고 그 말씀에 착념하지 못하게 하옵나이다. 저희들이 말씀을 상고한 바에 의하면 두 비유는 분명히 다른 성격의 것이고 비슷해 보이지만 분명히 가르치는 면면이 다르다 하는 것을 분명하게 깨닫게 되옵나이다. 저희들이 미미한 은사라도 주 앞에 받은 것을 가지고 주님의 다시 오심을 대망하면서 어떻게 그 나라를 증시하고 살아야 하는가 하는 것을 이 므나 비유에서 가르치고 있는데 저희들 과연 그 일에 충성되게 살아가는지 반성하고자 하옵나이다. 주님의 몸인 교회의 한 분자로서 그 은사를 잘 쓰고 있는가 아니면 개인적인 행복과 영광을 위해서 주님이 주신 달란트를 허비하고 있는 것은 아닌가 저희들이 되돌아보옵나이다. 거룩하신 아버지 하나님이시여, 저희들 항상 주님 안에서, 머리 되신 주님 안에서 하나로 살아가는 존재임을 잊지 않게 하시고 그 안에서 지체로서 받은 은사를 잘 기억하고 그 은사가 어떠하든지 간에 주님께 충성하고 형제들에게 유익을 끼치게 하여 주시옵소서. 허망하고 헛된 일에 분요하게 살아서 진작 충성해야 할 일에 게으름을 피우고 살아가는 그런 어리석은 자들이 되지 않게 하여 주시옵소서. 저희들의 인간적인 생각으로 하나님이 주신 고귀한 은사들을 스스로 묵살하고 살아가는 일이 없게 하여 주시오며, 그리스도 안에서 새사람이 된 자로서 받은 은사에 충성되게 살아서 주님 앞에 더욱 부요한 열매를 맺고 나아가게 하여 주시옵소서. 모든 걸 주께 의탁 드리옵고 감사드리며,

우리 구주 예수 그리스도의 이름으로 기도 올리옵나이다. 아멘.

제 32 강

아버지의 사역 명령에 대한 두 아들의 비유

마태복음 21:28-32

들어가는 말

오늘은 아버지의 사역 명령에 대한 두 아들의 비유에 대해 보도록 하겠습니다. 이 비유는 마태복음에만 나옵니다. 이 비유는 주님의 공생애 마지막 고난 주간 화요일에 성전에서 베풀어진 것입니다. 이 비유는 뒤에 나오는 두 가지 비유와 한 단락을 형성하고 있습니다. 악한 농부들의 비유와 임금의 아들의 혼인 잔치 비유들과 연결하여 유대인 지도자들의 그릇됨을 드러내는 비유인 것입니다.

본문의 배경

본문의 배경부터 잠깐 볼까요? 예수께서 고난 주간 화요일에 성전에 들어가 가르치실 때(막=걸어다니실 때; 눅=가르치며 복음을 전하실 때) 예루살렘 공회의 대표자들격인 대제사장과 백성의 장로들과 서기관들이(막 11:27-33) 나아와 직권으로 그의 권위의 출처를 물었는데 주님은 역으로 그들에게 요한의 세례가 어디서 왔는가를 질문하셔서 그러면 그에 대해 답하면 예수님이 무슨 권위로 이런 일을 하는지 가르쳐주겠다고 하셨습니다. 세례 요한은 예수님을 메시야라고 선포했었지요?

그 말을 들은 대제사장과 장로들과 서기관들은 저희끼리 변론 가운데 '요한의 세례가 하늘로서 왔다고 하면 왜 그를 믿지 않았느냐' 하는 역질문이 나올 것 같고 또 사람에게서라면 민중들이 요한을 예언자로 여기고 있는 터라 무리가 반발할 것으로 생각되어 무서웠습니다. 그래서 저들은 우리가 모르겠다 하고 예수님께 대답했습니다.

그에 대해 주님은 '내가 무슨 권위로 이 일을 하는지 너희에게 말하지 않겠노라' 하셨습니다. 그러니까 이 일로 주님은 주님 나라의 권위를 찬탈하고 신성모독의 죄를 짓고 있는 공회원들의 무자격과 무능과 무지를 다 들추어내신 것입니다.

그리고 나서 오늘 본문의 비유와 연이은 두 비유를 말씀하신 것입니다. 이 비유들로써 저들의 무식과 불신과 그로 말미암는 결과적 상태를 그대로 노출시키셨습니다. 그것으로 저들의 죄책과 저들이 받을 형벌과 언약 파기의 상황을 인지할 수 있게 하신 것이지요? 그러면 먼저 본문 말씀을 제가 읽고 자세한 내용을 보겠습니다. 마태복음 21:28-32입니다.

> 28그러나 너희 생각에는 어떠하뇨 한 사람이 두 아들이 있는데 맏아들에게 가서 이르되 얘 오늘 포도원에 가서 일하라 하니 29대답하여 가로되 아버지여 가겠소이다 하더니 가지 아니하고 30둘째 아들에게 가서 또 이같이 말하니 대답하여 가로되 싫소이다 하더니 그 후에 뉘우치고 갔으니 31그 둘 중에 누가 아비의 뜻대로 하였느뇨 가로되 둘째 아들이니이다 예수께서 저희에게 이르시되 내가

진실로 너희에게 이르노니 세리들과 창기들이 너희보다 먼저 하나님의 나라에 들어가리라 ³²요한이 의의 도로 너희에게 왔거늘 너희는 저를 믿지 아니하였으되 세리와 창기는 믿었으며 너희는 이것을 보고도 종시 뉘우쳐 믿지 아니하였도다

너희 생각은 어떠하뇨

주님은 다른 도입적인 말씀이 없이 곧바로 대제사장들과 백성의 장로들과 서기관들에게 물었습니다. 여기서 대제사장은 아마 안나스와 가야바 모두를 가리키는 것 같습니다. 원래 모세 율법대로 보면 대제사장은 하나이지만 당시에 명목상의 대제사장과 실질상의 대제사장이 함께 있었기에 이렇게 말한 것이 아닌가 합니다. 우리가 잘 알다시피 안나스는 가야바의 장인으로 실세이고 가야바는 그저 허수아비처럼 서 있는 대제사장이었습니다. 저들이 정확하게 70인이 다 모이는 공회로 모였는지 아니면 대표격인 사람들만 모인 것인지 잘 알 수 없지만 일단의 무리로 힘 있는 자들은 다 있었던 것이 확실합니다. 저들이 요한의 세례가 하늘로서인지 사람에게서인지 대답을 하지 않고 발뺌하여 모호하게 모른다고 하니까 저들의 심각한 상태를 돌아볼 수 있도록 예수께서는 '너희는 어떻게 생각하느냐' 하는 말로 물으셨습니다.

비유의 내용

그리고 오늘 본문의 비유의 말씀을 하셨습니다. 이 비유는 그렇게 어렵게 구성되어 있지 않습니다. 그러니까 쉽게 내용 파악이 되는 것입니다.

그러면 비유의 내용을 보도록 하지요? 아버지가 맏아들을 보고 "애야, 오늘 포도원에 가서 일해라" 했습니다. 그러니까 맏아들은 아버지에게 "예, 가겠습니다." 대답을 했습니다. 분명히 아버지가 시키신 대로 하겠다고 하는 대답이었습니다. 이런 대답은 아버지께 당장에 기쁨을 주는 것이었습니다. 그러나 그 맏아들은 이후에 자기가 하겠다고 약속한 그 포도원에 일하러 가지 않았습니다. 왜 일하러 가지 않았는지는 아직 추정할 수 없지요? 평소엔 자기만 일했다고 생각해서 그랬는지 아니면 늘 그렇게 대답만 하고 일하지 않았는지 잘 알 수 없지만 어쨌든 아버지의 뜻을 거역한 것이고 자기 입으로 한 약속조차 다 무시한 일이었습니다. 이것으로 맏아들은 몇 배의 고통을 아버지께 안겨드렸을 것입니다.

아버지는 둘째 아들에게도 가서 똑같이 포도원에 가서 일하라고 말했습니다. 그런데 둘째 아들은 아버지에게 대놓고 싫다고 했습니다. 여기도 왜 싫다고 했는지 나오지 않지요? 당장에 일이라는 것이 하기 싫은 것이라서 그랬는지 아니면 자기 노는 일이 바빠서 그랬는지 그렇게 일할 능력이 없다고 생각해서 그랬는지 알 수 없지만 그는 자기가 아버지에게 그렇게 말한 것에 대해 후회하였습니다. 그리고 마음을 고쳐먹었습니다. 그리고 아버지의 말씀대로 포도원으로 가서 일했습니다.

주님께서는 이 비유를 가지고 유대 공회 지도자들에게 물었습니다. 과연 그 두 아들 중에 누가 아비의 뜻대로 하였는가에 대해 물으신 것입니다.

저들은 말하기를 "둘째 아들이니이다" 했습니다.

주님은 저희들에게 말씀하셨습니다. '내가 진실로 네게 이르노니 세리들과 창기들이 너희보다 먼저 하나님의 나라에 들어가리라. 요한이 의의 도로 너희에게 왔거늘 너희는 저를 믿지 아니하였으되 세리와 창기는 믿었으며 너희는 이것을 보고도 종시 뉘우쳐 믿지 아니 하였도다.' 주님의 말씀을 보면 둘째 아들이 세리와 창기가 되고 맏아들은 대제사장들과 백성들의 장로와 서기관들이 되는 것입니다. 세리와 창기들이 지금 하나님 나라에 들어가고 있다는 것을 표시하신 것입니다. 물론 대제사장들과 백성의 장로들과 서기관들은 그들이 정상하게 뉘우치기 전에는 거기에 못 들어간다는 말씀도 되는 것입니다.

그릇된 해석

어떤 자들은 이 비유가 모순이 있다고 그릇된 해석을 하려고 합니다. 그 모순이 무엇인가 할 때 대제사장들과 백성의 장로들과 서기관들이 먼저 예수님께 나아와 예수님의 명령을 따라 무엇을 하겠다고 했는가 하는 점과 세리와 창기들이 주님의 명령에 하지 않겠다고 하다가 한 일이 있느냐 하는 점입니다.

정당한 해석

그러나 주님은 대제사장들과 백성의 장로들과 서기관들이 어떻게 완악하고 고집 센 맏아들에 해당하는가를 구속사 안에서 그 양태를 보고 하셨습니다. 저들은 하나님의 말씀을 먼저 맡은 자로서 산헤드린의 위치에 있는 자들인 것입니다. 그들은 나름대로 하나님의 뜻에 따르겠다고 나선 자들입니다. 그 신성한 위치에서 그들이 작정한 할 일을 하지 않았던 것입니다. 그리고 세리와 창기들이 어떻게 둘째 아들에 해당하는가에 대해서도 그들의 구속사 안에서 보인 그들의 태도를 상징화하여 쓰신 것입니다. 저들은 감히 하나님의 명령에 적극적으로 나서서 무엇을 해보겠다는 표시를 하지 않았지만 세례 요한이 증거하는 의의 도에 순복하여 철저히 돌이키고 메시야이신 예수께 나아와 실제적으로 구약의 명령에 순종한 것입니다.

결국은 이 비유는 주님께서 대제사장들과 백성의 장로들과 서기관들에게 '너희들이 하나님의 신권정치를 먼저 맡은 자로서 거룩한 교회의 양상을 드러내어 메시야를 맞이하기에 올바르게 해놓았어야 하는데, 그리고 너희들이 그것을 감당하겠노라고 구속사 안에서 먼저 말씀을 받고 그 명령에 따른 대답을 해 놓고서 이제 너희들은 정작 할 일을 하지 않고 엉뚱한 길만 닦아 놓은 것이 아니냐?' 의의 도를 전파한 요한을 믿지 아니하였으며 나아가 '정작 메시야가 코 앞에 있는 데도 알아보지 못하고 암매한 지경에 있으니 참으로 이 상태가 심각하다는 것을 나타내 보이신 것입니다.

그리고 저들 종교 지도자들에 의해 쓰레기 같이 취급을 받던 세리와 창기들은 좀 전에도 말씀드렸지만 어쩔 수 없는 상황 가운데 적극적으로 하나님 나라의 일을 한다고 나서지 못했었지만 세례 요한의 증거 앞에 부복하고 요한이 안내하는 길을 따라 회개하고 메시야에게 나아와 그를 영접하여 천국에 침노를 하고 있었던 것입니다.

유대 지도자들의 하나님 나라관

그러면 유대 지도자들은 자기들이 하나님의 일을 한다고 했음에도 불구하고 왜 요한의 증거를 받아들이지 못하고 또 메시야이신 예수 그리스도를 환영하지 못하였는가? 저들은 하나님 나라에 대한 가르침에 대해 자기들의 처지에서 생각하여 국가적인 나라로서의 나라, 그러니까 다윗의 후손으로서 세워질 메시야 왕국의 정치적인 면에 초점이 맞추어져 있어서 요한의 증거인 세상 죄를 지고 가는 하나님의 어린 양에 대한 개념을 잘 이해하지 못하였습니다. 그러니까 고난 받는 종으로서의 속죄와 구원으로 이루어지는 그 나라의 실상을 받아들이지 못한 것입니다. 지난주에도 잠깐 생각했지만 저들은 분명 메시야가 오시면 로마나라를 물리치고 예루살렘을 수도로 하여 팔레스틴을 국토로 하는 한 왕국을 건설하실 것이라는 장로들의 유전을 거의 확신하며 기다렸기 때문에 세례 요한의 증거나 예수님의 가르치심에 대해 받아들이지 못한 것입니다. 다시 말해서 저들은 그 나라를 대망하면서도 정작 그 나라가 예수님 안에 왔음에도 불구하고 그 실체를 바라보지 못하고 오히려 반발하고 대적하는 일을 한 것입니다.

이런 일은 옛날에만 있었던 것이 아니다

사실 이런 일은 옛날에만 있었던 것이 아니지요. 오늘날에도 이런 일들은 비일비재(非一非再)하게 나타납니다. 기독교로 포장된 많은 사람들이 그릇된 형식적 전통에 매여서 정작 그 신앙의 본의를 이루는 일들은 하지 않는 것입니다. 어떻게든 교회를 성장시키는 것이 주의 뜻이라 생각하고 모로 가도 서울만 가면 된다는 식으로 그 일을 위해서 편법이라도 사람이 많이 모이는 게 다 성신께서 결과를 내신 것으로 여기고 나아가는 일이 많이 있습니다. 교회의 정체성과 그 목표도 확인하지 않고 자기 성찰에 의한 반성도 없이 그냥 어떻게든지 사람만 많이 모으고 예수 믿고 천당 가자 하면 모든 문제가 다 덮어지는 것이 오늘의 심각한 현실입니다.

또한 새벽 기도에 대해 말하자면 무조건 새벽 기도를 열심히 하면 신앙이 좋은 것이고 반드시 응답은 오는 것이며 축복은 보장된 것이라고 하는 것입니다. 물론 기도를 하지 말자고 하는 이야기는 아닙니다. 기도는 신앙인이라면 반드시 해야 하고 할 수밖에 없습니다. 그런데 기도를 무엇을 위해 해야 하는지 그리고 그 기도 이후의 일들은 어떻게 정리하여야 하는지를 헤아려 보지 않고 그냥 많이 하고 열심히 하면 복은 따 놓은 당상이라는 식입니다(정성주의). 그리고 성경 연구를 말하자면 어떻게든 많이 공부해서 지식을 축적하고 있으면 고도한 신앙의 경지에 오른 것으로 보고 그렇지 않은 사람은 폄하하고 나아가는 것이 바른 그런 폐단입니다(헬라주의). 이 말씀도 우리가 성경을 볼 필요가 없다 하는 말이 아니지요? 성경을 연구해야 하나님의 뜻을 알아서 하나님 나라 언약 백성으로서 사는 것입니다. 다시 말해서 하나님 나라 백성으로 기도를 왜 하는지? 기도를 했으면 차후에 어떻게 해야 하는 것인지? 그리고 주의 나라 회원으로 성경 공부를 했으면 그 결과는 어떠해야 하고 그 실질은 어떻게 확신 있게 누려 가는지? 등등에 대해 살펴보지 않고 그냥 기도 많이 하면 신앙이 좋고 성경만 붙잡고 있으면 신령한 것으로 여기는 것입니다.

특히 개혁한다고 하는 사람들의 기이한 행태도 많은 문제점을 야기합니다. 다방면에서 다른 이들에 대해 상대적 비평에 불을 뿜으면서 자신부터 철저히 개혁해야 하는 일은 하지 않는 것입니다. 개혁교회 간판을 걸고 개혁신학을 한다고 하고 남들을 가르치려고 하지만 자신은 정작 그 본질 안에 거하지 않는 개혁을 말하여 영적으로 삐쩍 말라비틀어진 형상을 하고 있는 것입니다. 명목상의 개혁 교인들이지요? 이런 자들은 전혀 생명성이 없고 이제 갓 회개하여 새롭게 출발하려는 자들에 대해 장닭이 병아리를 쪼아대듯 하는 것입니다. 이런 자들은 아주 바리새적 교만하여 극에 달한 자들입니다. 이들은 또한 깊은 바다와 같은 남들의 권면은 듣지 않으며 다른 사람은 반드시 내 권면은 들어야 한다고 생각합니다. 자신이 뭐 좀 아는 것이 그저 얕은 물 수준인 것을 모르는 것입니다. 다른 이들의 문제점은 원칙적으로만 말이 앞서서 지적하지만 자신의 융통성 없는 문제점에 대해 지적을 받으면 여지없이 그렇게 말한 자에게 흘기는 눈과 강퍅한 태도를 보입니다. 잠언 13:1에 보면 "지혜로운 아들은 아비의 훈계를 들으나 거만한 자는 꾸지람을 즐겨 듣지 아니하느니라" 했는데 바리새적 교만이 가득하기 때문에 부모의 훈계임에도 불구하고 듣지 않는 것입니다. 자기들 스스로 무엇이든지 다 할 수 있다는 생각이 있는 것입니다. 그러나 이런 교만에서는 다툼만 일어날 뿐입니다(잠 13:10).

심은 대로 거둔다

주님은 이런 자들의 위선을 반드시 드러내시고 책망하십니다. 자기들 스스로 가지고 있는 모든 사상과 신학의 내용을 자기들의 말과 행동으로 진리 앞에 그대로 노출하므로 저들은 핑계할 수 없습니다. 말만 하고 실행치 않은 모든 것이 그대로 드러날 것입니다. 이 땅에서 아니 드러나면 반드시 주님 재림시에 드러나게 되어 있습니다. 이 땅에서 불의한 자들의 불의를 드러내신 주님은 제자들을 권면하시면서 주님 재림시에 반드시 각 사람이 행한 대로 보응을 받을 것을 또한 말씀하셨습니다. 마태복음 16:24-27에 있지요? 그리고 로마서 2:6-8과 갈라디아서 6:7-8도 함께 봅시다.

> 24이에 예수께서 제자들에게 이르시되 아무든지 나를 따라오려거든 자기를 부인하고 자기 십자가를 지고 나를 좇을 것이니라 25누구든지 제 목숨을 구원코자 하면 잃을 것이요 누구든지 나를 위하

여 제 목숨을 잃으면 찾으리라 ²⁶사람이 만일 온 천하를 얻고도 제 목숨을 잃으면 무엇이 유익하리요 사람이 무엇을 주고 제 목숨을 바꾸겠느냐 ²⁷인자가 아버지의 영광으로 그 천사들과 함께 오리니 그 때에 각 사람의 행한 대로 갚으리라(마 16:24-27)

⁶하나님께서 각 사람에게 그 행한 대로 보응하시되 ⁷참고 선을 행하여 영광과 존귀와 썩지 아니함을 구하는 자에게는 영생으로 하시고 ⁸오직 당을 지어 진리를 좇지 아니하고 불의를 좇는 자에게는 노와 분으로 하시리라(롬 2:6-8)

⁷스스로 속이지 말라 하나님은 만홀히 여김을 받지 아니하시나니 사람이 무엇으로 심든지 그대로 거두리라 ⁸자기의 육체를 위하여 심는 자는 육체로부터 썩어진 것을 거두고 성신을 위하여 심는 자는 성신으로부터 영생을 거두리라(갈 6:7-8)

주께서 명료한 말씀으로 자신들의 죄를 지적할 때 돌이켜 회개한다면 더 이상 부러울 것이 없겠지만 그렇지 아니하면 자기들의 스스로의 죄악됨을 그대로 드러내고 말 것입니다. 마태복음 7:21-23의 사람들이 바로 그런 사람들이 될 것입니다.

²¹나더러 주여 주여 하는 자마다 천국에 다 들어갈 것이 아니요 다만 하늘에 계신 내 아버지의 뜻대로 행하는 자라야 들어가리라 ²² 그 날에 많은 사람이 나더러 이르되 주여 주여 우리가 주의 이름으로 선지자 노릇 하며 주의 이름으로 귀신을 쫓아내며 주의 이름으로 많은 권능을 행치 아니하였나이까 하리니 ²³그 때에 내가 저희에게 밝히 말하되 내가 너희를 도무지 알지 못하니 불법을 행하는 자들아 내게서 떠나가라 하리라

제 32 강 아버지의 사역 명령에 대한 두 아들의 비유

형식으로만 주와 함께 하고 그 내면으로는 주님과 상관이 없던 자들이 바로 주님의 이런 심판을 피할 수 없을 것입니다.

하지만 신분상 그리고 내면적으로 세리와 창기와 같은 위치에 있으면서 주님을 일차적으로 부인하고 살았던 자들이라도 주님의 구원의 음성을 듣고 회개하고 돌이킨다면 그 사람은 주님께 열납이 되고 주의 백성들에게 참된 기쁨이 되며 또 그와 같이 돌이킬 위치에 있는 자들에게 좋은 본보기가 될 것입니다.

이 비유에 대한 확대 해석

우리는 이 비유를 구속사의 진전 가운데 2차적으로 확대해서 해석할 수 있겠습니다. 맏아들은 이스라엘이 될 수 있고 둘째 아들은 이방인이 될 수 있다고 이해할 수 있는 것입니다. 바울 사도도 로마서에서 그런 원리의 내용을 증거하였습니다(롬 9:30-33).

그리고 더 나아가 우리 개인의 상태에 대해서도 점검할 수 있는 그런 양면의 비유가 된다는 사실입니다. 히브리서 기자는 구약의 장자에서에 대한 교훈 내용을 신약에 적용하여 말씀했습니다. 같은 원리로 볼 수 있지요? 히브리서 12:15-17을 보겠습니다.

> 15너희는 돌아보아 하나님 은혜에 이르지 못하는 자가 있는가 두려워하고 또 쓴 뿌리가 나서 괴롭게 하고 많은 사람이 이로 말미암아 더러움을 입을까 두려워하고 16음행하는 자와 혹 한 그릇 식물을 위하여 장자의 명분을 판 에서와 같이 망령된 자가 있을까 두려워하라 17너희의 아는 바와 같이 저가 그 후에 축복을 기업으로 받으려고 눈물을 흘리며 구하되 버린 바가 되어 회개할 기회를 얻지 못

하였느니라

나가는 말; 우리가 알아야 할 것

그러면 우리가 이상의 내용을 보면서 알아야 할 것은 무엇인가? 첫째, 우리에게 하나님 명령에 대해 말만하고 행치 않는 바리새적 요소가 없는지 먼저 살펴야 할 것입니다. 그리고 둘째로 과연 세리와 창기처럼 중심으로 회개하여 마음으로부터 주님의 명령을 따르고 있는지 살펴볼 일입니다. 그리고 마지막으로 우리는 실제 그리스도인으로서의 삶에서 높은 마음을 품고 살아가지는 않는가 하는 점검을 하여야 할 것입니다. 세리와 창기 같은 자들이 주 앞에 회개하고 돌아오는 것에 대해 도덕적으로 판단하고 더 나아가 그런 자들을 용납하시는 주님께 대해 불편한 심기를 드러낸다면 그것은 아주 교만한 바리새적 사상에 물든 사람일 것입니다. 자기는 괜찮아서 혹은 주님이 보아줄만한 요소가 자기에게 있어서 주님이 자기를 굉장히 대우해 주는 것처럼 착각하고 스스로 기만하며 살아간다면 그 결국은 주님 앞에 설 때에 자기가 가진 관점을 그대로 노출할 수밖에 없다는 사실을 잘 알아야 할 것입니다. 우리는 세상에서 두 번 보아줄 수 없는 그런 자들이라도 회개하고 돌이키면 기쁨으로 함께 할 줄 아는 자들이 되어야 할 것입니다(눅 15:1-32).

기도

거룩하신 아버지 하나님이시여, 이스라엘 나라의 지도자라고 자처했던 대제사장들과 백성의 장로들과 또 서기관들은 맏아들과 같은 위치에서 아버지 뜻에 순종하겠다고 나섰지만 실질적으로는 아버지의 뜻에 순종하지 않고 살았사옵나이다. 그 바리새인들이 바라봤던 —사람으로 여기지도 아니하고 바라봤던— 세리와 창기들은 자신들의 처지가 감히 아버지의 뜻을 순종할 만한 처지가 아니어서 처음에는 당장에 주의 나라를 위해서 무엇을 해보겠다고 하지는 않았지만 진정 주의 선지자들이 전하는 복음을 전해 듣고 회개하고 돌이켜서 아버지께서 원하는 자리로 나아갔사옵나이다. 주님께서는 구속사 안에서 저들의 행태를 염두에 두시고 오늘 두 아들의 비유를 이렇게 하셨사옵나이다. 자신들의 상태를 보고 돌이킬 수 있는 그런 기회를 다시 한 번 주셨사옵나이다. 이후에 저들의 행적을 보면 바리새인들은 더욱 악하여져서 하나님을 대적하고 주님을 십자가에 못 박는 데에까지 나아갔고 변방에서 저들에게 사람 취급을 받지 못하였던 그런 연약한 자들은 신약의 교회의 일꾼들이 돼서 하나님의 뜻을 이루는 일에 귀한 도구들이 되었사옵나이다. 이런 신앙의 원리들은 그 옛날에만 있었던 것이 아니고 교회의 역사 속에도 분명히 나타났고 우리 가운데에서도 분명히 보일 줄 압니다. 저희들 하나님 앞에서 무엇을 해보겠다고 인간적으로 나서서 보지만 결국 주님의 뜻에 순종하지 못해서 이런 바리새적 위치를 자인하고 나아가는 그런 존재들이 되지 않게 하여 주시옵고 저희 자신들이 세리와 창기처럼 무엇을 할 수 있다고 생각할 수 없지만 아버지 뜻에 순복해서 아버지의 뜻을 이루는 데 귀하게 쓰임 받는 저희 자신들이 다 될 수 있게 하여 주시옵소서. 늘 주님 앞에 겸비한 마음을 가지고 주님의 일하심에 적극 동참해서 주님을 기쁘시게 하는 저희들이 다 될 수 있게 하여 주시옵소서. 진정 한 해 동안, 주께서 허락하시는 새로운 날 동안 섬기는 자로서 나타나서 주님의 그 재창조의 역사가 우리를 통하여서 분명히 증거 되고 확장될 수 있게 하여 주시옵소서. 주님이 명료하게 우리에게 요구한 일들이 있음에도 불구하고 허망하게 세상 것을 탐해서 여전히 듣기만 하고 실행치 아니한다면 저희들은 바리새인들과 같이 또 에서와 같이 제 길로 갈 수밖에 없을 것이옵나이다. 저희들 결코 형제들을 위해 높은 마음을 먹지 않게 하옵시고 겸비한 마음을 가지고 아버지의 뜻에 순종해서 주님께서 십자가에 달리신 본의를 잘 이루어 나아가게 하여 주시옵소서. 주님 앞에서 우리의 진정성이 드러나서 주님께 큰 영광이 되게 하여 주시옵소서. 모든 걸 주께 의탁 드리옵고 감사드리며,

우리 구주 예수 그리스도의 이름으로 기도 올리옵나이다. 아멘.

제 33 강

악한 농부들의 비유

마태복음 21:33-46

들어가는 말

오늘은 악한 농부들의 비유에 대해 보도록 하겠습니다. 이 비유는 마태복음과 마가복음(막 12:1-12), 그리고 누가복음(눅 20:9-19) 모두에 나옵니다. 약간씩 차이가 있어서 많은 논쟁이 있지만 기록한 자의 강조점에 따라 다양하게 나타나는 것이므로 각기 다른 비유들은 전혀 아닙니다. 결코 교회에 의해 각기 다르게 윤색이 된 것이 아닌 것입니다. 이 비유는 구속사 안에서 이스라엘의 패역을 보여주는 말씀이고 현실적으로는 대제사장들과 백성의 장로들, 그리고 서기관들의 죄악을 보여주는 것입니다. 지난주에도 보았지만 이 비유는 주님의 공생애 마지막 고난 주간 화요일에 성전에서 많은 무리들에게 베풀어진 것입니다. 이 비유 앞에 나오는 아버지의 사역 명령에 대한 두 아들의 비유와 뒤에 나오는 임금의 아들의 혼인 잔치 비유들과 한 단락으로 연결되어 있습니다. 그럼 먼저 본문 마태복음 21:33-46을 읽도록 하겠습니다.

³³다시 한 비유를 들으라 한 집주인이 포도원을 만들고 산울로 두르고 거기 즙 짜는 구유를 파고 망대를 짓고 농부들에게 세로 주고 타국에 갔더니 ³⁴실과 때가 가까우매 그 실과를 받으려고 자기 종들을 농부들에게 보내니 ³⁵농부들이 종들을 잡아 하나는 심히 때리고 하나는 죽이고 하나는 돌로 쳤거늘 ³⁶다시 다른 종들을 처음보다 많이 보내니 저희에게도 그렇게 하였는지라 ³⁷후에 자기 아들을 보내며 가로되 저희가 내 아들은 공경하리라 하였더니 ³⁸농부들이 그 아들을 보고 서로 말하되 이는 상속자니 자 죽이고 그의 유업을 차지하자 하고 ³⁹이에 잡아 포도원 밖에 내어쫓아 죽였느니라 ⁴⁰그러면 포도원 주인이 올 때에 이 농부들을 어떻게 하겠느뇨 ⁴¹저희가 말하되 이 악한 자들을 진멸하고 포도원은 제 때에 실과를 바칠 만한 다른 농부들에게 세로 줄지니이다 ⁴²예수께서 가라사대 너희가 성경에 건축자들의 버린 돌이 모퉁이의 머릿돌이 되었나니 이것은 주로 말미암아 된 것이요 우리 눈에 기이하도다 함을 읽어 본 일이 없느냐 ⁴³그러므로 내가 너희에게 이르노니 하나님의 나라를 너희는 빼앗기고 그 나라의 열매 맺는 백성이 받으리라 ⁴⁴이 돌 위에 떨어지는 자는 깨어지겠고 이 돌이 사람 위에 떨어지면 저를 가루로 만들어 흩으리라 하시니 ⁴⁵대제사장들과 바리새인들이 예수의 비유를 듣고 자기들을 가리켜 말씀하심인 줄 알고 ⁴⁶잡고자 하나 무리를 무서워하니 이는 저희가 예수를 선지자로 앎이었더라

주님의 메시야로서의 자아의식과 수난 예고

예수님은 이 비유를 통하여 당신이 하나님의 아들이신 메시야로서의 자아의식과 구약의 예고대로 자신이 이제 역사적으로도 입증된 이

스라엘의 패역에 의하여 수난을 받아 죽으실 것을 예시적으로 드러내셨습니다. 당신이 포도원의 상속자이시고 그 일을 위해 특별하게 세상에 오신 존재라는 사실을 확실히 드러내고 계시며 오히려 악한 농부들은 그 상속자를 죽이고 그 유업을 차지하려고 한다는 것입니다. 그리고 바로 그 악한 농부들이 바로 대제사장들과 서기관들, 백성의 장로들과 그 무리들이다 하는 것을 밝히 보이셨습니다.

어떤 사람들은 이 비유의 구조나 내용이 교회에 의해 각색이 된 것이라 하지만 그것은 합당치 않은 주장입니다. 왜냐하면 방금 본 바와 같이 예수께서 구속사 안에서 자신이 어떤 존재이고 어떤 일을 하는 자인가를 분명히 알고 그리고 당신의 일을 반대하는 자들의 상태를 잘 알아서 이 비유를 말씀하시는 것입니다. 물론 주님은 구약 이사야 5장(시 80: 6-16 참조)의 내용을 염두에 두시고 이 비유를 말씀하신 것입니다. 포도원의 노래로 잘 알려져 있는 1-7절입니다.

이 말씀은 히스기야 개혁 때의 일들인데 백성들은 형식적으로만 참여하여 진정한 열매를 맺지 아니했었습니다. 그때로부터 구속사의 시간이 많이 지나갔지만 예수님 당시인 이때에도 그 옛날의 때와 같은 죄악이 이스라엘에 만연하고 있다는 것을 아시고서 이런 비유의 말씀을 하신 것입니다.

이 비유에 대한 공관 복음서 기자들의 기록 차이

먼저 이 비유에 대한 공관복음서 기자들의 기록 차이가 무엇인지 보도록 하지요? 첫째, 비유 대상에 대해서 보겠습니다. 마태복음에서는 대제사장들과 바리새인들로서 백성의 장로들이 나오고 마가복음에 보면 서기관들이 더하여 있고 누가복음에서는 백성이라 해 놓고 나중에 이 비유가 자기들을 가리킨다고 한 자들은 서기관들과 대제사장들이었다고 했습니다.

이제 비유의 내용 안에 있는 차이점들을 보도록 하지요? 오늘 마태복음 본문에서는 한 집주인이 포도원을 만들고 세를 주고 타국에 갔다고 했는데 마가복음과 누가복음에서는 그냥 한 사람이라고 했습니다. 그리고 마태와 마가복음에서는 포도원을 만들되 산울로 두르고 거기 즙 짜는 구유를 파고 망대를 만들었다고 했는데 누가복음에서는 그냥 대략 포도원을 만들었다고 했습니다. 그리고 누가복음에서는 한 사람이 포도원을 세를 주고 타국에서 오래 있다가 종을 보냈다고 특징적으로 말했습니다.

그리고 마태복음에서는 그 실과를 받으려고 자기 종들을 농부들에게 보냈다고 했는데 마가와 누가복음에서는 포도원 소출 얼마를 받으려고 한 종을 보냈다고 했습니다. 마태복음에서는 소출 전체의 주인이 하나님이시다 하는 것을 강조하였습니다. 그리고 마가와 누가는 종들을 묶어서 말씀했고 마가나 누가복음에서는 차례로 종들을 보낸 것을 말씀했습니다.

그리고 종들을 대한 농부들의 행태에 대해서도 약간의 차이가 있습니다. 마태복음에서는 하나는 때리고 하나는 죽이고 하나는 돌로 쳤다고 했는데 마가복음과 누가복음에서는 심히 때리고 거저 보내고 또 다른 종을 많이(마태복음만) 보내니까 마태복음에서는 이전과 똑같이 했다고 했고 마가복음에서는 머리에 상처를 내고 능욕하였다고 했으며 누가복음에서는 심히 때리고 능욕하고 거저 보냈다고 했습니다. 그리고 또 다른 종을 보냈는데(마가복) 누가복음에서는 세 번째 종이라 하였고 마가복음에서는 죽이고 때리고 죽였다고 했고 누가복음에서는 상하게 하고 내어쫓았다고 했습니다.

제 33 강 악한 농부들의 비유 477

그 다음에 사랑하는 아들을 보낸 것에 대해서는 공관복음서 모두 비슷하게 기록하고 있습니다. 그 주인이 사랑하는 아들을 그 포도원에 보냈는데 악한 농부들이 상속자인 아들을 죽이고 그 유업을 차지하자고 하고 있습니다. 그런데 마태와 누가는 아들을 포도원 밖으로 내어 쫓아 죽였다고 했는데 마가는 죽인 뒤에 포도원 밖으로 내어 던진 것으로 나옵니다. 그러니까 마태와 누가는 예수가 하나님의 포도원인 예루살렘 밖에서 죽임을 당하였다는 것을 강조하여 그렇게 쓴 것입니다(히 13:12-13). 그리고 예수님께서 그런 비유의 말씀을 가지고 사람들에게 그러면 어떻게 해야 하는가를 묻는데 저들은 공통적으로 그 농부들을 진멸하고 포도원을 다른 사람에게 주어야 한다고 하는데 누가복음에서는 한 가지가 추가되어 있습니다. 사람들이 듣고 "그렇게 되지 말아지이다"한 것입니다.

그리고 그 다음에 예수께서 이사야서를 인용하여 말씀하셨는데 마태는 비교적 소상하게 기록하였고 마가는 대략적으로 기록하였으며 누가는 마태와 마가의 절충적인 내용을 기록하였습니다. 마태복음 21:42-44, 마가복음 12:10-11, 그리고 누가복음 20:17-18을 읽겠습니다.

> 42예수께서 가라사대 너희가 성경에 건축자들의 버린 돌이 모퉁이의 머릿돌이 되었나니 이것은 주로 말미암아 된 것이요 우리 눈에 기이하도다 함을 읽어 본 일이 없느냐 43그러므로 내가 너희에게 이르노니 하나님의 나라를 너희는 빼앗기고 그 나라의 열매 맺는 백성이 받으리라 44이 돌 위에 떨어지는 자는 깨어지겠고 이 돌이 사람 위에 떨어지면 저를 가루로 만들어 흩으리라 하시니(마 21:42-44)

¹⁰너희가 성경에 건축자들의 버린 돌이 모퉁이의 머릿돌이 되었나니 ¹¹이것은 주로 말미암아 된 것이요 우리 눈에 기이하도다 함을 읽어 보지도 못하였느냐 하시니라(막 12:10-11)

¹⁷저희를 보시며 가라사대 그러면 기록된 바 건축자들의 버린 돌이 모퉁이의 머릿돌이 되었느니라 함이 어찜이뇨 ¹⁸무릇 이 돌 위에 떨어지는 자는 깨어지겠고 이 돌이 사람 위에 떨어지면 저를 가루로 만들어 흩으리라 하시니라(눅 20:17-18)

그리고 마지막 부분의 기록에서는 마태복음은 대제사장과 바리새인들이 이 비유를 듣고 자기들을 가리킴인 줄 알고 예수를 잡으려 하나 예수를 선지자로 알고 있는 무리를 무서워했다고 했고 마가복음에서는 저희라고 해서 대제사장들과 서기관과 장로들을 가리키며 저들이 무리를 무서워하여 예수를 버려두고 갔다고 했으며 누가복음에서는 서기관과 대제사장들이 그 비유가 자기들을 가리켜 말씀하심인 줄 알고 즉시 잡고자 했으나 백성들을 두려워했다고 했습니다. 그러니까 대제사장들과 바리새인들인 백성들의 장로들과 서기관들이 이 비유가 자기들을 가리킴인 줄 알고 예수를 붙잡으려다가 예수를 예언자로 여기는 무리들 때문에 무서워하여 저를 잡지 못하고 버려두고 떠난 것입니다.

비유의 내용 정리

그러면 이제 이 비유의 내용을 정리해 보도록 하겠습니다. 한 지주에게 농사할 땅이 있었습니다. 그 지주는 그 위에 포도원을 세우려 하였습니다. 그래서 그는 포도나무(어린 묘목이었을 것임)를 심고 주변의 사나운 짐승(멧돼지나 여우; 아 2:15; 시 80:13)들로부터 과수를 지키기 위하여 포도원 주위에 울타리를 쳤습니다. 그리고 그 주인은 구유를 파고 망대도 세웠습니다. 포도 결실에 대해 도둑이나 짐승에 의해 손해 보는 일이 없도록 하기 위하여 만반의 준비를 다한 것입니다. 그리고 포도원을 농부들에게 세로 주었습니다. 보통 어린 묘목을 심었다면 4년 정도 기다려야 결실을 할 수 있습니다. 그러니까 새 포도원은 제5년에야 결실을 하게 되는 것입니다. 그러려면 그동안 지주는 농부들이 쓸 것을 제공하고 포도원을 관리하게 하였을 것입니다.

지주는 그렇게 농부들에게 맡기고 다른 나라로 여행을 갔습니다. 지주가 없는 동안에 책임을 맡은 농부들은 그 포도원에 소출이 잘 되도록 열심히 가꾸어야 했을 것입니다.

이제 지주는 추수기가 다가옴에 따라 그의 하인을 보내어 소득을 거두어 오도록 하였습니다. 그런데 어찌된 셈인지 농부들은 소득을 주기는커녕 그 보내온 종을 때리고 돌로 쳐서 거저 돌려보냈습니다. 소득을 자기들이 독차지 하겠다 하는 표시를 그렇게 한 것이지요? 하는 수 없이 지주는 또 다시 같은 조건을 내세워 하인 하나를 포도원으로 보냈습니다. 이전에 맺은 계약이 담긴 것을 어떻게 복사를 해서 손에 들려 보냈겠지요? 그러나 악한 농부들은 그 악한 심정이 더욱 악하여졌습니다. 그래서 그 하인의 머리를 때리고 심히 능욕하고 빈손으로 돌려보냈습니다. 지주는 다시 한 번 이 악한 농부들의 행태에 대해 분노를 느꼈습니다. 그렇지만 지주는 다시 인내심을 갖고 다음 추수기에 다른 하인을 그 포도원으로 보냈습니다. 물론 소출을 얻기 위해서이지요? 그런데 이번에는 하인들에게 때려 상처를 입히는 것은 물론이요 죽이기까지 하였습니다. 악한 농부들이 이번 일로 아예 포도원까지도 자기들의 것이다 하는 것을 가시화한 것입니다. 사실 세상에서는 이와 같은 예를 쉽게 찾아 볼 수 있는 것은 아닙니다.

지주는 마지막으로 그의 아들을 보냈습니다. 아들을 보낼 때는 그의 권위를 인정하여 순종하기를 바랐겠지요? 그러나 악한 농부들은 이제 한 걸음 더 악으로 치달았습니다. 주인의 아들이 오는 것을 보고 상속자인 그를 죽이고 완전한 소유권을 차지하려 하였습니다. 당시 법을 보면 소작인이 주인 없는 땅을 가질 수 있었습니다. 판사가 그것에 대한 소유권 이전을 해주었습니다. 그처럼 이 악한 농부들은 그런 악한 계산을 하고서 실행에 옮긴 것입니다. 그들은 아들을 죽이되 포도원 밖에서 죽였습니다.

이것으로 지주의 오래 참음은 여기서 끝이 납니다. 예수님은 이제 그 비유를 듣는 자들이 그 악한 농부들에 대한 보응을 어떻게 말하는가를 드러내시려고 너희 생각은 어떠하뇨 하고 질문을 하십니다.

그들은 스스로 자기들의 목에 걸 증거를 댑니다. 악한 자를 진멸하고 포도원은 제때에 실과를 바칠만한 다른 농부들에게 주어야 한다고 대답하였습니다.

그에 대해 예수님은 직접적으로 무리들을 향하여 영상을 옮겨 시편 118:22-23을 연상시키는 말씀을 하셨습니다. "건축자의 버린 돌이 집 모퉁이의 머릿돌이 되었나니 이는 여호와께서 행하신 것이요 우리 눈에 기인한 바로다" 예수께서는 저들이 건축자였지만 하나님 나라 머릿돌이 될 예수님을 버리는 일을 하여 자기들이 한 일을 입으로 스스로 시인한 것에 대한 심판의 말씀을 선고하십니다. "내가 너희에게 이르노니 하나님 나라는 너희는 빼앗기고 그 나라의 열매 맺는 백성이 받으리라. 이 돌 위에 떨어지는 자는 깨어지겠고 이 돌이 사람 위에 떨어지면 저를 가루로 만들어 흩으리라." 이제 그들의 불의로 구속사 안에서의 쓰임새가 다 되었고 그 악한 불의에 대한 심판이 어떻게 되리라는 것을 명백하게 보이시는 것입니다. 안팎으로 피할 데 없이 반드시 심판이 있을 것을 말씀하신 것입니다. 이에 대해서는 이사야 8:13-15에 그 사상이 잘 나타나 있습니다.

> ¹⁴그가 거룩한 피할 곳이 되시리라 그러나 이스라엘의 두 집에는 거치는 돌, 걸리는 반석이 되실 것이며 예루살렘 거민에게는 함정, 올무가 되시리니 ¹⁵많은 사람들이 그로 인하여 거칠 것이며 넘어질 것이며 부러질 것이며 걸릴 것이며 잡힐 것이니라

저들은 주님의 이러한 말씀이 자기들이 그 심판을 받게 될 당사자인 것을 인식합니다. 주님 말씀의 명백한 해부와 분석에 그들이 피할 데가 없는 것입니다. 그리하여 그들은 피할 수 없는 증거를 가지게 되었습니다. 대제사장들과 백성들의 장로와 서기관들은 자기들에게 그 비유가 해당한다고 하였습니다. 그들은 완악한 소작인과 어리석은 건축자입니다. 그들은 포도원 주인을 적대하여 종들과 상속자인 아들을 죽였습니다. 그들은 이제 주님의 예고대로 심판하실 것입니다.

좀 전에도 잠깐 말씀드렸지만 이 악한 농부들에 대한 비유는 이 세상에서 흔히 볼 수 있는 것은 아닙니다. 이 세상에서라면 종들을 보내서 그렇게 나쁘게 모욕을 하고 때리고 죽였다면 이 희대의 악에 대해 주인은 당장에 권력을 동원하여 어떻게 다 처리했을 것입니다. 그러나 주님은 이스라엘의 구속사 안에서의 행태와 현재 저 이스라엘 지도자들의 행태를 다 염두에 두시고 이 독특한 비유의 말씀을 하신 것입니다.

하나님은 어떤 분이신가

이제 이 비유를 통하여 하나님은 어떤 분인가에 대해 상고하도록

하겠습니다. 우리가 이상에서 본대로 이 비유는 우리가 지난 시간에 본 아버지의 사역 명령에 대한 두 아들의 비유와 연결된 것입니다. 포도원에 가서 일하라고 한 비유의 내용과 관련하여 있는 것입니다. 그러니까 이사야서에 나온 대로 하나님의 포도원으로 심기움을 받은 이스라엘은 이 비유에 대해 누구보다도 잘 알 수 있는 내용입니다. 하나님은 어떤 분이시고 그들과는 어떤 관계에 있으며 그 포도원에서 일한다는 것이 어떤 일인가를 이스라엘 지도자들이라면 누구라도 잘 알 수 있는 내용이 되는 것입니다. 결코 어떤 악덕 지주와 같이 소작인들의 노동을 착취하여 자기의 배를 채우는 그런 분이 아닙니다. 오히려 이스라엘은 그 포도원에 심기운 하나님의 기업으로서 그 안에서 일하는 것 자체가 영광이고 즐거움이며 기쁨이 되며 자기의 분복이 되는 것입니다. 그리고 그 거룩한 일을 통하여 메시야를 예비하며 그 일을 통하여 천하 만민이 복을 얻게 하는 제사장의 역할까지도 맡았기에 그들의 존재와 사역의 가치는 큰 것입니다. 다시 말해서 하나님의 자비와 인내는 한없이 큰 것이고 그들이 소유하고 있는 분복도 이 세상 어떤 것과도 견줄 수 없는 것입니다.

이스라엘의 악함

그러나 이스라엘은 하나님의 자비로 그 큰 존재로서 귀한 일을 맡았다는 생각을 잊고 단지 자기의 노동에 가치를 더 크게 두고 그리하여 포도원에서 나는 것은 물론이요 포도원 자체를 소유코자 하는 악을 저지른 것입니다. 그것을 가지면 자기들이 행복하고 그것으로 말미암아 세상적 쾌락을 즐길 수 있다고 생각을 한 것이지요? 그래서 주인이 보낸 종들을 대우하기는커녕 학대하고 모욕하고 능욕을 하며 죽이기까지

하였습니다(렘 20:1-2; 37:15, 왕상 22:34 참조; 대하 24:19-22; 마 23:35-37; 히 11:37). 예레미야와 스가랴의 경우를 잠깐 볼까요? 예레미야 20:1-2과 역대하 24:19-22입니다.

> ¹제사장 임멜의 아들 바스훌은 여호와의 집 유사장이라 그가 예레미야의 이 일 예언함을 들은지라 ²이에 바스훌이 선지자 예레미야를 때리고 여호와의 집 베냐민의 윗문에 있는 착고에 채웠더니(렘 20:1-2)
>
> ¹⁹그러나 여호와께서 선지자를 저에게 보내사 다시 자기에게로 돌아오게 하려 하시매 선지자들이 저에게 경계하나 듣지 아니하니라 ²⁰이에 하나님의 신이 제사장 여호야다의 아들 스가랴를 감동시키시매 저가 백성 앞에 높이 서서 저희에게 이르되 여호와께서 말씀하시기를 너희가 어찌하여 여호와의 명령을 거역하여 스스로 형통치 못하게 하느냐 하셨나니 너희가 여호와를 버린 고로 여호와께서도 너희를 버리셨느니라 하나 ²¹무리가 함께 꾀하고 왕의 명을 좇아 여호와의 전 뜰 안에서 돌로 쳐죽였더라 ²²요아스 왕이 이와 같이 스가랴의 아비 여호야다의 베푼 은혜를 생각지 아니하고 그 아들을 죽이니 저가 죽을 때에 이르되 여호와는 감찰하시고 신원하여 주옵소서 하니라(대하 24:19-22)

그리고 마지막으로 아들까지 죽인 것입니다. 아까도 잠깐 말씀드렸지만 이 비유는 예수님의 죽으심을 미리 예시하신 것입니다. 하나님께서 이 모든 날 마지막에 아들을 만유의 후사로 보내셨는데 이들은 그를 알아보지 못하고 영접하지도 않고 그냥 예루살렘 밖에서 죽일 것입니다. 이렇게 악인들은 은총을 입어도 의를 배우지 않고 정직한 땅에서 불의를 행하며 점점 끝간데없이 멸망으로 나아갑니다. 이사야 26:10입니다.

> ¹⁰악인은 은총을 입을지라도 의를 배우지 아니하며 정직한 땅에서 불의를 행하고 여호와의 위엄을 돌아보지 아니하는도다

참으로 죄악으로 어두워지면 못할 일이 없다 하는 것을 이스라엘 지도자들이 보였습니다. 최상의 것이 타락하면 최악의 것이 되는 것과 같이 저들의 악은 이 세상의 덕성 있는 자들과 비교가 되지 않는 그런 악을 저지른 것입니다. 죄에 대해 무뎌져서 점점 악한 죄악을 저지르는 것입니다. 잠언 4:19입니다.

> ¹⁹악인의 길은 어둠 같아서 그가 거쳐 넘어져도 그것이 무엇인지 깨닫지 못하느니라

하나님의 심판

저들은 과연 어떤 자들입니까? 저들은 자기들이 조상의 죄악에 참여하고 있으면서도 자기들이 그때에 있었다면 선지자들을 잘 대우하였을 것이라는 교만을 보이는 자들이었습니다. 주님은 저들에게 참으로 오래 참으시면서 돌이키기를 선포하셨지만 저들이 그 교만한 목을 늘어뜨리고 대항하고 죽이려고 계속 음모를 꾸미는 것을 보시고 저들에게 회개 대신 심판을 선언하셨습니다. 마태복음 23:29-36입니다.

> ²⁹화 있을진저 외식하는 서기관들과 바리새인들이여 너희는 선지자들의 무덤을 쌓고 의인들의 비석을 꾸미며 가로되 ³⁰만일 우리

가 조상 때에 있었더면 우리는 저희가 선지자의 피를 흘리는데 참여하지 아니하였으리라 하니 ³¹그러면 너희가 선지자를 죽인 자의 자손 됨을 스스로 증거함이로다 ³²너희가 너희 조상의 양을 채우라 ³³뱀들아 독사의 새끼들아 너희가 어떻게 지옥의 판결을 피하겠느냐 ³⁴그러므로 내가 너희에게 선지자들과 지혜 있는 자들과 서기관들을 보내매 너희가 그 중에서 더러는 죽이고 십자가에 못 박고 그 중에 더러는 너희 회당에서 채찍질하고 이 동네에서 저 동네로 구박하리라 ³⁵그러므로 의인 아벨의 피로부터 성전과 제단 사이에서 너희가 죽인 바라갸의 아들 사가랴의 피까지 땅 위에서 흘린 의로운 피가 다 너희에게 돌아가리라 ³⁶내가 진실로 너희에게 이르노니 이것이 다 이 세대에게 돌아가리라

이제 저들의 구속사 안에서의 일은 저들이 스스로 말한 대로 열매 맺는 백성들이 차지하게 될 것입니다. 저들이 하겠다 하고 하지 않은 일로 인하여 이제는 하나님의 일에 관계없이 살던 자들이었지만 주의 말씀 앞에 부복하는 이들에게 모든 복이 넘어가게 되었습니다.

저들은 타는 정욕에 의한 증오심으로 주님이 예고하시고 그들 스스로 말한 대로 구속사의 절정의 국면에서 예수님을 십자가에 죽이고 맙니다. 하나님의 구속 계획 안에서 자신들이 시인하여 말한 대로 연출하는 일을 한 것입니다. 당장은 무리가 무서워 잡지 못하지만 이제 며칠 후면 그들은 이 일을 이룰 것입니다. 그리하여 구속사 안에서 그들의 역할이 끝나고 이방인들에게로 그것이 넘어가게 됩니다. 로마서 11:17-22에서 사도 바울이 이에 대해 잘 기록하였습니다.

¹⁷또한 가지 얼마가 꺾여졌는데 돌감람나무인 네가 그들 중에 접붙

임이 되어 참감람나무 뿌리의 진액을 함께 받는 자 되었은즉 18그 가지들을 향하여 자긍하지 말라 자긍할지라도 네가 뿌리를 보전하는 것이 아니요 뿌리가 너를 보전하는 것이니라 19그러면 네 말이 가지들이 꺾이운 것은 나로 접붙임을 받게 하려 함이라 하리니 20 옳도다 저희는 믿지 아니하므로 꺾이우고 너는 믿으므로 섰느니라 높은 마음을 품지 말고 도리어 두려워하라 21하나님이 원 가지들도 아끼지 아니하셨은즉 너도 아끼지 아니하시리라 22그러므로 하나님의 인자와 엄위를 보라 넘어지는 자들에게는 엄위가 있으니 너희가 만일 하나님의 인자에 거하면 그 인자가 너희에게 있으리라 그렇지 않으면 너도 찍히는 바 되리라

그리고 주님의 심판에 대한 말씀은 일차적으로 주후 70년에 이스라엘은 핑계할 수 없이 그대로 경험하게 됩니다.

나가는 말;

그러면 우리가 이상의 내용을 보면서 알아야 할 것은 무엇인가? 우리는 우리가 과연 주님의 포도원에 거하는 자들로 그에 합당하게 소출을 내고 있는지 그리고 그 소출을 그리스도께 드리려고 하는지 잘 헤아려 보아야 할 것입니다. 우리가 여러 가지 주변 환경의 어려운 여건으로 인하여 마땅히 내어야할 열매를 맺지 못한다면 아니 됩니다. 그리고 자기의 수고와 노력에 비중을 두고 하나님의 기업을 차지하려고 해서는 아니 될 것입니다. 그리하면 우리가 말한 대로 그것이 우리에게 화살이 되어 꽂히게 될 것입니다. 주님은 우리가 순복하는 삶을 살지 않을 경우 돌들이라도 들어서 아브라함의 자손이 되게 하실 것입니다.

우리는 적극적으로 하나님께서 거둘 내용들을 차서있게 누려서 하나님께 큰 영광이 되게 하여야 할 것입니다.

기도

거룩하신 아버지 하나님, 주님께서는 이스라엘을 사랑하여 주셔서 저들을 애굽에서 건져 가나안에 포도나무로 심으시고 포도원 지기들로 그것을 잘 가꾸도록 하셨사옵나이다. 하오나 저들은 주님께서 수단으로 주신 것을 차지하기 위해서 주의 율법에 불순종하였고 주께서 수시로 언약의 수호자로 선지자들을 보내 그것을 각성시켰지만 그들을 때리고 옥에 가두고 심지어 죽이기까지 하였사옵나이다. 이제 때가 돼서 하나님께서 아들, 독생자 예수 그리스도를 이 땅에 보내셨지만 상속자를 죽이고 그 기업을 다 차지하고자 악랄한 행태를 보였사옵나이다. 저들이 자기들의 입으로 말한 그 상황 속에 들어가서 메시야를 죽이고 그 기업을 차지하려고 하였사옵나이다. 그 일로 인해서 이제 저들은 버림을 받아 이방인들이 하나님 나라에 접붙임을 받게 되는 일들이 생기게 되었사옵나이다. 이 바리새적인 악한 농부들의 일들은 과거에만 있었던 것이 아니고 오늘날에도 그대로 재현될 수 있다는 것을 분명히 저희들이 보옵나이다. 우리가 하나님의 큰 구원을 받아 누린다고 하고서도 포도원 농부로서의 일을 하지 아니하는 모습들이 있는 것입니다. 주 앞에서 가장 주력해야 할 일에 주력하지 아니하고 개인의 삶에 빠지고 주께서 수단으로 주신 것을 자기의 행복의 수단으로 삼으려고 하는 그런 일들이 있는 것입니다. 초점이 하나님 나라에 있지 아니하고 하나님께서 목표하신 일에 있지 아니해서 향방 없이 신앙생활을 하고 선한 결실을 하지 못하는 그런 신앙생활을 하옵나이다. 거룩하신 아버지 하나님, 주께서 이즈음에 저희들에게 이 말씀을 다시금 들려 주시는 그 뜻을 저희들이 잘 기억해서 각성해서 소수라도 주님이 원하시는 사회를 잘 누리고 살아가게 하옵소서. 주께서 주신 은사를 가지고 주의 나라의 확장과 그 완성을 위해서 애써서 힘쓰게 하여 주시옵소서. 하나님의 거룩한 말씀, 구속사 안에서의 그 위대한 비유들을 다 보고도 남의 일처럼 생각하고 다시 집으로 돌아가서 잊고 개인에 매이게 되면 장래를 알 수 없는 그런 상황 가운데 들어가고 말 것이옵나이다. 거룩하신 아버지 하나님, 주님의 엄위하심을 저희들이 늘 살펴서 주님 안에서 살 길을 찾고 나아가게 하옵시고 주님 앞에서 결실 되는 일들을 힘써서 노력하고 살아가게 하옵소서. 그 일은 저희들이 모였을 때에나 흩어졌을 때에나 동일하게 할 수 있는 그런 것들이옵나이다. 주의 말씀과 성신을 의지해서 주께서 원하시는 열매를 잘 맺어 주님께 기쁨을 드리게 하옵소서. 모든 말씀,

우리 구주 예수 그리스도의 이름으로 기도 올리옵나이다. 아멘.

제 34 강

왕자의 혼인 잔치 비유

마태복음 22:1-14

들어가는 말

오늘은 왕자의 혼인 잔치 비유에 대해 보도록 하겠습니다. 이와 유사한 비유가 누가복음에도 나옵니다(눅 14:16-24). 그것은 시기적으로 오늘 마태복음의 비유와 몇 달의 차이가 있고 장소도 베레아 지방에서 된 것입니다. 그러니까 오늘 본문의 비유와는 현저히 다른 비유가 됩니다. 오늘 본문의 비유는 예수님 공생애 마지막 주간에 베푸신 것이지요? 십자가에 달리시기 불과 3일 전이 됩니다. 고난 주간 화요일에 된 일입니다.

지난번에도 말씀드렸지만 왕자의 혼인 잔치 비유는 아버지의 사역 명령에 대한 두 아들의 비유와 악한 농부들의 비유에 이어서 하신 비유입니다. 주님께서는 이 세 가지의 비유를 통하여 하나님의 뜻을 거스르고 상속자인 아들을 죽음으로 내모는 바리새인들의 악의와 임금이 열어 놓은 잔치에 초대를 받고도 가지 않는 자들이 곧 어떤 심판을 받게 될 것인가를 이 비유들을 통하여 나타내 보이시는 것입니다.

그동안 예수께서 계속해서 저들에 대해 오래 참으시면서 천국 복음을 말씀과 행동으로 가르치셨지만 바리새인들은 그릇된 전통과 부패한 육신의 요구를 좇아 더욱 악하게 그 악을 쌓아 나아왔습니다. 그래서 이제는 더 이상 저들에게 회개의 시간은 얼마 남지 않았고 더 이상 구속사 안에서의 역할이 남지 않았으며 속히 심판이 임할 것을 예수께서 이 비유의 말씀들로 선언을 하시는 것입니다. 그럼 먼저 본문 마태복음 22:1-14을 읽도록 하겠습니다.

1예수께서 다시 비유로 대답하여 가라사대 2천국은 마치 자기 아들을 위하여 혼인 잔치를 베푼 어떤 임금과 같으니 3그 종들을 보내어 그 청한 사람들을 혼인 잔치에 오라 하였더니 오기를 싫어하거늘 4다시 다른 종들을 보내며 가로되 청한 사람들에게 이르기를 내가 오찬을 준비하되 나의 소와 살진 짐승을 잡고 모든 것을 갖추었으니 혼인 잔치에 오소서 하라 하였더니 5저희가 돌아보지도 않고 하나는 자기 밭으로, 하나는 자기 상업차로 가고 6그 남은 자들은 종들을 잡아 능욕하고 죽이니 7임금이 노하여 군대를 보내어 그 살인한 자들을 진멸하고 그 동네를 불사르고 8이에 종들에게 이르되 혼인 잔치는 예비되었으나 청한 사람들은 합당치 아니하니 9사거리 길에 가서 사람을 만나는 대로 혼인 잔치에 청하여 오너라 한대 10종들이 길에 나가 악한 자나 선한 자 만나는 대로 모두 데려오니 혼인 자리에 손이 가득한지라 11임금이 손을 보러 들어올새 거기서 예복을 입지 않은 한 사람을 보고 12가로되 친구여 어찌하여 예복을 입지 않고 여기 들어왔느냐 하니 저가 유구무언이어늘 13임금이 사환들에게 말하되 그 수족을 결박하여 바깥 어두움에 내어 던지라 거기서 슬피 울며 이를 갊이 있으리라 하니라 14청함을

받은 자는 많되 택함을 입은 자는 적으니라

독특한 비유

　방금 본 비유의 말씀은 성격상 일반적인 상황보다 특수한 면들이 있습니다. 이 비유는 실제의 세계에서 있음직한 것이 아니고 문학적인 양식으로 보아도 비약적인 내용이 있는 것입니다. 다소 풍유적인 내용도 들어 있는 것입니다. 물론 풍유적으로만 해석한다면 잘못된 것입니다. 그러면 신부는 누구인가에 대한 내용이 나오지 않는 것에 대한 답이 없는 것입니다.
　어쨌든 일반적으로 유대 사회에서 사람들을 잔치에 초청하고자 할 때에는 미리 한 번 생각하도록 초청의 말씀을 전합니다. 그리고 나서 잔치가 임박한 경우에 또 한 번 정중히 몇 월 며칠 몇 시에 그 잔치에 오십사 하고 초청을 합니다. 사정이 생겨서 못 가게 된다면 이때 그 사정을 이야기하고 통보를 하는 것입니다. 이런 일로 인하여 유대 사람 중에는 세 번 초청하지 않으면 가지 않으려는 자도 있었다고 합니다.
　그런데 오늘 본문의 말씀을 보면 임금이 자기 아들의 혼인 잔치를 준비하고서 청할 사람들을 부르는 것입니다. 그러니까 그런 엄위로운 임금의 청을 함부로 개인적인 핑계를 대고 가지 않는다는 것은 통상적으로 있을 수 없는 일입니다. 주님은 유대인들이 메시야 왕국을 가지고 온 하나님의 큰 선지자에게 잘못 행동하는 것을 염두에 두고 이 천국 비유를 하시는 것입니다. 일상적으로는 있을 수 없는 일을 유대인들이 저지르고 있다는 것을 이 비유로 말씀하신 것입니다.

구조와 내용 구분

이제 본문의 구조와 내용 구분을 하도록 하지요? 본 비유의 말씀은 세 부분으로 되어 있습니다.

첫째는 1-7절입니다. 한 임금의 아들의 혼인 잔치에 일차로 거절했던 청함을 받은 사람들을 그날이 가까이 옴에 따라 재차 초청을 하였는데 그들이 각기 자기들의 이유를 내세워 거절하고 가버렸습니다. 하나는 자기 밭으로 가버렸고 하나는 상업 차 가버렸으며 다른 남은 사람들은 임금이 보낸 종들을 잡아 능욕하고 죽였습니다. 그래서 임금이 노하여 더 이상 참지 않고 군대를 보내어 그 살인한 자들을 진멸하고 그 동네를 불살랐습니다.

둘째는 8-10절입니다. 그러고 난 뒤에 임금은 종들을 다시 불렀습니다. 기왕에 벌일 혼인 잔치에 다른 사람들을 불러오게 하였습니다. 처음에 청한 사람들이 합당치 아니했으므로 사거리의 길에 나아가 사람을 만나는 대로 혼인 잔치에 오도록 종들에게 지시하였습니다. 종들은 나가서 악한 자나 선한 자나 가릴 것 없이 - 명성이 있는 자나 그렇지 아니한 자나 그 잔치에 오도록 하였습니다. 그래서 그 혼인 잔치에 사람들이 가득 차 붐비게 되었습니다.

셋째는 11-14절입니다. 임금이 그 잔치에 온 손님들을 보려고 들어왔습니다. 그런데 거기에 예복을 입지 않고 들어온 한 사람이 있었습니다. 그래서 그에게 임금이 말했습니다. '친구여! 어찌하여 예복을 입지 않고 여기 들어왔느냐?' 그러니까 그 사람은 입이 있어도 할 말이 없었습니다. 보통 임금의 잔치에 초청을 받으면 그 자리에 오기 전에 미리 준비된 예복으로 갈아입고 들어오도록 조치를 취하는데 어찌된 일인지 이 사람은 그 희고 깨끗한 예복을 입지 않고 그냥 들어왔고 그러니 이 사람은 달리 말할 변명이 없었습니다. 임금은 사환들에게 말했습니다. '그 예복을 입지 않고 임금을 모욕한 그 사람의 손발을 결박하여 바깥 어두움에 내어 던지라. 그 사람은 거기서 슬피 울면서 이를 갈게 될 것이다.' 이것을 보면 이 비유가 개괄적이고 비약적이다 하는 것을 알 수 있습니다. 왜 예복을 안 입었는지 별안간 바깥 어두움에 내어 던지는 것이 무엇인지 알 수 없고 시간적으로도 오찬의 시간에 바깥 어두움에 내어 던지라는 것이 바로 그것입니다. 물론 그렇다고 해서 우리가 그에 대해 추론할 수 없는 내용은 아닙니다. 아무튼 주님은 최종적으로 앞의 구절에 대한 실제적인 설명을 하는데 청함을 받은 사람은 많지만 택함을 입은 자는 적다고 하셨습니다. 천국에 대한 거룩한 도리 하나를 분명하게 일깨우시는 말씀이지요?

누가복음의 큰 잔치 비유와의 차이

여기서 잠깐 누가복음에 나오는 큰 잔치 비유와 오늘 본문의 비유의 차이가 무엇인지 살펴보도록 하겠습니다.

아까도 말씀드렸지만 본문의 비유는 예수님 고난 주간 화요일에 성전에서 된 것이고 누가복음의 큰 잔치 비유는 베레아 지방에서 한 안식일 오찬 시간에 한 이름 있는 바리새인 집에 모인 사람들에게 교훈을 가르치실 때 한 사람이 '무릇 하나님의 나라에서 떡을 먹는 자는 복되도다.' 하며 자신도 그 떡을 먹을 것같이 이야기하자 예수님은 그 사람이 과연 떡을 먹을 수 있는 자인지 그 신실함을 시험하려고 이 말씀을 하신 것입니다.

비유의 내용에서도 서로 차이가 많은데 오늘 본문의 비유에서는 임금이 그 아들의 혼인 잔치를 베풀고 사람을 청한 것으로 나오지만 누가복음에서는 어떤 한 사람이 큰 잔치를 배설했다고 했습니다.

그리고 청함을 받은 사람들이 못 오겠다고 한 대답에서도 차이가 있지요? 마태복음에서는 밭을 샀기 때문에 그리고 상업 차 못 오겠다고 했는데 누가복음 큰 잔치 비유에서는 밭을 샀기 때문에 그리고 소를 사서 시험을 해야 하므로 그리고 장가를 들었으므로 못 가겠다고 했지요?

그리고 종들이 돌아와서 그에 대한 보고를 할 때에 주인이 다시 명령을 내리는 부분에서도 다른 점이 있습니다. 마태복음에서의 내용에서보다 누가복음의 내용은 좀 더 구체적이라 할 수 있습니다. 시내의 거리와 골목으로 나가서 가난한 자들과 병신들과 소경들과 저는 자들을 데려오라 한 것입니다.

그리고 마태복음에서는 한 번에 그렇게 길로 나아가 사람들을 데리고 오니까 그 잔치에 손님이 가득했다고 했는데 누가복음에서는 아직 빈자리가 있으므로 길과 산울가로 나아가 강권하여 데려다가 내 집을 채우라는 말씀이 있습니다.

그리고 마지막으로 마태복음에서는 예복을 입지 않은 자에 대한 심판이 나오는데 누가복음에서는 청하였던 그 사람은 내 잔치를 맛보지 못할 것이라는 것으로 마무리가 됩니다. 그러니까 두 비유는 시기적으로 장소적으로 그리고 내용적으로 주제는 같으나 배경이 분명히 다른 비유입니다.

동일한 점

그러나 두 비유가 다르다고 해도 같은 점이 전혀 없는 것이 아닙니다. 두 비유 모두 공통적으로 한 대상을 염두에 두고 하신다는 것입니다. 누가복음에서는 바리새인들이고 마태복음으로서는 유대 지도자들입니다. 더 나아가면 이스라엘 민족 전체도 포함될 것입니다. 저들은 주님의 선한 일에 대해 그들의 불의가 자꾸 드러나게 되므로 그리고 자기들의 자리가 위태롭다는 것을 인식하고 예수님에 대해 죽음으로 내몰려는 음모를 가지고 있었습니다. 주님은 그러한 자들에게 이 왕자의 혼인 잔치 비유를 하신 것입니다.

해석

이제 오늘 비유의 말씀에 대한 해석을 보도록 하지요? 다시 말하지만 주님은 이 비유를 통하여 유대 지도층에 있는 자들의 죄와 이스라엘 범죄자들에 대한 심판의 어떠함, 그리고 새로운 구속사의 진행 가운데 나타날 일에 대해 암시적으로 예시하고 있습니다. 아까도 말씀드렸지만 이 비유는 풍유적인 면이 있지만 비유 전체를 풍유적으로 볼 수는 없습니다. 그렇게 하기에는 무리가 있는 부분이 너무 많습니다. 아무튼 주님은 이 비유로 천국의 도리에 대해 말씀하시고자 하십니다. 이제 그에 대한 해석을 보도록 하겠습니다.

하나님께서 그 천국 잔치인 아들의 혼인 잔치를 예비하시고 먼저 청할 사람들을 불렀습니다. 그 영광스러운 잔치에 청함을 받은 사람들은 물론 유대 민족입니다. 특히 유대 민족을 대표하고 앞장서는 자들이 지금 그 대상입니다.

그런데 그들은 인간적이고 육신적인 핑계를 대고 하나님의 귀한 초청을 거절하였습니다. 분복으로 받은 자기네들의 일상생활을 유지하는 것이 하나님으로부터 귀한 청함을 받아 선물을 가지고 그 아들의 혼인 잔치에 가서 그 선포를 법적으로 승인하고 내적으로 확인하는 일보다 더 급하고 중요하다고 생각을 한 것입니다. 하나님으로부터 수단으로 받은 기득권을 수호하기 위해 정작 목적이 되는 하나님의 명령을 배반하는 짓을 한 것입니다. 한 마디로 귀한 초청을 거절하여 자기들의 불의함을 가리고 의를 대적하는 일을 서슴없이 한 것입니다.

사실 하나님께서 뭐가 부족해서 저들로부터 무엇을 얻고자 하는 잔치가 아닙니다. 오히려 청함을 받은 사람에게 큰 유익이 되고 영광이 되고 기쁨이 되는 잔치입니다. 하나님과 거룩한 교통을 이루고 친밀함을 더하여 그 영광에 가담한 자로서 확인할 수 있는 그런 잔치인 데에도 불구하고 저들은 거절하였고 심지어 저들 중 어떤 자들은 임금으로부터 보냄을 받은 종들을 능욕하고 죽이기까지 했습니다(대하 30:1-10; 마 23:15 참조). 이들의 이런 괴악한 행동들은 구속사 안에서 이미 있었던 일이고 이제도 있는 일이고 앞으로도 있을 일입니다. 그러니까 예수께서는 역사적으로 저들이 이전에 그런 소식을 알린 종들을 죽였고 이제 상속자인 아들도 죽이려고 하는 당사자들이라는 것을 이 비유로써 밝히 보이시는 것입니다.

이제 하나님은 저들의 이 악에 대해 심판하려 하십니다. 군대를 보내어 그 살인자들을 진멸하고 그 도시를 불태워 버리고자 하시는 것입니다. 이제는 소멸하는 불이시고 질투의 하나님으로서 더 이상 저들을 청하는 일을 그치시고 그에 대한 응분의 벌을 받도록 하시는 것입니다. 언제 이 일이 있는 것인지 언급이 없지만 하나님의 거룩한 공의가 반드시 시행된다는 것을 보이시는 것입니다. 추측컨대 이것은 이제 주후 70년 예루살렘의 멸망으로 성취가 될 것입니다.

이제 하나님은 저들이 예비된 아들의 혼인 잔치에 적합하지 않다는 것을 아신 것입니다. 물론 하나님께서 이때가 되어서야 비로소 아신 것이 아니지요? 오래 참으시면서 저들을 끊임없이 청하였지만 저들이 계속해서 거부하였으므로 그 악에 대해 심판하시고 더 이상 저들을 부르는 일을 하지 않으시고 그치시겠다는 것입니다. 그래서 하나님은 아무나 불러오도록 하였습니다. 지위 고하를 물론하고 그리고 인종을 초월하여 사람들을 그 아들의 혼인 잔치로 부르시는 것입니다. 그렇게 해서 세리나 죄인들, 그리고 이방인들까지도 임금의 아들의 잔치에 들어오게 되었습니다. 하나님이 잔치를 연 목적을 알고 그 나라의 능력을 체험하며 그 안에서 참다운 기쁨을 누리게 하기 위해서 그런 자들을 부르신 것이지요?

하나님께서는 이미 그 아들의 혼인 잔치에 들어오는 자들이 마땅히 입어야 할 예복이 무엇인지를 종들에게 가르쳐 주셨고 종들은 그렇게 그 예복을 어떻게 입고 어떤 자세를 가지고 있어야 하는가를 사람들에게 가르쳤습니다. 하나님이 준비하신 의의 옷을 입고 그 혼인 예식에 참여해야 할 것을 가르치셨겠지요? 그 옷은 저들의 부족과 허물을 가리는 옷이 될 것입니다. 그들이 어떤 자들이었는지를 다 가리워 주는 그런 옷인 것입니다. 요한 계시록에 보면 깨끗한 세마포를 입은 의인에 대해 기록하고 있습니다. 그 희고 깨끗한 옷은 하나님이 그의 백성에게 준 의를 상징하는 것입니다(계 3:4, 5, 18; 19:8). 이는 물론 그리스도께서 구속하셔서 입혀주신 의의 옷을 가리키는 것이겠지요?(롬 13:14) 장자와 탕자의 두 아들의 비유에서 보이듯이 하나님이 예비하시고 입히시려는 옷은 지나간 모든 죄를 용서하는 옷입니다. 그러니까 회개와 사유와 의로움을 상징하는 옷이 이 예복이 되는 것입니다. 대부분이 이 혼인 잔치에 이 옷을 입고 들어왔을 것입니다.

하지만 종들의 주지에도 불구하고 그 예복을 입지 않고 그 잔치에 들어온 한 사람이 있었습니다. 하나님은 그에 대해 친구여! 왜 예복을 입지 않고 잔치에 들어왔느냐 하고 말씀하셨습니다. 그 사람은 할 말이 없었습니다. 분명히 그에 대해 들었었기 때문이겠지요. 그러나 이 사람이 왜 안 입었는지에 대해서는 나오지 않습니다. 아마 종들의 가르침에 집중하지 않았거나 그냥 들어간다고 해서 뭐 잘못되겠느냐 하는 안이한 심정이나 기타의 다른 이유로 그랬던 것 같습니다. 그러니까 이 사람은 회개에 대해 그냥 입술로만 했거나 아니면 의를 힘입어야 하는 것에 대해 나름대로 어렵게 생각하고 그냥 간단하게 형식으로 처리하고 들어왔거나 성부의 뜻을 행하는 것에 대해 게을리 하며 그저 자기의 옛 생각으로 인간적인 관계를 가지고 그렇게 한 것 같습니다. 그저 쉽게 예수 믿고 구원받아 천국에 가면 되지 않나 한 것이나 그저 인간적인 열심으로 자기 의를 쌓으면 되지 않겠나 한 것입니다. 물론 이것으로 예수 믿는 것이 어렵다는 말이 아닙니다. 자기 의로 구원을 얻으려는 것으로는 어렵다는 것이지요? 과연 이 예복을 입지 않은 사람은 주께서 예비하신 구원의 조건과 절차를 전적으로 계시에 의존하여 차서 있게 누린 것이 아니고 그저 대강 처리하고 그것을 근거로 하여 구원을 받으려고 한 것입니다.

그래서 하나님은 그 사람을 심판하십니다. 그 사람의 수족을 결박하여 바깥 어두움에 내어 던지라고 사환들에게 시키셨습니다. 하나님을 욕보이고 뻔뻔하게 산 자는 하나님과는 상관이 없는 곳으로 보내지는 것입니다. 거기서 슬피 울며 이를 갈 것이 있을 것입니다. 부자와 나사로 비유에서 부자가 받았던 고통을 받게 되겠지요? 그리스도 안에서 회개를 하고 믿음을 가진 사람들은 하나님과의 깊은 관계 가운데 들어가지만 그렇지 않은 자들은 바로 이렇게 구더기도 죽지 않고 풀무불의 고통을 받아야 하는 그런 곳으로 가서 영원토록 고통을 받게 될 것입니다.

주님은 결론적으로 청함을 받은 자는 많되 택함을 입은 자는 적다고 하셨는데 어떤 지위에 있고 어떤 인종이라 할지라도 그리스도 안에서 회개를 하고 용서를 받으며 믿음을 가진 자들이 바로 예복을 입은 자로서 택함을 받은 사람들이라는 것을 말씀하시는 것이며 먼저 청함을 받았지만 그 온전한 회개와 의를 힘입지 못한 사람들은 결코 택함을 받지 못한 사람이라는 것을 역설적으로 나타내시는 것입니다. 행위대로 사람을 선택한 것은 아니지만 택함을 받은 자가 순종의 삶으로써 그것을 입증하게 될 것이라는 말씀을 역으로 하시는 것입니다. 하나님의 선택과 부르심의 초청과 그에 따른 행위의 반응이 어떤 상관관계가 있는가를 알아볼 수 있게 하는 말씀입니다. 많은 사람이 부르심을 받지만 생명으로 인도하는 문은 좁고 길이 협착하여 그것을 찾는 이가 적다는 것을 아시고서 (마 7장) 이렇게 청함을 받은 사람은 많지만 택함을 입은 자는 적다고 말씀하시는 것입니다.

혼인 잔치

주님은 그간에 당신이 이 세상에 계시고 당신을 따르는 자들은 늘 함께 당신과 생활하는 그것을 혼인 잔치에 비유하셨습니다. 마태복음 9:14-17에 그것이 나오지요? 여기서는 이미 혼인 잔치가 시작되고 있음을 보이신 것입니다.

> 14그 때에 요한의 제자들이 예수께 나아와 가로되 우리와 바리새인들은 금식하는데 어찌하여 당신의 제자들은 금식하지 아니하나이까 15예수께서 저희에게 이르시되 혼인집 손님들이 신랑과 함께 있을 동안에 슬퍼할 수 있느뇨 그러나 신랑을 빼앗길 날이 이르리니 그 때에는 금식할 것이니라 16생베 조각을 낡은 옷에 붙이는 자가 없나니 이는 기운 것이 그 옷을 당기어 해어짐이 더하게 됨이요 17새 포도주를 낡은 가죽 부대에 넣지 아니하나니 그렇게 하면 부대

가 터져 포도주도 쏟아지고 부대도 버리게 됨이라 새 포도주는 새 부대에 넣어야 둘이 다 보전되느니라

이는 사실 구약에 신랑과 신부의 관계로 표시된 하나님과 교회와의 관계가 그리스도 안에서 일차적으로 성취되어 나아가는 것입니다. 이제는 주 여호와의 신이 임하면 만방에 이런 일이 일어날 것입니다. 이사야 61:1, 9-10입니다.

> ¹주 여호와의 신이 내게 임하셨으니 이는 여호와께서 내게 기름을 부으사 가난한 자에게 아름다운 소식을 전하게 하려 하심이라 나를 보내사 마음이 상한 자를 고치며 포로된 자에게 자유를, 갇힌 자에게 놓임을 전파하며(사 61:1)
> ⁹그 자손을 열방 중에, 그 후손을 만민 중에 알리리니 무릇 이를 보는 자가 그들은 여호와께 복 받은 자손이라 인정하리라 ¹⁰내가 여호와로 인하여 크게 기뻐하며 내 영혼이 나의 하나님으로 인하여 즐거워하리니 이는 그가 구원의 옷으로 내게 입히시며 의의 겉옷으로 내게 더하심이 신랑이 사모를 쓰며 신부가 자기 보물로 단장함 같게 하셨음이라(사 61:9-10)

그런데 사도 요한은 이 어린양의 혼인 잔치에 청함을 받은 자들이 복되다는 말씀을 계시로 받았습니다. 요한계시록 19:4-10입니다. 여기를 보면 아직 그 어린양의 혼인 잔치가 완전하게 오지 않았다는 것을 나타냅니다.

> ⁴또 이십사 장로와 네 생물이 엎드려 보좌에 앉으신 하나님께 경배

하여 가로되 아멘 할렐루야 하니 **5**보좌에서 음성이 나서 가로되 하나님의 종들 곧 그를 경외하는 너희들아 무론 대소하고 다 우리 하나님께 찬송하라 하더라 **6**또 내가 들으니 허다한 무리의 음성도 같고 많은 물소리도 같고 큰 뇌성도 같아서 가로되 할렐루야 주 우리 하나님 곧 전능하신 이가 통치하시도다 **7**우리가 즐거워하고 크게 기뻐하여 그에게 영광을 돌리세 어린 양의 혼인 기약이 이르렀고 그 아내가 예비하였으니 **8**그에게 허락하사 빛나고 깨끗한 세마포를 입게 하셨은즉 이 세마포는 성도들의 옳은 행실이로다 하더라 **9**천사가 내게 말하기를 기록하라 어린 양의 혼인 잔치에 청함을 입은 자들이 복이 있도다 하고 또 내게 말하되 이것은 하나님의 참되신 말씀이라 하기로 **10**내가 그 발 앞에 엎드려 경배하려 하니 그가 나더러 말하기를 나는 너와 및 예수의 증거를 받은 네 형제들과 같이 된 종이니 삼가 그리하지 말고 오직 하나님께 경배하라 예수의 증거는 대언의 영이라 하더라

그러니까 먼저 청함을 받은 이스라엘은 그리스도 안에 도래한 잔치 가운데 제 일을 하지 못하여 일차로 심판을 받았고 그리고 그 혼인 잔치가 그리스도 안에 온 것을 알고 회개와 의에 대한 합당한 조건을 충족한 택함을 받은 이방인들은 참된 기쁨과 평강을 누렸으며 그들은 장차 그 궁극적인 혼인 잔치의 자리에 나아가 참예하는 자들이 될 것입니다.

나가는 말

그러면 우리가 이상의 내용을 보면서 알아야 할 것은 무엇인가? 우리는 구속 역사 안에서 이러한 교훈을 바로 받아서 불쌍한 처지에서라

도 두 번째로 그 혼인 잔치에 청함을 받아 그 영광스러운 위치에 서게 되었다는 것을 알고 또 앞으로 계속 그리스도 안에서 그 혼인 잔치를 누려가는 방식이 무엇인지를 알아서 궁극적인 어린양의 혼인 잔치에 참여하는 자들이 되어야 할 것입니다.

그러니까 주님의 은혜로 돌감람나무의 위치에서 참감람나무에 접붙인 바 된 존재로서 참감람나무에서 제함을 받은 자들의 행태를 좇아서는 아니 될 것이고 적극적으로 그리스도와의 혼인 잔치에 부합한 행실들을 누려가야 할 것입니다. 성신님으로 말미암아 하나님 나라의 능력을 실증하는 생활로 혼인 잔치에 참여하고 있는 사실을 확증하여야 한다는 말입니다.

하나님 나라는 유대 지도자들의 행태와 같이 계율적인 형식과 종교적 전통으로 이루어지는 것이 아닙니다. 성신 안에서 의와 평강과 기쁨을 누리고 그로 말미암는 책임 있는 깨끗한 행실이 나타나야 합니다. 주께서 드러나게 계시하신 뜻을 따르고 내적으로 계시를 조명하여 섭리하시는 음성을 잘 듣고 실천하는 삶을 살아야 할 것입니다.

앞서서 헤브라이즘의 전통과 정통을 지켜 개혁을 한다고 하고 민중들을 선도한다고 하면서 정작 자기들의 부패함에 대해 그리스도 안에서 정리하지 않고 나아간다면 결국 주님의 심판을 피할 수 없을 것입니다. 그렇게 하는 것은 진실로 그리스도의 구속사역을 무시하는 것이고 그것을 예비하시고 역사 가운데 펼치신 사랑의 하나님을 모욕하는 것이며 복된 말씀을 전하는 주의 일꾼들을 능멸하는 일이 될 것입니다.

기도

거룩하신 아버지 하나님, 주님께서는 죄인들을 사랑하셔서 끝까지 사랑하신 모습을 보이시며 죄인들이 자신들을 돌아볼 수 있는 그런 말씀과 행동을 나타내 보이셨사옵나이다. 주님의 그 사랑을 저희들이 잘 기억하고, 주님의 그 크신 사랑을 저희들이 잘 기억하고 늘 감사한 마음으로 기쁜 마음으로 즐거운 마음으로 주님을 섬기고 살아가게 하옵시고 이웃을 사랑하며 살아가게 하옵소서. 이웃의 연약한 면들을 볼 때 참으로 내 죄가 얼마나 심각하고 무거운 것인가 알게 하옵시며 늘 형제들이 넘어지는 그 앞에 장애물을 놓는 그런 존재들이 되지 않게 하옵소서. 형제들이 우리를 밟고 올라서서 하나님께 영광된 자리로 나아갈 수 있도록 하는 그런 일꾼들이 다 될 수 있게 하여 주시옵소서. 결코 자기 의를 드러내고 하나님의 구속 사역을 무시하는 그런 어리석은 자들이 되지 않게 하여 주시오며 늘 깨어서 각성하는 가운데 하나님께만 큰 영광 돌리고 살아가게 하여 주시옵소서. 씻을 수 없는 죄를 그리스도 안에서 그 아들이신 그리스도 안에서 씻음 받고 입을 수 없는 큰 은혜를 그리스도 안에서 거저 입고 살아가는 자들이 되었사온즉 어떤 상황 속에서라도 주님의 생명을 소유한 자들을 주님의 마음으로 사랑하게 하옵시고 주님을 경외하는 마음으로 늘 모든 관계성을 회복해 나아가게 하여 주시옵소서. 모든 걸 주님께 의탁 드리옵고 감사드리며, 우리 구주 예수 그리스도의 이름으로 기도 올리옵나이다. 아멘.

제 35 강

무화과나무 비유

마태복음 24:32-33

들어가는 말

오늘은 무화과나무 비유에 대해 보도록 하겠습니다. 주님의 공생애 마지막 화요일 감람산 강설 중에 하신 이 비유는 주님의 재림 징조나 그 자체를 나타내지 않습니다. 이 비유는 주의 재림을 기다려야 하는 자들의 태도에 대해 교훈을 하시고자 시작하시는 말씀입니다. 이 비유는 마가복음(막 13:28-31)과 누가복음(눅 21:29-33)에도 나옵니다. 그런데 누가복음에서는 무화과나무와 '모든 나무'라 해서 무화과나무 외 다른 모든 나무들도 주님이 다시 오시기 전에 어떤 특징적인 면을 보이게 된다 하는 것을 나타냅니다. 그러면 먼저 본문 마태복음 24:32-35을 보도록 하겠습니다.

> 32무화과나무의 비유를 배우라 그 가지가 연하여지고 잎사귀를 내면 여름이 가까운 줄을 아나니 33이와 같이 너희도 이 모든 일을 보거든 인자가 가까이 곧 문 앞에 이른 줄 알라 34내가 진실로 너

희에게 말하노니 이 세대가 지나가기 전에 이 일이 다 이루리라 35 천지는 없어지겠으나 내 말은 없어지지 아니하리라

무화과나무

이 비유에 나오는 무화과나무(Fig tree)는 이스라엘 백성들에게 아주 친숙한 나무입니다. 유실수로서 포도나무나 감람나무와 함께 재배되기도 하며 그 나무들과 같이 이스라엘 전역에 걸쳐 퍼져 있는 나무이기도 합니다. 그러니까 이 무화과나무는 소아시아와 지중해 동부 지역의 고유한 나무가 되는 것입니다. 이 나무는 비록 바위에서 몇 줄기의 관목으로 자란다고 해도 그 키가 11m까지 자란다고 합니다.

이스라엘 백성과 밀접한 무화과나무

그리고 특히 이 무화과나무가 상징하고 있는 바가 이스라엘 사람들과 밀접하게 상관관계가 있는 것이므로 이스라엘 사람들에게는 많은 의미를 주는 나무가 됩니다. 아담이 범죄한 이후 최초로 자신의 부끄러움을 가렸던 것이 바로 무화과나무 잎이었지요(창 3:7). 그리고 이스라엘의 역사를 보면 이 무화과나무 가지나 열매나 잎은 포도나무의 그것 등과 함께 하나님의 약속과 관련된 행복과 번영을 상징했던 것입니다. 열왕기상 4:25과 미가서 4:4에도 그것이 나오지요? 읽겠습니다.

25솔로몬의 사는 동안에 유다와 이스라엘이 단에서부터 브엘세바에 이르기까지 각기 포도나무 아래와 무화과나무 아래서 안연히 살았더라(왕상 4:25)

> 4각 사람이 자기 포도나무 아래와 자기 무화과나무 아래 앉을 것이
> 라 그들을 두렵게 할 자가 없으리니 이는 만군의 여호와의 입이 이
> 같이 말씀하셨음이니라(미 4:4)

자주 그러하시지는 아니하셨지만 주님께서는 이스라엘 거짓된 자들이 언약에 충실하지 못하고 그릇된 삶을 살았기 때문에 저주의 삶 아래 있다 하는 것에 대해서도 이상의 나무들이 정상적이지 않다 하는 것으로 표시하셨습니다. 예레미야 8:13입니다.

> 13여호와께서 말씀하시되 내가 그들을 진멸하리니 포도나무에 포
> 도가 없을 것이며 무화과나무에 무화과가 없을 것이며 그 잎사귀
> 가 마를 것이라 내가 그들에게 준 것이 없어지리라 하셨나니

그리고 하나님의 은혜로 회복된 삶을 예언하실 때에도 이 나무들 아래에서의 건실한 삶으로 나타내셨습니다. 스가랴서 3:10에 그것이 나옵니다.

> 10만군의 여호와가 말하노라 그 날에 너희가 각각 포도나무와 무화
> 과나무 아래로 서로 초대하리라 하셨느니라

주님이 이전에 가르치신 무화과나무 교훈

예수께서는 무화과나무에 대해 이전에는 어떻게 가르치셨는가? 주님은 공생애 제2년 말기에 한 포도원에 무화과나무를 심고 그 소출을 기대하여 3년 만에 주인이 왔다는 것을 열매 없는 무화과나무 비유로

가르치셨었지요? 이는 이스라엘 나라의 상황을 내다보시고 이제 그들의 열매 없는 것으로 인하여 얼마 가지 않아 심판하실 것을 나타내신 것입니다. 누가복음 13:6-9입니다.

> 6이에 비유로 말씀하시되 한 사람이 포도원에 무화과나무를 심은 것이 있더니 와서 그 열매를 구하였으나 얻지 못한지라 7과원지기에게 이르되 내가 삼 년을 와서 이 무화과나무에 실과를 구하되 얻지 못하니 찍어 버리라 어찌 땅만 버리느냐 8대답하여 가로되 주인이여 금년에도 그대로 두소서 내가 두루 파고 거름을 주리니 9이후에 만일 실과가 열면 이어니와 그렇지 않으면 찍어 버리소서 하였다 하시니라

그리고 바로 오늘 말씀이 베풀어지기 하루 전인 월요일 아침에 잎사귀만 무성하고 열매가 없는 무화과나무를 저주하신 일이 있으십니다. 마태복음에서는 이 사건에 대해 당장에 일어난 것으로 기록하고 있지만 그것은 마태의 제목과 주제를 앞세우는 특징적인 표현 방식인 것입니다. 마가복음에 보면 주님의 고난 주간 월요일 아침에 있었던 일을 화요일에 제자들이 확인하는 것으로 나타납니다. 이스라엘의 그간의 행태를 보고서 무화과나무를 저주하는 것으로 이제 그들에게 임할 심판을 확정적으로 말씀하신 것이고 믿음으로 그런 결과가 나타났다는 것을 제자들에게 보이신 것입니다(막 11:13-24 참조).

또 다른 각도에서 비유로 말씀하시다

그러니까 주님은 이스라엘과 무화과나무의 그와 같은 친숙한 관계

를 잘 아시고서 저들이 잘 알아들을 수 있도록 그 나무를 들어서 오늘 본문의 비유를 말씀하시는 것입니다. 물론 주님은 이전에 가르치셨던 무화과나무의 비유와 직접적으로 연관을 지어 오늘 본문의 비유를 하시는 것은 아닌 듯합니다. 그러니까 주님께서 같은 무화과나무 비유를 하여도 또 다른 각도로 그 소재를 삼았다 하는 것을 생각하게 됩니다.

또 다른 각도에서 이 비유를 하신 이유

그러면 주님이 이 무화과나무에 대해 다른 각도에서 비유로 말씀하시는 이유는 무엇인가? 다른 나무를 들어서도 말할 수 있을 것인데 왜 이 무화과나무 비유로 말씀하신 것인가? 어떤 학자는 이에 대해 마태복음 21:18-20과 연관시키면서 예수님 당대의 사람들은 나무에 마침내 꽃이 피게 되면 인자가 다시 올 것으로 생각했다고 주장하는데 이는 견강부회(牽强附會)식 이론으로 개연성이 없는 주장입니다(헤르만 리델보스, 마태복음 주석 중에서). 주님이 이 무화과나무를 비유로 삼으신 것은 이스라엘 사람들에게 친숙하고 그 나무의 습성을 누구보다도 잘 알고 있었기 때문이라고 생각합니다.

무화과나무의 습성

무화과나무는 여름철에는 그 푸른 넓은 잎으로 풍성한 그늘을 마련하여 줍니다. 그리고 올리브나 삼목, 그리고 감람나무들과는 달리 겨울이 오면 그 잎을 잃습니다. 그리고 다른 여러 낙엽송들이 봄철에 일찍이 생명의 신호를, 곧 편도나무(아몬드나무)와 같이 보여주기 시작할 때도 무화과나무는 그 앙상한 가지를 뜨거운 여름이 오기 직전까지 하늘을 찌릅니다. 그러고는 눈이 나고 봉오리가 터져 며칠 만에 부드러운 잎이 돋아납니다(사이먼 키스트메이커, 예수님의 비유 중에서). 이것이 3-4월에 되는 일입니다. 이것으로 이제 곧 여름철이 왔다는 것을 표시하는 것입니다.

하루 전에 무화과나무를 저주하신 이유

그러면 왜 하루 전에는 예수께서 무화과나무를 저주하신 것인가? 무화과나무 습성에 따라 다시 한 번 생각해 봅시다. 무화과는 보통 한 해에 두 번 결실을 합니다. 작년에 생긴 가지 끝에 금년 3월쯤부터 푸르고(계 6:13) 어린 열매가 열리기 시작합니다. 이것이 좀 더 성장하면서 대부분 바람 부는 때마다 떨어지는데 이 미숙의 열매를 농민이 주워 먹기도 하고 또 시장에 내다 팔기도 합니다.

이어서 돋는 잎사귀는 여름의 시작과 더불어 급속히 뻗어 먼저의 푸른 열매를 잎 그늘에 감추게 됩니다. 이 푸른 열매가 계속 성장하여 여름이 되면 빨갛게 되고 그것이 6월쯤에 성숙합니다. 이를 처음 익은 무화과(사 28:4)라고 하는데 수는 적으나 감미롭고 향이 진하다고 합니다. 이 초숙의 열매가 성숙하고 있는 동안에 제2의 열매가 금년 봄에 난 새 가지에 생겨 자라게 되는데 두 번째 열매는 이르면 8월부터 거두게 되고 대개 9월이 성수기로 10월까지 거둡니다. 이것이 가을 무화과이고 시장에서 흔히 팔리는 것입니다.

그러니까 이때가 아직 4월 초순이니까 본격적인 무화과의 때가 아닙니다. 그러나 잎사귀는 무성해지지만 작년 봄 새 가지에서 난 이른 열매는 이때 반드시 커가고 있어야 하는 때입니다. 완전한 것은 아닐지라도 먹을 만한 것이 있어야 하는 것입니다. 그렇지만 예수님이 시장하여 그런 열매를 찾으셨을 때 그것조차 그 무화과나무에 없었습니다. 그저 잎만 무성하였습니다(김홍전, 예수님의 행적 91강 중에서). 그래서 주님은 그것을 가지고 그간에 회개할 좋은 기회를 주었음에도 불구하고 열매 없는 이스라엘에 대한 심판의 말씀으로 확정하여 그렇게 상징적으로 저주를 무화과나무에게 하셨던 것입니다.

비유의 내용과 해석

그러니까 오늘 본문의 비유는 무화과나무 저주의 내용과는 직접적인 상관이 없이 다른 측면의 무화과나무의 습성을 잘 알고서 본문 이전에 주님이 말씀한 재림의 징조를 보게 되면 주의 제자들이 과연 어떤 태도를 취하여야 하는가를 깨우치시기 위해 이 비유로부터 시작하시는 것입니다.

좀 전에 본대로 무화과나무의 그 가지가 연하여지고 잎사귀를 내면 계절적으로 여름이 가까이 온 것입니다(32절). 무화과나무는 다른 나무들과는 달리 봄에 꽃이 피지 않습니다. 새 가지와 잎이 무성하게 나는 것입니다. 그것을 아는 것과 같이 너희도 주님의 재림의 징조로 박해와 환난이 있으며 멸망의 가증한 것이 거룩한 곳에 서게 되고 거짓 선지자들이 활동을 하고 천재지변이 일어나는 것을 보게 될 것인데 그러한 것을 보거든 인자가 가까이 온 줄로 알게 될 것이라는 것입니다(33절). 그러니까 앞의 3-28절에 나오는 징조들을 가리키는 것이 여기의 33절의 '이 모든 것들'에 해당하는 것입니다. 그러니까 이상의 그러한 일들을 너희들이 보거든 인자가 가까이 곧 문 앞에 가까이 이른 줄 알라 하신 것입니다. 마가복음에서는 이 부분에 대해 약간 변형하여 말합니다. "너희가 이런 일이 일어나는 것을 보거든" 누가복음 21:31에서는 보다 구체적으로 증거합니다. "… 너희가 이런 일이 일어나는 것을 보거든 하나님 나라가 가까운 줄을 알라" 앞의 누가복음 21:28에서는 이런 일이 일어나는 것을 볼 때 "너희 구속이 가까웠느니라" 했는데 여기서는 하나님 나라가 가까운 줄 알라 했습니다. 그런 말세의 현상이 나타나는 장래에 구속과 다른 면에서 같은 뜻인 하나님 나라가 올 것을 말씀한 것이지요?

주님은 계속해서 "내가 진실로 너희에게 말하노니" 해서 당신의 예언이 반드시 성취될 것을 강조하여 말씀하십니다. 언제 그 일이 이루겠는가 하면 이 세대가 가기 전에 이 일이 다 이루리라 단언하셨습니다. 주님께서 이 세대가 가기 전에 이 일이 다 이루어지겠다는 말은 무슨 말인가? 제자들은 깨달음이 없어서 주님이 예루살렘에 오르면 하나님 나라가 당장에 임하는 줄로 알고 그 이후의 일을 논의한 적도 있었지요? 그래서 주님이 므나 비유를 하셨었습니다(눅 19:11).

그럼에도 불구하고 왜 주님은 이렇게 오해할만한 말씀을 하셨는가? 많은 사람들이 이 두 가지의 말씀이 합치되지 않는다는 것 때문에 그릇된 해석을 많이 하였습니다. 어쨌든 주님은 제자들이 가지고 있는 구속사의 진행 사상에 단계적인 것이 미비되어 있는 것을 아셨습니다. 물론 제자들의 그런 결핍된 사상은 유대교의 영향에 따른 것이기도 하고 아직 비밀로 가리워진 것을 알지 못하기 때문이기도 한 것입니다. 그러니까 주님은 이 세대의 일들에 대해 그리고 주님의 재림의 일들에 대해 어떤 관점에서 그것을 지켜보고 나아가야 하며 앞으로 그런 일들이 어떻게 진행되는가에 대해 알게 하시기 위하여 이런 비유의 말씀을 하신 것입니다. 일차적으로 당대에 주님의 오심을 확정지을 수 있는 그런 징조적인 일들이 나타나고 더 나아가 궁극적으로 구속사 안에서 그 일이 성취가 될 때가 이 세대 안에 있다는 것을 가르치시기 위하여 앞으로의 구속 역사의 진행에 대해 이런 함축적인 표현으로 말씀을 하신 것입니다. 주님은 강설의 출발을 항상 당대의 심판적 상황을 염두에 두시고서 그것으로 장차 완전한 심판의 날을 내다보시면서 마무리를 하시는 것입니다. 우리는 주님의 시간에 대한 관점이 우리와는 다르다 하는 것을 이것으로 분명하게 알게 됩니다. 다시 말해서 주님이 '사람의 아들'로서 당장에 그날이 임할 것으로 오해하여 알고 있었다든지 제자들도 그런 가르침으로 그렇게 됐다든지 하는 현대이성주의자들의 주장은 잘못된 것입니다. 주님은 구속사 안에서 종말에 대한 예언적 관점으로 내다보시면서 이 말씀을 하신 것입니다. 구약에 한 정점으로 보여진 구원과 심판에 대한 종말의 날이 주님 안에서 한 세대인 것을 이렇게 나타내신 것입니다. 앞으로 구속사의 남은 일들로서 이 세대 안에 성전이 파멸이 되어야 하고 복음이 땅 끝까지 전파되어야 하고 이방인의 수가 차기까지 그렇게 되어야 하고 대환난이 있어야 하며 또한 배교가 있고 적그리스도가 출현이 나타나야 하고 천재지변이 있고 흰 보좌의 심판이 있어야 하는 것입니다. 주의 제자들은 이런 일들이 있을 것을 현실에서부터 차츰차츰 깨달아 자신들의 그릇된 종말관을 고치고 갈 것이며 바른 관점을 정리하여 후대에 가르치고 나아갈 것입니다.

주님은 그런 일들이 반드시 있을 것을 당신의 하시는 말씀의 영원성에 걸어서 증거하십니다. '천지는 없어지겠으나 내 말은 없어지지 아니하리라' 이는 주님의 영원한 신성성을 보이시는 것입니다. 그간에 주님의 신성성에 대해 제자들과 그 외 사람들에게 다양한 말씀을 하셨지요? 하늘 아버지로부터 보냄을 받은 자라느니 기름부음을 받은 자라느니 하늘 아버지의 아들이라느니 다니엘서에 예언된 인자라느니 하는 등으로 당신의 신성성을 말씀하시고 각종의 표적과 기사를 행하시는 것을 통하여서도 말씀하셨습니다. 그리고 당신이 친히 하시는 말씀이 하늘 아버지의 말씀이다 하는 것도 보이셨습니다. 주님 공생애 제3년 초막절에 예루살렘에 올라갔다가 간음한 여인을 용서하시고 난 뒤에 이런 말씀을 하셨었습니다(요 8:21-47).

그리고 주님의 공생애 마지막 주간 목요일 성만찬 뒤에 고별사에서 이런 말씀을 하실 것입니다. 그러니까 오늘 말씀을 하시고 나서 이틀 뒤의 일입니다. 예수께서는 당신이 하시는 말씀이 하나님의 말씀이고 당신을 사랑하는 자가 그것을 지킬 것이다 하는 말씀을 하실 것입니다. 요한복음 14:23-24입니다.

> 23예수께서 대답하여 가라사대 사람이 나를 사랑하면 내 말을 지키리니 내 아버지께서 저를 사랑하실 것이요 우리가 저에게 와서 거처를 저와 함께 하리라 24나를 사랑하지 아니하는 자는 내 말을 지키지 아니하나니 너희의 듣는 말은 내 말이 아니요 나를 보내신 아버지의 말씀이니라

그러니까 주님이 하시는 이 말씀은 없어질 상대적인 것과는 달리 그 근거가 구약에 있고 당대에 주님의 하시는 말씀과 행위에서 그것이 성취된 것이며 앞으로도 계속 이루어질 것이라는 효력 있고 능력 있고 영구적인 것이다 하는 것을 함축하여 나타내시는 것입니다.

물론 주님은 이 말씀 뒤에 당신의 구속사 안에서의 인성을 입으신 역할을 고려하시고 한편으로 성부 하나님의 대표성을 염두에 두시면서 그날과 그때는 하늘의 천사도 모르고 아들도 모르고 오직 아버지만 아신다 하는 표현을 하십니다. 직책상에 있어서 아들은 아버지의 결정에 따르는 것이라는 면을 이렇게 나타내신 것이지요? 그러니까 제자들로

서도 그들이 알고 따를 것 이상으로 나아가지 말고 그들에게 제시된 일들에 충실하여야 할 것을 가르치시는 것입니다. 인자의 오심의 징조나 인자의 재림 자체에 관심을 두지 말고 그러한 사실을 보거든 하나님 나라가 가까운 줄 알고 마땅히 해야 할 일들을 해야 할 것을 말씀하시고자 하시는 것입니다.

주님의 말씀과 행위 계시에 대해 믿음이 없고 패역한 자들은 저들의 화인 맞은 양심대로 점점 악하여져서 제 길로 가겠지만 주의 제자들은 이런 가르침의 1차적인 성취를 경험하며 궁극적인 성취를 소망하여 인내하고 자기 당대의 사명을 열심히 감당하며 나아가게 될 것입니다.

나가는 말; 이 비유에서 알아야 할 것

그러면 우리가 이 비유의 말씀을 보면서 알아야 할 것은 무엇입니까? 주님 재림 전까지는 주님이 예고하신 대로 예루살렘 멸망과 같은 일들이 명백하게 있었다 하는 것과 그러므로 우리가 주의 백성으로 이 구속사의 기간 동안에 이전에 멸망을 받은 자들과 같은 모양의 삶을 살아서는 안 될 것이고 주님의 가르침 안에서 깨어 경성해야 한다는 것을 인식하게 됩니다.

오늘날에도 예수님 당대와 같이 유대적 그릇된 종말 사상이 우리 주변의 교회 사회 안에 만연하고 있습니다. 당장에 하나님 나라가 나타날 것으로 알아서 헛된 열심을 추구하는 자들이 있는가 하면 그저 그날이 과연 빨리 오겠는가 생각하며 게으르고 오만한 심정으로 자기의 구원을 내다보고 현실적으로 고통이 없고 괴롬이 없는 행복한 삶만을 추구하는 자들이 있습니다. 이들은 고통과 슬픔의 근원적인 면을 내다보지 않고 성경의 권위를 무시하고서 그저 종교 형식으로만 자기 죄들을 처리하고서 자기들의 의로운 구원만을 안이하게 생각하고 있는 것입니다. 이런 자들의 특색은 성신님의 인도에 따라 깨어 경성하는 일이 없고 육신적으로 살되 적극적이고 자발적인 희생을 하지 않고 인내심이 없이 타성에 젖은 생활을 한다는 데에 있습니다. 그리고 이러한 자들은 그리스도의 남은 고난을 통하여 의를 힘입어 가는 일에 있어서 아주 소극적인 태도를 취합니다. 그들은 그저 적당히 주의 계율을 외형으로 지켜가는 것으로 만족하고 또한 그런 행위에 자기 공명심을 항상 기본적으로 가지고 있습니다. 죄의 처리 문제는 그리스도 안에서 명료하게 하지 않고 항상 자기 생각으로 미적미적 하고 범죄시마다 그저 도덕적으로 후회하기만 하는 삶을 사는 것입니다. 그러면서 한편으로 세상 사람이 하는 모든 것을 다 취하고 나아가는 일을 하는 것입니다.

그러나 천기를 분별하지 못하고 이 세대를 따라가는 이런 삶은 반드시 응분의 심판을 받게 될 것입니다. 일차적으로 현세에서 심판을 받지 아니하면 주님을 만나게 될 때에 분명하게 받을 것입니다(마 24:48-51 참조). 주님께서 열매 맺지 않고 불의한 이스라엘을 심판하셨듯이 계시와 완성과는 직접적인 상관이 없지만 그런 계시적인 원리로 심판을 받을 것입니다.

그러나 시대를 분별하고 충성되고 지혜 있는 종과 같이 어떤 환경 가운데에서라도 주인이 맡긴 일들을 진정으로 받아들이며 깨어 경성하는 가운데 충실히 하면 주님으로부터 칭찬을 받게 될 것입니다. 현세적으로도 주님의 함께 하심 가운데 평안을 누릴 것이며 또 주인이 다시 올 때 그 모든 소유를 저에게 맡길 것입니다. 로마서 13:11-14을 함께 읽고 강설을 마치겠습니다.

11또한 너희가 이 시기를 알거니와 자다가 깰 때가 벌써 되었으니

이는 이제 우리의 구원이 처음 믿을 때보다 가까웠음이니라 ¹²밤이 깊고 낮이 가까왔으니 그러므로 우리가 어두움의 일을 벗고 빛의 갑옷을 입자 ¹³낮에와 같이 단정히 행하고 방탕과 술 취하지 말며 음란과 호색하지 말며 쟁투와 시기하지 말고 ¹⁴오직 주 예수 그리스도로 옷 입고 정욕을 위하여 육신의 일을 도모하지 말라

기도

주님이 이 땅에 일차로 오셨을 때 주님을 영접하고 찬송해야 할 존재들이 주님을 배역하고 오히려 주님을 십자가에 못 박는 데 내어주는 그런 일들을 하여 하나님의 엄중한 심판을 받게 되었사옵나이다. 주님은 무화과나무 비유를 통해서 저들이 마땅히 예비하고 준비하고 있어야 할 일들에 일깨움을 주셨는데 저들은 그 일에 믿음으로 화합지 아니하고 나아가므로 이 역사의 뒤안길로 다 흩어져 없어져 버리고 말았사옵나이다. 이런 일들은 과거에만 있다가 없어진 것이 아니고 오늘날에도 그대로 재현될 수 있다는 것을 저희들이 말씀을 통해서 분명히 배우게 되옵나이다. 주님의 다시 오심이 약속되어있고 주의 백성으로 각성하고 살아가야 할 내용들이 있사옵는데 이런 일들을 그저 종교 형식적으로 도식화하여 처리해 버리고 마땅히 해야 할 일들은 누리지 아니하며 그저 세상에 취해서 살게 된다면 주님의 엄위로운 심판을 피할 수 있는 자가 없다는 것을 분명히 보게 되옵나이다. 저희들 정신을 차리고 각성을 해서 밤이 깊고 낮이 가까이 와 있사온즉 그 안에서 생명을 부여받은 자답게 이 땅에서 각성을 하고 마땅히 감당해야 할 일들을 잘 감당하고 나아가게 하옵소서. 주님께서는 저희들을 외롭게 버려두지

아니하시고 늘 함께 동행 하시며 주님의 나라를 확장하는 일에 쓰임 받게 하시고 그 안에서 만족과 기쁨을 누리게 하시옵나이다. 주님과 동행하는 가운데 누려야 될 일들을 잘 누려서 주님께 기쁨이 되게 하옵시고 주의 형제들에게도 큰 유익을 끼치는 저희들이 다 되게 하여 주시옵소서. 주님의 요구가 명료하게 명백하게 우리 앞에 있음에도 불구하고 저희들 애써 눈을 감으며 허탄한 일에 마음을 빼앗길 때 저희들은 참으로 앞을 알 수 없는 그런 상황 가운데 들어갈 것이옵나이다. 거룩하신 아버지 하나님이시여, 매순간 주님을 기쁘시게 할 것이 무엇인지 늘 경각심을 가지고 깨어서 경성해서 하나님 나라가 과연 가까이 온 줄로 아는 자로서의 그 모습을 잘 나타내고 살아가게 하옵시고 주님이 일차적으로 보여주신 그 심판의 사실들을 잘 경험한 자로서 믿음으로 미래를 예비하고 살아가게 하여 주시옵소서. 소수의 무리이고 부족하고 연약한 자들이지만 주님께서 말씀으로 저희들을 일깨우시고 주의 재림을 예비하는 자로서 마땅히 살아야 할 것들을 알게 하시오니 저희들 감사한 마음으로 주의 뜻을 따르는 주의 거룩한 백성이 되게 하여 주시옵소서. 모든 걸 주께 의탁 드리옵고 감사드리며,

    우리 구주 예수 그리스도의 이름으로 기도 올리옵나이다. 아멘.

제 36 강

열 처녀의 비유

마태복음 25:1-13

들어가는 말

오늘은 열 처녀의 비유에 대해 보도록 하겠습니다. 이 비유는 주님 다시 오심에 대해 어떻게 적절히 준비를 하여야 하는가에 대한 말씀입니다. 이와 비슷한 비유의 말씀들은 누가복음에서도 잠깐 나옵니다. 누가복음 13:25의 좁은 문의 비유 중에서 살짝 등장하지요? 이 좁은 문 비유를 하신 때는 주님의 공생애 나머지 기간을 3개월여 남겨 두었을 때였습니다. 평상시에 좁은 문으로 들어가기를 힘쓰지 않고 미련한 신앙생활을 하다가 그날에 주님 앞에서 섰을 때 주께서 그들을 모른다 하시고 문을 열어 주시지 않고 심판하시는 내용입니다. 그러나 오늘 열 처녀의 비유는 주님의 공생애 마지막 주간 화요일 감람산 강설 중에 하신 것입니다. 이 비유도 지난주에 본대로 주님의 재림 징조나 그 자체를 중요시하여 나타내지 않고 있습니다. 이 비유는 주의 재림을 기다려야 하는 천국 백성들의 깨어 있는 태도에 대해 교훈을 하시고자 시작하시는 말씀입니다. 그러면 먼저 본문 마태복음 25:1-13을 보도록 하겠습니다.

¹그 때에 천국은 마치 등을 들고 신랑을 맞으러 나간 열 처녀와 같다 하리니 ²그 중에 다섯은 미련하고 다섯은 슬기 있는지라 ³미련한 자들은 등을 가지되 기름을 가지지 아니하고 ⁴슬기 있는 자들은 그릇에 기름을 담아 등과 함께 가져갔더니 ⁵신랑이 더디 오므로 다 졸며 잘새 ⁶밤중에 소리가 나되 보라 신랑이로다 맞으러 나오라 하매 ⁷이에 그 처녀들이 다 일어나 등을 준비할새 ⁸미련한 자들이 슬기 있는 자들에게 이르되 우리 등불이 꺼져가니 너희 기름을 좀 나눠 달라 하거늘 ⁹슬기 있는 자들이 대답하여 가로되 우리와 너희의 쓰기에 다 부족할까 하노니 차라리 파는 자들에게 가서 너희 쓸 것을 사라 하니 ¹⁰저희가 사러 간 동안에 신랑이 오므로 예비하였던 자들은 함께 혼인 잔치에 들어가고 문은 닫힌지라 ¹¹그 후에 남은 처녀들이 와서 가로되 주여 주여 우리에게 열어 주소서 ¹²대답하여 가로되 진실로 너희에게 이르노니 내가 너희를 알지 못하노라 하였느니라 ¹³그런즉 깨어 있으라 너희는 그 날과 그 시를 알지 못하느니라

배경

마지막 고난 주간 화요일 감람산에서 주님은 일차적으로 주의 제자들의 그릇된 종말관을 시정하고 유대 지도자들과 예루살렘 공동체의 불의에 대해 심판하는 말씀을 하고자 강설을 하시고 계셨습니다. 물론 지난번에도 말씀드렸지만 주님이 생각하시는 구속사의 종말적인 단계를 염두에 두시고 제자들로 하여금 현재적 심판을 통하여 미래의 종말

적 심판을 내다보게 하는 것으로써 이러한 강설을 하시는 것입니다.

그런데 마태는 이 감람산 강설을 마가나 누가보다 비교적 상세하게 기록하고 있습니다. 마태복음 24장에서부터 시작하여 25장에 이르기까지 대략 모두 아홉 가지로 구분되는 내용을 쓰고 있는 것입니다(김홍전, 예수님의 행적 중에서). 24장에 여섯 가지가 나오고 25장에 세 가지가 나옵니다. 1부라 할 수 있는 24장의 여섯 가지에 대해 먼저 보면, 첫째로 예루살렘 멸망과 관련되는 재난의 시작을 기록하고(4-14절) 둘째로 예루살렘 멸망과 동일한 원리와 성격과 모양으로 전 세계적인 대환난이 있어야 할 것을 쓰며(15-28절) 셋째로 주님이 강림하실 때에 천재지변이 일어날 것에 대해 적고 있습니다(29-31절). 그리고 넷째로 주께서는 무화과나무 비유를 통하여 주님 재림의 징조를 보고 알게 되면 그에 대한 바른 준비를 해야 할 것을 배열합니다(32-36절). 그리고 다섯째로 주님 재림 전에 그 비상한 시기에라도 사람이 어떤 행태를 보이고 사는가에 대해 노아의 시대와 롯의 시대를 예로 들어 나열합니다(37-44절). 그리고 여섯째로 24장 마지막 부분인 45-51절에서 주의 말씀을 맡은 종들이 어떻게 지혜롭게 충성하여야 하는가에 대해 씁니다. 이제 감람산 강설의 2부라 할 수 있는 25장에서부터 나머지 세 가지를 기록하는데 첫째가 오늘 본문의 비유인 열 처녀의 비유이고(1-13절), 둘째가 달란트 비유(14-30절), 그리고 마지막으로 셋째가 양과 염소의 비유입니다(31-46절).

그러니까 자기들의 그릇된 종말관을 고치고 바르게 심판과 구원을 하기 위한 주님의 재림을 기다리고 있어야 하는 자들이 과연 그 어려운 재림의 징조 가운데 어떻게 그 주님의 오심에 대한 준비를 다양하게 하고 있어야 하는가를 가르치시는 비유 중에 오늘 본문의 열 처녀의 비유가 있는 것을 알아야 할 것입니다. 그런데 이 종말에 관한 강설 중에 특색이 있는 점이 있습니다. 그것은 그 종말의 날에 깨어 있고 충성되고 지혜롭고 선한 자들과 그렇지 않은 자들이 서로 분리된다는 점입니다.

열 처녀의 비유 내용

그러면 이제 열 처녀의 비유 내용을 먼저 보도록 하겠습니다. 예수님께서는 이제까지도 그러하셨지만 당대의 사람들이 잘 아는 결혼 풍습의 내용을 가지고 준비된 천국 교훈을 하십니다. 당시에는 십대 중반에 보통 결혼을 하는데 이 결혼식을 할 때에 신부 되는 사람은 열 사람의 들러리를 가지는 것이 관례였다고 합니다. 이 들러리는 대개 신부와 같은 또래의 절친한 친구들이 섰습니다. 주님은 천국이 바로 결혼식 들러리들이 신부 집에 가서 각자 준비한 등을 들고 신랑을 맞으러 나간 것과 같다 하였습니다. 물론 여기서 맞으러 나갔다는 표현은 개괄적인 표현이지 직접 당장에 맞으러 나갔다는 것은 아닙니다. 신랑을 맞이하는 것은 좀 시간이 지나야 합니다. 당대의 결혼 풍습을 보면 이렇게 열 명의 들러리들이 신랑을 맞이하여 신부와 함께 신랑 집으로 가거나 아니면 신랑의 아버지 집으로 가서 혼인을 치렀다고 합니다.

아무튼 그 열 명의 들러리 중에 다섯 처녀는 미련하였습니다. 왜 미련한고 하니 저들이 등을 가지고 가되 기름은 가지지 아니한 것입니다. 구약에 보면 미련한 자는 주로 여호와를 경외치 않고 여호와의 훈계와 교훈을 멸시하는 자들을 가리킵니다(잠 1:7). 그리고 자기가 지혜로운 줄로 아는 자들을 미련하다(잠 12:15)고 했습니다. 그들은 교만하고 조급하며 마음이 어두우며 자기 의가 강한 자들입니다. 이 미련한 자들에 대해서는 잠언에 잘 묘사되고 있습니다. 신약에서도 보면 선지자들의 교훈을 멸시하고 세상 지혜를 따라 사는 자들을 미련한(foolish)

자로 여깁니다. 그러니까 여기서의 미련한 처녀들은 일차적으로 주인의 지시에 따라 준비된 자로서 깨어 있지 않은 자들을 가리키고 주님의 가르침에 무감각하게 지낸 사람들이라 할 수 있습니다. 이들의 미련함은 밤중에 신랑이 올 때에 구체적으로 나타납니다. 신랑이 더디 오므로 함께 졸 때까지도 그 미련함이 나타나지 않다가 정작 밤중에 신랑이 왔을 때 그렇게 나타난 것입니다. 당시에 결혼 지참금 액수 때문에 조정하느라 신랑이 그렇게 늦기도 하였다고 합니다. 신부 몸값이 제대로 지불되지 않으면 신랑은 신부를 데리러 올 수 없었던 것입니다. 저 미련한 다섯 처녀 들러리들은 밤중에 신랑이 온 그제야 자기들의 등불에 기름이 부족하다는 것을 인식했습니다.

그리고 들러리 중에 다섯은 슬기로웠습니다. 이들이 슬기로운 것은 그릇에 예비된 기름을 따로 가지고 간 것 때문입니다. 슬기롭다는 말은 지혜롭다는 말과 동의어입니다. 미련하다는 말의 상대어이지요? 그러니까 좀 전에 본 미련한 자들과 정반대의 사람들을 가리키는 개념입니다. 그러면 이 말도 역시 세상적으로 지혜롭다는 그런 의미는 아니고 여호와를 경외하여 그 훈계를 달게 듣고 자기의 의를 내세우지 않는 자들을 상징하는 것이지요? 물론 이 비유에서 일차적으로 가리키는 것은 주인의 지시에 깨어 있는 자들을 말하는 것입니다.

어쨌든 그 미련한 자들은 자기들이 등불이 꺼져 가니까 슬기로운 자들에게 기름을 좀 나눠 달라고 재촉했습니다. 그들이 쓰는 등불은 일종의 횃불과 같은 것이었습니다. 장대 끝에 솜뭉치를 달아서 감람유를 적셔서 불을 붙이면 15분 정도 쓸 수 있었습니다. 그러니까 예비된 기름이 없으면 그런 등불을 오래도록 켤 수가 없습니다. 그리고 신랑 집에 가서 횃불 춤을 추게 되면 더더욱 많은 기름이 필요했습니다(샤이먼 키스트메이커, 예수님의 비유 중에서). 그래서 슬기로운 자들은 그들의 요구대로 그렇게 기름을 나눠 쓰면 한 사람은 고사하고 둘 다 곤난에 처할 것을 알고 미련한 자들에게 차라리 파는 자들에게 가서 너희 쓸 것을 사라고 정중하게 말하였습니다. 인간적으로 인정(?)이 많은 사람 같으면 함께 기름을 나눠 쓰자는 말에 동의했을지도 모르겠습니다. 그러나 슬기로운 자들은 여기서도 그런 자들과는 다른 특별한 면을 보였습니다. 이것을 보면 이 슬기로운 이들은 주인의 지시에 따라 자기들이 맡은 일에 있어서 약간의 문제가 생겼을 때를 대비할 줄 아는 능동적인 지혜를 가진 자들이었을 뿐만 아니라 자기들이 맡은 일을 끝까지 충성스럽게 완수하기까지 여타의 인정적인 일에 마음을 빼앗기지 않은 자들이었다 하는 것을 알 수 있습니다.

그렇게 해서 미련한 다섯 처녀들은 그제야 허둥지둥 기름 파는 상인에게 갔습니다. 그리고 기름을 샀습니다. 그러는 동안에 신랑이 왔습니다. 그리고 신랑 집에로의 결혼식 행진이 시작되었습니다. 기름을 예비하였던 자들은 모자라는 인원이었지만 그대로 혼인 잔치에 들어갔습니다. 그리고 신랑 집 문이 닫혔습니다. 당시의 부유한 집의 결혼식에서는 행진에 참여하지 않은 자들은 참여하지 못하도록 통상적으로 문을 닫았다고 합니다. 그후에 미련한 다섯 처녀들이 그곳에 도착하였습니다. 그리고 주인에게 문을 열어주기를 간청하였습니다. "주여 주여 우리에게 열어주소서."

저들이 하도 시끄럽게 강청을 하니까 주인(신랑)이 나와 말하기를 "진실로 너희에게 이르노니 내가 너희를 알지 못하노라." 하였습니다. 너희와 상관이 없다는 말이지요? 그들이 맡은 바의 소임을 다하지 아니했을 뿐만 아니라 그 혼인의 영광을 한편으로 욕되게 하였기에 이렇게 말하였을 것입니다. 이런 표현은 십대의 신랑이 하는 말이 아니라 주님 자신의 말씀으로 볼 수 있습니다. 이 말씀은 주님께서 공생애 제3

년에 말기에 있었던 좁은 문의 비유의 말씀을 기억하게 하는 것입니다(눅 13:24-27 참조).

하나님 나라에서는 과거에 다른 인간적인 관계가 깊었고 부차적인 일들에서 서로 가까이 지냈다는 것 때문에 용납되지 않고 주인의 뜻인 자기들의 맡은 소임과 관련하여 적극적으로 할 일을 했을 때에만 받아들여진다는 진리를 여기서 재차 확인하여 가르치시는 것입니다. 이와 같은 표현은 이전에 공생애 제2년 산상보훈의 말씀을 가르치셨을 때에도 이미 나타났지요?(마 7:21-24)

다시 말하지만 그날에는 다른 아무 것으로라도 안 되고 오직 주님의 뜻대로 행하였느냐 하는 것으로 최종적인 판가름이 난다 하는 것을 엄위롭게 보이는 말씀입니다. 종교 행위의 형식이나 업적은 다 부차적으로 살펴볼 것이고 과연 주님의 뜻대로 그 일을 했느냐 하는 것으로 양단간에 구분을 짓겠다 하는 것이지요.

비유의 적용

이제 예수께서는 이 열 처녀 비유에 대해 제자들이 최종적으로 주님의 오심을 준비하는 자로서의 적용의 말씀을 하십니다. "그런즉 깨어 있으라. 너희는 그 날과 그 시를 알지 못하느니라." 그러니까 이 말은 첫째로 언제 올지 모르는 신랑 되신 주님의 오심의 그 날을 맞이할 자로 주님의 뜻을 따라 맡은 바 소임을 위해 준비를 다하고 있는 것이 깨어 있는 것이 된다는 말씀이지요?

앞으로 제자들은 주님의 남은 고난을 그들의 몸에 채우면서 전 세계를 향한 주님의 사명을 감당하면서 주님의 오심을 예비하여야 할 자들입니다. 그들 앞에는 주님 재림의 징조를 맛보게 하는 예루살렘의 멸망과 같은 일들이 있고 환난의 날들이 있습니다. 그러한 상황 가운데 맡은 바 일을 잘 감당하며 주님의 오심을 준비하는 자로서 깨어 있어야 하는 것입니다. 언제 그 일이 이루어지는지에 대해서는 사실 저들이 그렇게 알 필요가 없는 것입니다. 징조를 보고 상황을 판단하며 자기 마음을 다지고 할 일을 하는 것이 중요한 것입니다. 주님께서는 제자들에게 그런 사실을 가르치시려고 열 처녀의 비유에서 보여준 바와 같이 슬기로운 다섯 처녀와 같이 이렇게 깨어 있어야 한다는 적용의 말씀을 하시는 것입니다.

해석상의 주의 사항

우리가 이 비유의 말씀에 대해 교훈 받기 전에 해석상의 주의 사항에 대해 먼저 보는 것이 우선일 것입니다. 이 비유는 초대 교회 이후 수많은 자들에 의해 풍유적으로 해석이 되어 왔습니다. 예수님이 신랑이고 열 처녀는 교회로 보는 것입니다. 그리고 교회 안에 선한 자와 어리석은 자들이 슬기로운 다섯 처녀와 미련한 다섯 처녀로 상징된다고 봅니다. 그리고 대부분 기름은 성신으로 보는데 이는 사무엘이 다윗에게 기름을 부었을 때 성신이 임했기 때문에 그렇게 해석을 합니다. 또 어떤 이는 기름을 기쁨이나 사랑을 뜻하는 것으로 보고 또 어떤 이는 선행이나 구제로 보기도 합니다. 그리고 어떤 이는 기름을 교훈의 말씀으로 봅니다.

그러나 우리가 그동안 풍유적 해석의 긍정적인 면보다는 그 폐해가 많다는 것을 공부하였습니다. 방금 잠깐 본대로 각 용어나 구절구절들을 아전인수식으로 갖다 붙여서 자기들 편리한대로 적용을 하는 것이 바로 그 폐해이지요? 이 풍유적 해석은 일관성이 없습니다. 그리고 비유 자체의 도덕적인 면에 대해서도 바른 대답을 하지 못합니다. 그리고 이런 풍유적 해석은 성경 다른 부분의 동일한 용어나 구절과 유기적인 연결점들이 없습니다. 그러니까 풍유적 해석은 나무를 보는 것같이 하고 숲은 보지 못하게 하는 그런 해석입니다. 이런 해석들은 진리의 숲과 나무의 유기적 관계를 보아 그 비유의 핵심을 보게 하시는 주님의 근본적인 가르침의 방식과 배치가 되는 것입니다.

다시 말하지만 열 처녀 비유는 풍유적 성격이 없는 것은 아니지만 풍유적으로만 해석될 수 없습니다. 이 비유는 주님이 재림에 대해 교훈하시는 문맥 안에서 해석을 하여야 하고 그 안에 핵심적인 것이 무엇인지를 찾아야 합니다. 신랑 되신 주가 언제 임할는지 알지 못하는 상황 가운데 제자들이 그 날을 준비하여 깨어 있어야 하는 내용이 키포인트가 되는 것입니다.

신랑되신 주님의 오심과 앞으로의 일

우리가 지난번 혼인 잔치 비유에서도 보았지만 주님은 우리 믿는 자들의 신랑이십니다. 구약의 말씀에도 그것이 나오고 마가복음 9:14-15에 주님이 직접 그것을 암시하는 말씀이 있지요?

> 14그 때에 요한의 제자들이 예수께 나아와 가로되 우리와 바리새인들은 금식하는데 어찌하여 당신의 제자들은 금식하지 아니하나이까 15예수께서 저희에게 이르시되 혼인집 손님들이 신랑과 함께 있을 동안에 슬퍼할 수 있느뇨 그러나 신랑을 빼앗길 날이 이르리니 그 때에는 금식할 것이니라

이 신랑 되신 주님은 성경의 약속대로 오셨습니다. 그리고 성경의 약속대로 고난을 받으십니다. 성경대로 앞으로 사흘 후면 십자가에서 돌아가실 것입니다. 이 주님이 약속하신대로 부활하시어 하늘에 올라서 하나님 우편에 앉아 계시다가 다시 오실 것입니다. 주님은 제자들에게 이런 사실들을 분명하게 밝히셨습니다. 이런 토대 위에서 비유를 보아야 할 것입니다. 물론 그분이 다시 오시기 전에 제자들이 언제든지 먼저 주님 앞으로 갈 수도 있지요?

준비를 다하여 깨어 있는 삶과 그 결과

그분이 다시 오시든지 제자들이 그분 앞에 가든지 자기들에게 맡겨진 사명을 따라 준비하여 그 소임을 다하는 것이 제자들이 깨어 있는 것입니다. 그러면 제자들에게 맡겨진 소임이라는 것이 무엇입니까? 첫째는 그분이 지시하신 신랑을 예비하는 일로서의 거룩한 교훈에 충실히 하는 것입니다. 그 거룩한 교훈은 무엇입니까? 그것에는 소극적인 면과 적극적인 면이 있습니다. 소극적인 면은 자신들이 포함된 교회로 하여금 잠자는 자들의 삶을 벗어버리게 하는 것입니다(엡 4:22; 5:14; 롬 13:11-14). 다른 말로 하자면 옛사람을 벗어버리도록 하는 것입니다. 에베소서 5:14과 4:22을 봅니다.

> 14그러므로 이르시기를 잠자는 자여 깨어서 죽은 자들 가운데서 일어나라 그리스도께서 네게 비취시리라 하셨느니라(엡 5:14)
> 22너희는 유혹의 욕심을 따라 썩어져 가는 구습을 좇는 옛 사람을 벗어 버리고(엡 4:22)

적극적으로는 자기들이 포함된 교회가 새사람을 입어 가며 거룩하신 그분의 나라와 의를 구하도록 하는 것이지요?(엡 2:15; 4:24) 그것은 거룩하신 주님의 성품을 닮아가며 그분이 회복하시고자 하시는 그 나라의 어떠함을 구하는 것이 그 의를 이루는 일입니다.

그리고 그 맡기신 거룩한 교훈에 충실할 수 있는 방법을 주셨는데 그것은 자기들을 포함한 교회가 기도하도록 하는 것입니다. 믿음으로 기도하고(눅 21:36) 무시로 성신 안에서 깨어 기도하도록 하는 것입니다(엡 6:18). 에베소서 2:15, 4:24, 6:18을 봅니다.

> 15원수 된 것 곧 의문에 속한 계명의 율법을 자기 육체로 폐하셨으니 이는 이 둘로 자기의 안에서 한 새 사람을 지어 화평하게 하시고(엡 2:15)
>
> 24하나님을 따라 의와 진리의 거룩함으로 지으심을 받은 새 사람을 입으라(엡 4:24)
>
> 18모든 기도와 간구로 하되 무시로 성신 안에서 기도하고 이를 위하여 깨어 구하기를 항상 힘쓰며 … (엡 6:18)

둘째로 교회가 인간적인 열심이나 그 굴레에 유혹되지 않고 자기들이 맡은 바의 일을 이루기 위해 끝까지 최선을 다하는 것이 그렇게 그 날을 준비하는 삶과 같다는 것을 증시하는 것입니다. 그렇게 하는 것이 진정한 슬기이고 지혜입니다. 주님의 뜻을 떠나서 인간적인 인정에 매이고 헛된 육신적 열심을 내는 것은 궤도를 벗어난 열차가 달리려고 하는 것과 같습니다. 하나님이 가장 싫어하시는 것은 하나님이 싫어하시는 것에 대해 연민을 갖는 것입니다. 그것이 비록 인간 윤리나 도덕적으로 그럴듯하게 보여도 그것은 부패한 악취가 나는 것이고 더러운 것입니다. 인간적인 굴레를 벗어야 깨끗한 것이고 순결한 것입니다. 누가복음 14:26-27을 봅시다.

> ²⁶무릇 내게 오는 자가 자기 부모와 처자와 형제와 자매와 및 자기 목숨까지 미워하지 아니하면 능히 나의 제자가 되지 못하고 ²⁷누구든지 자기 십자가를 지고 나를 좇지 않는 자도 능히 나의 제자가 되지 못하리라

이와 같은 삶을 살 때에 주님이 오시거나 주님 앞에 간다면 주님께서 기꺼이 인정하시고 잘했다 칭찬하시며 저를 용납하여 주실 것입니다.

미련한 자들의 행태와 그 결과

그러면 미련한 자들의 행태가 어떠할 것이라는 것은 자명하게 드러납니다. 미련한 자들은 주님 재림을 준비하지 않는 자들입니다. 이들은 그저 대강 자기들 생각으로 신랑되신 주님의 오심을 예측하고 준비할 것은 준비하지 않은 채 모양새만 갖추고 실질은 없는 자들입니다. 나름대로는 혼인식 들러리로서 신랑 신부에 대해 호의를 가지고 참여하고 있지만 주인의 뜻에는 착념하지 않고 있습니다. 자기들이 소속된 공동체에 대해 마음에서부터 가장 필수적인 것들을 준비하지 않고 그에 따른 행동도 있지 않았습니다.

회개의 측면에서 이 미련한 자의 행동을 살펴보자면 옛사람과 새사람의 뚜렷한 경계도 없이 오락가락 하는 자라고 생각할 수 있습니다. 교회적인 것뿐만 아니라 개인으로서의 회개를 이루는 일도 없는 것입

니다. 이들은 기독교의 의를 말하지만 한편으로는 자기의 의를 내세우는 일을 교묘하게 하는 자들입니다. 그리고 계시에 대해 반응을 하는 것을 보면 이들은 그래도 좋고 저래도 좋다 하는 생각으로 시급히 생각하고 나아가야 할 것이 별로 없는 사람들입니다.

또한 미련한 자들은 하나님과의 교통으로 말미암는 감격이나 감동이 없습니다. 그래서 그분의 계시에 대해 시급하고 민감하게 나타낼 것도 없습니다. 그리고 형제들과의 교통도 신령한 것은 없고 육신적인 것만 있습니다. 그래서 기도도 하지 않고 교만합니다. 이들은 모든 일을 육신적으로 계산하고 판단하며 다른 무엇보다도 그 일을 우선시 하며 그로 말미암아 실익을 얻으려고 합니다. 때론 이들이 맘씨 좋은 듯하게 보일 때도 있지만 주님의 뜻과 관련된 그리스도 안에서 장성의 실질은 없고 육적 재화(財貨)를 쌓아 가는 일에만 충실합니다. 그러니까 이 사람은 늘 하나님 나라의 일과는 직접적인 상관이 없는 애매하고 한가한 일에만 바쁘게 보낸 사람입니다.

이들의 마지막은 어떻게 되겠습니까? 주님의 잔치에서 축출되고 말 것입니다. 아무리 주의 신령한 말씀을 가지고 있고 주님과의 식사교제를 했고 주의 이름으로 병을 고치고 선지자 노릇을 했다고 해도 그것으로는 주님 앞에 인정이 될 수 없습니다. 자기들이 좋은 뜻으로라도 혼인 잔치에 참여하려 했다고 해도 그런 것입니다. 주인이 명한 원래의 일에 충성되고 지혜롭게 헌신을 했는가 하는 것이 중요한 것입니다.

나가는 말

말씀을 맺습니다.
오늘은 열 처녀 비유에 대해 보았습니다. 이 비유는 주님이 감람산에서 종말에 대한 강화를 하실 때에 하신 것입니다. 주님의 재림을 기다리는 자들이 어떤 자세를 가지고 어떤 것을 준비하며 깨어 있어야 하는가에 대해 보았습니다.

오늘날에도 주님은 우리에게 하나님 나라의 일을 맡기셨습니다. 물론 그 일을 할 수 있도록 그 능력과 방도도 허락하셨습니다. 주님께서는 그 일에 대한 열매를 반드시 찾으실 것입니다. 우리가 주님 오실 때까지 살아있다면 그때 찾으실 것이고 우리가 먼저 주님 앞으로 가게 될 때에는 일차로 그것을 검증하실 것입니다. 물론 당대에서도 찾으시는 것이 있으시겠지요?

그러니까 우리가 이 시대에 주의 재림을 기다리는 자로 준비해야 할 일이 무엇인지 계시된 뜻 안에서 그리고 성신님의 조명하시는 섭리 아래 잘 깨닫고 그 안에 깨어 있어야 할 것입니다. 교회아로서 본연의 사명과 역사적인 사명을 잘 알아서 그 안에서 바른 열매를 맺어 하나님 나라 전진에 가담한 자로서 기쁨을 소유하고 또 그 일을 통하여 무익한 종으로서(눅 17:10) 하나님께 큰 영광을 돌리고 나아가야 할 것입니다. 그리하면 주님은 그 천국 잔치 안에서 우리를 인정하실 것입니다.

나 하나쯤이야 괜찮다 생각하고 안일하게 신앙생활을 하고 개인적인 일에 분주하여 만시지탄(晩時之歎;기회를 놓친 탄식)의 삶을 산다면 그 결과는 심은 대로 거두게 될 것입니다. 그리고 인도주의적인 일에 매여서 하나님 나라와 교회의 본질적인 일에 한가하게 된다면 정작 하나님 나라의 일을 하여야 할 때 하지 못하고 허둥대다가 주님의 엄중한 심판을 면치 못할 것입니다. 베드로후서 3:1-18을 함께 읽고 강설을 마치겠습니다.

1사랑하는 자들아 내가 이제 이 둘째 편지를 너희에게 쓰노니 이 둘로 너희 진실한 마음을 일깨워 생각하게 하여 2곧 거룩한 선지자의 예언한 말씀과 주 되신 구주께서 너희의 사도들로 말미암아 명하신 것을 기억하게 하려 하노라 3먼저 이것을 알지니 말세에 기롱하는 자들이 와서 자기의 정욕을 좇아 행하며 기롱하여 4가로되 주의 강림하신다는 약속이 어디 있느뇨 조상들이 잔 후로부터 만물이 처음 창조할 때와 같이 그냥 있다 하니 5이는 하늘이 옛적부터 있는 것과 땅이 물에서 나와 물로 성립한 것도 하나님의 말씀으로 된 것을 저희가 부러 잊으려 함이로다 6이로 말미암아 그 때 세상은 물의 넘침으로 멸망하였으되 7이제 하늘과 땅은 그 동일한 말씀으로 불사르기 위하여 간수하신 바 되어 경건치 아니한 사람들의 심판과 멸망의 날까지 보존하여 두신 것이니라 8사랑하는 자들아 주께는 하루가 천 년 같고 천 년이 하루 같은 이 한 가지를 잊지 말라 9주의 약속은 어떤 이의 더디다고 생각하는 것같이 더딘 것이 아니라 오직 너희를 대하여 오래 참으사 아무도 멸망치 않고 다 회개하기에 이르기를 원하시느니라 10그러나 주의 날이 도적같이 오리니 그 날에는 하늘이 큰 소리로 떠나가고 체질이 뜨거운 불에 풀어지고 땅과 그 중에 있는 모든 일이 드러나리로다 11이 모든 것이 이렇게 풀어지리니 너희가 어떠한 사람이 되어야 마땅하뇨 거룩한 행실과 경건함으로 12하나님의 날이 임하기를 바라보고 간절히 사모하라 그 날에 하늘이 불에 타서 풀어지고 체질이 뜨거운 불에 녹아지려니와 13우리는 그의 약속대로 의의 거하는 바 새 하늘과 새 땅을 바라보도다 14그러므로 사랑하는 자들아 너희가 이것을 바라보나니 주 앞에서 점도 없고 흠도 없이 평강 가운데서 나타나기를 힘쓰라 15또 우리 주의 오래 참으심이 구원이 될 줄로 여기라 우리 사랑하는 형제 바울도 그 받은 지혜대로 너희에게 이같이 썼고 16

또 그 모든 편지에도 이런 일에 관하여 말하였으되 그 중에 알기 어려운 것이 더러 있으니 무식한 자들과 굳세지 못한 자들이 다른 성경과 같이 그것도 억지로 풀다가 스스로 멸망에 이르느니라 17그러므로 사랑하는 자들아 너희가 이것을 미리 알았은즉 무법한 자들의 미혹에 이끌려 너희 굳센 데서 떨어질까 삼가라 18오직 우리 주 곧 구주 예수 그리스도의 은혜와 저를 아는 지식에서 자라가라 영광이 이제와 영원한 날까지 저에게 있을지어다

기도

거룩하신 아버지 하나님, 말세 지말에 오셔서 하나님의 구속의 경륜을 다 이루시고 하늘에 오르셔서 또 성신으로 세우신 교회를 다스려 가시는 주님이시옵나이다. 저희들이 주님의 말씀과 성신으로 부르심을 받아 저희 자신들을 회개하고 주께 믿음으로 연합되게 되었고 이제는 주께 속한 자로 새로운 세계를 향해서 날마다 전진하게 되는 자들이 되었사옵나이다. 이제는 옛 사람을 벗어버리고 새 사람을 힘입어가는 그런 존재들이 되었사온즉 저희들 그 거룩한 교훈 안에서 이제 깨어 경성하는 자들이 되게 하옵시며 소극적인 면에서나 적극적인 면에서 주님의 교훈에 각성되어 살아가게 하여 주시옵소서. 그리고 열심을 품고 최선을 다해서 주의 뜻을 이루어 나아가게 하여 주시옵소서. 주님의 엄위롭고 공의로운 말씀을 늘 듣고 있으면서도 아무런 각성이 되지 아니하고 방만하게 살아간다면 저희들은 미련한 다섯 처녀와 같을 수밖에 없사옵나이다. 그런 지경이 되면 저희들이 주님과 관계를 맺고 살았던 모든 것들이 다 허사가 될 줄 아옵나이다. 저희들 과연 주님 안

에서 깨어 각성하며 살아가는 것이 어떤 것인지 주께서 말씀과 성신으로 저희들을 인도해 가시온즉 그 안에서 저희 존재의 의미도 알고 저희 사역에 의미를 부여하고 살아가게 하여 주시옵소서. 주님이 명료하고 명백하게 우리 앞에 제시해 주셨음에도 불구하고 한가하게 여전히 자기를 사랑하고 자기 가족과 형제를 사랑하고 자기를 위해서 주님을 이용한다면 저희들은 주님 앞에 불법을 행한 자로 나타날 수밖에 없사옵나이다. 하나님께서 독생자 예수 그리스도를 이 땅에 보내셔서 우리를 사신 그 큰 사랑을 늘 기억해서 가장 우선순위로 해야 할 일이 무엇인지 각성하게 하옵시고 주께 부르시는 날까지 저희들이 최선을 다해서 주의 영광을 나타내며 이웃에게 큰 유익을 끼치게 하여 주시옵소서. 모든 걸 주께 의탁 드리옵고 감사드리며,

    우리 구주 예수 그리스도의 이름으로 기도 올리옵나이다. 아멘.

제 37 강

달란트 비유

마태복음 25:14-30

들어가는 말

오늘은 달란트 비유입니다. 이 비유는 지난번에 말씀드렸듯이 주님께서 공생애 마지막 주간 화요일에 제자들에게 종말에 관한 감람산 강설을 하시는 중에 하신 말씀입니다. 마태복음 25장의 앞부분의 열 처녀의 비유와 그리고 오늘 달란트 비유 그리고 우리가 다음 주에 볼 양과 염소의 비유가 감람산 강설의 제2부라 할 수 있는 세 가지 비유입니다. 이 비유들은 종말 자체에 대해 말씀하는 것이 아니라 종말에 대한 준비를 어떻게 하여야 하는가를 가르치고 있습니다. 인자의 오심의 그 징조와 그 사실 자체에 대해서는 앞의 24장 앞부분에서 말씀하셨고 여기서는 그 주님의 오심으로 말미암는 종말을 대비하여 주의 제자로서 어떻게 살아야 하는가를 가르치시는 것입니다. 열 처녀 비유에서는 그 주님의 오심을 예비하는 자로 어떻게 깨어 있어야 하는가에 대해 가르치시고 오늘 본문의 달란트 비유에서는 그렇게 주님의 오심을 바라는 자들이 자기에게 부여된 은사를 어떻게 활용하여야 하는가에 대해 교훈하시는 것입니다. 물론 그 교훈에 충실하지 않을 때에는 역시 그 날에 충실한 자들과 달리 심판을 받아 바깥 어두운 곳으로 분리된다는 것을 보입니다. 그리고 최종적으로 양과 염소의 비유에서는 인자가 오시는 그날에 일어날 일에 대해 구체적으로 묘사하십니다. 이제 본문을 읽고 자세한 내용을 보도록 하겠습니다. 마태복음 25:14-30입니다.

14또 어떤 사람이 타국에 갈제 그 종들을 불러 자기 소유를 맡김과 같으니 15각각 그 재능대로 하나에게는 금 다섯 달란트를, 하나에게는 두 달란트를, 하나에게는 한 달란트를 주고 떠났더니 16다섯 달란트 받은 자는 바로 가서 그것으로 장사하여 또 다섯 달란트를 남기고 17두 달란트를 받은 자도 그같이 하여 또 두 달란트를 남겼으되 18한 달란트 받은 자는 가서 땅을 파고 그 주인의 돈을 감추어 두었더니 19오랜 후에 그 종들의 주인이 돌아와 저희와 회계할새 20다섯 달란트 받았던 자는 다섯 달란트를 더 가지고 와서 가로되 주여 내게 다섯 달란트를 주셨는데 보소서 내가 또 다섯 달란트를 남겼나이다 21그 주인이 이르되 잘 하였도다 착하고 충성된 종아 네가 작은 일에 충성하였으매 내가 많은 것으로 네게 맡기리니 네 주인의 즐거움에 참여할지어다 하고 22두 달란트 받았던 자도 와서 가로되 주여 내게 두 달란트를 주셨는데 보소서 내가 또 두 달란트를 남겼나이다 23그 주인이 이르되 잘 하였도다 착하고 충성된 종아 네가 작은 일에 충성하였으매 내가 많은 것으로 네게 맡기리니 네 주인의 즐거움에 참여할지어다 하고 24한 달란트 받았던 자도 와서 가로되 주여 당신은 굳은 사람이라 심지 않은 데서 거두고 헤치지 않은 데서 모으는 줄을 내가 알았으므로 25두려워하여 나가서 당신의 달란트를 땅에 감추어 두었나이다 보소서 당신의 것을 받으셨나이다 ²⁶그 주인이 대답하여 가로되 악하고 게으른 종아 나는 심지 않은 데서 거두고 헤치지 않은 데서 모으는 줄로 네가 알았느냐 ²⁷그러면 네가 마땅히 내 돈을 취리하는 자들에게나 두었다가 나로 돌아와서 내 본전과 변리를 받게 할 것이니라 하고 ²⁸그에게서 그 한 달란트를 빼앗아 열 달란트 가진 자에게 주어라 ²⁹무릇 있는 자는 받아 풍족하게 되고 없는 자는 그 있는 것까지 빼앗기리라 ³⁰이 무익한 종을 바깥 어두운 데로 내어쫓으라 거기서 슬피 울며 이를 갊이 있으리라 하니라

므나 비유와 다른 점

달란트 비유는 므나 비유(예수님의 비유 제31강 참조)와 비슷하지만 다른 교훈이라고 했었지요? 므나 비유는 예루살렘에 입성하기 얼마 전 여리고의 삭개오 집에서 하신 말씀이고 달란트 비유는 예루살렘에 올라오셔서 지내시는 중에 화요일에 하신 비유입니다. 시기적으로도 그렇게 차이가 있습니다.

그리고 므나는 비교적 작은 돈이라 했고 달란트는 큰 화폐 단위의 돈이라고 했습니다. 므나가 100 드라크마와 같은 가치의 돈인데 달란트는 6000 드라크마(데나리온)[300만달라=노동자의 20년 노임]가 되는 것입니다. 그리고 달란트 비유에서는 므나 비유에 나오는 백성이 왕위를 받으러 간 귀인 뒤로 사자를 보낸 내용이 나오지 않지요? 그리고 므나 비유에서 동일하게 한 므나씩 나누어준 은화가 달란트 비유에서는 각기 다르게 나누어주었습니다. 어떤 이에게는 금 다섯 달란트, 어떤 이에게는 두 달란트, 그리고 한 사람에게는 한 달란트 이렇게 준 것입니다. 능력별로 구분해서 차등을 두어 준 것입니다. 물론 차등을 두었

다고 해서 결과도 차등이 있었던 것은 아니지요? 동률의 상을 내리고 또 동일하게 같은 상인 주인의 즐거움에 참여하게 한 것입니다. 그러나 므나 비유에서는 결과에 있어서 차등이 있습니다.

그러니까 달란트 비유와 므나 비유는 시기적으로나 내용적으로 그리고 비유의 목적을 보아도 분명히 다른 두 사건입니다. 혹자는 한 사건으로 보려 하고 혹자는 전혀 다른 두 내용이 대조하는 과정에서 거의 같은 것으로 만들어졌다고 하는데 이는 합당한 관점이 아닙니다. 마태복음 달란트 비유에서는 주인의 부재중에 서로 다른 능력을 받은 종들과 그들이 한 장사에 초점이 맞추어져 있어서 하나님 앞에서의 책임 있는 행동을 어떻게 했느냐에 대한 내용이고 므나 비유에서는 먼 나라로 왕위를 받으러 간 귀인과 그 주인의 오심을 믿음으로 기다리며 할 일을 하는 그의 신하들의 태도를 강조하고 있습니다.

달란트 비유의 구조와 내용

이제 달란트 비유의 구조와 내용을 보도록 하겠습니다. 이 달란트 비유는 마태복음서에서 가장 긴 비유입니다(샤이먼 키스트 메이커, 예수님의 비유 중에서). 마태는 앞의 열 처녀의 비유와 연결 지으며 오늘 달란트 비유를 쓰고 있습니다. 접속사 가르(γαρ; 왜냐하면)가 나오기 때문입니다. 그리고 본 비유에는 천국 비유로서 한다는 것이 나타나 있지 않지만 이 비유 역시 '마치 … 같으니' 하는 천국 비유 형식으로써(막 13:34 참조) 천국 비유 중의 하나라는 것을 드러내고 있습니다. 그리고 구조에 있어서도 열 처녀의 비유와 매우 흡사합니다. 주인의 부재 동안에 받은바 은사를 가지고 부지런히 일해야 한다는 면에서 같습니다.

비유의 첫째 내용은 어떤 사람이 먼 길을 떠나면서 종들에게 각각 재능에 맞게 달란트를 맡겼다는 것입니다. 14-15절입니다. 종들에게 각각 금 다섯 달란트, 두 달란트, 한 달란트 준 것입니다. 요즘에는 달란트(talent)라는 말이 재능으로 알려져 있지만 신약 시대에서는 큰 화폐 단위로서의 돈을 의미하는 것입니다. 당시의 부자들은 사업차 혹은 멀리 여행을 떠날 때에 청지기들에게 나머지의 자기 일들을 능력에 따라 맡기고 떠나는 일이 많았다고 합니다. 그리고 갔다가 와서는 회계를 하였습니다. 오늘날의 종들의 개념과는 매우 다르지요? 가족같이 여긴 청지기와 같은 존재들이 바로 이런 종들이었습니다. 주님은 보편적으로 그런 것을 잘 아는 자들에게 이런 비유를 하시는 것입니다. 그런데 여기서는 주인이 왜 종들에게 세상에서 생각할 수 없는 그렇게 큰돈을 맡겼는지에 대해서는 침묵합니다. 아마 하나님의 은사의 위대함을 강조하기 위해 그렇게 하지 않았는가 추측합니다. 어쨌든 주인은 그 준 돈으로 각각의 종들이 거기에 합당한 결과를 내기를 바라고 그렇게 한 것입니다. 좀 전에도 말씀드렸지만 누가복음의 므나 비유와 달리 차등 있게 달란트를 나누어 준 것은 하나님 나라 안에서 은사의 사상적 발전이라는 면을 염두에 두고 그렇게 하신 것이 아닌가 합니다.

이 비유의 둘째 내용은 그 달란트를 받은 종들이 각기 결과를 낸 내용입니다. 16-18절입니다. 한 종은 바로 가서 장사하여 다섯 달란트를 남겼습니다. 어떻게 그렇게 남겼는지에 대해서는 다음에 볼 세 번째의 내용인 주인의 평가에서 잘 드러납니다. 그리고 두 달란트 받은 종도 자신에게 왜 다른 이보다 작은 양을 주었는가 따지지 않고 주신 것을 가지고 최선을 다해 장사를 하여 두 달란트를 더 남겼습니다. 이 사람에 대해서도 마찬가지입니다. 어떻게 그렇게 남겼는지에 대해 돌아온 주인이 평가를 하는 부분에서 나타나는 것입니다. 그러나 한 달란트 받은 자는 땅을 파고 그 달란트를 숨겨 두었습니다. 나름대로 땅에

다가 묻는 것이 가장 안전하다고 생각했겠지요? 왜 이 사람이 그렇게 했는지에 대해서도 세 번째 내용에서 나타납니다.

이제 세 번째의 내용을 봅시다. 오랜 후에 주인이 돌아와 자기 종들이 한 일을 회계를 한 내용입니다. 19-30절까지입니다. 다섯 달란트 남긴 종에게는 '착하고 신실한 종이라' 평가하시고 '네가 작은 일에 충성하였으니 큰일을 맡기겠다.' 하시고 와서 주인의 기쁨에 참여할 것을 말씀하셨습니다. 그러니까 이 종은 주인의 뜻에 신속하고 충실하게 따랐음이 확실합니다. 주인이 자신을 평가해 준 능력 안에서 최선을 다해 주인을 기쁘게 하고 주인의 유익을 위해 장사를 열심히 하였습니다. 다시 말해서 주인이 인정해준 능력을 그냥 보존하는데 그친 것이 아니고 그것을 더욱 창의적으로 활성화하여 진취적으로 장사를 했던 것입니다. 그리고 두 달란트 남긴 종에게도 다섯 달란트 남긴 자와 동류의 칭찬과 상을 내리셨습니다. 단순히 상금만 준 것이 아니라 더 큰 일을 맡겼다는 데에 의의가 있습니다. 그러니까 착하고 신실한 두 종은 주인이 자신들을 평가한 능력 안에서 최선을 다하여 그런 결과를 낸 것입니다. 이것을 보면 천국이 획일적 평등주의(egalitarianism)를 말하지는 않지요? 그러나 주인을 노동자 노임 착취자와 같이 나쁘게 생각하고 불신하여 땅에다가 자기가 받은 은사인 한 달란트를 묻은 종에 대해서는 '악하고 게으른 종아, 너는 내가 심지 않은 데서 거두고 뿌리지 않은 데서 모으는 줄 알았더라면 내 돈을 돈놀이하는 자들에게 맡겨서 내가 왔을 때 본전에 이자를 받도록 해야 하지 않겠느냐?' 하면서 그가 가진 달란트를 빼앗아 열 달란트 가진 자에게 주도록 하였습니다. 그러니까 이 악한 종은 주인에 대해 악한 감정을 가지고 있었고 또 주인이 준 것에 대해 절대적인 본전만을 생각한 것입니다. 이렇게 한 이면에는 재량껏 주인의 것에 이익을 남겨야 하겠다는 것에 관심이 없었다

하는 것과 자기의 몸을 아끼느라 자신의 수고와 노력을 하지 않았다 하는 것이 있었습니다.

이렇게 된 근본적인 이유는 주인에 대한 원망과 다른 종들에 대한 질투심과 이기적 본성 때문이었을 것입니다. 그것이 주인에게 대해 충실하지 않은 것으로 나타난 것입니다. 그래서 주인에 대해 '냉혹한 수전노와 같이 굳은 사람이다' 그렇게 생각하고 차라리 땅에다 묻어 두어 주인에게 본전만 돌리자 생각한 것이지요? 이런 변명은 보통 할 일을 하지 않은 죄인들의 특징입니다(마 7:22, 25:44; 눅 13:26; 예, 눅 16:27-31). 그리고 이에 대해 주인은 최종적으로 평가하기를 '누구든지 있는 사람은 더 받아 풍족하게 되고 없는 사람은 있는 것까지 빼앗길 것이다' 하면서 '이 쓸모없는 종을 바깥 어두운 데 내어 쫓아라. 거기서 슬피 울며 이를 갈 것이다' 하고 말했습니다. 주인이 준 은사를 잘 써서 정당한 열매를 맺지 못하는 자는 그 받은 은사마저 상실케 된다는 것을 보여주고 그리고 그렇게 한 것에 대해 하나님의 엄중한 심판을 반드시 받는다 하는 것을 보여준 것입니다. 주인의 이런 평가는 주님께서 씨 뿌리는 자의 비유로 말씀하신 것에 대한 대답의 말씀과 같은 맥락의 내용입니다. 주인의 음성으로 주님의 평가를 내리신 것입니다(마 13:3-12)

해석상의 주의점

그런데 이 달란트 비유도 열 처녀의 비유와 같이 풍유적 성격이 많으나 풍유적으로만 해석해서는 안 됩니다. 역사상 많은 이들이 주인은 그리스도이고 그가 여행한 곳은 하늘나라이며 종들은 사도들이고 종이 받은 달란트는 사도들의 복음 사역이라고 해석했는데 이는 본문을 떼어놓고 그 논리를 생각하면 비슷하게 맞아 들어가는 이야기인지는 몰라도 본 비유의 문맥적으로나 성경 전체적인 해석 원리로 보면 합당하지 않습니다. 그리고 만일 주님 재림시의 시점으로 생각하여도 이런 직접적인 대입에 의한 풍유적인 해석은 올바르지 않습니다. 이런 점들을 우리는 이 비유에 대해 해석할 때 주의해야 합니다.

이때는 시기적으로 비상한 시점

그러면 주님께서 제자들에게 왜 이 비유를 하신 것입니까? 주님이 제자들에게 이 말씀을 하신 때는 참으로 비상한 시기입니다. 그리스도의 십자가의 죽으심과 부활을 바로 코앞에 둔 시기로서 구속사 안에서 한 정점을 이루는 때입니다. 사흘 후면 예고하신 대로 십자가에 달리실 것이고 이레 후면 성경대로 죽음의 권세를 물리치시고 무덤에서 부활하실 것입니다. 그리고 아직 구속 역사의 진행 과정은 많이 남아 있었습니다. 주님이 하늘에 오르셔야 하고 하나님 우편에 앉아서 성신님으로 통치를 하셔야 하며 이스라엘이 심판을 받아야 하고 또 복음이 땅끝까지 나아가야 하고 이방인의 수가 차기까지 더 전진되어야 하는 것입니다.

그러나 제자들은 여전히 그 메시야의 나라 도래에 대해 조급하게 생각하고 있었습니다. 그리고 그 나라의 도래와 관련하여 모르고 있는 것이 너무 많았습니다. 주님께서 그동안 끊임없이 천국의 어떠함과 앞으로의 구속 역사 진행에 대해 명시적으로 혹은 묵시적으로 가르치셨지만 저들은 무지로 혹은 주님의 경륜적 작정 가운데 진리가 비밀스럽게 가려져서 잘 알지 못하고 있었습니다. 그리고 그들이 그 나라에 들어가기 위해 겪어야 할 고난이라든지 그리고 그러한 고난의 삶을 견딤으로써 다가오게 되는 그 나라의 영광에 대해 잘 깨닫지도 못하고 잘 모르고 있었습니다. 부분적으로 하나님 나라에 대해 들어서 알고 있는 내용들이 많이 있었지만 그것들이 유기적으로 연결되어 하나의 통일성 있는 사상으로 자리하지 못하고 있었습니다. 그러니까 더더욱 그들이 도래할 그 나라 안에서 무엇을 준비하여야 하고 어떤 책임을 지고 나아가야 할 것에 대해 알지 못하고 있는 것입니다.

그래서 주님은 저들을 향한 선택적이고 언약적인 사랑으로 끊임없이 그들이 그 종말적인 나라를 맞이할 자들로서 구속 역사의 남은 기간에 무엇을 준비하고 있어야 하고 주께로부터 받은 가치 있는 은사를 어떻게 써야 할 것인가를 가르치고자 하시는 것입니다. 한편으로는 막연히 어떤 혈통적인 것이나 형식적인 것으로 결코 구원이 이루어지지 아니한다는 것을 여기서 말씀하려고 하십니다. 그런 자는 반드시 핑계치 못하고 심판이 될 것을 이 비유로 가르치시는 것입니다.

제자들이 앞으로 하여야 할 일

그러면 제자들이 이제 받은 은사로써 구속사의 남은 때와 자신들의 남은 때를 어떻게 지내야 합니까? 지난주에도 말씀드렸지만 제자들은 종말의 날을 내다보게 하는 일차적인 심판의 사실들을 불과 얼마 후에 대부분 목격할 것입니다. 주님의 육체적 부재(不在) 가운데 성신님의 은사적 통치 그리고 배교와 박해, 그리고 예루살렘의 멸망의 일들을 겪어야 하는 것입니다.

그런 가운데 그들이 해야 할 일은 받은 은사가 얼마가 됐든지 그것을 가지고 언약민으로서의 개인의 경건은 물론이요 당대의 상황 속에서 주의 약속을 믿고 성신 안에서 새롭게 계시된 진리를 정립하여 보존하는 것입니다. 또 하나님 나라의 복음을 전파하고 신약의 교회를 세우는 일을 해야 할 것입니다. 그 일로 말미암아 고난을 당하여야 함은 물론이요 때론 목숨까지 내놓는 모험을 하여서라도 주께서 인정하시고 달란트를 주신 것의 실질적인 열매를 맺으며 힘써서 나아가야 할 것입니다. 비록 연약함으로 인하여 여러 가지 어려움에 빠지게 된다고 해도 거기서 주저앉아서는 안 될 것이고 주님의 언약적인 사랑을 기억하여 한 걸음씩 전진하여야 하는 것입니다.

충성한 자들에게 약속된 상을 주신다

그리하면 주님은 약속하신 보상을 하실 것입니다. 물론 이러한 보상은 행위 공로로 인한 것은 결코 아니지요? 은혜 위에 은혜를 더하시는 측면에서의 보상이 될 것입니다. 은혜로 시작하여 은혜에 착념한 결과적인 차원에서 누리는 보상이 될 것이라는 말입니다. 주님은 이틀 뒤에 제자들에게 당신보다 더 큰 일을 제자들이 하게 될 것이라는 말씀을 하실 것입니다. 요한복음 14:12-13입니다.

> 12내가 진실로 진실로 너희에게 이르노니 나를 믿는 자는 나의 하는 일을 저도 할 것이요 또한 이보다 큰 것도 하리니 이는 내가 아버지께로 감이니라 13너희가 내 이름으로 무엇을 구하든지 내가 시행하리니 이는 아버지로 하여금 아들을 인하여 영광을 얻으시게 하려 함이라

그리고 오늘 본문에서도 보면 주님은 작은 일에 충성하면 주님은 큰 일을 맡기실 것이라고 하셨습니다. 그리고 노력하지 않은 자들의 몫까지도 받게 될 것입니다. 그러니까 이렇게 주님의 은혜를 현세적

으로 경험하면서 구속사의 진전 가운데 더욱 큰 은혜 안으로 들어가는 측면에서 이 일을 겪게 되는 것입니다. 그렇게 되면 주님의 은혜 안에서 언약적 기쁨을 함께 누리는 자가 될 것입니다. 현세적으로도 그렇고 장차 주님 오실 때에 주께서 회계(會計)하시는 날에 그 완성된 기쁨의 일 가운데에로 들어가게 될 것입니다. 비록 주의 뜻을 따라 주의 백성으로 사는 것으로 인하여 현세에서 눈물을 흘린 일이 많이 있어도 그 날에는 주님이 그 눈물을 다 씻기실 것입니다(계 7:13-17).

태만 죄에 대한 심판

자칫 주님이 주신 은사를 사용하는 것에 대해 오해를 하고 그저 자신의 은사를 있는 그대로 보존하는 일에만 급급하여 자신의 의와 안위만을 추구하고자 하게 된다면 그 태만 죄에 대한 주님의 엄중한 심판에 대해 피할 수 없을 것입니다. 그것은 결국 주님이 자신을 인정하신 부분에서도 충실치 못하는 일이 되는 것입니다. 그렇게 되면 그 받은 은사마저 빼앗길 것입니다. 물론 하나님의 은사와 부르심에는 후회가 있을 수 없지만 받은 은사를 묵힌 측면에서 가지고 있다고 생각한 은사마저 빼앗기고 말 것입니다. 그리고 궁극적으로 바깥 어두운 데서 슬피 울며 이를 가는 지옥의 형벌을 피할 수 없습니다.

유대인들의 죄와 심판

사실 바리새인과 서기관 같은 유대인들이 바로 여기 한 달란트 받은 자들과 같이 산 자들입니다. 유대인들은 하나님의 말씀을 맡은 자들입니다. 하나님의 종으로서 부름을 받아 그들이 그 시대에 마땅히 부요하게 드러내야 할 일을 하여야 했던 자들입니다. 그러나 그들은 현세적인 안위 가운데 그저 계시의 껍데기만 보존하는데 주력을 했지 그 말씀 속에 착하고 신실하게 착념하지 아니했습니다.

그래서 그들은 심판을 받아야 하는 것입니다. 앞으로 구속사 안에서 자신들이 받은 고귀한 것까지도 다 열매 맺는 이방인들에게 주어야 할 판입니다. 그리고 그 밝은 계시의 밖인 칠칠흑야의 어둠 가운데 허망한 삶을 탄식하여야 할 것이고 당대에는 예루살렘의 멸망과 성전 파괴 등을 경험하며 궁극적으로 지옥의 형벌을 받지 아니할 수 없게 될 것입니다. 히브리서 6:4-8을 보겠습니다.

> 4한번 비췸을 얻고 하늘의 은사를 맛보고 성신에 참여한 바 되고 5하나님의 선한 말씀과 내세의 능력을 맛보고 6타락한 자들은 다시 새롭게 하여 회개케 할 수 없나니 이는 자기가 하나님의 아들을 다시 십자가에 못 박아 현저히 욕을 보임이라 7땅이 그 위에 자주 내리는 비를 흡수하여 밭 가는 자들의 쓰기에 합당한 채소를 내면 하나님께 복을 받고 8만일 가시와 엉겅퀴를 내면 버림을 당하고 저주함에 가까와 그 마지막은 불사름이 되리라

나가는 말; 우리가 알아야 할 것

그러면 우리가 이상의 비유의 말씀에서 교훈을 받아야 할 것은 무엇입니까? 그것은 첫째로 우리가 받은 은사를 가지고 우리에게 명하신 바의 일로서의 그것을 더욱 부요케 하는 일에 주력해야 할 것입니다. 은사는 다 다르지만 성신의 한 역사 안에서 통일성을 이루고 그것이 결국 우리에게 유익을 주는 것입니다(고전 12:4-7 참조).

그러니까 받은 은사를 가지고 더욱 큰 은사를 사모하며 주님이 맡기신 일에 주력을 하여야 하는 것입니다. 이것은 주님이 약속하신 것입니다. 고린도전서 12:31입니다.

> 31너희는 더욱 큰 은사를 사모하라 내가 또한 제일 좋은 길을 너희에게 보이리라

그러니까 은사의 차이를 가지고 불평이나 원망이나 시기심을 가질 것이 아니고 받은 것을 족한 줄로 알고 그 위에 더하여 할 일을 해야 하는 것입니다. 그러면 우리가 맡은 일이라는 것이 무엇이겠습니까? 그것은 우리가 지난주에 본 바와 같이 하나님 나라의 복음을 전파하는 일입니다. 하나님의 영원한 작정의 일인 보편 교회의 완성을 향하여 받은 은사를 가지고 이 일을 하여야 하는 것입니다. 받은 은사를 따라 말씀과 성신님의 능력으로 우리 각자가 어디에 있든지 간에 어떤 사회 상황 속에서라도 교회아로서 교회의 정체성을 확고히 하고 교회가 마땅히 누려야 할 진리를 좇으며 보존하고 후대에 전하여야 할 것이고 우리가 이 시대의 한 지역 교회원으로서 이 시대와 지역을 책임지고 나아가는 일들을 하여야 할 것입니다. 그리고 이 일을 함에 있어서 여러 가지 환난이나 어려움이 있어도 주의 약속을 믿고 인내하며 살아있는 장성의 실질을 직접 체득하고 나아가야 합니다(벧전 4:7-19 참조).

둘째로 알아야 할 것은 무엇입니까? 우리가 주의 명하심을 믿고 인내로써 이렇게 살면 주께서 회계하실 것입니다. 그리스도의 심판대 앞에서 우리가 심은 대로의 일들을 그대로 고하여야 할뿐만 아니라 그에 대한 대가도 거두게 될 것입니다. 고린도전서 3:10-17입니다.

¹⁰내게 주신 하나님의 은혜를 따라 내가 지혜로운 건축자와 같이 터를 닦아 두매 다른 이가 그 위에 세우나 그러나 각각 어떻게 그 위에 세우기를 조심할지니라 ¹¹이 닦아 둔 것 외에 능히 다른 터를 닦아 둘 자가 없으니 이 터는 곧 예수 그리스도라 ¹²만일 누구든지 금이나 은이나 보석이나 나무나 풀이나 짚으로 이 터 위에 세우면 ¹³각각 공력이 나타날 터인데 그 날이 공력을 밝히리니 이는 불로 나타내고 그 불이 각 사람의 공력이 어떠한 것을 시험할 것임이니라 ¹⁴만일 누구든지 그 위에 세운 공력이 그대로 있으면 상을 받고 ¹⁵누구든지 공력이 불타면 해를 받으리니 그러나 자기는 구원을 얻되 불 가운데서 얻은 것 같으리라 ¹⁶너희가 하나님의 성전인 것과 하나님의 성신이 너희 안에 거하시는 것을 알지 못하느뇨 ¹⁷누구든지 하나님의 성전을 더럽히면 하나님이 그 사람을 멸하시리라 하나님의 성전은 거룩하니 너희도 그러하니라

착하고 선한 일을 받은 은사로써 더욱 충실히 한 자들에게는 그에 합당한 복을 내리실 것이고 그저 있는 은사를 관조하고 나태하게 묶힌 악하고 게으른 자들에게는 거기에 합당한 심판을 하실 것입니다. 물론 현세에서도 그리 하실 것이고 주님을 볼 때에나 아니면 주님이 다시 오실 때에 반드시 그리하실 것입니다(마 3:12 참조).

기도

거룩하신 아버지 하나님, 저희들 스스로 하나님의 나라의 전진과 완성을 위해서 할 수 있는 것이 아무 것도 없다는 것을 아시고 주님께

서는 우리를 구속하셨을 뿐만 아니라 구속의 은혜 안에서 더욱 터를 잡고 자라갈 수 있도록 성신의 은사를 내려주셨사옵나이다. 교회에 연합시키시고 각 사람에게 성신의 은사를 주셔서 합력해서 선을 이루게 하셨사옵나이다. 그 달란트가 어떠하든지 간에 거기에 충성될 만한 내용과 지혜와 능력을 주시고 그 일을 순종하는가에 대한 여부를 주님이 판단하시옵나이다. 저희들 인간적인 시각으로 저희 자신들을 상대적으로 비교하며 자신이 가진 것이 적을 때는 열등감으로 그것을 묵히고 함부로 하는 일들이 많이 있사옵니다. 주님, 종말을 준비하는 자들로서 아무리 작은 은사라 할지라도 하나님 나라 안에서 마땅히 충실하게 은사의 열매를 내고 활성화 시켜서 나아가야 할 것들을 또 말씀으로 깨우쳐 주시옵나이다. 저희들 어떤 처지에 있든지 간에 늘 감사함으로 주인의 뜻에 충성되게 봉사하는 그런 존재들이 다 되게 하여 주시옵소서. 주께서 많은 것을 주셨지만 그것들을 허비하고 낭비하고 허탄하게 게으르게 살아서 주님 앞에 설 때에 부끄러운 존재로 남는 그런 불쌍한 인생들이 되지 않게 하여 주시옵소서. 주님은 외모로 사람을 보지 아니하시고 주신 은혜 안에서 저희들을 평가하시는 줄 아옵나이다. 그 은혜 안에서 우리가 아무리 작은 은혜를 받았다 할지라도 우리 생명을 다해서 드리지 못할 일이 없다 하는 것을 분명히 각성하고 주께서 맡기신 일에 충성되이 봉사해서 주님의 나라에서 주인의 즐거움에 참예하는 그런 믿음의 사람들이 다 되게 하여 주시옵소서. 허망한 것에 마음을 빼앗기고 세월을 낭비하고 현세적인 쾌락과 영광을 위해서 영원한 것들을 저버리고 살아가는 그런 미련한 자들이 되지 않게 하여 주시옵소서. 모든 걸 주께 의탁 드리옵고 감사드리며,

　우리 구주 예수 그리스도의 이름으로 기도 올리옵나이다. 아멘.

제 38 강

양과 염소의 비유

마태복음 25:31-46

들어가는 말

오늘은 양과 염소의 비유입니다. 이 비유는 마지막 심판 때에 일어날 실제적인 상황을 염두에 두고 하시는 말씀입니다. 이 비유는 감람산에서 하신 종말론 강설의 마지막 부분이고 결론적인 말씀입니다. 이제까지의 비유의 예들에서는 종말의 징조를 보면서 어떻게 종말을 준비하고 그 안에 깨어 있으며 어떤 자세를 가지고 주께서 주신 은사를 잘 써야 하는가를 말씀하셨지만 오늘 비유에서는 그 최종적인 결말이 어떻게 나는지에 대해 말씀하고자 하시면서 이 비유의 말씀을 하시는 것입니다. 이제까지도 심판과 분리에 대한 말씀을 부분적으로 하셨지만 여기 이 비유에서는 보다 명확하고 구체적으로 심판과 분리를 하시며 그 이유에 대해 설명을 하시는 것입니다. 제자들이 아직도 종말의 단계에 대해 단순히 생각하고 거기에 대한 미비하고 미흡한 점이 많이 있었으므로 주님은 두고두고 생각하면서 깨달을 수 있는 내용을 재료로 저들에게 이 말씀을 하시는 것입니다. 형식으로만 따지면 본문의 이 비유는 비유적인 강설이라고 할 수 있을 것입니다. 이제 본문을 읽고 자세한 내용을 보도록 하겠습니다. 마태복음 25:31-46입니다.

31인자가 자기 영광으로 모든 천사와 함께 올 때에 자기 영광의 보좌에 앉으리니 32모든 민족을 그 앞에 모으고 각각 분별하기를 목자가 양과 염소를 분별하는 것같이 하여 33양은 그 오른편에, 염소는 왼편에 두리라 34그 때에 임금이 그 오른편에 있는 자들에게 이르시되 내 아버지께 복받을 자들이여 나아와 창세로부터 너희를 위하여 예비된 나라를 상속하라 35내가 주릴 때에 너희가 먹을 것을 주었고 목마를 때에 마시게 하였고 나그네 되었을 때에 영접하였고 36벗었을 때에 옷을 입혔고 병들었을 때에 돌아보았고 옥에 갇혔을 때에 와서 보았느니라 37이에 의인들이 대답하여 가로되 주여 우리가 어느 때에 주의 주리신 것을 보고 공궤하였으며 목마르신 것을 보고 마시게 하였나이까 38어느 때에 나그네 되신 것을 보고 영접하였으며 벗으신 것을 보고 옷 입혔나이까 39어느 때에 병드신 것이나 옥에 갇히신 것을 보고 가서 뵈었나이까 하리니 40임금이 대답하여 가라사대 내가 진실로 너희에게 이르노니 너희가 여기 내 형제 중에 지극히 작은 자 하나에게 한 것이 곧 내게 한 것이니라 하시고 41또 왼편에 있는 자들에게 이르시되 저주를 받은 자들아 나를 떠나 마귀와 그 사자들을 위하여 예비된 영영한 불에 들어가라 42내가 주릴 때에 너희가 먹을 것을 주지 아니하였고 목마를 때에 마시게 하지 아니하였고 43나그네 되었을 때에 영접하지 아니하였고 벗었을 때에 옷 입히지 아니하였고 병들었을 때와 옥에 갇혔을 때에 돌아보지 아니하였느니라 하시니 44저희도 대답하여 가로되 주여 우리가 어느 때에 주의 주리신 것이나 목마르신 것이나 나그네 되신 것이나 벗으신 것이나 병드신 것이나 옥에 갇히신 것을 보고 공양치 아니하더이까 45이에 임금이 대답하여 가라사대 내가 진실로 너희에게 이르노니 이 지극히 작은 자 하나에게 하지 아니한 것이 곧 내게 하지 아니한 것이니라 하시리니 46저희는 영벌에, 의인들은 영생에 들어가리라 하시니라

본문의 구조와 개략적 내용

먼저 본문의 구조와 개략적 내용을 보도록 하겠습니다.

첫 번째는 31-33절까지입니다. 여기서는 인자가 자기 영광으로 모든 천사들과 다시 오셔서 자기의 영광의 보좌에 앉아 모든 민족을 그 앞에 모으고 목자가 양과 염소를 각각 분별하듯이 양은 오른편에 그리고 염소는 왼편에 두는 내용입니다. 최후 심판에 앞서서 인자의 다시 오심의 전조와 그 오심으로 말미암는 결정적 상황을 묘사하는 것입니다. 택하신 자는 물론이요 그렇지 아니한 자들도 우선 함께 모아서 양으로 선별된 자들은 오른편에, 염소로 선택된 자들은 왼편에 두는 내용입니다.

그리고 두 번째로 34-40절까지는 양으로 선택된 자들에 대한 상과 그 상을 받는 이유를 말하고 있습니다. 아버지께 복을 받을 자들로서 창세로부터 예비된 나라를 상속하라고 하시고 그들이 어떻게 해서 양의 위치에 서게 됐는가에 대해 말씀하십니다. 인자가 주리고 목마르고 나그네 되고 벗고 병들고 옥에 갇혔을 때에 저들이 먹이고 마시우고 영접하고 옷을 입히고 돌아보고 와서 보았다는 것입니다. 그리고 주님의 그러한 말씀에 대해 오른편으로 분리된 그 의인들이 대답하기를 자신들은 그런 일을 한 적이 없다는 것이었고 주님은 그에 대해 내 형제 중

에 지극히 작은 자 하나에게 한 것이 곧 내게 한 것이라 하셨습니다.

그리고 세 번째의 내용은 염소로 선택된 자들에 대한 저주와 그 이유에 대한 것입니다. 41-45절까지입니다. 왼편에 서게 된 염소로 상징된 자들에게 주님은 마귀와 그 사자들을 위하여 예비된 영영한 불에 들어가라 선언하시는데 저 악한 자들은 자신이 언제 그런 일을 하지 않았느냐 따졌습니다. 그에 대해 주님은 지극히 작은 하나에게 하지 않은 것이 곧 내게 하지 않은 것이라고 말씀하셨습니다.

그리고 마지막 네 번째는 총괄적인 결론으로 46절의 말씀인데 저희는 영벌에 의인은 영생에 들어가리라고 선언하시는 것입니다. 왼편에 있는 악인들은 영벌로 들어가고 오른편의 의인들은 영생에 들어가리라고 하셨습니다. 이제 이상의 내용들을 자세하게 보도록 하겠습니다.

첫 번째 내용

먼저는 주님이 오셔서 모든 민족을 그 앞에 모으고 하나는 양으로 오른편에 하나는 염소로 왼편에 분리하여 두는 내용입니다(31-33절). 그러니까 인자가 다시 오실 때의 정황을 우선 개략적으로 말씀하시는 것입니다. 모든 민족들이 섞여서 살다가 이렇게 인자가 오실 때 하나는 염소로서 왼편에 하나는 양으로서 오른편으로 갈라진다는 것입니다. 여기서 인자라고 말씀하신 것은 구약 예언과 예수님 당신의 인자 됨의 일치와 성취를 함께 표시하는 말씀입니다. 구약에서 인자에 대한 사상은 에스겔서에 많이 나타나고 또 다니엘서에 보면 인자가 구름을 타고 권세자로 오셔서 각 민족들에게 섬김을 받으실 것에 대해 예고하셨지요? 다니엘서 7:13-14입니다.

¹³내가 또 밤 이상 중에 보았는데 인자 같은 이가 하늘 구름을 타고 와서 옛적부터 항상 계신 자에게 나아와 그 앞에 인도되매 ¹⁴그에게 권세와 영광과 나라를 주고 모든 백성과 나라들과 각 방언하는 자로 그를 섬기게 하였으니 그 권세는 영원한 권세라 옮기지 아니할 것이요 그 나라는 폐하지 아니할 것이니라

구약에 예언된 메시야와 메시야 왕국 사상을 보면 그 메시야의 도래로 메시야 왕국이 오고 그로 말미암아 심판과 구원이 이루어질 것으로 나타납니다(사 35:5; 겔 34:16,22; 렘 3:31 참조). 예수께서는 이런 예언들이 다 인자로 오신 당신의 인격과 사역 안에 성취되는 것으로 가르치셨습니다(마 11:5; 눅 19:10; 눅 22:20,22 참조). 그리고 그 예언된 시간이 당신의 오심과 다시 오심의 한 시대로 있음을 분명히 가르치셨습니다. 그래서 고난 받는 종으로서의 인자와 구원을 베푸시는 인자, 그리고 현재적인 심판과 미래적인 우주적 심판을 같이 하시는 인자됨을 나타내신 것입니다. 유대인들의 악의가 예수님의 하나님과 동등됨을 나타내는 다른 표현으로 기승을 부릴 것을 미리 아시고서 이렇게 알아들을 수 있는 자들만이 알 수 있는 인자되심에 대한 완곡한 어법으로 비밀스런 내용을 증거하신 것입니다. 물론 주님은 하나님의 아들, 그리고 선지자, 왕 등으로도 자신을 나타내셨습니다. 아무튼 그러한 인자가 구름 타고 오셔서 그의 보좌에 앉아 마지막 심판으로 양과 염소를 분리하실 것이라고 하셨습니다.

원래 이스라엘 백성들에게 염소는 그렇게 나쁜 의미를 가진 동물이 아닙니다. 레위기나 그 외의 구약 성경에서 보면 염소는 제물로서 속죄하는 동물입니다(레 16장). 그런데 이러한 염소가 나쁜 의미로 쓰인 것은 이스라엘 나라의 후대의 일입니다. 다니엘이 엘람 도의 수산성 을

래 강변에서 이상을 본 중에 나타나지요? 다니엘서 8:5-12입니다.

> ⁵내가 생각할 때에 한 숫염소가 서편에서부터 와서 온 지면에 두루 다니되 땅에 닿지 아니하며 그 염소 두 눈 사이에는 현저한 뿔이 있더라 ⁶그것이 두 뿔 가진 숫양 곧 내가 본 바 강가에 섰던 양에게로 나아가되 분노한 힘으로 그것에게로 달려가더니 ⁷내가 본즉 그것이 숫양에게로 가까이 나아가서는 더욱 성내어 그 숫양을 쳐서 그 두 뿔을 꺾으나 숫양에게는 그것을 대적할 힘이 없으므로 그것이 숫양을 땅에 엎드러뜨리고 짓밟았으나 능히 숫양을 그 손에서 벗어나게 할 이가 없었더라 ⁸숫염소가 스스로 심히 강대하여 가더니 강성할 때에 그 큰 뿔이 꺾이고 그 대신에 현저한 뿔 넷이 하늘 사방을 향하여 났더라 ⁹그 중 한 뿔에서 또 작은 뿔 하나가 나서 남편과 동편과 또 영화로운 땅을 향하여 심히 커지더니 ¹⁰그것이 하늘 군대에 미칠만큼 커져서 그 군대와 별 중에 몇을 땅에 떨어뜨리고 그것을 짓밟고 ¹¹또 스스로 높아져서 군대의 주재를 대적하며 그에게 매일 드리는 제사를 제하여 버렸고 그의 성소를 헐었으며 ¹²범죄함을 인하여 백성과 매일 드리는 제사가 그것에게 붙인 바 되었고 그것이 또 진리를 땅에 던지며 자의로 행하여 형통하였더라

여기 다니엘서의 염소는 헬라입니다. 그러니까 주님은 다니엘서에 나오는 염소의 개념과 에스겔서에 종말의 날에 분리하실 양과 염소의 분리 내용을 염두에 두시고서 아울러 양과 염소의 성격적 특성상의 차이를 고려하시면서 이 비유의 말씀을 하신다 하는 것을 알 수 있습니다. 에스겔서 34:15-17을 보도록 하지요?

> 15나 주 여호와가 말하노라 내가 친히 내 양의 목자가 되어 그것들로 누워 있게 할지라 16그 잃어버린 자를 내가 찾으며 쫓긴 자를 내가 돌아오게 하며 상한 자를 내가 싸매어 주며 병든 자를 내가 강하게 하려니와 살진 자와 강한 자는 내가 멸하고 공의대로 그것들을 먹이리라 17나 주 여호와가 말하노라 나의 양 떼 너희여 내가 양과 양의 사이와 숫양과 숫염소의 사이에 심판하노라

우리가 여기서 주의할 것은 에스겔서의 내용에서는 양과 양 사이의 분리도 나오지만 그런 질적 분류에 대해서는 양과 염소의 분리 비유가 말하지 않는다는 것입니다. 이 양과 염소의 비유에서는 양과 염소에 대한 종(種)적 분류만을 하고 있는 것입니다.

그리고 양에 대해서는 이스라엘 백성이라면 너무도 친숙한 동물입니다. 종교적으로도 친숙하고 그들의 생활상으로도 양은 아주 이스라엘 백성들과 가까운 동물입니다. 그리고 여호와 하나님이 이스라엘의 목자이시고 이스라엘은 그의 양이 된다 하는 것을 시편 기자들이 다 고백을 했지요?(시 23, 100편 등등) 하나님이 보호하시고 인도하시며 양육하시는 존재로서 양들이라는 것입니다. 양은 특성상 아주 걸음이 느리고 약한 존재들입니다. 목자가 돌아보지 않으면 여지없이 실족할 수 있는 그런 동물들이지요? 이 양들은 오로지 목자의 음성을 따라 인도를 받고 목자의 지팡이에 의하여 다른 맹수들로부터 보호를 받으며 목자가 어디서든 먹이는 대로 양육을 받습니다.

인자되신 주님이 다시 오시는 그 마지막 때에 모든 민족 중에서 이상의 특성을 지닌 양과 염소가 분리될 것이라고 첫 번째의 내용에서 말씀하셨습니다. 단순히 어느 한 민족은 양이고 그렇지 않은 족속들은 염소라고 하는 분리 원칙이 아니다 하는 것을 32절의 "모든 민족을 그

앞에 모으고"에서 우리가 잘 알 수 있습니다. 주님은 그저 개인들의 수준을 무시한 채 민족 단위로 마구잡이로 심판을 하시는 분이 결코 아니십니다. 모든 민족들 중에서 그들의 결과적 행위에 따라 어떤 이는 선하고 옳은 것을 나타내는 오른쪽의 양으로 어떤 이는 불의하고 악한 것을 나타내는 왼쪽의 염소로 분리되는 것입니다. 이제 그 분리의 구체적인 이유는 다음의 내용들에서 나타납니다.

두 번째 내용

본 비유의 두 번째 내용은 34-40절까지이지요? 오른편으로 분리된 양들에 대한 상과 그 수상의 이유와 관련된 내용입니다. 이것도 세분하면 모두 셋으로 나눌 수 있습니다. 34-36절이 첫 번째이고 37-39절이 두 번째이며 40절이 세 번째입니다. 첫 부분은 오른편에 있는 자들이 받게 되는 상과 그 상을 받게 된 일이 어떠어떠한 것인가가 나오고 두 번째에서는 그 오른편의 의인들이 자신들이 그와 같이 큰 상을 받을 만한 일을 하지 않았다는 겸비의 말을 합니다. 그리고 세 번째에는 그와 같은 겸비한 태도에 대해 주님이 구체적으로 그들이 상아야 하는 이유를 제시하십니다.

첫 부분을 봅시다. 처음에 인자로 호칭된 분이 여기 34절에서는 임금으로 표현되고 있습니다. 성부 하나님에 의해 모든 능력과 권세를 입으신 분으로서 그렇게 부르는 것입니다. 그가 오른편에 있는 자들에게 "내 아버지께 복을 받을 자들이여! 나아와 창세로부터 너희를 위하여 예비된 나라를 상속하라"고 했습니다. 이미 인자와 연합된 복을 받은 자들이지만 이제는 그 어떤 장애도 없이 성부 하나님으로부터 구원의 완성에 이르는 언약의 완전한 성취의 복을 받을 자들이라 해서 그렇게 부르고 그들에게 예비된 그 나라를 상속하라고 한 것입니다. 하늘의 복사적인 측면에서의 그 나라를 현세에서 누리다가 이제는 그 원형의 나라에 들어감으로써 받는 축복을 이렇게 말씀하신 것입니다. 그리고 35-36절에서는 그들이 한 행적을 언급합니다. "내가 주릴 때에 너희가 먹을 것을 주었고 목마를 때에 마시게 하였고 나그네 되었을 때에 영접하였고 벗었을 때에 옷을 입혔고 병들었을 때에 돌아보았고 옥에 갇혔을 때에 와서 보았느니라." 그러니까 이들의 공리적 행위가 괜찮았기 때문은 아니고 그들의 행위를 이루게 한 동기와 상태가 참으로 은혜로운 것을 아시고서 이런 말씀을 하신 것입니다. 우리가 이미 아는 일이지만 유대교의 주장처럼 선행으로 구원을 얻을 수 있는 자는 없습니다. 갈라디아서 2:16을 보겠습니다.

> 16사람이 의롭게 되는 것은 율법의 행위에서 난 것이 아니요 오직 예수 그리스도를 믿음으로 말미암는 줄 아는 고로 우리도 그리스도 예수를 믿나니 이는 우리가 율법의 행위에서 아니고 그리스도를 믿음으로서 의롭다 함을 얻으려 함이라 율법의 행위로서는 의롭다 함을 얻을 육체가 없느니라

그러니까 주님이 여기서 말씀하시는 것은 믿음의 결과적인 측면에서의 그들의 선행입니다. 다시 말해서 주님이 인정하시는 선행은 믿음의 현상으로 나타나는 것이라는 말입니다(약 2:14-26).

주님의 선택을 받고 복을 받은 사람은 반드시 야고보서의 말씀과 같이 선행이 나타나는 것입니다. 그런 하나님의 뜻을 실천하는 것으로서의 선행이 없이는 하나님 나라 상속자가 결코 될 수 없습니다. 여기 오른편의 사람들은 그와 같은 선행을 한 것입니다.

그러나 정작 이렇게 왕의 형제들에게 주리고 목마르고 나그네 되고 벗고 병들고 옥에 갇혔을 때 먹이고 마시우고 영접하고 입히고 치료하고 돌아보고 한 자들은 이러한 주님의 상을 주심과 그 까닭에 대해 긍정할 것이 없습니다. 왜냐하면 자기들의 능력이나 지혜로 한 것이 아니기 때문입니다. 저들은 오로지 주님이 주시는 힘과 말씀을 의지하고 했을 뿐입니다. 이것이 두 번째 내용의 둘째 부분입니다. 여하튼 그래서 저 의인들은 자기의 오른손이 한 일을 왼손이 모른 것입니다. 그리고 했다는 것을 인식했다고 해도 저들은 무익한 종이라 마땅히 하여야 할 일을 했을 뿐이라고 했을 것입니다. 저들은 자신들이 한 것을 기억하지 못하고 어느 때에 그러한 일을 했는가에 대해 되 질문을 합니다. 그러나 자기가 했다고 하는 자들은 자기가 한 일에 대해 공명심을 가지고 있기 때문에 이런 되 질문을 할 수 없을 것입니다. 그들은 자기들이 가지고 있는 선행을 될 수 있으면 다 기억하고 있고 그로 말미암는 보상도 늘 기대하고 있는 것입니다.

이제 주님은 그토록 자신이 한 선행을 기억하지 못하는 겸비한 자들에게 말씀하십니다. 이것이 이 두 번째 부분에서 셋째의 내용입니다. "내가 진실로 너희에게 이르노니 너희가 여기 내 형제 중에 지극히 작은 자 하나에게 한 것이 곧 내게 한 것이니라." 그러니까 가장 천하고 보잘것없는 자에게 주님의 형제라는 동등권을 내리시고 그들에게 한 선행이 바로 내게 한 것이라는 평가를 내리시는 것입니다. 이와 같은 사상은 마태복음 10:40-42(잠 19:17 참조)에도 나옵니다.

세 번째 내용

이제 세 번째 내용을 볼까요? 41-45절까지입니다. 여기도 세분하면 세 부분으로 나눌 수 있는데 염소로 상징된 왼편에 있는 자들에게 저주를 선언하시고 마귀와 그 사자들을 위하여 예비된 영영한 불에 들어가라 하신 것과 그렇게 된 까닭에 대한 내용이 첫째이고 41-43절까지입니다. 그리고 저들이 자신들이 그런 일을 언제 했는가에 대한 반문으로 "우리가 어느 때에 주의 주리신 것이나 목마르신 것이나 나그네 되신 것이나 벗으신 것이나 병드신 것이나 옥에 갇히신 것을 보고 공양치 아니하더이까?" 한 내용으로 44절이 둘째 부분입니다. 그리고 셋째로 45절에서 그에 대한 임금의 답으로 지극히 작은 자에게 하지 아니한 것이 곧 내게 하지 아니한 것이라 했습니다.

그러니까 불길하고 어둡고 사악하고 혹은 천한 것을 의미하는 왼편에 있는 이 염소로 상징된 사람들의 특징을 보면 나름대로 열심히 '주여, 주여' 하고 종교 형식으로는 주님을 찾았으되 정작 주의 형제들이 (제자들) 어려운 지경에 빠져있을 때에는 자신들의 불의로 눈이 어두워 그들을 보지도 못한 자들입니다. 그러니까 우리가 언제 그런 적이 있었는가 하고 놀라고 반문을 한 것입니다. 좀 더 구체적인 예로 말하자면 나름대로 주일성수도 한다고 하고 십일조도 하고 때론 구제도 하고 봉사도 하였으며 열심히 기도도 한다고 하였고 소극적인 측면에서 살인이나 간음이나 도적적인 일을 하지 않았지만 그렇게 한 것 자체에 큰 공명심을 가지고 살았다 하는 것을 알 수 있습니다. 그리고 하나님의 의를 이루는 일을 평상시에 하지 않았다 하는 것을 알 수 있습니다. 그러니까 이들은 외식하는 삶을 산 것입니다. 형식으로는 그리고 자기들의 이름을 내는 일에서는 때때로 열심을 냈지만 보통 평상시에 사람을 대할 때에는 그런 것이 전혀 나타나지 않은 사람입니다. 주님께서 이런 자들에 대한 심판을 선고하신 적이 불과 얼마 전에 있었지요? 마태복음 23:13-33의 내용입니다.

이러한 외식자들은 마귀들과 그 세력들이 받아야 하는 지옥의 판결을 피할 수 없는 것입니다. 아버지로부터 천하의 권세와 영광을 받으신 주님의 왕적 심판을 피할 수 없는 것입니다. 주님은 저들에게 양심으로부터나 율법으로, 더 나아가 복음의 내용으로 핑계치 못할 기회를 주셨습니다. 그 명백한 사실을 애써 외면하고 자의적으로 행한 대가는 반드시 치러야 하는 것입니다. 그때 주님의 심판대 앞에서 각인이 행한 대로 고백을 하여야 할 것인데 그에 의해 그대로 판단을 받아야 하는 것입니다. 로마서 14:10-12입니다.

> 10…우리가 다 하나님의 심판대 앞에 서리라 11기록되었으되 주께서 가라사대 내가 살았노니 모든 무릎이 내게 꿇을 것이요 모든 혀가 하나님께 자백하리라 하였느니라 12이러므로 우리 각인이 자기 일을 하나님께 직고하리라

율법 없이 범죄한 자들은 율법 없이 망하여야 하고(롬 2:12) 율법이 있이 범죄한 자는 율법으로 말미암아 망하는 것입니다.

최종적인 결론

이제 주님은 오늘 말씀의 최종적인 결론을 맺으십니다. 저희는 영벌에 들어갈 것이고 의인은 영생에 들어갈 것이라고 말씀하십니다. 저희는 물론 왼편의 염소들을 가리키는 것이고 의인은 오른편의 양을 가리킵니다. 왼편의 염소들은 영원한(αἰώνιος) 형벌을 받을 것이고 오른편의 양들은 영원한 생명에 들어갈 것이라는 말입니다. 이 둘 사이에 중간 지대는 없지요? 주님의 가르침은 명백합니다. 여기에는 나와 있지

않지만 영벌에서도 차이가 있을 것이고 영생에서도 차이는 있을 것입니다(마 25:14-30; 고전 3:10-15; 마 11:22; 눅 12:47-48 참조). 아무튼 주님은 권세를 가진 심판장으로서 반드시 이렇게 마지막 날에 구원받을 자와 그렇지 아니한 자를 구분하여 알곡은 곡간에 들이고 쭉정이는 꺼지지 않는 불에 넣으실 것입니다.

제자들의 상태

지난번에도 말씀드렸지만 제자들의 종말관이라는 것은 유대주의의 영향이 많았고 그들의 메시야 왕국관이라는 것도 편협한 것이 많이 있었습니다. 그들에게 바른 종말관과 메시야 왕국관을 내다보게 하는 것은 아주 중요한 일입니다. 그리고 이미 저들이 그리스도 안에서 받은 복도 많이 있지만 저들이 앞으로 겪어야 할 일은 너무도 많았습니다. 불과 이틀 후면 그리스도의 십자가의 죽으심을 보아야 하고 그로부터 사흘 후면 부활을 보아야 하며 그로부터 약 40일 후면 그리스도의 승천을 보아야 하고 그 후에 약속하신 성신의 도래로 말미암는 통치 등을 보아야 하며 그리고 주님께로부터 받은 사명인 교회를 세우는 일을 하여야 하고 계속해서 복음을 땅 끝까지 증거를 하여 이방인들을 향한 전도의 대사명을 감당해야 합니다. 그뿐만 아니라 저들은 자신들이 겪어야 하는 일에서 이 세상 권세자들로부터 환난이나 박해를 또한 받아야 합니다. 이러한 과정 가운데 그들이 주님의 우주적 권세자로서의 마지막 심판의 내용을 알고 그 최종적인 결과를 안다면 그들은 흔들림이 없는 확신과 용기를 가지고 인내하며 주의 약속의 말씀을 따라 자기들이 겪을 일들을 잘 감당하고 나아가게 될 것입니다. 적대자들은 반드시 심판을 받을 것이고 주의 백성들은 반드시 그리스도의 공로로 말미암는 영생을 받는 길로 나아가게 될 것을 알고서 믿음으로 자기들의 길을 잘 전진해 갈 것입니다. 혹 자기들 생전에 주님이 오신다면 기꺼이 그런 것을 받을 것이라는 것을 알고 그렇지 않고 자신들이 먼저 주님 앞에 서게 된다면 낙원에 가서 육체 부활로 말미암는 그 영원한 생명을 받을 것이라는 것을 알고서 그렇게 할 것입니다.

예수께서 그간에 가르친 종말적 심판에 대한 내용들

그간에 우리 주님께서는 이와 유사한 심판의 말씀들을 언제 어떻게 가르치셨습니까? 이에 대해 우리가 다 찾아 볼 수는 없지만 부분적으로라도 살펴보도록 하겠습니다. 주님께서 공생애 초기에 니고데모와 대화를 하시는 중에 심판에 대해 말씀하신 적이 있으시지요? 요한복음 3:17-18입니다.

> 17하나님이 그 아들을 세상에 보내신 것은 세상을 심판하려 하심이 아니요 저로 말미암아 세상이 구원을 받게 하려 하심이라 18저를 믿는 자는 심판을 받지 아니하는 것이요 믿지 아니하는 자는 하나님의 독생자의 이름을 믿지 아니하므로 벌써 심판을 받은 것이니라

여기서는 구원의 주님을 믿지 않는 자가 벌써 심판을 받은 것이라는 말씀을 하셨습니다. 구약에 약속된 종말의 때에 오신 메시야를 영접하지 않는 그것이 벌써 심판을 받은 증거라는 것이지요? 그리고 주님의 공생애 제2년 중에 베데스다 못가에서 병자를 고치신 뒤에도 이와 유사한 말씀을 하셨는데 주님이 인자로서 심판하는 권세를 가지신 분이시라는 것과 장차 선한 일을 행한 자는 생명의 부활로 악한 일을

행한 자는 심판의 부활로 나오리라는 말씀을 하셨습니다. 그러니까 현재적인 심판과 앞으로의 심판을 연계하여 말씀하신 것입니다. 요한복음 5:22-30입니다. 같이 읽겠습니다.

> 22아버지께서 아무도 심판하지 아니하시고 심판을 다 아들에게 맡기셨으니 23이는 모든 사람으로 아버지를 공경하는 것같이 아들을 공경하게 하려 하심이라 아들을 공경치 아니하는 자는 그를 보내신 아버지를 공경치 아니하느니라 24내가 진실로 진실로 너희에게 이르노니 내 말을 듣고 또 나 보내신 이를 믿는 자는 영생을 얻었고 심판에 이르지 아니하나니 사망에서 생명으로 옮겼느니라 25진실로 진실로 너희에게 이르노니 죽은 자들이 하나님의 아들의 음성을 들을 때가 오나니 곧 이 때라 듣는 자는 살아나리라 26아버지께서 자기 속에 생명이 있음같이 아들에게도 생명을 주어 그 속에 있게 하셨고 27또 인자됨을 인하여 심판하는 권세를 주셨느니라 28이를 기이히 여기지 말라 무덤 속에 있는 자가 다 그의 음성을 들을 때가 오나니 29선한 일을 행한 자는 생명의 부활로 악한 일을 행한 자는 심판의 부활로 나오리라 30내가 아무것도 스스로 할 수 없노라 듣는 대로 심판하노니 나는 나의 원대로 하려 하지 않고 나를 보내신 이의 원대로 하려는 고로 내 심판은 의로우니라

그리고 이 일 후 얼마 뒤에 예수를 바알세불이 들렸다고 비방한 일과 관련하여 최종적인 날의 심판에 대한 말씀을 하셨습니다. 마태복음 12:36-37입니다.

> 36내가 너희에게 이르노니 사람이 무슨 무익한 말을 하든지 심판

날에 이에 대하여 심문을 받으리니 ³⁷네 말로 의롭다 함을 받고 네 말로 정죄함을 받으리라

그리고 마지막 고난 주간을 불과 얼마 남겨 두지 않은 때에 부자 청년의 영생에 대한 질문에 대해 대답을 하시고 나서 그동안 열심히 주를 좇아 온 베드로의 입장에서 하는 말을 듣고 오늘 본문의 말씀과 아주 비슷한 말씀을 하셨지요? 마태복음 19:27-28입니다.

²⁷이에 베드로가 대답하여 가로되 보소서 우리가 모든 것을 버리고 주를 좇았사오니 그런즉 우리가 무엇을 얻으리이까 ²⁸예수께서 가라사대 내가 진실로 너희에게 이르노니 세상이 새롭게 되어 인자가 자기 영광의 보좌에 앉을 때에 나를 좇는 너희도 열두 보좌에 앉아 이스라엘 열두 지파를 심판하리라

제자들은 이러한 주님의 말씀을 듣고 나름대로 이제 곧 예수께서 예루살렘에 입성하게 되면 그 기대했던 메시야의 나라가 임하고 자기들이 권력자의 위치에서 이런 심판적인 일을 나누어 하게 되리라고 생각을 했습니다. 주님은 그와 같은 생각을 아직 다 버리지 못한 자들을 향해 오늘 본문의 비유의 말씀을 하시는 것입니다. 그러니까 제자들은 메시야의 도래와 그와 관련된 심판의 사실, 그리고 그 나라의 도래와 자신들의 위치와 역할, 그리고 영광을 얻으신 주님의 다시 오심 뒤에 장차 완전하게 이루어질 그 심판에 대해 아직 잘 모르는 자들에게 기본적인 심판을 앞으로 겪음에 있어서 어떻게 살아야 하는가에 대해 다시 가르치시는 것입니다.

나가는 말; 우리가 알아야 할 것

그러면 우리가 이상의 비유의 말씀에서 교훈을 받아야 할 것은 무엇입니까? 우리가 종말의 날에 대해 순차적으로 일어날 일들의 징조도 알아야 하고 그에 대한 대비와 깨어 있는 자세도 알아야 하지만 명백하게 분리되는 그 날을 맞이할 자로서 과연 은혜로운 위치에서 할 일을 하고 있는가를 잘 알아야 할 것입니다. 주님은 주의 형제 중에서 지극히 작은 자에게 한 일과 주님께 하는 일을 동일시하십니다. 아무리 종교적인 형식을 취하고 주님을 주님으로 부르고 잡다한 선행을 했다고 하더라도 기본적으로 주님께 연합된 자들과의 관계에서 그 의를 이루는 품성을 발휘하지 않는다면 주님 앞에서 바로 설 수 없다는 것을 분명하게 인식합니다. 우리는 그리스도 안에서 새사람으로서 원수의 짐승이 곤란에 처했다고 해도 돌아보아야 할 품성을 소유한 자들입니다. 하물며 눈앞의 어려운 형제들에 대해 모른 척하고 지낸다는 것은 말이 안 되는 것입니다. 물론 은혜를 아는 자들은 자기가 그런 도움을 당연히 받아야 하는 존재라는 것을 결코 내세우는 자가 아닙니다. 오히려 없는 가운데에서라도 주께서 지혜주시고 힘주시는 것으로 나눌 것이 있는 자가 진정한 은혜로운 자입니다. 그리고 아무리 주님의 축복으로 지식이나 물질, 그리고 그 외 건강과 같은 많은 것을 소유하고 있다고 해도 주님 나라의 전진을 위해 그리고 주의 형제들을 위해 쓸 준비가 되지 않은 사람은 미련한 자입니다. 주님은 많이 준 자에게 많이 받기를 원하십니다. 우리는 무엇을 소유하고 있느냐 하는 것보다 현재 무엇을 위해 주께서 주신 것을 쓰면서 살아가느냐 하는 것이 더 중요하다는 사실을 잊지 말아야 할 것입니다. 그렇게 하는 자가 확신을 가지고 환난을 이기고 심판 날을 소망하는 가운데 살아갈 것입니다.

기도

거룩하신 아버지 하나님, 주님이 하신 비유의 말씀에 대해 또 이렇게 다시 한 번 살펴볼 수 있는 기회를 주신 것에 대해 감사를 드리옵나이다. 주님은 당신의 제자들을 위해서 비유로 말씀하시고 또 그에 대한 해설을 해 주셨사옵나이다. 주님의 비유의 말씀은 구약에 다 약속된 메시야와 메시야의 사역과 관련된 일들이었사옵나이다. 이미 언약 백성으로 존재하고 있고 언약 백성으로 목표해야 될 일들을 다 알게 하시면서 그런 토대 위에서 주님의 그 비밀스런 경륜에 대한 비유의 말씀을 알게 하시고 또 당대에 그 악한 환경을 능히 헤쳐 나갈 수 있게 하시옵나이다. 저희도 지금은 평화로운 시기에 살아가지만 주의 제자로서 당해야 될 여러 가지 환난과 어려움이 닥치게 될 줄 압니다. 주의 제자로서 그런 속에서 마땅히 해야 할 일을, 마땅히 기본적으로 구유해야 될 것들에 대해 잊지 않게 하옵시고 늘 겸비한 주님의 성품을 발휘하는 일에 주력을 하고 나아가게 하여 주시옵소서. 종교적인 모양새만 내고 주께서 주신 분복 그 자체에 눈이 어두워져서 자기가 할 일이 무엇인지도 모르고 살아가다가 주님 앞에 섰을 때에 부끄러움을 당하는 존재들이 되지 않게 하옵소서. 주님께서 주의 형제로 삼으신 자들에 대해 아무리 외모로 보아 약하게 보인다 할지라도 한 형제로 알고 주님 대하듯이 대하게 하옵소서. 결코 높은 눈과 높은 마음을 갖지 않게 하옵시며 늘 주님이 낮아지셔서 겸비한 자세로 섬기신 것 같이 늘 겸손한 마음으로 형제들을 섬기며 주의 뜻에 부복하게 하여 주시옵소서. 모든 걸 주께 의탁 드리옵고 감사드리며,

우리 구주 예수 그리스도의 이름으로 기도 올리옵나이다. 아멘.

제 39 강

예수님의 비유에 대한 마무리

마가복음 13:10-17

들어가는 말

오늘은 예수님의 비유에 대한 마무리를 하겠습니다. 그동안 연구 시간이 부족하고 우리의 수준 또한 그렇게 만족할만하지 않아서 예수님의 비유에 대해 충분하고 깊이 있게 살펴보지 못하였습니다. 앞으로 또 주께서 은혜를 더하셔서 다시 세부적으로 이 예수님의 비유에 대해 깊이 있게 볼 시간이 허락되기를 바랍니다. 오늘은 그간에 비유에 대해 살펴본 내용들을 개략적으로 복습을 하도록 하겠는데 김홍전 목사님의 주님께서 쓰신 수사법 몇몇을 주로 참조하여 공부하도록 하겠습니다. 먼저 본문을 읽겠습니다. 마태복음 13:10-17입니다.

> ¹⁰제자들이 예수께 나아와 가로되 어찌하여 저희에게 비유로 말씀하시나이까 ¹¹대답하여 가라사대 천국의 비밀을 아는 것이 너희에게는 허락되었으나 저희에게는 아니 되었나니 ¹²무릇 있는 자는 받아 넉넉하게 되되 무릇 없는 자는 그 있는 것도 빼앗기리라 ¹³그러

므로 내가 저희에게 비유로 말하기는 저희가 보아도 보지 못하며 들어도 듣지 못하며 깨닫지 못함이니라 14이사야의 예언이 저희에게 이루었으니 일렀으되 너희가 듣기는 들어도 깨닫지 못할 것이요 보기는 보아도 알지 못하리라 15이 백성들의 마음이 완악하여져서 그 귀는 듣기에 둔하고 눈은 감았으니 이는 눈으로 보고 귀로 듣고 마음으로 깨달아 돌이켜 내게 고침을 받을까 두려워함이라 하였느니라 16그러나 너희 눈은 봄으로, 너희 귀는 들음으로 복이 있도다 17내가 진실로 너희에게 이르노니 많은 선지자와 의인이 너희 보는 것들을 보고자 하여도 보지 못하였고 너희 듣는 것들을 듣고자 하여도 듣지 못하였느니라

인간의 어법을 사용하신 주님

우리가 그간에 배워서 알다시피 주님의 하나님 나라에 대한 계시는 인간의 언어로 표현되었습니다. 그래서 우리가 인간의 어법을 고려해야만 주님의 뜻을 잘 살필 수가 있습니다.

주님이 사용한 어법을 보면 엄격하게 사용하신 비유라는 것이 있고, 직유(명유), 은유, 제유, 전유(환유), 장유, 비사 등이 있습니다. 비유는 좀 있다가 자세히 보겠지만 어떤 내용을 자세히 설명하기 위하여 만든 이야기입니다. 물론 어떤 내용은 하나님 나라의 내용이지요? 그리고 직유(명유)는 '~와 같다'는 표현입니다. '천국은 … 와 같다' 하는 것이지요? 은유(암유)는 "나는 양의 문이다" 한 말씀처럼 'A는 B이다' 하는 것입니다. 직유보다는 더 강하게 표현하는 수사방식입니다. 그 다음에는 제유(대유(代喩)가 있습니다. 제유(提喻)는 한 부분을 가지고 전체를 표시하든가 아니면 전체를 한 부분으로 표시하는 것입니다. 가

령 "만일 네 오른 눈이 너로 실족케 하거든 빼어 내어 버려라(마태복음 5:29)" 한 말씀과 같은 것입니다. 눈을 빼버리라는 말씀이 아니라 주의 백성으로 어떤 정신과 사상을 가져야 하는가를 가르치시는 것이지요? 철저하게 회개하라는 것입니다. 그 다음에 성경에 쓰신 수사법 가운데 전유(轉喩)라는 것이 있습니다. 예를 들면 홀(笏)이 유다를 떠나지 않는다고 할 때 그 홀이 나타내는 것입니다. 임금이 쥔 막대기를 홀이라 하는데 그것은 임금의 권위를 나타낼 때 쓰는 말이지요? 그리고 주님이 쓰신 전유를 보면 검이라는 단어가 있습니다. "내가 세상에 화평을 주러 온 줄로 생각지 말라 화평을 주러 온 것이 아니요. 검을 주러 왔노라(마 10:34)" 했을 때 검이란 단어는 분쟁을 표시하는 것입니다. 그 다음에 장유(張喩)라는 수사법이 있습니다. 어떤 사건의 어떤 면을 아주 확대하거나 과장을 해서 혹은 극대화해 가지고 그 면의 정체를 똑똑하게 보여주는 수식법입니다. 마태복음 7:3에 "어찌하여 형제의 눈 속에 있는 티는 보고 네 눈 속에 있는 들보는 깨닫지 못하느냐" 하는 말이 바로 장유입니다(마 23:24 참조). 그리고 마지막으로 비사(譬辭)라는 것이 주님이 사용한 수사법입니다. 비사는 한 가지 수사법만 쓰고 마는 것이 아니라 여러 가지 수사법을 같이 사용하는 것입니다. 비유, 은유 혹은 설명 등을 섞어 가면서 하시는 수사법입니다(김홍전, 주님께서 쓰신 수사법 몇몇 중에서 참조).

그런데 주님은 인간의 어법을 쓰시되 하나님 나라를 함의한 수사법으로 사용하셨으므로 당신만이 독특하게 사용하신 표현방식이 있으십니다. 구약의 사상을 내포하고 있으며 새로운 시대에 걸맞은 사상을 당시의 사람들이 잘 아는 내용의 말씀을 표현하신 것입니다. 그러니까 우리가 구약의 내용을 알고 새 시대에 배경을 아는 가운데 주님의 가르침을 받아야 그 계시된 내용을 깊이 있게 알 수 있고 하나님 나라 백성으로 취해야 할 바의 행동을 하게 됩니다.

중생이 이면에 가려진 채 베풀어지는 비유의 말씀

물론 여기서 구약의 내용을 잘 안다는 것은 중생의 사실이 전제되어 있을 때에 가능한 것입니다. 대부분의 바리새인들과 서기관들은 구약의 내용을 알고 있어도 자기라는 것이 아직 남아 있기 때문에 진정으로 구약의 목표에 이르러 있지 않았습니다. 때에 따라 말씀과 성신님께서 동시적으로 작용을 하기도 하시지만 일단 주님의 언약 안에서 선택과 부르심을 받은 자들이 주님의 독특한 수사법의 말씀을 잘 알게 되고 그것과 함께 성신님의 인도를 받게 되는 것입니다.

인간 상태에도 그 원인이 있다

그러면 주의 말씀을 받고 성신님의 인도를 받는 문제에 있어서 인간의 상태에 그 차이는 전혀 없는 것인가? 그렇지는 않지요? 물론 이것은 구원을 받음에 있어서 역할론을 말하는 것이 아닙니다. 부르심을 받는 자들의 상태와 부르심을 거부하는 자들의 상태를 비교함에 있어서 결과적이고 현상적인 측면에서의 차이를 말하는 것입니다. 일반적으로는 주의 말씀으로 부르심을 받을 때에 자신의 것을 내려놓고 주의 인도를 받는 것이 있어야 하는 것입니다. 주의 말씀을 통하여 자기의 죄인됨을 알고 주님의 구원을 바라야 그 다음에 그 안에서 진리로 양육을 받는 것입니다. 그리고 진리로 양육을 받되 주님이 쓰신 수사법을 잘 알아서 받아야 정상하게 하나님 나라 백성으로 자라게 되는 것입니다. 그러나 주님의 복음의 말씀이 전하여져도 거부하는 자들의 상태를 보면 자기라는 것을 내려놓고 있지 않습니다. 자기가 가지고 있는 것이 잣대가 되어 주님의 비유의 말씀을 판단하니까 받아들일 수가 없고 또한 받아들여지지 않는 것입니다.

비유에 대해서

그러면 이제 주님이 사용하신 수사법 중에서 비유에 대해 보도록 하지요? 김홍전 목사님은 비유는 두 가지를 나타내고 있다고 하셨습니다. "하나는 양식(style)의 이름, 혹은 법의 이름입니다. 법칙이 있습니다. 또 하나는 그 법칙에 의해서 만들어낸 작품을 말합니다. … 그러면 우리가 그 법칙 곧 양식이라는 것을 찾아보면 우선 비유는 창작한 이야기입니다. 역사의 한 토막을 끄집어내서 이야기하는 것이 아니라, 사람의 역사가 됐든지 생활이 됐든지 또는 인간 사회상이 됐든지 그렇지 않으면 자연계에 있는 현상이든지, 그 한 토막 곧 일단(一端)을 가지고 만든 작품입니다. … 그러나 그렇더라도 그 이야기는 대체적으로 어떤 일정한 전진이 있게 되는데, 그 전진하는 이야기에 어떤 다른 세계의 중요한 사실을 표시하는 것입니다. 특별히 우리 주님은, 하나님 나라의 중요한 것들 혹은 하나님 나라의 법칙의 중요한 것들을 표시하기 위하여 이 비유를 많이 쓰셨습니다. 또는 그것 이외에도, 이를테면 '사람들의 마음이 이렇다' 혹은 '그 시대 사람들은 이렇다' 하는 것을 나타내기 위하여 비유를 쓰셨습니다. 그러므로 이 비유의 이야기는 대단히 논리적이고 자연스러워야 합니다. … 누가 읽든지 '응, 그렇겠다. 당연히 그럴 것이다. 아마 그러리라, 그럴 수 있다' 하고 수긍할 수 있는 것입니다."

다시 말해서 주님의 비유는 복사하여 계시한 천상의 내용을 그 당시 사람들이 잘 아는 언어로 창작하여 이야기한 것입니다. 그러니까 여기에서 자연스런 발전의 내용을 볼 수 있으며 그 안에 주님의 신실하심을 극명하게 인식할 수 있고 또 우리가 하여야 할 바가 무엇인지를 알게 됩니다.

주의해야 할 점

그런데 우리가 주님의 이러한 비유를 볼 때에 주의해야 할 점이 있습니다. 그것은 하나님 나라의 오묘한 도리를 인간의 언어로 표현하는 것이기 때문에 부족함이 있고 한 비유로써 하나님 나라를 다 포괄하여 설명할 수 없다는 것입니다. 그러니까 하나님 나라의 일부분만 특징적으로 나타내는 것입니다.

그래서 주님의 비유에 대해서 알레고리화 하여 하나님 나라의 내용과 직대입하는 식으로 해석할 수 없다는 것입니다. 비유가 상징하는 면이 우화적인 점이 없지는 않지만 그렇게 직대입식으로 하여 하나님 나라 전체를 나타낼 수 있는 것처럼 꾸밀 수는 없다는 것입니다.

만일 그런 식으로 직대입하여 해석하려 한다면 주님이 비유 가운데 말씀하시지 않은 내용에 대해서는 어떻게 설명할 길이 없는 것입니다. 우리는 당대의 환경과 비유를 베풀 당시의 대상을 고려하여서 그리고 구속사의 때를 염두에 두시고 주님이 그러한 비유를 하신 것을 잘 알아야 합니다. 그리고 주님이 비유하신 그 범위와 목적을 벗어나지 않는 한도 내에서 비유를 해석하여야 합니다.

복음서 기자들의 비유에 대한 이해

우리는 그동안 복음서 기자들이 쓴 비유에 대해 대략 시순적으로 살펴보았습니다. 그전에도 말씀드렸지만 요한복음에는 비유라고 할 만한 내용이 없습니다. 요한은 비유의 형식을 취하여 복음서를 쓴 것이 아니고 오히려 비사(比辭)의 형식을 취하여 썼습니다. 비사는 어떤 양식의 수사법 하나만 쓴 것이 아니고 거기에 간단한 비유도 쓰고 은유도 쓰고 그에 대한 설명도 쓴 것입니다. 요한복음 10:6에 비유라는 말이 있지만 그것은 비사라고 해야 어울릴 말씀입니다. 요한은 10장에서 나는 선한 목자라, 나는 양의 문이라 하는 내용의 목자와 양의 기본적인 관계를 나타내는 비사를 썼고 또 15장에서는 나는 참포도나무요 너희는 가지라 하여 주의 백성으로서 성숙성을 나타내야 하는 비사를 썼습니다. 그러니까 우리가 그동안 예수님의 비유에 대해 본 것은 다 공관복음서 기자들이 쓴 비유의 내용을 중심으로 살펴본 것입니다.

마태는 예수님의 비유에 대해 다양한 경우를 들어 광범위하지만 소박하게 인용했습니다. 그러나 누가의 경우와 달리 주로 상류층의 사회에서의 일들이 많이 기록되어 있습니다. 그리고 마태는 예수님의 비유에 대해 꼼꼼하게 대조하고 길게 인용하는 편입니다. 지혜로운 건축자 비유, 장터에서 놀이하는 아이들에 대한 비유에서부터 사람의 전반적인 전원생활에서의 비유들(씨 뿌리는 자의 비유, 알곡과 가라지 비유, 누룩 비유, 겨자씨 비유, 밭에 감추인 보화 비유 등), 그리고 진주 장사 비유, 그물 비유, 재정 문제를 다루는 종의 비유, 품군을 고용하는 자비로운 농장 주인 비유, 무자비한 종 비유, (악한 농부 비유, 무화과나무 비유, 잃은 양 비유), 혼인 잔치 비유, 한 아버지와 두 아들의 비유, 그리고 지혜롭고 미련한 종들, 열 처녀, 달란트 비유, 양과 염소의 비유 등을 인용했습니다. 마태는 천국 비유를 주로 많이 인용하되 종말론적인 비유들이 주류를 이루고 있습니다.

우리가 그동안에 살펴본 대로 마가복음 기자는 그렇게 많은 비유를 쓰지 않았습니다. 비유의 예문으로 볼 수 있는 것이 네 개 정도 되고(막 2:21=마 9:16=눅 5:36, 막 3:23-26=마 12:25-26=눅 11:17-18, 막 4:21-22=눅 8:16-17, 막 4:24-25=눅 8:18) 정식으로 비유 형식으로 볼 수 있는 것이 대략 일곱 개 정도입니다. 그리고 마가는 예수님의 비유를 인용하여 쓸 때 비교적 간단하게 기록하였습니다. 그런데 마가는 대부분 마태복음 기자나 누가복음 기자들이 병행적으로 기록한 것들을 썼고 마가복음서에만 나타나는 특이한 것은 은밀히 자라는 씨앗에 대한 비유입니다(막 4:26-29). 그 외 씨 뿌리는 자의 비유나 겨자씨 비유, 사람을 진짜로 더럽히는 것에 대한 비유, 악한 농부 비유, 무화과나무 비유, 그리고 깨어 있는 문지기 비유(달란트 비유, 므나 비유와 비교)는 다른 공관복음서에 다 나타나는 것입니다. 마가의 인용 비유들을 보면 대부분 전원생활과 관련된 비유들입니다. 그리고 마가는 대체적으로 하나님의 아들 그리스도로 말미암는 하나님의 능력과 다스림을 강조하는 비유들을 주로 인용하여 썼습니다.

누가는 예수님의 어떤 비유들을 인용하여 썼는가? 잃은 양 비유, 어리석은 부자의 비유, 깨어 있는 종들에 대한 비유, 도둑 비유, 지혜 있고 진실한 청지기 비유, 열매 없는 무화과나무 비유, 선한 사마리아인의 비유, 밤중에 찾아온 친구에 대한 비유, 좁은 문 비유, 큰 잔치 비유, 동전 비유, 은혜로운 아버지 비유, 불의한 청지기 비유, 부자와 나사로 비유, 종의 의무에 대한 비유, 불의한 재판관 비유, 바리새인과 세리의 기도 비유, 므나 비유 등입니다. 그러니까 누가는 소외되고 힘없는 자들에 대한 비유가 상대적으로 비교적 많은 편입니다. 여자, 어린 아이, 강도 만난 자, 거지, 이방인, 과부, 탕자, 빚진 자, 가난한 자, 병신, 세리 등이 등장하는 비유가 많이 있습니다. 독자들이 누구냐에 따라 약간의 인용 차이가 있다 하는 것을 생각게 합니다. 독자의 차이에 따라 팔레스틴의 환경에 어울리게 혹은 헬라의 환경에 어울리게 예수님의 비유도 유창하고 다양하게 인용 기록하고 있는 것입니다. 그리고 주제도 주로 은혜로운 주님의 사랑과 주의 백성으로서의 회개와 구원과 충성과 기도에 대한 것입니다. 마태복음서에서 많이 나오는 천국에 대한 비유도 누가복음에는 겨자씨 비유와 누룩 비유를 제외하고는 별로 없습니다.

주님이 비유로 가르치신 의도

그러면 주님은 왜 이렇게 비유로써 제자들이나 주변의 군중들과 혹은 적대 세력에게까지라도 말씀하셨습니까? 그것은 지난번에도 말씀드린 바와 같이 제자들에게는 하나님 나라 백성으로 바로 양육이 되도록 하기 위하여 그렇게 하셨습니다. 그래서 그들에게는 그들의 요구에 따라 특별히 해설까지 하여 가르치셨습니다. 저들이 신약교회의 기둥들이 될 자들로서 올바르게 자라도록 하기 위하여 그렇게 하신 것입니다. 저들이 진리의 기초를 쌓아 하나님과 그리스도 안에 도래한 하나님 나라의 각양의 바른 내용들을 바로 정립하도록 하기 위하여 그렇게 하신 것이지요. 그러나 공관복음서의 비유에 대해 검증을 하여 보면 제자들에게만 비유를 말씀하신 것은 그렇게 많지 않습니다. 감추인 보화와 진주 장사 비유, 잃은 양 비유(누가복음에서는 적대자들에게 한 것으로 나타남=두 번 하신 것으로 추측됨), 무자비한 종 비유, 밤중에 찾아온 친구 비유, 불의한 재판관 비유, 깨어 있는 문지기 비유, 무화과나무 비유, 도적 비유, 지혜로운 청지기 비유, 자비로운 포도원 주인 비유, 열 처녀 비유, 달란트 비유, 양과 염소의 비유 등이 바로 그것입니다.

아무튼 주님은 군중들이나(두 건축자 비유, 장터에서 피리 부는 아이들 비유, 씨 뿌리는 자의 비유, 알곡과 가라지 비유, 은밀히 자라는 씨앗 비유, 겨자씨 비유, 누룩 비유 등) 아니면 적대자들인 바리새인들과 율법사들(두 빚진 자 비유, 큰 잔치 비유, 선한 사마리아인의 비유, 잃은 양, 동전, 자비로운 아버지와 두 아들에 대한 비유, 부자와 나사로 비유 등), 그리고 대제사장이나 장로들 앞에서(두 아들의 비유, 악한 농부 비유) 대부분의 비유의 말씀을 하셨고(어리석은 부자 비유, 므나 비유 등) 이제 그것에 대한 해석을 따로 제자들에게 하신 것으로 보입니다.

군중들은 대다수가 주님의 비유의 가르침을 잘 이해하지 못하였지만 그래도 주님이 하시는 일을 크게 반대하거나 하지 않고 나름대로의 목적을 가지고 기쁨으로 주님을 따라 다녔습니다. 그러나 저들은 언제 다른 격랑에 의해 요동할지 알 수 없는 배와 같았습니다. 적대자들은 어떠했는가? 적대자들은 비유에서 자기들에게 해당하는 것이 악역의 일인 줄을 알고 한편으로는 그 진리 앞에 부끄러워했고 한편으로는 그것을 드러낸 주님께 대적하는 일을 하였습니다.

주님의 비유가 저들에게 요구한 것은?

그런데 주님의 비유의 가르침이 어떠했기에 저들은 그렇게 각기 다른 반응을 보였는가? 주님은 제자들에게 그들이 은혜 받은 하나님 나라 백성이자 종으로서 알아야할 신적 지식이나 누려야 할 상태나 행하여야 할 일을 말씀하셨지만 무리들이나 적대자들을 향해서는 그리스도를 영접하지 않는 자신들의 불의하고 죄된 참상을 바로 보도록 하고 또 할 수만 있으면 회개에 이르는 진정한 겸손의 상태에 대해 말씀하시고 또 바른 의에 대한 준비와 의의 행위를 요구하셔서 나중에 핑계치 못하도록 하셨습니다. 그들이 이상한 의도를 가지고 혹은 무지한 연고로 엉뚱한 질문을 하였을 때에라도 저들의 불의가 직접적으로 작용이 되지 않도록 하시면서 하시고 싶은 말씀을 다 하신 것입니다.

물론 나중에 저들이 끝까지 거부의 태도를 보이고 악의적으로 나올 때에는 더 이상 그런 말씀을 하지 않으시고 저들에게 임박한 화와 종말적 심판에 대한 선포의 말씀을 하셨습니다. 그러니까 그들이 현재적으로 받아야 하는 재앙과 종말적 심판을 연계하여 말씀하시면서 구속사의 진전이 이루어지도록 하시는 것입니다. 제자들을 통하여서는 진리를 굳게 정립하여 후대에 전하게 하고 그리고 그 진리로 말미암는 교회를 이루게 하시고 불의한 자들에 대해서는 그들에게 내린 구속사 안에서의 모든 축복을 빼앗아 이제 열매 맺는 백성이 그것을 누리도록 하시는 것입니다.

다시 말해서 주님의 비유의 가르침에서 요구되는 것은 현대주의자들이나 도덕주의자들의 말처럼 단순히 도덕적인 것이나 교훈적인 것이 아닙니다. 주님의 비유는 타락한 인간의 본질적인 회복과 그들이 영위하여야 할 영원한 하나님 나라, 그리고 우주적인 회복과 관련하여 말씀하시는 것입니다. 그 안에서 주 하나님 아버지, 왕 되신 그리스도, 구속을 위해 고난 받는 그리스도, 심판하실 그리스도, 주의 백성됨의 어떠함을 계시하시고 듣는 각자의 위치에서 그에 대한 결단을 요구하시는 것입니다.

진리 안에서 자랄 자들은 잘 자라고 그렇지 않은 자들은 있는 것까지도 빼앗김

　오늘 본문에 잘 나타나 있지만 주님의 제자로서 하나님 나라를 가져온 주님을 따르면서 주님의 그와 같은 천국 비유의 가르침을 받도록 허락을 받아 하나님의 작정과 계획을 알고 천국 백성의 상태를 누리고 나아가려는 자들은 점점 더 넉넉해질 것입니다. 하나님께서는 믿는 자들의 지식을 그냥 정체되게 하시는 것이 아니고 반드시 조금씩 조금씩 자라게 하시는 것입니다. 말씀의 생명적인 역동성으로 인하여 그런 풍성한 결과가 주의 선택과 부르심 안에 그리스도께 나아온 자들에게 있는 것입니다. 이것이 주를 따르는 자들에게 진정으로 복이 되는 것이지요? 감히 하나님 나라의 비밀을 알고 그 하나님의 사역에 동참하여 그 거룩한 열매를 맺고 나아가니 그것처럼 영광스러운 것이 없는 것입니다.

　그러나 그리스도 안에 이 하나님 나라가 도래했다는 사실도 보지도 듣지도 못하고 그저 쫓아다니는 자들에게는 주님의 비유의 말씀은 가려져 있습니다. 주님이 그간에 명백하게 그 나라의 도래를 선언하시고 그에 대해 다양한 말씀과 행위로 입증하셨음에도 불구하고 자기들의 관점에서 과연 유익이 되겠는가 아니 되겠는가 하며 따르는 자들에게는 주님의 말씀이 비밀인 것입니다. 천국의 말씀을 저들이 충분히 듣고 보고 있어도 그것을 듣지 못했고 보지 못했고 전혀 깨닫지 못했던 것입니다. 그러니까 저들이 받는 종교적 자극이라는 것은 부패함 속에서의 상대적인 것이지 그리스도 안에서의 본질적인 변화를 전제한 것은 아닙니다. 그래서 저들은 그 본질상 하나님 나라의 그 어떠한 거룩한 열매도 맺을 수 없는 것입니다. 그리하여 결국 저들이 역사적 이스라엘 백성으로서 외적으로 알고 있다고 하는 그 거룩한 신적 지식과 그들이 가진 귀한 역할도 신분, 지위 고하, 인종 등을 뛰어 넘어 열매 맺는 자들에게 다 빼앗기고 말 것입니다.

주님은 저 적극적인 적대자들의 그러한 악함 위에 섭리하사 저들의 그 악이 극성을 부리지 못하도록 비유의 말씀으로 하신 것입니다. 주님은 악인이 회개하기를 기뻐하시지만 악인이 주님의 배려로써 근본적으로 이미 제시된 것도 무시하고 몰지각하게 자기 지혜로 무엇을 깨달으려 한다면 그것을 막으시는 것입니다. 다시 말해서 근본적인 변화가 없이 스스로 강퍅한 가운데 그 위에 무엇을 놓고 행동하려고 하는 자들에게 주님은 비유로써 계시의 빛을 가려 버리시는 것입니다. 저들이 만약 그런 상태로 주님을 대우하고 무엇을 아는 것처럼 나선다면 그리고 자기들의 수준에서 함부로 주님에 대해 논단을 하고 나아간다면 그것처럼 하나님 나라 진행에 방해될 것이 없을 것입니다. 그래서 주님은 이미 이사야서에 예고된(사 6:9,10) 대로 완악한 저들에 대해 그렇게 하신 것입니다.

나가는 말; 우리가 알아야 할 것

그러면 이상의 내용들을 보면서 우리가 알아야 할 것은 무엇입니까? 주님이 하나님 나라를 가져온 분이시라는 것과 그분 안에 믿음으로 말미암는 구원이 있다는 것을 믿고 따르는 우리들은 말씀의 생명성에 의한 장성의 실질이 있어야 합니다. 왜냐하면 주님께서 우리를 하나님 나라의 백성으로 그냥 정체되어 있도록 하시지 않기 때문입니다. 하나님 나라의 다양한 지식들을 순차적으로 알게 하실 뿐만 아니라 그에 따른 정서도 알게 하셔서 능동적인 하나님 나라 백성으로 행동하고 살아가게 하시는 것입니다. 그리고 단순히 개인적인 삶에서 이런 일들이 일어나게 하시는 것은 아니고 한 지역 교회의 한 분자로서 이런 일들을 경험하여 더욱 부요한 하나님 나라 백성으로 살아가게 하시는 것입니다. 교회를 통하여 내리시는 말씀으로 장성하고 한 지역 교회의 회원으로 다른 회원들과 함께 하나님께 예배드리며 교회의 머리되신 그리스도 안에서 하나된 백성들과 신령한 교제를 나누는 가운데 장성하게 하시는 것입니다. 그러니까 우리가 장성하는 것은 단순히 현상적으로 예배를 익숙하게 드리고 하나님을 아는 지식이 늘어가고 주의 백성들과 친목을 잘 나누는 것으로 되는 것이 아니라 그것을 가능케 하는 말씀의 생명성에 의한 진정한 내적 순종과 항상 성신님을 의지함으로써 되는 것입니다. 과연 우리가 그런 사람인지의 여부에 대해 알고자 한다면 주께서 세우신 질서 가운데 내려지는 말씀과 성신님으로 교회아로서의 거룩하고 의로운 열매를 맺게 하시는가를 점검하면 알 것입니다.

그러나 오늘 본문에서 볼 수 있듯이 우리가 명백하게 제시된 주님의 진리 안에서 근본적인 회개나 자기점검이 없이 그저 종교적으로 익숙하게 되는 것으로 자기를 자꾸 치장하고 자기를 위안하고 산다면 그것은 매우 불행한 결과를 초래하게 될 것을 알아야 합니다. 그런 사람은 주님의 말씀을 배우기는 배우지만 그 말씀이 자기를 지배하지 않기 때문에 진정한 장성을 이루지 못하고 결국 주를 대적하는 데에로 나아가게 될 것입니다. 겉으로는 거룩하게 보이지만 내면으로는 세상 사람들이 좇는 모든 것을 품고 나아가게 됨으로써 이런 결과가 나타나는 것입니다. 이런 일은 말세의 현상이라고 바울 사도는 말씀했습니다. 디모데후서 3:1-9입니다.

1네가 이것을 알라 말세에 고통하는 때가 이르리니 2사람들은 자기를 사랑하며 돈을 사랑하며 자긍하며 교만하며 훼방하며 부모를 거역하며 감사치 아니하며 거룩하지 아니하며 3무정하며 원통함을 풀지 아니하며 참소하며 절제하지 못하며 사나우며 선한 것을 좋아 아니하며 4배반하여 팔며 조급하며 자고하며 쾌락을 사랑하기를 하나님 사랑하는 것보다 더하며 5경건의 모양은 있으나 경건의 능력은 부인하는 자니 이같은 자들에게서 네가 돌아서라 6저희 중에 남의 집에 가만히 들어가 어리석은 여자를 유인하는 자들이 있으니 그 여자는 죄를 중히 지고 여러 가지 욕심에 끌린 바 되어 7항상 배우나 마침내 진리의 지식에 이를 수 없느니라 8얀네와 얌브레가 모세를 대적한 것같이 저희도 진리를 대적하니 이 사람들은 그 마음이 부패한 자요 믿음에 관하여는 버리운 자들이라 9그러나 저희가 더 나가지 못할 것은 저 두 사람의 된 것과 같이 저희 어리석음이 드러날 것임이니라

이런 자들은 보통 때에는 주의 백성의 흉내를 내지만 자기 유익과 관련하여 결정적인 때에 하나님이 세우신 질서나 권위를 멸시하고 남을 이용하며 그리스도 안의 구원을 값싸게 만들고 자기 배만 섬기며 쾌락 사랑하기를 하나님 사랑하는 것보다 더한 모습을 보입니다. 그렇게 완악하게 되어 점차 자기가 알고 있다고 하는 하나님에 대한 지식을 고의적으로 다 잊고 마는 것입니다.

기도

거룩하신 아버지 하나님, 주님이 비유로 이 땅에서 말씀하신 이유가 무엇인가 하는 것을 말씀을 통해서 깨달았사옵나이다. 주의 백성들

에게는 또 따로 그 비유에 대해서 해석하시어서 당대 주의 백성으로서 어떻게 그 위기를 극복하고 주께서 목표하신 사회를 향해서 나아가야 할 것인가 알게 하시고 대적자들은 근본적으로 자기들을 치우지 않은 것으로 인해서 보기는 보아도 깨닫지 못하며 듣기는 들어도 알지 못하는 그런 상태에 두시옵나이다. 저희들이 주님의 그 명료하고 명백한 말씀들을 비유로 깨달아 알아서 하나님 나라 백성으로 살아가게 되옵는데 저희들 바른 지식에 의한 정서를 가지고 주의 백성으로서 이 시대에 주님의 수족 노릇을 잘 감당할 수 있게 하여 주시옵소서. 주님께 속한 자라고 하는 사실을 잊고 개인적인 목표와 이상을 실현하기 위해서 살아간다면 그 끝은 더 볼 것이 없다는 것을 분명히 기억하옵나이다. 저희들 주님의 비유의 말씀을 바로 깨달아 아는 자들로서 온전히 행보하고 살아가게 하옵소서. 하나님의 영광을 위해서 살아가게 하옵시며 이웃의 유익을 위해서 살아가게 하옵시고 저희들이 바른 정체성을 잘 취해 나아갈 수 있게 하여 주시옵소서. 그 어떤 환경적 어려움 속에서라도 주님의 큰 구원을 받은 자로서 자태를 취하여 나아가게 하옵시고 주님의 품성을 잘 발휘해서 주님이 과연 우리 안에 큰일을 이루셨다고 하는 사실을 증험하게 하옵소서. 모든 말씀,

    우리 구주 예수 그리스도의 이름으로 기도 올리옵나이다. 아멘.